司法解释理解与适用丛书

最高人民法院
新民事诉讼证据规定
理解与适用

〔上〕

最高人民法院民事审判第一庭　编著

人民法院出版社
PEOPLE'S COURT PRESS

图书在版编目（CIP）数据

最高人民法院新民事诉讼证据规定理解与适用／最高人民法院民事审判第一庭编著．--北京：人民法院出版社，2020.1

（司法解释理解与适用丛书）

ISBN 978 - 7 - 5109 - 2060 - 8

Ⅰ．①最⋯　Ⅱ．①最⋯　Ⅲ．①民事诉讼 - 证据 - 法律解释 - 中国②民事诉讼 - 证据 - 法律适用 - 中国　Ⅳ．①D925.113.5

中国版本图书馆 CIP 数据核字（2019）第 293506 号

最高人民法院新民事诉讼证据规定理解与适用

最高人民法院民事审判第一庭　编著

责任编辑	郭继良　王　婷
执行编辑	高　晖　陈　思　田　夏　尹立霞　杨钦云　罗羽净
出版发行	人民法院出版社
地　　址	北京市东城区东交民巷 27 号（100745）
电　　话	（010）67550617（责任编辑）　67550558（发行部查询）
	65223677（读者服务部）
客　服 QQ	2092078039
网　　址	http：//www.courtbook.com.cn
E - mail	courtpress@sohu.com
印　　刷	三河市国英印务有限公司
经　　销	新华书店
开　　本	787 毫米×1092 毫米　1/16
字　　数	812 千字
印　　张	62.5
版　　次	2020 年 1 月第 1 版　2020 年 1 月第 1 次印刷
书　　号	ISBN 978 - 7 - 5109 - 2060 - 8
定　　价	208.00 元（上下册）

版权所有　侵权必究

《最高人民法院新民事诉讼证据规定理解与适用》编辑委员会

主　任　江必新

副主任　郑学林　程新文　刘　敏　王慧君
　　　　刘银春

成　员　（以姓氏笔画为序）
　　　　王　丹　王　渊　王慧娴　方　芳
　　　　宋春雨　赵凤暴　赵　迪　谢爱梅
　　　　潘华明　潘　杰

前　言

　　证据是民事诉讼的实体内容,与当事人实体权利的保护和人民法院裁判结果的客观公正密切相关。2001年发布的《最高人民法院关于民事诉讼证据的若干规定》(以下简称《民事证据规定》),对于民事诉讼当事人证据意识的形成、审判人员证据裁判主义理念的确立具有里程碑的意义,对于规范民事诉讼秩序、推动民事审判方式改革乃至民事诉讼制度的发展,起到了十分重要的作用。十八年来,在适用《民事证据规定》的过程中,也逐渐暴露出不少新情况、新问题。其间,历经2007年、2012年、2017年《民事诉讼法》三次修改和2015年《最高人民法院关于适用〈中华人民共和国民事诉讼法〉的解释》(以下简称《民事诉讼法解释》)的公布实施,社会生活、法律制度和民事诉讼实践都发生了很大变化。党的十八届四中全会审议通过的《中共中央关于全面推进依法治国若干重大问题的决定》,对人民法院审判工作提出了新的、更高的要求,十九届四中全会也要求进一步完善司法制度。2019年12月26日,最高人民法院发布了《关于修改〈关于民事诉讼证据的若干规定〉的决定》(以下简称《修改决定》),在施行了十八年后对《民事证据规定》进行了全面修改。最高人民法院修改《民事证据规定》,是贯彻党的十八届四中全会和十九届四中全会精神,完善诉讼制度、推进以审判为中心的诉讼制度改革、全面贯彻证据裁判规则的重要举措,是贯彻落实《民事诉讼法》、推动民事审判程序规范化的重要内容,是回应新时代人民群众的司法需求、满足人民法院审判实践需要的重要措施。

《修改决定》的公布施行，对民事审判实践必将产生重要而深远的影响。

贯彻落实《民事诉讼法》的规定、解决《民事诉讼法》在审判实践中的操作性问题，是修改《民事证据规定》的基本目标。在《民事证据规定》修改过程中，我们始终坚持合法性原则，坚持在《民事诉讼法》框架下探索问题的解决方案，以贯彻落实《民事诉讼法》的规定为目的确定修改内容；始终坚持问题导向，立足于解决审判实践中的问题，通过对审判实践中问题的梳理，有针对性地设计司法解释的内容，使司法解释能够切实满足审判实际的需要，真正发挥指导民事审判实践的作用。根据最高人民法院审判委员会的要求，我们不追求司法解释体系的完整，在保持《民事证据规定》原有结构基础上，重点完善技术性、操作性规则。基于上述指导思想，我们按照《民事证据规定》中"当事人举证—人民法院调查收集证据—举证时限和证据交换—质证—证据的审核认定"的结构，对原《民事证据规定》的条文进行重新整理，通过对当事人处分权的规制，对证据调查收集和保全、举证时限以及各种证据形式的审查规则的规定，推动民事诉讼证据认定、采信的规范化。对于《民事诉讼法解释》已经作出规定的，除确有必要外，原则上不再重复；对于《民事诉讼法解释》虽作出了规定但比较原则抽象的条款，进一步明确、细化有关规定。

"徒善不足以为政，徒法不足以自行。"为帮助人民法院审判人员和社会各界人士更好地理解新《民事证据规定》的指导思想和基本内容，我们组织参加修改工作的部分同志，针对修改的背景、论证过程中存在的争论、条文背后的理论依据和逻辑、审判实践中需要注意的问题等，逐条进行阐释。撰写本书所遵循的原则，一是注重理论与实践相结合，从如何正确理解和适用新《民事证据规定》的角度阐释条文的含义；二是"采他山之石以攻玉"，通过对有关国家和地区的立法以及理论学说的比较研究，从中汲取精华，为我所用，以达到开拓视野，增广见闻，提高理论水平的目的。同时本书也附录了相关法律、司法解释，一卷在手，方便检索。当然，民事诉讼实践丰富多彩，民事诉讼中的证据问题层出不穷，加之本书成稿时间仓促，作者水平和能力有限，对条文的理解很难说十分精准，疏漏之处在所难免，衷心希望广大读者批评指正。

最高人民法院民事审判第一庭
二〇二〇年元月

凡 例

一、本书中，法律、法规、规章和规范性文件名称中的"中华人民共和国"省略，其余一般不省略，例如，《中华人民共和国民事诉讼法》简称《民事诉讼法》；《中华人民共和国仲裁法》简称《仲裁法》；《中华人民共和国公证法》，简称《公证法》。

二、叙述法律、法规、规章和规范性文件，必要时在名称前标明其制定机关和制定、修改年份。例如，1982年《民事诉讼法（试行）》、1991年《民事诉讼法》、2007年《民事诉讼法》。但如无特别说明，现行《民事诉讼法》不再注明修改年份，简称《民事诉讼法》。

三、全文引用由数款、项构成的条文时，款与款之间不分行、分段，用分隔号"/"分开。项与项之间不分行，不分段。

四、对于本书中出现较多的以下规范文件，使用缩略语：

1. 根据2019年10月14日通过的《最高人民法院关于修改〈关于民事诉讼证据的若干规定〉的决定》（法释〔2019〕19号）修正的《最高人民法院关于民事诉讼证据的若干规定》，简称本规定。

2. 《最高人民法院关于民事诉讼证据的若干规定》（法释〔2001〕33号），简称2001年《证据规定》。

3. 《最高人民法院印发〈关于适用《中华人民共和国民事诉讼法》若干问题的意见〉的通知》（法发〔1992〕22号），简称《民事诉讼法意见》。

4. 《最高人民法院关于适用〈中华人民共和国民事诉讼法〉的

解释》(法释〔2015〕5号),简称《民事诉讼法解释》。

5.《最高人民法院关于人民法院登记立案若干问题的规定》(法释〔2015〕8号),简称《登记立案规定》。

6.《最高人民法院关于审理民间借贷案件适用法律若干问题的规定》(法释〔2015〕18号),简称《民间借贷规定》。

7.《最高人民法院关于人民法院办理财产保全案件若干问题的规定》(法释〔2016〕22号),简称《财产保全规定》。

8.《全国人民代表大会常务委员会关于司法鉴定管理问题的决定》(2005年2月28日通过,2015年4月24日修正),简称《司法鉴定决定》。

9.《最高人民法院关于适用〈关于民事诉讼证据的若干规定〉中有关举证时限规定的通知》(法发〔2008〕42号),简称《举证时限规定通知》。

10.《最高人民法院关于民事经济审判方式改革问题的若干规定》(法释〔1998〕14号,已失效),简称《审判方式改革规定》。

目　录

（上册）

最高人民法院司法解释

最高人民法院
　　关于修改《关于民事诉讼证据的若干规定》的决定
　　　　（2019 年 12 月 25 日）……………………………………（3）

最高人民法院
　　关于民事诉讼证据的若干规定
　　　　（2019 年 12 月 25 日）……………………………………（26）

专　论

关于理解和适用新民事证据规定的几个问题……………江必新（49）

新闻发布稿及答记者问

《最高人民法院关于修改〈关于民事诉讼证据的
　若干规定〉的决定》新闻发布稿 ………………………………（59）
规范民事诉讼秩序　促进公正高效司法
　　——最高人民法院民一庭负责人就《最高人民法院关于修改
　　〈关于民事诉讼证据的若干规定〉的决定》答记者问………（65）

司法解释理解与适用

一、当事人举证

第一条 ［起诉与反诉应提供的证据］ ·················（72）
　　　　原告向人民法院起诉或者被告提出反诉，应当提供符合起诉条件的相应的证据。

【条文主旨】 ···（72）
【条文释义】 ···（72）
【审判实践中需要注意的问题】 ···························（78）
【法条链接】 ···（78）

第二条 ［指导当事人举证及当事人申请人民法院调查
　　　　收集证据］···（82）
　　　　人民法院应当向当事人说明举证的要求及法律后果，促使当事人在合理期限内积极、全面、正确、诚实地完成举证。
　　　　当事人因客观原因不能自行收集的证据，可申请人民法院调查收集。

【条文主旨】 ···（82）
【条文释义】 ···（82）
【审判实践中需要注意的问题】 ···························（89）
【法条链接】 ···（90）

第三条 ［自认］ ···（94）
　　　　在诉讼过程中，一方当事人陈述的于己不利的事实，或者对于己不利的事实明确表示承认的，另一方当事人无需举证证明。

在证据交换、询问、调查过程中,或者在起诉状、答辩状、代理词等书面材料中,当事人明确承认于己不利的事实的,适用前款规定。

【条文主旨】 ……………………………………………………（94）

【条文释义】 ……………………………………………………（94）

【审判实践中需要注意的问题】 ………………………………（98）

【法条链接】 ……………………………………………………（99）

第四条　[拟制自认] ……………………………………………（100）

一方当事人对于另一方当事人主张的于己不利的事实既不承认也不否认,经审判人员说明并询问后,其仍然不明确表示肯定或者否定的,视为对该事实的承认。

【条文主旨】 ……………………………………………………（100）

【条文释义】 ……………………………………………………（100）

【审判实践中需要注意的问题】 ………………………………（105）

【法条链接】 ……………………………………………………（106）

第五条　[委托诉讼代理人在诉讼中的自认] …………………（108）

当事人委托诉讼代理人参加诉讼的,除授权委托书明确排除的事项外,诉讼代理人的自认视为当事人的自认。

当事人在场对诉讼代理人的自认明确否认的,不视为自认。

【条文主旨】 ……………………………………………………（108）

【条文释义】 ……………………………………………………（108）

【审判实践中需要注意的问题】 ………………………………（112）

【法条链接】 ……………………………………………………（114）

第六条 ［共同诉讼人的自认］ ·················· （115）
　　普通共同诉讼中，共同诉讼人中一人或者数人作出的自认，对作出自认的当事人发生效力。
　　必要共同诉讼中，共同诉讼人中一人或者数人作出自认而其他共同诉讼人予以否认的，不发生自认的效力。其他共同诉讼人既不承认也不否认，经审判人员说明并询问后仍不明确表示意见的，视为全体共同诉讼人的自认。

【条文主旨】 ································· （115）
【条文释义】 ································· （115）
【审判实践中需要注意的问题】 ················ （120）
【法条链接】 ································· （121）

第七条 ［限制自认］ ························ （122）
　　一方当事人对于另一方当事人主张的于己不利的事实有所限制或者附加条件予以承认的，由人民法院综合案件情况决定是否构成自认。

【条文主旨】 ································· （122）
【条文释义】 ································· （122）
【审判实践中需要注意的问题】 ················ （127）
【法条链接】 ································· （128）

第八条 ［自认的限制］ ······················ （129）
　　《最高人民法院关于适用〈中华人民共和国民事诉讼法〉的解释》第九十六条第一款规定的事实，不适用有关自认的规定。
　　自认的事实与已经查明的事实不符的，人民法院不予确认。

【条文主旨】 ································· （129）

【条文释义】……………………………………………………（129）
【审判实践中需要注意的问题】………………………………（134）
【法条链接】……………………………………………………（135）

第九条 ［自认的撤销］………………………………………（138）

有下列情形之一，当事人在法庭辩论终结前撤销自认的，人民法院应当准许：

（一）经对方当事人同意的；

（二）自认是在受胁迫或者重大误解情况下作出的。

人民法院准许当事人撤销自认的，应当作出口头或者书面裁定。

【条文主旨】……………………………………………………（138）
【条文释义】……………………………………………………（138）
【审判实践中需要注意的问题】………………………………（143）
【法条链接】……………………………………………………（144）

第十条 ［免证事实］…………………………………………（146）

下列事实，当事人无须举证证明：

（一）自然规律以及定理、定律；

（二）众所周知的事实；

（三）根据法律规定推定的事实；

（四）根据已知的事实和日常生活经验法则推定出的另一事实；

（五）已为仲裁机构的生效裁决所确认的事实；

（六）已为人民法院发生法律效力的裁判所确认的基本事实；

（七）已为有效公证文书所证明的事实。

前款第二项至第五项事实，当事人有相反证据足以反

· 5 ·

驳的除外；第六项、第七项事实，当事人有相反证据足以推翻的除外。

【条文主旨】……………………………………………（146）
【条文释义】……………………………………………（147）
【审判实践中需要注意的问题】………………………（164）
【法条链接】……………………………………………（165）

第十一条　［证据原件（物）提交原则］………………（167）
　　当事人向人民法院提供证据，应当提供原件或者原物。如需自己保存证据原件、原物或者提供原件、原物确有困难的，可以提供经人民法院核对无异的复制件或者复制品。

【条文主旨】……………………………………………（167）
【条文释义】……………………………………………（167）
【审判实践中需要注意的问题】………………………（171）
【法条链接】……………………………………………（171）

第十二条　［动产证据］…………………………………（173）
　　以动产作为证据的，应当将原物提交人民法院。原物不宜搬移或者不宜保存，当事人可以提供复制品、影像资料或者其他替代品。
　　人民法院在收到当事人提交的动产或者替代品后，应当及时通知双方当事人到人民法院或者保存现场查验。

【条文主旨】……………………………………………（173）
【条文释义】……………………………………………（173）
【审判实践中需要注意的问题】………………………（177）
【法条链接】……………………………………………（177）

第十三条 ［不动产证据］ ·················· （179）
　　当事人以不动产作为证据的，应当向人民法院提供该不动产的影像资料。
　　人民法院认为有必要的，应当通知双方当事人到场进行查验。
【条文主旨】 ································ （179）
【条文释义】 ································ （179）
【审判实践中需要注意的问题】 ·············· （181）
【法条链接】 ································ （181）

第十四条 ［电子数据证据］ ················ （183）
　　电子数据包括下列信息、电子文件：
　　（一）网页、博客、微博客等网络平台发布的信息；
　　（二）手机短信、电子邮件、即时通信、通讯群组等网络应用服务的通信信息；
　　（三）用户注册信息、身份认证信息、电子交易记录、通信记录、登录日志等信息；
　　（四）文档、图片、音频、视频、数字证书、计算机程序等电子文件；
　　（五）其他以数字化形式存储、处理、传输的能够证明案件事实的信息。
【条文主旨】 ································ （183）
【条文释义】 ································ （183）
【审判实践中需要注意的问题】 ·············· （189）
【法条链接】 ································ （191）

第十五条 ［视听资料与电子数据的原件规则］ ·········· （192）
　　当事人以视听资料作为证据的，应当提供存储该视听资料的原始载体。

当事人以电子数据作为证据的，应当提供原件。电子数据的制作者制作的与原件一致的副本，或者直接来源于电子数据的打印件或其他可以显示、识别的输出介质，视为电子数据的原件。

【条文主旨】 ··（192）
【条文释义】 ··（192）
【审判实践中需要注意的问题】 ··（196）
【法条链接】 ··（197）

第十六条　［域外形成的证据］ ··（199）

当事人提供的公文书证系在中华人民共和国领域外形成的，该证据应当经所在国公证机关证明，或者履行中华人民共和国与该所在国订立的有关条约中规定的证明手续。

中华人民共和国领域外形成的涉及身份关系的证据，应当经所在国公证机关证明并经中华人民共和国驻该国使领馆认证，或者履行中华人民共和国与该所在国订立的有关条约中规定的证明手续。

当事人向人民法院提供的证据是在香港、澳门、台湾地区形成的，应当履行相关的证明手续。

【条文主旨】 ··（199）
【条文释义】 ··（199）
【审判实践中需要注意的问题】 ··（207）
【法条链接】 ··（207）

第十七条　［外文书证或资料］ ··（209）

当事人向人民法院提供外文书证或者外文说明资料，

应当附有中文译本。

【条文主旨】 …………………………………………………… (209)
【条文释义】 …………………………………………………… (209)
【审判实践中需要注意的问题】 ……………………………… (210)
【法条链接】 …………………………………………………… (211)

第十八条 [无争议事实人民法院可责令提供有关证据] …… (212)
　　双方当事人无争议的事实符合《最高人民法院关于适用〈中华人民共和国民事诉讼法〉的解释》第九十六条第一款规定情形的，人民法院可以责令当事人提供有关证据。

【条文主旨】 …………………………………………………… (212)
【条文释义】 …………………………………………………… (212)
【审判实践中需要注意的问题】 ……………………………… (218)
【法条链接】 …………………………………………………… (218)

第十九条 [当事人提交和人民法院签收证据材料] ………… (221)
　　当事人应当对其提交的证据材料逐一分类编号，对证据材料的来源、证明对象和内容作简要说明，签名盖章，注明提交日期，并依照对方当事人人数提出副本。
　　人民法院收到当事人提交的证据材料，应当出具收据，注明证据的名称、份数和页数以及收到的时间，由经办人员签名或者盖章。

【条文主旨】 …………………………………………………… (221)
【条文释义】 …………………………………………………… (221)
【审判实践中需要注意的问题】 ……………………………… (224)
【法条链接】 …………………………………………………… (224)

二、证据的调查收集和保全

第二十条 ［对当事人申请调查收集证据的要求及申请书的内容］·················（228）

当事人及其诉讼代理人申请人民法院调查收集证据，应当在举证期限届满前提交书面申请。

申请书应当载明被调查人的姓名或者单位名称、住所地等基本情况、所要调查收集的证据名称或者内容、需要由人民法院调查收集证据的原因及其要证明的事实以及明确的线索。

【条文主旨】··（228）
【条文释义】··（228）
【审判实践中需要注意的问题】·················（234）
【法条链接】··（235）

第二十一条 ［调查收集书证的要求］·················（238）

人民法院调查收集的书证，可以是原件，也可以是经核对无误的副本或者复制件。是副本或者复制件的，应当在调查笔录中说明来源和取证情况。

【条文主旨】··（238）
【条文释义】··（238）
【审判实践中需要注意的问题】·················（243）
【法条链接】··（244）

第二十二条 ［调查收集物证的要求］·················（247）

人民法院调查收集的物证应当是原物。被调查人提供原物确有困难的，可以提供复制品或者影像资料。提供复制品或者影像资料的，应当在调查笔录中说明取证情况。

【条文主旨】 …………………………………………… (247)
【条文释义】 …………………………………………… (247)
【审判实践中需要注意的问题】 ……………………… (252)
【法条链接】 …………………………………………… (253)

第二十三条　[调查收集视听资料、电子数据的要求] ……… (255)

人民法院调查收集视听资料、电子数据，应当要求被调查人提供原始载体。

提供原始载体确有困难的，可以提供复制件。提供复制件的，人民法院应当在调查笔录中说明其来源和制作经过。

人民法院对视听资料、电子数据采取证据保全措施的，适用前款规定。

【条文主旨】 …………………………………………… (255)
【条文释义】 …………………………………………… (256)
【审判实践中需要注意的问题】 ……………………… (262)
【法条链接】 …………………………………………… (262)

第二十四条　[证据调查收集的科学性要求] ………… (264)

人民法院调查收集可能需要鉴定的证据，应当遵守相关技术规范，确保证据不被污染。

【条文主旨】 …………………………………………… (264)
【条文释义】 …………………………………………… (264)
【审判实践中需要注意的问题】 ……………………… (267)
【法条链接】 …………………………………………… (267)

第二十五条　[证据保全的申请] ……………………… (269)

当事人或者利害关系人根据民事诉讼法第八十一条的

规定申请证据保全的,申请书应当载明需要保全的证据的基本情况、申请保全的理由以及采取何种保全措施等内容。

当事人根据民事诉讼法第八十一条第一款的规定申请证据保全的,应当在举证期限届满前向人民法院提出。

法律、司法解释对诉前证据保全有规定的,依照其规定办理。

【条文主旨】……………………………………………(269)
【条文释义】……………………………………………(270)
【审判实践中需要注意的问题】………………………(275)
【法条链接】……………………………………………(275)

第二十六条 ［证据保全的担保］…………………(277)

当事人或者利害关系人申请采取查封、扣押等限制保全标的物使用、流通等保全措施,或者保全可能对证据持有人造成损失的,人民法院应当责令申请人提供相应的担保。

担保方式或者数额由人民法院根据保全措施对证据持有人的影响、保全标的物的价值、当事人或者利害关系人争议的诉讼标的金额等因素综合确定。

【条文主旨】……………………………………………(277)
【条文释义】……………………………………………(277)
【审判实践中需要注意的问题】………………………(282)
【法条链接】……………………………………………(283)

第二十七条 ［证据保全的方法］…………………(286)

人民法院进行证据保全,可以要求当事人或者诉讼代理人到场。

根据当事人的申请和具体情况，人民法院可以采取查封、扣押、录音、录像、复制、鉴定、勘验等方法进行证据保全，并制作笔录。

在符合证据保全目的的情况下，人民法院应当选择对证据持有人利益影响最小的保全措施。

【条文主旨】……………………………………………（286）

【条文释义】……………………………………………（286）

【审判实践中需要注意的问题】………………………（292）

【法条链接】……………………………………………（292）

第二十八条　[证据保全的赔偿责任]………………（294）

申请证据保全错误造成财产损失，当事人请求申请人承担赔偿责任的，人民法院应予支持。

【条文主旨】……………………………………………（294）

【条文释义】……………………………………………（294）

【审判实践中需要注意的问题】………………………（299）

【法条链接】……………………………………………（300）

第二十九条　[法院对诉前保全证据的移交]………（301）

人民法院采取诉前证据保全措施后，当事人向其他有管辖权的人民法院提起诉讼的，采取保全措施的人民法院应当根据当事人的申请，将保全的证据及时移交受理案件的人民法院。

【条文主旨】……………………………………………（301）

【条文释义】……………………………………………（301）

【审判实践中需要注意的问题】………………………（306）

【法条链接】……………………………………………（307）

第三十条　［鉴定的启动］……………………（308）

　　人民法院在审理案件过程中认为待证事实需要通过鉴定意见证明的，应当向当事人释明，并指定提出鉴定申请的期间。

　　符合《最高人民法院关于适用〈中华人民共和国民事诉讼法〉的解释》第九十六条第一款规定情形的，人民法院应当依职权委托鉴定。

【条文主旨】……………………………………（308）
【条文释义】……………………………………（308）
【审判实践中需要注意的问题】………………（313）
【法条链接】……………………………………（317）

第三十一条　［当事人申请鉴定的期限及逾期后果］…………（319）

　　当事人申请鉴定，应当在人民法院指定期间内提出，并预交鉴定费用。逾期不提出申请或者不预交鉴定费用的，视为放弃申请。

　　对需要鉴定的待证事实负有举证责任的当事人，在人民法院指定期间内无正当理由不提出鉴定申请或者不预交鉴定费用，或者拒不提供相关材料，致使待证事实无法查明的，应当承担举证不能的法律后果。

【条文主旨】……………………………………（319）
【条文释义】……………………………………（319）
【审判实践中需要注意的问题】………………（326）
【法条链接】……………………………………（326）

第三十二条　［鉴定人的选任和人民法院委托鉴定］…………（328）

　　人民法院准许鉴定申请的，应当组织双方当事人协商确定具备相应资格的鉴定人。当事人协商不成的，由人民法院指定。

人民法院依职权委托鉴定的,可以在询问当事人的意见后,指定具备相应资格的鉴定人。

人民法院在确定鉴定人后应当出具委托书,委托书中应当载明鉴定事项、鉴定范围、鉴定目的和鉴定期限。

【条文主旨】 ·· (328)

【条文释义】 ·· (328)

【审判实践中需要注意的问题】 ······················· (337)

【法条链接】 ·· (337)

第三十三条 ［鉴定人义务］ ························ (340)

鉴定开始之前,人民法院应当要求鉴定人签署承诺书。承诺书中应当载明鉴定人保证客观、公正、诚实地进行鉴定,保证出庭作证,如作虚假鉴定应当承担法律责任等内容。

鉴定人故意作虚假鉴定的,人民法院应当责令其退还鉴定费用,并根据情节,依照民事诉讼法第一百一十一条的规定处理。

【条文主旨】 ·· (340)

【条文释义】 ·· (340)

【审判实践中需要注意的问题】 ······················· (348)

【法条链接】 ·· (348)

第三十四条 ［鉴定材料的提交］ ··················· (350)

人民法院应当组织当事人对鉴定材料进行质证。未经质证的材料,不得作为鉴定的根据。

经人民法院准许,鉴定人可以调取证据、勘验物证和现场、询问当事人或者证人。

【条文主旨】 ·· (350)

【条文释义】 ·· (350)

【审判实践中需要注意的问题】 ······························ (353)

【法条链接】 ·· (355)

第三十五条 [未如期完成鉴定的处理] ·················· (356)

鉴定人应当在人民法院确定的期限内完成鉴定,并提交鉴定书。

鉴定人无正当理由未按期提交鉴定书的,当事人可以申请人民法院另行委托鉴定人进行鉴定。人民法院准许的,原鉴定人已经收取的鉴定费用应当退还;拒不退还的,依照本规定第八十一条第二款的规定处理。

【条文主旨】 ·· (356)

【条文释义】 ·· (356)

【审判实践中需要注意的问题】 ······························ (358)

【法条链接】 ·· (359)

第三十六条 [鉴定书的内容] ····························· (361)

人民法院对鉴定人出具的鉴定书,应当审查是否具有下列内容:

(一) 委托法院的名称;

(二) 委托鉴定的内容、要求;

(三) 鉴定材料;

(四) 鉴定所依据的原理、方法;

(五) 对鉴定过程的说明;

(六) 鉴定意见;

(七) 承诺书。

鉴定书应当由鉴定人签名或者盖章,并附鉴定人的相应资格证明。委托机构鉴定的，鉴定书应当由鉴定机构盖章，并由从事鉴定的人员签名。

【条文主旨】 ……………………………………………… （361）
【条文释义】 ……………………………………………… （362）
【审判实践中需要注意的问题】 ………………………… （364）
【法条链接】 ……………………………………………… （365）

第三十七条 ［对鉴定意见的异议］ …………………… （366）

人民法院收到鉴定书后，应当及时将副本送交当事人。

当事人对鉴定书的内容有异议的，应当在人民法院指定期间内以书面方式提出。

对于当事人的异议，人民法院应当要求鉴定人作出解释、说明或者补充。人民法院认为有必要的，可以要求鉴定人对当事人未提出异议的内容进行解释、说明或者补充。

【条文主旨】 ……………………………………………… （366）
【条文释义】 ……………………………………………… （366）
【审判实践中需要注意的问题】 ………………………… （369）
【法条链接】 ……………………………………………… （370）

第三十八条 ［鉴定人出庭费用的预交］ ……………… （371）

当事人在收到鉴定人的书面答复后仍有异议的，人民法院应当根据《诉讼费用交纳办法》第十一条的规定，通知有异议的当事人预交鉴定人出庭费用，并通知鉴定人出庭。有异议的当事人不预交鉴定人出庭费用的，视为放弃异议。

双方当事人对鉴定意见均有异议的，分摊预交鉴定人出庭费用。

【条文主旨】 ……………………………………………………（371）

【条文释义】 ……………………………………………………（372）

【审判实践中需要注意的问题】 ………………………………（376）

【法条链接】 ……………………………………………………（376）

第三十九条　［鉴定人出庭费用的负担］……………（378）

鉴定人出庭费用按照证人出庭作证费用的标准计算，由败诉的当事人负担。因鉴定意见不明确或者有瑕疵需要鉴定人出庭的，出庭费用由其自行负担。

人民法院委托鉴定时已经确定鉴定人出庭费用包含在鉴定费用中的，不再通知当事人预交。

【条文主旨】 ……………………………………………………（378）

【条文释义】 ……………………………………………………（378）

【审判实践中需要注意的问题】 ………………………………（381）

【法条链接】 ……………………………………………………（382）

第四十条　［申请重新鉴定的情形及后果］…………（384）

当事人申请重新鉴定，存在下列情形之一的，人民法院应当准许：

（一）鉴定人不具备相应资格的；

（二）鉴定程序严重违法的；

（三）鉴定意见明显依据不足的；

（四）鉴定意见不能作为证据使用的其他情形。

存在前款第一项至第三项情形的，鉴定人已经收取的鉴定费用应当退还。拒不退还的，依照本规定第八十一条第二款的规定处理。

对鉴定意见的瑕疵，可以通过补正、补充鉴定或者补充质证、重新质证等方法解决的,人民法院不予准许重新鉴定的申请。

重新鉴定的,原鉴定意见不得作为认定案件事实的根据。

【条文主旨】 ·· (384)

【条文释义】 ·· (385)

【审判实践中需要注意的问题】 ························ (393)

【法条链接】 ·· (395)

第四十一条 [当事人单方自行委托鉴定的效力] ············ (398)

对于一方当事人就专门性问题自行委托有关机构或者人员出具的意见,另一方当事人有证据或者理由足以反驳并申请鉴定的,人民法院应予准许。

【条文主旨】 ·· (398)

【条文释义】 ·· (398)

【审判实践中需要注意的问题】 ························ (406)

【法条链接】 ·· (408)

第四十二条 [对鉴定意见撤销的限制] ····················· (409)

鉴定意见被采信后,鉴定人无正当理由撤销鉴定意见的,人民法院应当责令其退还鉴定费用,并可以根据情节,依照民事诉讼法第一百一十一条的规定对鉴定人进行处罚。当事人主张鉴定人负担由此增加的合理费用的,人民法院应予支持。

人民法院采信鉴定意见后准许鉴定人撤销的,应当责令其退还鉴定费用。

【条文主旨】 ·· (409)

【条文释义】 ·· (410)

【审判实践中需要注意的问题】 ·················· （415）

【法条链接】 ································· （416）

第四十三条 ［物证和现场的勘验］ ·················· （418）

　　人民法院应当在勘验前将勘验的时间和地点通知当事人。当事人不参加的，不影响勘验进行。

　　当事人可以就勘验事项向人民法院进行解释和说明，可以请求人民法院注意勘验中的重要事项。

　　人民法院勘验物证或者现场，应当制作笔录，记录勘验的时间、地点、勘验人、在场人、勘验的经过、结果，由勘验人、在场人签名或者盖章。对于绘制的现场图应当注明绘制的时间、方位、测绘人姓名、身份等内容。

【条文主旨】 ································· （418）

【条文释义】 ································· （418）

【审判实践中需要注意的问题】 ·················· （423）

【法条链接】 ································· （424）

第四十四条 ［以摘录的方式复制书证］ ················ （426）

　　摘录有关单位制作的与案件事实相关的文件、材料，应当注明出处，并加盖制作单位或者保管单位的印章，摘录人和其他调查人员应当在摘录件上签名或者盖章。

　　摘录文件、材料应当保持内容相应的完整性。

【条文主旨】 ································· （426）

【条文释义】 ································· （426）

【审判实践中需要注意的问题】 ·················· （431）

【法条链接】 ································· （432）

第四十五条 ["书证提出命令"的申请条件] ……………… (433)

  当事人根据《最高人民法院关于适用〈中华人民共和国民事诉讼法〉的解释》第一百一十二条的规定申请人民法院责令对方当事人提交书证的，申请书应当载明所申请提交的书证名称或者内容、需要以该书证证明的事实及事实的重要性、对方当事人控制该书证的根据以及应当提交该书证的理由。

  对方当事人否认控制书证的，人民法院应当根据法律规定、习惯等因素，结合案件的事实、证据，对于书证是否在对方当事人控制之下的事实作出综合判断。

【条文主旨】 …………………………………………………… (433)
【条文释义】 …………………………………………………… (433)
【审判实践中需要注意的问题】 ……………………………… (439)
【法条链接】 …………………………………………………… (440)

第四十六条 [对当事人书证提出命令申请的审查处理] …… (441)

  人民法院对当事人提交书证的申请进行审查时，应当听取对方当事人的意见，必要时可以要求双方当事人提供证据、进行辩论。

  当事人申请提交的书证不明确、书证对于待证事实的证明无必要、待证事实对于裁判结果无实质性影响、书证未在对方当事人控制之下或者不符合本规定第四十七条情形的，人民法院不予准许。

  当事人申请理由成立的，人民法院应当作出裁定，责令对方当事人提交书证；理由不成立的，通知申请人。

【条文主旨】 …………………………………………………… (441)
【条文释义】 …………………………………………………… (441)
【审判实践中需要注意的问题】 ……………………………… (446)

【法条链接】 ·· (447)

第四十七条 ["书证提出命令"的客体范围] ········ (449)
　　下列情形，控制书证的当事人应当提交书证：
　　（一）控制书证的当事人在诉讼中曾经引用过的书证；
　　（二）为对方当事人的利益制作的书证；
　　（三）对方当事人依照法律规定有权查阅、获取的书证；
　　（四）账簿、记账原始凭证；
　　（五）人民法院认为应当提交书证的其他情形。
　　前款所列书证，涉及国家秘密、商业秘密、当事人或第三人的隐私，或者存在法律规定应当保密的情形的，提交后不得公开质证。

【条文主旨】 ·· (449)
【条文释义】 ·· (449)
【审判实践中需要注意的问题】 ·············· (457)
【法条链接】 ·· (457)

第四十八条 [不遵守"书证提出命令"的后果] ········ (458)
　　控制书证的当事人无正当理由拒不提交书证的，人民法院可以认定对方当事人所主张的书证内容为真实。
　　控制书证的当事人存在《最高人民法院关于适用〈中华人民共和国民事诉讼法〉的解释》第一百一十三条规定情形的，人民法院可以认定对方当事人主张以该书证证明的事实为真实。

【条文主旨】 ·· (458)
【条文释义】 ·· (458)
【审判实践中需要注意的问题】 ·············· (463)
【法条链接】 ·· (464)

最高人民法院司法解释

最高人民法院
关于修改《关于民事诉讼证据的若干规定》的决定

法释〔2019〕19号

（2019年10月14日最高人民法院审判委员会第1777次会议通过　2019年12月25日最高人民法院公告公布　自2020年5月1日起施行）

根据《中华人民共和国民事诉讼法》，最高人民法院审判委员会第1777次会议决定，对《关于民事诉讼证据的若干规定》作如下修改：

一、将第一条修改为：

"原告向人民法院起诉或者被告提出反诉，应当提供符合起诉条件的相应的证据"。

二、将第三条修改为第二条。

三、删去第二条、第四条、第五条、第六条、第七条。

四、将第八条第一款、第七十四条改为第三条，修改为：

"在诉讼过程中，一方当事人陈述的于己不利的事实，或者对于己不利的事实明确表示承认的，另一方当事人无需举证证明。

在证据交换、询问、调查过程中，或者在起诉状、答辩状、代理词等书面材料中，当事人明确承认于己不利的事实的，适用前款规定"。

五、将第八条第二款改为第四条，修改为：

"一方当事人对于另一方当事人主张的于己不利的事实既不承认也不否认，经审判人员说明并询问后，其仍然不明确表示肯定或者否定的,视为对该事实的承认"。

六、将第八条第三款改为第五条,修改为:

"当事人委托诉讼代理人参加诉讼的,除授权委托书明确排除的事项外,诉讼代理人的自认视为当事人的自认。

当事人在场对诉讼代理人的自认明确否认的,不视为自认"。

七、增加一条作为第六条:

"普通共同诉讼中,共同诉讼人中一人或者数人作出的自认,对作出自认的当事人发生效力。

必要共同诉讼中,共同诉讼人中一人或者数人作出自认而其他共同诉讼人予以否认的,不发生自认的效力。其他共同诉讼人既不承认也不否认,经审判人员说明并询问后仍然不明确表示意见的,视为全体共同诉讼人的自认"。

八、增加一条作为第七条:

"一方当事人对于另一方当事人主张的于己不利的事实有所限制或者附加条件予以承认的,由人民法院综合案件情况决定是否构成自认"。

九、增加一条作为第八条:

"《最高人民法院关于适用〈中华人民共和国民事诉讼法〉的解释》第九十六条第一款规定的事实,不适用有关自认的规定。

自认的事实与已经查明的事实不符的,人民法院不予确认"。

十、将第八条第四款改为第九条,修改为:

"有下列情形之一,当事人在法庭辩论终结前撤销自认的,人民法院应当准许:

(一)经对方当事人同意的;

(二)自认是在受胁迫或者重大误解情况下作出的。

人民法院准许当事人撤销自认的,应当作出口头或者书面裁定"。

十一、将第九条改为第十条,修改为:

"下列事实,当事人无须举证证明:

(一) 自然规律以及定理、定律；

(二) 众所周知的事实；

(三) 根据法律规定推定的事实；

(四) 根据已知的事实和日常生活经验法则推定出的另一事实；

(五) 已为仲裁机构的生效裁决所确认的事实；

(六) 已为人民法院发生法律效力的裁判所确认的基本事实；

(七) 已为有效公证文书所证明的事实。

前款第二项至第五项事实，当事人有相反证据足以反驳的除外；第六项、第七项事实，当事人有相反证据足以推翻的除外"。

十二、 将第十条修改为第十一条。

十三、 增加一条作为第十二条：

"以动产作为证据的，应当将原物提交人民法院。原物不宜搬移或者不宜保存的，当事人可以提供复制品、影像资料或者其他替代品。

人民法院在收到当事人提交的动产或者替代品后，应当及时通知双方当事人到人民法院或者保存现场查验"。

十四、 增加一条作为第十三条：

"当事人以不动产作为证据的，应当向人民法院提供该不动产的影像资料。

人民法院认为有必要的，应当通知双方当事人到场进行查验"。

十五、 增加一条作为第十四条：

"电子数据包括下列信息、电子文件：

(一) 网页、博客、微博客等网络平台发布的信息；

(二) 手机短信、电子邮件、即时通信、通讯群组等网络应用服务的通信信息；

(三) 用户注册信息、身份认证信息、电子交易记录、通信记录、登录日志等信息；

（四）文档、图片、音频、视频、数字证书、计算机程序等电子文件；

（五）其他以数字化形式存储、处理、传输的能够证明案件事实的信息"。

十六、增加一条作为第十五条：

"当事人以视听资料作为证据的，应当提供存储该视听资料的原始载体。

当事人以电子数据作为证据的，应当提供原件。电子数据的制作者制作的与原件一致的副本，或者直接来源于电子数据的打印件或其他可以显示、识别的输出介质，视为电子数据的原件"。

十七、将第十一条改为第十六条，修改为：

"当事人提供的公文书证系在中华人民共和国领域外形成的，该证据应当经所在国公证机关证明，或者履行中华人民共和国与该所在国订立的有关条约中规定的证明手续。

中华人民共和国领域外形成的涉及身份关系的证据，应当经所在国公证机关证明并经中华人民共和国驻该国使领馆认证，或者履行中华人民共和国与该所在国订立的有关条约中规定的证明手续。

当事人向人民法院提供的证据是在香港、澳门、台湾地区形成的，应当履行相关的证明手续"。

十八、将第十二条修改为第十七条。

十九、将第十三条改为第十八条，修改为：

"双方当事人无争议的事实符合《最高人民法院关于适用〈中华人民共和国民事诉讼法〉的解释》第九十六条第一款规定情形的，人民法院可以责令当事人提供有关证据"。

二十、将第十四条修改为第十九条。

二十一、删去第十五条、第十六条、第十七条。

二十二、删去第十九条第二款，将第十八条、第十九条第一款改为第二十条，修改为：

"当事人及其诉讼代理人申请人民法院调查收集证据，应当在举证期限届满前提交书面申请。

申请书应当载明被调查人的姓名或者单位名称、住所地等基本情况、所要调查收集的证据名称或者内容、需要由人民法院调查收集证据的原因及其要证明的事实以及明确的线索"。

二十三、将第二十条改为第二十一条，修改为：

"人民法院调查收集的书证，可以是原件，也可以是经核对无误的副本或者复制件。是副本或者复制件的，应当在调查笔录中说明来源和取证情况"。

二十四、将第二十一条改为第二十二条，修改为：

"人民法院调查收集的物证应当是原物。被调查人提供原物确有困难的，可以提供复制品或者影像资料。提供复制品或者影像资料的，应当在调查笔录中说明取证情况"。

二十五、将第二十二条改为第二十三条，修改为：

"人民法院调查收集视听资料、电子数据，应当要求被调查人提供原始载体。

提供原始载体确有困难的，可以提供复制件。提供复制件的，人民法院应当在调查笔录中说明其来源和制作经过。

人民法院对视听资料、电子数据采取证据保全措施的，适用前款规定"。

二十六、增加一条作为第二十四条：

"人民法院调查收集可能需要鉴定的证据，应当遵守相关技术规范，确保证据不被污染"。

二十七、将第二十三条改为第二十五条，修改为：

"当事人或者利害关系人根据民事诉讼法第八十一条的规定申请证据保全的，申请书应当载明需要保全的证据的基本情况、申请保全的理由以及采取何种保全措施等内容。

当事人根据民事诉讼法第八十一条第一款的规定申请证据保全的，应当在举证期限届满前向人民法院提出。

法律、司法解释对诉前证据保全有规定的，依照其规定办理"。

二十八、增加一条作为第二十六条：

"当事人或者利害关系人申请采取查封、扣押等限制保全标的物使用、流通等保全措施，或者保全可能对证据持有人造成损失的，人民法院应当责令申请人提供相应的担保。

担保方式或者数额由人民法院根据保全措施对证据持有人的影响、保全标的物的价值、当事人或者利害关系人争议的诉讼标的金额等因素综合确定"。

二十九、将第二十四条改为第二十七条，修改为：

"人民法院进行证据保全，可以要求当事人或者诉讼代理人到场。

根据当事人的申请和具体情况，人民法院可以采取查封、扣押、录音、录像、复制、鉴定、勘验等方法进行证据保全，并制作笔录。

在符合证据保全目的的情况下，人民法院应当选择对证据持有人利益影响最小的保全措施"。

三十、增加一条作为第二十八条：

"申请证据保全错误造成财产损失，当事人请求申请人承担赔偿责任的，人民法院应予支持"。

三十一、增加一条作为第二十九条：

"人民法院采取诉前证据保全措施后，当事人向其他有管辖权的人民法院提起诉讼的，采取保全措施的人民法院应当根据当事人的申请，将保全的证据及时移交受理案件的人民法院"。

三十二、增加一条作为第三十条：

"人民法院在审理案件过程中认为待证事实需要通过鉴定意见证明

的,应当向当事人释明,并指定提出鉴定申请的期间。

符合《最高人民法院关于适用〈中华人民共和国民事诉讼法〉的解释》第九十六条第一款规定情形的,人民法院应当依职权委托鉴定"。

三十三、将第二十五条改为第三十一条,修改为:

"当事人申请鉴定,应当在人民法院指定期间内提出,并预交鉴定费用。逾期不提出申请或者不预交鉴定费用的,视为放弃申请。

对需要鉴定的待证事实负有举证责任的当事人,在人民法院指定期间内无正当理由不提出鉴定申请或者不预交鉴定费用,或者拒不提供相关材料,致使待证事实无法查明的,应当承担举证不能的法律后果"。

三十四、将第二十六条改为第三十二条,修改为:

"人民法院准许鉴定申请的,应当组织双方当事人协商确定具备相应资格的鉴定人。当事人协商不成的,由人民法院指定。

人民法院依职权委托鉴定的,可以在询问当事人的意见后,指定具备相应资格的鉴定人。

人民法院在确定鉴定人后应当出具委托书,委托书中应当载明鉴定事项、鉴定范围、鉴定目的和鉴定期限"。

三十五、增加一条作为第三十三条:

"鉴定开始之前,人民法院应当要求鉴定人签署承诺书。承诺书中应当载明鉴定人保证客观、公正、诚实地进行鉴定,保证出庭作证,如作虚假鉴定应当承担法律责任等内容。

鉴定人故意作虚假鉴定的,人民法院应当责令其退还鉴定费用,并根据情节,依照民事诉讼法第一百一十一条的规定进行处罚"。

三十六、增加一条作为第三十四条:

"人民法院应当组织当事人对鉴定材料进行质证。未经质证的材料,不得作为鉴定的根据。

经人民法院准许，鉴定人可以调取证据、勘验物证和现场、询问当事人或者证人"。

三十七、增加一条作为第三十五条：

"鉴定人应当在人民法院确定的期限内完成鉴定，并提交鉴定书。

鉴定人无正当理由未按期提交鉴定书的，当事人可以申请人民法院另行委托鉴定人进行鉴定。人民法院准许的，原鉴定人已经收取的鉴定费用应当退还；拒不退还的，依照本规定第八十一条第二款的规定处理"。

三十八、将第二十九条改为第三十六条，修改为：

"人民法院对鉴定人出具的鉴定书，应当审查是否具有下列内容：

（一）委托法院的名称；

（二）委托鉴定的内容、要求；

（三）鉴定材料；

（四）鉴定所依据的原理、方法；

（五）对鉴定过程的说明；

（六）鉴定意见；

（七）承诺书。

鉴定书应当由鉴定人签名或者盖章，并附鉴定人的相应资格证明。委托机构鉴定的，鉴定书应当由鉴定机构盖章，并由从事鉴定的人员签名"。

三十九、增加一条作为第三十七条：

"人民法院收到鉴定书后，应当及时将副本送交当事人。

当事人对鉴定书的内容有异议的，应当在人民法院指定期间内以书面方式提出。

对于当事人的异议，人民法院应当要求鉴定人作出解释、说明或者补充。人民法院认为有必要的，可以要求鉴定人对当事人未提出异议的内容进行解释、说明或者补充"。

四十、增加一条作为第三十八条：

"当事人在收到鉴定人的书面答复后仍有异议的，人民法院应当根据《诉讼费用交纳办法》第十一条的规定，通知有异议的当事人预交鉴定人出庭费用，并通知鉴定人出庭。有异议的当事人不预交鉴定人出庭费用的，视为放弃异议。

双方当事人对鉴定意见均有异议的，分摊预交鉴定人出庭费用"。

四十一、增加一条作为第三十九条：

"鉴定人出庭费用按照证人出庭作证费用的标准计算，由败诉的当事人负担。因鉴定意见不明确或者有瑕疵需要鉴定人出庭的，出庭费用由其自行负担。

人民法院委托鉴定时已经确定鉴定人出庭费用包含在鉴定费用中的，不再通知当事人预交"。

四十二、将第二十七条改为第四十条，修改为：

"当事人申请重新鉴定，存在下列情形之一的，人民法院应当准许：

（一）鉴定人不具备相应资格的；

（二）鉴定程序严重违法的；

（三）鉴定意见明显依据不足的；

（四）鉴定意见不能作为证据使用的其他情形。

存在前款第一项至第三项情形的，鉴定人已经收取的鉴定费用应当退还。拒不退还的，依照本规定第八十一条第二款的规定处理。

对鉴定意见的瑕疵，可以通过补正、补充鉴定或者补充质证、重新质证等方法解决的，人民法院不予准许重新鉴定的申请。

重新鉴定的，原鉴定意见不得作为认定案件事实的根据"。

四十三、将第二十八条改为第四十一条，修改为：

"对于一方当事人就专门性问题自行委托有关机构或者人员出具的意见，另一方当事人有证据或者理由足以反驳并申请鉴定的，人民法院应予准许"。

四十四、增加一条作为第四十二条：

"鉴定意见被采信后，鉴定人无正当理由撤销鉴定意见的，人民法院应当责令其退还鉴定费用，并可以根据情节，依照民事诉讼法第一百一十一条的规定对鉴定人进行处罚。当事人主张鉴定人负担由此增加的合理费用的，人民法院应予支持。

人民法院采信鉴定意见后准许鉴定人撤销的，应当责令其退还鉴定费用"。

四十五、将第三十条改为第四十三条，修改为：

"人民法院应当在勘验前将勘验的时间和地点通知当事人。当事人不参加的，不影响勘验进行。

当事人可以就勘验事项向人民法院进行解释和说明，可以请求人民法院注意勘验中的重要事项。

人民法院勘验物证或者现场，应当制作笔录，记录勘验的时间、地点、勘验人、在场人、勘验的经过、结果，由勘验人、在场人签名或者盖章。对于绘制的现场图应当注明绘制的时间、方位、测绘人姓名、身份等内容"。

四十六、将第三十一条改为第四十四条，修改为：

"摘录有关单位制作的与案件事实相关的文件、材料，应当注明出处，并加盖制作单位或者保管单位的印章，摘录人和其他调查人员应当在摘录件上签名或者盖章。

摘录文件、材料应当保持内容相应的完整性"。

四十七、增加一条作为第四十五条：

"当事人根据《最高人民法院关于适用〈中华人民共和国民事诉讼法〉的解释》第一百一十二条的规定申请人民法院责令对方当事人提交书证的，申请书应当载明所申请提交的书证名称或者内容、需要以该书证证明的事实及事实的重要性、对方当事人控制该书证的根据以及应当提交该书证的理由。

对方当事人否认控制书证的，人民法院应当根据法律规定、习惯等因素，结合案件的事实、证据，对于书证是否在对方当事人控制之下的事实作出综合判断"。

四十八、增加一条作为第四十六条：

"人民法院对当事人提交书证的申请进行审查时，应当听取对方当事人的意见，必要时可以要求双方当事人提供证据、进行辩论。

当事人申请提交的书证不明确、书证对于待证事实的证明无必要、待证事实对于裁判结果无实质性影响、书证未在对方当事人控制之下或者不符合本规定第四十七条情形的，人民法院不予准许。

当事人申请理由成立的，人民法院应当作出裁定，责令对方当事人提交书证；理由不成立的，通知申请人"。

四十九、增加一条作为第四十七条：

"下列情形，控制书证的当事人应当提交书证：

（一）控制书证的当事人在诉讼中曾经引用过的书证；

（二）为对方当事人的利益制作的书证；

（三）对方当事人依照法律规定有权查阅、获取的书证；

（四）账簿、记账原始凭证；

（五）人民法院认为应当提交书证的其他情形。

前款所列书证，涉及国家秘密、商业秘密、当事人或第三人的隐私，或者存在法律规定应当保密的情形的，提交后不得公开质证"。

五十、增加一条作为第四十八条：

"控制书证的当事人无正当理由拒不提交书证的，人民法院可以认定对方当事人所主张的书证内容为真实。

控制书证的当事人存在《最高人民法院关于适用〈中华人民共和国民事诉讼法〉的解释》第一百一十三条规定情形的，人民法院可以认定对方当事人主张以该书证证明的事实为真实"。

五十一、将第三十二条修改为第四十九条。

五十二、将第三十三条第一款改为第五十条，修改为：

"人民法院应当在审理前的准备阶段向当事人送达举证通知书。

举证通知书应当载明举证责任的分配原则和要求、可以向人民法院申请调查收集证据的情形、人民法院根据案件情况指定的举证期限以及逾期提供证据的法律后果等内容"。

五十三、将第三十三条第二款、第三款改为第五十一条，修改为：

"举证期限可以由当事人协商，并经人民法院准许。

人民法院指定举证期限的，适用第一审普通程序审理的案件不得少于十五日，当事人提供新的证据的第二审案件不得少于十日。适用简易程序审理的案件不得超过十五日，小额诉讼案件的举证期限一般不得超过七日。

举证期限届满后，当事人提供反驳证据或者对已经提供的证据的来源、形式等方面的瑕疵进行补正的，人民法院可以酌情再次确定举证期限，该期限不受前款规定的期间限制"。

五十四、删去第三十四条。

五十五、增加一条作为第五十二条：

"当事人在举证期限内提供证据存在客观障碍，属于民事诉讼法第六十五条第二款规定的当事人在该期限内提供证据确有困难的情形。

前款情形，人民法院应当根据当事人的举证能力、不能在举证期限内提供证据的原因等因素综合判断。必要时，可以听取对方当事人的意见"。

五十六、将第三十五条改为第五十三条，修改为：

"诉讼过程中，当事人主张的法律关系性质或者民事行为效力与人民法院根据案件事实作出的认定不一致的，人民法院应当将法律关系性质或者民事行为效力作为焦点问题进行审理。但法律关系性质对裁判理由及结果没有影响，或者有关问题已经当事人充分辩论的除外。

存在前款情形，当事人根据法庭审理情况变更诉讼请求的，人民法院应当准许并可以根据案件的具体情况重新指定举证期限"。

五十七、将第三十六条改为第五十四条，修改为：

"当事人申请延长举证期限的，应当在举证期限届满前向人民法院提出书面申请。

申请理由成立的，人民法院应当准许，适当延长举证期限，并通知其他当事人。延长的举证期限适用于其他当事人。

申请理由不成立的，人民法院不予准许，并通知申请人"。

五十八、增加一条作为第五十五条：

"存在下列情形的，举证期限按照如下方式确定：

（一）当事人依照民事诉讼法第一百二十七条规定提出管辖权异议的，举证期限中止，自驳回管辖权异议的裁定生效之日起恢复计算；

（二）追加当事人、有独立请求权的第三人参加诉讼或者无独立请求权的第三人经人民法院通知参加诉讼的，人民法院应当依照本规定第五十一条的规定为新参加诉讼的当事人确定举证期限，该举证期限适用于其他当事人；

（三）发回重审的案件，第一审人民法院可以结合案件具体情况和发回重审的原因，酌情确定举证期限；

（四）当事人增加、变更诉讼请求或者提出反诉的，人民法院应当根据案件具体情况重新确定举证期限；

（五）公告送达的，举证期限自公告期届满之次日起计算"。

五十九、删去第三十七条。

六十、将第三十八条改为第五十六条，修改为：

"人民法院依照民事诉讼法第一百三十三条第四项的规定，通过组织证据交换进行审理前准备的，证据交换之日举证期限届满。

证据交换的时间可以由当事人协商一致并经人民法院认可，也可以由人民法院指定。当事人申请延期举证经人民法院准许的，证据交换日相应顺延"。

六十一、将第三十九条修改为第五十七条。

六十二、将第四十条改为第五十八条，修改为：

"当事人收到对方的证据后有反驳证据需要提交的，人民法院应当再次组织证据交换"。

六十三、删去第四十一条、第四十二条、第四十三条、第四十四条、第四十五条、第四十六条。

六十四、增加一条作为第五十九条：

"人民法院对逾期提供证据的当事人处以罚款的，可以结合当事人逾期提供证据的主观过错程度、导致诉讼迟延的情况、诉讼标的金额等因素，确定罚款数额"。

六十五、将第四十七条改为第六十条，修改为：

"当事人在审理前的准备阶段或者人民法院调查、询问过程中发表过质证意见的证据，视为质证过的证据。

当事人要求以书面方式发表质证意见，人民法院在听取对方当事人意见后认为有必要的，可以准许。人民法院应当及时将书面质证意见送交对方当事人"。

六十六、删去第四十八条。

六十七、将第四十九条改为第六十一条，修改为：

"对书证、物证、视听资料进行质证时，当事人应当出示证据的原件或者原物。但有下列情形之一的除外：

（一）出示原件或者原物确有困难并经人民法院准许出示复制件或者复制品的；

（二）原件或者原物已不存在，但有证据证明复制件、复制品与原件或者原物一致的"。

六十八、删去第五十条。

六十九、将第五十一条改为第六十二条，修改为：

"质证一般按下列顺序进行：

（一）原告出示证据，被告、第三人与原告进行质证；

（二）被告出示证据，原告、第三人与被告进行质证；

（三）第三人出示证据，原告、被告与第三人进行质证。

人民法院根据当事人申请调查收集的证据，审判人员对调查收集证据的情况进行说明后，由提出申请的当事人与对方当事人、第三人进行质证。

人民法院依职权调查收集的证据，由审判人员对调查收集证据的情况进行说明后，听取当事人的意见"。

七十、删去第五十二条。

七十一、增加一条作为第六十三条：

"当事人应当就案件事实作真实、完整的陈述。

当事人的陈述与此前陈述不一致的，人民法院应当责令其说明理由，并结合当事人的诉讼能力、证据和案件具体情况进行审查认定。

当事人故意作虚假陈述妨碍人民法院审理的，人民法院应当根据情节，依照民事诉讼法第一百一十一条规定进行处罚"。

七十二、增加一条作为第六十四条：

"人民法院认为有必要的，可以要求当事人本人到场，就案件的有关事实接受询问。

人民法院要求当事人到场接受询问的，应当通知当事人询问的时间、地点、拒不到场的后果等内容"。

七十三、增加一条作为第六十五条：

"人民法院应当在询问前责令当事人签署保证书并宣读保证书的内容。

保证书应当载明保证据实陈述，绝无隐瞒、歪曲、增减，如有虚假陈述应当接受处罚等内容。当事人应当在保证书上签名、捺印。

当事人有正当理由不能宣读保证书的，由书记员宣读并进行说明"。

七十四、增加一条作为第六十六条：

"当事人无正当理由拒不到场、拒不签署或宣读保证书或者拒不接受询问的，人民法院应当综合案件情况，判断待证事实的真伪。待证事实无其他证据证明的，人民法院应当作出不利于该当事人的认定"。

七十五、将第五十三条改为第六十七条，修改为：

"不能正确表达意思的人，不能作为证人。

待证事实与其年龄、智力状况或者精神健康状况相适应的无民事行为能力人和限制民事行为能力人，可以作为证人"。

七十六、将第五十五条改为第六十八条，修改为：

"人民法院应当要求证人出庭作证，接受审判人员和当事人的询问。证人在审理前的准备阶段或者人民法院调查、询问等双方当事人在场时陈述证言的，视为出庭作证。

双方当事人同意证人以其他方式作证并经人民法院准许的，证人可以不出庭作证。

无正当理由未出庭的证人以书面等方式提供的证言，不得作为认定案件事实的根据"。

七十七、增加一条作为第六十九条：

"当事人申请证人出庭作证的，应当在举证期限届满前向人民法院提交申请书。

申请书应当载明证人的姓名、职业、住所、联系方式，作证的主要内容，作证内容与待证事实的关联性，以及证人出庭作证的必要性。

符合《最高人民法院关于适用〈中华人民共和国民事诉讼法〉的解释》第九十六条第一款规定情形的，人民法院应当依职权通知证人出庭作证"。

七十八、将第五十四条改为第七十条，修改为：

"人民法院准许证人出庭作证申请的，应当向证人送达通知书并告知双方当事人。通知书中应当载明证人作证的时间、地点，作证的事项、要求以及作伪证的法律后果等内容。

当事人申请证人出庭作证的事项与待证事实无关，或者没有通知证人出庭作证必要的，人民法院不予准许当事人的申请"。

七十九、增加一条作为第七十一条：

"人民法院应当要求证人在作证之前签署保证书，并在法庭上宣读保证书的内容。但无民事行为能力人和限制民事行为能力人作为证人的除外。

证人确有正当理由不能宣读保证书的，由书记员代为宣读并进行说明。

证人拒绝签署或者宣读保证书的，不得作证，并自行承担相关费用。

证人保证书的内容适用当事人保证书的规定"。

八十、删去第五十六条。

八十一、将第五十七条改为第七十二条，修改为：

"证人应当客观陈述其亲身感知的事实，作证时不得使用猜测、推断或者评论性语言。

证人作证前不得旁听法庭审理，作证时不得以宣读事先准备的书面材料的方式陈述证言。

证人言辞表达有障碍的，可以通过其他表达方式作证"。

八十二、增加一条作为第七十三条：

"证人应当就其作证的事项进行连续陈述。

当事人及其法定代理人、诉讼代理人或者旁听人员干扰证人陈述的，人民法院应当及时制止，必要时可以依照民事诉讼法第一百一十条的规定进行处罚"。

八十三、将第五十八条改为第七十四条，修改为：

"审判人员可以对证人进行询问。当事人及其诉讼代理人经审判人员许可后可以询问证人。

询问证人时其他证人不得在场。

人民法院认为有必要的，可以要求证人之间进行对质"。

八十四、增加一条作为第七十五条：

"证人出庭作证后，可以向人民法院申请支付证人出庭作证费用。证人有困难需要预先支取出庭作证费用的，人民法院可以根据证人的申请在出庭作证前支付"。

八十五、增加一条作为第七十六条：

"证人确有困难不能出庭作证，申请以书面证言、视听传输技术或者视听资料等方式作证的，应当向人民法院提交申请书。申请书中应当载明不能出庭的具体原因。

符合民事诉讼法第七十三条规定情形的，人民法院应当准许"。

八十六、增加一条作为第七十七条：

"证人经人民法院准许，以书面证言方式作证的，应当签署保证书；以视听传输技术或者视听资料方式作证的，应当签署保证书并宣读保证书的内容"。

八十七、增加一条作为第七十八条：

"当事人及其诉讼代理人对证人的询问与待证事实无关，或者存在威胁、侮辱证人或不适当引导等情形的，审判人员应当及时制止。必要时可以依照民事诉讼法第一百一十条、第一百一十一条的规定进行处罚。

证人故意作虚假陈述，诉讼参与人或者其他人以暴力、威胁、贿买等方法妨碍证人作证，或者在证人作证后以侮辱、诽谤、诬陷、恐吓、殴打等方式对证人打击报复的，人民法院应当根据情节，依照民事诉讼法第一百一十一条的规定，对行为人进行处罚"。

八十八、增加一条作为第七十九条：

"鉴定人依照民事诉讼法第七十八条的规定出庭作证的，人民法院应当在开庭审理三日前将出庭的时间、地点及要求通知鉴定人。

委托机构鉴定的，应当由从事鉴定的人员代表机构出庭"。

八十九、将第五十九条改为第八十条，修改为：

"鉴定人应当就鉴定事项如实答复当事人的异议和审判人员的询问。当庭答复确有困难的，经人民法院准许，可以在庭审结束后书面答复。

人民法院应当及时将书面答复送交当事人，并听取当事人的意见。必要时，可以再次组织质证"。

九十、增加一条作为第八十一条：

"鉴定人拒不出庭作证的，鉴定意见不得作为认定案件事实的根据。人民法院应当建议有关主管部门或者组织对拒不出庭作证的鉴定人予以处罚。

当事人要求退还鉴定费用的，人民法院应当在三日内作出裁定，责令鉴定人退还；拒不退还的，由人民法院依法执行。

当事人因鉴定人拒不出庭作证申请重新鉴定的，人民法院应当准许"。

九十一、将第六十条改为第八十二条，修改为：

"经法庭许可，当事人可以询问鉴定人、勘验人。

询问鉴定人、勘验人不得使用威胁、侮辱等不适当的言语和方式"。

九十二、删去第六十一条。

九十三、增加一条作为第八十三条：

"当事人依照民事诉讼法第七十九条和《最高人民法院关于适用〈中华人民共和国民事诉讼法〉的解释》第一百二十二条的规定，申请有专门知识的人出庭的，申请书中应当载明有专门知识的人的基本情况和申请的目的。

人民法院准许当事人申请的，应当通知双方当事人"。

九十四、增加一条作为第八十四条：

"审判人员可以对有专门知识的人进行询问。经法庭准许，当事人可以对有专门知识的人进行询问，当事人各自申请的有专门知识的人可以就案件中的有关问题进行对质。

有专门知识的人不得参与对鉴定意见质证或者就专业问题发表意见之外的法庭审理活动"。

九十五、删去第六十二条。

九十六、将第六十三条、第六十四条改为第八十五条，修改为：

"人民法院应当以证据能够证明的案件事实为根据依法作出裁判。

审判人员应当依照法定程序，全面、客观地审核证据，依据法律的规定，遵循法官职业道德，运用逻辑推理和日常生活经验，对证据有无证明力和证明力大小独立进行判断，并公开判断的理由和结果"。

九十七、增加一条作为第八十六条：

"当事人对于欺诈、胁迫、恶意串通事实的证明，以及对于口头遗嘱或赠与事实的证明，人民法院确信该待证事实存在的可能性能够排除合理怀疑的，应当认定该事实存在。

与诉讼保全、回避等程序事项有关的事实，人民法院结合当事人的说明及相关证据，认为有关事实存在的可能性较大的，可以认定该事实存在"。

九十八、将第六十五条改为第八十七条，修改为：

"审判人员对单一证据可以从下列方面进行审核认定：

（一）证据是否为原件、原物，复制件、复制品与原件、原物是否相符；

（二）证据与本案事实是否相关；

（三）证据的形式、来源是否符合法律规定；

（四）证据的内容是否真实；

（五）证人或者提供证据的人与当事人有无利害关系"。

九十九、将第六十六条修改为第八十八条。

一百、增加一条作为第八十九条：

"当事人在诉讼过程中认可的证据，人民法院应当予以确认。但法律、司法解释另有规定的除外。

当事人对认可的证据反悔的，参照《最高人民法院关于适用〈中华人民共和国民事诉讼法〉的解释》第二百二十九条的规定处理"。

一百零一、删去第六十七条、第六十八条。

一百零二、将第六十九条改为第九十条，修改为：

"下列证据不能单独作为认定案件事实的根据：

（一）当事人的陈述；

（二）无民事行为能力人或者限制民事行为能力人所作的与其年龄、智力状况或者精神健康状况不相当的证言；

（三）与一方当事人或者其代理人有利害关系的证人陈述的证言；

（四）存有疑点的视听资料、电子数据；

（五）无法与原件、原物核对的复制件、复制品"。

一百零三、增加一条作为第九十一条：

"公文书证的制作者根据文书原件制作的载有部分或者全部内容的副本，与正本具有相同的证明力。

在国家机关存档的文件，其复制件、副本、节录本经档案部门或者制作原本的机关证明其内容与原本一致的，该复制件、副本、节录本具有与原本相同的证明力"。

一百零四、增加一条作为第九十二条：

"私文书证的真实性，由主张以私文书证证明案件事实的当事人承担举证责任。

私文书证由制作者或者其代理人签名、盖章或捺印的，推定为真实。

私文书证上有删除、涂改、增添或者其他形式瑕疵的，人民法院应当综合案件的具体情况判断其证明力"。

一百零五、增加一条作为第九十三条:

"人民法院对于电子数据的真实性,应当结合下列因素综合判断:

(一)电子数据的生成、存储、传输所依赖的计算机系统的硬件、软件环境是否完整、可靠;

(二)电子数据的生成、存储、传输所依赖的计算机系统的硬件、软件环境是否处于正常运行状态,或者不处于正常运行状态时对电子数据的生成、存储、传输是否有影响;

(三)电子数据的生成、存储、传输所依赖的计算机系统的硬件、软件环境是否具备有效的防止出错的监测、核查手段;

(四)电子数据是否被完整地保存、传输、提取,保存、传输、提取的方法是否可靠;

(五)电子数据是否在正常的往来活动中形成和存储;

(六)保存、传输、提取电子数据的主体是否适当;

(七)影响电子数据完整性和可靠性的其他因素。

人民法院认为有必要的,可以通过鉴定或者勘验等方法,审查判断电子数据的真实性"。

一百零六、增加一条作为第九十四条:

"电子数据存在下列情形的,人民法院可以确认其真实性,但有足以反驳的相反证据的除外:

(一)由当事人提交或者保管的于己不利的电子数据;

(二)由记录和保存电子数据的中立第三方平台提供或者确认的;

(三)在正常业务活动中形成的;

(四)以档案管理方式保管的;

(五)以当事人约定的方式保存、传输、提取的。

电子数据的内容经公证机关公证的,人民法院应当确认其真实性,但有相反证据足以推翻的除外"。

一百零七、删去第七十条、第七十一条、第七十二条、第七十三条、第七十四条。

一百零八、将第七十五条改为第九十五条，修改为：

"一方当事人控制证据无正当理由拒不提交，对待证事实负有举证责任的当事人主张该证据的内容不利于控制人的，人民法院可以认定该主张成立"。

一百零九、删去第七十六条、第七十七条。

一百一十、将第七十八条修改为第九十六条。

一百一十一、将第七十九条修改为第九十七条。

一百一十二、将第八十条改为第九十八条，修改为：

"对证人、鉴定人、勘验人的合法权益依法予以保护。

当事人或者其他诉讼参与人伪造、毁灭证据，提供虚假证据，阻止证人作证，指使、贿买、胁迫他人作伪证，或者对证人、鉴定人、勘验人打击报复的，依照民事诉讼法第一百一十条、第一百一十一条的规定进行处罚"。

一百一十三、增加一条作为第九十九条：

"本规定对证据保全没有规定的，参照适用法律、司法解释关于财产保全的规定。

除法律、司法解释另有规定外，对当事人、鉴定人、有专门知识的人的询问参照适用本规定中关于询问证人的规定；关于书证的规定适用于视听资料、电子数据；存储在电子计算机等电子介质中的视听资料，适用电子数据的规定"。

一百一十四、删去第八十一条、第八十二条。

一百一十五、将第八十三条改为第一百条，修改为：

"本规定自 2020 年 5 月 1 日起施行。

本规定公布施行后，最高人民法院以前发布的司法解释与本规定不一致的，不再适用"。

最高人民法院
关于民事诉讼证据的若干规定

(2001年12月6日最高人民法院审判委员会第1201次会议通过 根据2019年10月14日最高人民法院审判委员会第1777次会议《关于修改〈关于民事诉讼证据的若干规定〉的决定》修正)

为保证人民法院正确认定案件事实，公正、及时审理民事案件，保障和便利当事人依法行使诉讼权利，根据《中华人民共和国民事诉讼法》(以下简称民事诉讼法)等有关法律的规定，结合民事审判经验和实际情况，制定本规定。

一、当事人举证

第一条 原告向人民法院起诉或者被告提出反诉，应当提供符合起诉条件的相应的证据。

第二条 人民法院应当向当事人说明举证的要求及法律后果，促使当事人在合理期限内积极、全面、正确、诚实地完成举证。

当事人因客观原因不能自行收集的证据，可申请人民法院调查收集。

第三条 在诉讼过程中，一方当事人陈述的于己不利的事实，或者对于己不利的事实明确表示承认的，另一方当事人无需举证证明。

在证据交换、询问、调查过程中，或者在起诉状、答辩状、代理词等书面材料中，当事人明确承认于己不利的事实的，适用前款规定。

第四条　一方当事人对于另一方当事人主张的于己不利的事实既不承认也不否认，经审判人员说明并询问后，其仍然不明确表示肯定或者否定的，视为对该事实的承认。

第五条　当事人委托诉讼代理人参加诉讼的，除授权委托书明确排除的事项外，诉讼代理人的自认视为当事人的自认。

当事人在场对诉讼代理人的自认明确否认的，不视为自认。

第六条　普通共同诉讼中，共同诉讼人中一人或者数人作出的自认，对作出自认的当事人发生效力。

必要共同诉讼中，共同诉讼人中一人或者数人作出自认而其他共同诉讼人予以否认的，不发生自认的效力。其他共同诉讼人既不承认也不否认，经审判人员说明并询问后仍然不明确表示意见的，视为全体共同诉讼人的自认。

第七条　一方当事人对于另一方当事人主张的于己不利的事实有所限制或者附加条件予以承认的，由人民法院综合案件情况决定是否构成自认。

第八条　《最高人民法院关于适用〈中华人民共和国民事诉讼法〉的解释》第九十六条第一款规定的事实，不适用有关自认的规定。

自认的事实与已经查明的事实不符的，人民法院不予确认。

第九条　有下列情形之一，当事人在法庭辩论终结前撤销自认的，人民法院应当准许：

（一）经对方当事人同意的；

（二）自认是在受胁迫或者重大误解情况下作出的。

人民法院准许当事人撤销自认的，应当作出口头或者书面裁定。

第十条　下列事实，当事人无须举证证明：

（一）自然规律以及定理、定律；

（二）众所周知的事实；

（三）根据法律规定推定的事实；

（四）根据已知的事实和日常生活经验法则推定出的另一事实；

（五）已为仲裁机构的生效裁决所确认的事实；

（六）已为人民法院发生法律效力的裁判所确认的基本事实；

（七）已为有效公证文书所证明的事实。

前款第二项至第五项事实，当事人有相反证据足以反驳的除外；第六项、第七项事实，当事人有相反证据足以推翻的除外。

第十一条 当事人向人民法院提供证据，应当提供原件或者原物。如需自己保存证据原件、原物或者提供原件、原物确有困难的，可以提供经人民法院核对无异的复制件或者复制品。

第十二条 以动产作为证据的，应当将原物提交人民法院。原物不宜搬移或者不宜保存的，当事人可以提供复制品、影像资料或者其他替代品。

人民法院在收到当事人提交的动产或者替代品后，应当及时通知双方当事人到人民法院或者保存现场查验。

第十三条 当事人以不动产作为证据的，应当向人民法院提供该不动产的影像资料。

人民法院认为有必要的，应当通知双方当事人到场进行查验。

第十四条 电子数据包括下列信息、电子文件：

（一）网页、博客、微博客等网络平台发布的信息；

（二）手机短信、电子邮件、即时通信、通讯群组等网络应用服务的通信信息；

（三）用户注册信息、身份认证信息、电子交易记录、通信记录、登录日志等信息；

（四）文档、图片、音频、视频、数字证书、计算机程序等电子文件；

（五）其他以数字化形式存储、处理、传输的能够证明案件事实的信息。

第十五条 当事人以视听资料作为证据的,应当提供存储该视听资料的原始载体。

当事人以电子数据作为证据的,应当提供原件。电子数据的制作者制作的与原件一致的副本,或者直接来源于电子数据的打印件或其他可以显示、识别的输出介质,视为电子数据的原件。

第十六条 当事人提供的公文书证系在中华人民共和国领域外形成的,该证据应当经所在国公证机关证明,或者履行中华人民共和国与该所在国订立的有关条约中规定的证明手续。

中华人民共和国领域外形成的涉及身份关系的证据,应当经所在国公证机关证明并经中华人民共和国驻该国使领馆认证,或者履行中华人民共和国与该所在国订立的有关条约中规定的证明手续。

当事人向人民法院提供的证据是在香港、澳门、台湾地区形成的,应当履行相关的证明手续。

第十七条 当事人向人民法院提供外文书证或者外文说明资料,应当附有中文译本。

第十八条 双方当事人无争议的事实符合《最高人民法院关于适用〈中华人民共和国民事诉讼法〉的解释》第九十六条第一款规定情形的,人民法院可以责令当事人提供有关证据。

第十九条 当事人应当对其提交的证据材料逐一分类编号,对证据材料的来源、证明对象和内容作简要说明,签名盖章,注明提交日期,并依照对方当事人人数提出副本。

人民法院收到当事人提交的证据材料,应当出具收据,注明证据的名称、份数和页数以及收到的时间,由经办人员签名或者盖章。

二、证据的调查收集和保全

第二十条 当事人及其诉讼代理人申请人民法院调查收集证据,应当在举证期限届满前提交书面申请。

申请书应当载明被调查人的姓名或者单位名称、住所地等基本情况、所要调查收集的证据名称或者内容、需要由人民法院调查收集证据的原因及其要证明的事实以及明确的线索。

第二十一条　人民法院调查收集的书证，可以是原件，也可以是经核对无误的副本或者复制件。是副本或者复制件的，应当在调查笔录中说明来源和取证情况。

第二十二条　人民法院调查收集的物证应当是原物。被调查人提供原物确有困难的，可以提供复制品或者影像资料。提供复制品或者影像资料的，应当在调查笔录中说明取证情况。

第二十三条　人民法院调查收集视听资料、电子数据，应当要求被调查人提供原始载体。

提供原始载体确有困难的，可以提供复制件。提供复制件的，人民法院应当在调查笔录中说明其来源和制作经过。

人民法院对视听资料、电子数据采取证据保全措施的，适用前款规定。

第二十四条　人民法院调查收集可能需要鉴定的证据，应当遵守相关技术规范，确保证据不被污染。

第二十五条　当事人或者利害关系人根据民事诉讼法第八十一条的规定申请证据保全的，申请书应当载明需要保全的证据的基本情况、申请保全的理由以及采取何种保全措施等内容。

当事人根据民事诉讼法第八十一条第一款的规定申请证据保全的，应当在举证期限届满前向人民法院提出。

法律、司法解释对诉前证据保全有规定的，依照其规定办理。

第二十六条　当事人或者利害关系人申请采取查封、扣押等限制保全标的物使用、流通等保全措施，或者保全可能对证据持有人造成损失的，人民法院应当责令申请人提供相应的担保。

担保方式或者数额由人民法院根据保全措施对证据持有人的影响、

保全标的物的价值、当事人或者利害关系人争议的诉讼标的金额等因素综合确定。

第二十七条 人民法院进行证据保全，可以要求当事人或者诉讼代理人到场。

根据当事人的申请和具体情况，人民法院可以采取查封、扣押、录音、录像、复制、鉴定、勘验等方法进行证据保全，并制作笔录。

在符合证据保全目的的情况下，人民法院应当选择对证据持有人利益影响最小的保全措施。

第二十八条 申请证据保全错误造成财产损失，当事人请求申请人承担赔偿责任的，人民法院应予支持。

第二十九条 人民法院采取诉前证据保全措施后，当事人向其他有管辖权的人民法院提起诉讼的，采取保全措施的人民法院应当根据当事人的申请，将保全的证据及时移交受理案件的人民法院。

第三十条 人民法院在审理案件过程中认为待证事实需要通过鉴定意见证明的，应当向当事人释明，并指定提出鉴定申请的期间。

符合《最高人民法院关于适用〈中华人民共和国民事诉讼法〉的解释》第九十六条第一款规定情形的，人民法院应当依职权委托鉴定。

第三十一条 当事人申请鉴定，应当在人民法院指定期间内提出，并预交鉴定费用。逾期不提出申请或者不预交鉴定费用的，视为放弃申请。

对需要鉴定的待证事实负有举证责任的当事人，在人民法院指定期间内无正当理由不提出鉴定申请或者不预交鉴定费用，或者拒不提供相关材料，致使待证事实无法查明的，应当承担举证不能的法律后果。

第三十二条 人民法院准许鉴定申请的，应当组织双方当事人协商确定具备相应资格的鉴定人。当事人协商不成的，由人民法院指定。

人民法院依职权委托鉴定的，可以在询问当事人的意见后，指定具备相应资格的鉴定人。

人民法院在确定鉴定人后应当出具委托书，委托书中应当载明鉴定事项、鉴定范围、鉴定目的和鉴定期限。

第三十三条 鉴定开始之前，人民法院应当要求鉴定人签署承诺书。承诺书中应当载明鉴定人保证客观、公正、诚实地进行鉴定，保证出庭作证，如作虚假鉴定应当承担法律责任等内容。

鉴定人故意作虚假鉴定的，人民法院应当责令其退还鉴定费用，并根据情节，依照民事诉讼法第一百一十一条的规定进行处罚。

第三十四条 人民法院应当组织当事人对鉴定材料进行质证。未经质证的材料，不得作为鉴定的根据。

经人民法院准许，鉴定人可以调取证据、勘验物证和现场、询问当事人或者证人。

第三十五条 鉴定人应当在人民法院确定的期限内完成鉴定，并提交鉴定书。

鉴定人无正当理由未按期提交鉴定书的，当事人可以申请人民法院另行委托鉴定人进行鉴定。人民法院准许的，原鉴定人已经收取的鉴定费用应当退还；拒不退还的，依照本规定第八十一条第二款的规定处理。

第三十六条 人民法院对鉴定人出具的鉴定书，应当审查是否具有下列内容：

（一）委托法院的名称；

（二）委托鉴定的内容、要求；

（三）鉴定材料；

（四）鉴定所依据的原理、方法；

（五）对鉴定过程的说明；

（六）鉴定意见；

（七）承诺书。

鉴定书应当由鉴定人签名或者盖章，并附鉴定人的相应资格证明。委托机构鉴定的，鉴定书应当由鉴定机构盖章，并由从事鉴定的人员签名。

第三十七条 人民法院收到鉴定书后，应当及时将副本送交当事人。

当事人对鉴定书的内容有异议的，应当在人民法院指定期间内以书面方式提出。

对于当事人的异议，人民法院应当要求鉴定人作出解释、说明或者补充。人民法院认为有必要的，可以要求鉴定人对当事人未提出异议的内容进行解释、说明或者补充。

第三十八条 当事人在收到鉴定人的书面答复后仍有异议的，人民法院应当根据《诉讼费用交纳办法》第十一条的规定，通知有异议的当事人预交鉴定人出庭费用，并通知鉴定人出庭。有异议的当事人不预交鉴定人出庭费用的，视为放弃异议。

双方当事人对鉴定意见均有异议的，分摊预交鉴定人出庭费用。

第三十九条 鉴定人出庭费用按照证人出庭作证费用的标准计算，由败诉的当事人负担。因鉴定意见不明确或者有瑕疵需要鉴定人出庭的，出庭费用由其自行负担。

人民法院委托鉴定时已经确定鉴定人出庭费用包含在鉴定费用中的，不再通知当事人预交。

第四十条 当事人申请重新鉴定，存在下列情形之一的，人民法院应当准许：

（一）鉴定人不具备相应资格的；

（二）鉴定程序严重违法的；

（三）鉴定意见明显依据不足的；

（四）鉴定意见不能作为证据使用的其他情形。

存在前款第一项至第三项情形的，鉴定人已经收取的鉴定费用应当退还。拒不退还的，依照本规定第八十一条第二款的规定处理。

对鉴定意见的瑕疵，可以通过补正、补充鉴定或者补充质证、重新质证等方法解决的，人民法院不予准许重新鉴定的申请。

重新鉴定的，原鉴定意见不得作为认定案件事实的根据。

第四十一条 对于一方当事人就专门性问题自行委托有关机构或者人员出具的意见，另一方当事人有证据或者理由足以反驳并申请鉴定的，人民法院应予准许。

第四十二条 鉴定意见被采信后，鉴定人无正当理由撤销鉴定意见的，人民法院应当责令其退还鉴定费用，并可以根据情节，依照民事诉讼法第一百一十一条的规定对鉴定人进行处罚。当事人主张鉴定人负担由此增加的合理费用的，人民法院应予支持。

人民法院采信鉴定意见后准许鉴定人撤销的，应当责令其退还鉴定费用。

第四十三条 人民法院应当在勘验前将勘验的时间和地点通知当事人。当事人不参加的，不影响勘验进行。

当事人可以就勘验事项向人民法院进行解释和说明，可以请求人民法院注意勘验中的重要事项。

人民法院勘验物证或者现场，应当制作笔录，记录勘验的时间、地点、勘验人、在场人、勘验的经过、结果，由勘验人、在场人签名或者盖章。对于绘制的现场图应当注明绘制的时间、方位、测绘人姓名、身份等内容。

第四十四条 摘录有关单位制作的与案件事实相关的文件、材料，应当注明出处，并加盖制作单位或者保管单位的印章，摘录人和其他调查人员应当在摘录件上签名或者盖章。

摘录文件、材料应当保持内容相应的完整性。

第四十五条 当事人根据《最高人民法院关于适用〈中华人民共和国民事诉讼法〉的解释》第一百一十二条的规定申请人民法院责令

对方当事人提交书证的，申请书应当载明所申请提交的书证名称或者内容、需要以该书证证明的事实及事实的重要性、对方当事人控制该书证的根据以及应当提交该书证的理由。

对方当事人否认控制书证的，人民法院应当根据法律规定、习惯等因素，结合案件的事实、证据，对于书证是否在对方当事人控制之下的事实作出综合判断。

第四十六条 人民法院对当事人提交书证的申请进行审查时，应当听取对方当事人的意见，必要时可以要求双方当事人提供证据、进行辩论。

当事人申请提交的书证不明确、书证对于待证事实的证明无必要、待证事实对于裁判结果无实质性影响、书证未在对方当事人控制之下或者不符合本规定第四十七条情形的，人民法院不予准许。

当事人申请理由成立的，人民法院应当作出裁定，责令对方当事人提交书证；理由不成立的，通知申请人。

第四十七条 下列情形，控制书证的当事人应当提交书证：

（一）控制书证的当事人在诉讼中曾经引用过的书证；

（二）为对方当事人的利益制作的书证；

（三）对方当事人依照法律规定有权查阅、获取的书证；

（四）账簿、记账原始凭证；

（五）人民法院认为应当提交书证的其他情形。

前款所列书证，涉及国家秘密、商业秘密、当事人或第三人的隐私，或者存在法律规定应当保密的情形的，提交后不得公开质证。

第四十八条 控制书证的当事人无正当理由拒不提交书证的，人民法院可以认定对方当事人所主张的书证内容为真实。

控制书证的当事人存在《最高人民法院关于适用〈中华人民共和国民事诉讼法〉的解释》第一百一十三条规定情形的，人民法院可以认定对方当事人主张以该书证证明的事实为真实。

三、举证时限与证据交换

第四十九条 被告应当在答辩期届满前提出书面答辩，阐明其对原告诉讼请求及所依据的事实和理由的意见。

第五十条 人民法院应当在审理前的准备阶段向当事人送达举证通知书。

举证通知书应当载明举证责任的分配原则和要求、可以向人民法院申请调查收集证据的情形、人民法院根据案件情况指定的举证期限以及逾期提供证据的法律后果等内容。

第五十一条 举证期限可以由当事人协商，并经人民法院准许。

人民法院指定举证期限的，适用第一审普通程序审理的案件不得少于十五日，当事人提供新的证据的第二审案件不得少于十日。适用简易程序审理的案件不得超过十五日，小额诉讼案件的举证期限一般不得超过七日。

举证期限届满后，当事人提供反驳证据或者对已经提供的证据的来源、形式等方面的瑕疵进行补正的，人民法院可以酌情再次确定举证期限，该期限不受前款规定的期间限制。

第五十二条 当事人在举证期限内提供证据存在客观障碍，属于民事诉讼法第六十五条第二款规定的"当事人在该期限内提供证据确有困难"的情形。

前款情形，人民法院应当根据当事人的举证能力、不能在举证期限内提供证据的原因等因素综合判断。必要时，可以听取对方当事人的意见。

第五十三条 诉讼过程中，当事人主张的法律关系性质或者民事行为效力与人民法院根据案件事实作出的认定不一致的，人民法院应当将法律关系性质或者民事行为效力作为焦点问题进行审理。但法律关系性质对裁判理由及结果没有影响，或者有关问题已经当事人充分辩论的除外。

存在前款情形，当事人根据法庭审理情况变更诉讼请求的，人民法院应当准许并可以根据案件的具体情况重新指定举证期限。

第五十四条 当事人申请延长举证期限的，应当在举证期限届满前向人民法院提出书面申请。

申请理由成立的，人民法院应当准许，适当延长举证期限，并通知其他当事人。延长的举证期限适用于其他当事人。

申请理由不成立的，人民法院不予准许，并通知申请人。

第五十五条 存在下列情形的，举证期限按照如下方式确定：

（一）当事人依照民事诉讼法第一百二十七条规定提出管辖权异议的，举证期限中止，自驳回管辖权异议的裁定生效之日起恢复计算；

（二）追加当事人、有独立请求权的第三人参加诉讼或者无独立请求权的第三人经人民法院通知参加诉讼的，人民法院应当依照本规定第五十一条的规定为新参加诉讼的当事人确定举证期限，该举证期限适用于其他当事人；

（三）发回重审的案件，第一审人民法院可以结合案件具体情况和发回重审的原因，酌情确定举证期限；

（四）当事人增加、变更诉讼请求或者提出反诉的，人民法院应当根据案件具体情况重新确定举证期限；

（五）公告送达的，举证期限自公告期届满之次日起计算。

第五十六条 人民法院依照民事诉讼法第一百三十三条第四项的规定，通过组织证据交换进行审理前准备的，证据交换之日举证期限届满。

证据交换的时间可以由当事人协商一致并经人民法院认可，也可以由人民法院指定。当事人申请延期举证经人民法院准许的，证据交换日相应顺延。

第五十七条 证据交换应当在审判人员的主持下进行。

在证据交换的过程中,审判人员对当事人无异议的事实、证据应当记录在卷;对有异议的证据,按照需要证明的事实分类记录在卷,并记载异议的理由。通过证据交换,确定双方当事人争议的主要问题。

第五十八条 当事人收到对方的证据后有反驳证据需要提交的,人民法院应当再次组织证据交换。

第五十九条 人民法院对逾期提供证据的当事人处以罚款的,可以结合当事人逾期提供证据的主观过错程度、导致诉讼迟延的情况、诉讼标的金额等因素,确定罚款数额。

四、质证

第六十条 当事人在审理前的准备阶段或者人民法院调查、询问过程中发表过质证意见的证据,视为质证过的证据。

当事人要求以书面方式发表质证意见,人民法院在听取对方当事人意见后认为有必要的,可以准许。人民法院应当及时将书面质证意见送交对方当事人。

第六十一条 对书证、物证、视听资料进行质证时,当事人应当出示证据的原件或者原物。但有下列情形之一的除外:

(一)出示原件或者原物确有困难并经人民法院准许出示复制件或者复制品的;

(二)原件或者原物已不存在,但有证据证明复制件、复制品与原件或者原物一致的。

第六十二条 质证一般按下列顺序进行:

(一)原告出示证据,被告、第三人与原告进行质证;

(二)被告出示证据,原告、第三人与被告进行质证;

(三)第三人出示证据,原告、被告与第三人进行质证。

人民法院根据当事人申请调查收集的证据,审判人员对调查收集证据的情况进行说明后,由提出申请的当事人与对方当事人、第三人进行质证。

人民法院依职权调查收集的证据，由审判人员对调查收集证据的情况进行说明后，听取当事人的意见。

第六十三条 当事人应当就案件事实作真实、完整的陈述。

当事人的陈述与此前陈述不一致的，人民法院应当责令其说明理由，并结合当事人的诉讼能力、证据和案件具体情况进行审查认定。

当事人故意作虚假陈述妨碍人民法院审理的，人民法院应当根据情节，依照民事诉讼法第一百一十一条的规定进行处罚。

第六十四条 人民法院认为有必要的，可以要求当事人本人到场，就案件的有关事实接受询问。

人民法院要求当事人到场接受询问的，应当通知当事人询问的时间、地点、拒不到场的后果等内容。

第六十五条 人民法院应当在询问前责令当事人签署保证书并宣读保证书的内容。

保证书应当载明保证据实陈述，绝无隐瞒、歪曲、增减，如有虚假陈述应当接受处罚等内容。当事人应当在保证书上签名、捺印。

当事人有正当理由不能宣读保证书的，由书记员宣读并进行说明。

第六十六条 当事人无正当理由拒不到场、拒不签署或宣读保证书或者拒不接受询问的，人民法院应当综合案件情况，判断待证事实的真伪。待证事实无其他证据证明的，人民法院应当作出不利于该当事人的认定。

第六十七条 不能正确表达意思的人，不能作为证人。

待证事实与其年龄、智力状况或者精神健康状况相适应的无民事行为能力人和限制民事行为能力人，可以作为证人。

第六十八条 人民法院应当要求证人出庭作证，接受审判人员和当事人的询问。证人在审理前的准备阶段或者人民法院调查、询问等双方当事人在场时陈述证言的，视为出庭作证。

双方当事人同意证人以其他方式作证并经人民法院准许的,证人可以不出庭作证。

无正当理由未出庭的证人以书面等方式提供的证言,不得作为认定案件事实的根据。

第六十九条 当事人申请证人出庭作证的,应当在举证期限届满前向人民法院提交申请书。

申请书应当载明证人的姓名、职业、住所、联系方式,作证的主要内容,作证内容与待证事实的关联性,以及证人出庭作证的必要性。

符合《最高人民法院关于适用〈中华人民共和国民事诉讼法〉的解释》第九十六条第一款规定情形的,人民法院应当依职权通知证人出庭作证。

第七十条 人民法院准许证人出庭作证申请的,应当向证人送达通知书并告知双方当事人。通知书中应当载明证人作证的时间、地点,作证的事项、要求以及作伪证的法律后果等内容。

当事人申请证人出庭作证的事项与待证事实无关,或者没有通知证人出庭作证必要的,人民法院不予准许当事人的申请。

第七十一条 人民法院应当要求证人在作证之前签署保证书,并在法庭上宣读保证书的内容。但无民事行为能力人和限制民事行为能力人作为证人的除外。

证人确有正当理由不能宣读保证书的,由书记员代为宣读并进行说明。

证人拒绝签署或者宣读保证书的,不得作证,并自行承担相关费用。

证人保证书的内容适用当事人保证书的规定。

第七十二条 证人应当客观陈述其亲身感知的事实,作证时不得使用猜测、推断或者评论性语言。

证人作证前不得旁听法庭审理,作证时不得以宣读事先准备的书面材料的方式陈述证言。

证人言辞表达有障碍的，可以通过其他表达方式作证。

第七十三条 证人应当就其作证的事项进行连续陈述。

当事人及其法定代理人、诉讼代理人或者旁听人员干扰证人陈述的，人民法院应当及时制止，必要时可以依照民事诉讼法第一百一十条的规定进行处罚。

第七十四条 审判人员可以对证人进行询问。当事人及其诉讼代理人经审判人员许可后可以询问证人。

询问证人时其他证人不得在场。

人民法院认为有必要的，可以要求证人之间进行对质。

第七十五条 证人出庭作证后，可以向人民法院申请支付证人出庭作证费用。证人有困难需要预先支取出庭作证费用的，人民法院可以根据证人的申请在出庭作证前支付。

第七十六条 证人确有困难不能出庭作证，申请以书面证言、视听传输技术或者视听资料等方式作证的，应当向人民法院提交申请书。申请书中应当载明不能出庭的具体原因。

符合民事诉讼法第七十三条规定情形的，人民法院应当准许。

第七十七条 证人经人民法院准许，以书面证言方式作证的，应当签署保证书；以视听传输技术或者视听资料方式作证的，应当签署保证书并宣读保证书的内容。

第七十八条 当事人及其诉讼代理人对证人的询问与待证事实无关，或者存在威胁、侮辱证人或不适当引导等情形的，审判人员应当及时制止。必要时可以依照民事诉讼法第一百一十条、第一百一十一条的规定进行处罚。

证人故意作虚假陈述，诉讼参与人或者其他人以暴力、威胁、贿买等方法妨碍证人作证，或者在证人作证后以侮辱、诽谤、诬陷、恐吓、殴打等方式对证人打击报复的，人民法院应当根据情节，依照民事诉讼法第一百一十一条的规定，对行为人进行处罚。

第七十九条 鉴定人依照民事诉讼法第七十八条的规定出庭作证的，人民法院应当在开庭审理三日前将出庭的时间、地点及要求通知鉴定人。

委托机构鉴定的，应当由从事鉴定的人员代表机构出庭。

第八十条 鉴定人应当就鉴定事项如实答复当事人的异议和审判人员的询问。当庭答复确有困难的，经人民法院准许，可以在庭审结束后书面答复。

人民法院应当及时将书面答复送交当事人，并听取当事人的意见。必要时，可以再次组织质证。

第八十一条 鉴定人拒不出庭作证的，鉴定意见不得作为认定案件事实的根据。人民法院应当建议有关主管部门或者组织对拒不出庭作证的鉴定人予以处罚。

当事人要求退还鉴定费用的，人民法院应当在三日内作出裁定，责令鉴定人退还；拒不退还的，由人民法院依法执行。

当事人因鉴定人拒不出庭作证申请重新鉴定的，人民法院应当准许。

第八十二条 经法庭许可，当事人可以询问鉴定人、勘验人。

询问鉴定人、勘验人不得使用威胁、侮辱等不适当的言语和方式。

第八十三条 当事人依照民事诉讼法第七十九条和《最高人民法院关于适用〈中华人民共和国民事诉讼法〉的解释》第一百二十二条的规定，申请有专门知识的人出庭的，申请书中应当载明有专门知识的人的基本情况和申请的目的。

人民法院准许当事人申请的，应当通知双方当事人。

第八十四条 审判人员可以对有专门知识的人进行询问。经法庭准许，当事人可以对有专门知识的人进行询问，当事人各自申请的有专门知识的人可以就案件中的有关问题进行对质。

有专门知识的人不得参与对鉴定意见质证或者就专业问题发表意见之外的法庭审理活动。

五、证据的审核认定

第八十五条 人民法院应当以证据能够证明的案件事实为根据依法作出裁判。

审判人员应当依照法定程序，全面、客观地审核证据，依据法律的规定，遵循法官职业道德，运用逻辑推理和日常生活经验，对证据有无证明力和证明力大小独立进行判断，并公开判断的理由和结果。

第八十六条 当事人对于欺诈、胁迫、恶意串通事实的证明，以及对于口头遗嘱或赠与事实的证明，人民法院确信该待证事实存在的可能性能够排除合理怀疑的，应当认定该事实存在。

与诉讼保全、回避等程序事项有关的事实，人民法院结合当事人的说明及相关证据，认为有关事实存在的可能性较大的，可以认定该事实存在。

第八十七条 审判人员对单一证据可以从下列方面进行审核认定：

（一）证据是否为原件、原物，复制件、复制品与原件、原物是否相符；

（二）证据与本案事实是否相关；

（三）证据的形式、来源是否符合法律规定；

（四）证据的内容是否真实；

（五）证人或者提供证据的人与当事人有无利害关系。

第八十八条 审判人员对案件的全部证据，应当从各证据与案件事实的关联程度、各证据之间的联系等方面进行综合审查判断。

第八十九条 当事人在诉讼过程中认可的证据，人民法院应当予以确认。但法律、司法解释另有规定的除外。

当事人对认可的证据反悔的，参照《最高人民法院关于适用〈中华人民共和国民事诉讼法〉的解释》第二百二十九条的规定处理。

第九十条 下列证据不能单独作为认定案件事实的根据：

（一）当事人的陈述；

（二）无民事行为能力人或者限制民事行为能力人所作的与其年龄、智力状况或者精神健康状况不相当的证言；

（三）与一方当事人或者其代理人有利害关系的证人陈述的证言；

（四）存有疑点的视听资料、电子数据；

（五）无法与原件、原物核对的复制件、复制品。

第九十一条 公文书证的制作者根据文书原件制作的载有部分或者全部内容的副本，与正本具有相同的证明力。

在国家机关存档的文件，其复制件、副本、节录本经档案部门或者制作原本的机关证明其内容与原本一致的，该复制件、副本、节录本具有与原本相同的证明力。

第九十二条 私文书证的真实性，由主张以私文书证证明案件事实的当事人承担举证责任。

私文书证由制作者或者其代理人签名、盖章或捺印的，推定为真实。

私文书证上有删除、涂改、增添或者其他形式瑕疵的，人民法院应当综合案件的具体情况判断其证明力。

第九十三条 人民法院对于电子数据的真实性，应当结合下列因素综合判断：

（一）电子数据的生成、存储、传输所依赖的计算机系统的硬件、软件环境是否完整、可靠；

（二）电子数据的生成、存储、传输所依赖的计算机系统的硬件、软件环境是否处于正常运行状态，或者不处于正常运行状态时对电子数据的生成、存储、传输是否有影响；

（三）电子数据的生成、存储、传输所依赖的计算机系统的硬件、软件环境是否具备有效的防止出错的监测、核查手段；

（四）电子数据是否被完整地保存、传输、提取，保存、传输、提取的方法是否可靠；

（五）电子数据是否在正常的往来活动中形成和存储；

（六）保存、传输、提取电子数据的主体是否适当；

（七）影响电子数据完整性和可靠性的其他因素。

人民法院认为有必要的，可以通过鉴定或者勘验等方法，审查判断电子数据的真实性。

第九十四条 电子数据存在下列情形的，人民法院可以确认其真实性，但有足以反驳的相反证据的除外：

（一）由当事人提交或者保管的于己不利的电子数据；

（二）由记录和保存电子数据的中立第三方平台提供或者确认的；

（三）在正常业务活动中形成的；

（四）以档案管理方式保管的；

（五）以当事人约定的方式保存、传输、提取的。

电子数据的内容经公证机关公证的，人民法院应当确认其真实性，但有相反证据足以推翻的除外。

第九十五条 一方当事人控制证据无正当理由拒不提交，对待证事实负有举证责任的当事人主张该证据的内容不利于控制人的，人民法院可以认定该主张成立。

第九十六条 人民法院认定证人证言，可以通过对证人的智力状况、品德、知识、经验、法律意识和专业技能等的综合分析作出判断。

第九十七条 人民法院应当在裁判文书中阐明证据是否采纳的理由。

对当事人无争议的证据，是否采纳的理由可以不在裁判文书中表述。

六、其他

第九十八条 对证人、鉴定人、勘验人的合法权益依法予以保护。

当事人或者其他诉讼参与人伪造、毁灭证据，提供虚假证据，阻止证人作证，指使、贿买、胁迫他人作伪证，或者对证人、鉴定人、勘验人打击报复的，依照民事诉讼法第一百一十条、第一百一十一条的规定进行处罚。

第九十九条 本规定对证据保全没有规定的，参照适用法律、司法解释关于财产保全的规定。

除法律、司法解释另有规定外，对当事人、鉴定人、有专门知识的人的询问参照适用本规定中关于询问证人的规定；关于书证的规定适用于视听资料、电子数据；存储在电子计算机等电子介质中的视听资料，适用电子数据的规定。

第一百条 本规定自 2020 年 5 月 1 日起施行。

本规定公布施行后，最高人民法院以前发布的司法解释与本规定不一致的，不再适用。

专　论

关于理解和适用新民事证据规定的几个问题

江必新

2019年12月26日,最高人民法院发布了《关于修改〈关于民事诉讼证据的若干规定〉的决定》(以下简称《修改决定》),《关于民事诉讼证据的若干规定》(以下简称《民事证据规定》)公布十八年来完成了全面修改,这是我国民事审判工作中的一件大事。正确理解和准确适用新的《民事证据规定》,对于今后一段时期民事审判工作的开展,意义重大。

一、修改《民事证据规定》的背景和意义

党的十八届四中全会审议通过的《中共中央关于全面推进依法治国若干重大问题的决定》,对于司法审判工作提出"坚持以事实为根据,以法律为准绳,健全事实认定符合客观真相、办案结果符合实体公正、办案过程符合程序公正"的目标,习近平总书记也多次强调"努力让人民群众在每一个司法案件中感受到公平正义",为新时代司法审判工作提出了新的、更高的要求。《民事证据规定》作为人民法院查明案件事实重要法律依据,对于实现新时代司法审判工作目标具有不可替代的作用。而《民事证据规定》自2002年4月1日施行以来,审判实践中有关民事诉讼证据规则的适用虽然积累了十分丰富的经验,但同时也暴露出一些问题。一些审判人员调查、采信证据的行为不规范,当事人以证据为手段滥用诉讼权利,证人故意虚假陈述,鉴定人

故意作虚假鉴定等行为,在一定程度上普遍存在,是审判实践中亟待解决的问题。同时,《民事证据规定》施行近十八年来,经历了《民事诉讼法》三次修改和 2015 年《最高人民法院关于适用〈中华人民共和国民事诉讼法〉的解释》(以下简称《民事诉讼法解释》)的公布施行,社会生活、法律制度和民事诉讼实践都发生了很大变化。特别是随着科学技术的进步,信息化发展突飞猛进,对于民事诉讼证据规则的适用提出了新的挑战。因此,为切实贯彻中央决定精神,进一步贯彻落实《民事诉讼法》的规定,回应民事审判实践的需要,根据人民法院"四五改革纲要"关于"贯彻证据裁判原则、完善民事诉讼证明规则"的要求和我院"修改后民事诉讼法贯彻实施小组"的安排,我们在 2015 年启动了《民事证据规定》的修改工作。历时四年,在广泛征求意见和充分论证的基础上,完成对《民事证据规定》的修改,并经最高人民法院审判委员会第 1777 次会议讨论通过。

修改《民事证据规定》,是贯彻十八届四中全会精神,推进以审判为中心的诉讼制度改革、全面贯彻证据裁判规则的重要举措。推进以审判为中心的诉讼制度改革、全面贯彻证据裁判规则,是党的十八届四中全会在《中共中央关于全面推进依法治国若干重大问题的决定》中提出的严格司法的重要环节,是促进公正司法、提高司法公信力的重要内容。通过《民事证据规定》的修改,完善民事诉讼证据规则,能够更好地促进民事诉讼证据采信的准确性和规范化,更有利于实现司法审判工作"事实认定符合客观真相,办案结果符合实体公正、办案过程符合程序公正"的目标。

修改《民事证据规定》,是贯彻落实《民事诉讼法》,推动民事审判程序规范化的重要内容。2012 年,全国人大常委会对《民事诉讼法》作出全面修改,证据制度是修改的重要内容。2015 年最高人民法院公布《民事诉讼法解释》,对《民事诉讼法》中有关证据的内容在审判实践中如何适用作了原则性解释。《修改决定》依照《民事诉讼法》的规定，在《民事诉讼法解释》的基础上，根据审判实践需要，对原《民事证据规定》的内容进行修改、完善和补充。通过《民事证据规定》的修改，更好地落实《民事诉讼法》的立法精神，更好地促进民事审判证据调查、审核、采信乃至民事诉讼程序操作的规范化。

修改《民事证据规定》，是回应新时代人民群众的司法需求、满足人民法院审判实践需要的重要措施。证据是民事诉讼的实体内容，与当事人实体权利的保护和人民法院裁判结果的客观公正密切相关。通过修改《民事证据规定》，进一步完善民事诉讼证据规则及相关的程序规则，能够更好地保障当事人的诉讼权利，促进司法公开，统一裁判尺度，提升司法公信力。

二、《修改决定》的主要内容

《修改决定》共115条，根据《修改决定》重新公布的《民事证据规定》共100条。修改后的《民事证据规定》延续了原《民事证据规定》的体例、结构，包括"当事人举证""人民法院调查收集证据""举证时限和证据交换""质证""证据的审核认定""其他"六个组成部分，体现了证据在民事诉讼中动态的过程。在"当事人举证"部分，主要补充完善了当事人自认规则；在"人民法院调查收集证据"部分，对鉴定的规定进行了补充完善，增加了对鉴定人虚假鉴定处罚的内容，同时增加规定了"书证提出命令"制度；在"举证时限和证据交换"部分，完善了举证时限的操作性规则；在"质证"部分，对于当事人的陈述和证人作证行为的程序、要求进行完善和补充，对于当事人、证人故意虚假陈述规定了处罚措施；在"证据的审核认定"部分，完善了电子数据的审查判断规则。其中，保留原《民事证据规定》条文未作修改的11条，对原《民事证据规定》条文修改的41条，新增加条文47条。

本次对《民事证据规定》的修改，主要体现四个特点：第一，规范了各方诉讼主体包括审判主体的证据行为。《民事证据规定》施行以来，民事诉讼各方诉讼主体、诉讼参与人都存在一些不规范的行为，当事人存在虚假陈述、滥用举证权利等行为，一些鉴定评估机构存在虚假鉴定、随意撤销鉴定等妨碍民事诉讼的行为，而有的法院在认定采信证据也存在不规范的问题。本次对《民事证据规定》相关部分的修改，是在总结近二十年审判实践经验的基础上，对于这些不规范的行为进行了严格规范。第二，进一步调适了审判主体和诉讼当事人在举证、查证和认定证据方面的职能分工，在职权主义和当事人之间进行了重新的调适。一方面，明确了当事人提供证据的责任，充分调动当事人提供证据的积极性，有利于节省司法资源，尽快的了结争议；另一方面，又科学地设定了人民法院合议庭、主审法官在调查收集证据方面的责任。这种调整尽管是证据行为、证据方面的权利和义务的调整，但实质上是民事诉讼结构的调整。这种调整有利于提高审判效率，提高司法公信力，减少滥用职权的情形。第三，加大对虚假证据行为的制裁力度。民事审判实践中，一些当事人提供虚假的证据、作不实和虚假陈述的情形，扰乱了民事诉讼秩序，增加了诉讼成本，影响了社会风气。对这些广大人民群众和广大的诉讼当事人深恶痛绝的行为，修改后的《民事证据规定》加大了制裁力度。第四，应因信息化技术发展的需要，对电子数据等新的证据类型的审查判断规则作出了原则性规定。这些规定对于人民法院在审判过程中发现客观真实、提高认定事实的精准度，从而实现公正裁判具有十分重要的意义。

　　《修改决定》的主要内容，包括以下四个方面：

　　（一）完善"书证提出命令"制度，扩展当事人收集证据的途径

　　民事审判活动对案件事实的查明，以尽量发现真实的事实为目标，但当事人收集证据的能力不足、途径有限，是长期以来制约这一目标实现的重要原因。特别是环境侵权等特殊类型的诉讼，当事人收集证据途径不足往往会导致其承担败诉的结果，严重影响当事人实体权利

的保障和实体公正的实现。为此，2015年《民事诉讼法解释》第112条对"书证提出命令"作出原则性规定，《修改决定》在《民事诉讼法解释》的基础上，对"书证提出命令"申请条件、审查程序、书证提出义务范围以及不遵守"书证提出命令"的后果进行规定，完善了"书证提出命令"制度。同时，通过《修改决定》第113项"关于书证的规定适用于视听资料、电子数据"的规定，将视听资料和电子数据纳入"书证提出命令"的适用范围，扩展到了当事人收集证据的途径。对于促进案件事实查明和实现裁判结果客观公正，具有积极促进作用。

（二）修改、完善当事人自认规则，更好平衡当事人处分权行使和人民法院发现真实的需要

自认是当事人基于处分权行使而实施的一种诉讼行为，具有免除对方举证责任的效力。原《民事证据规定》第8条对当事人自认规则作出规定，对于统一法律适用尺度、指导当事人的诉讼活动发挥了十分积极的作用。但经过十几年来审判实践的检验，原有的规定仍然存在一些不完善之处。为此，《修改决定》在第四项至第十项对原《民事证据规定》的内容进行了修改、补充和完善。主要体现在两方面：其一，对于诉讼代理人的自认，不再考虑诉讼代理人是否经过特别授权，除授权委托书明确排除的事项外，诉讼代理人的自认视为当事人本人的自认；其二，适当放宽当事人撤销自认的条件，对于当事人因胁迫或者重大误解作出的自认，不再要求当事人证明自认的内容与事实不符。同时，《修改决定》还对共同诉讼人的自认、附条件自认和限制自认作出规定。

（三）完善当事人、证人具结和鉴定人承诺制度以及当事人、证人虚假陈述和鉴定人虚假鉴定的制裁措施，推动民事诉讼诚实信用原则的落实

诚实信用原则是2012年《民事诉讼法》修改的重要内容，对于规

范民事诉讼主体的行为，维护民事诉讼秩序具有重要意义。《修改决定》根据《民事诉讼法》的精神，在《民事诉讼法解释》的基础上，一方面对于当事人接受询问时的具结和证人作证时具结的方式、内容进行完善，增加规定了鉴定人签署承诺书的规定，以增强其内心约束；另一方面，对于当事人、证人故意作虚假陈述以及鉴定人故意作虚假鉴定的行为，规定了相应的处罚措施，以促进民事诉讼诚实信用原则的落实。

（四）补充、完善电子数据范围的规定，明确电子数据的审查判断规则

电子数据是 2012 年《民事诉讼法》增加的一种新的证据形式。2015 年《民事诉讼法解释》对于电子数据的含义作了原则性、概括性规定。为解决审判实践中的操作性问题，《修改决定》在第 15 项对电子数据范围作出比较详细的规定，在第 16 项、第 25 项规定了当事人提供和人民法院调查收集、保全电子数据的要求，在第 105 项、第 106 项规定了电子数据审查判断规则，完善了电子数据证据规则体系。对于统一法律适用标准，保障当事人诉讼权利具有积极意义。

三、贯彻执行《修改决定》应当注意的问题

《修改决定》对于保障当事人的诉讼权利，促进民事证据采信的规范化，提升司法公信力，具有十分重要的意义。各级人民法院在贯彻执行过程中，应当注意以下问题：

（一）要准确把握人民法院依职权调查证据与尊重当事人处分权行使、落实当事人举证责任的关系

我国民事诉讼程序和民事审判方式改革，从上个世纪八十年代至今，始终以强化当事人主体地位为主线。民事诉讼中，强化当事人举证责任、弱化人民法院调查收集证据的职权，是理论界和实务界的共识。但强化当事人的主体地位，并不等于人民法院无所作为。在证据

问题上，人民法院既不能大包大揽，也不能放任不管。对于可能损害国家利益、社会公共利益的事实，有关身份关系的事实以及当事人恶意串通损害投入合法权益的事实，即使当事人对事实无争议，人民法院也不能受当事人自认的限制，而应当充分发挥依职权调查收集证据的功能与作用。对于《民事诉讼法解释》第96条第1款之外的事实，原则上不能依职权调查收集证据。同时，在诉讼过程中，人民法院要加强释明权的行使，加强对当事人举证的指导，促使当事人能够积极、全面、正确、诚实地行使举证的权利。

（二）要准确把握电子数据规则的适用，认真研究大数据、云计算、区块链等新技术对证据的调查、认定和采信的影响

近年来，随着信息化的推进，人们的行为方式逐步从"线下"向"线上"转变，诉讼中的证据越来越多地以电子数据的形式呈现。特别是大数据、云计算、区块链等新技术的迅猛发展，给民事证据规则的适用提供了新的视野，也带来了新的挑战。各级人民法院要密切关注新的信息技术对民事审判工作的影响，加强对电子数据规则适用的研究，积极探索利用区块链技术提高案件事实查明精准度的方式、方法，以新的技术进步为契机，不断提高民事审判的能力和水平。同时，要加强对当事人的诉讼指导，积极做好释明工作，加大普法宣传力度，引导当事人正确运用新的证据形式和证明方法完成举证，节约当事人的诉讼成本和人民法院的审判资源，提高案件事实查明的客观度和公正度。

（三）要准确把握《修改决定》适用与《民事诉讼法解释》、原《民事诉讼证据规定》的衔接问题

《修改决定》对《民事证据规定》进行了全面修改，同时根据2012年《民事诉讼法》和2015年《民事诉讼法解释》的规定，补充、增加了一些新的制度和规则。对于一些已经吸收到《民事诉讼法解释》中的原《民事证据规定》的内容，《修改决定》也有所调整。因此，

在贯彻执行过程中，要注意《修改决定》与已有司法解释的不同，注意分析变化的原因及内在逻辑，做到准确理解、正确适用。由于《修改决定》对于《民事诉讼法解释》中已经作出规定的内容原则上不再规定，在适用时要注意结合《民事诉讼法》和《民事诉讼法解释》的内容。对于《修改决定》施行后尚未审结的案件，原则上应适用《修改决定》；已经审结的案件，不能以《修改决定》的内容为根据申请再审。

（四）要严格适用修改后的《民事证据规定》

各级人民法院要充分认识《修改决定》的施行对于规范民事诉讼秩序、规范人民法院审判活动，促进新时代人民法院工作目标实现的重要意义，通过严格适用修改后的《民事证据规定》，进一步规范民事诉讼当事人、诉讼参与人的证据行为，坚决打击虚假陈述、虚假鉴定、伪造证据等虚假证据行为，促进民事诉讼的健康发展；同时，对于违反司法解释规定、滥用证据认定权力的行为，坚决按照司法责任制的要求，追究有关人员的责任。通过严格适用修改后的《民事证据规定》，真正做到"事实认定符合客观真相、办案结果符合实体公正、办案过程符合程序公正""努力让人民群众在每一个司法案件中感受到公平正义"。

新闻发布稿及答记者问

《最高人民法院关于修改〈关于民事诉讼证据的若干规定〉的决定》新闻发布稿

最高人民法院副院长　江必新

各位记者朋友们：

上午好！下面，我向大家通报《最高人民法院关于修改〈关于民事诉讼证据的若干规定〉的决定》（以下简称《修改决定》）的有关情况。

一、修改《民事证据规定》的背景和意义

《最高人民法院关于民事诉讼证据的若干规定》（以下简称《民事证据规定》）自2002年4月1日实施，迄今已近十八年，审判实践中有关民事诉讼证据规则的适用积累了十分丰富的经验。其间，经历2007年、2012年、2017年民事诉讼法三次修改和2015年《最高人民法院关于适用〈中华人民共和国民事诉讼法〉的解释》（以下简称《民事诉讼法解释》）的公布实施，社会生活、法律制度和民事诉讼实践都发生了很大变化。特别是党的十八届四中全会审议通过的《中共中央关于全面推进依法治国若干重大问题的决定》，对人民法院审判工作提出了新的、更高的要求。为切实贯彻中央决定精神，进一步贯彻落实民事诉讼法的规定，回应民事审判实践的需要，根据人民法院"四五改革纲要"关于"贯彻证据裁判原则、完善民事诉讼证明规则"的要求和我院"修改后民事诉讼法贯彻实施小组"的安排，我们在

2015年启动了《民事证据规定》的修改工作。历时四年，在广泛征求意见和充分论证的基础上，完成对《民事证据规定》的修改，并经最高人民法院审判委员会第1777次会议讨论通过。

修改《民事证据规定》，是贯彻十八届四中全会精神，推进以审判为中心的诉讼制度改革、全面贯彻证据裁判规则的重要举措。推进以审判为中心的诉讼制度改革、全面贯彻证据裁判规则，是党的十八届四中全会在《中共中央关于全面推进依法治国若干重大问题的决定》中提出的严格司法的重要环节，是促进公正司法、提高司法公信力的重要内容。通过《民事证据规定》的修改，完善民事诉讼证据规则，能够更好地促进民事诉讼证据采信的准确性和规范化，更有利于实现司法审判工作"事实认定符合客观真相，办案结果符合实体公正、办案过程符合程序公正"的目标。

修改《民事证据规定》，是贯彻落实《民事诉讼法》，推动民事审判程序规范化的重要内容。2012年，全国人大常委会对《民事诉讼法》作出全面修改，证据制度是修改的重要内容。2015年最高人民法院公布《民事诉讼法解释》，对《民事诉讼法》中有关证据的内容在审判实践中如何适用作了原则性解释。《修改决定》依照《民事诉讼法》的规定，在《民事诉讼法解释》的基础上，根据审判实践需要，对原《民事证据规定》的内容进行修改、完善和补充。通过《民事证据规定》的修改，更好地落实《民事诉讼法》的立法精神，更好地促进民事审判证据调查、审核、采信乃至民事诉讼程序操作的规范化。

修改《民事证据规定》，是回应新时代人民群众的司法需求、满足人民法院审判实践需要的重要措施。证据是民事诉讼的实体内容，与当事人实体权利的保护和人民法院裁判结果的客观公正密切相关。通过修改《民事证据规定》，进一步完善民事诉讼证据规则及相关的程序规则，能够更好地保障当事人的诉讼权利，促进司法公开，统一裁判尺度，提升司法公信力。

二、《修改决定》的主要内容

《修改决定》共 115 条，根据《修改决定》重新公布的《民事证据规定》共 100 条。修改后的《民事证据规定》中，保留原《民事证据规定》条文未作修改的 11 条，对原《民事证据规定》条文修改的 41 条，新增加条文 47 条。主要内容包括以下几个方面：

（一）完善"书证提出命令"制度，扩展当事人收集证据的途径

民事审判活动对案件事实的查明，以尽量发现真实的事实为目标，但当事人收集证据的能力不足、途径有限，是长期以来制约这一目标实现的重要原因。特别是环境侵权等特殊类型的诉讼，当事人收集证据途径不足往往会导致其承担败诉的结果，严重影响当事人实体权利的保障和实体公正的实现。为此，2015 年《民事诉讼法解释》第 112 条对"书证提出命令"作出原则性规定，《修改决定》在《民事诉讼法解释》的基础上，对"书证提出命令"申请条件、审查程序、书证提出义务范围以及不遵守"书证提出命令"的后果进行规定，完善了"书证提出命令"制度。同时，通过《修改决定》第 113 项"关于书证的规定适用于视听资料、电子数据"的规定，将视听资料和电子数据纳入"书证提出命令"的适用范围，扩展到了当事人收集证据的途径。对于促进案件事实查明和实现裁判结果客观公正，具有积极推动作用。

（二）修改、完善当事人自认规则，更好平衡当事人处分权行使和人民法院发现真实的需要

自认是当事人基于处分权行使而实施的一种诉讼行为，具有免除对方举证责任的效力。原《民事证据规定》第 8 条对当事人自认规则作出规定，对于统一法律适用尺度、指导当事人的诉讼活动发挥了十分积极的作用。但经过十几年来审判实践的检验，原有的规定仍然存在一些不完善之处。为此，《修改决定》在第 4 项至第 10 项对原《民事

证据规定》的内容进行了修改、补充和完善。主要体现在两方面：其一，对于诉讼代理人的自认，不再考虑诉讼代理人是否经过特别授权，除授权委托书明确排除的事项外，诉讼代理人的自认视为当事人本人的自认；其二，适当放宽当事人撤销自认的条件，对于当事人因胁迫或者重大误解作出的自认，不再要求当事人证明自认的内容与事实不符。同时，《修改决定》还对共同诉讼人的自认、附条件自认和限制自认作出规定。

（三）完善当事人、证人具结和鉴定人承诺制度以及当事人、证人虚假陈述和鉴定人虚假鉴定的制裁措施，推动民事诉讼诚实信用原则的落实

诚实信用原则是 2012 年《民事诉讼法》修改的重要内容，对于规范民事诉讼主体的行为，维护民事诉讼秩序具有重要意义。《修改决定》根据《民事诉讼法》的精神，在《民事诉讼法解释》的基础上，一方面对于当事人接受询问时的具结和证人作证时具结的方式、内容进行完善，增加规定了鉴定人签署承诺书的规定，以增强其内心约束；另一方面，对于当事人、证人故意作虚假陈述以及鉴定人故意作虚假鉴定的行为，规定了相应的处罚措施，以促进民事诉讼诚实信用原则的落实。

（四）补充、完善电子数据范围的规定，明确电子数据的审查判断规则

电子数据是 2012 年《民事诉讼法》增加的一种新的证据形式。2015 年《民事诉讼法解释》对于电子数据的含义作了原则性、概括性规定。为解决审判实践中的操作性问题，《修改决定》在第 15 项对电子数据范围作出比较详细的规定，在第 16 项、第 25 项规定了当事人提供和人民法院调查收集、保全电子数据的要求，在第 105 项、第 106 项规定了电子数据审查判断规则，完善了电子数据证据规则体系。对于统一法律适用标准，保障当事人诉讼权利具有积极意义。

三、贯彻执行《修改决定》应当注意的问题

《修改决定》对于保障当事人的诉讼权利，促进民事证据采信的规范化，提升司法公信力，具有十分重要的意义。各级人民法院在贯彻执行过程中，应当注意以下问题：

（一）要准确把握人民法院依职权调查证据与尊重当事人处分权行使、落实当事人举证责任的关系

我国民事诉讼程序和民事审判方式改革，从上个世纪八十年代至今，始终以强化当事人主体地位为主线。民事诉讼中，强化当事人举证责任、弱化人民法院调查收集证据的职权，是理论界和实务界的共识。但强化当事人的主体地位，并不等于人民法院无所作为。在证据问题上，人民法院既不能大包大揽，也不能放任不管。对于可能损害国家利益、社会公共利益的事实，有关身份关系的事实以及当事人恶意串通损害他人合法权益的事实，即使当事人对事实无争议，人民法院也不能受当事人自认的限制，而应当充分发挥依职权调查收集证据的功能与作用。对于《民事诉讼法解释》第 96 条第 1 款之外的事实，原则上不能依职权调查收集证据。同时，在诉讼过程中，人民法院要加强释明权的行使，加强对当事人举证的指导，促使当事人能够积极、全面、正确、诚实地行使举证的权利。

（二）要准确把握电子数据规则的适用，认真研究大数据、云计算、区块链等新技术对证据的调查、认定和采信的影响

近年来，随着信息化的推进，人们的行为方式逐步从"线下"向"线上"转变，诉讼中的证据越来越多地以电子数据的形式呈现。特别是大数据、云计算、区块链等新技术的迅猛发展，给民事证据规则的适用提供了新的视野，也带来了新的挑战。各级人民法院要密切关注新的信息技术对民事审判工作的影响，加强对电子数据规则适用的研究，积极探索利用区块链技术提高案件事实查明精准度的方式、方法，

以新的技术进步为契机，不断提高民事审判的能力和水平。同时，要加强对当事人的诉讼指导，积极做好释明工作，加大普法宣传力度，引导当事人正确运用新的证据形式和证明方法完成举证，节约当事人的诉讼成本和人民法院的审判资源，提高案件事实查明的客观度和公正度。

（三）要准确把握《修改决定》适用与《民事诉讼法解释》、原《民事诉讼证据规定》的衔接问题

《修改决定》对《民事诉讼证据规定》进行了全面修改，同时根据2012年《民事诉讼法》和2015年《民事诉讼法解释》的规定，补充、增加了一些新的制度和规则。对于一些已经吸收到《民事诉讼法解释》中的原《民事证据规定》的内容，《修改决定》也有所调整。因此，在贯彻执行过程中，要注意《修改决定》与已有司法解释的不同，注意分析变化的原因及内在逻辑，做到准确理解、正确适用。由于《修改决定》对于《民事诉讼法解释》中已经作出规定的内容原则上不再规定，在适用时要注意结合《民事诉讼法》和《民事诉讼法解释》的内容。对于《修改决定》施行后尚未审结的案件，原则上应适用《修改决定》；已经审结的案件，不能以《修改决定》的内容为根据申请再审。

规范民事诉讼秩序　促进公正高效司法

——最高人民法院民一庭负责人就《最高人民法院关于修改〈关于民事诉讼证据的若干规定〉的决定》答记者问

2019年12月26日，最高人民法院举行新闻发布会，发布《最高人民法院关于修改〈关于民事诉讼证据的若干规定〉的决定》（以下简称《修改规定》）。最高人民法院民一庭负责人就有关问题回答了记者提问。

问：针对当事人、证人故意作虚假陈述的现象，《修改决定》有哪些针对性的措施？

答：从长期的民事审判实践来看，民事纠纷、民事案件很多是当事人一方或者双方不诚信的行为引发的。在诉讼中，一方当事人或者双方当事人，为了使自己的利益最大化，往往会提交对自己有利的证据，陈述对自己有利的事实，不提供对对方有利的事实、对对方有利的证据。2012年《民事诉讼法》修改，规定了诚实信用原则，要求当事人在民事诉讼中遵守这个原则。但从审判实践来看，不诚信的行为、不如实陈述、不提供证据的情况是客观存在的，严重干扰了民事诉讼秩序，影响人民法院查明案件事实的客观性、准确性，影响当事人民事权利的保护。随着我国社会诚信体制的完善，这种情况有所缓解，但依然存在，是民事审判实践中亟待解决的问题。《修改决定》从两个方面考虑，规制当事人的诉讼行为：第一是加强事前约束，在人民法院就案件事实询问当事人之前，责令当事人签署保证书并口头宣读保证书的内容，保证据实陈述，绝无隐瞒、歪曲、增减，如有虚假陈述应当接受处罚等，增强对当事人陈述之前的心理约束；第二是加强事后处罚，明确规定当事人对于案件事实负有进行真实陈述、完整陈述的义务，违反这项义务故意作虚假陈述、妨碍人民法院审理的，人民法院应当根据民事诉讼法关于"妨碍民事诉讼的强制措施"的规定，对其进行处罚。对证人，我们也规定了类似的措施。通过这些规定，可以更好的规范民事诉讼秩序，促进当事人诚信诉讼，保证人民法院正确的查明事实、分清是非，正确的作出裁判。

问：现在人们网上生活越来越丰富，产生的纠纷日益增多，发生纠纷时，电子数据作为证据的情况也越来越普遍。请问根据规定，电子数据作为证据认定要符合哪些条件？

答：随着信息化的发展，电子数据越来越多地出现在审判实践中。电子邮件、手机短信、博客、微博、网页、电子交易记录、数字证书、计算机程序等，都属于电子数据的范围，这个范围在《修改决定》中都有规定。认定电子数据的难点在于其真实性不易判断。因此，《修改决定》对于这种新的证据形式的审查判断，主要从如何判断真实性的角度作出了原则性规定。概况地讲，判断电子数据真实性，主要考虑：一是电子数据生成、存储和传输的计算机系统的硬件、软件环境的完整性、可靠性、运行状态以及监测手段，二是电子数据的保存、传输、提取的主体和方法是否可靠。如果电子数据是在正常的商业活动中形成和存储，而相应的计算机系统的硬件、软件环境完整、可靠，处在正常运行状态，电子数据也是由中立第三方平台记录、保存、提供的，一般来说，其真实性的可能较大。反之，则其真实性的可能程度较低。如果电子数据的内容经过公证机关公证，人民法院原则上会确认其真实性。

在审查过程中，人民法院可以通过委托鉴定等方法，由专业机构、专业人员出具专业意见，为法官审查判断提供辅助。在审判实践当中，也有专家辅助人制度。什么样的证据能够被法院采信，归根结底，应当结合案件的具体事实和证据的情况进行综合判断。

问：有些司法鉴定的鉴定周期长、质量差，甚至出现虚假鉴定、鉴定后随意撤销意见的情况。《修改决定》如何解决这类问题？

答：这个问题在实践中是客观存在的。有一些鉴定意见作出之后，法官依据鉴定意见作出了裁判，但是鉴定机构出于各方面的原因，撤销了自己的鉴定意见，导致法院作出裁判的重要证据缺失，案件可能就要进行再审，一定程度上影响了法院的审判工作，也影响了对当事人权利的保护。民事案件涉及到法律之外的技术性、专业性问题时，经常需要结合鉴定意见对事实作出判断。比如人身损害赔偿，经常需要进行鉴定，因为伤残程度的鉴定意见是作为裁判的重要依据，如果不能准确地确定受损害的程度，法院就难以作出公正的裁判。但是，从长期的民事审判实践来看，鉴定也在一定程度上存在不规范的情况，影响鉴定意见的质量和案件事实查明的准确性，影响案件审理的效率和当事人权利的保障。《修改决定》从加强人民法院对鉴定的诉讼管理出发，主要在以下几个方面对原《民事证据规定》的内容进行完善和补充：一是加强对鉴定委托的管理，在委托鉴定时，人民法院应当明确鉴定事项、鉴定范围、鉴定目的和鉴定期限。这就要求审理案件的法官要对案件事实和争点有比较准确的把握，防止出现因鉴定事项不明确、范围不确定、目的不清晰而导致鉴定没有意义，或者鉴定意见无法采信的情况，也防止由于鉴定期限不明确导致的诉讼拖延。二是规定了鉴定人承诺和故意做虚假鉴定的制裁。实践中，很多鉴定机构是社会中介机构，确实存在作虚假鉴定的情况，我们通过对《民事证据规定》的修改，对鉴定机构在诉讼中的行为作出了要求。三是对鉴定人撤销鉴定意见的后果作出规定。鉴定人在鉴定意见被采信后，无正当理由撤销鉴定意见的，不仅应当退还鉴定费用，人民法院还应当依照民事诉讼法妨碍民事诉讼强制措施的规定进行处罚，支持当事人赔偿合理费用的请求。我们希望通过上述规定，进一步规范民事诉讼中的鉴定活动，充分发挥鉴定在民事诉讼中的应有作用。

问： 民事诉讼中，有的当事人对其他当事人提交的合同上的盖章或者签名提出造假质疑。碰到这种情况，根据《修改决定》，法院应如何处理？

答： 这种情况在审判实践中比较常见。一般来说，民事合同属于私文书证。根据《修改决定》，由主张以私文书证来证明案件事实的当事人，负责证明私文书证的真实性。比如，原告根据书面合同主张被告支付货款，被告提出合同上的签名不是其本人的签名、合同不真实，这种情况下如果法官不能判断签名的真伪以及合同是否真实，由原告负责继续提供证据证明签名的真实性以及合同的真实性。如果签名的真伪需要由专业机构进行鉴定，则原告有申请鉴定的责任。根据《修改决定》，不仅像书面合同这样的书证适用上述规则，视听资料、电子数据这些与书证特征十分近似的证据形式，也适用同样的规则。

司法解释理解与适用

一、当事人举证

第一条 ［起诉与反诉应提供的证据］

原告向人民法院起诉或者被告提出反诉，应当提供符合起诉条件的相应的证据。

【条文主旨】

本条由 2001 年《最高人民法院关于民事诉讼证据的若干规定》（以下简称 2001 年《证据规定》）第一条修改形成，是对原告起诉和被告反诉时应当提供相应证据材料的规定。

【条文释义】

原告向人民法院起诉或被告提出反诉，应当提供符合起诉条件的相应证据材料。这是根据《中华人民共和国民事诉讼法》（以下简称《民事诉讼法》）第一百一十九条、第一百二十条、第一百二十一条就诉权行使和证据要求之间的关系所作出的解释。起诉应当向人民法院递交起诉状，而起诉状应当记明证据和证据来源。因此，要求民事权益主体在行使诉权时提供相应的证据材料，符合我国民事诉讼立法的基本精神，也有明确具体的法律依据。在实践中，如何正确理解原告在起诉时应当提供的证据材料的范围以及证据证明力的程度，是人民法院在立审分离、由立案审查制向立案登记制改革后亟待统一和规范的重要理论与实践问题。

诉，是民事主体基于实体法上权益遭受侵害的事实而依法享有的一种诉讼请求权，它是国家行使司法裁判权的前提和基础。诉的内在结构是由诉的主体、诉的标的和诉的理由三大要素所构成。诉的主体，是指依法能够请求国家司法机关予以救济的自然人和法人及其他组织。诉的标的，是指当事人之间发生争议，从而请求人民法院作出裁判的实体上的权利义务关系。诉的理由，是指民事权益主体提起民事诉讼的事实依据和法律依据，它是诉的标的能否成立的重要条件。其中，诉的事实依据在理论上大致归结为两类：（1）有关争议的民事法律关系发生、变更或消灭的事实；（2）有关当事人对实体法律关系是否存在争议或其实体权益是否受到侵害的事实。诉的法律依据是指当事人诉讼请求在法律上受保护的根据。对诉的理由设置一定的条件是各国民事诉讼制度的通例，它凸显了国家对民事冲突和争议的一般态度。

一、当事人行使诉权的制度保证

我国对当事人依法行使诉权提供了较为充分的制度保证。《民事诉讼法》第一百一十九条对当事人向人民法院提起民事诉讼设置了实质要件和形式要件两个部分。实质要件主要设定了民事权益主体与诉的"利益"问题。即原告在起诉时应当"有具体的诉讼请求和事实、理由"，以证明争讼的事实与其有利益关系。其中，诉讼请求是民事权益主体通过诉讼方式而向对方提出的一种实体权利请求，其基础和根据是民事权益主体与争讼事实之间的利益关系。形式要件是指法律上对当事人的适格和受诉法院应当拥有管辖权所设立的条件，主要设定了民事权益主体与诉的"资格"问题。原告向人民法院起诉或被告提出反诉，均应围绕起诉的实质要件和形式要件提供相应的证据：

（一）当事人适格的证据材料

按照我国《民事诉讼法》的规定，民事诉讼中的当事人包括公民、法人和其他组织三个类型。因此，民事诉讼中的原告应当在起诉时提供自己属于公民、法人和其他组织等证明其身份的相关证据。同时，原告应当在起诉时将明确的被告一并列入起诉状中，以便受诉法院及时通知或传唤被告参加诉讼。在司法实践中，如何理解"明确的被告"存在两种均有失偏颇的观点：一种观点是将"明确的被告"理解为"正当的"被告。即要求在起诉阶段就能够完全确定被告具有承担法律责任的资格和能力，这就在事实上加重了原告在立案阶段的举证义务。另一种观点是将"明确的被告"理解为称谓上的明确，对被告具体的通讯地址或法定住址未作严格要求，导致法院在立案后无法通知被告参加诉讼。其实，所谓"明确的被告"应当以被告能否特定化，以使法院能够通知其参加诉讼为判断标准，至于被通知参加诉讼的被告能否在判决中承担民事法律责任，则是开庭审理后需要解决的问题。

（二）诉讼请求所依据的案件事实的证据

对争讼事实的证明过程是整个民事诉讼活动所承担的任务，原告在起诉时所提交的证据旨在证明争议存在的客观性和已然性，而不能要求这些证据足以支持其全部的诉讼请求。因此，我们只强调了与起诉条件"相应"的证据材料，而不是一般意义上要求的证据。"相应"的特征集中表现为：

1. 它是原告起诉和被告反诉的必要条件

我国《民事诉讼法》虽然没有直接规定一定的证据是原告起诉和被告反诉的必要条件，但从相关的法律规定中仍然能够推出证据是启动诉讼程序的必要条件。有人认为，在一些小额诉讼和人身伤害案件中，原告只凭一纸诉状即可立案，这似乎排除了证据材料的必要性。其实，根据《民事诉讼法》第六十三条规定，当事人的陈述本身就是证据的一种。如果这种证据被对方当事人承认或有其他证据予以证明，即可成为人民法院裁判的依据。因此，在一些小额诉讼、劳动争议和其他一些因果关系十分明了的案件中，不宜对原告另外提交证据有过分苛刻的要求。

2. 它是与起诉条件相对应的证据材料

目的在于证明其本人与案件争讼事实具有法律上的直接利害关系。因此，衡量和判断原告在起诉时附带证据的最低限度，应当以能否满足起诉的条件为标准，即主体适格性、争讼事实与诉讼请求的利益相关性、受诉法院受理和管辖的正当性。

3. 它只是一种证据材料，而不能完全等同于严格意义上的诉讼证据

证据材料在起诉阶段的全部使命就是要证明民事权益争议存在的客观性、已然性和利益相关性。其中，民事权益争议的客观性主要是指争议存在的实在性；民事权益争议的已然性是指民事权益的争议已经实际发生，而不是将要发生或可能发生；民事权益争议的利益相关性是指争议本身与自己的诉讼请求具有法律上的利害关系，这种利害关系只是法律上的利害关系，而不是要求事实上的利害关系。因此，法院对原告在起诉时应附的证据材料只是作一些法律上和形式上的初步审查，而不对其真实性作实质审查，故对原告在起诉时所附证据的数量和质量均不宜作出过于苛刻的要求。

（三）属于诉请法院受理和管辖的证据

我国《民事诉讼法》规定地域管辖的一般原则是"原告就被告"的原则，即以被告的住所地或居住地来确定案件的管辖法院，由被告住所地或经常居住地人民法院行使对案件的管辖权。因此，在大量普通的民事案件中，原告选择被告所在地的法院进行诉讼，一般不需要对受诉法院管辖的正当性提供证据。但在专属地域管辖和特殊地域管辖的案件中，原告应当对适用专属管辖和地域管辖的事实及法律要件提供必要的证据。

二、起诉证据与反诉证据

本条涉及起诉证据与反诉证据的问题。在我国，"起诉证据"的规

范性依据最早出现于 1997 年 4 月 21 日最高人民法院发布的《关于人民法院立案工作的暂行规定》（法〔1997〕7 号），①该暂行规定确立了人民法院内部立审分离制度，首次以规范性文件的形式对起诉受理阶段的有关事实问题提出了证明的要求，并且将起诉证据作为立案庭审查起诉以决定受理与否的一个重要依据。该暂行规定第九条要求人民法院"在审查立案中，发现原告或者自诉人证明其诉讼请求的主要证据不具备的，应当及时通知其补充证据"。

据此，起诉者在向法院递交起诉状时，就应同时提供有直接证明力的"主要证据"以证明其诉讼请求。该规定既加重了立案法官的工作负担，与立审分立的制度设计初衷不符，也混淆了起诉证据与一般诉讼证据的概念。反诉证据则不同，由于反诉系本诉被告向本诉原告提出的独立的反请求，反诉的程序要件实际上已被本诉预先框定好了，一般不需要反诉者对于与提起反诉有关的程序问题加以证明。因此，反诉证据可以合理地界定为：反诉原告证明其反请求赖以成立的实体法律事实。

实践中，该暂行规定提出了关于立案阶段审查主要证据是否充足的问题，最高人民法院对此很重视，一直强调应贯彻立案与审判分离的原则，立案阶段只限于程序审查，只审查起诉证据能否表明当事人身份或者争议的事项是什么，并不审查证据事实本身，更不允许实体审查。最高人民法院在 2001 年《证据规定》中，通过明确举证时限制度、证据交换制度等，明确了起诉证据与一般诉讼证据的界限，并在有关 2001 年《证据规定》的适用注意事项中明确，对于《最高人民法院关于人民法院立案工作的暂行规定》第九条应当作出限缩解释，原告诉讼请求是否有主要证据支持，属于诉讼过程中举证问题，不能

---

① 根据《最高人民法院关于废止部分司法解释（第十三批）的决定》，本规定已失效，被《关于人民法院登记立案若干问题的规定》代替。

在立案时就要求原告提供。①

随着我国经济社会的不断发展以及国家治理体系和治理能力的不断提升，立案审查制已经不能适应社会发展的需要，改革人民法院案件受理制度被列入国家全面推进依法治国的重大改革内容。2014年10月28日，党的十八届四中全会通过了《中共中央关于全面推进依法治国若干重大问题的决定》，明确指出："改革法院案件受理制度，变立案审查制为立案登记制；对人民法院依法应该受理的案件，做到有案必立、有诉必理，保障当事人诉权。"对立案登记制改革作出了纲领性规定。2014年12月18日通过的《最高人民法院关于适用〈中华人民共和国民事诉讼法〉的解释》（以下简称《民事诉讼法解释》）第二百零八条对立案登记制作了初步规范，规定："人民法院接到当事人提交的民事起诉状时，对符合《民事诉讼法》第一百一十九条的规定，且不属于第一百二十四条规定情形的，应当登记立案；对当场不能判定是否符合起诉条件的，应当接收起诉材料，并出具注明收到日期的书面凭证……"落实立案登记制改革精神，呼应"变立案审查制为立案登记制"的规定。2015年4月1日中央全面深化改革领导小组第十一次会议审议通过的《关于人民法院推行立案登记制改革的意见》从立案登记制改革的指导思想、登记立案范围、登记立案程序、健全配套机制、制裁违法滥诉与切实加强立案监督六个方面对我国的立案登记制度进行了全面说明。

2015年4月13日最高人民法院审判委员会通过《最高人民法院关于人民法院登记立案若干问题的规定》（以下简称《登记立案规定》），对实践中人民法院关于立案登记制的具体操作做了详细规定。关于起诉证据，根据《登记立案规定》第六条，在立案登记制实施之后，原告在起诉时应提交的材料包括证明原被告主体资格的材料和与诉请相

---

① 李国光主编：《最高人民法院〈关于民事诉讼证据的若干规定〉的理解与适用》，中国法制出版社2002年版，第21~33页。

关的证据或者证明材料。原被告主体资格的材料,主要是指身份证明、户籍证明、营业执照、社会团体登记证等,对于这些材料的审验较为简单,基本不存在争议。《登记立案规定》第六条仅要求提供与诉请相关的证据或证明材料,并未像《最高人民法院关于人民法院立案工作的暂行规定》第九条规定的那样,要求原告提供证明其诉讼请求的主要证据。因此,在立案登记制下,审查原告提交的起诉证据是否符合要求,只需要在形式上检查原告提供的证据或证明材料是否与其诉请具有相关性,至于原告提交的证据是否是主要证据,是否充分、真实,均不在立案程序中审查判断。

【审判实践中需要注意的问题】

《登记立案规定》第六条对当事人起诉应当提交的材料作出了细化规定,其中第五项为"与诉请相关的证据或者证明材料"。此项与诉请相关的证据或证明材料应包含如下内容:

1. 说明原告与本案有直接利害关系的证据材料、支持诉求之事实和理由的证明材料(一定程度上能说明被告与起诉人存在作为诉讼请求基础的法律关系)属于作为起诉基础条件的必要材料,一旦缺乏,可能导致案件不能登记立案。

2. 有利于支持诉求的证据及其他材料,这些材料的多少及其证明效力不影响案件的立案受理,但会影响甚至决定随后的诉讼结果。立案证据材料的提供应依照《登记立案规定》的有关规定处理。

【法条链接】

《中华人民共和国民事诉讼法》(2017年修正)

第一百一十九条 起诉必须符合下列条件:

（一）原告是与本案有直接利害关系的公民、法人和其他组织；

（二）有明确的被告；

（三）有具体的诉讼请求和事实、理由；

（四）属于人民法院受理民事诉讼的范围和受诉人民法院管辖。

第一百二十条 起诉应当向人民法院递交起诉状，并按照被告人数提出副本。

第一百二十一条 起诉状应当记明下列事项：

（一）原告的姓名、性别、年龄、民族、职业、工作单位、住所、联系方式，法人或者其他组织的名称、住所和法定代表人或者主要负责人的姓名、职务、联系方式；

（二）被告的姓名、性别、工作单位、住所等信息，法人或者其他组织的名称、住所等信息；

（三）诉讼请求和所根据的事实与理由；

（四）证据和证据来源，证人姓名和住所。

《最高人民法院关于适用〈中华人民共和国民事诉讼法〉的解释》（2015年1月30日 法释〔2015〕5号）

第九十六条 民事诉讼法第六十四条第二款规定的人民法院认为审理案件需要的证据包括：

（一）涉及可能损害国家利益、社会公共利益的；

（二）涉及身份关系的；

（三）涉及民事诉讼法第五十五条规定诉讼的；

（四）当事人有恶意串通损害他人合法权益可能的；

（五）涉及依职权追加当事人、中止诉讼、终结诉讼、回避等程序性事项的。

除前款规定外，人民法院调查收集证据，应当依照当事人的申请进行。

第二百零八条 人民法院接到当事人提交的民事起诉状时，对符合民事诉讼法第一百一十九条的规定，且不属于第一百二十四条规定情形的，应当登记立案；对当场不能判定是否符合起诉条件的，应当接收起诉材料，并出具注明收到日期的书面凭证。

需要补充必要相关材料的，人民法院应当及时告知当事人。在补齐相关材料后，应当在七日内决定是否立案。

立案后发现不符合起诉条件或者属于民事诉讼法第一百二十四条规定情形的，裁定驳回起诉。

《最高人民法院关于民事诉讼证据的若干规定》（2001年12月21日　法释〔2001〕33号）

第一条　原告向人民法院起诉或者被告提出反诉，应当附有符合起诉条件的相应的证据材料。

第十条　当事人向人民法院提供证据，应当提供原件或者原物。如需自己保存证据原件、原物或者提供原件、原物确有困难的，可以提供经人民法院核对无异的复制件或者复制品。

第十一条　当事人向人民法院提供的证据系在中华人民共和国领域外形成的，该证据应当经所在国公证机关予以证明，并经中华人民共和国驻该国使领馆予以认证，或者履行中华人民共和国与该所在国订立的有关条约中规定的证明手续。

当事人向人民法院提供的证据是在香港、澳门、台湾地区形成的，应当履行相关的证明手续。

第十二条　当事人向人民法院提供外文书证或者外文说明资料，应当附有中文译本。

第十四条　当事人应当对其提交的证据材料逐一分类编号，对证据材料的来源、证明对象和内容作简要说明，签名盖章，注明提交日期，并依照对方当事人人数提出副本。

人民法院收到当事人提交的证据材料，应当出具收据，注明证据的名称、份数和页数以及收到的时间，由经办人员签名或者盖章。

《最高人民法院关于人民法院登记立案若干问题的规定》（2015 年 4 月 15 日　法释〔2015〕8 号）

第四条　民事起诉状应当记明以下事项：

（一）原告的姓名、性别、年龄、民族、职业、工作单位、住所、联系方式，法人或者其他组织的名称、住所和法定代表人或者主要负责人的姓名、职务、联系方式；

（二）被告的姓名、性别、工作单位、住所等信息，法人或者其他组织的名称、住所等信息；

（三）诉讼请求和所根据的事实与理由；

（四）证据和证据来源；

（五）有证人的，载明证人姓名和住所。

行政起诉状参照民事起诉状书写。

第六条　当事人提出起诉、自诉的，应当提交以下材料：

（一）起诉人、自诉人是自然人的，提交身份证明复印件；起诉人、自诉人是法人或者其他组织的，提交营业执照或者组织机构代码证复印件、法定代表人或者主要负责人身份证明书；法人或者其他组织不能提供组织机构代码的，应当提供组织机构被注销的情况说明；

（二）委托起诉或者代为告诉的，应当提交授权委托书、代理人身份证明、代为告诉人身份证明等相关材料；

（三）具体明确的足以使被告或者被告人与他人相区别的姓名或者名称、住所等信息；

（四）起诉状原本和与被告或者被告人及其他当事人人数相符的副本；

（五）与诉请相关的证据或者证明材料。

第二条 ［指导当事人举证及当事人申请人民法院调查收集证据］

人民法院应当向当事人说明举证的要求及法律后果，促使当事人在合理期限内积极、全面、正确、诚实地完成举证。

当事人因客观原因不能自行收集的证据，可申请人民法院调查收集。

【条文主旨】

本条承继2001年《证据规定》第三条内容，是关于人民法院指导当事人举证以及当事人申请人民法院调查收集证据的规定。

【条文释义】

本条规定了向当事人说明举证的要求及法律后果是人民法院行使释明权的重要内容之一。人民法院对当事人进行举证指导的意义和价值已被我国近年来司法改革的实践所证明。民事审判方式改革以前，我国在民事诉讼中一直实行超职权主义的诉讼模式，当事人习惯于将诉讼上的一切事务通过一纸诉状全交给法院，法院则包揽了本应由当事人自己承担的大量诉讼义务。20世纪90年代末期以来，我国的民事审判方式改革吸取和借鉴了对抗制诉讼模式中的积极因素，扩大了当事人在民事诉讼中的权利，同时强化了当事人举证和质证的义务。特别是2001年《证据规定》施行后，各地法院纷纷制定形式各异但内容大致相同的"举证通知书"，极大方便了当事人诉讼，取得了良好的法律效果和社会效果。

实践中，在向当事人说明举证要求及法律后果时，应当注意以下几个问题：

1. 人民法院应当采取书面的方式向当事人说明举证的具体要求，以及不及时举证或举证不能将会导致哪些不利的后果，并将送达回证入卷存档。

2. 法官在开庭时还应当再次核实双方当事人是否已经知道了举证的要求及其法律后果，并由书记员记录在卷，从而使核实举证告知成为法庭调查前的一道必经程序。

3. 人民法院如果没有向当事人说明举证的要求，从而导致当事人贻误举证时机的，当事人为此提起上诉，上级人民法院可以原审判决程序违法而予以撤销。人民法院的举证告知义务是其适用举证责任原则判决案件的法定前提。

一、举证告知的要求和内容

（一）争议观点

人民法院应当采取何种方式向当事人"说明"举证的要求及法律后果，实践中存在两种不同的观点：一种观点认为，人民法院既可以采取书面形式通知当事人如何举证，也可以采取口头形式向当事人说明举证的要求及法律后果；另一种观点认为，人民法院只能采取书面形式向当事人说明举证的要求及法律后果。

我们同意后一种观点，这是因为：

1. 书面形式更能体现举证告知的重要性和严肃性。人民法院应当统一和规范举证通知书的形式和内容，这不仅能够体现举证通知书的严肃性，还有利于保证举证告知内容的完整性和统一性。若以口头形式向当事人告知举证的要求和法律后果，可能会因法官个人对举证事项理解的差异而出现五花八门的告知内容，影响司法的统一性和完整性。

2. 随着我国社会发展水平的普遍提高，选择书面告知的形式具有可行性。当前，我国城乡人民的生活水平有了巨大的变化，交通、通讯等领域取得显著进步。因此，采取书面告知形式在绝大多数地区已经具备了相应的社会条件。

3. 2001年《证据规定》第三十三条规定："人民法院应当在送达案件受理通知书和应诉通知书的同时向当事人送达举证通知书。"这就以司法解释的形式规定了书面告知的必要性。本次修改将其优化为"人民法院应当在审理前的准备阶段向当事人送达举证通知书"，仍然要求人民法院以通知书的形式向当事人告知举证事项，并且送达举证通知书的时间节点为审理前的准备阶段，并不必然与受理通知书和应诉通知书同时送达，也使得送达举证通知书的时间节点更为科学。

（二）举证通知书的内容

举证通知书至少应当包括如下内容：

1. 举证责任的分配原则与要求。当事人对自己提出的诉讼请求所依据的事实或反驳对方诉讼请求所依据的事实，有提供证据进行证明的责任；如果没有证据或证据不足以证明当事人的事实主张的，由负有举证责任的当事人承担不利后果。

2. 可以向人民法院申请调查收集证据的情形。（1）申请调查收集的证据属于国家有关部门保存并需人民法院依职权调取的档案材料；（2）涉及国家秘密、商业秘密、个人隐私的材料；（3）当事人及其诉讼代理人确因客观原因不能自行收集的其他材料。

3. 人民法院根据案件情况指定的举证期限。

4. 逾期提供证据的法律后果。根据《民事诉讼法》第六十五条规定，当事人逾期提供证据的，人民法院应当责令其说明理由；拒不说明理由或者理由不成立的，人民法院根据不同情形可以不予采纳该证据，或者采纳该证据但予以训诫、罚款。

（三）举证告知的意义

人民法院向当事人说明举证要求及法律后果的目的在于促使当事人在"合理期限"内完成举证。举证的合理期限是针对过去民事诉讼实践中证据的"随时提出主义"而设定。在《民事诉讼法》修改以前，法律对于当事人提供证据的时间不作任何限制，当事人在法庭辩论终结前，法庭审理的各个阶段均可以提出证据。对于正常的民事诉讼程序中没有提出的证据，也可以在二审程序终结后，以新证据为理由申请再审。这种证据"随时提出主义"的立法虽对于当事人诉讼权利的保障具有一定的积极意义，但对于当事人提供证据不作任何期限的限制，则给我国的民事诉讼带来一系列的消极影响。例如，一些当事人滥用诉讼权利，将提交证据的时间作为诉讼技巧，利用证据进行突然袭击，拖延诉讼程序的进行。这种情况严重干扰了正常的民事诉讼秩序，损害对方当事人的诉讼权利，增加当事人的诉讼成本，浪费人民法院的审判资源，影响民事诉讼的效率和公正。为改变我国民事诉讼实践中"证据随时提出主义"带来的弊端，促进民事诉讼的公正与效率，2001年《证据规定》通过对《民事诉讼法》中"期间"和"新证据"的解释，对举证时效作出规定。其第三十四条规定："当事人应当在举证期限内向人民法院提交证据材料，当事人在举证期限内不提交的，视为放弃举证权利。"由此，在我国的民事诉讼实践中确立了举证时限制度。与"证据随时提出主义"相比，"证据限时提出主义"无疑更符合民事诉讼的规律，对于规范民事诉讼秩序具有重要意义。但2001年《证据规定》对于举证时限的规定，也产生了另外的问题：（1）2001年《证据规定》对于举证时限的规定，立法上的依据不充分，造成司法实践与立法在一定程度上的脱节。（2）2001 年《证据规定》对于举证时限的规定过于严厉，对当事人的权利保障不充分。针对以上问题，在 2012 年《民事诉讼法》修正的过程中，全国人大常委会法工委、最高人民法院和专家学者进行多次沟通、研讨，形成基本共识，即举证时限制度对于规范民事诉讼秩序、保障诉讼公平具有积极意义，应当在立法上确认下来；应当分层设置举证时限的后果。具体体现在《民事诉讼法》第六十五条中。

二、举证告知的目的

人民法院对当事人举证的指导或释明，目的在于促使当事人在合理期限内积极、全面、正确、诚实地完成举证。

（一）积极

人民法院应当首先促使当事人积极地举证，"积极"在此包含两层含义。

1. 时间上的积极

在每一个具体的案件中，当事人双方因对诉讼所持态度的不同而导致对举证期限的态度也不相同。原告作为提出诉讼请求的人，一般希望在最短的时间内确认和实现自己的诉讼主张，加之其对诉讼早有准备，所以原告愿意并能够在短期内完成举证。而被告对诉讼所持的态度一般较为消极，因此，当事人双方约定举证期限时会存在一定差距。这就要求人民法院在当事人不能就举证期限达成一致时，根据当事人的主张和案件审理情况，确定当事人应当提供的证据及其期限，督促当事人在时间上积极举证。

2. 态度上的积极

人民法院通过对举证要求和法律后果的说明，促使当事人以积极的态度完成举证。人民法院对当事人举证的释明和指导，应当使当事人知晓消极举证的弊端，以积极认真的态度完成举证，避免证据突袭。

（二）全面

当事人作为案件事实的亲历者，能够熟悉和掌握大量与争讼事实相关的证据。同时，当事人也可能因对法律知识的欠缺不知道应当向法院提供哪些证据。此时人民法院有必要对其进行合理的释明与指导。具体应当注意以下三个方面的结合：

1. 直接证据与间接证据相结合

直接证据是指能够单独证明案件主要事实的证据；间接证据是指不能单独证明案件主要事实，而需要与其他证据相结合才能证明案件事实的证据。民事案件中的主要事实是指民事权益主体之间发生争议的民事法律关系是否发生、变更或消灭的事实。因此，凡是能够单独、直接证明或否定当事人之间民事法律关系发生、变更或消灭的证据，即为直接证据。如合同、借条、收据等能够直接证明民事法律关系是否发生、变更或消灭的部分书证。在民事诉讼中，当事人既应提交能够直接证明案件主要事实的直接证据，也应提交与案件主要事实具有密切关系的间接证据。

2. 原始证据与传来证据相结合

原始证据与传来证据的划分以是否直接来源于案件事实为标准。直接来源于案件事实的第一手证据，称为原始证据；不是直接来源于案件事实，而是经过转抄、复制或转述的第二手或第二手以上的证据，称为传来证据。一般来说，原始证据的证明价值大于传来证据，但在原始证据灭失或部分毁损的情况下，传来证据也具有十分重要的证明价值。因此，我们在民事诉讼中要求当事人全面提交证据，以最大程度地使法官发现案件的事实。①

3. 主要证据与辅助证据相结合

主要证据是能够直接或间接证明案件主要事实的证据；辅助证据

---

① 参见江伟、肖建国主编：《民事诉讼法》（第六版），中国人民大学出版社2013年版，第173~174页。

是证明案件中的辅助事实或证据真实性的证据。主要证据和辅助证据对于正确认识案件事实、发现事实真伪具有重要意义。

（三）正确

人民法院应当指导当事人正确举证，这里强调的"正确"主要是指：

1. 取证手段上的正确

证据是指能够证明案件真实情况的一切事实，它本身具有客观性。由于案件事实在诉讼前已经客观存在，所以能够证明案件事实的一切证据不可能原封不动地全部保留下来，这就需要通过事后的努力来寻找和收集。民事诉讼作为一种私权纠纷引发的争讼，其证明过程主要依靠当事人自己收集证据来完成。为了证明自己的诉讼主张，当事人完全可能利用一切手段来获取自认为能够证明案件事实的一切证据，这种获取证据的手段有时会以侵犯他人的合法权益为代价。这就会引发新的社会矛盾，造成新的社会不公平。因此，证据来源和取证手段的合法性在民事诉讼中就显得十分关键和重要。

2. 证据选择上的正确

证据的最大特点是它与待证事实的关联性，如果失去了关联性，证据就失去了其存在的价值。因此，当事人能够在有限的举证期限内提交与案件事实具有关联性的证据，对于提高审判效率和审判质量具有重要意义。

3. 证据提交时限上的正确

证据应当在法定的期限内向人民法院提交，逾期提供证据，当事人应承担相应的不利后果。因此，注意举证的时限是当事人正确举证的重要内容。

（四）诚实

证据的本质属性是它的客观性，因此，当事人的任务就是将客观存在的证据提交给法院。如果当事人将虚构或捏造的"事实"材料提交给法院，不仅不能证明自己的诉讼主张，反而会因提供虚假证据而承担相应的法律责任。

三、申请人民法院调查收集证据的条件

当事人因客观原因不能自行收集的证据，可申请人民法院调查收集。这里提到的"客观原因"主要指如下几种情形：

1. 必须依据职权方可收集的证据。如国家有关部门保存的档案文书、文献资料。

2. 当事人自己调查、收集的有可能侵犯国家、社会和他人合法权利的证据。如国家秘密、商业秘密和个人隐私等材料。

3. 需要动用国家司法权才能收集的证据。如需要通过证据保全等手段获取的证据，或者控制在对方当事人手里的直接证据和主要证据。

【审判实践中需要注意的问题】

1. 新的《民事诉讼文书样式》中关于《举证通知书》的样式，其内容主要是对人民法院指定的举证期限或当事人协商确定的举证期限及逾期举证承担相应不利后果的通知。关于举证的要求、举证责任的分配原则、可以向人民法院申请调查收集证据的情形等告知事项，在新的《民事诉讼文书样式》《诉讼权利义务告知书》中有所体现。实践中应注意将《举证通知书》《诉讼权利义务告知书》结合使用。

2. 应当注意释明的尺度。本条规定所要求的人民法院对举证的释明，其目的在于指导当事人的诉讼活动，以使当事人能够适时、适当地行使诉讼权利，而非以人民法院的行为替代当事人的行为。因此，在释明时应当注意把握尺度，不能违反裁判者的中立立场，过度介入当事人的诉讼活动。

【法条链接】

《中华人民共和国民事诉讼法》（2017年修正）

第六十四条 当事人对自己提出的主张，有责任提供证据。

当事人及其诉讼代理人因客观原因不能自行收集的证据，或者人民法院认为审理案件需要的证据，人民法院应当调查收集。

人民法院应当按照法定程序，全面地、客观地审查核实证据。

第六十五条 当事人对自己提出的主张应当及时提供证据。

人民法院根据当事人的主张和案件审理情况，确定当事人应当提供的证据及其期限。当事人在该期限内提供证据确有困难的，可以向人民法院申请延长期限，人民法院根据当事人的申请适当延长。当事人逾期提供证据的，人民法院应当责令其说明理由；拒不说明理由或者理由不成立的，人民法院根据不同情形可以不予采纳该证据，或者采纳该证据但予以训诫、罚款。

第六十六条 人民法院收到当事人提交的证据材料，应当出具收据，写明证据名称、页数、份数、原件或者复印件以及收到时间等，并由经办人员签名或者盖章。

第六十七条 人民法院有权向有关单位和个人调查取证，有关单位和个人不得拒绝。

人民法院对有关单位和个人提出的证明文书，应当辨别真伪，审查确定其效力。

《最高人民法院关于适用〈中华人民共和国民事诉讼法〉的解释》（2015年1月30日 法释〔2015〕5号）

第九十条 当事人对自己提出的诉讼请求所依据的事实或者反驳对方诉讼请求所依据的事实，应当提供证据加以证明，但法律另有规定的除外。

在作出判决前，当事人未能提供证据或者证据不足以证明其事实主张的，由负有举证证明责任的当事人承担不利的后果。

第九十一条 人民法院应当依照下列原则确定举证证明责任的承担，但法律另有规定的除外：

（一）主张法律关系存在的当事人，应当对产生该法律关系的基本事实承担举证证明责任；

（二）主张法律关系变更、消灭或者权利受到妨害的当事人，应当对该法律关系变更、消灭或者权利受到妨害的基本事实承担举证证明责任。

第九十三条 下列事实，当事人无须举证证明：

（一）自然规律以及定理、定律；

（二）众所周知的事实；

（三）根据法律规定推定的事实；

（四）根据已知的事实和日常生活经验法则推定出的另一事实；

（五）已为人民法院发生法律效力的裁判所确认的事实；

（六）已为仲裁机构生效裁决所确认的事实；

（七）已为有效公证文书所证明的事实。

前款第二项至第四项规定的事实，当事人有相反证据足以反驳的除外；第五项至第七项规定的事实，当事人有相反证据足以推翻的除外。

第九十四条 民事诉讼法第六十四条第二款规定的当事人及其诉讼代理人因客观原因不能自行收集的证据包括：

（一）证据由国家有关部门保存，当事人及其诉讼代理人无权查阅调取的；

（二）涉及国家秘密、商业秘密或者个人隐私的；

（三）当事人及其诉讼代理人因客观原因不能自行收集的其他证据。

当事人及其诉讼代理人因客观原因不能自行收集的证据，可以在举证期限届满前书面申请人民法院调查收集。

第九十五条 当事人申请调查收集的证据，与待证事实无关联、对证明待证事实无意义或者其他无调查收集必要的，人民法院不予准许。

第九十七条 人民法院调查收集证据，应当由两人以上共同进行。调查材料要由调查人、被调查人、记录人签名、捺印或者盖章。

第九十九条 人民法院应当在审理前的准备阶段确定当事人的举证期限。举证期限可以由当事人协商，并经人民法院准许。

人民法院确定举证期限，第一审普通程序案件不得少于十五日，当事人提供新的证据的第二审案件不得少于十日。

举证期限届满后，当事人对已经提供的证据，申请提供反驳证据或者对证据来源、形式等方面的瑕疵进行补正的，人民法院可以酌情再次确定举证期限，该期限不受前款规定的限制。

第一百条 当事人申请延长举证期限的，应当在举证期限届满前向人民法院提出书面申请。

申请理由成立的，人民法院应当准许，适当延长举证期限，并通知其他当事人。延长的举证期限适用于其他当事人。

申请理由不成立的，人民法院不予准许，并通知申请人。

第一百零一条 当事人逾期提供证据的，人民法院应当责令其说明理由，必要时可以要求其提供相应的证据。

当事人因客观原因逾期提供证据，或者对方当事人对逾期提供证据未提出异议的，视为未逾期。

第一百零二条 当事人因故意或者重大过失逾期提供的证据，人民法院不予采纳。但该证据与案件基本事实有关的，人民法院应当采纳，并依照民事诉讼法第六十五条、第一百一十五条第一款的规定予以训诫、罚款。

当事人非因故意或者重大过失逾期提供的证据，人民法院应当采纳，并对当事人予以训诫。

当事人一方要求另一方赔偿因逾期提供证据致使其增加的交通、住宿、就餐、误工、证人出庭作证等必要费用的，人民法院可予支持。

《最高人民法院关于民事诉讼证据的若干规定》（2001年12月21日 法释〔2001〕33号）

第三条 人民法院应当向当事人说明举证的要求及法律后果，促使当事人在合理期限内积极、全面、正确、诚实地完成举证。

当事人因客观原因不能自行收集的证据，可申请人民法院调查收集。

第三十三条 人民法院应当在送达案件受理通知书和应诉通知书的同时向当事人送达举证通知书。举证通知书应当载明举证责任的分配原则与要求、可以向人民法院申请调查取证的情形、人民法院根据案件情况指定的举证期限以及逾期提供证据的法律后果。

举证期限可以由当事人协商一致，并经人民法院认可。

由人民法院指定举证期限的，指定的期限不得少于三十日，自当事人收到案件受理通知书和应诉通知书的次日起计算。

第三十四条 当事人应当在举证期限内向人民法院提交证据材料，当事人在举证期限内不提交的，视为放弃举证权利。

对于当事人逾期提交的证据材料，人民法院审理时不组织质证。但对方当事人同意质证的除外。

当事人增加、变更诉讼请求或者提起反诉的，应当在举证期限届满前提出。

第三十五条 诉讼过程中，当事人主张的法律关系的性质或者民事行为的效力与人民法院根据案件事实作出的认定不一致的，不受本规定第三十四条规定的限制，人民法院应当告知当事人可以变更诉讼请求。

当事人变更诉讼请求的，人民法院应当重新指定举证期限。

第三条　［自认］

在诉讼过程中，一方当事人陈述的于己不利的事实，或者对于己不利的事实明确表示承认的，另一方当事人无需举证证明。

在证据交换、询问、调查过程中，或者在起诉状、答辩状、代理词等书面材料中，当事人明确承认于己不利的事实的，适用前款规定。

【条文主旨】

本条由2001年《证据规定》第八条第一款、第七十四条整理、修改形成。本条以《民事诉讼法解释》第九十二条规定为基础，是关于诉讼中的自认的规定。

【条文释义】

一、自认的理解

自认，是指当事人对不利于自己事实的承认。依据自认作出的场合，可以区分为诉讼中的自认和诉讼外的自认。诉讼中的自认是指当事人在诉讼过程中就对方当事人主张的不利于己的事实,于诉讼上陈述其为真实,或称当事人一方所主张的事实,对他方当事人不利,而他方当事人在诉讼上作出承认此项事实的陈述。① 诉讼外的自认只是影响法官心证的因素,其本身与证明责任无直接关联,故并非证据法关注的问题。在实行辩论主义的民事诉讼中,自认是对于己不利的事实予以承认的声明或表示。声明,在诉讼中通常表现为一方当事人对另一方当事人主张的于其不利的事实予以直接、积极、明确地承认;而作为一种表示,则既可以为明示的作为,也可以是默示的不作为,既可以由当事人自己作出,也可以由经其授权的诉讼代理人作出。②

在大陆法系国家和地区,诉讼上的自认是证明责任的一种例外,其本身并非证据方法,而是在辩论主义诉讼模式下当事人行使处分权的结果。在诉讼中,自认一经作出,即产生两方面的效果:

1. 对当事人产生拘束力,即当事人一方对另一方主张的于己不利的事实一经作出承认的声明或表示,另一方当事人即无须对该事实举证证明。而且除特定情形外,作出自认的当事人也不能撤销或否认其自认。

2. 对法院产生拘束力,即对于当事人自认的事实,法院原则上应当予以确认,不能作出与自认的事实相反的认定,无法定情形不能否定自认的效力。

在英美法系国家和地区,当事人自认是作为一种证据方法对待,属于传闻规则的例外情形。英美法系基于对法庭审理直接原则和言词原则的强调,将一切未在法庭上陈述的事实和陈述者在法庭上陈述的非其亲身感知的事实,均作为传闻证据予以排除。但当事人自认作为一种证据方法则不属于传闻证据。"根据普通法的规定,就一方当事人所陈述的事实与另一方当事人所主张的事实正好相反而被后者所接受,

---

① 李学灯:《证据法比较研究》,台湾地区五南图书出版公司1992年版,第103页。
② 肖建华主编:《民事证据法理念与实践》,法律出版社2005年版,第110页。

可以用来证明案件事实,这是作为一种反传闻规则的例外。这种例外所固有的安全保障在于,除非这些事实具有真实性,否则当事人不会对其不利的事实予以承认。"①

二、自认的类型

自认因不同的标准可以划分为不同的类型。除诉讼中的自认和诉讼外的自认以外,在理论上还可以将自认分为:

(一) 完全自认与限制自认

根据自认的程度、范围可以划分为完全自认与限制自认。完全自认是对另一方当事人主张的事实的全部自认;限制自认是一种有条件的自认。完全自认能够免除双方的举证责任,而限制自认则要对所负条件按照举证责任负担的原则进一步举证。如在借款合同纠纷中,原告要求被告偿还借款,被告对借款的事实予以承认,但提出已经偿还;或原告曾经同意延长清偿期限,对这种限制自认,应当由被告就已经偿还或同意延长清偿期限而承担举证责任。

(二) 明示自认与默示自认

根据当事人意思表示的方式可以划分为明示自认和默示自认。明示自认是指当事人通过言语方式所作出的积极的、明确的承认;默示自认是指当事人通过沉默的方式所作出的消极的承认,又称拟制自认。民事诉讼具有较强的对抗性,如果一方对另一方主张的不利于自己的事实不予自认,应予以反击和辩论;如不予争辩,则视为承认。本规定第四条将审判人员行使释明权作为确认默示自认成立的必要条件。

(三) 当事人的自认与代理人的自认

根据责任主体的不同可以划分为当事人的自认和代理人的自认。当事人的自认是指当事人本人所作的承认;代理人的自认是指代理人

---

① 肖建华主编:《民事证据法理念与实践》,法律出版社2005年版,第112页。

代表委托人所作的承认，除授权委托书明确排除的事项外，视为当事人的自认，但当事人在场对诉讼代理人的自认明确否认的，不视为自认。

三、自认的特征

自认不能简单归属或等同于当事人的陈述，也不同于普通的证人证言，自认具有如下特征：

1. 自认必须发生在诉讼过程中。只有当事人在诉讼过程中的自认才能够产生相应的法律后果。当事人在诉讼外对不利于自己的案件事实的承认是影响法官心证的因素，而非免除当事人举证责任的法定事由。

2. 自认是当事人陈述于己不利的事实，或者对于己不利的事实明确表示承认。

3. 自认一般应当明确表示，默示自认必须符合法定条件。自认对当事人举证责任的免除和对法院法定程序的改变，充分证明了自认对民事诉讼的约束力和影响力。为了确保自认的真实性和自愿性，我们对自认的成立限定了较为严格的条件，即自认必须是明确表示承认。如果当事人默示自认，即对另一方当事人的陈述既不承认也不否认的，只有在审判人员进行释明后仍然默示的，才能视为承认。

4. 自认必须具有合法性。当事人的自认不能改变现行法律的规定，即不能与现行有效的法律相冲突。

本条延续了 2001 年《证据规定》对自认的理解，借鉴大陆法系国家和地区的立场，将诉讼上的自认作为举证责任的例外对待。2001 年《证据规定》第八条第一款规定的自认的内容为"另一方当事人陈述的案件事实"；《民事诉讼法解释》第九十二条将自认的内容修改为"于己不利的事实"，不仅将自认内容的性质限定为"于自认者不利"的事实，而且将自认的内容扩展为"任何"于自认者不利的事实，不仅限于"另一方当事人陈述"的案件事实,当然也包括证人、鉴定人等的陈述,而且不限于"陈述"此一种证据形式,呈现在诉讼中的所有"于自认者不利"的事实,均能成为自认的内容或对象。本次修改不仅吸收了《民事诉讼法解释》第九十二条关于自认内容的规定,而且进一步扩充自认的内容,将一方当事人陈述的于己不利的事实亦明确为自认的内容;同时,将自认的场合由《民事诉讼法解释》第九十二条"法庭审理中",扩展至包括"证据交换、询问、调查过程中"。2001年《证据规定》第七十四条既包括对事实的承认也包括对证据的认可,而对证据的认可与自认不能等同,对证据的认可已规定在本规定第八十九条,本条仅保留对事实承认的内容。根据《民事诉讼法解释》第九十六条的规定,涉及身份关系的事实,可能损害国家利益、社会公共利益的事实,公益诉讼,恶意诉讼以及纯粹的程序性事项,人民法院应当依职权调查收集证据。这些事实,不适用自认的规定。在自认的事实与人民法院查明的事实不符的场合,由于事实已经被证据所证明,从发现真实的角度,无当事人自认适用的余地。

【审判实践中需要注意的问题】

在自认的例外情形上,应特别注意《民事诉讼法解释》第九十二条第三款的规定,即"自认的事实与查明的事实不符的,人民法院不予确认"。并非当事人作出的所有的对于己不利的事实的承认,人民法院都予以确认。审判实践中,当事人牺牲较小的利益作于己不利的承认,以换取更大利益的行为并不鲜见。"自认的事实与查明的事实不符",是指当事人于诉讼上自认的事实,与法官依据法律、司法解释的规定以及在案证据,已经形成内心确信的事实不相符,且当事人的自认亦不能动摇法官心证的情形。

【法条链接】

《最高人民法院关于适用〈中华人民共和国民事诉讼法〉的解释》（2015年1月30日　法释〔2015〕5号）

第九十二条　一方当事人在法庭审理中，或者在起诉状、答辩状、代理词等书面材料中，对于己不利的事实明确表示承认的，另一方当事人无需举证证明。

对于涉及身份关系、国家利益、社会公共利益等应当由人民法院依职权调查的事实，不适用前款自认的规定。

自认的事实与查明的事实不符的，人民法院不予确认。

第一百零七条　在诉讼中，当事人为达成调解协议或者和解协议作出妥协而认可的事实，不得在后续的诉讼中作为对其不利的根据，但法律另有规定或者当事人均同意的除外。

《最高人民法院关于民事诉讼证据的若干规定》（2001年12月21日　法释〔2001〕33号）

第八条第一款　诉讼过程中，一方当事人对另一方当事人陈述的案件事实明确表示承认的，另一方当事人无需举证。但涉及身分关系的案件除外。

第七十四条　诉讼过程中，当事人在起诉状、答辩状、陈述及其委托代理人的代理词中承认的对己方不利的事实和认可的证据，人民法院应当予以确认，但当事人反悔并有相反证据足以推翻的除外。

第四条　[拟制自认]

一方当事人对于另一方当事人主张的于己不利的事实既不承认也不否认，经审判人员说明并询问后，其仍然不明确表示肯定或者否定的，视为对该事实的承认。

【条文主旨】

本条由2001年《证据规定》第八条第二款整理、修改形成，是关于拟制自认的规定。

【条文释义】

一、拟制自认的来源

依据当事人是否明确地作出意思表示为标准，可以将当事人自认分为明示自认和默示自认。明示自认通常表现为当事人作出积极、明确的承认意思表示，可以直接从外观判断是否为明示自认，本规定第三条释义中已就明示自认进行了说明，在此不予赘述。默示自认则表现为一方当事人对另一方当事人陈述的对其不利的事实进行沉默的消极应对。司法实践中通常将此类情形视为当事人自认的一种表现形式，即当一方当事人对另一方当事人主张的不利于自己的事实，在诉讼的各个阶段均既不承认也不否认的，法律上就拟制地认为当事人已经自认了该事实。① 因此，默示自认又称拟制自认，本质上是建立在违反当事人明白表示下所做的不利虚拟之认定。②

拟制自认来源于民事诉讼的对抗性。诉讼必然以双方当事人的利益对立为前提，如果当事人之间不能以对立的诉讼主张展开充分的诉答与控辩，司法的裁判功能便难以发挥，案件的真实也难以发现。为了避免因一方当事人的消极沉默而使案件事实因缺少对抗而出现真伪不明，法律上设置了拟制自认制度。③ "既然被告未积极争执，将其拟制自认以作为判决基础，自可省略调查证据，而可因此追求程序利益，促进诉讼，是亦符合诉讼法承认自认制度之本旨。"④ 这一制度的设立旨在促进当事人通过积极的陈述而使法官发现案件的真实，在限缩争议焦点、提高诉讼效率、降低诉讼成本以及确保法官的中立性等方面具有重要的意义。⑤

二、拟制自认的构成条件

（一）一方当事人对于另一方当事人主张的于己不利的事实，既不承认也不否认

本规定在第三条和第八十九条分别规定了当事人对事实的认可和证据的认可，此处讨论的拟制自认对象为不利于当事人的事实主张。该事实仅限于具体事实中的主要事实，法律法规、经验法则等不能作为拟制自认的内容，具体事实中的间接事实和辅助事实同样不产生自

---

① 李国光主编：《最高人民法院〈关于民事诉讼证据的若干规定〉的理解与适用》，中国法制出版社 2001 年版，第 121 页。
② 姜世明：《举证责任与真实义务》，台湾地区新学林出版社 2006 年版，第 407 页。
③ 武文举：《民事诉讼证据制度研究》，中国政法大学出版社 2012 年版，第 105 页。
④ 许士宦：《证据收集与纷争解决》，台湾地区新学林出版股份有限公司 2005 年版，第 169 页。
⑤ 刘红：《论默示自认》，载《福建政法管理干部学院学报》2003 年第 2 期。

认效力。① 一方当事人针对另一方当事人提出的事实主张，可能存在四种态度类型，即否认、承认、不知和沉默。否认是指当事人作出"不存在该事实"的否定性陈述；不知是指当事人表示"不知道该事实是否存在"；承认是指当事人作出"认可该事实"的陈述；而沉默则表示当事人未做任何陈述的状态。② 根据我国民事诉讼法的规定，当事人有辩论的权利，亦有陈述的义务。如果当事人对对方当事人所主张的事实保持沉默不作陈述，可推定其放弃了争执辩论的权利。由于当事人就争议事实进行辩论，应承担相应的举证责任，在当事人不作陈述的情况下亦可视为当事人放弃了举证责任，对方当事人无需举证证明其事实主张，此时人民法院可推定当事人已对该事实予以自认。由此可见，拟制自认以消极的沉默为特征，即没有针对一方当事人的陈述而提出任何相应的足以支持或推翻的意见或主张，作出"不予争执"的态度。如果当事人提出任何即使是毫无根据的理由来怀疑或责问另一方当事人的对案件事实的陈述，都不能构成拟制自认。此种"不予争执"既可以看作是当事人放弃陈述权的一种推定，也可以看作是当事人不履行陈述义务的一种结果。

若一方当事人对另一方当事人的陈述既不表示承认与否认，也不沉默，而是以"不知"或"不记得"作答时，能否产生拟制自认的效果，世界各国和地区的立法存在较大差异。例如，德国采用"限定许可说"，在法律条文中明确规定了许可当事人作不知陈述的要件。德国《民事诉讼法》第138条规定："对于某种事实，只有在它既非当事人自己的行为，又非当事人自己所亲自感知的对象时，才准许说'不知'。"这种不知之陈述将会当作是一种"争辩"，而不认为是拟制的自认。但是对自己的行为和感受作不知之陈述则被认为是不合法的，

---

① 张永泉：《民事诉讼证据原理研究》，厦门大学出版社2005年版，第281页。
② ［日］高桥宏志：《民事诉讼法制度与理论的深层分析》，林剑锋译，法律出版社2003年版，第330页。

并因而被看作是不争辩。① 理论上,德国法对拟制自认的规定一般被评价为虽考虑到了不知陈述的具体情形,但加重了当事人的陈述义务,使得不负主张或举证责任的当事人不可任意为不知陈述。② 而日本采用"否定说",认为一方当事人对他方主张的事实作不知陈述的,将被推断为对该事实有争议,应视为具有否认的意思,不能被视为自认。除非将该陈述认定为否认时系不合理的。但是否为"不合理",须有法官斟酌证据调查的结果及全部辩论意旨而依其自由心证予以判断。③ 日本的做法操作性强,但减轻法官负担的同时却可能造成诉讼拖延,降低诉讼效率。我国台湾地区则采用"酌情判断说",规定:"当事人对于他造主张之事实,为不知或不记忆之陈述者,应否视同自认,由法院审酌情形断定之。"可见,台湾地区法律未明确、具体地设定许可要件,而是将是否许可当事人为不知或不记忆之陈述委由法院依自由心证进行判断。如当事人对非其本人所经历的事实,答以不知,或对于非重大的事实,因历时过久,答以不记忆。于此情形,根据日常生活中的经验法则,系有不知或不记忆的可能时,自不得推论其有默示的自认。如对于他方主张的事实,应当为其所知或可以为其所知,或者对于其所经历之事,历时并非久远而应为其所记忆,从而可以推论其系佯装不知或不记忆的,则可视同自认。④ 有学者认为我国台湾地区对拟制自认的规定,容易导致当事人因法院不能在裁判前适时示明不知陈述是否认定为不争执而无法表达意见,产生突袭性裁判,对当事人的诉讼权和证据权均有重大影响。同时,也容易导致法院归纳争议焦点的困难。我们认为,德国"限定许可说"和台湾地区"酌情判断说"更符合司法实践,对"不知陈述"应分情形进行处

---

① [德]奥特玛·尧厄尼希:《民事诉讼法》,周翠译,法律出版社2003年版,第238页。

②③ 沈冠伶:《论民事诉讼程序中当事人之不知陈述》,载台湾地区《政大法学评论》第63期,第389页。

④ 李学灯:《证据法比较研究》,台湾地区五南图书出版公司1992年版,第110页。

理。对于并非当事人亲历的事实，当事人陈述"不知"的，不能认定为拟制自认；如确系当事人亲历或者明知的事实，其陈述"不知"，则可以视为本条规定的"不明确表示肯定或者否定"，适用拟制自认。事实上，即便不考虑当事人是否构成自认，按照举证责任分配的一般原则，人民法院亦可以事实不清要求负有举证责任的当事人举证证明，同时要求作"不知陈述"的当事人就该事实是否属于其自身的行为或认识范围内的对象予以说明，再结合其他证据，综合判断该"不知"或"不记得"是否具有客观真实性，进而查明案件事实。

（二）必须经审判人员说明并询问后仍不明确表示肯定或否定

"不争执"情形下是否必然成立拟制自认尚存争议。一些国家和地区的立法例对此附加了"但书"的限制规定，即对于是否构成拟制自认还需要结合辩论的全部旨意或者当事人的其他陈述来判断。如果能够推定出当事人仍有争执的，不能适用拟制自认。2001年《证据规定》第八条第二款没有上述但书的规定，而是增加了"经审判人员充分说明并询问"这一前提条件。通过审判人员在当事人不予争执时及时介入，直接提示当事人可能引起的法律后果等，确保当事人明白无误地了解程序内容，并促使其明确表明态度。当事人继续作消极沉默的，人民法院无需再结合辩论的全部旨意或者当事人的其他陈述来判断，可直接推定其行为构成拟制的自认。如此一来，既使得当事人的程序利益得到了直观保障，又实现了公正迅速的诉讼价值，相较"但书"的规定更具有优越性。但是，对于审判人员的说明也应有所限制，即审判人员应保持"中立说明"，告知当事人保持沉默后的法律后果即可，防止出现说明后阻碍当事人拟制自认发生的可能，对另一方当事人有失公平。这也是此次起草人删除"充分"二字的原因所在。本规定将"经审判人员充分说明并询问"中的"充分"删除，让表述更加准确，也避免审判人员不好把握"充分说明"的限度，因过度说明影响中立立场，让当事人对说明是否充分产生过多争议。

（三）拟制自认必须在诉讼过程中作出

本规定第三条规定了在诉讼过程当中当事人自认的情形。虽然本条规定没有明确载明拟制自认需在诉讼过程当中作出，但是从体系解释的角度来看，亦有如此要求，这也和大陆法系关于诉讼中自认的制度设计相近似。拟制自认的成立限制于被告接到起诉状时起至法庭辩论终结时止的期间内。对于当事人在诉讼过程之外所为之消极沉默，仅能作为证据交由审判人员审查判断，而不能构成本条所规定的拟制自认，也不能产生免除当事人举证责任的效力。赋予诉讼中的拟制自认以确定的法律效力，更符合尊重当事人处分诉讼权利的司法原则，有利于查明案情、节省司法开支、提高诉讼效率。因此，只有在诉讼中形成的、当事人在法官面前作出的消极应对诉讼的行为才能构成法律上的拟制自认。

三、拟制自认的法律效力

构成拟制自认后，将产生何种法律效力呢？如前所述，拟制自认也是当事人行使处分权的表现。当发生拟制自认时，法律已经认为当事人就拟制事实达成了共识并予以处分，故拟制自认的效力等同于当事人明示的自认，此时可适用本规定第三条的规定，"另一方当事人无需举证证明"，免除另一方当事人的举证证明责任，法官一般不得也无需再就当事人拟制自认之事实另行调查取证。

【审判实践中需要注意的问题】

1. 消极沉默的当事人必须明知其行为构成拟制自认。当事人对另一方当事人主张事实消极沉默时，审判人员应当告知当事人该行为可能构成拟制自认，并告知该拟制自认的法律后果等同于明示的自认。若当事人明确了解后，经审判人员询问其仍不作陈述，依然保持沉默的，审判人员可适用本条规定作出认定。

2. "既不承认也不否认"包括明确表示不争执的情形。实践中，当事人"不作争执"除了表现为消极沉默、避而不答外，还可能存在回答"对此无意见"或者"对此不予争执"的情形。对此，不宜直接推定当事人有自认的意思表示，仍应适用本条规定，由审判人员加以说明询问后再作认定。

3. "说明"的内容，既包括对事实本身的说明，即对"不作争执"的当事人不利的事实本身的解释、复述，以防止因其没有听清或者没有理解而产生误会，也包括对"不作争执"所可能产生的拟制自认的法律后果的说明。

4. 本条没有明确说明适用拟制自认的时间，应适用本规定第三条关于自认的规定。

5. 本规定第八条规定不适用自认的情形，当然也不适用拟制自认。

【法条链接】

《最高人民法院关于适用〈中华人民共和国民事诉讼法〉的解释》（2015年1月30日　法释〔2015〕5号）

第九十二条　一方当事人在法庭审理中，或者在起诉状、答辩状、代理词等书面材料中，对于己不利的事实明确表示承认的，另一方当事人无需举证证明。

对于涉及身份关系、国家利益、社会公共利益等应当由人民法院依职权调查的事实，不适用前款自认的规定。

自认的事实与查明的事实不符的，人民法院不予确认。

《最高人民法院关于民事诉讼证据的若干规定》（2001 年 12 月 21 日　法释〔2001〕33 号）

第八条第二款　对一方当事人陈述的事实，另一方当事人既未表示承认也未否认，经审判人员充分说明并询问后，其仍不明确表示肯定或者否定的，视为对该项事实的承认。

第五条 ［委托诉讼代理人在诉讼中的自认］

当事人委托诉讼代理人参加诉讼的，除授权委托书明确排除的事项外，诉讼代理人的自认视为当事人的自认。

当事人在场对诉讼代理人的自认明确否认的，不视为自认。

【条文主旨】

本条在 2001 年《证据规定》第八条第三款基础上修改形成，是关于委托诉讼代理人在诉讼中自认的规定。

【条文释义】

一、代理人自认的理解

从自认主体上划分，自认可以分为本人自认与代理人自认。一般来说，人们通常指的自认是本人自认，即当事人自认，在本规定第三条、第四条中对本人自认的情形作出了规定。而代理人自认则是作为自认的一种例外情况出现的，本条内容即是关于代理人自认的规定。

所谓代理人自认，是指在诉讼过程中，当事人的代理人对另一方当事人或者其代理人主张的事实表示承认，法律规定这种承认具有当事人自认的效果，从而免除对方当事人的举证责任。诉讼中，代理人一般包括法定代理人和委托诉讼代理人。法定代理人是指代理无诉讼行为能力的当事人或者限制诉讼行为能力的当事人进行诉讼，直接行使诉讼代理权的人。法定代理人虽然不是当事人，但其法律地位相当于当事人，可以行使被代理人享有的全部诉讼权利。故法定代理人在诉讼中的自认一般以当事人本人自认对待，不属于本条规定讨论的范畴。而接受当事人、法定代表人、法定代理人的委托，在授权的范围内以他们的名义进行诉讼活动的人，属于委托诉讼代理人。在民事诉讼中，当事人可能因工作或者其他原因不便参加诉讼；或因自己缺乏法律知识或诉讼经验而需要获得法律帮助，这就使得当事人委托代理人参加诉讼成为一个十分普遍的诉讼现象。委托代理的本质要求是，诉讼代理人在代理权限内独立为意思表示，而不是做当事人的代言人。不过，诉讼代理人在授权范围内所为的意思表示，均应由当事人承担法律后果。①

虽然委托诉讼代理人在授权范围内所享有的诉讼权利等同于当事人，但由于其并非案件事实的亲历者，对于事实的认知与当事人还存在一定的差距，因而实践中，在当事人委托诉讼代理人后，该诉讼代理人在质证、辩论、陈述等多个环节，可能对不利于被代理人的事实等予以承认。针对这种情况，各国法律在设置代理人自认制度的同时，也对代理人自认的适用进行了一定的限制。如美国《联邦证据规则》第801条规定："一方当事人的自认是作为对其不利的证据提出的，其中包括这种陈述是由他的代理人或受雇的人在代理或雇佣关系持续期间，就代理和雇佣范围内的事项所作出的。"以色列《证据法》第90条规定："代理人于代理权限之范围内，以本人名义所为之陈述，得容许为不利于本人之证据。"《法国民法典》第1356条规定："诉讼上的

---

① 张永泉：《诉讼代理人对事实自认的法律效力》，载《法律适用》2000年第8期。

自认为当事人或经当事人特别委托的代理人在法院所作出的自认的表示。"《德国民法典》第81条、第85条规定,诉讼代理人有权代为一切诉讼行为,诉讼代理人所为的代理行为,与当事人自为诉讼行为同样,由当事人负担此义务。关于自认和其他事实的陈述,如未经同时在场的当事人即时对之撤回或更正,也适用此规定。我国在2001年《证据规定》第八条第三款中第一次规定了代理人自认制度,本次修改《证据规定》亦进行了部分表述调整。根据本条规定,委托诉讼代理人在当事人授权范围内的承认具有当事人自认的效果,可以产生免除对方当事人举证责任的法律后果。

二、委托诉讼代理人承认的效力

(一) 当事人不在场时委托诉讼代理人承认的效力

由于委托诉讼代理人要依赖被代理人的授权进行诉讼代理活动,因此委托诉讼代理人也被称为授权代理人,其只有在被代理人授权范围内实施诉讼代理行为,该行为的法律后果才能由被代理人承担。我国法律对授权委托书的签署形式及内容均提出了明确要求,《民事诉讼法》第五十九条规定:"委托他人代为诉讼,必须向人民法院提交由委托人签名或者盖章的授权委托书。授权委托书必须记明委托事项和权限。诉讼代理人代为承认、放弃、变更诉讼请求,进行和解,提起反诉或者上诉,必须有委托人的特别授权。"《民事诉讼法解释》第八十九条第一款规定:"授权委托书仅写'全权代理'而无具体授权的,诉讼代理人无权代为承认、放弃、变更诉讼请求,进行和解,提出反诉或者提起上诉。"可见,授权委托书所记载的事项和权限应当明确、具体,委托诉讼代理人代为诉讼,只有在授权委托书所记载的事项和权限范围内作出的代理行为才对当事人产生约束力。司法实践中,委托人对诉讼代理人的授权分为一般授权和特别授权。一般授权情形下,诉讼代理人无权处分委托人的实体权利,只能代为一般的诉讼行为,如起诉、应诉、提出证据、询问证人、进行辩论。特别授权则给予了诉讼代理人更高的代理权限，除一般诉讼行为外，允许诉讼代理人代为承认、放弃、变更诉讼请求、提起反诉等重大事项。因此，一般情况下，无论一般授权还是特别授权的委托诉讼代理人均可在辩论过程中，基于与当事人诉讼利益的一致性，在当事人不在场时对不利于被代理人的事实明确承认，其效力直接归属于被代理人，可视为被代理人的自认。不过，当事人在委托诉讼代理人时应预见到未来可能因该代理人作出影响案件事实的自认行为而承担一定的诉讼风险，故当事人可以在授权委托书中明确记载需要排除的授权事项以规避风险。对于当事人在授权委托书中明确记载排除事项，如当事人在授权委托书中记载"不得代为承认对方当事人陈述"的，诉讼代理人承认的事实对当事人不具有约束力，不产生自认的效力。因此，为保护当事人权益，要求代理人的自认必须符合被代理人的意思表示，本条增加了"除授权委托书明确排除的事项外"这一限制性规定，让条文表述更加清晰明确、更具有可操作性。

2001年《证据规定》第八条第三款也规定了除外情形，即"未经特别授权的代理人对事实的承认直接导致承认对方诉讼请求的除外"。但是，由于《民事诉讼法》对诉讼代理人特别授权的规定，针对的是诉讼代理人对诉讼请求的处分，而自认是对事实的承认，其本身与诉讼请求并不等同。同时，审判实践中对事实的承认直接导致承认对方诉讼请求的情形发生在对事实和诉讼请求概括承认的场合，这种情况下可以直接认定为对诉讼请求的认可，没有区分对事实承认和对诉讼请求认可的必要。加之这一除外情形的规定，在实践运用中容易引起不必要的误解和争议，故本规定删除了这一规定。

(二) 当事人在场时委托诉讼代理人承认的效力

由于诉讼代理人是基于当事人授权而代表当事人参与到诉讼之中，其对案件事实本身的了解和知晓均来自于当事人，其自认是从属于当事人的。故而法院为提高诉讼效率而依据代理人自认对案件事实进行认定时，应有所限制，即尽可能选择更接近客观真实的事实依据。按照代理制度的要求，被代理人委托诉讼代理人代为进行诉讼后，并没有剥夺被代理人的诉讼行为能力，被代理人仍然可以直接实施诉讼行为，可以与诉讼代理人一同参与诉讼。当被代理人的诉讼行为与委托诉讼代理人的诉讼行为不一致时，一般应以被代理人的诉讼行为为准。

同样，委托诉讼代理人与被代理人一并出庭参加诉讼时，应以被代理人的意思表示为准。一方面，在当事人授权的范围内，委托诉讼代理人与当事人之间对是否自认或自认的范围产生认识冲突的，如果当事人认为诉讼代理人的承认与客观事实不符，可以当场予以撤销或更正，对诉讼代理人的自认予以明确否认，此时应当以当事人意思表示为准，诉讼代理人的自认不再产生法律效力。另一方面，对超出当事人授权范围的，则诉讼代理人的承认已经涉及对当事人实体权利和义务的处分，此时委托诉讼代理人无权代表当事人，该诉讼代理人所作自认，不产生当事人自认的效力。但若当事人对该诉讼代理人的自认保持沉默不作陈述的态度，就足以让法官确信诉讼代理人的承认是当事人自己真实的意思表示。应当特别强调的是，当事人对诉讼代理人承认的沉默不同于对对方当事人陈述事实的沉默。当事人对诉讼代理人承认的沉默实际为己方沉默，直接导致自认的成立，当事人要承担因自认产生的一切后果。而当事人对对方当事人陈述的沉默不能直接产生自认的后果，而是在法官履行了向当事人说明并询问的义务后继续保持沉默的，方可产生自认的后果。在当前的司法实践中，正确区分两种同是由消极沉默引起但构成要件截然不同的自认，对于保障当事人依法享有的诉讼权利和实体权利均具有十分重要的意义。

【审判实践中需要注意的问题】

1. 诉讼代理人的自认只能发生在诉讼过程中。因诉讼代理人的代理权产生于当事人将纠纷提交至法院解决之后，故通常情况下，当事人给予诉讼代理人的代理权限仅限于诉讼之中。在诉讼之外，诉讼代理人无权行使代理权，不能代表当事人作出意思表示，其所作意思表示对当事人不具有拘束力，不能产生免除对方当事人举证责任的法律后果。

2. 诉讼代理人的自认必须以明示方式作出。（1）基于代理制度的性质要求，代理人只有在授权范围内作出积极的意思表示方可对当事人产生约束力。（2）从经验法则的角度，当事人在诉讼中对另一方当事人对案件事实的陈述会作出肯定或否定的意思表示，其沉默也可推定为确有其事。而诉讼代理人则不同，其对对方主张的事实表示沉默，可能出于不了解案情的原因。法院若将该沉默视为自认，则与法院查明案件事实、作出准确判断的最终目的不符。因此，诉讼代理人不能作出默示自认。

3. 诉讼代理人的自认视为当事人自认时，代理人和当事人均不能随意撤销该自认。在当事人不在场的情况下，诉讼代理人对事实的自认与当事人出庭对事实作出的自认具有相同的事实效果，原则上不能事后撤销或更正诉讼代理人已经作出的自认，但诉讼代理人作出的自认与事实不符时，当事人可以撤销或更正诉讼代理人的自认。此种情况下，当事人必须就诉讼代理人的自认是由于错误并且与事实不符，负有举证责任，如果当事人没有提出证据或提出的证据不充分，不能证明诉讼代理人所作的自认与事实不符，则不能撤销自认。这样，既允许当事人撤销或更正诉讼代理人的自认，又有严格的条件限制；既能使撤销的负效应降低到最低程度，促进诉讼的进行，提高审判效率，又能保证最大限度地追求案件的客观真实，实现审判公正。对代理人自认的撤销，适用本规定第九条。

【法条链接】

《中华人民共和国民事诉讼法》（2017年修正）

第五十九条　委托他人代为诉讼，必须向人民法院提交由委托人签名或者盖章的授权委托书。

授权委托书必须记明委托事项和权限。诉讼代理人代为承认、放弃、变更诉讼请求，进行和解，提起反诉或者上诉，必须有委托人的特别授权。

侨居在国外的中华人民共和国公民从国外寄交或者托交的授权委托书，必须经中华人民共和国驻该国的使领馆证明；没有使领馆的，由与中华人民共和国有外交关系的第三国驻该国的使领馆证明，再转由中华人民共和国驻该第三国使领馆证明，或者由当地的爱国华侨团体证明。

《最高人民法院关于适用〈中华人民共和国民事诉讼法〉的解释》（2015年1月30日　法释〔2015〕5号）

第八十九条第一款　当事人向人民法院提交的授权委托书，应当在开庭审理前送交人民法院。授权委托书仅写"全权代理"而无具体授权的，诉讼代理人无权代为承认、放弃、变更诉讼请求，进行和解，提出反诉或者提起上诉。

《最高人民法院关于民事诉讼证据的若干规定》（2001年12月21日　法释〔2001〕33号）

第八条第三款　当事人委托代理人参加诉讼的，代理人的承认视为当事人的承认。但未经特别授权的代理人对事实的承认直接导致承认对方诉讼请求的除外；当事人在场但对其代理人的承认不作否认表示的，视为当事人的承认。

第六条 ［共同诉讼人的自认］

普通共同诉讼中，共同诉讼人中一人或者数人作出的自认，对作出自认的当事人发生效力。

必要共同诉讼中，共同诉讼人中一人或者数人作出自认而其他共同诉讼人予以否认的，不发生自认的效力。其他共同诉讼人既不承认也不否认，经审判人员说明并询问后仍不明确表示意见的，视为全体共同诉讼人的自认。

【条文主旨】

本条系新增条文，是关于共同诉讼人的自认的规定。

【条文释义】

一、共同诉讼人的自认的理解

民事诉讼实践中，除了当事人和委托诉讼代理人对事实的承认问题外，还经常涉及共同诉讼人的承认问题。对这类主体的承认应如何定性，是否属于自认，都是实践中必须回答的问题，本规定就对以上问题给出了明确答案，对2001年《证据规定》关于自认主体类型的规定作了补充。

共同诉讼是典型的诉的主体的合并，包括普通的共同诉讼和必要的共同诉讼两种类型。我国《民事诉讼法》第五十二条规定："当事人一方或者双方为二人以上，其诉讼标的是共同的，或者诉讼标的是同一种类、人民法院认为可以合并审理并经当事人同意的，为共同诉讼。"可见，普通共同诉讼和必要共同诉讼的根本区别在于共同诉讼的一方当事人对于争议的诉讼标的（实体法律关系）是否具有共同的权利义务，即诉讼标的是否具有同一性、不可分性。其中，共同诉讼人与对方当事人之间争议的是同一个诉讼标的的，为必要共同诉讼；争议的诉讼标的属于同一种类型，即法律关系性质相同的，则为普通共同诉讼。

共同诉讼一方当事人数量众多，共同参与诉讼后，一人所为诉讼行为的效力对其他共同诉讼人是否产生与本人相同的法律效力，是实践中审理涉共同诉讼案件的关键问题。一些国家的民事诉讼法对于此问题的认定，采用了"有利原则"的识别方法，认为在共同诉讼中，在全体共同诉讼人必须有其确定诉讼标的的情况下，其中一人的诉讼行为，只有有利于全体时，才发生效力。[①] 即以客观上产生的利益结果为衡量标准。如日本《民事诉讼法》第40条规定，在全体共同诉讼人必须合一确定诉讼标的的情况下，其中一人的诉讼行为，有利于全体时才发生效力。我国台湾地区"民事诉讼法"规定，共同诉讼人中一人之行为有利共同诉讼人者，其效力及于全体，不利者对全体不发生效力。我国法律则作出了不同的规定。我国《民事诉讼法》第五十二条第二款规定："共同诉讼的一方当事人对诉讼标的有共同权利义务的，其中一人的诉讼行为经其他共同诉讼人承认，对其他共同诉讼人发生效力；对诉讼标的没有共同权利义务的，其中一人的诉讼行为对

[①] 叶自强：《论自认》，载梁慧星主编：《民商法论丛》第5卷，法律出版社1996年版。

其他共同诉讼人不发生效力。"可见，我国民事诉讼法对于共同诉讼人内部关系的认定，是按照分类处理的原则。对于普通共同诉讼，此种诉的合并系基于诉讼经济的原因而松散合并的诉，共同诉讼人之间各有其独立的诉讼请求，故普通共同诉讼人之间所为诉讼行为不具有传递、复制效应，对其他共同诉讼人不发生法律效力；对于必要共同诉讼，基于诉的标的的不可分性，我国《民事诉讼法》采用承认原则来认定各共同诉讼人的内部关系，必要共同诉讼的某一当事人所为诉讼行为得到其他共同诉讼人的承认后，该行为即可对全体共同诉讼人产生相同的法律效力。

自认发生在诉讼过程中，是诉讼当事人进行意思表示的一种方式，其法律性质应解释为当事人的诉讼行为，因此，对于共同诉讼中部分共同诉讼人自认的效力是否及于共同诉讼中的其他主体这一问题，应遵循共同诉讼人诉讼行为效力认定的一般原则。

二、部分共同诉讼人的自认

（一）普通共同诉讼中部分共同诉讼人自认

普通共同诉讼又称一般共同诉讼，是基于同一种类的诉讼标的，经当事人同意而合并审理的诉。普通共同诉讼是可分之诉，普通共同诉讼中各共同诉讼人之间具有相互独立性。故在讨论普通共同诉讼人自认的效力问题时，可排除其诉讼程序的合并性，仍将共同诉讼人看成单个、独立的诉讼主体，相互之间无必要的牵连关系，此时某个普通共同诉讼人所作的自认，自然只对其本人产生效力，而对其他共同诉讼人没有约束力。

（二）必要共同诉讼中部分共同诉讼人自认

必要共同诉讼中，认定部分共同诉讼人自认效力范围的难点在于对必要公共诉讼人自认效力的认定。由于必要共同诉讼是基于同一个诉讼标的而必须合并审理的诉，共同诉讼人之间存在权利义务的牵连关系，某一人的诉讼行为可能对其他共同诉讼人产生利害影响。而自认作为民事诉讼中对当事人诉讼利益有重大影响的制度，一人自认的效力一旦及于全体共同诉讼人，也必然对整体利益产生重大影响。鉴于我国《民事诉讼法》对必要共同诉讼人内部法律关系的界定上采审慎态度，从保护全体共同诉讼人利益的角度出发，规定以其他共同诉讼人对某一共同诉讼人的诉讼行为是否承认为前提。依据此规定，有观点认为必要共同诉讼人的自认成立与否，也应建立在各共同诉讼人主观承认的基础上，即在其他必要共同诉讼人承认的情况下，部分共同诉讼人的自认行为对其他人具有约束力。若其他人并未认可，则该自认行为就不能对其他必要共同诉讼人产生效力。如此一来，有观点进一步认为，当一方当事人作出对相对一方当事人不利的陈述，而相对一方当事人属于必要共同诉讼人，对于某一案件事实，该相对一方当事人可以作出不同的回答，即有的人表示承认，有的人表示不承认。此时，对于各必要共同诉讼人对同一案件事实作出的矛盾表述，人民法院通常会作出对其不利的判断。① 但这种认定过于武断，不利于案件事实的查明以及当事人权益的保护。

如甲乙二人合伙做生意，购买 A 公司钢材，双方签订买卖合同后，A 公司如约交付了钢材，但甲乙二人未按约付款。A 公司最终诉至法院，主张在诉讼时效期间内向甲乙二人多次催款。对此，甲承认而乙否认。本案中，甲乙作为合伙人对合伙债务应当承担连带责任，属于诉讼法规定的必要共同诉讼人。若法院根据上述观点直接认定甲乙二人做矛盾陈述，而作出对其不利的判断，显然减轻了 A 公司的举证责任，造成了当事人之间的诉讼利益不平衡，不利于案件事实的查明。

故而，本次修改《证据规定》时新增关于必要共同诉讼人自认的规定，在关注必要共同诉讼人内部独立性的基础上，更进一步地关注

---

① 毕玉谦：《试论当事人的陈述作为证明方式及对现行法的修订》，载《法律适用》2006年第1期。

其内部高度的关联性,即必要共同诉讼中诉讼标的权利义务的同一性要求全体共同诉讼人的诉讼进程和行为要保持一致。对此,还有学者认为"必要共同诉讼中一人的自认,对其他共同诉讼人产生约束力,除非其他共同诉讼人提出证据证明这种自认与事实不符。"[①] 该观点事实上又加重了共同诉讼人的举证证明责任,忽视了其他共同诉讼人的诉讼权利。本规定也注意到这一问题,结合自认的特点,其他共同诉讼人予以否认的不发生自议的效力,并对其他共同诉讼人的默示自认作出规定,延续了部分共同诉讼人自认效力的有限承认原则,与本规定第四条保持一致,符合司法实践的需要,具有更强的可操作性。

实践中,广东高院已经采用这种做法,《广东省高级人民法院关于审理民商事审判适用〈最高人民法院关于民事诉讼证据的若干规定〉的指导意见》第二十六条规定:"在普通共同诉讼中,共同诉讼的当事人一人或数人对另一方当事人陈述的事实表示承认的,仅对作出承认的当事人产生自认效力。在必要共同诉讼中,共同诉讼的当事人一人或数人对另一方当事人陈述的事实表示承认,其他共同诉讼当事人不予认可的,不产生自认的效力。"

特别要注意的是,部分必要共同诉讼人自认行为,在其他共同诉讼人不予认可的情况下,不仅对其他人没有约束力,对自认者本人也不发生法律效力。实践中,若一人自认对全体共同诉讼人有效,则可能出现一人的诉讼行为处分全体共同诉讼人利益的结果;若一人自认仅对其本人有效,又可能出现同一法律关系中的共同诉讼人诉讼利益不一致的局面。这两种情形均可能使共同诉讼人陷入不利的诉讼境地,影响法官查明案件的客观真相。因此,正如比利时法学家德克斯所言,自认的客体必须只能与自认的当事人有关,共同诉讼中一人的自认即已逾越了只与本人有关的范围,依据民事实体法,在未得到全体利害

[①] 毕玉谦、谭秋桂、杨路:《民事诉讼研究及立法论证》,人民法院出版社2006年版,第396页。

关系人的一致同意之前，没有单独免除对方义务的权利，所以自认不发生一般的拘束力，而只能作为普通意义上的证据。①

关于必要共同诉讼人的自认规定，本条还参考了拟制自认的处理原则。自认的成立要求当事人双方对事实认识的一致性，因此其他必要共同诉讼人是否成立自认，取决于与对方当事人之间一致性的达成。共同诉讼人对自认者的自认既不承认也不否认，不进行必要争辩，经审判人员说明和询问后仍不表态的，可视为其与对方当事人就该案件事实亦达成一致，从而在共同诉讼人之间产生共同效力，视为全体共同诉讼人的自认。

【审判实践中需要注意的问题】

1. 普通共同诉讼中，共同诉讼人行为之间并非完全没有影响。由于诉的种类具有同一性，故而其中一人在诉讼中对对方当事人主张事实的承认，对其他当事人的诉讼会起到一定的证明作用，只是这种证明作用并不等于产生了自认的效果。② 按照经验法则，必要共同诉讼人对于同一案件事实均具有亲历性，如果各共同诉讼人对同一案件事实作出了明显自相矛盾的表述，应为某一共同诉讼人作出了虚假陈述。在此情况下，法院应根据庭审的实际情况，通过对其他证据的查明来认定事实。上文所列"甲乙欠付钢材款"的例子即可如此处理。

2. 共同诉讼中还有另外一种自认形式，即对共同诉讼的对方当事人自认效力的认定。由于对方当事人自认的事实在整体上有利于共同诉讼人，只要其他共同诉讼人也不予反对，则可以推定对全体共同诉讼人免除举证责任，即仍适用当事人自认的一般规则。

---

① 陈玮直：《民事证据研究》，台湾地区新生印刷厂1970年版，第46页。
② 宋朝武：《论民事诉讼中的自认》，载《中国法学》2003年第2期。

【法条链接】

《中华人民共和国民事诉讼法》（2017年修正）

第五十二条 当事人一方或者双方为二人以上，其诉讼标的是共同的，或者诉讼标的是同一种类、人民法院认为可以合并审理并经当事人同意的，为共同诉讼。

共同诉讼的一方当事人对诉讼标的有共同权利义务的，其中一人的诉讼行为经其他共同诉讼人承认，对其他共同诉讼人发生效力；对诉讼标的没有共同权利义务的，其中一人的诉讼行为对其他共同诉讼人不发生效力。

第七条 ［限制自认］

一方当事人对于另一方当事人主张的于己不利的事实有所限制或者附加条件予以承认的，由人民法院综合案件情况决定是否构成自认。

【条文主旨】

本条系新增条文，是对限制自认的规定。限制自认是指一方当事人对另一方当事人主张的于己不利的事实部分承认或者附条件承认，而该部分承认或者附条件承认能否构成诉讼上的自认，要由法院综合案件情况判断。

【条文释义】

一、限制自认的理解

自认可分为完全自认与限制自认。完全自认是指当事人在诉讼中对另一方当事人主张的事实全部自认，又称无条件自认，产生使对方当事人免予举证并约束法院的效果。限制自认是一种附条件的、不完全的自认，是指当事人作出自认表示时，附加了限制条件，即对其所承认的事实有所附加或者限制，意图冲抵自认部分的法律效果。

限制自认可以分为两种情形：一是当事人一方对于对方当事人所主张的事实，承认其中一部分而否认其他部分，可称为部分自认；二是自认时附加独立的攻击或防御方法，可称为附条件自认。司法实践中存在大量限制自认的情形，但对于限制自认是否构成诉讼上的自认，可否免除对方当事人证明责任的问题，2001年《证据规定》第八条并未作出明确规定。

域外立法对限制自认有不同规定，如德国《民事诉讼法》第289条规定："对于审判上的自认，附加有包含独立的攻击或防御方法的陈述者，并不影响自认的效力。"按此种规定，当事人的限制自认亦构成自认，从而免除对方的举证责任，自认当事人应对所附的限制条件举证证明。台湾地区"民事诉讼法"第二百七十九条第二项则规定："当事人于自认有所附加或限制者，应否视有自认，由法院审酌情形断定之。"按照此条规定，限制自认并不一定产生自认的效力，而是由法官综合判断决定。本条规定参考域外立法，顺应司法实践需求，对限制自认的类型及效力予以明确。

二、常见的限制自认情形及效力

由于限制自认的情形多种多样，而限制自认能否构成诉讼上的自认需要法院综合案件整体情况进行判断，故有必要对常见的限制自认的情形及其效力作出说明。

（一）部分自认

对于对方当事人主张的于己不利的事实，当事人认可其中部分事实，且不附加条件，则对于当事人承认的该部分事实，可以认定为自认，对方当事人无需承担举证证明责任。例如，甲起诉乙，称其向乙分两次出借款项共10万元，乙未归还欠款，乙承认仅向甲借款1次5万元尚未归还。对于乙承认向甲借款5万元尚未归还的事实，因乙未附加任何条件,故应认定为乙自认,甲对该5万元无需承担举证证明责任,法院对该事实应当确认。对于甲主张的乙还欠其5万元借款未归还的事实,仍由甲承担举证证明责任。

(二)附条件自认

附条件自认较单纯的部分自认复杂,当事人承认事实所附加的独立攻击或防御方法,既可能是针对全部事实也可能针对部分事实,既可能与所承认事实不可分割,也可能与所承认事实可以分割。因附加条件针对全部事实还是部分事实比较容易判断,不再详细论述。针对自认当事人附加条件与所承认事实能否分割,可以将附条件自认分为两种类型:一种是所附条件与承认事实不可分割,即所附条件与承认事实存在法律上的牵连性;另一种是所附条件与承认事实可以分割,即所附条件与承认事实不具有法律上的牵连性,二者区别的重点在于当事人承认的事实与附加条件两个事实是否应作为一个整体考量。有学者认为,不可分割性是自认的基本特征之一,即当事人的陈述是否构成自认应当从整体上加以观察,不能断章取义,而为其不利的断定。如比利时《民法》第1365条规定:"自认不得予以分割而为不利之认定。"① 从理论上讲,当事人承认的事实如与附加条件为两个完全独立的事实,可以单独考量,则对其承认的事实可直接认定为自认,附加条件可视为独立主张。但考虑到司法实践中附条件自认形式多样,为便于实践操作,我们对限制自认仍然根据不同性质作出区分。

1. 附加条件与承认事实不可分割

与承认事实不可分割的附加条件,是指当事人虽然承认对方当事人陈述的不利于己的事实,但对此附加了独立的攻击或防御方法,从而否定对方当事人的主张,也即附加条件涉及对方主张的法律关系成立所依据的事实。承认事实与附加事实合并在一起才能够反映当事人

---

① 梁慧星主编:《民事证据研究》,法律出版社2000年版,第83页。

的真实意思表示，因此应当把两个事实作为一个整体加于考察。若将两个事实割裂开，截取对当事人不利的部分认定为自认，因该部分自认并不能反映当事人全部意思表示，则属于断章取义，将导致不公平的结果。

如甲起诉称其向乙出借款项10万元，现金交付，没有签订书面合同，也没有出具借条等书面凭证，乙尚未偿还；乙虽然承认甲向其出借10万元，但已经偿还，因借款时无书面凭证，还款时亦无书面凭证。对于乙对事实的承认，应当将其承认借款的事实和主张已还款的事实视为不可分割的整体，法院不能仅截取乙认可借款的事实作为乙的自认，从而将还款的举证证明责任分配给乙，而是要整体看待乙的承认，即乙并没有单独承认借款事实，乙承认借款事实的前提是其已经还款，故甲虽然无需证明其向乙出借了款项，但还可能需要承担乙并未还款的证明责任。

关于与承认事实不可分割的附加条件的举证证明责任如何分配问题。有两种不同的观点：一种观点认为因附加条件与承认事实不可分割，不能免除对方当事人的举证证明责任。前述案例中，在乙承认借款但主张已经还款的情况下，虽然可以免除甲关于其向乙出借款项的事实，但甲还应当举证证明乙并未还款。另一种观点则认为，附加条件虽然与承认事实不可分割，但附加的条件是当事人提出的独立的限制说明，对该独立的限制说明应当由自认人承担举证证明责任。

前述案例中，因乙已承认借款，自然免除甲对该部分事实的举证证明责任，又因乙同时主张已还款，已经还款即为乙的独立主张，按照"谁主张谁举证"的原则，应当由乙来举证证明乙并未还款。我们认为，因当事人承认事实与附加条件是一个整体，必须合并在一起考量，对于相关举证证明责任的分配不可一概而论，要由法官根据案件性质、案件实际情况、双方举证能力等进行综合判断。在前述案例中，因甲乙之间债权债务关系的确立和履行均没有书面凭证，故证明借款事实发生、乙尚未还款的举证证明责任在甲，乙本可以否定发生过借款事实从而彻底否定甲的主张，但乙对发生借款事实予以承认同时附加已还款的防御方法，在此情况下，因甲出借款项无书面债权凭证，则乙主张其已还款也无书面凭证的理由具有合理性，故甲依然应当继续举证证明乙尚未还款。当然，社会生活和司法实践是很复杂的，举证证明责任的分配也并非一成不变，在主张事实成立的一方提供初步证据后，法官可以根据案件实际情况合理分配举证证明责任。

需要注意的是，对于实践中常见的民间借贷案件，在借款人承认借款事实的情况下，举证证明责任的分配要依照司法解释规定的进行。《最高人民法院关于审理民间借贷案件适用法律若干问题的规定》（以下简称《民间借贷规定》）第十六条第一款规定："原告仅依据借条、收据、欠条等债权凭证提起民间借贷诉讼，被告抗辩已经偿还借款，被告应当对其主张提供证据证明。被告提供相应证据证明其主张后，原告仍应就借贷关系的成立承担举证证明责任。"根据该规定，如甲依据借条起诉乙还款，乙承认向甲借款同时主张已偿还借款，则乙应当承担举证已还款的证明责任。

2. 附加条件与承认事实可以分割

与承认事实可以分割的附加条件，是指一方当事人承认对方当事人陈述的不利于己的事实，同时又以另一事实进行独立地攻击或防御，但另一事实与对方当事人主张的事实并不具有法律上的关联性，即另一事实不能直接否定对方当事人主张的事实。因此，两项事实分别表达各自独立的内容，形成两个完整的意思表示，具有可分割性，可以将两项事实作为两个独立的整体加于考察。因当事人附加攻击或防御的事实与其承认的事实并不直接相关，其承认于己不利的事实是一个完整的意思表示。

如甲起诉称其向乙出借款项 10 万元，没有书面凭证，乙尚未偿还；乙承认其向甲借款 10 万元未偿还，但甲还欠其货款 10 万元，故两笔款项应当抵销。在此情形下，乙承认其尚欠甲借款 10 万元，与其主张的甲欠其 10 万元货款并非同一法律关系，属于可以分割的事项。乙主张甲欠其 10 万元货款，不能否定其欠甲 10 万元借款尚未还款的事实。故对于乙承认其欠甲 10 万元的事实，应认定构成诉讼上的自认，产生免除甲承担举证证明责任的效力；而对于乙主张的甲欠其 10 万元货款的事实，系由乙独立提出的请求，对此应由乙承担举证证明责任。

【审判实践中需要注意的问题】

1. 对于当事人附加条件的承认，不能简单机械地割裂承认事实和附加条件，而是要综合判断。如当事人承认的事实与附加条件属于同一法律关系，则认定是否构成自认应当将两个事实一并考虑；如当事人承认的事实与附加条件不具有法律上的关联性即分属两个法律关系，则可以分别认定，认定当事人的承认事实为自认，同时将附加条件作为当事人另行主张的独立请求。

2. 要注意区分附条件自认与当事人抗辩。诉讼上的抗辩是针对请求权提出的一种防御方法，是指通过主张与对方权利请求的要件事实不同的事实以达到排斥对方主张的事实，使得对方的诉讼请求被驳回。因此，当事人提出抗辩的，应当对所提抗辩事由承担举证证明责任。附条件自认中，如当事人以另一事实进行独立的攻击或防御且该事实与对方主张的事实并不具有法律上的关联性，自认当事人应就其附加条件承担举证证明责任；如当事人以另一事实进行独立的攻击或防御而该事实与对方主张的事实具有法律上的关联性，则因附加条件本属于对方当事人举证证明的内容，故应由法官综合案件情况对举证责任进行分配。

【法条链接】

《最高人民法院关于审理环境民事公益诉讼案件适用法律若干问题的解释》（2015年1月6日　法释〔2015〕1号）

第十六条　原告在诉讼过程中承认的对己方不利的事实和认可的证据，人民法院认为损害社会公共利益的，应当不予确认。

第八条 ［自认的限制］

《最高人民法院关于适用〈中华人民共和国民事诉讼法〉的解释》第九十六条第一款规定的事实，不适用有关自认的规定。

自认的事实与已经查明的事实不符的，人民法院不予确认。

【条文主旨】

本条系新增条文，是关于自认的限制的规定。本条系根据《民事诉讼法》和《民事诉讼法解释》的规定，结合审判实践需要，在2001年《证据规定》第八条第一款、第十三条、第十五条内容基础上进行整理完善形成。

【条文释义】

一、自认的限制的理解

证据属于民事诉讼的实体内容，在辩论主义的诉讼模式之下，诉讼的实体内容由当事人决定，法院仅在特殊情况下，出于保护公共利益等需要进行有限地介入。若人民法院拥有广泛的调查收集证据的职能，则既扭曲了其作为中立裁判者的本来角色，也容易发生寻租行为，影响审判的公正性，损害司法权威。2001年《证据规定》明确限定了"人民法院认为审理案件需要的证据"的范围，符合民事诉讼制度的发展趋势，具有很强的实践意义。[①] 本条根据《民事诉讼法解释》第九十六条规定，对2001年《证据规定》第八条第一款、第十三条、第十五条规定进行了整理和补充。自认具有免除对方当事人举证证明责任的作用，对法院也有拘束力，即法院对当事人的自认，不能进行职权调查，而应当直接作为裁判的依据。自认必须具有合法性，当事人的自认不能与现行有效的法律规定相冲突。基于此，对于法律和司法解释明确规定应由法院依职权调查收集的证据，就不能适用自认规则。

二、不适用自认规则的情形

《民事诉讼法解释》第九十六条第一款规定："民事诉讼法第六十四条第二款规定的人民法院认为审理案件需要的证据包括：（一）涉及可能损害国家利益、社会公共利益的；（二）涉及身份关系的；（三）涉及《民事诉讼法》第五十五条规定诉讼的；（四）当事人有恶意串通损害他人合法权益可能的；（五）涉及依职权追加当事人、中止诉讼、终结诉讼、回避等程序性事项的。"《民事诉讼法》第五十五条第一款规定："对污染环境、侵害众多消费者合法权益等损害社会公共利益的行为，法律规定的机关和有关组织可以向人民法院提起诉讼。"根据以上规定，以下五种情形不适用自认规则：

（一）涉及可能损害国家利益、社会公共利益的事实，不适用自认

国家利益是只能以国家为利益主体的利益，是指满足或能够满足国家以生存发展为基础的各方面需要并且对国家在整体上具有好处的

[①] 沈德咏主编：《最高人民法院民事诉讼法司法解释理解与适用》（上），人民法院出版社2015年版。

事物。国家利益主要包括国家经济利益、政治利益、文化利益、安全利益和外交利益等方面。国家利益根据利益客体的不同可以分为不同的类型，如物质利益与精神利益、实物利益与过程利益、现实利益与潜在利益、当前利益与长远利益。社会公共利益是指为广大公民所能享受的利益，这里所指的广大公民，是指特定范围内的广大，有全国性的广大，又有区域性的广大，其外延可以限制在享有立法权的建制区域。社会公共利益强调利益的公共性而非私人利益，利益的承载者是社会而不是个人；国家利益强调国家的对内对外利益，在主权内同社会公共利益相近，在主权外同民族利益相近。法院对涉及国家利益和社会公共利益的事实保留依职权调查的权利，是大陆法系国家和地区的普遍做法，也是法院保护国家利益和社会公共利益所需要的职权，因此应排除适用自认。

（二）涉及身份关系的事实，不适用自认

本条规定是对 2001 年《证据规定》第八条第一款规定的承继。之所以作出该规定，主要考虑到身份关系涉及人的基本权利，本身具有社会公共利益的属性，决定了一个社会赖以维系的公序良俗，有必要启动一种社会公共权益保障机制加以维护，目的是维护人类基本伦理价值和保护基本人权，不能因当事人双方的自认而任意改变。各国法院对身份关系均不认可自认的效力，一般都采取职权调查主义。在一些立法上存在人事诉讼或者家事诉讼程序的国家，明确规定在这种诉讼中法院具有广泛的调查收集证据的职权。因此涉及身份关系的婚姻、家庭、收养等案件不适用自认规则，法院对当事人自认的事实仍然可要求当事人举证证明，必要时可依职权调查取证。需要强调的是，自认不适用于涉及身份关系的案件事实，但对于涉及身份关系案件中与身份关系无关的事实仍然可以适用自认的规定。如离婚诉讼中，当事人一方对另一方陈述的关于夫妻共同财产的自认，依法应当予以确认；再如追索赡养费抚养费案件，当事人自认一直未支付相关费用的，依法也应当确认。

（三）涉及污染环境、侵害众多消费者合法权益等损害社会公共利益的行为的事实，不适用自认

对涉及污染环境、侵害众多消费者合法权益等损害社会公共利益的行为提起诉讼，又称公益诉讼。根据《民事诉讼法》第五十五条的规定，法律规定的机关和有关组织可以向人民法院提起公益诉讼。人民检察院是提起公益诉讼的重要主体，2018年3月施行的《最高人民法院、最高人民检察院关于检察公益诉讼案件适用法律若干问题的解释》（法释〔2018〕6号）第十三条第一款对人民检察院提起民事公益诉讼的范围作出规定："人民检察院在履行职责中发现破坏生态环境和资源保护、食品药品安全领域侵害众多消费者合法权益等损害社会公共利益的行为，拟提起公益诉讼的，应当依法公告，公告期间为三十日。"该解释第二十一条对人民检察院提起行政公益诉讼作出规定："人民检察院在履行职责中发现生态环境和资源保护、食品药品安全、国有财产保护、国有土地使用权出让等领域负有监督管理职责的行政机关违法行使职权或者不作为，致使国家利益或者社会公共利益受到侵害的，应当向行政机关提出检察建议，督促其依法履行职责。／行政机关应当在收到检察建议书之日起两个月内依法履行职责，并书面回复人民检察院。出现国家利益或者社会公共利益损害继续扩大等紧急情形的，行政机关应当在十五日内书面回复。／行政机关不依法履行职责的，人民检察院依法向人民法院提起诉讼。"需要说明的是，该解释对人民检察院提起民事公益诉讼与行政公益诉讼规定的范围不尽一致，行政公益诉讼的范围更广。

我们认为，不适用自认的涉及公益诉讼的事实，重点在于认定是否损害社会公共利益，"社会公共利益受到损害"，是区分公益诉讼与私益诉讼的基本条件，也是能够提起公益诉讼的最核心要件。"社会公共利益受到损害"，不仅包括现实的已经存在的"不利后果"，还包括

构成现实威胁的"不利后果"。对涉及污染环境、侵害众多消费者合法权益等损害社会公共利益中"等"的理解，应当为等外，而非等内。故也可以将公益诉讼的情形理解为第一项涉及社会公共利益的范畴，只要是损害社会公共利益的事实，均不适用自认。因公益诉讼事关公共利益的保护，与一般民事诉讼相比，规则较为特殊，需要法院广泛发挥职权作用调查收集证据，将其单独列出，更明确，也能够更好地与立法上的其他诉讼制度相呼应。

（四）当事人有恶意串通损害他人合法权益可能的事实，不适用自认

虽然自认是当事人对另一方当事人主张的事实的承认，理论上效力只及于双方当事人，但在一些特定情形下，自认的效力会间接影响第三人的利益。典型的是当事人恶意串通，通过诉讼达到损害他人合法权益的目的，这是一种滥用诉权的表现，一般表现为虚假诉讼。如当事人通过离婚诉讼，举债人自认夫妻共同财产归属于非举债一方，从而导致其无法清偿债务，损害债权人利益。再如公司股权变更后，小股东担任法定代表人代表公司在诉讼中自认应承担债务，从而将偿债责任转嫁至大股东，损害大股东的利益。本项规定系对2001年《证据规定》第十五条规定的"损害他人合法权益"排除自认的修改完善，作出修改的理由主要是考虑到损害他人合法权益比较笼统，而《民事诉讼法》第一百一十二条增加了对恶意诉讼制裁的规定，其本身也属于需要人民法院依职权调查的情形。因此，将"损害他人合法权益"修改为"当事人有恶意串通损害他人权益可能的"作为第四项，与法律规定一致，逻辑上更顺畅。

（五）涉及依职权追加当事人、中止诉讼、终结诉讼、回避等程序性事项的

本项规定是对2001年《证据规定》第十五条原有内容的承继。案件事实是指在案件发生后，客观上确实发生了和存在着的一个已经逝

去的事实情况，一般将案件事实称为客观上事实。当事人是事情的亲历者，最了解客观情况，因此其能够对案件事实作出自认。而程序性事项并非案件事实，主要指当事人是否为适格主体、管辖、回避等程序性事项，这些事项均不属于当事人承认的事实的范畴，应由法院依职权调查，因此不受当事人自认的约束。

【审判实践中需要注意的问题】

1.《民事诉讼法解释》对于人民法院依职权主动调查收集证据持谨慎立场，本条规定的五种情形非常明确，没有兜底条款，也没有扩大适用的余地。换言之，除了《民事诉讼法解释》第九十六条第一款规定的应由人民法院依职权调查收集证据的事实以外，均可以适用自认。

2. 当事人为达成调解协议或者和解协议作出妥协而认可的事实，不适用自认。调解与和解都是当事人双方互相协商，达成合意，解决纠纷的方法。调解、和解中往往涉及对事实的陈述，若该陈述会被作为自认损害其自身利益，当事人很可能不愿意进行调解或和解；且有时当事人会为了达成调解、和解而作出妥协和让步，对有些事实不再纠缠，若将此陈述视为自认，可能既违反了当事人的真实意思表示，也与事实真相不符。因此，为消除当事人的顾虑，鼓励他们进行调解、和解，在诉讼调解、和解中当事人的陈述不应作为自认对待，法院不应将此陈述作为认定事实的依据。对此，《民事诉讼法解释》第一百零七条明确规定："在诉讼中，当事人为达成调解协议或者和解协议作出妥协而认可的事实，不得在后续的诉讼中作为对其不利的根据，但法律另有规定或者当事人均同意的除外。"

3. 因民事诉讼证明的目标在于发现真实，故自认的事实与已经查明的事实不符的情况下，应当对当事人对事实的处分权进行限制，人民法院应以查明的事实作为裁判的基础。这里所指的已经查明的事实，主要指法院依职权查明的事实，案外人举证证明与当事人自认不符的事实，以及当事人对自认反悔并通过举证证明的事实真相。

【法条链接】

《中华人民共和国民事诉讼法》（2017年修正）

第五十五条第一款　对污染环境、侵害众多消费者合法权益等损害社会公共利益的行为，法律规定的机关和有关组织可以向人民法院提起诉讼。

第一百一十二条　当事人之间恶意串通，企图通过诉讼、调解等方式侵害他人合法权益的，人民法院应当驳回其请求，并根据情节轻重予以罚款、拘留；构成犯罪的，依法追究刑事责任。

《最高人民法院关于适用〈中华人民共和国民事诉讼法〉的解释》（2015年1月30日　法释〔2015〕5号）

第九十六条　民事诉讼法第六十四条第二款规定的人民法院认为审理案件需要的证据包括：

（一）涉及可能损害国家利益、社会公共利益的；

（二）涉及身份关系的；

（三）涉及民事诉讼法第五十五条规定诉讼的；

（四）当事人有恶意串通损害他人合法权益可能的；

（五）涉及依职权追加当事人、中止诉讼、终结诉讼、回避等程序性事项的。

除前款规定外，人民法院调查收集证据，应当依照当事人的申请进行。

第一百零七条　在诉讼中，当事人为达成调解协议或者和解协议作出妥协而认可的事实，不得在后续的诉讼中作为对其不利的根据，但法律另有规定或者当事人均同意的除外。

《最高人民法院关于民事诉讼证据的若干规定》（2001年12月21日　法释〔2001〕33号）

第八条第一款　诉讼过程中，一方当事人对另一方当事人陈述的案件事实明确表示承认的，另一方当事人无需举证。但涉及身分关系的案件除外。

第十三条　对双方当事人无争议但涉及国家利益、社会公共利益或者他人合法权益的事实，人民法院可以责令当事人提供有关证据。

第十五条　《民事诉讼法》第六十四条规定的"人民法院认为审理案件需要的证据"，是指以下情形：

（一）涉及可能有损国家利益、社会公共利益或者他人合法权益的事实；

（二）涉及依职权追加当事人、中止诉讼、终结诉讼、回避等与实体争议无关的程序事项。

《最高人民法院、最高人民检察院关于检察公益诉讼案件适用法律若干问题的解释》（2018年3月1日　法释〔2018〕6号）

第十三条第一款　人民检察院在履行职责中发现破坏生态环境和资源保护、食品药品安全领域侵害众多消费者合法权益等损害社会公共利益的行为，拟提起公益诉讼的，应当依法公告，公告期间为三十日。

第二十一条　人民检察院在履行职责中发现生态环境和资源保护、食品药品安全、国有财产保护、国有土地使用权出让等领域负有监督管理职责的行政机关违法行使职权或者不作为，致使国家利益或者社会公共利益受到侵害的，应当向行政机关提出检察建议，督促其依法履行职责。

行政机关应当在收到检察建议书之日起两个月内依法履行职责，并书面回复人民检察院。出现国家利益或者社会公共利益损害继续扩大等紧急情形的，行政机关应当在十五日内书面回复。

行政机关不依法履行职责的，人民检察院依法向人民法院提起诉讼。

第九条　［自认的撤销］

有下列情形之一，当事人在法庭辩论终结前撤销自认的，人民法院应当准许：

（一）经对方当事人同意的；

（二）自认是在受胁迫或者重大误解情况下作出的。

人民法院准许当事人撤销自认的，应当作出口头或者书面裁定。

【条文主旨】

本条在2001年《证据规定》第八条第四款基础上修改形成，是关于自认的撤销的规定。

【条文释义】

一、修改情况

与2001年《证据规定》第八条第四款相比，本条除文字表述方面进一步规范化外，在内容上保留"对方当事人"同意的情形，对违背当事人真实意思表示情形的撤销条件适当放宽，不再要求满足有充分证据证明与事实不符的条件，这更有利于保障当事人的诉讼权利，满足审判实践的需要。

《民事诉讼法》第十三条规定："民事诉讼应当遵循诚实信用原则。当事人有权在法律规定的范围内处分自己的民事权利和诉讼权利。"我国《民事诉讼法》也将诚实信用原则作为一项基本原则，其原因在于规范当事人行使诉讼权利必须合理且善意，不得滥用诉讼权利。诚实信用原则是自认规则存在的原则基础，当事人虽然最了解案件真实情况，但因其与案件处理结果有直接的利益关系，所以他们不容易讲真话。为了获得对自己有利的诉讼结果，他们往往尽量提出有利于自己的证据，对对方提交的不利于自己的事实予以否认，因此，当事人承认于己不利的事实不仅难得，还最接近客观真实。根据私法自治的原则，当事人有权处分自己的权利，故当事人一作出自认，就要受到该自认的约束，也免除了对方当事人对其主张的事实的举证证明责任。民事诉讼的目的和价值要求法官必须处于中立地位，即法官不能过多干预当事人的诉讼行为，对于当事人处分自己权利的自认，法院一般不得干涉，应当作为定案依据，故自认也具有约束法院的功能。自认的效力约束当事人和对方当事人，也约束法院，体现了对当事人意思自治和自由处分私权利的尊重，也大大节约了司法资源。当然，自认对法院的约束是相对的，具备本规定第八条情形的，不适用自认。

二、情形适用

自认一旦成立生效后，如若无特定的情形发生，一般不被允许撤销，否则可能会对对方当事人造成诉讼程序上的突袭情形，使得对方无法及时进行正常举证。这样不仅会破坏诉讼程序中的公平原则，对对方当事人的合法权益造成严重的损害，也会使法院就相关问题要面对重新取证审理甚至重新进行判决情况的发生，从而破坏司法程序的平衡，故当事人不得随意撤销其作出的自认事实。本条规定严格限定自认的撤销，正是民事诉讼应当遵循诚实信用原则的体现和要求。当然，民事诉讼所奉行的诚实信用原则又决定了司法裁判应当建立在当事人诉答真实的基础之上，如果当事人因各种原因在不能抗拒或者不敢抗拒时作出了违背其真实意思表示的承认，人民法院应当给予其矫正和救济的机会。本条规定即明确了存在以下情形，应当允许当事人在法庭辩论终结前撤销自认。

(一) 经对方当事人同意的自认可以撤销

经对方当事人同意撤销自认在各国立法中得到普遍承认。如果在法庭辩论终结前对方当事人同意撤回自认的，则表明对方当事人愿意重新对自认事实承担证明责任，并愿意承担因举证不能带来的不利后果。正如自认是当事人对自己诉讼权利的自由处分，同意撤销自认也是对方当事人对自己诉讼权利的自由处分，理应得到尊重。故对方当事人同意的自认撤销，既不会损害其诉讼权利，也不会给法院审判工作造成干扰，对双方当事人的意思表示，法院不得随意干预，故本条规定对方当事人同意的，法院应当准许当事人撤回自认。

(二) 当事人在受胁迫或者重大误解情况下作出的自认，应当准许撤销

胁迫，是指对方当事人以给一方自然人当事人及其亲友的生命、健康、荣誉、名誉、财产等造成损害，或者以给一方法人当事人的荣誉、名誉、财产等造成损害为要挟，迫使其作出违背真实意思表示的行为。重大误解是指当事人对其自身行为的性质和后果发生错误的认识，使得承认对方所主张事实与自己的意思相悖，从而造成双方权利义务关系严重失衡。自认是当事人对于己不利的事实的承认，是当事人对自己权利的处分，必须是基于自由意思表示作出。如果当事人因受胁迫或者存在重大误解情况下作出自认，因该自认并非其真实意思表示，自认的前提已不复存在，应当允许当事人撤

销自认。

2001年《证据规定》第八条对撤销自认作了规定，条件较为严格，本条规定在此基础上进行了修改完善。需要注意的是，本条规定较之2001年《证据规定》第八条第四款规定发生了重大变化，删除了2001年《证据规定》第八条第四款中"有充分证据证明"和"与事实不符"两个限定条件。我们认为，删除了"与事实不符"的限定条件，回归了撤销自认的基础即违背当事人真实意思；删除"充分证据证明"，减轻了自认当事人的举证证明责任，也避免了实践中对证据标准把握的不统一。对于2001年《证据规定》中对撤销自认设定"意思表示不真实""与事实不符"两个限定条件，理论界和实务界一直存有争议。有学者认为，无论确定自认是否有效还是审查自认撤销是否成立，核心都要看自认是否是当事人真实意思表示。如果自认意思有重大瑕疵，则自认理所当然可以撤销；如果自认意思自由真实，则自认不能撤销（即使自认与事实不符）。但2001年《证据规定》自认撤销规则却在"意思表示瑕疵"之外增加了"与事实不符"的证明负担，不仅加重了当事人的举证证明责任，还容易导致道德风险。即一方当事人胁迫自认当事人作出自认后，受胁迫的当事人要想撤销自认，除了需要证明受到胁迫，还需要证明其自认的事实错误；而胁迫者不仅不需要为自己的违法行为承担责任，还免除了自己的举证证明责任，从而在违法行为中获益。[①] 事实上，2001年《证据规定》第七十四条对撤销自认也作了补充，该条规定："诉讼过程中，当事人在起诉状、答辩状、陈述及其委托代理人的代理词中承认的对己方不利的事实和认可的证据，人民法院应当予以确认，但当事人反悔并有相反证据足以推翻的除外。"根据该条规定，当事人对自认反悔的，可以通过举证证明自认的事实错误来推翻自认，即推翻自认并不要求同时具备"意思表

---

① 霍海红：《我国自认撤销规则的反思与重构》，载《法商研究》2011年第6期。

示不真实"和"事实错误"两个要件。尽管如此,2001年《证据规定》仍然未能解决撤销自认的唯一基础是"违背当事人真实意思表示"这一要件,并且因第八条和第七十四条两个条文规定得不一致,一定程度上造成了实践中对撤销自认理解的不一致。本规定为解决理论界和实务界中存在的争议问题,统一撤销自认法律适用标准,顺应司法实践的需要,规定当事人撤销自认仅需证明自认违背其真实意思表示即可,不需要同时证明自认的事实错误。

此外,本条还删除了"充分证据证明"这一限定条件。《民事诉讼法解释》第一百零八条第一款规定:"对负有举证证明责任的当事人提供的证据,人民法院经审查并结合相关事实,确信待证事实的存在具有高度可能性的,应当认定该事实存在。"第一百零九条规定:"当事人对于欺诈、胁迫、恶意串通事实的证明,以及对口头遗嘱或者赠与事实的证明,人民法院确信该待证事实存在的可能性能够排除合理怀疑的,应当认定该事实存在。"根据以上规定,一般民事案件事实的证明标准采高度盖然性标准,仅对欺诈、胁迫、恶意串通以及口头遗嘱或者赠与的事实采更高的与刑事诉讼、行政诉讼证明标准相同的证明标准,即排除合理怀疑的标准。撤销自认的事实属于一般民事案件的待证事实,并不属于《民事诉讼法解释》第一百零九条规定的情形,证明标准是高度盖然性标准,并非其他更高的证明标准。当事人若要证明自认是在受胁迫或者重大误解情况下作出的,理应举出充分证据证明该事实的存在具有高度盖然性,故无需再重申"有充分证据证明"。

(三)当事人对自认反悔的,除了适用本条规定,还应适用第八条第二款,并参考适用第八十九条第二款

本规定第八条第二款规定:"自认的事实与已经查明的事实不符的,人民法院不予确认。"第八十九条第二款规定:"当事人对认可的证据反悔的,参照《最高人民法院关于适用〈中华人民共和国民事诉

讼法〉的解释》第二百二十九条的规定处理。"在当事人意图推翻其自认但又无法举证证明自认是在"受胁迫或者重大误解情况下"作出的情况下，法院应当责令当事人提供相应证据证明其自认与事实不符。若当事人能够举证证明自认与事实不符，或者法院依职权查明的事实与自认不符的，法院应以查明的事实作为裁判的基础。

（四）出于对撤销自认的严谨态度，本条规定准许当事人撤销自认的，人民法院应当作出口头或书面裁定

《民事诉讼法》第一百五十四条规定："裁定适用于下列范围：（一）不予受理；（二）对管辖权有异议的；（三）驳回起诉……（十一）其他需要裁定解决的事项。对前款第（一）项至第（三）项裁定，可以上诉。"据此，我们认为，裁定准许撤销自认属于该条第一款第十一项规定的情形，对撤销自认的裁定当事人不得上诉。

【审判实践中需要注意的问题】

1. 自认应当在法庭辩论终结前撤销，原因在于法庭辩论终结后，法院已无法再组织当事人重新举证质证，为了确保庭审活动的严肃性和效率性，不应再允许当事人撤销自认。

2. 应注意本条与本规定第八十九条适用的衔接，第八十九条第二款规定了当事人对认可的证据反悔的处理方式。应当明确，对证据的认可不同于自认，对证据的认可表明该项证据具有证明力，它可能导致提出证据方所主张的案件事实成立，但也有可能所主张的案件事实需要多个证据加以证明，仅对其中一项证据的承认并不意味着对事实的承认，即并不能全部免除相对人对认定该事实所需要的其他证据的举证证明责任。

【法条链接】

《中华人民共和国民事诉讼法》（2017年修正）

第十三条 民事诉讼应当遵循诚实信用原则。

当事人有权在法律规定的范围内处分自己的民事权利和诉讼权利。

第一百五十四条 裁定适用于下列范围：

（一）不予受理；

（二）对管辖权有异议的；

（三）驳回起诉；

（四）保全和先予执行；

（五）准许或者不准许撤诉；

（六）中止或者终结诉讼；

（七）补正判决书中的笔误；

（八）中止或者终结执行；

（九）撤销或者不予执行仲裁裁决；

（十）不予执行公证机关赋予强制执行效力的债权文书；

（十一）其他需要裁定解决的事项。

对前款第一项至第三项裁定，可以上诉。

裁定书应当写明裁定结果和作出该裁定的理由。裁定书由审判人员、书记员署名，加盖人民法院印章。口头裁定的，记入笔录。

《最高人民法院关于适用〈中华人民共和国民事诉讼法〉的解释》（2015年1月30日 法释〔2015〕5号）

第一百零八条第一款 对负有举证证明责任的当事人提供的证据，人民法院经审查并结合相关事实，确信待证事实的存在具有高度可能性的，应当认定该事实存在。

第一百零九条 当事人对欺诈、胁迫、恶意串通事实的证明，以及对口头遗嘱或者赠与事实的证明，人民法院确信该待证事实存在的可能性能够排除合理怀疑的，应当认定该事实存在。

《最高人民法院关于民事诉讼证据的若干规定》（2001 年 12 月 21 日　法释〔2001〕33 号）

第八条第四款　当事人在法庭辩论终结前撤回承认并经对方当事人同意，或者有充分证据证明其承认行为是在受胁迫或者重大误解情况下作出且与事实不符的，不能免除对方当事人的举证责任。

第十条 ［免证事实］

下列事实，当事人无须举证证明：

（一）自然规律以及定理、定律；

（二）众所周知的事实；

（三）根据法律规定推定的事实；

（四）根据已知的事实和日常生活经验法则推定出的另一事实；

（五）已为仲裁机构的生效裁决所确认的事实；

（六）已为人民法院发生法律效力的裁判所确认的基本事实；

（七）已为有效公证文书所证明的事实。

前款第二项至第五项事实，当事人有相反证据足以反驳的除外；第六项、第七项事实，当事人有相反证据足以推翻的除外。

【条文主旨】

本条是在2001年《证据规定》第九条、《民事诉讼法解释》第九十三条的基础上整理、修改形成。是就有关事实在诉讼上免除当事人举证责任的规定,是关于诉讼上自认之外免证事实的规定。

【条文释义】

一、免证事实的理解

所谓免证事实,是指诉讼中当事人虽然就某一事实提出主张,但免除其提供证据证明的责任的情形。在民事诉讼中,除了本条规定的几种情形外,自认事实也属于免证事实的范围,在本规定中亦有规定。对无需证明事项的规范是民事诉讼法证据制度中的重要内容。对民事诉讼当事人而言,最重要的就是对自己的事实主张加以证明。如果不能就哪些事项应当证明,哪些事项无需证明加以规范,就可能因证明范围过宽,加重当事人证明负担,或因证明范围过窄导致案件事实难以充分揭示,无法实现案件的公正裁判。

本条内容最初体现在《最高人民法院关于适用〈中华人民共和国民事诉讼法〉若干问题的意见》(以下简称《民事诉讼法意见》①)第75条,2001年《证据规定》第九条对该条内容进行了整理,将自认的内容单独规定,将对诉讼请求的承认这一不属于事实证明的内容删除,将其他免证事实进行补充后,明确规定了六类免证事实:(1)众所周知的事实;(2)自然规律及定理;(3)根据法律规定或者已知事实和日常生活经验法则,能推定出的另一事实;(4)已为人民法院发生法律效力的裁判所确认的事实;(5)已为仲裁机构的生效裁决所确认的事实;(6)已为有效公证文书所证明的事实,并同时赋予当事人提出反证推翻上述六项免证事实的权利。

《民事诉讼法解释》第九十三条在条文表述上进行了调整:(1)将

---

① 该文件已被《最高人民法院关于适用〈中华人民共和国民事诉讼法〉的解释》(法释〔2015〕5号)废止。

第九条第一项和第二项调换顺序（因"自然规律及定理"没有用反证排除的情形），并将第三项推定事实拆分为两项，形成了当事人无需举证的七类事实。（2）和第九条将几项免证事实一律规定为"当事人有相反证据足以推翻的除外"不同，对七类免证事实提出反证的要求，分两类进行了区分：对于第二项至第四项事实，即众所周知的事实和推定的事实，规定"当事人有相反证据足以反驳的除外"；对于第五、六、七项事实，即为人民法院发生法律效力的裁判、仲裁机构生效裁决所确认的事实和为有效公证文书所证明的事实，规定"当事人有相反证据足以推翻的除外"。

本条关于免证事实的规定是在《民事诉讼法解释》第九十三条规定的基础上修改而来，其变化有：（1）将第五项"已为人民法院发生法律效力的裁判所确认的事实"修改为"已为人民法院发生法律效力的裁判所确认的基本事实"（2）将第六项"已为仲裁机构生效裁决所确认的事实"从"有相反证据足以推翻"的梯队转入了"有相反证据足以反驳"的行列中。为什么产生上述变化，如何理解这些变化，以下围绕本规定七项免证事实分述之。

二、免证事实事项

（一）自然规律以及定理、定律

自然规律，是指客观事物在特定条件下所发生的本质联系和必然趋势的反映。它是人们通常所感知的客观现象及周而复始出现的具有内在必然联系的客观事物。所谓定理、定律，是指在科学上、在特定条件下已被反复证明的客观规律和必然联系。诉讼中，当事人向法庭陈述的事实有时会涉及自然规律或科学定理、定律。如太阳从东方升起，农作物栽种时令、万有引力、生物体新陈代谢规律、勾股定理、阿基米德定律等。这些自然规律和定理、定律，有的广为人知，成为众所周知事实的一部分，因而不必举证证明。有的虽然不具有公知性，但业已经过生活事件或科学技术反复检验和证明，属客观存在的真理，同样可免除当事人的举证责任。对于自然规律和定理，我国司法解释未允许当事人提出反证推翻之。

（二）众所周知的事实

众所周知的事实，是指一定区域内为具有一定知识经验的一般人共同知晓的常识性事实。例如，农历八月十五日为中国传统中秋节，重大历史事件、重大财经事实、日常生活常识（如海南省冬季温暖湿润、盐咸、糖甜、火能燃烧、水往下流）。对于众所周知的事实，无需提供证明，这是一条古老的法则，在诉讼法理论中属于法院司法认知的范畴。而司法认知是法官就某些特定的待证事实在审判上直接加以确认，从而免除当事人证明责任的一种诉讼程式。就司法认知的功能而言，它是法官在诉讼上就众所周知的事实以及属于职务上已为显著的事实，无需当事人提供证据加以证明或就此事项无需提交法庭辩论，便由法官在审判上直接加以确认的裁判制度。就众所周知的事实，当事人无需提供证据加以证明，法院亦应直接确认其存在与否。

事实是否众所周知，应从具体社会生活是否依通常知识或经验所知悉而定。如果某事实仅为具有特定职业或地位的人知悉，而非一般人知晓的，则不属于众所周知的事实；如果某事实并非显著或尚存争议的，也不是众所周知的事实，仍应作为证明的对象。另外，众所周知的事实，是以法官的认识为标准还是以一般人的认识为标准：英美法系认为应以一般人的认识为标准，而大陆法系则认为应以法官的认识为标准。当然，一般人所周知的，法官作为某中一员自然也理应知晓；而反过来，如果法官不知晓某件事实，则很难想象一般人会周知，故从逻辑上和表述上看，英美法系的标准更合理一些。对于确系众所周知的事实，若仅是法官所不知（特别是地方性、行业性的周知事实），可由当事人提供适当的知识，或辅助法院取得必要的知识，从而加以认知，而不是必须由当事人负举证责任。

事实为人们知晓的范围具有相对性，往往因地域、领域而异。有的事实全国甚至全世界大多数人都知道，有的事实可能一省、地区、或市的多数人知道，有的事实只为某特定的狭小区域内人们所知晓（如地方性事件、地方习惯）；有些为全社会所普遍知悉，有些则为某些或者某个领域内众人周知（如行业性事件、行业习惯或惯例）。一项事实为公众所周知的范围有大有小，一般来说，公众所周知事实的范围不宜太宽，至少是为受诉法院管辖区内公众所周知即可认为是众所周知的事实。是否众所周知，也可能因时间而异。随着时间推移，一些原本共知的事实在人们记忆中淡化，不再成为众所周知。在此情况下，主张此事实的当事人仍需负举证责任。

当公众所周知事实成为诉讼中重要事实时，是否必须在当事人主张后法院才能将其作为裁判基础？德日两国学术界认识不同。日本学者多主张"积极说"，认为凡属法律要件的主要事实，须经当事人主张。德国一些学者从保证判决认定的事实真实出发，主张"消极说"，认为法院可依职权径行认定。我国台湾地区采用消极说，但同时赋予当事人反驳的机会。为保证人民法院在裁判中认定的事实与事实真实情况相一致，并防止法院滥用权力认定事实和误认事实，我们参考了台湾地区的做法，由法院直接认定众所周知的事实，同时允许因该事实被认定而可能处于不利地位的一方当事人在法庭辩论时提出相反证据，只要该相反证据足以反驳该事实，则不免除其相对一方当事人对这一事实的证明责任。

（三）推定的事实

推定是指由法律规定或由法院按照经验法则，从已知的前提事实推断未知的结果事实存在，并允许当事人提出反证推翻的一种证据法则。台湾地区"民事诉讼法"第二百八十一条规定，法律上推定之事实无反证者，无用举证。其第二百八十二条规定，法院得依已明了之事实，推定应证事实之真伪。其中，据以作出推断的事实，即已知的前提事实，为基础事实；根据基础事实而推定存在的事实，即结果事实，为推定的事实。一旦前提事实得到证明，法院就可据以认定推定的事实，无需再对推定事实加以证明，免除当事人就推定事实举证。主要原因在于，推定的事实接近案件的真实事实，推定虽不及用证据证明准确，但仍可以达到大体准确的程度。因为推定就是根据事物之间的规律性联系而设立的，推定法则是事实关系的规范化。以推定为中介可以把两种不同的事实连接起来，某一事实存在时，只要不存在例外情况，就会合乎逻辑地引起另一事实的发生。事物之间这种密切联系使立法者和司法者有理由相信，通过推定来认定案件事实接近于运用证据证明的可靠度，还可省去复杂的证明过程，是诉讼更加快捷。在这个意义上，推定扩大了人们对事物的认识能力和范围，拓展了认识手段。

应当明确，实体权利义务关系是以结果事实为基础的，并非以前提事实为基础。推定根据在于基础事实与推定事实之间存在着逻辑上或法律上的联系。推定的事实常常难以证明，而基础事实却比较容易证明。一方当事人可以通过对基础事实的证明而达到对推定事实的证明。由于推定的事实并未由证据来证明，并且基础事实和推定事实之间存在着高度的盖然而并非是确然的因果关系或逻辑关系，所以允许对方当事人提出反证推翻推定的事实。对方当事人可以：（1）就基础事实提出反证；（2）对推定事实提出反证；（3）举证推翻基础事实和推定事实之间并不存在因果关系或逻辑关系，以此来使推定规则失去效用。

1. 法律推定

根据推定发生的依据不同，可将其分为法律推定和事实推定。法律推定体现在本条第三项"根据法律规定推定的事实"。法律推定是由法律明文确立的推定，当出现符合法律推定的法律规范条件的事实时，就可以直接依据该规范推断出推定事实。如《中华人民共和国侵权责任法》(以下简称《侵权责任法》)第五十八条关于医疗损害责任的认定:"患者有损害,因下列情形之一的,推定医疗机构有过错:(一)违反法律、行政法规、规章以及其他有关诊疗规范的规定;(二)隐匿或者拒绝提供与纠纷有关的病历资料;(三)伪造、篡改或者销毁病历资料。"法律推定的本质在于,通过证明前提事实的存在,来使呈现某法律效果的要件事实之一(推定事实)也获得证明。

适用法律推定首先要确认前提事实的存在。法律推定事实是根据前提事实作出的推断,不需要作为证明对象予以证明。但作为推断根据的前提事实,除众所周知事实和法院审判上知悉事实可由法院径行认定外,都应由主张该事实存在的当事人举证证明。若负举证责任的当事人没有提供证据或提供证据不足以证明前提事实,推定法则就无法适用。前提事实一旦得到证明,法院就会依法律规定作出是否在推定事实的判断。故推定法则仅免除了对其有利的一方当事人对推定事实的举证责任,并未免除他对前提事实的举证责任。可见,法律推定实际上是通过变更证明的主题,即用对前提事实的证明代替对推定事实的证明,是当事人通过对前提事实的证明较容易地完成对相对困难的推定事实的证明,从而大大减轻了主张推定事实存在的当事人的举证责任。

反证可以推翻推定事实,但反证必须充分、足够,能够使推定事实存在与否陷入真伪不明状态,动摇法官心证基础。当相仿证据不足以反驳和否定推定事实时,法院应依法认定推定事实,否则不能使用推定规则。当然,对法律推定的反驳并不限于针对推定事实提出反证。为阻碍法院适用有利于对方的推定,当事人一方还可以就前提事实提出争议,并提供证据证明前提事实不存在。只要当事人提出反证使前提事实的存在与否处于真伪不明的状态,就能有效地排除适用法律推定的可能。

2. 事实推定

事实推定体现在本条第四项"根据已知的事实和日常生活经验法则推定出的另一事实",它是指法院依据经验法则进行逻辑上的演绎,由已知事实(基础事实)得出待证事实(推定事实)真伪的结论。例如,以书面损害他人名誉的,推定有损害他人的意思;使用凶器或毒物致人死亡的,推定有杀人的故意;根据被告在诉讼中销毁或隐匿证据这一事实,推断出该证据必定于其不利;虽不能证明契约缔结的事实,但依契约履行的事实,足以推定其契约关系之存在等。

事实推定区别于法律推定的明显标志,在于有无法律明文规定。若事实推定上升为法律规定的推定时,就成为法律推定。至于能否上升为法律推定,在于立法者对某一类推定的判断和预见程度,以及对司法者的信任程度。在性质上,凡法律规定,法院必须适用,而事实推定,由法院根据经验法则酌情决定是否适用,主要表现为:在法律上的推定,由于推定事实乃法律规范预先创设,故基础事实一旦被予以证明,法官即必须按照该法律上的规范认定推定事实之存在。因此,对于法律上推定事实之认定,法官并无自由斟酌判断之余地。而事实上的推定乃法官依据经验法则,基于自由心证所为之逻辑推论。由于该推定事实非法律预先规定之事实,仅为法官依据经验法则所得心证之结果。故在事实上的推定,证明主题并无改变。正因为二者存在上述之本质区别,使得法律上的推定与事实上的推定对当事人举证责任的影响迥然相异。也即法律上的推定乃实体法规范,直接导致举证责任之转移,因此对方当事人欲反驳推定事实必须提供本证,让法官对该推定事实之不存在达到内心确信的程度始为成功。而事实上的推定并不使举证责任发生转移,故对方当事人为反驳该推定事实,只需提供反证据,让法官对该推定事实形成不了内心确信,使该事实处于真伪不明状态即可。

具体来说,事实推定的适用,必须同时具备下列条件:

（1）必须无法直接证明待证事实的存在与否，因此只能借助于间接事实推断待证事实。这是事实推定的必要条件。反之，若能够凭借直接证据加以证明，则无适用事实推定必要。因此事实推定与间接事实密切相关。

（2）前提事实必须已经得到法律上的确认，这是事实推定的前提条件。所谓前提事实得到确认，是指有以下情形之一：

①众所周知的事实；

②法院于职务上所知悉的事实；

③判决预决的事实；

④诉讼上自认的事实；

⑤仲裁裁决所预决的事实；

⑥经公证证明的事实；

⑦已由证据认定的事实。

（3）前提事实和推定事实之间须有必然的联系。这种联系或互为因果、或互为主从、或互相排斥、或互相包容。除此之外，都不能成为必然联系。这是事实推定的逻辑条件，也是最为关键的条件。

（4）许可对方当事人提出反证，并以反证的成立与否确认推定的成立与否。这是事实推定的生效条件。如果说法律推定尚有不得推翻之说，则任何事实推定都是可反驳的推定。对方当事人既可以就前提事实提出反证，亦可就推定事实提出反证，其反证程度仅需使反证对象处于真伪不明状态即可，而不因反证对象的不同而有所区别。

（四）人民法院发生法律效力的裁判确认的基本事实

1. 预决事实

当先前有关案件的事实为人民法院的裁判所确定时，便对与之相关联的尚未作出裁判的另一案件的待证事实产生预决的效力。其中，已为先前裁判所确认而作为后一未决案件待证事实的事实，在诉讼法上称为预决的事实。预决的事实之所以不需要证明，一是因为该事实已为人民法院经正当证明程序所查明，客观上无再次证明的必要；二是因为该事实已为人民法院裁判所认定，该裁判具有法律约束力，此种约束力也包括对该事实认定上的不可更改性。预决事实具有预决的效力，须具备一定条件，主要有：

（1）先行案件的法院裁判须是生效的（即确定）；

（2）先行案件裁判所确定的事实与后行案件存在着相关性，即先行案件裁判所确定的事实构成后行案件事实（的一部分或者全部）；

（3）预决事实的证明须遵循正当程序保障原则。

2. 修改重点

本条规定较2001年《证据规定》及《民事诉讼法解释》修改的重点之一，在于第六项免证事实的表述。本条将"已为人民法院发生法律效力的裁判所确认的事实"限缩为"基本事实"。在本次修改《证据规定》的论证过程中，有学者提出，"已为人民法院发生法律效力的裁判所确认的事实"免除当事人举证责任的规定同样违反自由心证原则，应删除。我们经研究认为，"已为人民法院发生法律效力的裁判所确认的事实"免除当事人举证责任的规定，与自由心证原则确实存在一定矛盾。学者的意见有一定道理，将生效裁判书所确认之事实确定为免证事实，相当于直接赋予生效裁判文书以实质证据力而直接加以确认，无异于剥夺了受诉法院对该特殊书证内容之自由判断，妨碍了受案法官对案件事实心证的形成。但是，生效裁判所确认的事实与裁判结果存在密切关系，在我国现阶段尚未建立既判力规则的情况下，容易产生裁判效力相冲突的情形，且对事实认定不一致所导致的相关联裁判结果的不一致，难以排除人民法院作出相互矛盾的裁判，进而损害司法权威，也破坏了法的安定性，且不易被广大社会公众所接受，故现阶段仍然有保留该项规定的必要。同时，考虑到已生效裁判所审理认定的基本事实系人民法院经过审理重点查明的事实，本身已经经过严格的质证与审查程序，故对该项免证事实的范围缩限为"已为人民法院发生法律效力的裁判所确认的基本事实"。

那么，何谓基本事实？在《民事诉讼法》中，出现"基本事实"的地方有两处，一为二审法院对上诉案件的处理方式，即第一百七十条第三项"原判决认定基本事实不清的，裁定撤销原判决，发回原审人民法院重审，或者查清事实后改判"。第二处是第二百条关于再审事由的规定，"原判决、裁定认定的基本事实缺乏证据证明的"。这两处"基本事实"的含义应该是一致的。对于"基本事实"的具体解释，最早体现在2008年11月公布的《最高人民法院关于适用〈中华人民共和国民事诉讼法〉审判监督程序若干问题的解释》（法释〔2008〕14号）第十一条："对原判决、裁定的结果有实质影响、用以确定当事人主体资格、案件性质、具体权利义务和民事责任等主要内容所依据的事实，人民法院应认定为《民事诉讼法》第一百七十九条第一款第（二）项规定的'基本事实'。"继而在《民事诉讼法解释》第三百三十五条又规定："《民事诉讼法》第一百七十条第一款第三项规定的基本事实，是指用以确定当事人主体资格、案件性质、民事权利义务等对原判决、裁定的结果有实质性影响的事实"。因此，按照上述司法解释的规定，在民事诉讼中，只有在先裁判中对确定当事人主体资格、案件性质、民事权利义务等对判决、裁定的结果有实质性影响的事实，才属于已为法院生效裁判确认的"基本事实"，这样的事实也才能成为预决事实，对后行诉讼具有预决效力。就行政诉讼和刑事诉讼，对案件基本事实的界定和理解此处不再展开赘述。简言之，行政诉讼案件基本事实，是与作出被诉具体行政行为的权限、程序和适用法律紧密相关的事实；刑事诉讼案件基本事实，是与犯罪构成要件、定罪量刑密切相关的事实。

发生法律效力的裁判的范围如何？从地域上看，本项规定将"发生法律效力的裁判"明确规定为"人民法院"作出，故此处所涉之司法裁判排除了域外法院裁判，即不包括外国法院作出的裁判，也不涉及我国港澳台地区法院的裁判。从裁判的法律关系性质和案件类型看，就人民法院而言主要有民事、行政、刑事三大类生效裁判。这三类生效裁判所确认的基本事实对后行民事案件事实认定的不同影响，需要具体分析。在具体判断预决事实对后行诉讼的预决效力时，应当综合考量诉讼公正效率、维护判决统一性与三大诉讼的异同等因素，合理权衡它们之间的冲突，以确定合理的处理方法。分析如下：

首先，关于民事诉讼、行政诉讼中的预决事实对于后行的民事诉讼的预决效力问题。原则上，民事诉讼、行政诉讼中的预决事实，对于后行的民事诉讼具有预决的效力。

先行民事裁判中确认的基本事实对后行民事诉讼具有约束力，此自不待言，并且在三大诉讼生效裁判中占有相当大比例。应指出，为生效民事判决所预决的事实，主要是指人民法院通过普通程序作出的判决中认定的事实。依特别程序作出的判决中认定的事实是否也具有预决效力，需要具体分析。这类判决中认定的事实是法院作出判决时的事实状态。判决作出后，有关事实状态可能发生变化，因此法律允许法院依据新的事实状态作出新判决，撤销原判决。故不能笼统地讲依特别程序所做的判决中认定的事实也有预决效力。如法院宣告某人为无民事行为能力人、限制民事行为能力人，或宣告失踪、死亡的判决，可能不足以使这一事实成为预决事实，尤其是在有证据表明被宣告人已成年、或精神状态恢复正常，或被宣告失踪、死亡的人有出现的信息时，则不能认为原宣告判决中的事实有预决效力。这其实和对于法院生效裁判确认之事实，允许对方当事人提出反证来推翻的规定也是一致的。

因为民事诉讼、行政诉讼在证明标准方面相差不大，而且考虑到维护裁判统一性，故一般情况下行政裁判中的预决事实，对于后行的民事诉讼相关联的事项也具有相应的预决效力，比如维持人民政府所作的土地确权决定的行政判决，在后行的有关该土地的侵权诉讼中具有预决效力。

刑事裁判中的预决事实对于后行民事诉讼的预决效力问题。这是一个值得深入研究的问题。对此，有种观点是，刑事诉讼的证明标准（排除合理怀疑）高于民事诉讼的证明标准（优势盖然性）。若刑事判决预决事实对后行的民事诉讼产生预决效力，在后行的民事诉讼中对方当事人试图否定有罪判决的预决事实，则需达到刑事诉讼的证明标准，从而增加对方当事人的证明负担。因此，刑事判决预决事实，对后行的民事诉讼没有预决效力。我们认为，原则上，刑事诉讼中的预决事实对于后行的民事、行政诉讼具有预决效力。比如，法院在刑事判决中认定了被告人以订立合同为手段实行诈骗的事实，那么在后行的因合同无效而产生的损害赔偿诉讼中，则具有预决效力。再如，法院判决被告人犯有重婚罪，其重婚的事实在其配偶提起的离婚诉讼中也能产生预决效力。《俄罗斯联邦民事诉讼法典》第5条第3款明确规定："已发生法律效力的刑事判决，对于审理受到刑事判决人的行为的民事法律后果的案件的法官来说，只在是否有过这种行为和此种行为是否为该人所实施的问题上具有约束力。"在英国，人们认为刑事案件的证明标准比民事案件要高，所以先前有罪判决可以作为其后民事诉讼中有关事实的证据。在后行的民事诉讼中，对方当事人试图否定有罪判决中的预决事实，其证明标准是什么？在英国主要有两种观点或做法：（1）重于优势盖然性；（2）优势盖然性。我们较倾向于第一种观点。在法国，尽管没有法律条文明文认可，但由法院判例得出的结论是："不允许民事法官无视刑事法官就构成民事诉讼与刑事诉讼之共同基础的犯罪事实的存在、其罪名以及对受到醉酒的人是否有罪所作出的必要而肯定的决定。"

我们认为，根据裁判统一性的要求，民事判决与刑事判决对于同一事实真实性的认定应当是一致的，并且相对民事诉讼而言，刑事诉讼中拥有更多更有效的查明事实的手段和措施，且证明标准更高，民事诉讼的证明标准虽为优势盖然性，但尽量逼近案件真相也是民事诉讼所追求的理念，所以刑事判决预决事实在后行的民事诉讼中一般情况下有预决效力。但是，这种预决效力也存在一定例外，应局限在一定范围之内。比如对于无罪判决中预决事实的效力问题，应当具体分析：（1）以被指控的违法行为不存在或者被告人并未参与违法行为等为由而作出的该被告人无罪判决，对以该被告人违法行为为由提起的侵权之诉则应当具有预决效力。（2）无罪判决的作出是因为证据不足、案件事实不清，即未达到刑事案件的证明标准，但是可能符合民事、行政诉讼的证明标准。在刑事附带民事诉讼或者后行的民事诉讼或行政诉讼中，应当根据民事、行政诉讼的证明标准和实体要件事实作出判决，而不受无罪判决所否定的事实的拘束。我国司法解释允许当事人提供相反证据推翻预决事实。本规定明确规定"当事人有相反证据足以推翻的除外"，《最高人民法院关于行政诉讼证据若干问题的规定》第七十条中也规定：如果发现裁判文书或者裁决文书认定的事实有重大问题的，应当中止诉讼，通过法定程序予以纠正后恢复诉讼。

最后，如果从程序保障的角度来看，当出现以下情况时，先行的民事诉讼、行政诉讼和刑事诉讼确认的事实对后行民事诉讼不具有预决的效力：（1）先行的民事诉讼、行政诉讼和刑事诉讼，违背正当程序保障原则，没有给予当事人或公诉人充分主张事实和提出证据并对案件事实证据充分发表意见的机会，或者在当事人主导的诉讼制度中，将当事人未提出的事实或证据作为裁判的基础等。（2）基于正当程序保障原则，当事人以外的其他人在先行的民事诉讼、行政诉讼中，被告人以外的其他人在先行的刑事诉讼中，没有机会就案件事实证据充分发表意见，那么，在该人为当事人的后行民事诉讼或行政诉讼或为被告人的后行刑事诉讼中，该人就预决事实的效力提出了有根据的异议,法官则不应认可预决事实的效力。(3) 如果当事人能够证明先行的民事判决、行政判决或者刑事判决的作出存在欺诈或串通,或者提出了在先行诉讼中因正当理由而没有提出的新证据等,法官则不应认可预决事实的效力。此外,法官在考虑到包括收集证据在内的所有情况以后,认为采纳预决事实将会对诉讼的公正性造成显著不利影响时,则不应采纳预决事实,但法官对此应作出充分说明。

此外,司法实践中还会遇到先行民事诉讼对后行刑事诉讼的预决效力问题,这里稍作简述,供读者参考。考虑到判决统一性的要求,民事诉讼的判决应与刑事诉讼的判决对于相关事实的认定是统一的。但是,由于民事、行政诉讼与刑事诉讼所解决案件的性质不同以及由此而决定了诸如证明标准等的不同,故原则上,民事诉讼中的预决事实对于后行刑事诉讼没有预决效力。但也有例外情况,比如具有对世效力的民事形成判决所确认的有关身份关系的事实,对于后行刑事案件应有预决效力,其主要理由是:民事形成判决解决的是有关身份关系的诉讼,如离婚之诉、撤销收养之诉、宣告停止亲权,这些案件因涉及人们最基本的身份关系而包含公益因素,因此,这些案件的形成判决具有对世效力和绝对效力。但在刑事诉讼中同样可以提出充足的反证推翻这类预决事实。

在实际诉讼中,如审理案件的法官并不知道具有预决效力的判决存在,主张存在这个判决的当事人应提出判决书或其副本予以证明,法院有权对自己了解到的预决事实进行司法认知。当有关判决书或其副本提供后,法院不必再对该事实进行调查,主张该事实存在的当事人便免去了举证责任。实践中如果当事人或有关组织、机构请求法院出具判决书法律效力证明,人民法院则可根据案件实际情况和需要出具证明,并加盖院印。①

---

① 参见《关于人民法院如何出具判决书法律效力证明问题的函》(1987年11月18日,〔87〕民他字第65号)。

对于已为人民法院生效裁判所确认的基本事实，本条要求须"当事人有相反的证据足以推翻的除外"，即要否定法院生效裁判确认的事实，需要证据的证明力达到推翻该事实的程度，即达到提出证据证明相反事实成立的程度，才发生否定其预决效力的效果。

（五）生效仲裁裁决确认的事实

生效仲裁裁决确认的事实，在诉讼法上亦属预决事实之一种。在本次修改《证据规定》论证过程中，有观点认为应删除《民事诉讼法解释》第九十三条第一款第六项"已为仲裁机构生效裁决所确认的事实"。理由在于：

1. 人民法院的裁判受仲裁庭认定的事实约束，没有理论依据，也违背自由心证原则；

2. 仲裁庭对事实认定并不需要遵循严格的证据规则，在认定事实上有很大的自由和空间，其事实认定周延性存在一定不足；

3. 仲裁庭对事实的认定不受法院生效裁判拘束，人民法院裁判反受仲裁庭约束，逻辑上不成立；

4. 审判实践中，当事人使用仲裁程序确认事实后，再进行关联诉讼，可能给人民法院的审判带来很大困扰。

另一种意见认为可以保留原第六项规定，理由在于，仲裁裁决涉及的问题影响比较大，应当慎重；仲裁裁决存在的问题可以由仲裁机构自身通过加强管理解决。

我们认为，仲裁是偏重效率的解决纠纷的方式，对当事人的程序保障与司法程序相比相对较弱，这也是质疑赋予仲裁裁决预决效力的理由。此外，从赋予生效判决预决效力的苏联和俄罗斯的民事诉讼法来看，其也未规定生效仲裁裁决所确认的事实可以对法院审理相关的案件产生预决效力。但从另一方面看，仲裁裁决虽非法院作出的裁判，但其对当事人的权利义务也具有约束力。根据《中华人民共和国仲裁法》（以下简称《仲裁法》）第九条的规定，仲裁实行一裁终局制度。

裁决作出后，当事人就同一纠纷再申请仲裁或者向人民法院起诉的，仲裁委员会或人民法院不予受理。这也表明了仲裁裁决具有确定当事人权利义务关系的作用，生效仲裁裁决禁止当事人就同一事实申请后续的仲裁或诉讼。这种法律效力与生效民事裁判发生的法律效力在确定当事人实体权利义务关系及有关程序上也是一致的。同时，由于其作为纠纷解决方式具有高效便捷的特点，在实践中运用仲裁机制解决纠纷已成为非诉的多元纠纷解决机制中重要的一极。综上，目前情况下，生效仲裁裁决确认之事实对后行民事诉讼可以具有预决效力应予保留。

仲裁裁决预决效力范围的探讨。仲裁裁决预决力的范围，首先应当明确，预决力仅仅针对当事人所主张事实的免证权利，并非既判力的客观范围扩张问题。就预决力的主观范围而言，只有仲裁当事人才受预决力的作用，即后案当事人与前案之当事人相同时，主张免证权利的当事人才可以依据仲裁裁决的预决力要求对方当事人承担反驳义务。对非前案当事人之主体，从保障程序利益的立场出发，不应令其受预决力的拘束，也避免因仲裁合意性特点，使案外人利益受本案当事人合谋之侵害。如果后案中引入了新的当事人，在原有当事人继续参加的情况下，仲裁裁决的预决力是否可以适用。我们认为，应当区分情况，如果新加入当事人与主张预决力的当事人处于相同诉讼（仲裁）地位，可以考虑适用预决力免除该方的证明责任；如果新加入的当事人与主张预决力的当事人处于对立的诉讼（仲裁）地位，则预决效力不能波及该当事人。

对于生效仲裁裁决确认的事实，本条规定提出当事人有"相反证据足以反驳除外"，由先前的"足以推翻"变成了"足以反驳"，这也是相对于《民事诉讼法解释》第九十三条的重要变化。如此，排除仲裁裁决确认的事实作为免证事实的要求降低了，即当事人提出的反证的证明力不必达到推翻该事实的程度，只需要动摇免证事实对法官的心证基础，使其处于真伪不明状态即可。

（六）有效公证文书证明的事实

该项事实作为免证事实的最后一项在本规定中继续保留。这也是唯一一个在立法层面被确定的免证事实。

公证，是指公证机关依当事人的申请，代表国家依照法定程序证明法律行为、法律事实和文书的真实性和合法性的非讼法律活动。公证证明必须以法定的文本形式加以表现，公证文书就是其法定文本形式，它负载了公证证明的所有信息。公证文书一经作出，即具有法律效力。这种效力表现在三个方面：（1）证据效力或证明效力；（2）强制执行效力；（3）法律行为成立要件的效力。公证文书在公文书证中具有显著的地位和重要作用。经公证证明的法律事实和文书，在民事诉讼中具有证据的效力，法院可用作定案依据，无需再由当事人举证证明，只要没有相反的证据足以推翻公证文书证明的事实，法院就应当径直将其作为确定案件事实的依据。如果对方当事人对公证的事实提出了相反证据，公证的事实也就成为了证明对象。

早在1982年，我国《民事诉讼法（试行）》就有关于公证证明效力的法律规定。该法第五十九条规定："人民法院对经过公证证明的法律行为、法律事实和文书，应当确认其效力。但是，有相反证据足以推翻公证证明的除外。"2007年《民事诉讼法》进一步明确了公证证明的法律效力，该法第六十七条规定："经过法定程序公证证明的法律行为、法律事实和文书，人民法院应当作为认定事实的根据。但有相反证据足以推翻公证证明的除外。"《民事诉讼法》在其第六十九条，将原有条文修改为："经过法定程序公证证明的法律事实和文书，人民法院应当作为认定事实的根据。但有相反证据足以推翻公证证明的除外。"

后《民事诉讼法意见》第75条明确将经公证证明的事实作为无需举证的事项之一。2001年《证据规定》第九条同样将"已为有效公证文书所证明的事实"作为无需举证的事实。2005年《中华人民共和国公证法》（以下简称《公证法》）的颁布，标志着我国公证制度的进一步完善。该法第三十六条规定："经公证的民事法律行为、有法律意义的事实和文书，应当作为认定事实的根据，但有相反证据足以推翻该项公证的除外。"上述法律和司法解释对公证证明在民事诉讼中的效力作了根本性、原则性的规定，确立了公证证明效力的基本制度框架。

本条规定确定了公证文书证明事实的反证规则，即有相反的证据足以推翻，这也是公文书证反证的典型特点，意味着对公证文书证明事实有争执的当事人需要对相反的事实承担本证证明责任。

【审判实践中需要注意的问题】

1. 注意为法院生效裁判所确认的不是一般事实，而是"基本事实"。

2. 在审判实践中应注意不同的免证事实反证要求的区别。注意本条规定对于《民事诉讼法解释》而言，在对免证事实提出反证要求上归类上的变化，主要是对"已为仲裁机构的生效裁决所确认的事实"提出反证要求的变化。对于众所周知的事实、根据法律规定推定的事实、根据已知的事实和日常生活经验法则推定出的另一事实、已为仲裁机构的生效裁决所确认的事实这四项事实，本条规定"当事人有相反证据足以反驳的除外"，即当事人提供的证据能够动摇免证事实对法官的心证基础，使待证事实仍处于真伪不明状态时，则不能发生免除当事人举证责任的效力。而对于已为人民法院生效裁判所确认的基本事实、已为有效公证文书所证明的事实，否定这两类公文书证确认的事实需要证据的证明力达到推翻该事实的程度，即需要达到提出证据证明相反事实成立的程度。本条规定只有在提供的相反证据"足以推翻"这两类生效文书确认的事实时，才发生不能免除举证责任的效果。注意，"已为仲裁机构的生效裁决所确认的事实"已经不需要达到这种程度的证明标准。

3. 对于确为自然规律及科学定理、定律的事实，不允许当事人以相反证据推翻。

【法条链接】

《中华人民共和国公证法》（2017年修正）

第三十六条 经公证的民事法律行为、有法律意义的事实和文书，应当作为认定事实的根据，但有相反证据足以推翻该项公证的除外。

《中华人民共和国侵权责任法》（2009年）

第五十八条 患者有损害，因下列情形之一的，推定医疗机构有过错：

（一）违反法律、行政法规、规章以及其他有关诊疗规范的规定；

（二）隐匿或者拒绝提供与纠纷有关的病历资料；

（三）伪造、篡改或者销毁病历资料。

《最高人民法院关于适用〈中华人民共和国民事诉讼法〉的解释》（2015年1月30日 法释〔2015〕5号）

第九十三条 下列事实，当事人无须举证证明：

（一）自然规律以及定理、定律；

（二）众所周知的事实；

（三）根据法律规定推定的事实；

（四）根据已知的事实和日常生活经验法则推定出的另一事实；

（五）已为人民法院发生法律效力的裁判所确认的事实；

（六）已为仲裁机构生效裁决所确认的事实；

（七）已为有效公证文书所证明的事实。

前款第二项至第四项规定的事实，当事人有相反证据足以反驳的除外；第五项至第七项规定的事实，当事人有相反证据足以推翻的除外。

第三百三十五条 民事诉讼法第一百七十条第一款第三项规定的基本事实，是指用以确定当事人主体资格、案件性质、民事权利义务等对原判决、裁定的结果有实质性影响的事实。

《最高人民法院关于民事诉讼证据的若干规定》（2001年12月21日 法释〔2001〕33号）

第九条 下列事实，当事人无需举证证明：

（一）众所周知的事实；

（二）自然规律及定理；

（三）根据法律规定或者已知事实和日常生活经验法则，能推定出的另一事实；

（四）已为人民法院发生法律效力的裁判所确认的事实；

（五）已为仲裁机构的生效裁决所确认的事实；

（六）已为有效公证文书所证明的事实。

前款（一）、（三）、（四）、（五）、（六）项，当事人有相反证据足以推翻的除外。

《最高人民法院关于适用〈中华人民共和国民事诉讼法〉审判监督程序若干问题的解释（2008年11月25日 法释〔2008〕14号）》

第十一条 对原判决、裁定的结果有实质影响、用以确定当事人主体资格、案件性质、具体权利义务和民事责任等主要内容所依据的事实，人民法院应当认定为民事诉讼法第一百七十九条第一款第（二）项规定的"基本事实"。

《最高人民法院关于行政诉讼证据若干问题的规定》（2002年7月24日 法释〔2002〕21号）

第七十条 生效的人民法院裁判文书或者仲裁机构裁决文书确认的事实，可以作为定案依据。但是如果发现裁判文书或者裁决文书认定的事实有重大问题的，应当中止诉讼，通过法定程序予以纠正后恢复诉讼。

第十一条 ［证据原件（物）提交原则］

当事人向人民法院提供证据，应当提供原件或者原物。如需自己保存证据原件、原物或者提供原件、原物确有困难的，可以提供经人民法院核对无异的复制件或者复制品。

【条文主旨】

本条承继2001年《证据规定》第十条内容，是关于优先提供原件或原物原则的规定。在坚持了证据的原件（物）提交原则的同时，对提供或保存原件（物）确有困难的，进行了补充性规定。

【条文释义】

一、概念理解

本条规定是对2001年《证据规定》第十条的保留。对此，《民事诉讼法》第七十条第一款规定："书证应当提交原件。物证应当提交原物。提交原件或者原物确有困难的，可以提交复制品、照片、副本、节录本。"本条规定时没有区分书证和物证。

所谓原件，指文件制作人最初作成，反映其意思或思想的文件，也称原本或底本。按照《民事诉讼法》第七十条的表述，原件是和书证相对应的。任何书证都有其最初制作的原本，它既可以是手写的，也可以是打印的，只要是最初表达和承载作者思想的文字、符号和图案等内容的文书，就是原件。实践中，常见的书证原件有：反映当事人之间往来的信函、作家的手稿、法院作出的判决书、合同当事人签字盖章的书面合同、立遗嘱人亲笔书写的遗嘱文书、借款人亲笔书写的借条等。"原件"一词在本规定中主要用于书证，有时也用在视听资料上。

所谓原物，指在民事法律关系产生、变更、消灭过程中产生的，与实体争议有牵连或作为争议标的的物品。民事诉讼中常见的原始物证有：样品买卖中的样品、对所有权属发生争议的物品、履行合同时交付的质量规格有瑕疵的标的物、因侵权行为造成损害的公私财物、损害赔偿诉讼中被撞坏的车辆、船舶等。"原物"一词只用于物证。

所谓复制件，从语义上理解，应指从内容、形式或性质上对原件或原物的摹写，包括在原件基础上抄录、复印、拍照、扫描等形成的。"复印件"一词在《民事诉讼法》及其解释中并不存在。其在本规定中可同时适用于书证、物证和视听资料三种证据形式。

复制品是民事诉讼法上的概念。《民事诉讼法》中复制品适用于书证和物证。在本规定中，复制品适用于书证、物证或视听资料，有时本规定又将"复制品"和"复印件"通用。总的来说，"复制品"和"复印件"这两个概念在有关规定和表述中混用的情况较多，两者实际上是通用的概念，但按照汉语表达习惯，"复印件"更多强调文件方面性质，似与物证更为接近；"复制品"更多强调物品方面性质，似与物证更为接近。

二、条文适用

（一）设立理由

依本条规定，当事人向法院提供证据，应优先提供原件（物），其次才能考虑提供复印件或复制品。其理由在于，原件（物）与某一法律关系的产生、变更、消灭有着千丝万缕的联系，直接表征或见证法律关系的发展过程，或其本身就是法律关系发展的产物，以其来证明案件要件事实最为合适。而且，原件（物）作为案件原始证据，伴随着案件事实发生而形成，其关联性毋庸置疑。证据与案件事实关系越直接、越接近时，其可靠度就越高，证明力就越强。相反，当它与案件事实的关系被复制、复印、传抄等中间环节所阻隔时，其间所发生的失误、偏差、信息损耗、变形，甚至有意变造、篡改等，就会使证据失真，不能如实反映案件事实原貌。因此，原件（物）作为原始证据，与作为传来证据的复印件或复制品相比，更接近案件事实，其可靠性和证明力大于复印件或复制品，要求当事人提交原件或原物，更有利于证明案件事实。事实上，就书证来说，在英美法系国家和地区，最佳证据规则是判断书证效力最主要的原则。所谓最佳证据规则，是指一项事实只能用找到的最佳、最有说服力的证据予以证明。依此规则，书证的原件依其性质决定了不可能有比它更好的证据，因此为最佳证据，也是第一位的证据。只有在第一位的证据缺失的情况下，第二位的证据才能被允许使用。大陆法系国家和地区没有从证据资格或能力方面明确规定最佳证据规则，而是从审查书证的真实性角度出发，要求当事人提供书证时，原则上应当提交书证原件。但提供复印件并不当然不具有证据资格，法官仍然根据当事人提供复印件的具体情况来评判其证据力大小。

（二）程序环节

证据原件（物）提交原则是书证、物证进入诉讼程序的起点。相应地,在证据质证和认证环节,这一原则同样得到了贯彻执行。本规定第六十一条规定:"对书证、物证、视听资料进行质证时,当事人应当出示证据的原件或者原物。但有下列情形之一的除外:(一)出示原件或者原物确有困难并经人民法院准许出示复制件或者复制品的;(二)原件或者原物已不存在,但有证据证明复制件、复制品与原件或者原物一致的。"本规定第八十七条第一项规定,审判人员对单一证据可以从下列方面进行审核认定:证据是否为原件、原物,复印件、复制品与原件、原物是否相符。

(三)特殊情形

优先提供原件或原物,是证据提交的原则。在某些特殊情形下,允许当事人提供经人民法院核对无异的复制件或复制品。该特殊情形包括两类:(1)当事人需要自己保存证据原件或原物。一般情况下,原物除灭失外都需由当事人自己保存,原件如是当事人日后实施法律行为的依据,也应由其自己保留。如要求履行合同的提单、仓单、信用证。(2)当事人提供原件、原物确有困难。所谓"确有困难",《民事诉讼法解释》第一百一十一条进行了具体规定:"《民事诉讼法》第七十条规定的提交书证原件确有困难,包括下列情形:(一)书证原件遗失、灭失或者毁损的;(二)原件在对方当事人控制之下,经合法通知提交而拒不提交的;(三)原件在他人控制之下,而其有权不提交的;(四)原件因篇幅或者体积过大而不便提交的;(五)承担举证证明责任的当事人通过申请人民法院调查收集或者其他方式无法获得书证原件的。/前款规定情形,人民法院应当结合其他证据和案件具体情况,审查判断书证复制品等能否作为认定案件事实的根据。"具备上述两种情形之一的,当事人可以提供复印件或复制品,但必须经人民法院核对与原件、原物无异后,才能确认其证明效力。

【审判实践中需要注意的问题】

要注意优先提供原件或原物原则的适用范围。本条规定只能对书证、物证和视听资料这三种证据形式适用，对于广义上称为"人证"的证据形式，如当事人陈述、证人证言、鉴定意见、勘验笔录则不能适用该规则。

【法条链接】

《中华人民共和国民事诉讼法》（2017年修正）

第七十条　书证应当提交原件。物证应当提交原物。提交原件或者原物确有困难的，可以提交复制品、照片、副本、节录本。

提交外文书证，必须附有中文译本。

《最高人民法院关于适用〈中华人民共和国民事诉讼法〉的解释》（2015年1月30日　法释〔2015〕5号）

第一百一十一条　民事诉讼法第七十条规定的提交书证原件确有困难，包括下列情形：

（一）书证原件遗失、灭失或者毁损的；

（二）原件在对方当事人控制之下，经合法通知提交而拒不提交的；

（三）原件在他人控制之下，而其有权不提交的；

（四）原件因篇幅或者体积过大而不便提交的；

（五）承担举证证明责任的当事人通过申请人民法院调查收集或者其他方式无法获得书证原件的。

前款规定情形，人民法院应当结合其他证据和案件具体情况，审查判断书证复制品等能否作为认定案件事实的根据。

《最高人民法院关于民事诉讼证据的若干规定》（2001年12月21日　法释〔2001〕33号）

第十条　当事人向人民法院提供证据，应当提供原件或者原物。如需自己保存证据原件、原物或者提供原件、原物确有困难的，可以提供经人民法院核对无异的复制件或者复制品。

第十二条 ［动产证据］

以动产作为证据的，应当将原物提交人民法院。原物不宜搬移或者不宜保存的，当事人可以提供复制品、影像资料或者其他替代品。

人民法院在收到当事人提交的动产或者替代品后，应当及时通知双方当事人到人民法院或者保存现场查验。

【条文主旨】

本条系新增条文，是关于以动产作为证据（物证）提交的操作性规定。

【条文释义】

一、条文理解

本条内容相较 2001 年《证据规定》是新增条文。有关内容是在《民事诉讼法》第七十条第一款和 2001 年《证据规定》第十条的基础上，根据审判实践的情况整理形成。《民事诉讼法》第七十条第一款规定："书证应当提交原件。物证应当提交原物。提交原件或者原物确有困难的，可以提交复制品、照片、副本、节录本"。

所谓动产，在民法上是相对于不动产的对"物"的一种分类。《中华人民共和国民法总则》（以下简称《民法总则》）第一百一十五条规定："物包括不动产和动产……"，《中华人民共和国担保法》（以下简称《担保法》）第九十二条第二款规定："本法所称动产是指不动产以外的物"。对于不动产和动产的划分，是民法上最重要的物的分类。动产在概念和范围上也是相对于不动产而言。在民法理论上，不动产是指依照其物理性质不能移动或者移动将严重损害其经济价值的有体物，而不动产以外的物，即在性质上能够移动且移动不损害其经济价值的物。在《民事诉讼法》及其司法解释的基础上，本规定首次将作为物证的动产和不动产区分开来，根据两者不同的特性，分别规定了当事人提交动产证据和不动产证据的要求，使得不动产和动产这种民法上对"物"的最重要的区分，在诉讼法上也有了其独立的意义和价值。动产作为物证的一种，理应遵循物证优先提供原物的原则。物证优先提供原物的原则在本规定第十一条的理解中已进行了较详细的阐述，本条规定与本规定第十一条是一般与特殊的关系。

二、例外情形

本规定第十一条规定了物证、书证优先提交原物原则的例外，即"需自己保存证据原件、原物或者提供原件、原物确有困难"的，《民事诉讼法解释》第一百一十一条具体规定了"提交书证原件确有困难"的五种情形。本条规定也阐明了动产证据优先提交原物原则的例外。

1. 本条规定根据动产这类物证所具有的特性，规定了动产证据可以不提交原物的情形，即"原物不宜搬移或者不宜保存的"。何为原物不宜搬移或者不宜保存？在动产中，有一类特殊动产，主要包括飞机、船舶、汽车、航空器等，这类动产在物理属性上属于动产，但与普通动产相比，其质量、价值都比较大，民事实体法对于这类动产也作出了不同于普通动产的规定,如《中华人民共和国物权法》第二十四条规定"船舶、航空器和机动车等物权的设立、变更、转让和消灭,未经登记,不得对抗善意第三人",在法律属性上赋予准不动产的某些特性。诸如飞机、船舶、汽车、航空器等这类体型庞大的特殊动产,其若作为证据提交,确属不宜搬移的动产证据。另外一些不宜搬移的动产证据,像虽然体积和质量不算庞大,但其价值极高且容易损坏,比如珍贵的文物;或基于公序良俗考虑不宜提供的,如淫秽物品;或出于保护商业秘密考虑不宜提供原物作为证据等。考虑除飞机等特殊动产外的上述这些情形,似规定为"不宜搬移或不宜提供"更为确切。"不宜保存",一般包括容易损耗、变质的物品,如鲜活物品,具有危险性的物品,如炸药、鞭炮。此外,对于可以提供物证复制品、影像资料或者其他替代品的情形,之前实践中在研究"证据法草案"时也曾进行过归纳,在此列出供大家学习参考:

(1)物证的原物不宜搬移;

(2)物证的原物不宜保存;

(3)物证的原物应当返还给他人;

(4)有证据证明物证的原物因客观原因灭失、毁损至不堪使用的程度;

(5)物证的原物已经不存在,但有证据证明其复制品与原物一致;

(6)一方当事人提到物证的复印件,另一方当事人没有提出异议。

2. 本条规定了对于在"原物不宜搬移或者不宜保存"的情形下,当事人对于可以提交的证据替代品形式,也结合动产本身的特性进行了细化,即在一般物证是"复制件或者复制品",在动产物证为"复制品、影像资料或者其他替代品"。复制品,在本规定第十一条中已有具体说明。运用影像资料,主要是通过录像、录影等方式将该动产的有关情况记录下来。其他替代品是指除复制品和影像资料以外的形式,来替代动产原物起到证据作用。比如对于作为案件证据的珍贵文物,可以用原比例复制的仿制品作为证据提交,也可以通过录影方式将其外观从不同角度全方位拍摄下来作为影像资料提交,或者用某权威文博杂志上刊载的该文物的照片作为证据提交。

对于动产作为物证情形,本条规定同时明确,对于当事人提交的动产或其替代品,人民法院应及时通知双方当事人到人民法院或保存现场查验。这是人民法院接受作为物证的动产或其替代品的义务,是必须进行的。所谓查验,即核查验证,进行现场查验的主要目的,在动产原物,主要是检查核实该动产的现实物理状态,是否与当事人提交的证据目录上记载的动产名称、特征相符;在动产替代品,主要是查验其与原物性状是否符合,是否能够替代动产原物作为在案证据使用。现场查验并非法定的专用名词,与《民事诉讼法》上所言的"勘验"既相同也有所不同。勘验系指"法官以其五官之感觉作用,直接亲自体验物体之性状,从而认识一定人物事况性状事实之存否为证据之调查证据行为",故勘验的主体是法官,勘验行为是法官的一种职权行为,勘验的对象不仅包括"物",还包括"人"、现场等其他对象。作为本条规定的"查验",其查验的主体为双方当事人,其行为不是职权行为,而是人民法院依职权履行工作义务通知双方当事人而为的。查验对象是动产或者替代品,不包括"人"。对动产或有关替代品的查验是人民法院组织双方当事人进行的,勘验的启动则由当事人申请或由人民法院依职权启动。另外,两者在检查核实的内容、要求和目的上也尽不同。勘验要求最终要将查验的情况和结果制成笔录,即勘验笔录,它是我国《民事诉讼法》规定的证据种类之一。勘验是物证检验的重要方法,因两者都包含有对"物证"的核查检验,且均会采用一些相同的方法,如测量、拍照,本条规定中人民法院通知双方当事人进行现场查验的有关程序,可以参照《民事诉讼法》第八十条勘验物证的相关规定:"勘验物证或者现场,勘验人必须出示人民法院的证件,并邀请当地基层组织或者当事人所在单位派人参加……有关单位和个人根据人民法院的通知,有义务保护现场,协助勘验工作。勘验人应当将勘验情况和结果制作笔录,由勘验人、当事人和被邀参加人签名或者盖章。"同时,《民事诉讼法解释》第一百二十四条第二款"人民法院可以要求鉴定人参与勘验。必要时,可以要求鉴定人在勘验中进行鉴定"的规定也可以在一定情形下参照适用。

【审判实践中需要注意的问题】

本条文为新增内容,实践中要注意正确理解一般物证与动产作为证据之间的逻辑联系,正确适用提交原物困难情形下的处理方法和程序。

【法条链接】

《中华人民共和国民事诉讼法》(2017年修正)

第七十条 书证应当提交原件。物证应当提交原物。提交原件或者原物确有困难的,可以提交复制品、照片、副本、节录本。

提交外文书证,必须附有中文译本。

第八十条 勘验物证或者现场,勘验人必须出示人民法院的证件,并邀请当地基层组织或者当事人所在单位派人参加。当事人或者当事人的成年家属应当到场,拒不到场的,不影响勘验的进行。

有关单位和个人根据人民法院的通知,有义务保护现场,协助勘验工作。

勘验人应当将勘验情况和结果制作笔录,由勘验人、当事人和被邀参加人签名或者盖章。

《最高人民法院关于适用〈中华人民共和国民事诉讼法〉的解释》(2015年1月30日 法释〔2015〕5号)

第一百一十一条 民事诉讼法第七十条规定的提交书证原件确有困难，包括下列情形：

（一）书证原件遗失、灭失或者毁损的；

（二）原件在对方当事人控制之下，经合法通知提交而拒不提交的；

（三）原件在他人控制之下，而其有权不提交的；

（四）原件因篇幅或者体积过大而不便提交的；

（五）承担举证证明责任的当事人通过申请人民法院调查收集或者其他方式无法获得书证原件的。

前款规定情形，人民法院应当结合其他证据和案件具体情况，审查判断书证复制品等能否作为认定案件事实的根据。

第一百二十四条 人民法院认为有必要的，可以根据当事人的申请或者依职权对物证或者现场进行勘验。勘验时应当保护他人的隐私和尊严。

人民法院可以要求鉴定人参与勘验。必要时，可以要求鉴定人在勘验中进行鉴定。

《最高人民法院关于民事诉讼证据的若干规定》（2001年12月21日　法释〔2001〕33号）

第十条 当事人向人民法院提供证据，应当提供原件或者原物。如需自己保存证据原件、原物或者提供原件、原物确有困难的，可以提供经人民法院核对无异的复制件或者复制品。

第十三条 ［不动产证据］

当事人以不动产作为证据的，应当向人民法院提供该不动产的影像资料。

人民法院认为有必要的，应当通知双方当事人到场进行查验。

【条文主旨】

本条系新增条文，是关于以不动产作为证据（物证）提交的操作性规定。

【条文释义】

本条内容相较2001年《证据规定》是新增条文。本条有关内容是在《民事诉讼法》第七十条第一款和2001年《证据规定》第十条的基础上，根据审判实践的情况整理形成。

本规定第十二条是对动产作为物证提交的规则，本条规定了不动产作为物证提交的规则，在进行条文理解时和第十二条在逻辑上有相通之处。如前述，所谓不动产，是指按照其物理性质不能移动或者搬移会严重损害其价值的有体物，按照《担保法》第九十二条第一款之规定，在我国，不动产主要指土地以及房屋、林木等地上定着物。

同理，不动产证据作为物证的一种，理应遵循物证"优先提供原物"的提交原则。本条规定与本规定第十一条也是一般与特殊的关系。但是，作为物证之一种，不动产具有独特性，因按照其物理性质不能移动，或者搬移会严重损害其经济价值，由于不动产原物无法移动或搬移极为不便，故不动产本身就是优先提供原物原则的例外。本条规定结合不动产这种特殊物证的自身特性进行了具体规定，当事人若以不动产作为证据提交的，应向人民法院提供该不动产的影像资料，只能通过录影、录像等方式来记载该不动产的基本信息和情况，即只能提供替代品而无法提供原物。

对于不动产作为物证情形，本条规定同时明确在人民法院认为必要时，应当通知双方当事人到现场进行查验。因不动产自身具有较为稳定、难以搬移的物理特性，故对于不动产原物，人民法院只在认为必要时，如当事人尤其是非提供证据一方当事人对不动产的坐落位置、四至地域、周边环境等没有直观认知、存在不同意见或有疑问时，应通知双方当事人到现场进行查验，核实和确定该不动产的有关信息。"不动产物证"在这一点上不同于本规定第十二条对"动产物证"的规定。按照本规定的规定，对于"不动产物证"，只在"人民法院认为有必要的"，才进行现场的查验，而于动产物证，人民法院收到当事人提交的动产或者替代品后，必须及时通知双方当事人进行查验。上述差别也是因动产和不动产在自然、物理性质上的根本区别决定的。查验的程序一定情形下可以参照《民事诉讼法》第八十条勘验物证或者现场的有关规定，以及《民事诉讼法解释》第一百二十四条的规定。对于不动产物证，按照"人民法院认为有必要的，应当通知双方当事人到场进行查验"的规定，"人民法院认为有必要的"是否也包括当事人申请和法院依职权进行两种形式，目前暂没有明确，按照前后文的逻辑关系，应不排除因当事人申请而人民法院认为有必要，而通知双方当事人到场查验不动产的情形。

【审判实践中需要注意的问题】

本条文为新增内容，实践中要注意正确理解不动产作为证据提交时的特殊性，并结合不动产证据的具体情况，来决定是否有必要通知双方当事人到现场进行查验。

【法条链接】

《中华人民共和国民事诉讼法》（2017年修正）

第七十条　书证应当提交原件。物证应当提交原物。提交原件或者原物确有困难的，可以提交复制品、照片、副本、节录本。

提交外文书证，必须附有中文译本。

第八十条　勘验物证或者现场，勘验人必须出示人民法院的证件，并邀请当地基层组织或者当事人所在单位派人参加。当事人或者当事人的成年家属应当到场，拒不到场的，不影响勘验的进行。

有关单位和个人根据人民法院的通知，有义务保护现场，协助勘验工作。

勘验人应当将勘验情况和结果制作笔录，由勘验人、当事人和被邀参加人签名或者盖章。

《最高人民法院关于适用〈中华人民共和国民事诉讼法〉的解释》（2015年1月30日　法释〔2015〕5号）

第一百二十四条　人民法院认为有必要的，可以根据当事人的申请或者依职权对物证或者现场进行勘验。勘验时应当保护他人的隐私和尊严。

人民法院可以要求鉴定人参与勘验。必要时，可以要求鉴定人在勘验中进行鉴定。

《最高人民法院关于民事诉讼证据的若干规定》（2001年12月21日 法释〔2001〕33号）

第十条 当事人向人民法院提供证据，应当提供原件或者原物。如需自己保存证据原件、原物或者提供原件、原物确有困难的，可以提供经人民法院核对无异的复制件或者复制品。

第十四条　[电子数据证据]

电子数据包括下列信息、电子文件：

（一）网页、博客、微博客等网络平台发布的信息；

（二）手机短信、电子邮件、即时通信、通讯群组等网络应用服务的通信信息；

（三）用户注册信息、身份认证信息、电子交易记录、通信记录、登录日志等信息；

（四）文档、图片、音频、视频、数字证书、计算机程序等电子文件；

（五）其他以数字化形式存储、处理、传输的能够证明案件事实的信息。

【条文主旨】

本条系新增条文，是关于电子数据范围的规定。

【条文释义】

一、电子数据的理解

电子数据即电子证据，是《民事诉讼法》2012年修正时增加的一种证据形式，狭义的电子数据仅指数字式电子数据，广义的电子数据还包括模拟式电子数据。联合国《电子商务示范法》第2条规定："电子数据是指由电子手段、光学手段或类似手段生成的传送、接收或存储的信息。"目前，多数国家并未将电子证据为独立的证据形式，但无论英美法系还是大陆法系国家和地区，均允许电子介质存储的电子信息作为证据在诉讼中使用，只不过基于不同的法律传统和制度，对电子证据的处理方式不同。在英美法系国家和地区，电子证据可以归属于文书证据的范畴，在书证的最佳证据规则和传闻证据规则适用上，对电子证据进行特殊处理。如美国《联邦证据规则》第1001条规定，如果数据存储在电脑或者类似设备中，那么任何从电脑中打印或者输出的能够准确反映数据的可读物，均为原件。大陆法系国家和地区将电子证据一般归于书证或者准书证的范畴。如《法国民法典》第1316条第1款规定："以电子形式作成的文书与书面载体的文书一样被视为证据，前提是作成该文书的人能够正式地得以识别，该文书的制作与保管的条件应能保持其完整性，签字应与签名人相一致，并代表当事人对由该行为所产生义务的同意。"在日本和我国台湾地区，电子证据作为准书证对待。①

二、电子数据的特征

《中华人民共和国电子签名法》（以下简称《电子签名法》）第二条第二款规定："本法所称数据电文，是指以电子、光学、磁或者类似手段生成、发送、接收或者储存的信息。"电子数据具有以下特征：

1. 技术依赖性。电子数据的产生、存储和传输必须依赖于现代电子技术设备和技术手段而实现。电子数据的采集、分析、判断和再现也必须借助一定技术设备来实现。

---

① 宋春雨：《对新民诉法证据制度若干问题的理解》，载《山东审判》2013年第1期。

2. 存储与传递的隐蔽性。由于电子数据以电磁等形式存在于介质上，肉眼无法直接感受这些无形的信号，只有经专门的设备和技术才能现出庐山真面目。

3. 易于变造性。保存于磁性介质上的电子数据是可擦写的数据，在存储、传输和使用过程中，极易遭到截取、篡改、删除等破坏，且可以做到不留痕迹。

4. 可恢复性。对于传统书证而言，一旦原件遭到毁损则无法复原，而电子数据可以借助计算机取证技术恢复被删除和修改的问题件。[①] 相对于书证、物证、视听资料等传统证据，"数据"形态是电子数据区别于其他证据的重要特征。物证、书证是存在于现实物理空间内的，虽然是基于物的不同属性来实现其证据的功能，但都是以人类可以直接感受的客观实在物来证明案件事实；电子数据是存在于虚拟空间内的，以人类无法直接感受的数据来证明案件事实，数据一定依附于一定的电子设备上（如计算机、网络、手机）。基于电子数据的这一特性，可以区别电子数据与其他证据。电子证据并非以外部特征而是以内容证明案件事实，与物证明显不同；电子证据除包括文档等能够以书面形式输出的证据外，还包括计算机程序等无法以书面形式输出的证据。即便能够以书面形式输出的电子证据，其原始载体也是由计算机语言编写，与书证不同。视听资料以录音带、录像带为物质载体，其复制修改容易通过鉴定方式确定，而借助电子技术存在的视听资料被视为电子证据，其复制修改不易甄别。电子证据的外延比书证、视听资料更为广泛。

三、电子数据的定位

《民事诉讼法》在2012年修正之前，电子数据在法律上如何定位

[①] 参见麦永浩主编：《电子数据司法鉴定实务》，法律出版社2019年第2版，第43~44页。

存在争论。主流观点将电子证据作为视听资料对待，主要理由是：数字电子证据与视听资料在很多方面具有共性，可对视听资料进行扩大解释将数字电子证据纳入其中；在国外立法中可寻到其先例，如英国在其1984年的《警察与刑事证据法》中将计算机证据纳入视听资料加以规制。还有观点将电子证据作为书证、物证、混合证据、独立证据等多重意见。我们认为，鉴于电子证据在表现形式、真实性判断和证明力等认定上存在诸多不同于传统证据形式之处，其不宜归于任何一种传统证据类型，更不宜分解为任何其他证据形式之中。在2012年《民事诉讼法》修改时将电子证据作为独立的证据形式，这有利于民事诉讼事实的查明，具有积极意义。[①]

《民事诉讼法解释》第一百一十六条第二款将电子数据范围界定为"电子邮件、电子数据交换、网上聊天记录、博客、微博客、手机短信、电子签名、域名等形成或者存储在电子介质中的信息"。既包括计算机程序及其所处理的信息，也包括其他应用专门技术设备检测得到的信息资料。该条规定了电子数据的基本特征是形成或者存储在电子介质中。但由于电子数据的类型极为复杂，而且随着通信技术、计算机技术、网络技术等的发展，电子数据的范围不断变化，《民事诉讼法解释》对电子数据范围仅做了较为原则的规定。司法实践中，当事人提交电子证据证明案件事实的情形越来越多，电子证据的采信在实践中存在分歧，急需统一认识。故，在本次修改《证据规定》时增加了电子数据的分类、真实性的认定等迫切需要解决的问题。我们参考了2016年9月《最高人民法院、最高人民检察院、公安部关于办理刑事案件收集提取和审查判断电子数据若干问题的规定》等已有的规范性文件，根据审判实践中电子数据的表现形式和特点进行归类整理，并征求了相关专业人士的意见，以类型化的方式列举了司法实践中常见

[①] 宋春雨：《对新民诉法证据制度若干问题的理解》，载《山东审判》2013年第1期。

的电子数据类型,以解决《民事诉讼法解释》第一百一十六条第二款的操作性问题。该条款是《民事诉讼法解释》第一百一十六条的继承和发展,将电子数据进行类型化归纳,即将电子数据分为网络平台发布类信息、网络应用服务类通信信息、记录类信息、电子文件和其他以数字化形式存储、处理、传输的能够证明案件事实的信息。根据审判工作需要,针对每一类型电子数据进行了列举,如网络平台发布类的信息列举了网页、博客、微博客,实际上也包含抖音短视频、朋友圈、贴吧、论坛、网盘等网络平台发布的信息。不同类型电子数据生成和存储方式不同,证明价值各异,在真实性的判断方法上存在区别。电子数据的形成、存储方式和位置能够决定证据真实性的认定。例如,有的电子证据系个人生成并存储在计算机上的文档、图片,属于本地文件,容易被计算机使用人修改、编辑,不易辨识其原始性。而通过电子邮件传输的图片文件,发件人、收件人等多方主体均能够下载,相互印证,电子邮件服务器上保存的附件证明力高于计算机磁盘中保存的本地文件的证明力。电子数据的类型化规定有利于归纳总结电子数据的特征和证明价值,有利于人民法院审判中对电子数据的审查认证。

四、电子数据的常见形态

(一) 网络平台发布的信息

根据该条款的规定,电子数据的常见形态包括但不限于下列信息:

网络平台发布的信息,包括网页、博客、微博客等网络平台上发布的信息,还包括抖音短视频、朋友圈、贴吧、论坛、网盘等发布的信息。网页指存储在 web 服务器上,通过网络进行传输,并被浏览器解析和显示的 html 文件,从构成要素上看,网页是一种由图片、文字和超链接等多种元素组装的多媒体页面。博客、微博客是一种建立在 Web2.0 技术之上的互动社区,是用来进行社会互动的媒体,其特点是赋予每个人创造内容并加以传播的权利。该类信息多为网络平台或网络平台用户发布的信息，如方舟子与崔永元名誉权侵权纠纷一案的有关证据就是在新浪微博上发布的信息，属于本条第一项规定的微博客电子数据类型。

（二）网络应用服务的通信信息

网络应用服务的通信信息，包括手机短信、电子邮件、即时通信、通讯群组等的通信信息。手机短信即移动电话短消息，它是指用户之间基于移动网络，通过移动手机传播的文本等信息。电子邮件简称"e-mail"（标志为@），是通过计算机编制而成并经网络传递、收发的信息文件。电子邮件是全球都广泛使用的一种信息传递方式，具有经济、快捷的特点。电子邮件由邮件头和邮件正文两部分构成，邮件正文显示的是文本信息，邮件头中含发送时间、发送IP地址、发送人、收信人、收信时间等信息，常常构成对电子邮件鉴真所用的信息。即时通信又称实时通信，一种使人们能在网上识别在线用户并与他们实时交换消息的技术，国内常见的微信、QQ、阿里旺旺，国外常见的WhatsApp等就是即时通信工具。即时通信数据是审判实践中最为常见的电子数据类型。

（三）记录类信息

记录类信息，包括用户注册信息、身份认证信息、电子交易记录、通信记录、登录日志等信息。电子签名属于身份认证信息，是指数据电文中以电子形式所含、所附用于识别签名人身份并表明签名人认可其中内容的数据。电子签名主要有三个作用：（1）证明文件的来源，即识别签名人；（2）表明签名人对文件内容的确认；（3）构成签名人对文件内容正确性和完整性的负责。所谓日志是指系统所指定对象的某些操作和其操作结果按时间有序的集合。记录类信息通常存储于网络运营商、电信服务商，具有较强的稳定性，能够借此认定虚拟用户的真实身份信息。

(四) 电子文件

电子文件，包括各类电子文档、电子图片、音视频、数字证书、计算机程序等数字证书文件。电子文档是文字资料呈现的电子数据，与传统的文书相比，两者的区别在于载体的形式不同。图片、音频、视频是以数据形态呈现的声音、图像及视频，图片的文件格式有：bmp、jpeg、gif、png等；声音的文件格式有：mp3、ape、wav、midi、wma等；视频的文件格式有：avi、wmv、mov、asf等。按照《计算机软件保护条例》的规定，计算机程序是指"为了得到某种结果而可以由计算机等具有信息处理能力的装置执行的代码化指令序列，或者可以被自动转换成代码化指令序列的符号化指令序列或者符号化语句序列"。如在著作权侵权纠纷中，当事人往往提供图片、音视频、计算机程序等电子数据证明侵权事实。

上述分类便于在实践中理解和掌握电子数据，由于电子数据的表现形式复杂，且随着科技发展，电子数据的类型可能发生变化，本条第一至四项并不能涵盖所有电子数据。第五项是一个兜底性质的条款，即其他数字化形式存储、处理、传输的能够证明案件事实的信息也属于电子数据，由各级法院在审判实践中根据当事人提交的电子数据进行审查判断。

【审判实践中需要注意的问题】

1. 电子数据当事人的身份识别。司法实践中，当事人经常提交即时通信工具如QQ、微信等的聊天记录证明交易过程。有些即时通讯软件如淘宝网交易使用的"旺旺"，商家系通过实名制认证，身份能够确定，但是消费者则未必，而必须通过联系电话、地址等其他信息确定身份。如果当事人不能证明相应QQ、微信账号在交易中归属相应当事人所有并使用，则无法确认聊天记录与案件事实存在关联，导致法院无法采信。因此，当事人应提交证明聊天记录当事人身份的相关证据，将电子聊天记录的虚拟人还原为现实中的当事人，聊天记录的内容才能证明其主张的事实。有些情况下，从聊天记录的内容可以判断出当事人的身份。

2. 电子数据的提交和在庭审中的出示。电子数据的虚拟化带来人们对其感知、理解的障碍，有些电子数据如电子文档、即时通讯工具的聊天记录可通过电子设备输出或者打印出纸质版本，有些如计算机程序则无法呈现出普通人能够理解的状态。在庭审中展示电子数据，可以根据电子数据的具体类型，借助多媒体设备出示、播放或者演示。必要时，可以聘请具有专门知识的人进行操作，并就相关技术问题作出说明。通常，对于电子邮件的出示，提供该证据的当事人应当提供邮件的来源，包括具体发件人、收件人及邮件提供人、有关人员与当事人的关系，提供邮件生成、接收时间和内容。如果当事人无异议的，可以通过出示邮件纸质件的方式进行质证。对于手机短信类证据的出示，提供该证据的当事人应当向法庭出示该手机短信，并将短信内容、收发件人、收发件时间、保存位置等信息摘录说明。手机短信已经公证的，可以直接将公证文书作为证据出示。法庭审查时着重于发件人与收件人的姓名及手机号码，短信的内容是否完整，是否与其他证据反映的事实矛盾，与案件有无关联性。必要时可以由电信运营商协助进行调查。对于网页的出示，证据提供方应当提供网址、访问时间，并将网页当庭演示，指明网页内容。同时，提供网页的纸质件存档备查。对于微信、阿里旺旺等即时通讯的出示，提供该证据的当事人应当当庭展示聊天记录，说明聊天参与方的昵称、身份等，确认聊天记录的完整性。

【法条链接】

《中华人民共和国民事诉讼法》（2017年修正）

第六十三条 证据包括：

（一）当事人的陈述；

（二）书证；

（三）物证；

（四）视听资料；

（五）电子数据；

（六）证人证言；

（七）鉴定意见；

（八）勘验笔录。

证据必须查证属实，才能作为认定事实的根据。

《中华人民共和国电子签名法》（2019年修正）

第二条 本法所称电子签名，是指数据电文中以电子形式所含、所附用于识别签名人身份并表明签名人认可其中内容的数据。

本法所称数据电文，是指以电子、光学、磁或者类似手段生成、发送、接收或者储存的信息。

《最高人民法院关于适用〈中华人民共和国民事诉讼法〉的解释》（2015年1月30日 法释〔2015〕5号）

第一百一十六条 视听资料包括录音资料和影像资料。

电子数据是指通过电子邮件、电子数据交换、网上聊天记录、博客、微博客、手机短信、电子签名、域名等形成或者存储在电子介质中的信息。

存储在电子介质中的录音资料和影像资料，适用电子数据的规定。

第十五条 ［视听资料与电子数据的原件规则］

当事人以视听资料作为证据的，应当提供存储该视听资料的原始载体。

当事人以电子数据作为证据的，应当提供原件。电子数据的制作者制作的与原件一致的副本，或者直接来源于电子数据的打印件或其他可以显示、识别的输出介质，视为电子数据的原件。

【条文主旨】

本条系新增条文，是关于视听资料与电子数据的提交规则。本条规定再次强调了提交视听资料、电子数据的原件原则。

【条文释义】

视听资料，是指借助录音、录像、电子计算机设备等技术手段所记载和再现的声音、图像、数据等信息资料。按照《民事诉讼法解释》第一百一十六条第一款的规定，视听资料包括录音资料和影像资料。

一、视听资料的提交规则

与传统的证据形式相比，视听资料具有以下特点：

1. 视听资料表现为具有一定科技含量的载体，它更依赖于录音带、录像带等物质载体，是以其记录的内容对待证事实发挥证明作用。没有物质载体就不存在视听资料证据，在这一点上，视听资料与书证十分接近。

2. 视听资料具有高度的准确性和动态直观性（逼真性），它在形成过程中一般不受录制人主观因素的影响而造成对案件事实的歪曲。只要录制对象正确、录制方法得当、录制设备正常，视听资料就能十分准确地记录事实。借助相应的技术设备，视听资料就能直接再现一定的案件事实。

3. 对视听资料的收集和审查都需要依赖科学技术手段。与传统的证据形式相比，视听资料更依赖于录音带、录像带等物质载体，是以其记录的内容来对待证事实发挥证明作用，没有物质载体就不存在视听资料证据。同时，视听资料的形成需要借助相应的录音、录像设备，人们可以使用一定的设备来制作视听资料，也可以借助一定的设备对其进行伪造或篡改，有鉴于此，当事人以视听资料作为证据的，应当提供存储该视听资料的原始载体，人民法院对其真实性的检测也要依赖相应的科学技术和设备，或通过鉴定等手段得出结论。

二、电子数据的提交规则

所谓电子数据，也即电子证据，是指基于电子技术生成、以数字化形式存在于磁盘、磁带等载体，其内容可与载体分离，并可多次复制到其他载体的，能够证明案件事实的数据。《民事诉讼法解释》第一百一十六条第二款规定："电子数据是指通过电子邮件、电子数据交换、网上聊天记录、博客、微博客、手机短信、电子签名、域名等形成或者存储在电子介质中的信息。"我们常见的电子合同、电子提单、电子保险单、电子发票、电子文章、电子邮件、短信、光盘、网页、域名等都涉及电子数据，用这些电子数据可以在诉讼中证明某一事实。

随着科技的发展，电子数据越来越多地存在于我们日常生活之中。实际上，电子数据也早已作为证明案件事实的证据大量地在诉讼中使用，但在很长一段时间里，电子证据在司法实践中一般作为视听资料或者书证的特殊形式对待，《民事诉讼法》没有将电子数据作为独立的证据形式纳入其中，直至2012年《民事诉讼法》的全面修正，在其第六十三条增加了电子数据作为独立的证据形式。

多数国家并没有将电子证据规定作为独立的证据形式，但无论英美法系还是大陆法系国家和地区，均允许电子介质存储的电子信息作为证据在诉讼中使用。只不过基于不同的法律传统和制度，对电子证据的处理方式不同。在英美法系国家和地区，电子证据可归属为文书证据的范畴，但在书证的最佳证据规则和传闻证据规则适用上，对电子证据进行特殊处理。由于电子证据以数字代码为原始存在形态，在提交法庭时必须将数字代码转化为人们可以识别的形式，通过显示器屏幕或输出的打印文件，依照最佳证据规则，这并不是证据原件，应当被排除，但这显然不利于事实的发现。为此，英美法系国家和地区采取变通的处理方式，如美国《联邦证据规则》第1001条规定，如数据存储在电脑或类似设备中，那么任何从电脑中打印或输出的能准确反映数据的可读物，均是原件。就传闻证据规则而言，其内涵在于排除证人在法庭之外所做的书面证言以及他人在法庭上转述证人所感知的事实，而电子数据存在将数字编码转化为人们可识别的形式，因而面临被传闻证据规则排除的危险。对此，英美法系国家和地区通过对传闻证据设置例外的方式来解决电子证据的问题。如英国1984年《警察与刑事证据法》第69条规定，在任何程序中，通过计算机制作的文件中的任何陈述不应当被采纳为其提及的任何事实的证据，除非情况表明：（1）没有合理的理由相信因不正确使用计算机而致使该陈述不正确；（2）在大部分时间里，该计算机被正确操作，或者即使不是，该不正确操作或者无效操作不会影响该文件的制作或文件内容的准确性。大陆法系国家和地区将电子证据一般归于书证或准数证的范畴。对于电子证据的形式,《法国民法典》第1316条规定:"以电子形式做成的文书与书面载体的文书一样被视为证据,前提是作成该文书的人能够正式地得以识别,该文书的制作与保管的条件应能保持其完整性,签字与签名人相一致,并代表当事人对由该行为所产生义务的同意。"

由于电子证据是以电子形式存储在电子介质上的,与传统的证据形式相比,其在保存上需要借助一定的电子介质。诉讼中应当提交证据原件,是各国普遍适用的一项规则。本条也规定了当事人以电子数据作为证据的,应当提供原件。与传统证据形式原件一般能够直接证明案件事实不同,电子数据由于是存储于电子介质中的电子数据信息,其在证明案件时,需要将数据编码转化为人们可以识别的形式。同时电子证据在本质上是一种电子信息,可以实现精确复制,可以在虚拟空间里无限快速传播。那么如何进行识别电子证据的原件?如何理解其原件形式的转换?在这一问题上,应当根据不同情况适用不同的判断标准:

1. 在调查收集证据的场合,电子证据的原件应当指最初生成的电子数据及其首先固定所在的各种存储介质,如果某一电子证据首先固定于某块计算机硬盘上,则该硬盘上存储的电子数据就是原件,如果某一电子证据首先固定于磁带、软盘或光盘上,则磁带、软盘或光盘上存储的电子数据就是原件。

2. 在举证、质证和审核认定证据时,应适当进行变通。在诉讼中的举证、质证和认证环节,电子证据的原始载体本身对于案件事实的证明并无决定性意义,发挥事实证明作用的是其转换形成的可识别形式。如果固守传统的原始证据或原件的概念,这种转换形式将被作为复制件对待,从而会将相当数量的电子证据排除在案件事实证明之外,这势必削弱电子证据的应有功能。在这一问题上,联合国国际贸易法委员会在《电子商务示范法》中提出,依照"功能同等法",将具有最终完整性和可用性等功能的电子副本规定为原件，只要数据电文确实起到了在"功能上等同或基本等同"于原件的效果，便可视为一种合法有效的原件，就能满足证据法对原件的要求。美国也采取了将符合特定标准的电子副本视为原件的做法，《联邦证据规则》第1001条规定："……如果数据被存储在计算机或类似装置里面，则任何可用肉眼阅读的、表明其能准确反映数据的打印物或其他的输出物，均为原件。"我国在考察各国制度基础上，最终也形成了类似的观念，即电子证据原件是指最初生成的电子数据及其首先固定所在的各种存储介质，也包括各类符合条件的电子副本。故本条第二款明确："电子数据的制作者制作的与原件一致的副本，或者直接来源于电子数据的打印件或其他可以显示、识别的输出介质，视为电子数据的原件。"

视听资料和电子数据在证据法理论上都属于准书证，适用的规则相近，甚至有观点将视听资料纳入广义的电子证据范畴。视听资料与电子数据主要的差异在于载体不同，基于载体的不同特点，在操作性规则上存在各自的特殊性。《民事诉讼法》将二者并列，对于电子数据系采纳狭义的电子证据的概念，强调以电子介质为载体。故对于存储在电子介质中的视听资料，适用电子数据的规定。

【审判实践中需要注意的问题】

本条文为新增内容，实践中应注意：

1. 以视听资料作为证据的，应当提供存储该视听资料的原始载体；以电子数据作为证据的，应当提供原件，或提供可视为电子数据原件的副本或其他输出介质。

2. 由于视听资料和电子数据具有一定电子设备或电子介质为载体的特点，容易出现截取、修改、刻意删除、伪造等情形，需要法官借助于科技、信息手段对其客观性、真实性和完整性进行审查。

3. 对于电子数据是否可视为原件的电子复本，可依据以下情形进行考察：

（1）可准确反映原始数据内容的输出物或显示物；

（2）具有最终完整性和可供随时调取查用的电子复本；

（3）双方当事人均未提出原始性异议的电子复本；

（4）经公证机关有效公证、不利方当事人提供不出反证推翻的电子复本；

（5）附加了可靠电子签名或其他安全程序保障的电子复本；

（6）满足法律另行规定或当事人专门约定的其他标准的电子复本。

【法条链接】

《中华人民共和国民事诉讼法》（2017年修正）

第六十三条　证据包括：

（一）当事人的陈述；

（二）书证；

（三）物证；

（四）视听资料；

（五）电子数据；

（六）证人证言；

（七）鉴定意见；

（八）勘验笔录。

证据必须查证属实，才能作为认定事实的根据。

《最高人民法院关于适用〈中华人民共和国民事诉讼法〉的解释》（2015年1月30日　法释〔2015〕5号）

第一百一十六条　视听资料包括录音资料和影像资料。

电子数据是指通过电子邮件、电子数据交换、网上聊天记录、博客、微博客、手机短信、电子签名、域名等形成或者存储在电子介质中的信息。

存储在电子介质中的录音资料和影像资料，适用电子数据的规定。

第十六条 ［域外形成的证据］

当事人提供的公文书证系在中华人民共和国领域外形成的，该证据应当经所在国公证机关证明，或者履行中华人民共和国与该所在国订立的有关条约中规定的证明手续。

中华人民共和国领域外形成的涉及身份关系的证据，应当经所在国公证机关证明并经中华人民共和国驻该国使领馆认证，或者履行中华人民共和国与该所在国订立的有关条约中规定的证明手续。

当事人向人民法院提供的证据是在香港、澳门、台湾地区形成的，应当履行相关的证明手续。

【条文主旨】

本条在2001年《证据规定》第十一条的基础上修改形成，是关于域外形成证据履行证明手续的要求。

【条文释义】

本条规定了当事人向法院提供在中华人民共和国领域外或在港、澳、台地区形成的证据应履行的证明手续。在涉外民事诉讼中，由于当事人一方或双方是外国人、外国企业或组织，或当事人之间民事法律关系设立、变更、终止的法律事实发生在外国，或者当事人争议的诉讼标的在外国，因此不可避免地出现某些证据在国外形成这一事实。如果证明案件的某些证据产生于域外，我国法院的司法权无法达到，对境外形成的证据的调查又存在着现实的诸多障碍，在这种情况下，依据这些来自境外的证据裁判案件又多了一层误断的风险。因此，有必要对在境外形成的证据本身规定若干程序或手续上的限制，以增强客观真实性和合法性，尽力消除司法权的地域局限给民事诉讼带来的不利影响。

本条规定是在2001年《证据规定》第十一条规定的基础上修改形成。修改的主要内容在于，将原来所有域外形成证据一概均由所在国公证机关予以证明，并经我国驻该国使领馆予以认证或履行条约规定手续，修改为将域外形成证据区分为无需经公证、认证的证据和需要经公证、认证的证据。需要经公证、认证的证据包括公文书证和涉及身份关系的证据，其中，公文书证需经所在国公证机关证明或者履行条约手续即可，而不再需要同时经我国驻该国使领馆认证，限缩了使领馆认证的范围；需要同时经所在国公证机关证明并经我国驻该国使领馆认证的仅限于涉及身份关系的证据。其原因在于有关身份关系的裁判则具有对世效力，且有关事实查明并不依赖于当事人的举证，法院有广泛调查收集证据的职权，故更为慎重是必要的。无需经公证、认证的证据，指普通的民商事法律关系的证据，原则上仅涉及当事人之间的权利义务的确定，其真实性通过质证检验即可，如要求经所在国公证机关证明即能够满足形式上的要求。驻在国使领馆认证的环节既增加了程序的复杂性，也加重当事人和使领馆的工作负担。

一、手续限制的区分

（一）一般限制

按照本条第一款前段的规定，对于中华人民共和国领域外形成的证据进行的手续限制，有一般限制和特殊限制之分。一般情况下，当事人向人民法院提供中国境外形成证据的，对于公文书证而言，该证据应当经所在国公证机关证明；对于涉及身份关系的证据，应当经所在国公证机关证明并经中华人民共和国驻该国使领馆认证，才具有效力。应说明的是，我国驻外使领馆，包括大使馆、总领事馆、领事馆等，是我国在国外行使涉外公证认证职能的机构。在我国驻外使领馆内，具体行使涉外公证认证职能的部门是领事部，我国驻外使领馆内的其他部门，如教育处、文化处、商务处，无权出具涉外公证认证文书。比如外方当事人自中国境外寄交或者托交的委托中国律师为其诉讼代理人的"授权委托书"，即是证明代理人获得授权以及代理权限的证据。此种境外形成的授权文件要取得人民法院的认可，必须符合《民事诉讼法》第二百六十四条的规定："在中华人民共和国领域内没有住所的外国人、无国籍人、外国企业和组织委托中华人民共和国律师或者其他人代理诉讼，从中华人民共和国领域外寄交或者托交的授权委托书，应当经所在国公证机关证明，并经中华人民共和国驻该国使领馆认证，或者履行中华人民共和国与该所在国订立的有关条约中规定的证明手续后，才具有效力。"不难看出，本条第一款规定与《民事诉讼法》上述规定内容基本一致。

（二）特殊限制

根据本条第一款后段规定，对在域外形成的证据，还可以"履行我国与该所在国订立的有关条约中规定的证明手续"，这是对域外形成证据的特殊限制。《民事诉讼法》第二百七十六条第一款的规定："根据中华人民共和国缔结或者参加的国际条约，或者按照互惠原则，人民法院和外国法院可以相互请求，代为送达文书、调查取证以及进行其他诉讼行为。"我国已于1997年加入海牙私法会议订立之《关于从国外调取民事或商事证据的公约》，对于国家之间协助取证的程序问题，应主要依据该公约、我国《民事诉讼法》以及中国与有关国家签署的双边司法协助协定中的有关规定进行。根据中法、中波、中蒙等司法协助协定的要求，调查取证请求书的格式应与协定附录中示范样本相符。调查请求书所附文件必须要有被请求一方文字译本。调查取证的方式：（1）被请求方的法院代为调查取证方式，适用本国法律，必要时可以实施本国法律规定的强制措施。（2）缔约一方可以通过本国派驻缔约国另一方的外交代表或领事代表机关，直接向另一方领域内的本国国民调查取证，但须遵循缔约国另一方的法律，并不得采取任何强制措施。在完成调查取证后，被请求一方的法院，应通过双方的中央机关转送调查取证的执行情况。双方代为调查取证都不收取费用，但有关鉴定人员、翻译人员的报酬，应由请求一方负担。

二、证明手续的履行

根据本条第二款之规定，在港、澳、台形成的证据，应履行相关的证明手续。如何履行证明手续？以下对其基本沿革和现行制度、做法进行梳理。

（一）香港特别行政区

我国内地委托香港特别行政区律师办理有关证明手续始于1981年。1981年司法部发布了《关于为港澳同胞回内地申请公证而出具证明办法的通知》，1982年又发布了《关于港澳同胞回内地申请公证、出具证明办法的补充通知》，其中对香港特别行政区居民回内地收养子女和继承内地遗产、领取原公私合营企业私股定息等事宜的有关证明，如委托书、亲属关系证明书、死亡证明书，委托指定的8位律师办理。

1985年司法部发布了《关于委托香港八位律师办理公证的若干问题的通知》，对于证明程序、业务范围、防伪等问题作了进一步规定。之后，为方便香港同胞回内地处理民商事法律事务，办理其中所需要的有关文书材料，司法部又陆续增加委托了229位香港律师办理民事公证业务。随着委托律师的增加，为了便于文书使用单位准确地辨认委托律师出具的证明，1991年11月12日，司法部在《关于再委托23位香港律师办理公证事务并改变出证方式的通知》中，对被委托香港律师办理证明的程序，在前述1985年通知的基础上又增加一个程序，即委托律师在公证书上签字盖章后，在经过司法部与贸促会在港设立的"中国法律服务（香港）有限公司"驻深圳办事处在公证文书正文上加盖转递章，方能拿到内地使用。1995年2月22日，司法部发布施行《中国委托公证人（香港）管理办法》（司法部第34号令），明确提出中国委托公证人（香港）的名称，初步确立了中国委托公证人（香港）制度。1996年2月18日，最高人民法院、司法部联合发布的《关于涉港公证文书效力问题的通知》再次明确在办理涉港案件时，对于发生在香港特别行政区的有法律意义的时间和文书，均应要求当事人提交委托公证人出具经中国法律服务（香港）公司审核加章转递的公证证明，否则不具有证明效力。2002年2月24日我国司法部发布了新的《中国委托公证人（香港）管理办法》（司法部第69号令，1995年原司法部第34号令废止），根据该管理办法的规定：

1. 委托公证人的业务范围是证明发生在香港特别行政区的法律行为、有法律意义的事实和文书。证明的使用范围在内地。

2. 具备一定条件的香港律师，可由本人向司法部提出申请，并经司法部考试、考核合格后，由司法部颁发委托书并予以首次注册。委托期一般为三年。委托期满由本人提出申请，经司法部考核合格并接受业务培训后可连续委托。

3. 委托公证人必须按照规定或批准的委托业务范围、出证程序和文书格式出具公证文书。

4. 委托公证人出具的委托公证文书，须经中国法律服务（香港）有限公司审核，对符合出证程序以及文书格式要求的加章转递，对不符合上述要求的不予转递。上述内容即为当事人提供在香港特别行政区形成证据应履行证明手续的基本内容。

当事人只有完成了上述 3、4 规定的基本内容，才可以说是满足了本条规定第二款所要求的"应履行相关的证明手续"，有关证据材料才能在内地发生效力。

我国司法部在 2019 年 7 月 6 日发布了《司法部关于印发中国委托公证人（香港）名单的通知》（司发通〔2019〕74 号），宣布第十二批中国委托公证人（香港）新增委托工作已完成，公布了司法部自 1981 年以来陆续委托并仍履行职务的中国委托公证人（香港）名单，作为受理涉港公证文书的核验依据。通知公布的中国委托公证人（香港）共有 457 人。

目前经香港委托公证人公证的具体项目大致包括：

1. 企业类文书公证：香港公司注册证书、商业登记证、公司章程、董事会决议、证明香港公司情况、注册地址、注册编号、股东、董事、议决书、注册资本、纳税证明、银行资信情况、银行担保、经济合同等。

2. 个人类文书公证：结婚证、出生证、证明香港身份、护照资料、身份证件、申请配偶、亲属来港声明书、申请收养子女声明书等与身份关系有关的材料；继承遗产、放弃继承遗产声明书；证明物业之登记业主或企业之东主、股东或董事；证明收入、银行资信、经济状况、书面单据、经济合同、购房协议、贷款协议、担保合同以及其他个人文书资料。

需说明的是，香港律师的公证只是对发生在香港的法律行为、有法律意义的事实和文书的真实性与合法性进行公证，一般不对文件内容的正式性和合法性负责，即香港委托公证人的公证进行的也是形式方面的审查，而不做实质上的审查。对于证据材料内容的真实性，仍需要人民法院结合其他证据进一步审查。

（二）澳门特别行政区

澳门特别行政区在 1986 年之前对于澳门居民在内地处理民事事务

所需的当地证明文件应如何办理，没有一定之规。1986年6月25日，司法部出台《关于澳门同胞回内地处理民事法律事务办理证明事的通知》，规定内地驻澳门的职工由其机构出具证明；澳门工会联合总会、中华教育会、中华总商会、街坊会联合总会四个社团可以为本社团成员出具证明文件，内地可采用。对上述机构和社团之外的人士似无规定，但考虑上述机构和社团已涵盖了基本所有澳门居民，其他无须规定。1996年11月，中国法律服务公司成立，由司法部和澳门律师公会签订协议，中国司法部派驻一名中国公证员，办理澳门居民回内地有关民事事务的法律证明文件。为加强内地和澳门特别行政区之间的贸易投资合作，2003年签署的《内地与澳门关于建立更紧密商贸关系的安排》中，除了对货物贸易设定一系列便利措施外，进一步明确了"内地认可的公证人"制度，即为享受安排中的待遇需提交的相关文件材料，包括"声明、自然人身份证明的复印件，以及经济局认为需要作出核实证明的文件资料"等，"应经澳门特别行政区政府公证部门或内地认可的公证人核证。"为落实这一规定，从2005年年底，经过初审、培训、考试、考核等一系列工作后，最终确定了5名具有政府认可的私人公证员资格、执业经验丰富的澳门律师，作为司法部首批在澳门的委托公证人。2018年2月司法部经考试考核，又委托了12名澳门律师为中国委托公证人（澳门）。司法部在2018年4月28日发布了《司法部关于印发中国委托公证人（澳门）名单及签名式样、印签的通知》（司发通〔2018〕39号），将司法部自2005年以来委托并仍履行职务的中国委托公证人（澳门）名单及其签名式样、印签印发全国各地方司法厅、局及公证处，作为受理涉澳公证文书的核验依据。通知明确，根据有关规定，中国委托公证人（澳门）出具的委托公证文书，需经中国法律服务（澳门）公司核验并加盖核验章后，方可在内地使用。通知公布的自2005年以来委托并仍履行职务的中国委托公证人（澳门）共有16人（第一批4人，第二批12人）。

(三) 台湾地区

当事人向人民法院提交在台湾地区形成的证据,如有台湾地区公证机关的证明,人民法院承认其效力。台湾地区公证机关的公证书是人民法院审理涉台案件认定事实的重要依据。在台湾地区形成的证据的证明,主要依据1993年两岸签署的《两岸公证书使用查证协议》,根据该协议司法部同年发布了《海峡两岸公证书使用查证协议实施办法》,根据上述文件规定,大陆与台湾地区公证机构作出的公证书,应同时将副本寄送对方,并可就有关事项相互协助查证;联系双方主体分别为中国公证员协会或有关省、自治区、直辖市公证员协会与台湾地区海峡交流基金会(以下简称"台湾海基会");应寄送的公证书副本包括涉及继承、收养、婚姻、出生、死亡、委托、学历、定居、抚养亲属及财产权利证明等10项公证书副本。后经两岸商定,于1995年又开始增加寄送涉病历、税务、履历、专业证书等4项公证书副本。各公证员协会收到台湾海基会寄来的公证书副本后进行登记,并根据公证书用途转至公证书使用部门。使用部门需向台湾地区出证机关查证的,应将要查证的公证书复印件寄至各公证员协会,并说明要求查证的理由。公证员协会审查认为符合查证情形的,应登记并出具查证函转寄海基会,接海基会答复后,再将查证结果转公证书使用部门。

根据上述程序,人民法院对于当事人提交的在台湾地区形成的证据,应先由当事人在台湾地区进行公证,并取得公证书正本。公证事项如果属于两岸商定的14项应寄送公证书副本,人民法院应将当事人提交的公证书正本与本省、市、区公证员协会收到的台湾海基会寄送的副本进行比对,相互认证后即可确认其真实性;如果公证事项不属于两岸商定的14项寄送副本的范围,人民法院可请求本省、市、区公证员协会通过台湾海基会进行查证。

需要指出,对于《两岸公证书使用查证协议》,一些法院并不熟悉,因此运用此项手段工作贯彻得不够彻底。对于在台湾地区形成的证据目前来讲，这是唯一的一条证明途径。对于大量的公证文书来讲，均应通过以上途径予以证明其真实性。对于一些台湾地区出具的盖有"中华民国"字样钢印的公证书，我们认为相关方面此举违反了《两岸公证书使用查证协议》的规定精神和既有做法，人民法院在审理案件中，对此类文书及其副本一律不得采用，应当拒收。

【审判实践中需要注意的问题】

1. 对于当事人提交的在香港特别行政区、澳门特别行政区形成的英文和葡萄牙文证据材料，在提供中文译本同时，也应对其中文译本履行相关证明手续，其证明途径既可通过香港、澳门的公证机构公证，也可以通过内地公证机关进行公证。

2. 在实践中，对于台湾地区方面公证书正本、副本的比对工作应由谁来进行没有明确规定。是当事人、还是用证单位即人民法院，司法部没有明确规定。从近些年实践看，两种情况都有，但也已经发现由当事人进行容易出现弄虚作假的情况。因此，人民法院在审查证据时，应当注意公证书文本的比对。

【法条链接】

《中华人民共和国民事诉讼法》（2017年修正）

第二百六十四条　在中华人民共和国领域内没有住所的外国人、无国籍人、外国企业和组织委托中华人民共和国律师或者其他人代理诉讼，从中华人民共和国领域外寄交或者托交的授权委托书，应当经所在国公证机关证明，并经中华人民共和国驻该国使领馆认证，或者履行中华人民共和国与该所在国订立的有关条约中规定的证明手续后，才具有效力。

第二百七十六条 根据中华人民共和国缔结或者参加的国际条约，或者按照互惠原则，人民法院和外国法院可以相互请求，代为送达文书、调查取证以及进行其他诉讼行为。

外国法院请求协助的事项有损于中华人民共和国的主权、安全或者社会公共利益的，人民法院不予执行。

《最高人民法院关于民事诉讼证据的若干规定》（2001 年 12 月 21 日 法释〔2001〕33 号）

第十一条 当事人向人民法院提供的证据系在中华人民共和国领域外形成的，该证据应当经所在国公证机关予以证明，并经中华人民共和国驻该国使领馆予以认证，或者履行中华人民共和国与该所在国订立的有关条约中规定的证明手续。

当事人向人民法院提供的证据是在香港、澳门、台湾地区形成的，应当履行相关的证明手续。

第十七条 ［外文书证或资料］

当事人向人民法院提供外文书证或者外文说明资料，应当附有中文译本。

【条文主旨】

本条承继2001年《证据规定》第十二条内容，本条规定外文书证或资料应附有中文译本。

【条文释义】

本规定由2001年《证据规定》第十二条保留而来。《民事诉讼法》第七十条第二款规定："提交外文书证，必须附有中文译本。"第二百六十二条规定："人民法院审理涉外民事案件，应当使用中华人民共和国通用的语言、文字。当事人要求提供翻译的，可以提供，费用由当事人承担。"上述规定的主要内容，是要求人民法院在审理涉外民事案件时，应使用中文进行审判、发布诉讼文书；当事人及其诉讼代理人、其他诉讼参与人事实的各种诉讼行为，也应以中文表达，如起诉状、答辩状、提交的证据材料，法庭上的陈述、辩论、证人的作证，对证人、鉴定人的勘验人员的询问等，一切诉讼活动，不论是口头形式，还是书面形式,都应当以中文进行;否则,将不产生诉讼法上的效果。应该说,在诉讼中使用本国语言、文字是国际上通用的一项原则,也是涉及国家主权和民族尊严的问题。

本条规定实际上就是以我国涉外民事诉讼中"使用中国通用的语言、文字原则"为直接法律依据的。或者说,是"使用中华人民共和国通用的语言、文字"原则对外文书证或资料的必然要求。既是为了维护我国国家主权和尊严,也是为了便于我国人民法院及时、准确地审查、了解和掌握有关证据或有关材料。

由于外文书证或外文说明资料系在中华人民共和国领域外形成的,因此也要履行本规定第十六条所规定的证明手续,即这些外文书证或资料应根据其是公文书证还是涉身份关系的证据,而采用公证或公证加认证的方式经有权机关公证或认证,或履行中华人民共和国与该所在国订立的有关条约规定的证明手续。该外文书证或外文说明资料所附的中文译本,应随同一起公证和(或)认证,或者一起履行其他证明手续。中文译本履行上述程序后,方具有与外文书证或者外文说明资料同等的效力。

【审判实践中需要注意的问题】

1. 实践中应注意,对于当事人提交的在香港、澳门特别行政区形成的英文和葡萄牙文的书证,需同时提供经证明无误的中文译本。

2. 《民事诉讼法》第二百六十二条中涉外当事人"要求提供翻译"的权利不适用于本条。第二百六十二条所说的"要求提供翻译",只限于口头翻译,即法庭审理调查和法庭辩论的翻译,不包括书面翻译。当事人提供外文书证或外文说明资料的,应由当事人自己找翻译,并随同外文书证或外文说明资料一起办理相应的公证、认证或其他证明手续,并在向人民法院提供时,一并附上中文译本。

3. 附有中文译本的外文书证或外文说明资料，具有同一效力，除非当事人提出相反证据予以推翻。人民法院在审查当事人提供的域外证据时，依据"使用中华人民共和国通用的语言、文字"原则只审查中文译本即可，不应当也没有必要对外文书证或外文说明资料本身进行审查。

【法条链接】

《中华人民共和国民事诉讼法》（2017年修正）

第七十条　书证应当提交原件。物证应当提交原物。提交原件或者原物确有困难的，可以提交复制品、照片、副本、节录本。

提交外文书证，必须附有中文译本。

第二百六十二条　人民法院审理涉外民事案件，应当使用中华人民共和国通用的语言、文字。当事人要求提供翻译的，可以提供，费用由当事人承担。

《最高人民法院关于民事诉讼证据的若干规定》（2001年12月21日　法释〔2001〕33号）

第十二条　当事人向人民法院提供外文书证或者外文说明资料，应当附有中文译本。

第十八条 ［无争议事实人民法院可责令提供有关证据］

双方当事人无争议的事实符合《最高人民法院关于适用〈中华人民共和国民事诉讼法〉的解释》第九十六条第一款规定情形的，人民法院可以责令当事人提供有关证据。

【条文主旨】

本条由 2001 年《证据规定》第十三条整理、修改形成，是关于无争议事实人民法院可责令提供有关证据的规定。对有关事实当事人之间虽无争议，但如果与这些事实相关的证据属于人民法院认为审理案件需要，主动依职权调查收集的证据，则人民法院可以责令当事人提交。

【条文释义】

一、条文修改情况

本条规定是结合审判实践的需要，对 2001 年《证据规定》和《民事诉讼法解释》有关条文进行整理、完善形成。2001 年《证据规定》中关于人民法院可以责令当事人提交证据的情形，主要可归纳为三种：

1. 涉及身份关系的事实，即2001年《证据规定》第八条第一款："诉讼过程中，一方当事人对另一方当事人陈述的案件事实明确表示承认的，另一方当事人无需举证。但涉及身份关系的案件除外。"这条规定虽没有从法院可要求当事人提交证据而是着眼于自认限制的角度进行规定，但从中可以推导出涉及身份关系的事实属于限制当事人处分的事实，即使当事人自认也不产生约束法院的效力，法院仍然可以要求当事人提交。

2. 涉及国家利益、社会公共利益或者案外人合法权益的事实，即2001年《证据规定》第十三条："对双方当事人无争议但涉及国家利益、社会公共利益或者他人合法权益的事实，人民法院可以责令当事人提供有关证据。"

3. 涉及有关程序性事项，即2001年《证据规定》第十五条："《民事诉讼法》第六十四条规定的'人民法院认为审理案件需要的证据'，是指以下情形：（一）涉及可能有损国家利益、社会公共利益或者他人合法权益的事实；（二）涉及依职权追加当事人、中止诉讼、终结诉讼、回避等与实体争议无关的程序事项。"

因《民事诉讼法解释》第九十六条延续了2001年《证据规定》的思路和主要内容，对其有关条文内容进行了合并，并对2001年《证据规定》第十五条内容进一步整理、补充和细化，表述更为准确、全面，故本次修改《证据规定》删除了2001年《证据规定》整个第十五条、第十六条的内容和第八条第一款有关内容，将相关内容一齐并入本条，并直接将当事人无争议事实有关证据可由人民法院责令提供的情形指引适用《民事诉讼法解释》第九十六条第一款规定。

本条规定和《民事诉讼法解释》第九十六条的着眼点不同，本规定以双方当事人无争议之事实为逻辑起点。"无争议事实"作为一个专有名词在《民事诉讼法》及其司法解释中并没有规定，无争议事实记载或无争议事实确认制度，主要在人民法院多元化纠纷解决机制的邀请调解过程中运用，即在诉前或诉中经过调解未能达成调解协议的，调解员可在征得各方当事人同意后，以书面形式记载调解过程中双方没有争议的事实，经双方签字后，当事人无需在后续的仲裁或诉讼中就已记载的事实举证。当然，无争议事实仅是在案件各方当事人之间没有争议，具有相对性和私权性。但其可能影响到国家利益、社会公共利益和案外人的利益，因此，最高人民法院在《关于人民法院进一步深化多元化纠纷解决机制改革的意见》第二十三条探索无争议事实记载机制中，明确了"在诉讼程序中，除涉及国家利益、社会公共利益和他人合法权益的外，当事人无需对调解过程中已确认的无争议事实举证"。

各地法院在探索无争议事实记载或无争议事实确认制度时，大多对诉讼中无争议事实无需举证的原则规定了例外，如《四川眉山市东坡区人民法院关于建立无争议事实记载制度的意见（试行）》对此有两条例外规定：（1）人民法院对当事人提供的《无争议事实记载表》应当进行审查，经审查符合条件的，应当就其所记载的事实直接予以确认，不再组织当事人举证、质证。不符合条件的，不予作为证据采纳。对不予采纳的，人民法院应当告知当事人不予采纳的理由，并同时告知原调解组织或调解员。（2）规定一方当事人提供《无争议事实记载表》主张某部分案件事实，另一方当事人反驳的，应当举证证明违反法律法规禁止性规定或者损害社会公序良俗。

本条规定使用的"无争议的事实"，范围应该不仅仅限于人民法院引入的调解组织和特约调解员在调解过程中（诉前的委托调解和诉中的委派调解）双方当事人无争议的事实，它应该泛指诉前调解、诉中调解中记载的无争议事实和人民法院主导的后续诉讼过程中当事人之间无争议的事实。虽然无争议的事实出现的环节不同，但其基本内涵和原理是相同的。即对双方均已确认的无争议的事实，则不必提交法庭辩论，法官可据此免除相对一方当事人的举证责任，实质上也是当事人行使处分权利的体现。如此可以简化审理程序，提高审判效率。但是当事人的这种处分行为只能涉及双方之间的利益，而不能损害国家利益、社会公共利益和他人合法权益，这是由当事人在诉讼上处分权利具有相对性决定的。如果出现了当事人无争议但涉及国家利益、社会公共利益和他人合法权益的事实，人民法院可代表国家进行干预，即通过审判职能确认这种处分行为无效，当事人此时不能免除就有关事实举证的责任。这个逻辑和2001年《证据规定》第十三条的规定是一致的，都是从对无争议事实仍要提供证据（由人民法院责令提供）的角度设计的。《民事诉讼法解释》第九十六条的着眼点在于如何确定"人民法院认为审理案件需要的证据"具体情形（情况），主要是基本框定人民法院依职权调查取证的范围，从而进一步明确人民法院依当事人申请调查收集证据的范围。两者虽然逻辑起点和条文旨意不尽相同，但共同的落脚点是"人民法院可以责令当事人提供有关证据"，由此完成了这几个相关条文的逻辑融合，并使本条"双方当事人无争议的事实"能够被指引到《民事诉讼法解释》第九十六条规定的五种情形。

二、具体解读

正确适用本条规定，需要对《民事诉讼法解释》第九十六条进行具体解读。自20世纪80年代以来，强化当事人的举证责任，弱化和规范人民法院调查收集证据的职能，一直是民事审判方式改革和我国民事诉讼制度发展的方向。1991年《民事诉讼法》第六十四条的规定，体现了我国民事诉讼制度发展的阶段性成果。但由于《民事诉讼法》第六十四条没有明确"当事人及其诉讼代理人因客观原因不能收集的证据"和"人民法院认为审理案件需要的证据"的范围，审判实践中理解存在分歧，适用标准不统一。人民法院拥有广泛的调查收集证据的职能，既扭曲了其作为中立审判者的本来角色，也容易发生寻租行为，影响审判的公正性，损害司法权威。此时，2001年《证据规定》第十五条首先从职权进行主义民事诉讼模式的立场出发，明确限定了"人民法院认为审理案件需要的证据"的范围，符合民事诉讼制度的发展趋势，具有很强的实践意义。《民事诉讼法解释》第九十六条与其在逻辑构架上是相同的，继承了2001年《证据规定》第十五条的基本思路和主要内容。与2001年《证据规定》第十五条相比，《民事诉讼法解释》第九十六条对其部分表述进行了调整，同时结合2012年《民事诉讼法》修正的情况进行了补充。具体而言：

（一）涉及可能损害国家利益、社会公共利益的

将2001年《证据规定》第十五条第一项"涉及可能有损国家利益、社会公共利益或者他人合法权益的事实"修改为"涉及可能损害国家利益、社会公共利益的"。法院对涉及国家利益和社会公共利益的事实保留依职权调查的权力，是大陆法系国家和地区的普遍做法，也是法院保护国家利益和社会公共利益所必要的职权。删除了"损害他人合法权益"的情形，主要考虑到"损害他人合法权益"比较笼统，而《民事诉讼法》第一百一十二条增加的对恶意诉讼制裁的规定，本身也属于需要人民法院依职权调查的情形，因此将"损害他人合法权益"修改为"当事人有恶意串通损害他人合法权益可能的"作为第四项，在逻辑上更顺畅。

（二）涉及身份关系的

对涉及身份关系的证据，人民法院认为审理案件需要，可责令当事人提供。这主要是考虑到身份关系涉及社会基本伦理价值，本身即具有社会公共利益的属性。这种涉身份关系的事实，在性质上需要法院保留依职权调查收集证据的权力。在一些立法上存在人事诉讼或者家事诉讼程序的国家，明确规定这种诉讼中法院具有广泛的调查收集证据的职权，以维护人类基本伦理价值和人权保护。2001年《证据规定》第八条在自认的规定中，排除了身份关系案件中对自认规则的适

用,也是出于身份关系具有社会公共利益的性质考虑;同样在理解上,2001年《证据规定》第十五条第一项本来也包含身份关系的事项在内。

(三)涉及公益诉讼的

《民事诉讼法》第五十五条是关于公益诉讼的规定。公益诉讼事关公共利益的保护,故其与一般民事诉讼相比,规则较为特殊,需要法院发挥职权调查收集证据,也因此可将公益诉讼理解为第一项涉及社会公共利益的范畴。将其单独列出,更加突出强调和明确,也能够更好地与立法上的其他诉讼制度相呼应。

(四)程序性事项

这是2001年《证据规定》第十五条第二项规定的原有内容,只是将"涉及依职权追加当事人、中止诉讼、终结诉讼、回避等与实体争议无关的程序事项"修改为"涉及依职权追加当事人、中止诉讼、终结诉讼、回避等程序性事项"。规定此种情形的目的在于维护诉讼当事人的合法权益,使司法权的行使过程和结果符合公正和效率的要求。对于这些程序性事项,人民法院不依职权调查收集证据,诉讼程序就难以甚至无法推进,依其性质应当主动行使职权,这也是大陆法系国家和地区的通例。法院对这些程序事实的调查,其目的是正确地指挥和管理诉讼,推动诉讼顺利进行。虽然涉及这些程序性事项的证据可能在其后的审理过程中,呈现出有利于一方当事人的态势,但法院调查这些证据的直接目的并不是将其作为裁判的证据基础,而仅仅是基于公正和效率的原则,为了便于查明案件事实,为了正确控制和管理诉讼的进程而采取的行为。因此这些证据从严格意义上说,与作为裁判基础的当事人的证据体系不属于同一个层次。此外,涉及依职权追加当事人、中止诉讼、终结诉讼、回避等程序性事项应当是由《民事诉讼法》明确规定的内容,不能随意扩大。

需要指出的是,证据属于民事诉讼的实体内容。在辩论主义的诉讼模式下，诉讼的实体内容由当事人决定，法院仅在特殊情况下，出于保护社会公共利益、公序良俗等需要进行有限地介入。处分原则是民事诉讼的核心之一。当事人就无争议的事实免于承担举证责任，是当事人基于处分原则在民事诉讼中对其实体权利和诉讼权利的处分。法院也只有在法定的特殊情形下，才能行使国家职权进行诉讼干预，令当事人对无争议的事实提供证据，承担举证责任。

【审判实践中需要注意的问题】

《民事诉讼法解释》对于人民法院依职权主动调查收集证据持谨慎立场。故本条的适用应当对《民事诉讼法解释》第九十六条第一款规定正确理解。《民事诉讼法解释》第九十六条第一款规定的五项情形非常明确，没有兜底条款，也没有扩大适用的余地。这五种情形均是当事人未向法院提出申请的条件下，由法院依职权主动为之，对本规定而言，是在双方当事人对没有争议的事实，由法院主动责令当事人提供有关证据。如果不对其适用情形加以严格限制的话，势必将导致法官滥用此种职权，对当事人而言，其处分权受到侵蚀，诉讼过程及诉讼结果也将无公正和效率可言。

【法条链接】

《中华人民共和国民事诉讼法》（2017 年修正）

第五十五条 对污染环境、侵害众多消费者合法权益等损害社会公共利益的行为，法律规定的机关和有关组织可以向人民法院提起诉讼。

人民检察院在履行职责中发现破坏生态环境和资源保护、食品药品安全领域侵害众多消费者合法权益等损害社会公共利益的行为，在没有前款规定的机关和组织或者前款规定的机关和组织不提起诉讼的情况下，可以向人民法院提起诉讼。前款规定的机关或者组织提起诉讼的，人民检察院可以支持起诉。

第一百一十二条 当事人之间恶意串通，企图通过诉讼、调解等方式侵害他人合法权益的，人民法院应当驳回其请求，并根据情节轻重予以罚款、拘留；构成犯罪的，依法追究刑事责任。

第一百五十条 有下列情形之一的，中止诉讼：

（一）一方当事人死亡，需要等待继承人表明是否参加诉讼的；

（二）一方当事人丧失诉讼行为能力，尚未确定法定代理人的；

（三）作为一方当事人的法人或者其他组织终止，尚未确定权利义务承受人的；

（四）一方当事人因不可抗拒的事由，不能参加诉讼的；

（五）本案必须以另一案的审理结果为依据，而另一案尚未审结的；

（六）其他应当中止诉讼的情形。

中止诉讼的原因消除后，恢复诉讼。

《最高人民法院关于适用〈中华人民共和国民事诉讼法〉的解释》（2015年1月30日 法释〔2015〕5号）

第九十六条 民事诉讼法第六十四条第二款规定的人民法院认为审理案件需要的证据包括：

（一）涉及可能损害国家利益、社会公共利益的；

（二）涉及身份关系的；

（三）涉及民事诉讼法第五十五条规定诉讼的；

（四）当事人有恶意串通损害他人合法权益可能的；

（五）涉及依职权追加当事人、中止诉讼、终结诉讼、回避等程序性事项的。

除前款规定外，人民法院调查收集证据，应当依照当事人的申请进行。

《最高人民法院关于民事诉讼证据的若干规定》（2001 年 12 月 21 日　法释〔2001〕33 号）

第八条第一款　诉讼过程中，一方当事人对另一方当事人陈述的案件事实明确表示承认的，另一方当事人无需举证。但涉及身分关系的案件除外。

第十三条　对双方当事人无争议但涉及国家利益、社会公共利益或者他人合法权益的事实，人民法院可以责令当事人提供有关证据。

第十五条　《民事诉讼法》第六十四条规定的"人民法院认为审理案件需要的证据"，是指以下情形：

（一）涉及可能有损国家利益、社会公共利益或者他人合法权益的事实；

（二）涉及依职权追加当事人、中止诉讼、终结诉讼、回避等与实体争议无关的程序事项。

第十六条　除本规定第十五条规定的情形外，人民法院调查收集证据，应当依当事人的申请进行。

第十九条 ［当事人提交和人民法院签收证据材料］

当事人应当对其提交的证据材料逐一分类编号，对证据材料的来源、证明对象和内容作简要说明，签名盖章，注明提交日期，并依照对方当事人人数提出副本。

人民法院收到当事人提交的证据材料，应当出具收据，注明证据的名称、份数和页数以及收到的时间，由经办人员签名或者盖章。

【条文主旨】

本条承继2001年《证据规定》第十四条内容，是关于当事人提交和人民法院签收证据材料的技术性规定。第一款是关于当事人提交证据材料的基本要求，第二款是人民法院签收当事人提供的证据材料有关手续的规定。

【条文释义】

一、对本条第一款的理解

本条规定实际上也是证据管理制度的重要组成部分。对当事人提交证据材料提出形式上的基本规范化要求，方便后续诉讼程序顺利进行。当事人举证时对证据材料逐一分类编号并注明相关信息，作为当事人一项诉讼义务，有据可查。有的地方法院规定，如厦门市中级人民法院1996年10月通过的《民事、经济、行政案件诉讼当事人举证规则》第十四条，内容为："当事人提交的书证材料，应根据所证明案件事实发生的先后顺序，将证据材料逐一编号，注明提交时间、份数、页数，提交人姓名。应装订的书面材料，应装订成册。"此后，广东高院、河南高院、青岛中院等法院，也在各自发布的举证规则或证据交换规则中纷纷制定了证据材料规范提交的制度，而且从一开始，就将其作为当事人的诉讼义务来规范。本条关于当事人对证据材料提交的要求，实际上吸收了各地法院实践中的有益经验，并作为一项制度规定下来。

按照本条第一款的要求，当事人将证据材料分类编号，向法院提交证据材料应符合以下要求：

1. 简要说明证据材料的来源、证明对象和内容。证据材料的来源，即证据材料是原始证据还是派生证据，是自己掌握的证据还是对方或第三人掌握的证据；证明对象，即当事人提交某一证据用来证明的待证事实；证据材料的内容，即该证据材料如是书证，则其记载的文字或图表为其内容，如为物证，则其外观、性质、规格等为其内容。

2. 签名盖章。当事人对所提交的每一种证据材料都要签名或盖章。

3. 注明提交日期。

4. 依对方当事人人数提出副本。根据对方当事人的人数，准备相应数量的副本，以便进行证据交换。在代表人诉讼、共同诉讼中，这一规定意义更大。这里所说的"副本"，是指书证或者适用书证规则的证据的副本。副本是与正本相对的概念。正本是文书、视听资料、电子数据原件；而"副本"，则是依照书证依照原件采用全文抄录、印制等方法而作成的内容与原件完全相同，对外与原件具有同等法律效力的文书、视听资料、电子数据等。副本的作成,旨在使有关单位或个人了解、知悉原件的内容。副本主要发给主收件人以外的其他有必要了解、知晓原件内容的单位或个人。正本与副本制作方法相同,但制作目的和收存主体、发送主体不同。

二、对本条第二款的理解

本条规定同时确定了人民法院的证据收据制度。值得一提的是,原《民事诉讼法》中原本没有相关规定,在2012年对《民事诉讼法》的第二次修正中,增加了一条规定,即第六十六条"人民法院收到当事人提交的证据材料,应当出具收据,写明证据的名称、页数、份数、原件或者复印件以及收到时间等,并由经办人员签名或者盖章"。这实际上是吸收了2001年《证据规定》第十四条第二款的内容,将审判实践中的有效经验以立法的形式确定下来,在强化当事人举证责任的同时,需要为当事人提供程序上的保障。

人民法院收取当事人提交的证据材料应当出具收据,这种做法是早期民事审判方式改革的措施之一。在20世纪80年代后期,随着经济生活日渐复杂,民商事案件的复杂性也逐渐增强,反映到民事诉讼中的证据材料的种类、数量也日益增多。在当时的审判实践中,由于证据管理规范化不足,有时会发生人民法院遗失当事人提交的证据的现象,也有极个别法院工作人员徇私舞弊,更改、抽换证据。针对实践中问题,一些地方法院开始实行对当事人提交证据材料出具收据的做法。这种做法被最高人民法院吸收,体现在《民事诉讼法意见》第71条。后历经1998年《最高人民法院关于民事经济审判方式改革问题的若干规定》(以下简称《审判方式改革规定》)[①]第四条,一直延续到2001年《证据规定》,最后由《民事诉讼法》固定下来。应该说,

---

[①] 根据《最高人民法院关于废止部分司法解释(第十三批)的决定》,本规定已被《关于适用〈中华人民共和国民事诉讼法〉的解释》代替。

实行证据收据制度，有利于防止法院工作人员徇私舞弊，有利于民商事审判工作的规范化，对当事人权利的保障具有重要的积极意义。

人民法院对当事人提交的证据材料出具收据，是一项法定义务。法院没有履行义务的，提交材料的当事人有权向法院索取收据。关于出具收据的内容，本条也明确作出规定：（1）证据名称；（2）证据的份数、页数；（3）收到时间；（4）经办人员签名或盖章。此处的经办人员，可以是人民法院的审判人员、书记员，也可以是人民法院负责接收诉讼材料的其他工作人员。应注意，《民事诉讼法》第六十六条规定的收据内容中还包含了"原件或者复印件"，即还要在收据中注明提交的证据是原件还是复印件。

【审判实践中需要注意的问题】

1. 虽然电子卷宗目前日益广泛运用，但对当事人提供的原始证据材料的登记、保管仍是最基础、重要的证据管理制度。

2.《民事诉讼法》与本规定相比，证据收据的内容增加了证据"原件或者复印件"的要求。

【法条链接】

《中华人民共和国民事诉讼法》（2017年修正）

第六十六条　人民法院收到当事人提交的证据材料，应当出具收据，写明证据名称、页数、份数、原件或者复印件以及收到时间等，并由经办人员签名或者盖章。

《最高人民法院关于民事诉讼证据的若干规定》（2001年12月21日　法释〔2001〕33号）

第十四条　当事人应当对其提交的证据材料逐一分类编号，对证据材料的来源、证明对象和内容作简要说明，签名盖章，注明提交日期，并依照对方当事人人数提出副本。

人民法院收到当事人提交的证据材料，应当出具收据，注明证据的名称、份数和页数以及收到的时间，由经办人员签名或者盖章。

二、证据的调查收集和保全

第二十条 ［对当事人申请调查收集证据的要求及申请书的内容］

当事人及其诉讼代理人申请人民法院调查收集证据，应当在举证期限届满前提交书面申请。

申请书应当载明被调查人的姓名或者单位名称、住所地等基本情况、所要调查收集的证据名称或者内容、需要由人民法院调查收集证据的原因及其要证明的事实以及明确的线索。

【条文主旨】

本条是在《民事诉讼法解释》第九十四条第二款和2001年《证据规定》第十八条、第十九条基础上归纳、整理、修改形成。是对当事人及其诉讼代理人申请人民法院调查收集证据申请期限、方式以及内容的具体规定。

【条文释义】

一、调查收集证据的理解

调查收集证据，是指诉讼主体对进行诉讼所需的各种证据，依照法定程序收集和调查的活动和程序。① 人民法院调查收集证据即为人民法院作为诉讼主体所进行的证据调查收集的行为。当事人申请人民法院调查收集证据,旨在使该证据能够成为法院作出有利于己的事实认定的根据。肇始于20世纪八十年代的民事审判方式改革,从当事人主义的角度出发,加强当事人的程序主体地位,确定当事人的举证责任,以及因举证不能所应承担的败诉风险,将提出和收集证据的责任原则上委由当事人承担,严格限缩法院在民事诉讼中职权发挥的范围。1991年《民事诉讼法》第六十四条第一款对此明确规定,当事人对自己提出的主张,有责任提供证据。② 但是,"无论是英美对抗制下的证据开示,还是搞辩论主义的德日等国,都离不开法院职权促进证据资料的汇集以发现案件真实"。③ 为了实现发现真实和促进诉讼的民事诉讼基本目标,特定情况下当事人申请法院调查取证有其存在的必要性和合理性。正如有的学者所言:"发现诉讼外的真实恰恰是我们的诉讼制度所关注的和所尽力去实现的。因而法官不能、也不应像裁判员那样消极无为,在必要的时候,他需要帮助处于弱势的一方。"基于此,1991年《民事诉讼法》第六十四条第二款规定,当事人及其诉讼代理人因客观原因不能自行收集的证据,或者人民法院认为审理案件需要的证据,人民法院应当调查收集。

如何理解《民事诉讼法》第六十四条的规定,即当事人举证与人民法院调查收集证据的关系,我国《民事诉讼法》理论界曾经存在三种观点:1.结合说,即认为《民事诉讼法》第六十四条的规定,是将人民法院调查收集证据与当事人举证并重,目的在于调动两方面积极

---

① 张永泉:《民事诉讼证据原理研究》,厦门大学出版社2005年版,第182页。
② 《民事诉讼法》后经2007年、2012年、2017年三次修正,但第六十四条的规定始终无变化。
③ 肖建华:《法院职权调查证据的程序意义与立法完善》,载董开军等主编:《民事诉讼法修改重要问题研究——中国法学会民事诉讼法研究会年会论文集》(2011年卷),厦门大学出版社2011年版,第371页。

性，以利于正确、合法、及时审理民事案件。2. 职责说，即认为当事人负有举证责任，而全面客观调查收集证据是人民法院的职责，应当强调当事人举证责任，但又要防止以当事人举证责任代替法院调查收集证据。3. 补充说，即认为当事人是举证责任主体，人民法院不负举证责任，而只是进行补充性收集。2001年《证据规定》采纳补充说的立场，明确当事人责任承担者的责任主体地位，人民法院仅在特定条件下，依照一定的程序才承担有限的补充作用。这一立场也为《民事诉讼法解释》所承继。[①] 根据《民事诉讼法解释》第九十四条第一款规定，当事人及其诉讼代理人因客观原因不能自行收集的证据包括：（一）证据由国家有关部门保存，当事人及其诉讼代理人无权查阅调取的；（二）涉及国家秘密、商业秘密或者个人隐私的；（三）当事人及其诉讼代理人因客观原因不能自行收集的其他证据。《民事诉讼法解释》第九十四条基本上承继了2001年《证据规定》第十七条的内容，本条未再重复作出规定，只是对具体的申请时限、方式和申请书内容进一步明确。

二、申请调查取证的要件

根据本条规定，向人民法院申请调查取证需要满足以下要件：

（一）形式要件

所谓证据申请的形式要件，是指证据申请本身以何种形式表现出来。对于申请人民法院调查取证的形式，考虑到人民法院调查收集证据对当事人利益影响较大，本条明确，申请应当以书面方式提出，以增强申请的严肃性和公开、公正，坚持人民法院的中立性立场。从比较法的角度看，大陆法系各个国家和地区的民事诉讼相关立法，均规

[①] 沈德咏主编：《最高人民法院民事诉讼法司法解释理解与适用》（上），人民法院出版社2015年版，第323页。

定证据申请原则上应当以书面的形式完成。① 2001年《证据规定》第十八条也规定,当事人及其诉讼代理人申请人民法院调查收集证据,应当提交书面申请。

(二) 时间要件

所谓时间要件,就是提出证据申请的期限问题。如前所述,对于法院与当事人在诉讼法上的关系,我国民事诉讼制度改革以来基本上确立了当事人主义的基本原则,并以此指导证据调查领域内当事人与法院各自的权限分配,明确当事人为举证责任主体。证据,作为当事人所提出的攻击防御方法之一。大陆法系各个国家和地区的民事诉讼法普遍采取了证据的适时提出主义原则,即当事人应当依据诉讼进行的程度,于口头辩论终结前,在适当的时期提出证据申请。② 该原则一方面要求当事人应当依据诉讼程序进行的阶段和法院的指定,适时地提出证据申请;另一方面,对于错过时机的证据申请,赋予了法院裁量是否舍弃的职权。法院在行使该裁量权时需要考虑两个方面的因素:一是不得造成诉讼的拖延;二是提起证据申请的当事人主观上不得存在恶意。

关于证据提出的时间要求,1991年《民事诉讼法》及《民事诉讼法意见》并未确立证据的适时提出主义原则,2001年《证据规定》第三十三条、第三十四条确立了当事人的举证时限制度,同时在第十九条中对当事人申请人民法院调查取证也比照举证行为的思路,规定申请人民法院调查收集证据,不得迟于举证期限届满前七日。2012年的《民事诉讼法》修改了1991年《民事诉讼法》的证据随时提出主义原则。同时,对2001年《证据规定》关于举证时限制度进行了相对柔化的处理,赋予法官较大的自由裁量权,以考察当事人对逾期提交证据是否存在主观上的故意或者重大过失,以及该证据是否属于证明案件事实的主要证据。《民事诉讼法解释》则进一步放宽了对申请期限的限

---

① 李晓丽:《法院证据调查制度研究》,中国政法大学出版社2014年版,第94页。
② 李晓丽:《法院证据调查制度研究》,中国政法大学出版社2014年版,第97页。

制,与当事人的举证期限完全一致,规定当事人及其诉讼代理人向人民法院调查收集证据,应当遵守举证期限的要求,在举证期限届满前提出。本条承继了《民事诉讼法解释》第九十四条第二款的规定,只是在语言表述上,从指引当事人诉讼的角度略作调整和精简。以上整合了2001年《证据规定》第十八条和第十九条的相关规定,即形成本条第一款:当事人及其诉讼代理人申请人民法院调查收集证据,应当在举证期限届满前提交书面申请。

(三)内容要件

所谓内容要件,就是当事人向人民法院提交的调查取证申请所包含的内容。当事人有责任提供法律裁判的事实基础,因此,向人民法院调查取证的申请应当包含证据方法和证明对象,其目的在于使法院能够识别出不合理的申请,进而决定是否实施调查取证。根据我国《民事诉讼法》规定,只有在当事人因客观原因无法自行收集证据时,才可以申请人民法院调查收集证据。对于申请书的具体内容,本条将2001年《证据规定》第十八条后半段独立成款,专门予以规定,根据本条第二款规定,申请书应当载明以下事项:1. 被调查人的姓名或者单位名称、住所地等基本情况;2. 所要调查收集的证据名称或者内容;3. 需要由人民法院调查收集证据的原因及其要证明的事实;4. 明确的线索。首先,要载明"被调查人的姓名或者单位名称、住所地等基本情况"。一般来说,当事人能够且应当提供这些线索,以便人民法院的调查人员能查明被调查人的所在,迅速展开调查活动。否则,法院不仅要耗费大量诉讼资源,而且变相成为法院主动取证,违背了当事人诉讼武器平等原则。其次,要载明"所要调查收集的证据名称或者内容"。具体是指,证据的法定种类,或者说是证据的形式,如书证、物证、视听资料等,以及证据所记载的信息内容,法院应当严格按照该范围取证,切实发挥补救作用。再次,要载明"需要由人民法院调查收集证据的原因"和"要证明的事实"。只有说明原因,人民法院才能对申请是否符合法律规定作出正确的判断。载明要证明的事实,能够反映出被调查收集的证据材料与案件中的待证事实是否具有客观联系,即该证据的关联性。与待证事实无关联或者对待证事实无意义的证据材料,人民法院对该调查申请不予准许。最后,与2001年《证据规定》的相关规定相比,本条第二款增加了提供证据名称和明确线索的要求。主要考虑是,有的证据属于国家秘密、商业秘密或个人隐私,当事人并不清楚证据的具体内容,只了解证据名称,因此不宜硬性要求当事人在申请书中明确证据内容。虽然当事人因客观原因无法自行收集证据,但是并不能因此否认其承担的举证责任,因此,其有义务提供明确的线索,以便于人民法院进行调查取证。此规定也避免当事人滥用该项权利,将本属于自己的举证责任转嫁给人民法院,而且根据当事人提供的证据线索,也有助于人民法院的调查收集工作顺利进行,达到提高诉讼质量和效率的目的。

三、审查结果

对当事人的申请,人民法院经审查有两种处理结果,一种是允许,一种是不允许。对于不予准许的,人民法院应当以何种方式告知当事人,2001年《证据规定》第十九条第二款规定,人民法院对当事人及其诉讼代理人的申请不予准许的,应当向当事人或其诉讼代理人送达通知书。本条考虑到审判实践情况,为提高诉讼的效率,删去了上述规定,不再必须以通知书的方式予以告知。审判实践中,合议庭可以根据案件具体情况通过书面或口头方式予以告知。2001年《证据规定》第十九条第二款还规定,当事人及其诉讼代理人可以在收到通知书的次日起三日内向受理申请的人民法院书面申请复议一次。人民法院应当在收到复议申请之日起五日内作出答复。本条考虑到,对于申请人民法院调查取证的申请,是否准许,属于人民法院依照职权审查的范畴,人民法院对此应当有决定权利,对于可以申请复议的事项,应当由《民事诉讼法》作出专门规定,而《民事诉讼法》对该事项并未作出规定。对当事人调查取证申请是否予以准许,与其他可申请复议事项也有本质不同。因此,本条删去了当事人可以申请复议的规定。

【审判实践中需要注意的问题】

1. 申请应当在诉讼期间。在受理案件之前,人民法院无调查收集证据的职权,当事人亦不能提出调查取证的申请。

2. 举证期限要求应当一致。本条将申请人民法院调查取证与当事人提交证据的举证期限作出一致规定,则关于当事人举证期限的相关规定也应适用于申请调查取证。比如,按照《民事诉讼法解释》第九十九条第三款规定,举证期限届满后,当事人对已经提供的证据,申请提供反驳证据或者对证据来源、形式等方面的瑕疵进行补正的,人民法院可以酌情再次确定举证期限,该期限不受前款规定的限制。则在举证期限届满后,需要提供的反驳证据或对证据瑕疵进行补正的证据,当事人因客观原因无法自行收集的,也可以提出调查收集的申请,该申请期限亦不应受已经确定的举证期限的限制;再比如,关于逾期提供证据的规定也应适用于申请调查取证情况。《民事诉讼法解释》第一百零一条规定,当事人逾期提供证据的,人民法院应当责令其说明理由,必要时可以要求其提供相应的证据。当事人因客观原因逾期提供证据,或者对方当事人对逾期提供证据未提出异议的,视为未逾期。《民事诉讼法解释》第一百零二条规定,当事人因故意或者重大过失逾期提供的证据,人民法院不予采纳。但该证据与案件基本事实有关的,人民法院应当采纳,并依照《民事诉讼法》第六十五条、第一百一十五条第一款的规定予以训诫、罚款。当事人非因故意或者重大过失逾期提供的证据,人民法院应当采纳,并对当事人予以训诫。当事人及其诉讼代理人在举证期限届满后提出调查收集证据申请,如果该证据属于上述规定情形，人民法院亦应当予以准许。

3. 书面申请为原则性规定。根据本条规定，以书面形式呈现的证据申请，才具有形式上的合法性，以口头形式提出的证据申请，法院可以依据裁量权以形式不合法为由予以拒绝。但是对于此项原则，在司法实践中不宜过于严格。对于当事人书面申请有困难，或者简易程序中无书面申请必要的，人民法院应当将当事人口头申请的内容予以明确记录，由当事人签字或捺印，以此替代书面申请。

4. 证据在对方当事人控制之下，不属于申请调查取证的情形。根据《民事诉讼法解释》第一百一十二条规定，书证在对方当事人控制之下的，承担举证证明责任的当事人可以在举证期限届满前书面申请人民法院责令对方当事人提交。申请理由成立的，人民法院应当责令对方当事人提交，因提交书证所产生的费用，由申请人负担。对方当事人无正当理由拒不提交的，人民法院可以认定申请人所主张的书证内容为真实。

【法条链接】

《中华人民共和国民事诉讼法》（2017年修正）

第六十四条 当事人对自己提出的主张，有责任提供证据。

当事人及其诉讼代理人因客观原因不能自行收集的证据，或者人民法院认为审理案件需要的证据，人民法院应当调查收集。

人民法院应当按照法定程序，全面地、客观地审查核实证据。

第六十五条 当事人对自己提出的主张应当及时提供证据。

人民法院根据当事人的主张和案件审理情况，确定当事人应当提供的证据及其期限。当事人在该期限内提供证据确有困难的，可以向人民法院申请延长期限，人民法院根据当事人的申请适当延长。当事人逾期提供证据的，人民法院应当责令其说明理由；拒不说明理由或者理由不成立的，人民法院根据不同情形可以不予采纳该证据，或者采纳该证据但予以训诫、罚款。

第一百一十五条 对个人的罚款金额，为人民币十万元以下。对单位的罚款金额，为人民币五万元以上一百万元以下。

拘留的期限，为十五日以下。

被拘留的人，由人民法院交公安机关看管。在拘留期间，被拘留人承认并改正错误的，人民法院可以决定提前解除拘留。

《最高人民法院关于适用〈中华人民共和国民事诉讼法〉的解释》（2015年1月30日　法释〔2015〕5号）

第九十四条 民事诉讼法第六十四条第二款规定的当事人及其诉讼代理人因客观原因不能自行收集的证据包括：

（一）证据由国家有关部门保存，当事人及其诉讼代理人无权查阅调取的；

（二）涉及国家秘密、商业秘密或者个人隐私的；

（三）当事人及其诉讼代理人因客观原因不能自行收集的其他证据。

当事人及其诉讼代理人因客观原因不能自行收集的证据，可以在举证期限届满前书面申请人民法院调查收集。

第九十九条 人民法院应当在审理前的准备阶段确定当事人的举证期限。举证期限可以由当事人协商，并经人民法院准许。

人民法院确定举证期限，第一审普通程序案件不得少于十五日，当事人提供新的证据的第二审案件不得少于十日。

举证期限届满后，当事人对已经提供的证据，申请提供反驳证据或者对证据来源、形式等方面的瑕疵进行补正的，人民法院可以酌情再次确定举证期限，该期限不受前款规定的限制。

第一百零一条 当事人逾期提供证据的，人民法院应当责令其说明理由，必要时可以要求其提供相应的证据。

当事人因客观原因逾期提供证据，或者对方当事人对逾期提供证据未提出异议的，视为未逾期。

第一百一十二条 书证在对方当事人控制之下的，承担举证证明责任的当事人可以在举证期限届满前书面申请人民法院责令对方当事人提交。

申请理由成立的，人民法院应当责令对方当事人提交，因提交书证所产生的费用，由申请人负担。对方当事人无正当理由拒不提交的，人民法院可以认定申请人所主张的书证内容为真实。

《最高人民法院关于民事诉讼证据的若干规定》（2001年12月21日　法释〔2001〕33号）

第十七条 符合下列条件之一的，当事人及其诉讼代理人可以申请人民法院调查收集证据：

（一）申请调查收集的证据属于国家有关部门保存并须人民法院依职权调取的档案材料；

（二）涉及国家秘密、商业秘密、个人隐私的材料；

（三）当事人及其诉讼代理人确因客观原因不能自行收集的其他材料。

第十八条 当事人及其诉讼代理人申请人民法院调查收集证据，应当提交书面申请。申请书应当载明被调查人的姓名或者单位名称、住所地等基本情况、所要调查收集的证据的内容、需要由人民法院调查收集证据的原因及其要证明的事实。

第十九条 当事人及其诉讼代理人申请人民法院调查收集证据，不得迟于举证期限届满前七日。

人民法院对当事人及其诉讼代理人的申请不予准许的，应当向当事人或其诉讼代理人送达通知书。当事人及其诉讼代理人可以在收到通知书的次日起三日内向受理申请的人民法院书面申请复议一次。人民法院应当在收到复议申请之日起五日内作出答复。

第二十一条 ［调查收集书证的要求］

人民法院调查收集的书证，可以是原件，也可以是经核对无误的副本或者复制件。是副本或者复制件的，应当在调查笔录中说明来源和取证情况。

【条文主旨】

本条由2001年《证据规定》第二十条修改形成，将主体由"调查人员"改为"人民法院"。是关于调查收集书证的具体规定。

【条文释义】

一、书证的特征

书证是以文字、符号、图形等书面形式证明案件事实的证据。书证具有区别于其他证据种类的特征，具体表现在以下几点：

（一）书证具有直接证明性

书证由于有具体、明确的思想内容，所以通常情况下，能够依据其内容直接判明其与案件事实的联系。书证一般不需要通过任何媒介或中间环节对其加以分析和判断，这是书证与物证的一个重大区别，而后者在多数情况下都需要经过专业鉴定人员进行鉴定，甚至通过特殊鉴定手段和方式对其加以审查、分析和判断。书证本身是证明内容与证明过程的有机统一，其能够以独特的客观化、具体化、形象化和固定化的文字、符号和图画本身所体现的思想内容起到证明案件事实的作用。因此，书证根据其本身所具有的形式和内容，便可直接进入认证过程，而不必像物证那样必须以鉴定或勘验等特殊环节作为进入认证过程的必要前提。正是由于书证具有这一优点，因此，在司法实践中，一旦能够收集到书证，便对认定案件事实具有积极、显著的效果和证明价值。

（二）书证具有稳定性

书证不仅内容明确，形式上也相对固定，稳定性较强，一般不受时间的影响，易于长期保存。只要作为书证载体的物质资料本身未遭受毁损，即使是经历了很长时间，其特定的思想内容仍然能够借助有关的文字、符号或图画等起到应有的证明作用。在英美法系中，其最佳证据规则的适用对象便是书证，因为书证并不像当事人陈述、证人证言等证据会因为时过境迁或时间的推移而被淡忘或产生记忆模糊的现象，从而影响其证明价值。

（三）书证具有思想性

作为以人类文明发展的象征——文字、符号、图画等来表述和反映人的思想、内心世界或信息传递的物质材料，书证是人有意识的思想的反映。就书证的内在形式而言，书写或刻印在纸张等物体上的文字、符号或有关图案必然反映出一定的人的思想、事件或人的行为等内容。

（四）书证具有物质性

作为其所反映的内容的物质载体，书证以纸张最为常见，但也包括如布帛、皮革、金石、竹木等其他物质材料。①

二、书证的分类

依据不同的标准，可以对书证作不同的分类：

（一）依照书证是否系国家职能部门等行使职权制作，可以将书证分为公文书证与私文书证

公文书证是指由国家职能部门和单位在法定的权限范围内依职权制作的文书，包括命令、决议、通告、证明文书等。公文书证是制作和发出该文书的职能机关或单位依法行使职权的意思表示，制作和发出该文书应当具备法定的条件，在法律明确授予的权限范围内，依照法定程序和方式进行。公文书证的特点是，在其成为书证之前就具有法律上的效力。私文书证，是指公文书证以外的书证，不仅包括公民个人所制作的文书，也包括国家职能部门和单位在行使法定职权范围以外所制作的文书。根据《民事诉讼法解释》第一百一十四条规定，国家机关或者其他依法具有社会管理职能的组织，在其职权范围内制作的文书所记载的事项推定为真实，但有相反证据足以推翻的除外。必要时，人民法院可以要求制作文书的机关或者组织对文书的真实性予以说明。可见，一般来讲，公文书证的证明效力要更高。而根据《民事诉讼法解释》第九十四条的规定，申请人民法院调取的证据中由国家有关部门保存、当事人及其诉讼代理人无权查阅调取的或涉及国家秘密的，很多属于公文书证，如果该证据与待证事实具有关联性，人民法院应当按照当事人的申请予以调取。

（二）根据书证内容的性质不同，还可以将书证分为处分性书证和报道性书证

处分性书证的制作目的是基于设立、变更或消灭一定的法律关系；

---

① 周章金：《证据法学》，科学出版社2017年版，第163页。

报道性书证的制作目的是用以记录或报道、记载已经发生或认知的具有法律意义的事实的书证，例如财务账本、病历、登记本等。这些书证仅记载某些客观事实的发生和经过，其本身不能引起相应的法律后果。报道性书证不是从事某种法律行为的直接产物，而是从某种需要出发对特定的具有法律意义的事实予以记录、报道和记载，是制作者对有关客观已经发生的事实感知、认识而作的记载或表述。报道性书证所表述的内容并不与特定的法律后果相联系，因而，其证明力与前者相比是有限的。在当事人向人民法院申请调取书证时，正确区分这两类书证，能够有助于判断该证据与待证事实的关联程度，进而决定是否予以准许。

（三）依据书证制作方法的不同，还可以将书证分为原本、正本、副本、节录本、影印本、译本

原本，是文书制作人将有关的内容加以记载而成的原始文本，又称原件。正本，是依照原本采用全文抄录、印制等方法而形成的，内容与原本完全相同，对外与原本具有同等法律效力的文书。正本与原本的一个主要区别是原本一般由制作人收存或留作存档备查，正本则发给主受件人保存或使用。副本，是依照原本全文抄录、印制，但不具有正本效力的文本。副本旨在使有关单位或个人了解、知悉原本文书的内容，通常发送给主收件人以外的其他有必要了解原本内容的相关单位和个人。副本与正本在制作方法上是相同的，不同之处主要在于制作的目的与收存主体和发给对象的不同，副本与正本的效力不同之处也主要发端于此，而与证明效力并无直接关系，故不能得出正本在诉讼证明中一定优于副本的结论。① 由上所述，书证主要是以其记载的思想和内容来证明案件事实，因此，只要保证书证的副本与原件核对无误，就可以认定书证的形式真实性，从这个意义上，其本身是否

---

① 周章金：《证据法学》，科学出版社2017年版，第166页。

是原件，对案件事实的查证并不具有决定性影响。《民事诉讼法》第七十条规定，书证应当提供原件，提交原件确有困难的，可以提交复制品、照片、副本、节录本。《民事诉讼法解释》第九十四条规定，当事人及其诉讼代理人因客观原因不能自行收集的证据主要是两类：一是由国家有关部门保存，当事人无权查阅调取的；二是涉及国家秘密、商业秘密或者个人隐私的。从上述证据的特征看，如果证据是书证，基于保密管理或相关的内部管理规定，原件一般是无法随便调取的。因此，本条综合考虑国家相关部门管理制度、保密规定、个人隐私维护等因素，并没有将书证的形式原则限制为原件。在审查判断时，应当结合其他证据和案件具体情况，审查判断书证副本能否作为认定案件事实的根据。此外，关于书证的复制件，复制件是指通过对原件或原物进行拍照、复印、打印、扫描、备份等方式后形成的图文资料。《民事诉讼法解释》第一百一十一条规定，承担举证证明责任的当事人通过申请人民法院调查收集或者其他方式无法获得书证原件的，属于提交原件确有困难的情形，可以提供复印件。本规定第八十七条也规定，审判人员对证据审核认定内容之一即复制件、复制品与原件、原物是否相符。可见，在当事人申请人民法院调查收集无法获得书证原件的情况下，可以提供来源合法的复制件，只要复制件与原件相符，其证明效力与原件并无差异。本条在认可副本、复制件可作为证据使用的前提下，特别规定要求制作调查笔录，并在调查笔录中注明副本或复制件的来源和取证情况，以审查判断该副本或复制件证明力的大小。为保证人民法院调查收集证据的公平和公正，《民事诉讼法解释》第九十七条规定，人民法院调查收集证据，应当由两人以上共同进行。调查材料要由调查人、被调查人、记录人签名、捺印或者盖章。2001年《证据规定》对此没有规定，但考虑到《民事诉讼法解释》已经有规定，此处未再重复规定。

与2001年《证据规定》相比，本条将原来的"调查人员"改为

"人民法院",更为准确。因为,当事人申请调查取证的对象为人民法院,人民法院作为参与诉讼的主体,本条是规范人民法院调查取证行为的规定,虽然具体从事调查取证的人员为调查人员,但其系职务行为,代表的仍为人民法院。

【审判实践中需要注意的问题】

1. 节录本的证明效力。节录本,实际上属于复制件的一种,是指从原本或正本文书中摘抄其主要内容而形成的文本。与原本相比,节录本只能反映原本的部分内容,由于制作人采用主观的方法对原本加以摘要或节录,不能客观体现原本的全貌和完整性,具有较大的主观倾向。因此,在摘录有关单位制作的与案件事实相关的文件、材料时,应当注明出处,并加盖制作单位或者保管单位的印章,摘录人和其他调查人员应当在摘录件上签名或者盖章。摘录文件、材料应当保持内容相应的完整性,不得断章取义。

2. 经公证的复印件的证明效力。《公证法》第二条规定,公证是公证机构根据自然人、法人或者其他组织的申请,依照法定程序对民事法律行为、有法律意义的事实和文书的真实性、合法性予以证明的活动。第三十六条规定,经公证的民事法律行为、有法律意义的事实和文书,应当作为认定事实的根据,但有相反证据足以推翻该项公证的除外。《民事诉讼法》第六十九条也规定,经过法定程序公证证明的法律事实和文书,人民法院应当作为认定事实的根据,但有相反证据足以推翻公证证明的除外。可见,经公证证明,副本、复制件与原件一致的,可以认定该副本和复制件与原件具有同等证明效力,除非当事人有足以推翻的相反证据。

3. 注意书证与证明材料的区别。实践中,有些当事人申请人民法院向有关单位了解案件情况,该单位向人民法院出具的情况说明等,不属于书证。根据《民事诉讼法解释》第一百一十五条规定，单位向人民法院提出的证明材料，应当由单位负责人及制作证明材料的人员签名或者盖章，并加盖单位印章。人民法院就单位出具的证明材料，可以向单位及制作证明材料的人员进行调查核实。必要时，可以要求制作证明材料的人员出庭作证。单位及制作证明材料的人员拒绝人民法院调查核实，或者制作证明材料的人员无正当理由拒绝出庭作证的，该证明材料不得作为认定案件事实的根据。从上述规定看，书证与证明材料存在本质不同，对证据的形式要求也不同，书证是案件发生当时产生的与案件事实具有密切联系的文本材料，所以一经收集并查证属实，就可以比较直观地证明案件中的一定事实，特别是有些书证可以直接证明案件的性质、当事人之间的权利义务关系等，在诉讼中具有重要地位；而有关单位出具的证明材料本质上属于证人证言性质，是在案件事实发生后，一般是诉讼过程中由有关单位出具，因此，对证明材料在形式上要求更为严格。在证据采信上，其证明力也较书证之证明力弱，人民法院可以进行调查核实，如果单位及制作证明材料的人员拒绝调查核实的，该证明材料不得作为认定案件事实的根据。而对于书证，人民法院一般无需再进行调查核实，即使进行调查核实，作出书证的单位或个人拒绝的，亦不能当然否认该书证的证明效力。

【法条链接】

《中华人民共和国民事诉讼法》（2017年修正）

第七十条　书证应当提交原件。物证应当提交原物。提交原件或者原物确有困难的，可以提交复制品、照片、副本、节录本。

提交外文书证，必须附有中文译本。

《中华人民共和国公证法》（2017年修正）

第二条　公证是公证机构根据自然人、法人或者其他组织的申请，依照法定程序对民事法律行为、有法律意义的事实和文书的真实性、合法性予以证明的活动。

《最高人民法院关于适用〈中华人民共和国民事诉讼法〉的解释》（2015年1月30日 法释〔2015〕5号）

第九十四条 民事诉讼法第六十四条第二款规定的当事人及其诉讼代理人因客观原因不能自行收集的证据包括：

（一）证据由国家有关部门保存，当事人及其诉讼代理人无权查阅调取的；

（二）涉及国家秘密、商业秘密或者个人隐私的；

（三）当事人及其诉讼代理人因客观原因不能自行收集的其他证据。

当事人及其诉讼代理人因客观原因不能自行收集的证据，可以在举证期限届满前书面申请人民法院调查收集。

第九十七条 人民法院调查收集证据，应当由两人以上共同进行。调查材料要由调查人、被调查人、记录人签名、捺印或者盖章。

第一百一十一条 民事诉讼法第七十条规定的提交书证原件确有困难，包括下列情形：

（一）书证原件遗失、灭失或者毁损的；

（二）原件在对方当事人控制之下，经合法通知提交而拒不提交的；

（三）原件在他人控制之下，而其有权不提交的；

（四）原件因篇幅或者体积过大而不便提交的；

（五）承担举证证明责任的当事人通过申请人民法院调查收集或者其他方式无法获得书证原件的。

前款规定情形，人民法院应当结合其他证据和案件具体情况，审查判断书证复制品等能否作为认定案件事实的根据。

第一百一十四条 国家机关或者其他依法具有社会管理职能的组

织，在其职权范围内制作的文书所记载的事项推定为真实，但有相反证据足以推翻的除外。必要时，人民法院可以要求制作文书的机关或者组织对文书的真实性予以说明。

第一百一十五条 单位向人民法院提出的证明材料，应当由单位负责人及制作证明材料的人员签名或者盖章，并加盖单位印章。人民法院就单位出具的证明材料，可以向单位及制作证明材料的人员进行调查核实。必要时，可以要求制作证明材料的人员出庭作证。

单位及制作证明材料的人员拒绝人民法院调查核实，或者制作证明材料的人员无正当理由拒绝出庭作证的，该证明材料不得作为认定案件事实的根据。

《最高人民法院关于民事诉讼证据的若干规定》（2001年12月21日 法释〔2001〕33号）

第二十条 调查人员调查收集的书证，可以是原件，也可以是经核对无误的副本或者复制件。是副本或者复制件的，应当在调查笔录中说明来源和取证情况。

第二十二条 ［调查收集物证的要求］

人民法院调查收集的物证应当是原物。被调查人提供原物确有困难的，可以提供复制品或者影像资料。提供复制品或者影像资料的，应当在调查笔录中说明取证情况。

【条文主旨】

本条在2001年《证据规定》第二十一条规定基础上修改形成。将其中的"照片"修改为"影像资料"，将主体"调查人员"改为"人民法院"，其他无修改。是有关调查收集物证的具体规定。

【条文释义】

所谓物证，是指据以查明案件真实情况的一切物品、痕迹和气味。这些物品、痕迹和气味，不仅必须与案件事实具有相关性，还必须是客观存在的，不以人的意志为转移。物证证明力的特点是以其外部特征、物质属性或者存在状况来发挥证明案件事实的作用。所谓物证的外部特征，主要是指其客观存在的形状、大小、数量、颜色、新旧破损程度等。所谓物证的物质属性，主要是指特征所具有的质量、重量、材料、成分、结构、性能等。所谓物证的存在状况，主要是指物证所处的位置、所占有的时间、空间范围等。因此，物证原则上应当是原物。书证和物证在形式上都表现为物体，但在本质上却不相同。两者存在以下区别：

1. 物证是以其外部特征、物质属性及存在状况本身来证明案件事实，并不表达思想内容，相比之下，书证尽管同样存在一定的物质形式，但其证明作用的发挥是依靠其上记载的文字、符号或图案所表达的思想内容来对案件事实进行说明。这是物证与书证最为本质的区别。

2. 书证一般都有制作主体，能反映制作人的思想和主观动因，一般是有意识形成的，而物证并不具有这些特征，一般是无意识形成的，但也不排除有意识形成的物证。当然，在特定情况下，同一物品既可以作书证，又可以作物证。

3. 就形式而言，法律要求书证必须具备一定的法定形式，有时还要求完成一定的法定手续才具有效力，否则不发生效力，而对于物证则没有这样形式上的特定要求。

4. 在调查收集的方法上，二者也存在一定的差别。书证常以纸张等物质资料为载体，一般可以采用复印等方式予以固定；而物证由于形态不同，通常要采用影像资料或者勘验等方式予以固定。

一、调查收集的物证原则上应当是原物

《民事诉讼法》第七十条规定，书证应当提交原件。物证应当提交原物。提交原件或者原物确有困难的，可以提交复制品、照片、副本、节录本。可见，对于物证的形式，提交原物是基本原则，只有提交原物确有困难，法律才允许其提交复制品、照片。申请人民法院调查收集证据的基础源于当事人负有相应的举证责任，因此，对人民法院调查收集的物证与当事人提交的物证，在证据形式上应当作一体要求。故本条规定，人民法院调查收集的物证应当是原物。

二、被调查人提供原物确有困难的情形

在理想的状况下，每个案件的物证都应当为原物，这也是最佳证据规则的要求。但实践中由于各种因素的限制，一概要求提交原物，这将面临举证困难或举证不能的局面。当然如果是由于举证方的主观原因和过错导致原物灭失或无法提交的，应当承担举证不能的不利后果；如果是由于客观原因而非举证方的主观原因和过错导致原告无法提交或不便提交，就应当作出例外的规定。在申请人民法院调查收集物证的情况下，由于申请人民法院调取的物证一般可能保存在其他机关，还有可能涉及国家秘密、商业秘密或个人隐私，所以物证的原件更不宜提供，或者被调查人不愿意提供。收集原物一般是比较困难的。因此，本条参照《民事诉讼法》第七十条，规定被调查人提供原物确有困难的，可以提供复制品或者影像资料。

对于何谓被调查人提供原物确有困难，法律和司法解释均未作出规定。但是，对于提交书证确有困难的情形，《民事诉讼法解释》第一百一十一条已作出了比较详细的规定，实践中，可以参照该条规定的相关情形予以判断。一般可以包括以下情形：原物遗失、灭失或者毁损的；因体积过大或者重量过重而不便提交的；原物无法搬运的；原物因客观原因容易腐烂、霉变或不宜保存的；原物是珍贵文物、物品的；因涉及保密管理等原因，被调查单位不能提供原物的。在此情况下，人民法院可以采用制作复制品或影像资料方式进行收集。

三、物证的取证方法

（一）勘验

在无法直接收集原物的情况下，为保证物证能够起到证明案件事实的作用，需要使用一定的取证方法，其中，勘验是一种重要的方法。勘验是司法人员在诉讼的过程中，对与案件有关的场所、物品等进行

查看和检验，发现、收集、核实证据的活动。《民事诉讼法》第八十条规定，勘验物证或者现场，勘验人必须出示人民法院的证件，并邀请当地基层组织或者当事人所在单位派人参加。当事人或者当事人的成年家属应当到场，拒不到场的，不影响勘验的进行。有关单位和个人根据人民法院的通知，有义务保护现场，协助勘验工作。勘验人应当将勘验情况和结果制作笔录，由勘验人、当事人和被邀参加人签名或者盖章。在依当事人申请勘验物证时，亦应当按照上述规定进行。由于物证是以其外部特征证明待证事实，而勘验能否保证详细准确描述原物的外部特征，需要一定的技术保证，更特别需要对取证情况进行详细说明，尤其是其能够证明案件事实的外部特征，需要证明其取得过程的科学、公正。因此，一般应当请各方当事人均到现场，在当事人认可的情况下进行收集。通过组织各方当事人现场查看，最大限度地减少对证据真实性的异议，提高调查取证的效率。具体的勘验办法可以参照本规定关于勘验物证的相关规定。

（二）鉴定

物证是"哑巴证据"，不会自己陈述所要证明的案件事实。对物证蕴含的案件事实进行识别，重要的工作是鉴定和辨认，以确定物证与案件事实的关联性及本身的真实性。许多物证基于物质属性、形态等原因无须鉴定就能够证明案件事实，但对于有些物证，比如痕迹物证，由于涉及专门性问题，必须进行鉴定并得出鉴定意见后，才能证实其与案件的关联，进而作为证据使用。在这种情况下，人民法院可以依据当事人的申请或依照职权进行鉴定。《民事诉讼法》第七十六条规定，当事人可以就查明事实的专门性问题向人民法院申请鉴定。当事人申请鉴定的，由双方当事人协商确定具备资格的鉴定人；协商不成的，由人民法院指定。当事人未申请鉴定，人民法院对专门性问题认为需要鉴定的，应当委托具备资格的鉴定人进行鉴定。对于鉴定的具体程序和要求，可以参考本规定关于鉴定部分的规定。

（三）影像资料

对于无法制作复制品的，也可以通过采集原物的照片、影像资料等方式收集，考虑到2001年《证据规定》第二十一条中除了复制品外，仅规定了照片一种形式，较为单一，而录像能够动态、全面、多角度地反映物体的状况，某种情况下比照片更有优势，因此，本条将原来的"照片"修改为"影像资料"，进一步拓宽了在原物无法收集情况下的证据采集方式。当然，照片仍可作为原物无法提供情况下调查收集物证的方法。

（四）制作笔录

在原物无法提交，只能提供复制品或者影像资料的情况下，人民法院不论采用何种调查收集方法，均应当制作调查笔录，对取证情况予以详细说明。调查笔录是物证出处、来源合法性的证明，在调查笔录中，需要详细记录物证的出处、物证由何人提供、收集人员的情况、收集物证的程序是否依法进行、取证的具体过程等。调查笔录是对物证取证过程合法性的证明，保证调查收集物证的收集程序和方式符合法律规定。而物证的来源是决定其是否具备证据能力的重要因素之一，因此，调查笔录制作的全面、准确与否，在很大程度上决定了物证有无证明力和证明力的大小。

（五）调查收集物证的程序

《民事诉讼法解释》第九十七条规定，人民法院调查收集证据，应当由两人以上共同进行。调查材料要由调查人、被调查人、记录人签名、捺印或者盖章。2001年《证据规定》对此没有规定，但考虑到《民事诉讼法解释》已经有规定，此处不再重复规定。人民法院在调查收集物证时，亦应当遵循上述司法解释的规定，避免因调查程序不合法而影响物证的证明效力。当然，如果被调查人拒绝签名、捺印或者盖章的，也应当在调查笔录中注明。本规定在征求意见稿中曾对此作出过规定，但当时的规定是对2001年《证据规定》第二十条、二十一条进行整合统一的规定，没有具体区分书证或物证，在本规定征求意见稿的修改过程中，考虑到书证和物证、视听资料、电子数据存在本质不同，对证据形式要求和证明力大小均存在明显差异，故仍沿用2001年《证据规定》的区分规定方式。对于因收集物证不符合法定程序的情况如何处理，《民事诉讼法》没有明确规定，参照《刑事诉讼法》第五十六条的规定，收集物证、书证不符合法定程序，可能严重影响司法公正的，应当予以补正或者作出合理解释；不能补正或者作出合理解释的，对该证据应当予以排除。因此，对于收集程序有瑕疵的证据，可通过补正以完善其证明效力。

对收集来的物证在固定后要妥善加以保管和封存。物证因种类不同，保管的具体方法也不同。对于一般物证应当使用密封条、密封袋、密封签，统一编号，密封保管。对于扣押的物品，应当设立专门的保管场所，严格出入库手续；对于体积大、笨重不易搬动的物证，应当拍照并注明实物存放的地点；对于易损坏、消失、变质的物证，应当复制模型、照片、绘图、记录并迅速处理；对于易燃、易爆物品，应将照片、鉴定意见等保存下来，把实物交有关部门处理；对于其他不宜公开的物证，应当指定专人保管，注意保密，在法庭审判中不得当庭出示，并在案卷中载明。对作为证据使用的实物应当随案移送。对不宜移送的，应当将清单、照片或者其他证明文件随案移送。

关于调查取证的主体，本条亦将2001年《证据规定》中的"调查人员"改为"人民法院"，具体理由与本规定第二十一条规定的理由相同，此处不再赘述。

【审判实践中需要注意的问题】

1. 证据的质证。人民法院依照当事人申请调取的物证，视为提出申请的一方当事人提供的证据。根据本规定第六十二条规定，首先应当由审判人员对调查收集证据的情况进行说明，然后由提出申请的当事人与对方当事人、第三人进行质证。质证的内容主要围绕物证是否客观真实，物证的来源是否合法，物证的保管、鉴定过程是否科学，物证与待证事实的关联性等方面进行。

2. 物证复制品的收集。因无法调查收集物证原物，需要制作物证复制品的，要注意尽量客观、完整、全面地进行复制，如果原物体积过大的，要对集中反映案件事实的部位进行重点采集。同时，复制品和影像资料并不是非此即彼的关系，为最大限度发挥物证的证明效力，可以在制作复制品的同时制作影像资料，以备存待查。

【法条链接】

《中华人民共和国民事诉讼法》（2017年修正）

第七十条　书证应当提交原件。物证应当提交原物。提交原件或者原物确有困难的，可以提交复制品、照片、副本、节录本。

提交外文书证，必须附有中文译本。

第七十六条　当事人可以就查明事实的专门性问题向人民法院申请鉴定。当事人申请鉴定的，由双方当事人协商确定具备资格的鉴定人；协商不成的，由人民法院指定。

当事人未申请鉴定，人民法院对专门性问题认为需要鉴定的，应当委托具备资格的鉴定人进行鉴定。

第八十条　勘验物证或者现场，勘验人必须出示人民法院的证件，并邀请当地基层组织或者当事人所在单位派人参加。当事人或者当事人的成年家属应当到场，拒不到场的，不影响勘验的进行。

有关单位和个人根据人民法院的通知，有义务保护现场，协助勘验工作。

勘验人应当将勘验情况和结果制作笔录，由勘验人、当事人和被邀参加人签名或者盖章。

《最高人民法院关于适用〈中华人民共和国民事诉讼法〉的解释》（2015年1月30日　法释〔2015〕5号）

第一百一十一条　民事诉讼法第七十条规定的提交书证原件确有困难，包括下列情形：

（一）书证原件遗失、灭失或者毁损的；

（二）原件在对方当事人控制之下，经合法通知提交而拒不提交的；

（三）原件在他人控制之下，而其有权不提交的；

（四）原件因篇幅或者体积过大而不便提交的；

（五）承担举证证明责任的当事人通过申请人民法院调查收集或者其他方式无法获得书证原件的。

前款规定情形，人民法院应当结合其他证据和案件具体情况，审查判断书证复制品等能否作为认定案件事实的根据。

《最高人民法院关于民事诉讼证据的若干规定》（2001年12月21日　法释〔2001〕33号）

第二十一条　调查人员调查收集的物证应当是原物。被调查人提供原物确有困难的，可以提供复制品或者照片。提供复制品或者照片的，应当在调查笔录中说明取证情况。

第二十三条 ［调查收集视听资料、电子数据的要求］

人民法院调查收集视听资料、电子数据，应当要求被调查人提供原始载体。

提供原始载体确有困难的，可以提供复制件。提供复制件的，人民法院应当在调查笔录中说明其来源和制作经过。

人民法院对视听资料、电子数据采取证据保全措施的，适用前款规定。

【条文主旨】

本条在2001年《证据规定》第二十二条规定基础上修改形成。将"计算机数据"改为"电子数据"并对文字进一步精炼。同时增加第三款，将对视听资料、电子数据的证据保全准用于调查收集证据之规定。是关于调查收集视听资料、电子数据的具体规定。

【条文释义】

一、视听资料与电子数据

（一）视听资料

视听资料是用录音、录像磁带或者其他科学方法，真实再现案件原始图像、音响，证明案件事实情况的资料。《民事诉讼法解释》第一百一十六条第一款和第三款规定，视听资料包括录音资料和影像资料。存储在电子介质中的录音资料和影像资料，适用电子数据的规定。可见视听资料主要包括存储在模拟信号介质中，而非存储在电子介质中的录音资料、录像资料、电影资料和其他音像资料。视听资料的本质特征是能够"真实再现案件原始图像、音响"。例如，银行的自动监控装置拍摄的录像，某些宾馆、超级市场的摄像镜头拍摄的录像带等。在我国，视听资料是一种独立的证据种类，最早是由 1982 年试行的《民事诉讼法》所创设，这与世界大多数国家将视听资料纳入书证之列的分类法相比可谓独树一帜。从外部表象来看，视听资料兼有物证和书证的特征，同时又具有其他证据种类无与能及的特性。物证是凭物的外部特征证明案件，而视听资料是以声音、图像等再现案件的发生过程，它不仅可以记录物证的外部特征，也能再现该物证运动的过程。书证虽是以载体上的文字、符号、图案说明案件事实，但是以静态的方式来证明案件事实，而视听资料是以流动的声音和画面来反映案件的情况，是以动态方式呈现案件事实的发生过程。视听资料除了上述能够"真实再现案件原始图像、音响"的本质特征外，还存在以下特点：

1. 物质依赖性。视听资料既然以声音、形象等反映案件的真实情况，那它就不能单独存在，而必须依存一定的物质载体，如录音带、录像带、电影胶片等。

2. 便利高效性。视听资料的信息量大，内容丰富，而且存储这些信息的录音带、录像带、电影胶片本身体积小、重量轻，易于保存，还可反复使用，有利于提高办案效率。

3. 形象直观性。借助于高精技术设备的视听资料，不仅能够准确地记录案件的事实，还可以直观地展示与案件有关客体的声音特征和图像特征，能连续、生动地再现案件事实的发生过程，有助于法官准确地判断是非。

4. 视听资料具有高度的准确性。视听资料属于实物证据。一般来说，这种证据具有客观性。在形成过程中一般不受录制人主观因素的影响而造成对案件事实的扭曲。只要录制对象正确、录制方法得当、录制设备正常，视听资料就能准确地记录案件事实。借助相应的技术设备，视听资料就能够直接再现一定的案件事实和法律行为。通过对有关案件事实的声音、图像等的视听感知，案件事实的发生过程能再一次直观、生动、形象地展现在人们的眼前。

5. 视听资料的收集和审查具有科学性。视听资料是科技发展的产物，它的形成是借助录音机、录像机等设备，人们可以使用一定的设备来制作视听资料。同样，人们也可以借助一定的设备对其进行伪造或篡改。因此，对其真实性的检测也要依赖相应的科学技术和设备，特别是对有疑点的视听资料的审查，不借助先进的科技手段是难以辨别的。[①]

（二）电子数据

电子数据是我国2012年修正《民事诉讼法》时新增加的一种证据形式，是与视听资料独立的一种证据。为与《民事诉讼法》的表述一致，本条规定将2001年《证据规定》第二十二条中的"计算机数据"

---

① 周章金：《证据法学》，科学出版社2017年版，第282~283页。

也相应地改为"电子数据"。根据《民事诉讼法解释》第一百一十六条第二款规定，电子数据是指通过电子邮件、电子数据交换、网上聊天记录、博客、微博客、手机短信、电子签名、域名等形成或者存储在电子介质中的信息。作为利用不断发展的现代电子科技、计算机技术而形成的新型证据形式，电子数据的内涵和外延、特征和功能都有待司法实践进一步的积淀、总结、提炼和检验。尽管如此，以下几项认识对于把握电子数据这种证据形式应当可以达成共识：

1. 电子数据一定是以电子形式为载体，以特定的数据为内容而发挥证明作用的。所谓电子形式，是指由介质、磁性物、光学设备、计算机内存或类似设备生成、传输、存储、复制、读取的任一信息的存在形式。所谓特定数据，是指可以被电子形式识别、计量、运算的数字编码或者符号等信息。

2. 电子数据一定有着不同于现有其他七种证据的特有的发挥证明作用的机理和空间。如果电子数据不能和其他证据形式区分开而互有交叉、重合，这种证据的独立性将受到怀疑，用立法的方式单独列举的必要性也将受到质疑。

3. 电子数据存在于电子虚拟空间，一定要借助具备自动处理数据功能的系统，如计算机、网络设备、通信设备、自动化控制设备等，才能被使用而进入诉讼领域。第四，电子数据一定是实物证据。电子数据一旦形成，就成为存在于人的意识之外的客观事物，它同物证、书证、视听资料一样，不论是在虚拟空间，还是在现实世界，它都是独立于人的主观意识的客观实体。这一点与证人证言、当事人陈述有着根本区别。电子数据是一种特殊的数字、编码或者符号信息，以及该信息在生成、运算、传输、存储、复制、读取过程中留下的电子痕迹；这些信息和痕迹存在于由介质、磁性物、光学设备、计算期内存或类似设备以及互联网络所搭设的电子形式的虚拟空间中；这些信息和痕迹必须借助于计算机等电子设备才能展示于现实世界用以证明案件事实。① 因此，电子数据具有依赖性、实在性、隐蔽性、易删改等特点，在证据运用上，在遵守证据规则的同时，还要有特殊的适用，如电子数据的非法证据排除程序。② 由上可见，电子数据比计算机数据的外延更为宽广，可容纳性也更强。

电子数据具有以下特点：

1. 高科技性。电子数据的产生、存储、传输都必须计算机技术、存储技术、多媒体技术、网络技术等高技术为依托，并使其能在没有外界蓄意篡改或差错的影响下准确地存储和反映有关案件的真实情况。

2. 无形性。在计算机内部，所有信息都被数字化。信息在进行存储、处理的过程中，必须用特定的二进制编码表示。在进行电子商务交易的过程中，一切信息都由这些不可见的无形的编码来传递。

3. 单一性与多样性并存。电子数据是经过数字化的过程处理，都是由0和1组成的二进制码转化而成，无论在信道中的数据代表的内容是什么，最终抽象出来的就是0和1，此为单一性。但电子数据同时又是多样和不确定的。其相应的外在表现可为文字、图像、声音或三方的组合等。

4. 与载体的不可分割性。电子数据的外在表现形式可以是多种多样的，但无论证据形式如何，电子数据都离不开与之相连的介质，与载体不可分割。其内在记录的信息只有通过各种载体外化后才能为人们直接感知。

5. 易被复制和破坏，具有脆弱性。电子数据的复件可以存在于不同的载体中，并且人们很难分辨出原件或复件。

另外，电子数据既可使用物理介质，也可使用电磁介质进行存储。对数据修改简单且不易留下痕迹，一旦黑客入侵系统、盗用密码、操

---

① 白俊华主编：《证据法学案例评析》，中国政法大学出版社2016年版，第59页。
② 王敏远、祁建建：《电子数据的收集、固定和运用的程序规范问题研究》，载《法律适用》2014年第3期。

作人员出现差错、供电系统和网络出现病毒故障等，电子数据均有可能被轻易盗取、篡改甚至破坏。①

（三）电子数据与视听资料的联系和区别

电子数据与视听资料同是以电子形式存在的证据，都是依靠计算机及其类似设备生成、传输、显现的证据内容而发挥证据作用的。两者的区别在于，电子数据是隐蔽的，需要破译、解读或鉴定。而视听资料的证据内容则是直观的、生动形象的，人们可以直接听懂或看清楚所反映的有关情况。当电子数据这些数字、编码依靠电子信息设备外化成具有思想内容的、直观的、可视可听的声音和影像时，就形成了视听资料。

二、收集视听资料的原则和方法

收集视听资料必须遵循原始证据优先原则。根据本条规定，原则上应当提供视听资料的原始载体。只有在提供原始载体确有困难的情况下，才可以提供复制件。收集视听资料的方式，也应当按照《民事诉讼法解释》第九十七条规定，由两人以上共同进行。调查材料要由调查人、被调查人、记录人签名、捺印或者盖章。调查收集时还要注意审查以下几个方面：

1. 要注意记录视听资料的来源和提取过程。要详细记录视听资料的形成时间、地点、制作人等情况，必要时还有记录视听资料形成的背景情况。

2. 对于复制件，要详细记录无法调取原件的原因，复制件制作过程和原件存放地点，并要求原件制作人和持有人签名或盖章。

3. 详细考察该视听资料是以何种手段、在什么情况下取得的，是否违背了法定的程序，是否采用了法律明确禁止的手段、方法等，是

---

① 周章金：《证据法学》，科学出版社2017年版，第294页。

否存在威胁、引诱当事人等情形。

4. 注意审查有无剪辑、增加、删改等情形。由于视听资料生来就具有易被伪造和篡改的缺陷，因此，在调查收集视听资料时，要注意是否存在上述情形。

三、收集电子数据的原则和方法

与视听资料相同，收集电子数据原则上也要求是原始载体，只有在提供原始载体确有困难的，才可以提供复制件。提供复制件的，人民法院应当在调查笔录中说明其来源和制作经过。收集电子数据还应当遵循全面性原则。电子数据往往离不开计算机和其他电子设备，如果没有专门的电子设备组件，没有相应的播放监所显现设备，无论多么形象真实可靠的内容，都只能停留在各种电子存储介质中，而不能被人们感知，也不能为法庭所认可和采信。此外，电子数据的感知离不开特定的系统软件环境。如果软件环境发生变化，则存储在电子介质上的信息可能显现不出来，或者难以正确地显现。这一特点要求在收集电子数据时，既要收集存储于计算机软硬件上的电子数据，也要收集其他相关外围设备的电子数据；既收集文本，也收集图形、图像、动画、音频、视频等媒体信息。同时，还应保存相应的硬件软件，以保全该证据的运行环境，使之能够在必要的时候以打印、屏显等方式显示出来。

此外，调查收集电子数据时还要注意审查以下几个方面：

1. 尽量保证电子数据随原存储介质移送；在原始存储介质无法封存、不便移动或者因有关部门保管管理需要，无法收集原始载体的情况下，提取复制件时要由二人以上进行，注意保证电子数据的完整性，对提取、复制过程制作笔录，并注明原始存储介质无法调取的原因、存放地点等，由调查人员、电子数据持有人或单位以及见证人签名，没有签名的，要注明原因。

2. 在调取电子数据时，要注意调查电子数据时怎样生成的，是否是在正常活动中按照常规程序自动生成或人工录入，系统的维护和调试是否处于正常控制下。

3. 如果电子数据时通过网络传递、输送的，要注意调查传递、接收电子数据所用的技术手段或方法是否科学、可靠，传递过程中有无加密措施，有无裁剪、拼凑、伪造、篡改。必要时，可以由专业人员进行判断。

对于调查取证的主体由2001年《证据规定》中的"调查人员"改为"人民法院"的理由，与本规定第二十一条规定的理由相同，此处不再赘述。

【审判实践中需要注意的问题】

1. 视听资料和电子数据的补正。视听资料和电子数据如果存在一定缺陷的情况下，应当是允许补正的。对视听资料的制作、取得的时间、地点、方式等有疑问的，能够提供必要的证明或者作出合理解释的，可以作为定案的依据。

2. 收集电子数据时注意记录相关人员情况。相关的人员包括用计算机及外设记录其营业管理活动状况的人、监视数据输入的管理人，对计算机及外设的硬件和程序编制的负责人等。

【法条链接】

《最高人民法院关于适用〈中华人民共和国民事诉讼法〉的解释》
（2015年1月30日　法释〔2015〕5号）

第九十七条　人民法院调查收集证据，应当由两人以上共同进行。调查材料要由调查人、被调查人、记录人签名、捺印或者盖章。

第一百一十六条 视听资料包括录音资料和影像资料。

电子数据是指通过电子邮件、电子数据交换、网上聊天记录、博客、微博客、手机短信、电子签名、域名等形成或者存储在电子介质中的信息。

存储在电子介质中的录音资料和影像资料，适用电子数据的规定。

《最高人民法院关于民事诉讼证据的若干规定》（2001年12月21日　法释〔2001〕33号）

第二十二条 调查人员调查收集计算机数据或者录音、录像等视听资料的，应当要求被调查人提供有关资料的原始载体。提供原始载体确有困难的，可以提供复制件。提供复制件的，调查人员应当在调查笔录中说明其来源和制作经过。

第二十四条　［证据调查收集的科学性要求］

人民法院调查收集可能需要鉴定的证据，应当遵守相关技术规范，确保证据不被污染。

【条文主旨】

本条系新增条文，是对人民法院收集证据所提出的技术要求。收集鉴定资料（主要涉及相关检材和样本）的手段和程序必须符合司法鉴定的基本要求，必须具有收集过程合法性、客观实在性、和案件有某种关联性；在保存时也必须按照相应的管理方法进行登记和分类保存，避免鉴定资料的特定价值、法律价值和证据价值被破坏。

【条文释义】

由于证据往往由不同类型的材料所构成，不同材料在不同环境下可能会发生变质，导致证据的性状发生改变，无法再充分证明案件事实，因此不同的证据应当注意采取不同的方式妥善保管。如手印、足迹、特定的物品上的痕迹通过其表面特征来反映案件事实，因此保管的时候应注意不破坏其表面痕迹；毒物、血液、精液、爆炸物等是以自身内部的理化构造及其相应功能来证明案情的真实情况，保管的时候应避免其发生腐化变质。因此，不同的物证应该用不同的方法与手段来收集、固定和保全。①

从科学证据的形成过程来讲，科学证据的形成必然要经过专家对证据进行提取、保存、鉴定、提交，在此四个环节中都有可能出现导致科学证据失真的因素。如在提取环节，有可能勘验、检查主体不具有合法性，勘验人员不具备勘验检查的专业知识和专业技能导致对现场证据污染，从而影响科学证据的检材质量。一旦检材被污染，且无法完全复现物证原貌，可能会使得极其重要的证据即便经过鉴定，也无法还原原本储存、载荷的案件信息，导致丧失应有的证明效果。司法鉴定质量管理的核心在于司法鉴定人和司法鉴定方法。司法鉴定质量管理的溯源性，首先就在于鉴定人和鉴定方法的溯源性。② 因此，溯源性问题应当引起人民法院的高度重视，特别是一些可能存在争议，或者需要通过科学技术手段才能为大众所认知其证明力的相关证据，必须要确保取证和保存过程的科学性，从而确保相关材料的获得未受到污染。

对于人民法院或者其他侦查机关调查收集证据的技术要求，《民事诉讼法》对证据收集的技术性要求未作明确的规定，2001 年《证据规定》第二十条、第二十一条、第二十二条、第三十一条对人民法院调查收集书证、物证、计算机数据或者录音、录像等视听资料以及摘录有关单位制作的与案件事实相关的文件、材料的行为，作了比较详细的规定，对证据的收集有着较好的指导意义。但是，由于现代科学技术的飞跃发展，证据的变造、伪造以及对相关证据的信息解读都大量涉及专门性问题的查明，仅凭法官的个人经验根本无法作出鉴别和认

---

① 徐珊、王达：《关于加强公安民警物证保全意识的思考》，载《上海公安高等专科学校学报》2005 年第 2 期。
② 姚利、李刚：《溯源性——司法鉴定质量管理的核心》，摘自司法部司法鉴定管理局编：《司法鉴定统一管理体制改革与发展研究文集》，中国政法大学出版社 2016 年版，第 124 页。

定。而对科学证据的溯源性要求，使得人民法院在收集相关证据材料的过程中必须严格遵守技术要求，尽最大可能杜绝证据污染的情况发生。

对于提取证据或者收集相关材料的技术性要求，刑事侦查领域提的要求较多、较细。譬如：《江苏省高院、江苏省检察院、江苏省公安厅印发〈常见毒品犯罪案件证据收集及审查指引〉的通知》第七条明确规定："办理毒品犯罪案件，查获的毒品是最重要的物证，侦查机关应当全面、及时查获毒品。侦查机关对查获的毒品应当编号封装、妥善保管，避免受污染。"该指引中的多个条文还对具体如何调查收集证据提供了行为规范，如第六条就对"收集证明犯罪嫌疑人实施毒品交易行为的相关证据"时应当注意的问题作了示范："侦查机关收集证明通信情况的相关证据，应当及时扣押犯罪嫌疑人的通信工具，制作扣押清单，并注意及时提取通信工具中保存的相关通信信息。扣押提取过程应当全程录音录像，制作扣押物品清单和笔录，并注明提取通信工具的串号、型号对应的通讯号码，微信、QQ的使用人信息等特征，由犯罪嫌疑人签字确认"，"犯罪嫌疑人、被告人对其语音通话存异议，现有证据不能证实具体通话人的，应当进行通话语音同一性的声纹鉴定"，"侦查机关提取到犯罪嫌疑人及其同案犯通信记录的，应当同时提取各通话记录的基站信息、漫游区域，以与证明犯罪嫌疑人行动轨迹的其他证据相互印证"，等。《浙江省高级人民法院、浙江省人民检察院、浙江省公安厅关于死刑案件证据收集审查等问题的若干规定》在规定第二部分"各类证据的收集、固定、保管、移送、鉴定、审查判断"中明确"收集、提取物证、书证，要采取现场勘查、搜查、扣押、调取等合法形式，并制作相关笔录或者扣押物品清单，载明物证、书证的特征、来源和收集过程"，该文件第六十七条第三款规定："对视听资料，应当审查形成的时间和条件、仪器设备状况、制作人、制作方法以及其他可能影响该资料真实性和关联性的各种因素，注意鉴别是否原件，有无伪造和编造，必要时可以进行鉴定。"这些技术性规范，为侦查机关在调查取证过程中的行为规范提出了明确要求，避免在当事人就证据所载反映案件事实的信息在证据收集过程中遭到破坏或者污染提出异议，特别是防止这些可能遭受的破坏或者污染无法通过鉴定等技术手段进行修复，从而使得相关证据丧失证明的效力。

【审判实践中需要注意的问题】

由于民事诉讼证据与刑事诉讼证据相比，呈现出取证主体的复杂性和非专业性等特点，因此，在本次修改《证据规定》过程中对人民法院收集证据正式提出了技术性要求，但鉴于民事诉讼证据的多样性、来源的复杂性，故对如何收集不同种类的证据材料未作进一步规定，实践中可以参考相关材料的种类所对应的技术标准和技术规范执行，或者邀请有相关资质的人员或者鉴定人员协助审判人员进行收集。

【法条链接】

《最高人民法院关于民事诉讼证据的若干规定》（2001年12月21日　法释〔2001〕33号）

第二十条　调查人员调查收集的书证，可以是原件，也可以是经核对无误的副本或者复制件。是副本或者复制件的，应当在调查笔录中说明来源和取证情况。

第二十一条　调查人员调查收集的物证应当是原物。被调查人提供原物确有困难的，可以提供复制品或者照片。提供复制品或者照片的，应当在调查笔录中说明取证情况。

第二十二条　调查人员调查收集计算机数据或者录音、录像等视听资料的，应当要求被调查人提供有关资料的原始载体。提供原始载体确有困难的,可以提供复制件。提供复制件的,调查人员应当在调查笔录中说明其来源和制作经过。

第三十一条 摘录有关单位制作的与案件事实相关的文件、材料,应当注明出处,并加盖制作单位或者保管单位的印章,摘录人和其他调查人员应当在摘录件上签名或者盖章。

摘录文件、材料应当保持内容相应的完整性,不得断章取义。

第二十五条 ［证据保全的申请］

当事人或者利害关系人根据民事诉讼法第八十一条的规定申请证据保全的，申请书应当载明需要保全的证据的基本情况、申请保全的理由以及采取何种保全措施等内容。

当事人根据民事诉讼法第八十一条第一款的规定申请证据保全的，应当在举证期限届满前向人民法院提出。

法律、司法解释对诉前证据保全有规定的，依照其规定办理。

【条文主旨】

本条在2001年《证据规定》第二十三条基础上修改形成。增加了申请书具体内容的规定，对当事人提出了更具体有针对性的指引。在提出申请的主体上，基于诉前保全情况的存在，将"利害关系人"纳入申请主体，使得规定更为全面、准确。在申请期限上，重申《民事诉讼法解释》第九十八条第一款规定，将申请期限确定为"举证期限届满前"，改变了2001年《证据规定》中"不得迟于举证期限届满前七日"的规定。本条是针对《民事诉讼法》第八十一条、第一百零二条和《民事诉讼法解释》第九十八条如何适用的操作性规定。内容主要包括三个方面，即申请书的必要记载事项，此为人民法院决定是否采取证据保全、采取何种保全措施、针对哪些证据采取保全措施的基础。

【条文释义】

一、证据保全的理解

证据保全，作为一种证据调查措施，是大陆法系民事诉讼的传统制度。证据保全是指为了防止证据灭失或以后难以取得，人民法院在诉讼前或者对证据材料进行调查前，根据利害关系人、当事人的申请或者依职权采取措施，对案件有证明意义的证明材料予以提取、保存或者封存的制度。① 证据保全的目的在于事先防范，使证据经由法院的调查固定，从而避免因情势变化、物理上的变化等原因或者其他意外情况的出现而发生灭失或者无法使用的情形。

（一）证据保全的意义

证据保全的意义主要体现在两个方面：

1. 促使裁判在事实认定上获得正确的结果。民事诉讼中原则上由当事人承担举证责任，如果当事人不能持有或提供适当的证据，有可能面临败诉的结果。因此，证据保全制度能够弥补当事人持有、提供证据能力上的缺陷，促使法院裁判获得较为真实，可靠的结果。

2. 能够在一定程度上减少讼争的发生。民事争议的发生，一定程度上是由于双方当事人证据问题上信息不对称所致。如果证据能够完整保全，事实的查明就会更容易、准确，能够化解当事人对事实问题的分歧，在相当程度上会减少讼争的几率。② 《民事诉讼法》第八十一

---

① 毕玉谦：《证据法要义》，法律出版社2003年版，第523页。
② 陈玮直：《民事证据法研究》，台湾地区新生印刷厂1970年版，第85~86页。转引自毕玉谦：《民事证据原理与实务研究》，人民法院出版社2003年版，第419页。

条规定，在证据可能灭失或者以后难以取得的情况下，当事人可以在诉讼过程中向人民法院申请保全证据，人民法院也可以主动采取保全措施。因情况紧急，在证据可能灭失或者以后难以取得的情况下，利害关系人可以在提起诉讼或者申请仲裁前向证据所在地、被申请人住所地或者对案件有管辖权的人民法院申请保全证据。可见，申请证据保全既可以在提起诉讼前也可以在诉讼过程中。证据保全是取证制度的重要环节，是收集证据工作不可分割的一部分，发现证据后应妥善保管，及时提取、固定，否则一旦被毁坏、灭失就无法达到收集证据的目的。

证据材料的保全实际上是要保护证据在诉讼活动中的价值，具体包括三层含义：（1）保护证据的特定价值，即防止证据材料遗失或被替换；（2）保护证据的证明价值，即防止证据材料变质或被损坏；（3）保护证据的法律价值。即防止证据材料因保管手续不健全而失去法律效力。所以，证据的固定保全是证据收集过程中的重要方面。只注重收集证据，而忽略证据的及时固定和妥善保管，其工作是不全面的。①

（二）证据保全的特征

证据保全的特征有以下几点：

1. 证据的保全是一项保证证据完整和真实，不被破坏或灭失的保护性措施，是在诉讼过程中或诉讼前采取，因而必须具备一定条件。

2. 保全措施采取的条件一般是：只有在证据可能灭失或者以后难以取得的情况下，人民法院才可以经由当事人申请或依职权采取证据保全措施。如果不存在上述情况，则应当按照法律规定的一般调查取证措施，具体来说，主要条件如下：

（1）证据有可能灭失，如证人年事已高，有疾病可能死亡的，应

---

① 周章金：《证据法学》，科学出版社2017年版，第349页。

当及时取证。有的物证易于腐败、变质，必须先行固定或采取特殊措施保存。

（2）证据以后难以取得，如证人可能出国、在国外定居或者留学等。

（3）证据可能会被故意毁损、灭失。

3. 在民事诉讼中，证据保全的主体是人民法院。人民法院经由当事人申请或者依职权采取证据保全，以固定证明一定案件事实的证据，确保诉讼的顺利进行。其他任何机关和个人不能采取证据保全措施，否则会妨碍公民的人身权或财产权，而且可能构成妨碍诉讼的行为。

二、"利害关系人"的理解

本条在2001年《证据规定》第二十三条的基础上，对申请证据保全的主体增加了"利害关系人"。主要理由是2001年《证据规定》第二十三条是依据1991年《民事诉讼法》第七十四条规定所作，而在1991年《民事诉讼法》中只有诉讼过程中的证据保全，没有诉前证据保全的规定，所以2001年《证据规定》第二十三条中亦仅表述为"当事人"。2012年修正的《民事诉讼法》第八十一条增加了诉前证据保全的制度，由于此时还尚未进入民事诉讼程序，不能称之为"当事人"，故在诉前证据保全中，称为"利害关系人"。本条根据2012年《民事诉讼法》第八十一条的规定，将申请诉前证据保全中的"利害关系人"一并纳入。当然，不管在诉前还是诉中申请证据保全，其申请书的内容都是一样的。

三、申请书的理解

关于申请书的内容，2001年《证据规定》第二十三条没有规定，为了给予当事人更具体的指引，本条对此予以明确。根据本条规定，申请证据保全的申请书应当包括以下基本内容：

1. 需要保全证据的基本情况，包括证据的种类、形式、证据存放地点，证据持有人情况等。《民事诉讼法》第一百零二条规定，保全限于请求的范围，或者与本案有关的财物。在申请书中对上述证据基本情况进行说明，有助于人民法院判断申请保全的证据是否与本案有关，并且根据申请人提供的证据的基本情况，能够直接、快速地找到证据，采取保全措施，提高诉讼效率。

2. 申请保全的理由。主要是向法院说明现有情形符合《民事诉讼法》第八十一条规定，即证据因为各种原因可能灭失或者以后难以取得的，即如不采取保全措施，证据将不复存在，或者即使存在也难以调取，包括书证可能会被对方当事人损坏、物证可能转让或者灭失、证人可能因为重病或其他原因无法找到等，只有当事人在申请书中对上述原因进行充分说明，人民法院才可以有基础审查申请保全的证据在形式上对于案件事实的证明是否有意义，以及保全的证据与待证事实之间在形式上是否具有关联性，并决定是否有必要采取证据保全措施。至于实质上是否有关联、证明价值大小，属于证据实质审查的问题，并不在人民法院审查证据保全申请的考虑之内。

3. 采取何种保全措施。根据本规定第二十七条规定，人民法院可以采取查封、扣押、录音、录像、复制、鉴定、勘验等方法进行证据保全。对于特定证据采取何种证据保全措施，应当充分听取申请人的意见，这也是更充分保障当事人诉讼权利的应有之义。

四、提出时限

对于证据保全的提出时限，《民事诉讼法解释》第九十八条规定"可以在举证期限届满前书面提出"，本条进一步明确，"应当在举证期限届满前向人民法院提出"，主要考虑是，当事人申请证据保全的行为，被视为当事人举证行为的一种特殊情况对待，这是 2001 年《证据规定》自实施以来的一贯立场。因此申请行为需要与举证行为一样，遵守举证时限的要求。与 2001 年《证据规定》相比，变化在于 2001 年《证据规定》要求，当事人应当在举证期限届满的 7 日前提出申请，本条沿用《民事诉讼法解释》的规定，要求在举证期限届满前提出即可。至于提出的形式，本条虽未专门强调为"书面"形式，但因对证据的保全涉及诉讼的实体内容，对当事人的权利影响较大，在程序上较为正式，因此，应当采用书面形式。而且，《民事诉讼法解释》第九十八条也明确规定了申请证据保全应当采用书面形式。同时，从一体解释的角度看，本条第一款通过规定申请书应当包括的内容，也暗含着申请的书面形式。当然，为充分保障当事人的诉讼权利，对于书写有困难的当事人，人民法院可以根据当事人口述，制作笔录，由其签字或捺印的方式解决。

五、本条第三款的理解

本条第三款规定："法律、司法解释对诉前证据保全有规定的，依照其规定办理。"根据证据保全已发生的时点不同，证据保全分为诉前证据保全和诉讼证据保全两种情况，诉前证据保全是指利害关系人在起诉前，有关权利义务争议的证据面临灭失或者以后难以取得的情形，为避免其合法权益遭受难以弥补的损害，在起诉前申请人民法院对有关证据采取提取、封存等强制措施。诉讼证据保全是在诉讼过程中发生证据可能灭失或者以后难以取得的情形，法院根据当事人的申请或者依职权采取的固定和保存证据的行为。如上所述，根据 2012 年修正之前的《民事诉讼法》第七十四条规定，我国的《民事诉讼法》并不承认诉前证据保全。诉前证据保全最初规定在 1999 年的《海事诉讼特别程序法》中，其后，《中华人民共和国著作权法》（以下简称《著作权法》）、《中华人民共和国商标法》（以下简称《商标法》）、最高人民法院制定的《关于对诉前停止侵犯专利权行为适用法律问题的若干规定》也对诉前证据保全作出规定。因此，2001 年《证据规定》第二十三条第三款规定，法律、司法解释规定诉前证据保全的，依照其规定办理。由于诉前证据保全主要发生在知识产权诉讼、海事诉讼中，而相应司法解释对诉前证据保全已有规定，普通民事诉讼在诉前多依赖诉讼证明地位较高的公证行为保全证据，诉前证据保全在普通民事诉讼中并不多见。虽然《民事诉讼法》规定了诉前证据保全，但仅为原则性规定，而且，相对于《民事诉讼法》，《海事诉讼特别程序法》中关于诉前证据保全的规定属于特别规定，应当优先适用。在实体法中的《著作权法》《商标法》中，关于诉前证据保全的特别规定，也可以继续适用。因此，本条继续沿用2001年《证据规定》第二十三条第三款的相关规定，只是调整了表述方式。

【审判实践中需要注意的问题】

1. 对于保全证据的种类，目前法律并无禁止性规定，原则上各种证据形式均可以成为证据保全的对象，只不过根据证据形式和具体情况的不同，采取不同的保全方法，如对于证人证言，可以采取提前询问或者制作笔录的方式进行保全。

2. 对于证据的使用。保全的证据是用以证明双方当事人之间争议事实的证据，因此，保全的证据并非仅供申请人在诉讼中作为支持自己事实主张的证据，双方当事人对保全的证据均可以加以利用。

【法条链接】

《中华人民共和国民事诉讼法》（2017年修正）

第八十一条　在证据可能灭失或者以后难以取得的情况下，当事人可以在诉讼过程中向人民法院申请保全证据，人民法院也可以主动采取保全措施。

因情况紧急，在证据可能灭失或者以后难以取得的情况下，利害关系人可以在提起诉讼或者申请仲裁前向证据所在地、被申请人住所地或者对案件有管辖权的人民法院申请保全证据。

证据保全的其他程序，参照适用本法第九章保全的有关规定。

第一百零二条　保全限于请求的范围，或者与本案有关的财物。

《最高人民法院关于适用〈中华人民共和国民事诉讼法〉的解释》（2015年1月30日　法释〔2015〕5号）

第九十八条　当事人根据民事诉讼法第八十一条第一款规定申请证据保全的，可以在举证期限届满前书面提出。

证据保全可能对他人造成损失的，人民法院应当责令申请人提供相应的担保。

《最高人民法院关于民事诉讼证据的若干规定》（2001年12月21日　法释〔2001〕33号）

第二十三条　当事人依据《民事诉讼法》第七十四条的规定向人民法院申请保全证据，不得迟于举证期限届满前七日。

当事人申请保全证据的，人民法院可以要求其提供相应的担保。

法律、司法解释规定诉前保全证据的，依照其规定办理。

《最高人民法院关于审理环境侵权责任纠纷案件适用法律若干问题的解释》（2015年6月1日　法释〔2015〕12号）

第十一条　对于突发性或者持续时间较短的环境污染行为，在证据可能灭失或者以后难以取得的情况下，当事人或者利害关系人根据民事诉讼法第八十一条规定申请证据保全的，人民法院应当准许。

《最高人民法院关于审理消费民事公益诉讼案件适用法律若干问题的解释》（2016年4月24日　法释〔2016〕10号）

第八条　有权提起消费民事公益诉讼的机关或者社会组织，可以依据民事诉讼法第八十一条规定申请保全证据。

第二十六条 ［证据保全的担保］

当事人或者利害关系人申请采取查封、扣押等限制保全标的物使用、流通等保全措施，或者保全可能对证据持有人造成损失的，人民法院应当责令申请人提供相应的担保。

担保方式或者数额由人民法院根据保全措施对证据持有人的影响、保全标的物的价值、当事人或者利害关系人争议的诉讼标的金额等因素综合确定。

【条文主旨】

本条系新增条文。是将2001年《证据规定》第二十三条第二款独立成条，并在此基础上扩充、丰富形成，是针对《民事诉讼法解释》第九十八条如何具体操作的规定。

【条文释义】

证据保全的担保，来源于对民事诉讼中财产保全的担保制度的借鉴。在证据保全是否能够设立和财产保全相似的担保机制的问题上，学界有不同的观点。有的学者认为，财产保全制度中的要求申请人提供担保、一定情形下解除保全措施的做法，并不适用于证据保全。

我们认为，证据保全与财产担保承担着不同的制度功能，二者固有不同，也不能忽视其可共通的相似之处。财产保全的设置，是为了保障将来可能发生的强制执行中当事人权利的顺利实现，而为当事人预先、假设地确定民事权利的程序。证据保全则是在特定情形存在的时候，为保存证据的证明可能发生或已发生的案件事实的证明价值而设立的一种制度。财产保全以实现财产利益为核心，故其担保可以通过反担保的形式予以解除，而证据保全的目的在于保护证据，确定事实，其以保障证据保全申请人的程序权利为核心。从这一点上看，财产保全中以反担保解除担保的制度，并不适用于证据保全，这是两者不能共通之处。除此之外，根据本规定第二十七条规定的证据保全的方法，查封、扣押等常在财产保全中适用的保全手段，亦属于证据保全方法，这两种方法由于其对物的使用价值和交换价值的限制，相较其他证据保全方法而言，常常易导致损失的发生。例如，当作为需要保全的证据的物是证据持有人已根据买卖合同负有交付义务的合同标的时，如该物因证据保全被查封或扣押，证据持有人在合同项下的交付义务将无法履行，由此发生损失。此时，证据保全产生与财产保全相类似的为不应产生的损失寻求弥补手段的需求。要求当事人在特定情形下为证据保全提供担保，也是促使申请人在提出证据保全申请时，事先主动予以合理、审慎的衡量，防止申请人滥用权利的举措。

一般情况下，证据保全对保全对象的使用价值或交换价值的影响较小，不会损害证据持有人的财产利益，因此，不是必须要提供担保。2001年《证据规定》第二十三条第二款规定，当事人申请保全证据的，人民法院可以要求其提供相应的担保。对于具体在何种情况下可以要求当事人提供担保，何种情况下不需要当事人提供担保，该条并未细化规定，导致审判实践中掌握的标准不一致，有必要进一步统一。虽然《民事诉讼法解释》第九十八条第二款规定，证据保全可能对他人造成损失的，人民法院应当责令申请人提供相应的担保，对应当提供担保的情形作出了指引性规定，但具体如何判断"可能对他人造成损失"，实践中掌握的尺度并不一致。本条从证据保全方法的分类出发，对《民事诉讼法解释》第九十八条进一步细化。

一、诉前证据保全并不一定必须提供担保

虽然根据《民事诉讼法》第八十一条第三款规定，证据保全的其他程序，参照适用本法第九章保全的有关规定。而根据《民事诉讼法》第一百零一条规定，诉前财产保全必须提供担保。《民事诉讼法解释》第一百五十二条第二款也规定，利害关系人申请诉前保全的，应当提供担保。但是，从担保的制度功能来看，它以保障权利的最终实现为根本目的，而证据保全以对特定证据材料进行固定、保存以备后用为目的，它保全的是证据的证明价值而非经济价值，从这点上说，担保并非证据保全所必需。因此，本条并未区分诉前和诉中证据保全，可以理解为，诉前证据保全是否提供担保亦应当按照本条规定判断，而不是依照《民事诉讼法》第一百零一条对诉前财产保全的规定，必须提供担保。

二、证据保全需要提供担保的具体情形

（一）采取查封、扣押等限制保全标的物使用、流通等保全措施的

证据保全的目的在于固定证据，对因情势或物理上的变化，或其他意外原因导致证据的灭失或其他有碍使用的隐患予以事先防范，当被保全的证据是书证或数据存储介质时，采取复制的证据保全方法，基本不会对证据价值造成影响，自然也不存在担保的必要。即便是采取了影响比较大的如扣押书证的证据保全方法，一般也不会对被保全的证据持有人造成经济上的损失。但如果被保全的证据本身为财物或

者由于保全方法本身的特点，可能给证据持有人造成财产上的损失时，申请证据保全的当事人有提供担保的必要，人民法院应当责令其提供相应的担保。根据本规定第二十七条的规定，证据保全的方法包括查封、扣押、录音、录像、复制、鉴定、勘验等。其中，查封、扣押既是调查取证和证据保全的方法，也是执行措施。查封，是指对物经检查后，贴上封条就地封存，不准任何组织或个人动用。扣押，是指依法强行提取、扣留和封存与案件有关的物品或文件的行为。对物及时采取扣押措施，可以防止能够作为证据使用的物品或文件被隐匿、转移或毁损、灭失，保证其能够正常地作为证据在案件中使用，发挥其证明案件事实的作用。对于房产、有价证券等采取查封、扣押措施进行证据保全的，不仅限制了保全标的物的使用，也因限制流通导致错过交易时机可能会对财产交易价值造成影响。人民法院可以根据具体情况决定申请人提供担保。鉴定、勘验的方法，如果可能对证据本身的财产价值造成损害的，也属于应当提供担保的情形。录音、录像、复制等方法为单纯的固定证据的手段，一般不会对证据本身造成损害，则无提供担保的必要。

（二）保全可能对证据持有人造成损失的

如上所述，证据保全的担保制度设置是为了弥补因保全而给证据持有人带来的不应产生的损失，以损失的产生为条件。本条在《民事诉讼法解释》第九十八条第二款的基础上，根据实践中比较常见的类型，明确提炼出了查封、扣押等限制保全标的物使用、流通等保全措施应当提供担保，但社会生活复杂多变的特性，决定了法律规定无法对所有存在或以后可能存在的情形一一列举。因此，本条规定对于其他可能给证据持有人造成损失的情形，仍沿用《民事诉讼法解释》的规定，只是将"他人"改为"证据持有人"，使得意思表示更为精确。

三、担保方式和数额的确定

（一）担保的方式

《最高人民法院关于人民法院办理财产保全案件若干问题的规定》（以下简称《财产保全规定》）第六条第一款规定，申请保全人或第三人为财产保全提供财产担保的，应当向人民法院出具担保书。担保书应当载明担保人、担保方式、担保范围、担保财产及其价值、担保责任承担等内容，并附相关证据材料。第二款规定，第三人为财产保全提供保证担保的，应当向人民法院提交保证书。保证书应当载明保证人、保证方式、保证范围、保证责任承担等内容，并附相关证据材料。参照该规定，为证据保全提供担保的，可以由申请保全人和第三人提供物保，包括抵押、质押等，担保方式不仅限于现金担保，也可以用实物作为担保，还可以由专业的担保公司来提供担保；也可以由第三人提供保证担保。

（二）担保的数额

《民事诉讼法解释》第一百五十二条规定，利害关系人申请诉前保全的，应当提供担保。申请诉前财产保全的，应当提供相当于请求保全数额的担保；情况特殊的，人民法院可以酌情处理。申请诉前行为保全的，担保的数额由人民法院根据案件的具体情况决定。在诉讼中，人民法院依申请或者依职权采取保全措施的，应当根据案件的具体情况，决定当事人是否应当提供担保以及担保的数额。《财产保全规定》第五条中规定，人民法院依照民事诉讼法第一百条规定责令申请保全人提供财产保全担保的，担保数额不超过请求保全数额的百分之三十；申请保全的财产系争议标的的，担保数额不超过争议标的价值的百分之三十。利害关系人申请诉前财产保全的，应当提供相当于请求保全数额的担保；情况特殊的，人民法院可以酌情处理。财产保全的这种规定，是由其作为保障后续财产权利实现的功能决定的。财产保全直接指向金额确定或相对能够确定的财产,当发生因保全导致的损失时,损失数额与标的金额存在直接的关联。正是由于财产保全所具备的这种特点,实践中还出现了以保险方式为财产保全提供担保的做法,即诉讼财产保全责任保险,诉讼中提出财产保全的当事人,此时以投保人及被保险人的身份,与保险公司签订诉讼财产保全保险合同,保险公司以该种保险产品作为当事人财产保全的担保物,为当事人的财产保全行为进行担保。假如当事人的财产保全行为出现符合《民事诉讼法》第一百零五条规定的情形,保险人根据保险合同约定的赔偿限额进行赔偿,以实现财产保全担保的目的。但由于证据保全和财产保全的目的不同,以上《民事诉讼法解释》第一百五十二条和《财产保全规定》第五条关于财产保全提供担保的规定并不能直接适用于证据保全。而且,证据保全虽然和诉讼存在着紧密的联系,但就证据保全本身而言,其与诉讼的待证事实有关,而与诉讼标的额无直接的关联。在证据保全中,即便保全对象是经济价值确定的物,亦不能得出与财产保全的担保数额确定规则类似的结论。综合而言,证据保全中不存在具体的财产数额,提供担保的数额也无法直接与保全数额挂钩,保全的证据价值往往也很难判断,且与当事人的诉讼请求并没有明确的直接联系,因此,在判断证据保全担保的数额时,不能直接以请求保全数额作为参照标准,要注意将保全措施对证据持有人的影响和保全标的物本身的价值作为考虑因素,同时,当事人或者利害关系人争议的诉讼标的金额也可以作为考量因素之一。

【审判实践中需要注意的问题】

对于应当提供担保而不提供担保的情形处理。由于证据保全与当事人的举证责任相连,且人民法院是否决定保全可能直接影响对案件事实的查证,属于重大的程序性事项,因此,对于应当由当事人提供担保的，人民法院应当根据《民事诉讼法解释》第一百五十二条规定，下发书面通知，责令利害关系人或者当事人提供担保。经通知，当事人仍拒绝提供担保的，可以参照《民事诉讼法》第一百零一条规定，采取裁定的形式驳回其申请，并应当在裁定书明确说明应当提供担保的情况。

【法条链接】

《中华人民共和国民事诉讼法》（2017年修正）

第八十一条　在证据可能灭失或者以后难以取得的情况下，当事人可以在诉讼过程中向人民法院申请保全证据，人民法院也可以主动采取保全措施。

因情况紧急，在证据可能灭失或者以后难以取得的情况下，利害关系人可以在提起诉讼或者申请仲裁前向证据所在地、被申请人住所地或者对案件有管辖权的人民法院申请保全证据。

证据保全的其他程序，参照适用本法第九章保全的有关规定。

第一百条　人民法院对于可能因当事人一方的行为或者其他原因，使判决难以执行或者造成当事人其他损害的案件，根据对方当事人的申请，可以裁定对其财产进行保全、责令其作出一定行为或者禁止其作出一定行为；当事人没有提出申请的，人民法院在必要时也可以裁定采取保全措施。

人民法院采取保全措施，可以责令申请人提供担保，申请人不提供担保的，裁定驳回申请。

人民法院接受申请后，对情况紧急的，必须在四十八小时内作出裁定；裁定采取保全措施的，应当立即开始执行。

第一百零一条　利害关系人因情况紧急，不立即申请保全将会使其合法权益受到难以弥补的损害的，可以在提起诉讼或者申请仲裁前向被保全财产所在地、被申请人住所地或者对案件有管辖权的人民法院申请采取保全措施。申请人应当提供担保，不提供担保的，裁定驳回申请。

人民法院接受申请后，必须在四十八小时内作出裁定；裁定采取保全措施的，应当立即开始执行。

申请人在人民法院采取保全措施后三十日内不依法提起诉讼或者申请仲裁的，人民法院应当解除保全。

第一百零五条　申请有错误的，申请人应当赔偿被申请人因保全所遭受的损失。

《中华人民共和国海事诉讼特别程序法》（1999年）

第六十六条　海事法院受理海事证据保全申请，可以责令海事请求人提供担保。海事请求人不提供的，驳回其申请。

《最高人民法院关于适用〈中华人民共和国民事诉讼法〉的解释》（2015年1月30日　法释〔2015〕5号）

第九十八条　当事人根据民事诉讼法第八十一条第一款规定申请证据保全的，可以在举证期限届满前书面提出。

证据保全可能对他人造成损失的，人民法院应当责令申请人提供相应的担保。

第一百五十二条　人民法院依照民事诉讼法第一百条、第一百零一条规定，在采取诉前保全、诉讼保全措施时，责令利害关系人或者当事人提供担保的，应当书面通知。

利害关系人申请诉前保全的，应当提供担保。申请诉前财产保全的，应当提供相当于请求保全数额的担保；情况特殊的，人民法院可以酌情处理。申请诉前行为保全的，担保的数额由人民法院根据案件的具体情况决定。

在诉讼中，人民法院依申请或者依职权采取保全措施的，应当根据案件的具体情况，决定当事人是否应当提供担保以及担保的数额。

《最高人民法院关于民事诉讼证据的若干规定》（2001年12月21日　法释〔2001〕33号）

第二十三条　当事人依据《民事诉讼法》第七十四条的规定向人民法院申请保全证据，不得迟于举证期限届满前七日。

当事人申请保全证据的，人民法院可以要求其提供相应的担保。

法律、司法解释规定诉前保全证据的，依照其规定办理。

《最高人民法院关于人民法院办理财产保全案件若干问题的规定》（2016年11月7日　法释〔2016〕22号）

第六条　申请保全人或第三人为财产保全提供财产担保的，应当向人民法院出具担保书。担保书应当载明担保人、担保方式、担保范围、担保财产及其价值、担保责任承担等内容，并附相关证据材料。

第三人为财产保全提供保证担保的，应当向人民法院提交保证书。保证书应当载明保证人、保证方式、保证范围、保证责任承担等内容，并附相关证据材料。

对财产保全担保，人民法院经审查，认为违反物权法、担保法、公司法等有关法律禁止性规定的，应当责令申请保全人在指定期限内提供其他担保；逾期未提供的，裁定驳回申请。

第二十七条 ［证据保全的方法］

人民法院进行证据保全，可以要求当事人或者诉讼代理人到场。

根据当事人的申请和具体情况，人民法院可以采取查封、扣押、录音、录像、复制、鉴定、勘验等方法进行证据保全，并制作笔录。

在符合证据保全目的的情况下，人民法院应当选择对证据持有人利益影响最小的保全措施。

【条文主旨】

本条由 2001 年《证据规定》第二十四条整理形成，对人民法院采取证据保全的具体措施提出要求，同时新增加了证据保全利益影响最小化原则的规定。

【条文释义】

从时间顺序上看，应当是先要求当事人或者诉讼代理人到场，再采取保全措施，故本条对 2001 年《证据规定》第二十四条第一款和第二款调换了顺序。

证据保全的方法需要注意以下几点：

一、要求当事人或者诉讼代理人到场

证据保全的主要目的是固定证据，以查明争议的案件事实。从程序正当性上来看，当事人的程序保障是程序正当性的过程来源，基于这种理念，进行证据保全时要求当事人或者诉讼代理人到场，给予当事人在场见证、辩论的权利，一方面可以当场固定证据，提高诉讼效率，另一方面也可以避免事后一方当事人对证据的保全过程提出异议，防止因此出现诉讼程序空转。此外，对于很多证据，在双方当事人或者其诉讼代理人均到场对原件无意义的情况下，可以通过复制、拍照、录音、录像等方法保全，而不必查封、扣押原件，尽量减少对证据持有人利益的影响。

二、考虑当事人的申请和具体情况

2001年《证据规定》第二十四条中仅规定"根据具体情况"，没有考虑当事人申请的因素，因本规定第二十五条明确规定证据保全申请书中应当包括保全的具体方法，也即，当事人应当就证据保全采用何种具体形式提出申请意见。因此，人民法院在决定采取的具体保全方法时，应当将当事人申请作为重要考虑因素。所谓"具体情况"需要人民法院结合证据持有人情况、证据的形式、证据保全时当事人是否到场、对证明案件事实的意义等因素，综合确定。

三、具体的保全方法

与2001年《证据规定》第二十四条规定的保全方法相比，本条删去了其中的"制作笔录"，主要考虑是，制作笔录并非与前述证据保全方式并列的一种独立的方式，而是与其他方式配合使用，也即，无论在查封、扣押，还是在其他方式中，都应当同时制作笔录，对证据保

全相关情况予以详细记录。故本条在列举了相关的保全方法后，同时规定"并制作笔录"。笔录中应当详细记载证据保全的时间、地点、方法、参加人员、书证或者物证等的主要特征以及证据保全的全部过程等详细内容，对于涉及国家秘密、商业秘密或者个人隐私的证据，应当特别注明，注意保密。

（一）查封和扣押

查封和扣押是比较常见的财产保全方法，但这两种方法一般会对作为查封、扣押对象的物的使用价值和交换价值附加较大的限制，某些情况下，可能会对证据持有人的利益造成损害。证据保全中，根据对证据持有人利益影响最小化的原则要求，在能够采取其他方式固定证据，又对证据的证明价值而言不致产生更多损害的情况下，应尽量少采用该种证据保全方法。当然，对于特定案件的特定书证、物证有被隐匿、毁坏或灭失的风险的情况，为了保证证据不被转移或损坏，也可以裁定采取查封或者扣押的证据保全方法，在此情况下，应当参照财产保全的执行方式，同时向持有证据的单位或者个人发出协助执行通知书。

（二）录音和录像

实践中，录音、录像常被作为视听资料或电子数据等的证据收集方式出现，通过以一定的设备将特定的事件、活动过程的声音或影像记录保存，还原事实情况。在证据保全中，录音、录像的适用范围则更加广泛。例如，当需要保全的证据是证人了解、掌握的有关事实情况时，由于音像证据比询问记录更能真实地反映谈话内容，尤其能如实反映谈话的具体环境和全过程，可以在询问证人制作询问笔录的同时，结合采用录音录像的方法。再如，对于以勘验方式保全证据的过程，也可以结合录音、录像的方式，对勘验保全过程予以如实记录，为之后的证据使用提供辅助作用，同时，经录音、录像形成的视听资料本身亦具有相应的证据效力。

(三) 拍照

本条虽然没有再明确写明拍照的证据保全方法，但实践中如果需要也是完全可以采用的，比如在没有复印的条件下，对书证的保全，也可以适用对物证的保全。当然，根据《民事诉讼法》第七十条规定，书证应当提交原件。物证应当提交原物。因此，对证据保全一般应当采取查封、扣押的方式保全证据的原件、原物或者视听资料、电子数据的原始载体，不合适用拍照的方式，即便保全原件或原物确有困难的，也可以通过录像的方式，以更直观、动态地保全证据。

(四) 复制

复制是通过一定的方法或使用一定的设备，按照原物的各种特征制作仿制品的行为，包括摹写、复印、翻拍、转录等各种方法。① 由于其以原物为基准进行仿制的特性，在证据保全中，复制一般适用于对书证的保全。书证作为以文字、符号、图画等记载的内容和表达的思想证明案件事实的书面文件和其他物品，其发生毁损、灭失的可能性远高于物证、视听资料等其他证据形式。当书证面临灭失或以后难以取得的情况时，双方当事人都到场，现场核实复制件与原件一致，可以采取复制的方式对证据进行保全，既保留书证所记载的内容和表达的思想，同时，又不会影响证据持有人对证据的继续占有和使用。

(五) 鉴定

鉴定是指专门的机构或者任意利用其专业技术知识和科学技术设备，对有关问题进行检测并作出鉴定结论的活动。鉴定也是很多案件中都可以采用的证据收集措施和方法，不仅可以揭示诉讼中想要了解的相关情况，鉴定意见还可以作为独立证据种类使用。鉴定的对象多种多样，既可以是物证，也可以是书证，在民事诉讼中，鉴定一般包

---

① 卞建林、谭世贵主编：《证据法学》（第3版），中国政法大学出版社2014年版，第295页。

括造价鉴定和审计,形成的鉴定意见是一种重要的证据形式。对于应当鉴定但未鉴定的问题,或者对鉴定意见的正确性有疑问的,除了可以重新鉴定、补充鉴定外,还可以向有关专家进行咨询,请专家作出说明。

(六) 勘验

勘验是执法人员亲临现场,发现和提取证据的专门活动。在民事诉讼中,勘验一般适用于对物证的证据保全。从收集证据的角度讲,勘验具有双重意义,一方面,勘验是发现和提取各种物证的重要途径;另一方面,勘验笔录本身也是一种形式的证据。

四、利益影响最小化原则

本条第三款规定为新增加的规定,在证据保全中要尽量采用对证据持有人利益影响最小的方式,是诉讼经济原则的应有之义,同时,也与证据保全的目的相契合。与财产保全不同,证据保全更关注的是证据所载明的内容对证明案件事实的意义,本质上并不关注证据这一载体本身,只要能够达到前述目的,不一定非要限制证据的使用和流通。本条中的利益影响最小化原则,是在以法院采取的证据保全的具体措施为前提下提出的,要求法院在选择证据保全方法的时候,采用对证据持有人的利益影响最小的方式。但是,利益影响最小化原则并非只适用于保全措施的具体选择,它应当作为法院在审查决定是否进行证据保全、采用何种方法实施证据保全时普遍适用的一项原则。实现利益影响最小化的目的,要求法院在决定是否实施证据保全、实施何种证据保全方法之前,即对当事人提起的证据保全申请的合法性和必要性进行审查。

(一) 合法性审查

包括申请人主体是否适格,受理证据保全申请的法院是否有管辖权,申请人是否提交了符合法定格式和内容要求的书面申请等。此外,有观点认为，法院对证据保全申请进行审查时，还应当注意申请人是否符合起诉条件，即其首先要有能够将其诉讼请求和对方直接联系起来的基本证据。假如证据保全的申请人欠缺基本证据，其之后的起诉很大可能不会成立，在此情形下，如法院受理了其证据保全申请，一方面很可能导致证据持有人的财产损失，尤其是在被保全的证据使用价值或交换价值被限制的情形下，损失发生的可能性更大；另一方面，法院的证据保全行为事实上形成了一种协同证据保全申请人共同寻找、固定证据的现象，造成实质上的证据偷袭，有违司法的公正和中立。[①]我们赞同这种观点，证据保全的前提，就是诉前或诉中有证据可能灭失或以后难以取得的情况发生，其核心功能在于"保全"，保障证据的证明价值的顺利实现，而非"寻找"。但实践中，法院对证据保全申请进行合法性审查时，亦应当注意适度，不宜对申请人是否符合起诉条件课以过重的证明责任，否则，就背离了证据保全制度的本意。

（二）必要性审查

包括被申请保全的证据是否可由当事人自行获取，是否可由公证机关进行保全，证据是否由对方当事人掌握，与案件是否存在关联性等。证据保全审查之必要性，是实现利益影响最小化原则的必然要求。如法院在当事人申请对证据进行保全的情形下，不对保全行为有无必要进行审查，为证据持有人把好第一道关，利益影响最小化也就无从谈起。在证据保全的必要性审查中，尤需要注意的是证据与案件关联性的审查。在前述的合法性审查中，法院需适当审查当事人是否符合起诉条件，这点是由证据保全审查与诉的关联性决定的，无论是诉前证据保全还是诉中证据保全，最终都要在诉的程序中发挥其意欲发挥的作用。同样，基于这种关联性，申请人意图保全的证据，也应当与诉具备关联性，包括证据能力和证明力两个层次。丧失关联性的证据

[①] 许少波：《民事证据保全制度研究——以法院为中心的分析》，法律出版社2013年版。

保全，一来其本身毫无意义，二来可能给证据持有人在证据上的利益遭受本来可以避免的不必要的损害，同样背离了利益影响最小化原则的要求。即使证据持有人因此而受损的利益可以按照本规定第二十八条关于赔偿责任的规定得到一定救济，也无法改变其利益已经受损，且为挽救受损的利益还需要发生额外投入的事实。

【审判实践中需要注意的问题】

1. 参照《民事诉讼法》第一百零一条第三款规定，申请人在人民法院采取保全措施后三十日内不依法提起诉讼或者申请仲裁的，人民法院应当解除保全。同时，根据本条第三款规定的利益影响最小化原则。在证据保全后，人民法院应当及时组织当事人进行质证，完成证据的固定和开示，在证据质证结束，即可解除证据保全措施，留取复制件存档备查即可，不需要像财产保全那样，到判决生效时解除保全措施甚至转至执行措施。

2. 对于采取录音、录像、勘验、复制等证据保全措施的情形，因为并未影响证据本身的使用，一般也无需再下达解除保全措施的裁定。但是对查封、扣押、鉴定等证据保全措施，尤其是有的情况需要向持有证据的单位或个人下达协助执行通知书，因此，在证据保全的目的完成后，一般应当下达解除保全措施的裁定。

【法条链接】

《中华人民共和国民事诉讼法》（2017年修正）

第七十条 书证应当提交原件。物证应当提交原物。提交原件或者原物确有困难的，可以提交复制品、照片、副本、节录本。

提交外文书证，必须附有中文译本。

第一百零一条 利害关系人因情况紧急，不立即申请保全将会使其合法权益受到难以弥补的损害的，可以在提起诉讼或者申请仲裁前向被保全财产所在地、被申请人住所地或者对案件有管辖权的人民法院申请采取保全措施。申请人应当提供担保，不提供担保的，裁定驳回申请。

人民法院接受申请后，必须在四十八小时内作出裁定；裁定采取保全措施的，应当立即开始执行。

申请人在人民法院采取保全措施后三十日内不依法提起诉讼或者申请仲裁的，人民法院应当解除保全。

《最高人民法院关于民事诉讼证据的若干规定》（2001年12月21日 法释〔2001〕33号）

第二十四条 人民法院进行证据保全，可以根据具体情况，采取查封、扣押、拍照、录音、录像、复制、鉴定、勘验、制作笔录等方法。

人民法院进行证据保全，可以要求当事人或者诉讼代理人到场。

第二十八条 ［证据保全的赔偿责任］

申请证据保全错误造成财产损失，当事人请求申请人承担赔偿责任的，人民法院应予支持。

【条文主旨】

本条系新增条文，法律依据为《民事诉讼法》第一百零五条。该条规定："申请有错误的，申请人应当赔偿被申请人因保全所遭受的损失。"

【条文释义】

关于保全错误的损害赔偿责任，《民事诉讼法解释》并未规定，本条系针对《民事诉讼法》第一百零五条所作的解释，强调只有证据保全错误造成"财产损失"的，当事人才可以请求申请人承担赔偿责任。

证据保全制度的目的在于事先防范，使证据经由法院的调查固定，从而避免因情势变化、物理上的变化等原因或者其他意外情况的出现而发生灭失或者无法使用的情形，导致案件事实难以查明。申请证据保全是当事人重要的诉讼权利。依当事人申请裁定的证据保全，虽系人民法院对申请进行形式审查后作出的司法措施，但其前提和基础是当事人的证据保全申请。如因申请保全人权利行使不当,造成他人财产损失的,应由申请保全人承担侵权损害赔偿责任。

需要明确的是,申请保全人因其申请证据保全错误,给证据持有人造成损失的,二者之间形成的是侵权损害赔偿关系。在民法体系中,债的种类包括无因管理、不当得利、侵权之债、合同之债和缔约过失之债等主要类型,其中,因侵权行为引起的侵权损害赔偿请求是合同关系之外法律规范最为概括、覆盖对象最为复杂的债的关系。《侵权责任法》第二条规定:"侵害民事权益,应当依照本法承担侵权责任。本法所称民事权益,包括生命权、健康权、姓名权、名誉权、荣誉权、肖像权、隐私权、婚姻自主权、监护权、所有权、用益物权、担保物权、著作权、专利权、商标专用权、发现权、股权、继承权等人身、财产权益。"《侵权责任法》以一种概括规范的方式,确定其保护的民事利益的范围。就这种民事利益究竟如何确定的问题,有主张认为可以考虑以下几个方面的因素:(1)民事利益是否被一些特别的保护性法律予以保护,例如,《中华人民共和国证券法》中对投资者经济利益的保护的条款,且此类保护性法规不限于私法领域,也包括刑法、行政法规这样的公法规范;(2)侵权人侵犯该民事利益时的主观状态,如果侵权人主观的状态是故意的,那么被侵犯的民事利益通常可以通过《侵权责任法》予以保护;(3)行为人在实施侵害行为时,是否与受害人之间处于一种紧密关系,以至于行为人可以合理预见到他的行为将给受害人的利益带来损害或者受害人可以合理信赖行为人不会从事侵害行为,从而使得对行为人施加危险防免的义务具有合理性;(4)在界定受保护的利益范围时,要考虑行为人的行为自由,追求的受害人的法益保护与行为人的自由维护之间的平衡。对此,也有学者认为,对《侵权责任法》第二条规定的民事利益的确定,应当具备几个条件:(1)法律已明文规定的合法利益;(2)故意违背善良风俗致人利益损害;(3)利益损害达到重大程度。同时认可,物权、债权、知识产权等财产权所保护的财产利益之外的财产利益，也应当属于《侵权责任法》规定中的民事利益，受到《侵权责任法》的保护。[①] 证据保全错误既有可能导致所有权、用益物权的损害，也有可能导致当事人其他财产利益的损害，因此，因证据保全错误的，应当依据《侵权责任法》的规定承担损害赔偿责任。

本条侵权损害赔偿责任的承担，需要注意三个方面：

一、申请证据保全错误

所谓"申请证据保全错误"，是指申请人对证据保全错误结果的形成，存在故意或者重大过失的过错情形。亦即在对因证据保全错误而引起的侵权责任的具体认定上，应当适用过错责任作为其归责原则，即《侵权责任法》第六条规定，行为人因过错侵害他人民事权益，应当承担侵权责任。过错责任原则作为侵权责任法所确定的基本的归责原则，给予了民事主体行使权利时不受非法限制的绝对性。在过错责任原则下，只要行为人在实施行为时，尽到民事主体的一般注意义务，即使其行为实际上造成了损害的后果，行为人也不必对损害结果承担民事责任。申请保全人在申请证据保全的过程中，如已经尽到了一般注意义务，即使对方的合法民事权益确实遭受了损失，其也不必为此承担责任。但是，假如申请保全人在行使权利过程中，未能尽到一般注意义务，或者明知存在诸如关联性、必要性欠缺的情况，则申请人保全人需为因此产生的损害承担损害赔偿责任。需要说明的是，证据保全错误和当事人的后续诉讼结果不能画等号，即判断申请人申请证据保全是否存在过错，不能简单地以申请人的诉讼请求或者抗辩主张是否得到支持作为判断标准。从民事诉讼的证据共通原则出发，一方当事人所举出的证据，亦可由对方当事人作为证据使用。在证据保全

[①] 杨立新：《简明侵权责任法》，中国法制出版社2015年版，第22~23页。

中，法院对申请保全的证据经过开示、质证，证据所能证明的案件事实可能为申请人一方所用，也可能为对方当事人所用，该被保全证据的证明价值在不同当事人的诉讼中均得以发挥。在此情形下，如申请证据保全的当事人在申请之时，已对证据与待证案件事实的关联性和其所申请的证据保全措施对证据价值的影响等尽到一般注意义务，即不能仅因申请证据保全的当事人是否获得了其在申请证据保全时想要的诉讼结果，判断其证据保全的申请是否错误。对证据保全错误的判断，要根据申请保全的对象、方式以及申请保全的证据是否能够证明其所主张的案件事实等，考察其申请证据保全是否适当。申请保全人提出的诉请或抗辩主张合理且申请证据保全适当的，不属于故意或重大过失。

二、因证据保全错误而给证据持有人造成财产损失

即证据保全错误与财产损失之间应当有因果关系。由于证据保全的目的主要是为了查证案件事实，并不关注证据本身物的价值。因此，根据本规定第二十七条第三款规定，在符合证据保全目的的情况下，人民法院应当选择对证据持有人利益影响最小的保全措施。一般来讲，复制、录音、录像等证据保全方式，不会对证据持有人造成财产损失，因此，即使申请人存在过错，亦不应承担赔偿责任。在采用"鉴定"这一证据保全方式的情况下，可能存在因鉴定需要使用证据，导致证据持有人暂时不能使用或者进行下一步交易，存在一定的财产损失，此种情况下应当由证据持有人承担举证证明责任。对证据持有人利益影响最大的为查封、扣押的证据保全方式，但即使采取查封、扣押的方式，也应当以尽量不影响证据持有人的使用或者通过尽快完成证据举示和质证过程，减少对举证持有人的影响为前提，因为证据保全毕竟不同于财产保全，只要完成查证事实的目的，即可终结，而不需要一直持续至诉讼结束。《民事诉讼法解释》第一百五十五条规定，由人

民法院指定被保全人保管的财产，如果继续使用对该财产的价值无重大影响，可以允许被保全人继续使用；由人民法院保管或者委托他人、申请保全保管的财产，人民法院和其他保管人不得使用。参照该条规定，人民法院对于查封、扣押的证据，也可以根据具体情况允许被保全人继续使用，该种情况并不会对被保全人造成损害。

三、对于赔偿的具体数额如何确定

因侵权导致的财产损害赔偿，以全面赔偿为原则，即对致害人的侵权行为，无论行为人主观上是出于故意或过失，也无论行为人是否受刑事、行政制裁，均应根据造成损害的大小确定民事赔偿的范围，使受害人处于损害事故没有发生时应处的状态。[①] 根据《侵权责任法》第十九条规定，侵害他人财产的，财产损失按照损失发生时的市场价格或者其他方式计算。为了体现公平原则，不背离民事侵权责任损失填补的基本原则，不给证据保全制度设置运行障碍，赔偿损失的范围应以实际财产损失为限较为适宜。实际财产损失范围的确定应综合考量保全行为对被申请人的经济运转影响、被保全财产效用、被申请人对被保全财产的依赖程度、市场行情、被保全的时间等因素。比如，根据《民事诉讼法解释》第一百五十四条规定，人民法院在财产保全中采取查封、扣押、冻结财产措施时，应当妥善保管被查封、扣押、冻结的财产。不宜由人民法院保管的，人民法院可以指定被保全人负责保管；不宜由被保全人保管的，可以委托他人或申请保全人保管。在被保全的证据由被保全人保管的情况下，并未损害其使用价值，一般不会给被保全人造成财产损失。再比如，不同于财产保全需要保全至判决生效之时甚至延续至执行阶段，证据保全时间一般较短，只要经过证据开示和质证后，就可解除保全措施。因此，不能以整个诉讼

---

① 马俊驹、余延满：《民法原论》，法律出版社 2016 年版，第 1027 页。

过程作为使用价值损失的计算期间。此外，在具体损失数额确定之后，还应当综合考虑申请保全人与证据持有人对实际产生的损失的过错程度，确定最终的损害赔偿数额。根据《侵权责任法》第二十六条规定，被侵权人对损害的发生也有过错的，可以减轻侵权人的责任。该条规定明确了侵权责任中过错相抵的原则，即当受害人对于损害的发生或扩大也存在主观过错时，可以视其过错程度，减轻或免除侵权行为人的赔偿责任。同样，证据保全损害赔偿中的过错相抵，也要受到过错相抵原则适用限制的同等限制。由于证据保全错误对申请保全人过错程度要求较高，当证据持有人只是因为一般过失导致损失扩大，此时，从促使证据保全的申请人合理审慎行使权利的角度考虑，不宜因此而减轻申请保全人的赔偿责任。

如前所述，证据保全包括诉中证据保全和诉前证据保全，在诉前证据保全的情况下，如果利害关系人在申请后的30日内并未提起诉讼，如果其保全存在过错，也应当承担损害赔偿责任。此时，证据持有人也有权提起诉讼，主张损害赔偿责任。因此，本条中所称的"当事人"是指在诉前保全损害赔偿纠纷一案中的当事人，既包括因诉前证据保全受到损害的证据持有人，也包括因诉中证据保全受到损害的证据持有人。

【审判实践中需要注意的问题】

关于证据保全损害赔偿责任的受诉法院。《民事诉讼法解释》第二十七条规定，当事人申请诉前保全后没有在法定期间起诉或者申请仲裁，给被申请人、利害关系人造成损失引起的诉讼，由采取保全措施的人民法院管辖。当事人申请诉前保全后在法定期间内起诉或者申请仲裁，被申请人、利害关系人因保全受到损失提起的诉讼，由受理起诉的人民法院或者采取保全措施的人民法院管辖。要特别注意的是，虽然证据保全损害赔偿责任系侵权之诉，但因该侵权行为与其他普通侵权行为不同，有法院的介入，由受理起诉或采取保全措施的人民法院管辖更便于查明侵权事实。因此，原则上不适用《民事诉讼法》一般管辖的规定。

【法条链接】

《中华人民共和国民事诉讼法》（2017年修正）

第一百零五条 申请有错误的，申请人应当赔偿被申请人因保全所遭受的损失。

《最高人民法院关于适用〈中华人民共和国民事诉讼法〉的解释》（2015年1月30日　法释〔2015〕5号）

第二十七条 当事人申请诉前保全后没有在法定期间起诉或者申请仲裁，给被申请人、利害关系人造成损失引起的诉讼，由采取保全措施的人民法院管辖。

当事人申请诉前保全后在法定期间内起诉或者申请仲裁，被申请人、利害关系人因保全受到损失提起的诉讼，由受理起诉的人民法院或者采取保全措施的人民法院管辖。

第一百五十四条 人民法院在财产保全中采取查封、扣押、冻结财产措施时，应当妥善保管被查封、扣押、冻结的财产。不宜由人民法院保管的，人民法院可以指定被保全人负责保管；不宜由被保全人保管的，可以委托他人或者申请保全人保管。

查封、扣押、冻结担保物权人占有的担保财产，一般由担保物权人保管；由人民法院保管的，质权、留置权不因采取保全措施而消灭。

第二十九条 ［法院对诉前保全证据的移交］

人民法院采取诉前证据保全措施后，当事人向其他有管辖权的人民法院提起诉讼的，采取保全措施的人民法院应当根据当事人的申请，将保全的证据及时移交受理案件的人民法院。

【条文主旨】

本条系新增条文，是根据《民事诉讼法解释》第一百六十条诉前财产保全作出的规定，内容基本一致。

【条文释义】

证据保全是民事诉讼中的一种非常措施，防止可能因自然或人为的原因造成证据的灭失或损坏，而采取一些必要的措施，对证据实行有条件的固定和保护。从时间来看，证据保全可以分为诉讼前的证据保全和诉讼过程中的证据保全。广义的诉讼前证据保全包括行政机关采取的证据保全、公证机构采取的证据保全和人民法院应申请采取的证据保全。《公证法》第十一条规定，根据自然人、法人或者其他组织的申请，公证机构可以办理保全证据的公证事项。因此，当事人为了以后诉讼的需要，可以向公证处提出申请，请求公证处通过公证的方式预先把某项证据确定下来,以备以后发生诉讼时向法院提供。此种情况下,公证机构与人民法院采取诉前证据保全的目的是一致的,在《民事诉讼法》增加诉前证据保全制度以前,诉前证据保全的职能主要是通过公证机构行使的,人民法院不存在对诉前保全证据的保管和移交问题。2017年修正的《公证法》中仍然保留了公证机构保全证据的职能,因此,目前诉前的证据保全,当事人既可以向公证机构申请,也可以向人民法院申请。本条所称诉前证据保全仅指向人民法院申请的情况。所谓诉前证据保全,是指因情况紧急,在证据可能灭失或者以后难以取得的情况下,利害关系人可以在提起诉讼或申请仲裁前向人民法院申请保全。《民事诉讼法》第八十一条第三款规定,证据保全的其他程序,参照适用本法第九章保全的有关规定。因此,对诉前证据保全的管辖法院可以参照《民事诉讼法》第一百零一条规定,根据该条规定,利害关系人因情况紧急,不立即申请保全将会使其合法权益受到难以弥补的损害的,可以在提起诉讼或者申请仲裁前向被保全财产所在地、被申请人住所地或者对案件有管辖权的人民法院申请采取保全措施。可见,在未提起诉讼前,当事人可能向被保全证据所在地或被申请人住所地或者对案件有管辖权的人民法院申请诉前证据保全。因此,可能存在采取诉前证据保全的法院与实际受理案件的法院不一致的情况,即当事人并未向申请证据保全的人民法院提起诉讼,此时,就涉及证据的移交问题。为妥善解决好因采取诉前证据保全的法院与实际受理诉讼的法院不一致而造成的司法资源浪费,增加当事人的诉累等问题,尤其是解决好保全证据的移交问题,公平合理地保护各方当事人的利益,本条对此作出规定。

一、诉前证据保全的受理法院

在提前诉讼前,向人民法院申请证据保全的,具体由哪一个法院受理,《民事诉讼法》没有明确规定,但根据该法第八十一条第三款规定，证据保全的其他程序，参照适用该法第九章保全的有关规定。而《民事诉讼法》第一百零一条规定，为方便利害关系人申请，除了被保全财产所在地法院可以受理诉前保全外，还将被申请人住所地法院也明确规定为受理法院，同时，还考虑到一些情况下，财产所在地或被申请人住所地并非实施保全措施的最佳地点，规定对案件有管辖权的法院也可以作为受理法院，以便申请人作出最合适保全实施的选择。其中，所谓"对案件有管辖权的人民法院"是指根据《民事诉讼法》规定，对将要提起的诉讼具有管辖权的法院。如侵权案件可以由侵权行为地和被告住所地人民法院管辖；合同纠纷可以由被告住所地或者合同履行地人民法院管辖；因不动产纠纷提起的诉讼，应当由不动产所在地人民法院管辖等。因此，参照上述规定，证据所在地、被申请人住所地、对案件有管辖权的人民法院应均可以受理利害关系人的诉前证据保全申请。

二、诉讼的提起

（一）期间要求

《民事诉讼法》第一百零一条第三款规定，申请人在人民法院采取保全措施后三十日内不依法提起诉讼或者申请仲裁的，人民法院应当解除保全。如上所述，根据《民事诉讼法》第八十一条第三款规定，证据保全的其他程序，参照适用该法第九章保全的有关规定。因此，对于申请诉前证据保全的，亦应当在采取保全措施后三十日内向人民法院起诉，否则，人民法院可以解除保全。

（二）诉讼管辖

如前所述，受理诉前证据保全的法院可以是证据所在地或被申请人所在地的法院，但按照《民事诉讼法》关于管辖的规定，上述法院可能对案件并无管辖权。因此，可能存在的疑问是，采取了诉前证据保全的人民法院是否因此享有该案件的管辖权。对此，我们认为，对于财产保全,《民事诉讼法解释》第一百六十条中规定,当事人向采取诉前保全措施以外的其他有管辖权的人民法院起诉的,采取诉前保全措施的人民法院应当将保全手续移送受理案件的人民法院。从该条文的表述看,不能得出申请诉前财产保全可以突破民事诉讼管辖一般原则的结论。受理诉讼的法院首先应当是有管辖权的法院,但根据《民事诉讼法》的规定,对某一个案件,有管辖权的法院不止一个,因此,可能存在采取诉前财产保全的法院虽对案件也有管辖权,但当事人基于各种情况考虑向其他有管辖权的人民法院起诉的情形。也即,当事人并非只能向采取诉前财产保全措施的人民法院提起诉讼,还可以向其他有管辖权的人民法院提起诉讼。从证据保全与财产保全不同目的的角度看,财产保全可能涉及以后生效判决的执行,与案件关联更为密切,而证据保全只涉及证据的固定以及对案件事实的查明,对证据进行保全的人民法院与是否方便案件审理和执行并无必然联系,本着举重以明轻的原则,人民法院采取诉前证据保全后当事人提起诉讼的,亦应当向有管辖权的人民法院提起。因此,如果采取诉前证据保全的人民法院对案件没有管辖权的,不应当因为受理了证据保全申请因此享有对案件的管辖权。即使依据当事人的申请,采取了诉前证据被保全,但在收到申请人起诉状后,人民法院亦必须遵循《民事诉讼法》关于一般管辖的标准审查其是否有管辖权,即是否符合级别管辖和专属管辖的规定。

(三)程序的衔接

由上所述,采取诉前证据保全的法院与实际受理案件的法院可能会是同一法院也可能不是同一法院。如果采取诉前保全的法院与实际受理案件的法院是同一法院,其所采取的诉讼保全措施就继续有效,这不会产生任何歧异。如果采取诉前保全的法院与实际受理诉讼的法院不是同一法院,采取诉前保全的法院对其所采取的诉前保全措施是否需要解除、是否继续有效、如何处理较为妥当,等。这些问题在实践中存在模糊认识，需要作出规范。对此，我们经过研究认为，虽然《民事诉讼法解释》第一百六十条对作出诉前财产保全裁定法院与受理案件法院不一致相衔接的问题作出了规定，但毕竟证据保全与财产保全在目的和方式上仍有许多不同之处，从《民事诉讼法解释》第一百六十条的规定看，主要是财产保全手续的移送，而证据保全不仅仅是手续移送的问题，或者说主要解决的不是手续移送的问题，而是证据本身的移交问题。如果因证据保管、移交不当，造成证据失去证明力的，可能造成案件事实无法查清，严重损害当事人的合法权益。从裁定效力的延续性角度看，诉请证据保全与诉前财产保全并无本质不同，证据保全也属于当事人诉讼活动中的一部分，是处理案件实体争议的附属部分，人民法院在实际取得审理案件的争议权后，应一并取得与诉讼有关的附随权力。借鉴移送管辖的实质是对案件进行移送的精神，受移送的法院对在受理案件前的诉前证据保全裁定享有相关决定权。也就是当案件被移送后，移送前法院所实施的法律行为和采取的法律措施对当事人继续有效，对受移送的法院有约束力。同时，受移送的法院有权依法对移送前法院所实施的行为和措施进行审查和处理。《民事诉讼法解释》第一百六十条规定，当事人向采取诉前保全措施以外的其他有管辖权的人民法院起诉的，采取诉前保全措施的人民法院应当将保全手续移送受理案件的人民法院。诉前保全的裁定视为受移送人民法院作出的裁定。本条即根据上述司法解释规定的精神，对诉前证据保全的移送问题作出规定。但在当事人向其他有管辖权的人民法院提起诉讼的情况下，与诉前财产保全相比，诉前证据保全尚有不同之处，主要体现在，由于财产保全的目的是保证将来生效判决的执行，有财产性内容，财产保全措施也可以自动转为执行程序中的执行措施，因此，此种情况下的转移更多是保全手续的移交，尤其是通过查封方式保全财产，而并未将财产扣押在法院的情况下，并不需要具体移交财产本身，只需认可不同法院之间裁定的通用效力，受诉法院不需要再重新作出保全裁定即可。但证据保全的目的是查明案件事实，证据必须当庭出示，并进行质证，因此，仅仅移送保全手续并不能达到移交的目的，受理诉前证据保全申请的人民法院应当将证据本身移交受诉人民法院。受移送人民法院无需重新对该保全作出新的裁定，但其可以根据具体情况有权依法对该诉前保全裁定依法予以变更或解除。

【审判实践中需要注意的问题】

1. 依法移送。由于法律没有明确规定利害关系人起诉只能向申请诉前保全的法院提起，尤其是在诉前证据保全的情况下，有些受理证据保全申请的法院可能对本案并非有管辖权。因此，受理诉前证据保全的法院不得因申请人没有在该法院起诉就不按要求移送相关材料，尤其要注重对已经保全的证据进行妥善保管。

2. 三十日起诉期的适用。《民事诉讼法》第一百零一条第三款规定，申请人在人民法院采取保全措施后三十日内不依法提起诉讼或者申请仲裁的，人民法院应当解除保全。由于存在当事人向其他有管辖权的人民法院提起诉讼的情况，因此，受理诉前证据保全申请的人民法院不得因为申请人没有向其提起诉讼，就在采取保全措施后三十日直接解除保全。应当向申请人予以释明，询问其是否已经提起诉讼以及受诉人民法院，并根据当事人的申请将所采取的保全措施和相关材料及时移送。对于采取诉前证据保全后三十日内，当事人没有向采取保全措施的人民法院提起诉讼的，人民法院应当及时通知当事人，在确认当事人没有提起诉讼的情况下，人民法院应当及时解除保全措施，以最大限度降低保全措施对证据持有人的影响。对于当事人在其他有管辖权的人民法院提起诉讼的，人民法院应当告知当事人尽快提出申请，将保全手续和材料移送受理案件的人民法院。

【法条链接】

《中华人民共和国民事诉讼法》（2017年修正）

第八十一条 在证据可能灭失或者以后难以取得的情况下，当事人可以在诉讼过程中向人民法院申请保全证据，人民法院也可以主动采取保全措施。

因情况紧急，在证据可能灭失或者以后难以取得的情况下，利害关系人可以在提起诉讼或者申请仲裁前向证据所在地、被申请人住所地或者对案件有管辖权的人民法院申请保全证据。

证据保全的其他程序，参照适用本法第九章保全的有关规定。

第一百零一条 利害关系人因情况紧急，不立即申请保全将会使其合法权益受到难以弥补的损害的，可以在提起诉讼或者申请仲裁前向被保全财产所在地、被申请人住所地或者对案件有管辖权的人民法院申请采取保全措施。申请人应当提供担保，不提供担保的，裁定驳回申请。

人民法院接受申请后，必须在四十八小时内作出裁定；裁定采取保全措施的，应当立即开始执行。

申请人在人民法院采取保全措施后三十日内不依法提起诉讼或者申请仲裁的，人民法院应当解除保全。

《最高人民法院关于适用〈中华人民共和国民事诉讼法〉的解释》（2015年1月30日 法释〔2015〕5号）

第一百六十条 当事人向采取诉前保全措施以外的其他有管辖权的人民法院起诉的，采取诉前保全措施的人民法院应当将保全手续移送受理案件的人民法院。诉前保全的裁定视为受移送人民法院作出的裁定。

第三十条 ［鉴定的启动］

人民法院在审理案件过程中认为待证事实需要通过鉴定意见证明的，应当向当事人释明，并指定提出鉴定申请的期间。

符合《最高人民法院关于适用〈中华人民共和国民事诉讼法〉的解释》第九十六条第一款规定情形的，人民法院应当依职权委托鉴定。

【条文主旨】

本条系新增条文，明确了的鉴定启动的两个基本途径：一是当事人提出鉴定申请；二是人民法院对于需要依职权查明的事实涉及专门性问题的，也应当依职权委托鉴定。本条还对人民法院认为相关案件事实如果需要通过鉴定证明的，明确规定了法院的释明义务。

【条文释义】

一、鉴定意见与专家证据的理解

证据制度的价值在于保证当事人及法官可以通过既定的诉讼手段高效、准确地复现或者认识案件的事实。但是，随着科学技术的极速发展、社会化大生产大分工的不断衍生，社会生活中出现的难以为公众所掌握的专门性问题越来越多，这些专门性问题有赖于极高的专业素养才能形成较为全面、正确的认知，"专业壁垒"的出现成为普遍现象。在这种情况下，法官在案件的审理过程中往往就需要面对各式各样的专门性问题，仅凭自己的知识结构、认知水平很难对此作出正确的判断，不得不借助相关领域的专家帮助才能认识案件事实或者证据。因此，在当前民事审判活动中，需通过鉴定才能解决认定事实中涉及的专门性问题的情况十分普遍，甚至有了"证据即鉴定"的说法。当前，普通民事诉讼中大量涉及鉴定的事项主要有：医疗损害的侵权因果关系、人身损害的伤残程度、护理依赖度、劳动能力、房屋或工程质量及修复、产品质量、笔迹及公司印章真伪以及财产评估、建设工程造价评估等。

鉴定意见是指具备资格的鉴定人对民事案件中出现的专门性问题，通过鉴别和判断后作出的书面意见，如医学鉴定、指纹鉴定，产品质量鉴定、文书鉴定、会计鉴定等。[1] 由于鉴定意见是运用专业知识、专门技术与方法对案件事实涉及的某一专门问题所作出的鉴别和判断，具有科学性，进而对相关专门问题有着较强的证明力，往往成为审查和鉴别其他证据的重要手段。因此，鉴定意见是民事诉讼中十分重要的证据类型，对于涉及专门性问题的案件事实的查明发挥着重要作用。

鉴定意见理论上属于专家证据的一种形式。英美法系和大陆法系国家和地区基于法律传统差异，在对待专家证据上采取了截然不同的方式：英美法系国家和地区不采取由法庭委托鉴定人出具鉴定意见的方式，而是通过专家证人向法庭提供有关专门性问题的证言，与普通证人并无区别，通过双方当事人各自聘请的专家证人陈述、质辩以及

---

[1] 王胜明主编：《中华人民共和国民事诉讼法释义》，法律出版社2012年版，第147页。

对专家证人的交叉询问,帮助法官形成对涉及专门性事实问题的心证。① 大陆法系国家和地区一般是通过由法庭委托鉴定人就专门性问题形成鉴定意见为主要形式,鉴定人在诉讼活动中是帮助法官查明特殊案情的人,是法官的"科学辅助人",因此,法官也有权指定、聘请鉴定人。由此,亦决定了要求鉴定人对双方当事人采取中立的立场。日本《民事诉讼法》第213条规定:"鉴定人,由受许法院、受命法官或受托法官指定。"② 德国《民事诉讼法》第404条规定,鉴定人的选定与其人数,均由受诉法院决定。第404条之一还规定,法院应对鉴定人的工作给予指导并可对鉴定人工作的种类和范围给予指示。③

我国《民事诉讼法》对专家证据的做法与大陆法系国家和地区较为接近,对于涉及专门性问题的事实,法院主要通过委托具有专门鉴定资质的鉴定机构对委托鉴定的专门性问题得出鉴定意见作为对相关证据的搜集、调查的主要手段。在这里,司法鉴定在诉讼中的作用是当裁判者对相关专门性问题查明所依赖的专业知识背景有缺失的情况下,通过专家的专门知识帮助自己正确认识有关的证据和基本的判断方法,从而确定涉及专门性问题的案件事实,并由此实现公正裁判。在这里,鉴定人是以法官助手的身份出现在诉讼活动之中的,由此,从事司法鉴定职业的鉴定人员也就必须具备中立性、专业性、公共性和帮助性的职业特征。

二、涉及专门性问题认定的一些现象

值得注意的是,在诉讼法上鉴定意见与其他证据同样,均是法定的证据形式之一。因此,本质上鉴定意见是否采信并作为认定案件事实的根据仍需要经过与其他证据一样的心证过程。通过在法庭上的展

---

① 何家弘、张卫平主编:《外国证据法选译(增补卷)》,人民法院出版社2002年版,第40~42页。
② 白绿铉编译:《日本新民事诉讼法》,中国法制出版社2000年版,第85页。
③ 谢怀栻译:《德意志联邦共和国民事诉讼法》,中国法制出版社2001年版,第99页。

示，并经过当事人充分发表质证意见，由法官根据日常生活经验及一般逻辑，通过对案件其他证据进行全面、客观、综合分析之后，确定其证明力大小，从而决定是否根据鉴定意见确定案件相关专业性问题的事实。但是，由于缺乏对专门知识的储备，以及避免心证说理及裁判引发矛盾或者改判的风险，涉及专门性问题认定的审理法官往往一鉴了之，"不鉴不审""以鉴代审"的现象十分突出。主要体现在：

1. 对案件事实认定涉及的专门性问题不作评估，对是否需要通过鉴定方式作出认定的必要论证不足。由此导致的一个后果就是，任凭当事人提出申请而随意启动司法鉴定。实践中，一些本来通过对现有证据的举证、质证即可得出心证结论的问题也被冠之以有待鉴定方能查明相关事实的专门性问题，当事人滥用鉴定申请的权利导致案件审理人为复杂化的情况时有发生。此外，一些法官认为司法鉴定的启动系依当事人申请的被动启动，完全放弃审查职权；一些法官错误地将司法鉴定抬高为民事诉讼对相关事实查明的必要程序，在二审审理中一旦认为某项事实需要通过司法鉴定的方式予以查明但一审未启动鉴定的，即认为程序违法而发回重审，导致一审法官更加强化了依申请启动鉴定的观念。

2. 将鉴定意见奉为金科玉律，不容当事人置疑，法官将对专门性问题的审判权完全依赖甚至让渡于鉴定人。据学者对广州地区的调研统计，100%的法官对医疗损害案件的审理依赖医疗损害鉴定意见，高度依赖的比率为71.93%，中度依赖的比率为28.07%。[①] 对于当事人针对鉴定意见提出的异议及相关证据，一些法官不仅不作实质性审查，将材料转交鉴定人，并将鉴定人给出答复意见直接作为驳回异议人异议的理由，甚至对于当事人申请鉴定人出庭接受询问亦不予支持。可以说，对鉴定意见的审查和质证流于形式作实践中确实较为普遍。

---

① 肖柳珍：《医疗损害鉴定一元化实证研究》，载《现代法学》2014年第4期。

此外，法官对于自己不了解的领域缺乏钻研精神，动辄要求当事人启动司法鉴定，不仅增加了当事人的举证成本，也极大延迟了案件审理的周期。

上述现象的核心问题在于鉴定启动的主体归属，特别是如何限制鉴定启动程序的滥用及随意，保障当事人的诉讼权利，实现司法公正与效率的价值目标。"鉴定乃补充法官之判断功能并作为判断之参考。"[①] 针对实践中法官对于是否启动司法鉴定必要性审查的不足，本条明确规定了只有在"人民法院在审理案件过程中认为待证事实需要通过鉴定意见证明的"才需要向当事人释明是否通过鉴定方式就相关专门性问题进行举证。同时，为防止陷入无休止的扯皮，影响案件的审判效率，还一并要求"指定提出鉴定申请的期间"。

三、条文起草讨论情况

在本条的起草过程中，对于属于当事人举证范围内的相关专门性问题的证明，如果对该待证事实负有举证责任的当事人拒不申请鉴定的，应当如何处理的问题曾经有过不同意见。鉴于《民事诉讼法》第七十六条规定了"当事人未申请鉴定，人民法院对专门性问题认为需要鉴定的，应当委托具备资格的鉴定人进行鉴定"，因此，有意见认为，如果当事人不申请鉴定，但相关专门性问题确属案件必须查明的基本事实的，可以由人民法院依职权启动鉴定，并预交相关鉴定费用。但是，该意见不仅与《民事诉讼法解释》第九十六条规定的人民法院应当依职权查明的事实范围相矛盾，还与当事人申请鉴定这一诉讼权利与诉讼负担的基本设定发生根本矛盾，且在实际操作过程中因各级法院并无此项财政支出而无法操作。经过多次讨论，最终以加强人民法院对鉴定的审查、强化待证事实需要以鉴定方式证明的释明为总体

[①] 简志莹：《专家证言与交互诘问之研究》，台湾地区"司法院"2004年11月印行，第60页。

思路，解决鉴定启动的问题。此外，对于应当由人民法院依职权查明的事实涉及专门性问题需要通过鉴定方能查明的，明确规定人民法院应当依职权委托鉴定。

【审判实践中需要注意的问题】

1. 关于鉴定意见的概念，只能是有相关资质或者能力的鉴定人接受人民法院委托，通过运用科学技术或者专门知识对相关专门性问题所作的供审理参考的意见。《全国人民代表大会常务会员会关于司法鉴定管理问题的决定》（以下简称《司法鉴定决定》）第一条规定："司法鉴定是指在诉讼活动中鉴定人运用科学技术或者专门知识对诉讼涉及的专门性问题进行鉴别和判断并提供鉴定意见的活动。"该法律文件对司法鉴定的概念以立法方式予以界定，虽然在很大程度上消除了学界和司法界对司法鉴定在理解和认识不同而产生的混淆之争以及意识观念上的误区。但是，根据该定义，启动鉴定的主体并没有作出明确界定。因此，有学者提出，"凡是涉及诉讼的鉴定或为诉讼服务的鉴定都属于司法鉴定"。[①] 这里必须要强调，在民事诉讼活动中，鉴定意见这种证据类型，必然是指人民法院委托的鉴定人所出具的，当事人自行委托或者其他机关委托的，不在此列。

民事诉讼法的鉴定与刑事诉讼法所指的鉴定存在着启动机关唯一性的差异，前者只能是人民法院，而后者，除了审判机关人民法院外，启动鉴定的主体既可以是侦查机关，也可以是提起公诉的机关。也就是说，鉴定人只有是接受人民法院委托，通过科学方法对委托的专门性问题所出具的鉴定意见才是《民事诉讼法》第六十三条所确定的八类证据中的鉴定意见。根据《民事诉讼法》第七十六条的规定，即便

---

① 霍宪丹：《司法鉴定通论》，法律出版社2009年版，第16页。

是当事人可以就查明事实的专门性问题申请鉴定的，必须是向人民法院提出，由人民法院在审查许可后以法院的名义委托鉴定人进行鉴定。对于人民法院依职权启动鉴定的，更是如此。

据上所述，关于当事人自行向相关鉴定机构委托所得的鉴定意见，其性质仅是一份书面证据材料，并非民事诉讼证据所指的鉴定意见。在该类证据的认定上，一般可以采用对私文书证的审查认定规则。

2. 关于启动鉴定是否需要进行实质性审查的问题。实践中，有观念认为，鉴定的启动是诉讼中人民法院依当事人申请而被动启动的法定程序。这种观念显然是不正确的。鉴定启动申请只是引发鉴定启动的基本前提条件，不当然产生鉴定启动的法律后果。在这里，当事人依法享有鉴定启动的申请权，对其而言，申请鉴定既是其积极主张相关事实成立的权利，也是承担举证责任的法定义务体现，因为，一旦应当申请而不申请，对于就相关涉专门性问题的待证事实负有举证责任的当事人，将承担于己不利的举证不能的消极后果。所以，当事人就涉专门性问题的事实查明通过申请鉴定来实现举证权、履行证明义务，这里的鉴定具有证据意义上的属性，属于证明的方法。但应注意的是，当事人申请鉴定并不必然启动鉴定，仍需经法官根据其对相关事实的认定需要进行决定。因此，人民法院具有实质意义上的鉴定启动权。

3. 是否启动鉴定，本质上必须是法官在案件审理过程中对相关专门性问题缺乏判断认定能力的情况下，才会决定通过委托相关鉴定机构通过科学的方法和手段来查明该专门性问题的相关事实。司法鉴定为法院的辅助机关，法官因不具有特别知识而不能知晓的事项，须有专家补其不足，以达到正确判断之目的。① 因此，鉴定不是以当事人提出为前提，恰恰是以法官查明事实的需要为前提。为防止鉴定启动的

---

① ［日］三月章：《日本民事诉讼法》，汪一凡译，台湾地区五南图书出版公司1997年版，第466页。

随意性，我们有必要通过设定具体的鉴定申请审查标准，明确鉴定的范围，既要避免当事人滥用鉴定申请权的情形发生，也要避免发生不当剥夺当事人通过鉴定进行举证的基本诉讼权利，更要避免鉴定意见作出后并无法证明相关待证事实的尴尬局面。因此，在实践中应当着重审查以下几个方面：

（1）当事人申请鉴定的事项是否与案件有待查明的事实具有关联性，即该需要通过鉴定方能证明的待证事实是否为案件审理所必须查明的基本事实，或者是否会影响案件的审理程序合法性。实践中，经常会有法人否定相关文书中加盖的印章为其所使用的公章，并提出申请，要求对文书所盖公章与其的备案公章进行比对。殊不知，该印章是否为该法人所有并使用与其备案的公章并非同一概念，一些企业为方便开展业务或者出于其他目的，往往刻制有未经备案的多枚公章，如果法院轻易同意鉴定，则相关鉴定意见作出后是否采信，如不采信又如何解释之前同意启动鉴定的决定，导致案件审理陷入被动，甚至落入异议方特别挖掘的"陷阱"之中。因此，当当事人申请司法鉴定时，法官的第一要务必须是仔细分析鉴定事项与待证事实的关联性问题，如果鉴定事项与待证事实系——对应关系，则启动鉴定的价值较大，如果鉴定意见仅能为待证事实提供一种可能性论证且无法排除其他可能的，则必须结合案件已经查明的事实和现有证据仔细考虑启动鉴定的意义后再行决定是否准许。

（2）是否必须要通过特殊技术手段或者专门方法才能确定相应的专门性问题，是否已经通过一般的举证、质证手段或者现有证据确实对相关专门性问题无法查明。实践中，一些当事人经常会通过启动鉴定来实现人为混淆视听、拖延诉讼进程或者其他不当的目的。对此，必须要对待证事实查明的方式进行考察，如果发现常规的方式完全可以查明的，则对当事人相关司法鉴定的申请不应予以准许。

（3）对于待鉴定的专门性问题，是否有较为权威的鉴定方法和相应有资质的鉴定机构,是否有明确充分的鉴定材料。实践中经常会遇到一些棘手的专门性问题不在司法鉴定的范围之列,亦无相对应的有资质等级的鉴定机构可供委托,此外,如果鉴定材料不明确不充分的情况下,即便启动鉴定,鉴定人亦无法根据现有条件作出鉴定。

(4)在启动鉴定之前是否已经充分听取了双方当事人的意见。启动鉴定是当事人向人民法院申请查明案件待证事实的重要诉讼权利之一,因此,听取当事人特别是对方当事人的意见可以有效地防止法官在审查时先入为主或者考虑不周的情形发生。因此,当遇到一些较难把握的鉴定申请或者是否应当依职权启动鉴定的情况时,通过征求当事人对启动鉴定的意见,必要时组织双方当事人进行辩论,无疑将为法官明察秋毫,作出正确选择提供有力的程序保障。

4. 关于依职权启动鉴定的范围。由于鉴定仅是证明待证事实中涉及专门性问题的有效手段之一,因此,仍应当受到当事人举证范围的限制和约束。除涉及《民事诉讼法解释》第九十六条规定的五种人民法院应当依职权查明的事实外,① 对于其他应当由当事人举证的待证事实涉及专门性问题的查明,如必须要通过鉴定的,应当进行释明并限定对该待证事实负有举证责任的当事人在合理期限内提出鉴定申请。

5. 关于如何释明的问题。本条规定,人民法院在审理案件过程中认为待证事实需要通过鉴定意见证明的,应当向当事人释明,并指定提出鉴定申请的期间。但是,实践中法官如何就审理中需要当事人配合承担诉讼义务、正确行使诉讼权利是一个难点问题。就案件事实有待鉴定意见证明的,法官在向当事人进行释明时应当注意以下几个方面:

(1)就该待证事实的举证责任分配应当予以明确,由此可以确定

---

① 根据《民事诉讼法解释》第九十六条的规定,人民法院依职权查明的事实一般限于以下五个方面,包括:(1)涉及可能损害国家利益、社会公共利益的;(2)涉及身份关系的;(3)涉及《民事诉讼法》第五十五条规定诉讼的;(4)当事人有恶意串通损害他人合法权益可能的;(5)涉及依职权追加当事人、中止诉讼、终结诉讼、回避等程序性事项的。

究竟应当由哪一方当事人来向人民法院提出鉴定申请。对该问题，不仅要考虑待证事实的举证责任分配，还要考虑该举证责任方当事人已经提交的证据是否可以让法官形成待证事实成立的心证结论，如果能够得出，则应当由反对一方当事人承担相应的反证责任。

（2）就该待证事实的哪些专门性问题无法通过现有证据证明，而根据现有鉴定条件，一般可以通过哪些技术条件或者鉴定机构的鉴定可予证明。对此，法官在释明前应当与法院内设的鉴定管理机构进行沟通，对相关专门性问题能否通过鉴定方式进行查明的可能性进行讨论，释明时有条件的，可以将相关鉴定人名录一并提供给当事人参考。

（3）就当事人提出鉴定申请的期间在释明时一并作出指定。

（4）当事人就待证事实需要通过鉴定方式查明的释明有异议的，应当听取当事人的意见，必要时可以组织双方当事人就此开展辩论。

【法条链接】

《中华人民共和国民事诉讼法》（2017年修正）

第六十三条　证据包括：

（一）当事人的陈述；

（二）书证；

（三）物证；

（四）视听资料；

（五）电子数据；

（六）证人证言；

（七）鉴定意见；

（八）勘验笔录。

证据必须查证属实，才能作为认定事实的根据。

第七十六条　当事人可以就查明事实的专门性问题向人民法院申

请鉴定。当事人申请鉴定的，由双方当事人协商确定具备资格的鉴定人；协商不成的，由人民法院指定。

当事人未申请鉴定，人民法院对专门性问题认为需要鉴定的，应当委托具备资格的鉴定人进行鉴定。

《全国人民代表大会常务委员会关于司法鉴定管理问题的决定》（2015年修正）

一、司法鉴定是指在诉讼活动中鉴定人运用科学技术或者专门知识对诉讼涉及的专门性问题进行鉴别和判断并提供鉴定意见的活动。

《最高人民法院关于适用〈中华人民共和国民事诉讼法〉的解释》（2015年1月30日 法释〔2015〕5号）

第九十六条 民事诉讼法第六十四条第二款规定的人民法院认为审理案件需要的证据包括：

（一）涉及可能损害国家利益、社会公共利益的；

（二）涉及身份关系的；

（三）涉及民事诉讼法第五十五条规定诉讼的；

（四）当事人有恶意串通损害他人合法权益可能的；

（五）涉及依职权追加当事人、中止诉讼、终结诉讼、回避等程序性事项的。

除前款规定外，人民法院调查收集证据，应当依照当事人的申请进行。

第三十一条 ［当事人申请鉴定的期限及逾期后果］

当事人申请鉴定，应当在人民法院指定期间内提出，并预交鉴定费用。逾期不提出申请或者不预交鉴定费用的，视为放弃申请。

对需要鉴定的待证事实负有举证责任的当事人，在人民法院指定期间内无正当理由不提出鉴定申请或者不预交鉴定费用，或者拒不提供相关材料，致使待证事实无法查明的，应当承担举证不能的法律后果。

【条文主旨】

本条在2001年《证据规定》第二十五条基础上修改形成。本条是关于当事人申请鉴定的期限、鉴定费用的交纳问题，以及负有举证责任的当事人应当承担对因其原因未鉴定导致待证事实无法查清的不利后果的规定。

【条文释义】

条文共有两款，第一款规定了当事人应当在人民法院指定期间内提出鉴定申请并预交鉴定费用；第二款规定因鉴定无法启动或者进行，导致待证事实无法查清情形下，根据举证责任分配原则，相关当事人承担举证不能的不利法律后果。

一、本条规定的由来和变化

本条在2001年《证据规定》第二十五条内容基础上修改而成，该条条文内容共分两款，第一款规定了当事人应当在人民法院指定期间内提出鉴定申请并预交鉴定费用；第二款规定因鉴定无法启动或者进行，导致待证事实无法查清情形下，根据举证责任分配原则，相关当事人承担举证不能的不利法律后果。对比新旧条文内容，有如下几方面的不同：第一，本条目前只规定了关于申请鉴定的一般情形，删除了原来条款中对于当事人申请重新鉴定问题的相关规定。原因在于，审判实务中当事人申请重新鉴定的案件不在少数，由于涉案具体情况各不相同，人民法院是否应予准许也不能一概而论，故本次修改过程中，对重新鉴定所涉相关问题，另设具体条文予以专门规定，此处不再赘述。第二，原规定中对当事人申请鉴定，要求"在举证期限内提出"，新规定要求"人民法院指定期间内提出"。提出鉴定申请的期限不以举证期限为准，是一个较为重要的变化，此问题将在后面进行介绍。第三，新条文中对鉴定费用的收取和不预交后果的规定变得更加具体。根据修改后的《民事诉讼法》有关条文，《民事诉讼法解释》对鉴定费用、证人出庭产生的费用和因当事人申请具有专门知识的人出庭产生的费用的负担问题，都有进一步明确的规定。本次条文表述内容的修改，可以与《民事诉讼法》和《民事诉讼法解释》更好地衔接并保持一致。第四，对部分问题所涉相关用语的表述有所不同。例如，原规定对欲通过鉴定证明的事实的表述是"案件争议的事实""该事实"，新规定统一用"待证事实"替代。待证事实的表述此前多被提及，《民事诉讼法解释》第一百二十一条"申请鉴定的事项与待证事实无关联，或者对证明待证事实无意义的"进行使用，言简意赅，故此次在本规定中作了修改。再比如,关于由"鉴定结论"到"鉴定意见"的用语表述变化,原规定和司法实践中对鉴定机构作出的最终鉴定结果通常称为鉴定结论,后由于相关法律和法规使用的是"鉴定意见",加之鉴定机构不是审判机关,其就专门性问题给出的意见并非终局性结论,是一种对待证事实的证明方式,是一种证据,最终结论是由人民法院行使裁判权,作出认定,故改为"鉴定意见"。

二、关于当事人提出申请鉴定的期限问题

《民事诉讼法》对当事人申请鉴定在内的举证时限问题未作规定。当事人申请鉴定的行为,在学理上有两种不同的解释:一种观点认为,申请鉴定即申请证据,是当事人提供证据的一种表现形式,因此申请证据也视为当事人举证;另一种观点则认为,鉴定是法院调查收集证据和审查判断证据的一种形式,鉴定必须由当事人申请,经法院许可同意后才能由法院委托有关部门进行。这两种看法对鉴定的性质和鉴定申请期限产生了不同影响。如果认为鉴定属于当事人举证的方式,则申请鉴定的期限应以举证期限为准,只要在举证期限届满前提出鉴定申请,即视为已经举证,一般情况下不会承担举证不能的法律后果;如果将鉴定视为法院调查证据、判断证据证明力的一种方法,则鉴定不过是法院获得心证的一个手段而已,一般不会因期限问题而受到影响。随着民事诉讼制度的发展,这两种观点之间的界限越来越模糊,主要原因在于,法院职权调查的范围在收缩,职权内容趋于明确,并且司法实践中由于对于质证的强调和重视,使原来作为法院职权象征的调查收集证据行为,也要受质证的制约,成为法庭上双方当事人质辩的对象。最高人民法院和地方法院的规定中一再指出,对于法院调查收集的证据,也须质证。未经质证的证据,包括法院调查收集的证据,不能作为裁判的基础,法院不能直接将其作为认定案件事实的根据。另一原因是法院的心证公开化的要求。由于要公开心证理由,法院对证据的审查判断就必须有合理的、能说服别人尤其是当事人的依据。在这种情况下，法院很难以暗箱操作的方式获得对案件事实的心证。申请鉴定在理论上究竟系当事人的举证方法，还是法院收集和判断证据的手段，虽未取得一致的意见，但在司法实践中，对于申请鉴定设立期限的限制，却是基本能够达成共识。2001年《证据规定》将申请鉴定的期限规定在举证期限届满之日，就是在这种背景下出台的。应当说，原规定的制度设计，从初衷到实际效果，都是比较好的，有利于及时高效地审理案件。后来的《民事诉讼法解释》也延续了此种思路，只是从严格程度上有所放宽，其第一百二十一条规定"当事人申请鉴定，可以在举证期限届满前提出"，使用的是"可以"而不是原规定的"应当"。

随着实践的发展，对于当事人申请鉴定是否必须在举证时限届满前提出，人们也发生了认识上的变化。认为应当综合考虑具体案情，包括当事人不申请鉴定有无正当理由，案件处理结果的法律效果、社会效果及司法公正与效率的平衡等因素，坚持以举证时限内申请鉴定是原则，但是不能绝对化理解的观点，日益为大家所接受。审判实践中，许多鉴定申请是针对另一方当事人在庭审中出示的证据而提出的，但在未组织证据交换的情况下，当事人并不知道对方当事人在庭审中将出示哪些证据，如果当事人对另一方出示的证据的真实性存有异议，只能在质证过程中提出鉴定申请。遇有此种情况如果硬性要求申请人在庭审前的举证时限内提出鉴定申请，有些脱离实际。我们认为，对举证时限届满前，当事人申请鉴定的事项属于提出反驳证据、相反证据、新的证据范围内的，另一方当事人需要对此问题有无必要进行鉴定有一定的考虑时间，硬性要求其在举证时限内申请鉴定可能会给其造成不必要的经济负担，有违诚实信用原则的要求。对于这种情况，提出鉴定申请的时间应当不能受原来有关举证时限的限制。此外，对申请鉴定的事项涉及重大利益的，为了解决矛盾、平衡双方利益，也有必要由法院在法律规定的框架下，综合考虑各种因素，对鉴定申请的时间做灵活处理。鉴于上述原因，本条规定当事人申请鉴定的，在法院指定期间内提出。

在人民法院指定期间内不提出申请鉴定，视为放弃申请。当事人申请鉴定，通常都是在其对待证事实负有证明责任的前提下，主动提出，因此，申请鉴定既可以说是当事人的权利，也可以说是一种义务。一方面，要保护当事人合法的诉求和权益，确保其顺利履行启动鉴定程序的义务，另一方面，也不能任由当事人过于随意、没有限制地行使权利，从维护对方当事人诉讼利益、确保诉讼效率避免案件久拖不决、合理利用司法资源等多角度出发，有必要对提出申请鉴定的时间作出明确的划定。对此，受理案件后，人民法院通常会就申请鉴定等当事人所享有的诉讼权利和义务进行释明。实务中，特别是涉及一些专业性较强领域内的纠纷，如建设工程纠纷中关于工程造价确定等问题时，法院往往还会就鉴定问题向当事人专门询问并告知其相关权利。在当事人应当已经清楚地知道其权利和义务后，有权作出选择：在指定期间内提出申请，积极启动鉴定程序；在指定期间内不提申请或者提出申请但不交纳鉴定费，其行为应当认定为系对启动鉴定程序权利作出处分或者说是对所应负的相应证明义务的拒绝履行。

三、关于鉴定费用

关于鉴定费用由谁预交的问题。鉴定机构接受委托后，由鉴定人利用其掌握的技术和知识对专门性问题进行鉴定，给出权威、专业的意见，是一种经营行为，会按规定收取鉴定费。对当事人预先交纳的鉴定费，人民法院在作出判决时，会结合案件的具体情况，根据判决结果，判令由败诉的一方当事人承担，或者判令由各方当事人按照一定比例分担。我国《民事诉讼法》规定的当事人主义为主、法院职权主义为辅的鉴定程序启动模式特点，决定了鉴定费预交问题并不是单纯的全部由当事人预交，即在因当事人申请而启动鉴定程序的，由当事人预交，而对那种因法院依职权启动鉴定程序的，鉴定费则不宜硬性要求当事人预交。虽然司法解释没有就此问题作出明确规定，但我们认为法院依职权启动鉴定程序，如果当事人拒不同意预交鉴定费时，应当由法院先行垫付鉴定费，后期再就费用的承担问题作出裁判。

一般情况下，鉴定程序启动之初，鉴定费用的交纳，通常由申请鉴定的一方预交。在民事诉讼中，申请鉴定的当事人，多系对待证事实负有证明义务的一方，其目的在于通过鉴定证明相关事实能够支持其诉讼主张。因此，规定由申请人预交鉴定费，符合当事人的诉求利益。在此基本思路框架下，有时候遇到有些特殊情况，人民法院也不妨灵活处理。如在申请鉴定一方属于弱势群体预交鉴定费确有困难、鉴定费用居高不下的情况下，径行让其预交高额的鉴定费用，势必影响其启动鉴定程序的能力，一旦无力启动鉴定程序的话，根据举证责任分配规则而由其承担不利后果，社会效果和法律效果都不理想。此时，人民法院可以在尊重当事人意思自治原则基础上，努力促成当事人以协商方式解决鉴定费的预交问题，尽量避免当事人因经济方面原因而输了官司。当然，这是一种最佳状态，如果在当事人彼此之间矛盾尖锐而无法协商一致时，人民法院还应当根据举证责任分配规则，审慎处理。

关于不预交鉴定费的法律后果问题。从条文规定的内容分析，当事人不预交鉴定费有两方面的法律后果。一方面视为其放弃申请，会造成当事人申请启动鉴定程序权利的丧失。另一方面，根据举证责任分配规则负有证明责任的当事人，如果因为鉴定问题无法进行，出现的待证事实无法查明的情形，该当事人将因举证不能而承担败诉的不利后果。

四、因未鉴定导致待证事实无法查明的法律后果

根据本条规定，造成客观上无法启动鉴定程序或者说鉴定不能的，包含三种情形：第一种情形，是无正当理由未在人民法院指定期间内提出申请的。一般而言，法院指定的期间，是在综合衡量案件的具体情况下作出的，特别是本次修改后的申请期限问题，赋予了当事人更为宽松的条件，当事人有充分的时间考虑和准备，故其再超期不提申请，将承担由此可能造成的不利后果；第二种情形，是当事人未预交鉴定费用。当事人申请鉴定，应以预交鉴定费用为程序要件、应当预交鉴定费用而未预交的，鉴定机构有权拒绝鉴定。因此，当事人虽然在法院指定期间内提出了鉴定申请，但不向法院或鉴定机构预交鉴定费用，实质上与不提出鉴定申请的效果是同样的，都未能依法启动鉴定程序；第三种情形，是当事人拒不提供相关材料。2000年司法部《司法鉴定人管理办法》[①] 规定，司法鉴定人执业，享有查阅与鉴定有关的案卷材料、询问与鉴定事项有关的当事人、证人的权利。委托人提供虚假情况，或拒不提供鉴定所需材料的，或者认为提供鉴定的材料不足要求补充材料而不补充，无法作出结论时，鉴定人有权拒绝鉴定。用于鉴定的材料，也是一种证据，适用有关证据的规则。在鉴定材料的提供问题上，不能严格按照举证责任分配规则分配的理论，由负有举证责任的一方当事人提供，因为显然有时候有些材料不为其掌握，或者在对方当事人手中，或者在第三方处。这种情形，应当要求持有鉴定所用材料的当事人积极履行举证义务，全面收集和完整提供鉴定所需要的相关材料。因此，本条规定，从狭义理解，指的应是负有举证责任且掌握、持有鉴定所需的相关材料的申请人，虽然提出了鉴定申请，但拒不向鉴定机构提供鉴定所需的与本案相关的材料，致使法院对案件争议的事实无法通过鉴定意见予以认定。

需要鉴定的事项也是属于待证事实的一种，只是由于涉及专门性问题，超出了法官专业知识范围而必须进行专业性的鉴定以查明事实

[①] 本办法已于2005年9月29日被《司法鉴定人登记管理办法》废止。

真相。这些专业性的事实与其他普通案件事实一样，同属于当事人举证责任范畴。负有举证责任的当事人，必须证明该事实，如果不及时申请鉴定，在待证事实无法查清时，其将承担举证不能的不利后果。

【审判实践中需要注意的问题】

1. 当事人提出申请鉴定的期限，与原规定不尽一致。原关于当事人申请鉴定期限的规定，与负举证责任者的举证期限一致，新规定改为在人民法院指定的期间提出。

2. 本条规定是用于规范当事人申请鉴定的情形。当符合依职权调查收集证据条件的，人民法院将依职权委托鉴定，如果当事人拒绝申请鉴定并拒不交纳鉴定费用时，关于鉴定费用的处理等问题，不能适用本条规定，相关法律和司法解释另有规定。以上问题，审理案件过程中应当注意。

【法条链接】

《最高人民法院关于适用〈中华人民共和国民事诉讼法〉的解释》（2015年1月30日　法释〔2015〕5号）

第一百二十一条　当事人申请鉴定，可以在举证期限届满前提出。申请鉴定的事项与待证事实无关联，或者对证明待证事实无意义的，人民法院不予准许。

人民法院准许当事人鉴定申请的，应当组织双方当事人协商确定具备相应资格的鉴定人。当事人协商不成的，由人民法院指定。

符合依职权调查收集证据条件的，人民法院应当依职权委托鉴定，在询问当事人的意见后，指定具备相应资格的鉴定人。

《最高人民法院关于民事诉讼证据的若干规定》（2001年12月21日 法释〔2001〕33号）

第二十五条 当事人申请鉴定，应当在举证期限内提出。符合本规定第二十七条规定的情形，当事人申请重新鉴定的除外。

对需要鉴定的事项负有举证责任的当事人，在人民法院指定的期限内无正当理由不提出鉴定申请或者不预交鉴定费用或者拒不提供相关材料，致使对案件争议的事实无法通过鉴定结论予以认定的，应当对该事实承担举证不能的法律后果。

第三十二条 ［鉴定人的选任和人民法院委托鉴定］

人民法院准许鉴定申请的，应当组织双方当事人协商确定具备相应资格的鉴定人。当事人协商不成的，由人民法院指定。

人民法院依职权委托鉴定的，可以在询问当事人的意见后，指定具备相应资格的鉴定人。

人民法院在确定鉴定人后应当出具委托书，委托书中应当载明鉴定事项、鉴定范围、鉴定目的和鉴定期限。

【条文主旨】

本条在2001年《证据规定》第二十六条基础上修改形成。本条是关于鉴定人的选任和人民法院委托鉴定书所应载明事项和内容的规定。

【条文释义】

本条共有三款：其中第一款、第二款是关于鉴定人选任方式和鉴定人资格要求的规定；第三款是关于委托鉴定书应载明事项和内容的规定，是为了满足审判实践的需要而增加的内容，目的在于通过对委托书内容作出明确规定，以避免出现由于委托事项、鉴定范围和目的不明确导致鉴定意见无法使用的情形，以及防止出现由于对鉴定期限缺少必要限制而引起的鉴定拖延进而影响诉讼效率的现象。本条是在2001年《证据规定》第二十六条修改基础上制定而成的，原条规定："当事人申请鉴定经人民法院同意后，由双方当事人协商确定有鉴定资格的鉴定机构、鉴定人员，协商不成的，由人民法院指定。"对比前后条文的变化，可以看出，关于被委托鉴定的主体，原规定用的是"鉴定机构、鉴定人员"，现在使用的表述是"鉴定人"。另外，新条文将当事人申请鉴定与法院依职权委托鉴定两种不同情形下鉴定人的选任问题分别进行规定，更加细化，而且增加了法院在确定鉴定人后应当出具委托书，及委托书应载明的具体事项等内容，可操作性强。下面，从以下几方面对本条进行解读。

一、关于鉴定主体的范围、资格问题

（一）关于鉴定主体的范围

从广义上理解，"鉴定人"既可以是自然人，也可以是鉴定机构。从狭义角度理解，鉴定人应当指的是自然人，与鉴定人员的意义相似。总结立法和实践中对鉴定人概念的运用情况可以看出，有时候是在广义上使用，如《民事诉讼法》第七十六条等的规定，有时候是在狭义角度使用，《人民法院对外委托司法鉴定管理规定》第三条规定人民法院司法鉴定机构建立社会鉴定机构和鉴定人名册中的鉴定人的含义，以及《司法鉴定决定》第四条内容，所说的鉴定人都是指向自然人。作为自然人的鉴定人，是指取得司法鉴定人职业资格证书和执业证书，在特定的具有从事司法鉴定资格的鉴定机构中执业，运用专门知识或技能对诉讼、仲裁等活动中涉及的专门性技术问题进行科学鉴别和判断并提供鉴定意见的专业技术人员。

关于自然人能否独立以自己名义从事鉴定活动的问题，从立法到实践都经历了一个逐渐放开的过程。1991年《民事诉讼法》第七十二条规定，具有鉴定资格的主体限于"法定鉴定部门或者人民法院指定的鉴定部门"。依据该条规定，鉴定主体仅限于鉴定机构，自然人个人是被排除在鉴定主体之外的。这种规定具有鲜明的职权主义色彩，且将鉴定主体的范围限定得非常狭窄，故无论在理论上还是实务上都受到质疑。2001年《证据规定》第二十六条对此范围作了拓宽，规定当事人可以协商确定鉴定机构及鉴定人员，不过对于自然人个人是否能够作为独立的鉴定主体，也并未明确表态。从《人民法院对外委托司法鉴定管理规定》施行开始，对鉴定人的选任问题，采取了确定鉴定人名册的做法。2007年《民事诉讼法》修改决定在沿用鉴定人名册做法的同时，进一步明确了鉴定人独立负责的制度。直至现行《民事诉讼法》第七十六条规定修改了2007年《民事诉讼法》关于鉴定主体仅限于鉴定机构的做法，代之以"鉴定人"的概念，将自然人也包括在内。鉴定人虽然可以是自然人，但不是任何自然人都能成为鉴定人，其必须对纠纷所涉及的专门性问题具有专门知识或特种技能，能够对案件中的某种专门性问题作出科学的分析与评价。在社会分工越来越精细，科学技术专业程度日益精深的背景下，拓宽鉴定主体范围，使得更多权威专家能够参加到鉴定程序中去，更能保障和提高鉴定意见的公信力，回应和满足司法实践的需求。

（二）关于鉴定机构与鉴定人的关系问题

按照现行法律和司法解释的规定，法院委托的鉴定人，可以是鉴定机构这样的法人组织，也可以是自然人。但归根结底，对这些专业性问题进行检验、出具鉴定意见，最终都将由作为自然人的个体来落实和完成。作为鉴定机构，在从事某一领域内相关专业性问题鉴定时，自身应当具备相应的资质、有符合规定数量的专业人员等准入条件，进行鉴定活动时，依靠的也是相关特定的鉴定人员。此种情形下，鉴定人与鉴定机构具有隶属关系，鉴定机构能够为鉴定人完成鉴定活动提供必要的物质技术设备和场所，保证鉴定在程序上的合法性。因此，鉴定机构接受委托鉴定的，在出具鉴定意见时，既要有鉴定机构的盖章，还必须要有相关鉴定人员的签字确认。通常情况下，作为自然人的鉴定人只能在一个司法鉴定机构中执业，不得同时在两个以上的司法鉴定机构中执业，有时可以临时接受其他司法鉴定机构的聘请，从事特定事项的司法鉴定活动。

（三）鉴定人应具备的相应资格

由于鉴定人需要对一些专业性问题发表意见，大陆法系国家和地区对于鉴定人的资质往往都有严格要求，我国也不例外。鉴定人需要具有专门学识、技能和经验，与之相适应，还要会使用相关的仪器、设备，并且能够熟练地运用、掌握这些技术手段。至于相应资格的确认标准，则需要由主管机关或者行业协会以颁发资格证书、公布专家名单等方式确认，具体考虑有关执业年限、职称及年检情况等因素。

比如，依据《司法鉴定决定》第四条的规定，从事司法鉴定业务需要满足的条件是：（1）具有与所申请从事的司法鉴定业务相关的高级专业技术职称；（2）具有与所申请从事的司法鉴定业务相关的专业执业资格或者高等院校相关专业本科以上学历，从事相关工作五年以上；（3）具有与所申请从事的司法鉴定业务相关工作十年以上经历，具有较强的专业技能；（4）没有因故意犯罪或者职务过失犯罪受过刑事处罚的，受过开除公职处分的，以及被撤销鉴定人登记的情形。对于法人或其他组织从事司法鉴定业务，该决定第五条明确规定："法人或者其他组织申请从事司法鉴定业务的，应当具备下列条件：（一）有明确的业务范围；（二）有在业务范围内进行司法鉴定所必需的仪器、设备；（三）有在业务范围内进行司法鉴定所必需的依法通过计量认证或实验室认可的检测实验室；（四）每项司法鉴定业务有三名以上鉴定人"，具备上述条件，经司法行政机关核准登记，取得《司法鉴定许可证》，方可在其被核准的鉴定业务范围从事面向社会服务的司法鉴定活动。同时，其第八条又规定："各鉴定机构之间没有隶属关系；鉴定机构接受委托从事司法鉴定业务,不受地域范围的限制。鉴定人应当在一个鉴定机构中从事司法鉴定业务。"

同样在其他领域的鉴定程序当中,也都是对鉴定人的资质有明确要求。比如关于医疗事故的技术鉴定,依据《医疗事故处理条例》第二十三条的规定,负责组织医疗事故技术鉴定工作的医学会应当建立专家库。专家库由具有下列条件的医疗卫生专业技术人员组成:(一)有良好的业务素质和执业品德;(二)受聘于医疗卫生机构或者医学教学、科研机构并担任相应专业高级技术职务3年以上。符合前述第(一)项条件并具备高级技术任职资格的法医可以受聘进入专家库。负责组织医疗事故技术鉴定工作的医学会依照本条例规定聘请医疗卫生专业技术人员和法医进入专家库,可以不受行政区域的限制。

司法鉴定人实行职业资格证书制度和执业证书制度,根据鉴定业务的性质不同,划分为不同类型。同时,司法鉴定人执业实行登记名册制。未取得《司法鉴定人职业资格证书》和《司法鉴定人执业证书》的人员,不得为牟取经济利益违规从事司法鉴定活动。

(四)关于鉴定人名册制度

根据《人民法院对外委托司法鉴定管理规定》的相关内容,法院建立了鉴定人名册制度,实行申报、审批、公正管理,遵循申请自愿原则、择优选录原则、属地登记原则及资源共享原则,这一具有中国特色的司法鉴定人名册制度,既借鉴了大陆法系国家和地区较为通行的规则,又吸纳了英美法系国家和地区遵循当事人主义的做法,实行当事人协商选定和法院依职权在鉴定人名册中随机指定相结合的程序规范,实现对外委托司法鉴定工作公开化、程序化、规范化,是结合我国现行诉讼体制和审判方式改革而进行的司法鉴定体制的改革创新,其重大意义已在实践工作中逐步显现。后来,《司法鉴定决定》在《人民法院对外委托司法鉴定管理规定》基础上,也明确规定了鉴定人名册制度,其第三条规定:"国务院司法行政部门主管全国鉴定人和鉴定机构的登记管理工作。省级人民政府司法行政部门依照本决定的规定,负责对鉴定人和鉴定机构的登记、名册编制和公告。"第六条又规定:"申请从事司法鉴定业务的个人、法人或者其他组织,由省级人民政府司法行政部门审核,对符合条件的予以登记,编入鉴定人和鉴定机构名册并公告。省级人民政府司法行政部门应当根据鉴定人或者鉴定机构的增加和撤销登记情况,定期更新所编制的鉴定人和鉴定机构名册并公告。"目前,我国逐步建立了不同领域、行业的鉴定人专家名册或专家库,比如前述医疗事故技术鉴定中的专家库等。

二、鉴定人的选任方式

关于鉴定程序启动和鉴定人确定方式的问题,2007年《民事诉讼法》第七十二条第一款规定:"人民法院对专门性问题认为需要鉴定的,应当交由法定鉴定部门鉴定;没有法定鉴定部门的,由人民法院指定的鉴定部门鉴定。"可见当时的立法对于鉴定程序采取人民法院依职权启动的立场,鉴定人的选择也是由人民法院依职权确定。这种规定没有顾及当事人在民事诉讼中的主体地位和作用,且民事诉讼涉及的专门性问题纷繁复杂,并非所有的专门性问题均存在法定鉴定部门,而随着司法鉴定改革的发展,鉴定机构也逐渐市场化,这种规定变得与实践相脱节。2001年《证据规定》将鉴定程序的启动按照人民法院调查收集证据的规则处理,规定了当事人申请启动鉴定程序和人民法院依职权启动鉴定程序两种途径。有关鉴定人的确定,规定了先由当事人协商,在当事人协商不成时由人民法院指定的方式。这些规定符合民事诉讼鉴定活动的特点,在审判实践中取得了比较好的效果,为2012年《民事诉讼法》修改时所吸收,形成了《民事诉讼法》第七十六条。后来,《民事诉讼法解释》结合审判实践经验,对《民事诉讼法》第七十六条作出了详细规定。本条规定的内容,可以说是对《民事诉讼法解释》的进一步细化和补充。人民法院委托鉴定人进行鉴定的行为，属于调查收集证据的职权行为。依据2001年《证据规定》施行以来民事审判实践的基本思路，人民法院的职权行为适用法院调查收集证据的规则，当事人的申请比照当事人的举证的行为处理，具体到鉴定领域也是如此。鉴定程序可以因当事人的申请，也可以因人民法院依职权启动。对当事人申请鉴定的，法院要进行审查后决定是否准许。法院依职权启动鉴定程序的，应当遵循依职权调查收集证据的条件，即存在"人民法院认为审理案件需要的证据"的情形，如涉及可能损害国家利益、社会公共利益的事实，涉及身份关系的事实，涉及公益诉讼等法律和司法解释规定事项的，法院才能依职权启动鉴定。

当事人协商确定鉴定人和法院指定鉴定人这两种选任方式，不是可以选择性地随意适用的。如果是当事人申请鉴定的，首先应当尊重当事人意思，争取以当事人协商后经法院认可方式解决，协商不成时，才由法院指定。人民法院依职权启动鉴定程序的，2001年《证据规定》和《民事诉讼法》均无鉴定人如何确定的规定，在总结审判实践经验基础上，《民事诉讼法解释》规定法院在征求当事人意见后确定鉴定人。这种规定的意义在于：（1）否定了此前立法上法院垄断鉴定人选任的做法，赋予当事人选任鉴定人的主动地位和权利，体现了对当事人诉讼权利的保障和对当事人诉讼契约的尊重。（2）对鉴定人提出了具备鉴定资格的要求。无论是当事人申请的鉴定还是人民法院依职权决定的鉴定，鉴定人均需具备相应的鉴定资格。

应当注意到，本条规定侧重点在委托方确定鉴定人时的必要考量，没有涉及鉴定机构和鉴定人的意愿问题。不过，这并不意味着否定鉴定人的选择权。在未形成委托关系之前，无论是采取当事人协商确定方式，还是通过法院指定方式确定，对鉴定人一方并无约束力，鉴定人可以接受委托，也可以拒绝委托。实践中，法院不能依本条所谓的"确定"，强迫鉴定人接受委托，进行鉴定。

三、关于委托书应载明事项的规定

司法鉴定的启动,是基于人民法院与鉴定机构之间形成的委托关系。作为一种重要的查明待证事实真相的手段,法院出具委托书、鉴定机构接受委托并开展鉴定工作,适当的形式要件必不可少,必须审慎对待。本条第三款是对委托书具体内容的规定,从规范化、制度化上下功夫,用列举式的方法,要求法院应当就鉴定事项、鉴定范围、鉴定目的和鉴定期限在委托书中明确载明。法律问题属于法官和诉讼代理人认知范围,不属于诉讼中的专门性问题。事实认定属于人民法院审判权的范畴,对于一般性的事实认定问题应当由法官根据举证责任的要求,通过对当事人提供的证据的审核认定来完成,也没有启动鉴定程序的必要。司法鉴定的对象是案件中所要解决的特定的专门性问题,指民事诉讼中与案件事实相关联的超出普通人理解和认识范围的问题。如工程造价的确定、精神状况的检验、痕迹笔迹的检验等,均属于专门性问题的范围。

关于鉴定事项和鉴定范围,根据不同的案件的不同需要而定,主要围绕查明待证事实所需要的具体事项和内容展开。像在损害赔偿、确认亲子关系以及医疗责任事故等案件中,需要鉴定人依据法医学的专门知识和技术手段,用以检验伤亡的时间、原因、伤害程度、造成损伤的部位和致伤的凶器种类,鉴别血型、遗传基因是否同一,鉴别医疗事故的原因、损害程度以及当事人劳动能力等专门性问题。在判断行为人的民事行为是否有效,确定证人有无作证资格时,需要对当事人或证人的精神状态进行检查,鉴别其精神是否正常及其严重程度,以确定当事人对其行为的控制能力。在判明文件内容的真实程度,或文件所用的图章的真伪,或确定文件的书写人和文件制作方法时,需要对与案件有关的各种文件(包括图表、字迹、图章、纸张及相关资料)进行比对、分析、推断。在产品质量诉讼中,需要对于案件中涉及的各种物品运用物理、化学、生物学等专门知识及现代仪器设备进行检测、分析、鉴别，以确定某种物品的质地、性能以及内含成分和化学结构等结论性意见。在厂矿企业、建筑单位、交通运输发生重大责任事故的案件中，需要对造成事故的原因、损失的程度和事故的责任进行鉴定。在处理企业破产案件时，需要运用会计学的原理和专门知识对有关财务账目、簿册、报表、单据等依法进行审核鉴定以确定其是否符合会计制度，有无经济违法犯罪问题。在民事纠纷案件中，物品的价值则影响到诉讼标的金额的大小以法院强制债务人对于给付义务的履行问题，因此需要对案件中的物品进行分析、估定其价值。在医疗赔偿案件中，需要进行医疗鉴定；在侵犯身体权、健康权案件中，可能需要进行伤残等级鉴定。由于鉴定所涉及专业性问题和特定的知识和技术设备等，有的鉴定费用不在少数。所以，关于鉴定范围和项目，要紧紧围绕争议事项进行，不能不加限制，增加当事人的诉讼成本。还有的纠纷中因为在鉴定程序启动之初，法院和鉴定人对鉴定范围、鉴定事项等内容理解有出入，导致无法用鉴定意见对待证事实作出判断和认定。为避免上述问题的出现，应当制定详细、可操作性强的管理规范对委托鉴定行为加强管理。

关于鉴定目的和鉴定期限等问题。目前，司法鉴定活动还存在鉴定周期过长的现象，特别是一些建设工程施工合同纠纷，一旦涉及对工程造价、工程质量问题进行鉴定，快的一年半载，慢的拖上几年都出不来结果，既浪费审判资源，又极大地损害了当事人的合法权益。迟来的公正已非公正，法院在委托鉴定问题上要严格把关，首先要对是否属于必须鉴定的问题准确把握，一旦确定必须委托司法鉴定的，积极与鉴定人员进行有效沟通，共同为彻底查明争议事实明确鉴定目的，确定合理鉴定期限，努力提升办案质量与效率。

【审判实践中需要注意的问题】

1. 人民法院对是否进行司法鉴定有进行审核和决定的权利,当事人就专门性问题申请鉴定,并非必然获得批准。如果法院认为申请的事项与待证事实无关联,或者对证明事实无意义的,不予准许。例如在建设工程施工合同纠纷案件中,当事人对于工程价款结算问题已经达成协议的,诉讼中一方当事人申请对工程造价进行鉴定的,法院不予准许。

2. 鉴定程序的启动以当事人申请为原则,只有在需要人民法院依职权调查收集证据的情形下,人民法院才能依职权主动启动鉴定程序。

3. 鉴定人的选任以当事人协商确定为原则,在当事人协商不成时,才由人民法院指定鉴定人,这一原则既适用于当事人主动申请鉴定的情形,也适用于人民法院依职权委托鉴定的情形。而且,无论依何种方式选任,鉴定人都需具备对待证的专门性问题出具意见的相应的鉴定资格。

4. 司法实践中应当注意我国的司法鉴定制度正在改革和发展中,鉴定人的鉴定资格制度尚未统一。与当事人自行委托鉴定的情形不同,本条规定所涉及的是司法鉴定,即不管是当事人申请鉴定还是法院依职权启动鉴定程序,最终都还是由法院对外与鉴定机构、鉴定人之间形成委托关系。

【法条链接】

《中华人民共和国民事诉讼法》(2017年修正)

第七十六条 当事人可以就查明事实的专门性问题向人民法院申请鉴定。当事人申请鉴定的,由双方当事人协商确定具备资格的鉴定人；协商不成的，由人民法院指定。

当事人未申请鉴定，人民法院对专门性问题认为需要鉴定的，应当委托具备资格的鉴定人进行鉴定。

《全国人民代表大会常务委员会关于司法鉴定管理问题的决定》（2015年修正）

四、具备下列条件之一的人员，可以申请登记从事司法鉴定业务：

（一）具有与所申请从事的司法鉴定业务相关的高级专业技术职称；

（二）具有与所申请从事的司法鉴定业务相关的专业执业资格或者高等院校相关专业本科以上学历，从事相关工作五年以上；

（三）具有与所申请从事的司法鉴定业务相关工作十年以上经历，具有较强的专业技能。

因故意犯罪或者职务过失犯罪受过刑事处罚的，受过开除公职处分的，以及被撤销鉴定人登记的人员，不得从事司法鉴定业务。

《最高人民法院关于适用〈中华人民共和国民事诉讼法〉的解释》（2015年1月30日　法释〔2015〕5号）

第一百二十一条　当事人申请鉴定，可以在举证期限届满前提出。申请鉴定的事项与待证事实无关联，或者对证明待证事实无意义的，人民法院不予准许。

人民法院准许当事人鉴定申请的，应当组织双方当事人协商确定具备相应资格的鉴定人。当事人协商不成的，由人民法院指定。

符合依职权调查收集证据条件的，人民法院应当依职权委托鉴定，在询问当事人的意见后，指定具备相应资格的鉴定人。

《最高人民法院关于民事诉讼证据的若干规定》（2001年12月21日　法释〔2001〕33号）

第二十六条　当事人申请鉴定经人民法院同意后，由双方当事人协商确定有鉴定资格的鉴定机构、鉴定人员，协商不成的，由人民法院指定。

《人民法院对外委托司法鉴定管理规定》（2014 年）

第三条　人民法院司法鉴定机构建立社会鉴定机构和鉴定人（以下简称鉴定人）名册，根据鉴定对象对专业技术的要求，随机选择和委托鉴定人进行司法鉴定。

第三十三条 ［鉴定人义务］

鉴定开始之前，人民法院应当要求鉴定人签署承诺书。承诺书中应当载明鉴定人保证客观、公正、诚实地进行鉴定，保证出庭作证，如作虚假鉴定应当承担法律责任等内容。

鉴定人故意作虚假鉴定的，人民法院应当责令其退还鉴定费用，并根据情节，依照民事诉讼法第一百一十一条的规定处理。

【条文主旨】

本条系新增条文，是关于鉴定人具结及虚假鉴定后果的规定。在调研过程中，各级法院对于鉴定人在鉴定过程中违背客观公正、诚信敬业的职业道德，甚至故意弄虚作假、故意作虚假鉴定的情形反应比较强烈，要求加大对鉴定人的监督和对虚假鉴定打击的呼声比较普遍。为此，本条增加了鉴定人在鉴定之前签署保证书、对故意虚假鉴定进行制裁的规定。

【条文释义】

由于鉴定机构面临激烈的市场竞争环境，其发展呈现良莠不齐的态势。一方面法律对于鉴定资质的准入门槛低,对不同专业领域的鉴定机构的许可条件缺少细化规定,鉴定机构的数量持续发展;另一方面越来越多的新申请机构以自收自支社会鉴定机构为主,其面临更加明显的生存和发展压力,对鉴定质量的重视、控制还存在不足。这种情况之下,鉴定意见的规范性、准确性均面临较大挑战。① 从司法实践的情况来看,司法鉴定的公信力仍面临重重考验,特别是一些鉴定科学领域内缺乏统一的验证和复检标准,群众对鉴定意见的作出过程不了解,对结论的科学性认识不深入,此外,对鉴定机构的管理体制还有待于进一步健全。当前,司法鉴定还存在如下较为突出的问题:

一、司法鉴定存在的突出问题

(一) 鉴定机构的专业能力参差不齐

根据 2017 年度统计数据显示,司法鉴定行业整体态势持续向好,"其他类"鉴定机构和鉴定人大幅减少,鉴定机构"小、散"状况有所改观。但是,鉴定机构准入门槛放低之后,其专业能力参差不齐的问题日趋严重。据司法部司法鉴定管理局统计,依托教育、科研部门成立的鉴定机构所占比重仍然较小,两项合计仅有 6.28%;57.1 的机构执业鉴定事项为 1 项;全国仅有 11.8% 的机构达到 20 人以上执业鉴定人的规模,而 5 人以下的小型机构则占近 30%。结构失衡导致鉴定机构"小、散、乱",技术能力低下,又缺乏投入和发展潜力,影响了鉴定行业的整体水平,加大了管理难度。②

(二) 当事人对鉴定意见的投诉较多

绝大多数鉴定机构自负盈亏,个别机构逐利性较强,盲目追求案

---

① 樊崇义、阮娜:《鉴定意见撤销问题研究:以对鉴定意见投诉解决为视角》,载《证据科学》2017 年第 4 期。
② 司法部司法鉴定管理局:《2005 - 2015 年我国司法鉴定发展情况分析》,载《中国司法鉴定》2016 年第 2 期。党凌云、张效礼:《2017 年度全国司法鉴定情况统计分析》,载《中国司法鉴定》2018 年第 3 期。

件数量，机构内部管理不规范、鉴定程序不规范、违规收费、超范围执业以及不正当竞争等问题都不同程度存在。① 从司法部公布的司法鉴定执业监督情况数据来看，2012年至2017年各省级司法行政机关接到对司法鉴定机构和司法鉴定人投诉举报总数、涉及司法鉴定机构和司法鉴定人数量以及调查并查处的情况，相关投诉举报主要涉及司法鉴定机构及鉴定人员执业过程中存在不规范、鉴定意见存在片面或者错误等情形，鉴定服务效率低、周期过长以及服务态度差、乱收费等问题屡有投诉。虽然当事人的投诉举报查明属实的占比不高，但投诉举报的情况多年来并未有明显改善和缓解，近年来个别鉴定机构的主要负责人因"贿鉴"事发被追究刑事责任，当事人与鉴定人的利益输送令公众对"暗箱"鉴定的关注成为热点。

（三）对鉴定意见的准确性验证手段不足

对鉴定意见的验证，一般是通过对司法鉴定过程中收集材料的过程、鉴定方法和标准以及鉴定机构和鉴定人的资质等方面的考察综合判断。其中的难点在于对司法鉴定的技术方法的有效性和科学性认定。鉴定的方式方法是得出科学结论的基本前提，因此，必须保证鉴定技术方法在鉴定时是符合鉴定目的要求的，并且是科学的。不仅如此，还必须规范鉴定人在鉴定过程中能够正确地使用这种适合的、科学的鉴定技术方法。但是，实践中由于很多鉴定事项的鉴定方法并无明确的国家标准作为参考依据，一些鉴定方法本身极度依赖于鉴定人员的经验，富有主观性判断。由于针对专门性问题的鉴定有着极强的专业性，如果不具备相应深厚知识背景，根本无法对鉴定过程、鉴定方法及在此基础上作出的鉴定意见进行真伪甄别和质量评价。

---

① 李天鸿：《甘肃省司法鉴定发展现状及存在问题研究》，载《中国司法》2016年第5期，第61页。李瑛：《北京市司法鉴定实践运行状况研究》，载《未来与发展》2016年第4期，第104页。

二、相关规定

正是由于鉴定活动自身的高度专业性导致的认知阻碍，为了防止可能出现的风险，必须对鉴定人的相应义务进行明确。《司法鉴定决定》第十二条规定："鉴定人和鉴定机构从事司法鉴定业务，应当遵守法律、法规，遵守职业道德和职业纪律，尊重科学，遵守技术操作规范。"该规定被视为我国对鉴定人的总领性规范要求，但是，由于相关义务规定的较为笼统，实践中对鉴定人在司法鉴定过程中需要遵守哪些具体的规则仍比较模糊。

在大陆法系国家和地区的法律中，各国法律对鉴定人的义务的规定不尽相同。如：法国《刑事诉讼法典》第160~168条规定鉴定人义务主要有以下几个方面：一是宣誓的义务；二是在规定期限内完成鉴定任务的义务；三是按要求制作鉴定书并署名的义务；四是有出庭作证的义务。德国《刑事诉讼法》第73、75、77、79条规定鉴定人的义务有以下几个方面：一是鉴定的义务；二是按期完成鉴定的义务；三是出庭的义务；四是宣誓的义务。《俄罗斯联邦民事诉讼法典》第76条规定了鉴定人的主要义务：一是必须遵照法院的传唤出庭；二是提供客观结论的义务。此外，多数大陆法系国家和地区法律还规定了鉴定人的"回避义务"和"保密义务"等。

三、基本属性

我们认为，要准确确定鉴定人在司法鉴定过程中的各项义务，首先要对司法鉴定的基本属性进行深入剖析。司法鉴定是公共法律服务体系的重要组成部分，有着法律性、科学性双重属性，在保障诉讼执行活动中发挥着不可替代的作用，为人民法院依法查明涉及专门性问题的案件事实提供极其重要的科学证据。

（一）鉴定意见有着强烈的法律属性

司法鉴定是诉讼法上的重要取证手段，鉴定的启动不仅需要法官进行实质性审核，鉴定的相关事项也需要法官根据案件事实的查明需要进行确定，所涉及的证据材料还需要通过组织双方当事人质证、法官认定真实性的情况下才能移送鉴定人。此外，鉴定人的选任不仅有资格的认证审查，还需经由当事人协商、法院确定等法定程序。鉴定意见的作出及质证、鉴定人出庭接受询问等一系列鉴定人参与诉讼的活动也均需要严格遵循法律的规定。因此，作为法官查明专门性问题的重要助手，鉴定人同样需要严格保持其公正、中立的立场，绝对禁止与当事人存在利害关系，受到回避制度的严格管控；同时，司法资源的稀缺性与有限性也决定了鉴定人还需要承担同法官一样的勤勉义务，因为无论是国家还是当事人都希望司法鉴定的成本尽可能降低，帮助对专门性问题认识能力不足的法官能够迅速发现事实，解决争议。因此，有必要通过程序规制保证鉴定人保持客观中立性及勤勉态度，从而实现法律层面上的真实可信。

（二）科学属性是鉴定意见的本质属性

司法鉴定运用科学知识、技术方法、专业经验等对鉴定材料进行检验和检测，并在分析判断的基础上提出鉴定意见，为案件事实认定提供证据信息。因此，鉴定意见必须具有专业可靠性，因其可靠性是由其科学性决定的，只有通过科学方法才能得出最接近真相的结论。所以，司法鉴定的科学性是其介入诉讼活动正当化的根本理由，也是司法鉴定的本质属性。实践中，有着较为完善技术手段支撑，从原理、方法、设备以及取证、检测程序和出具符合标准的结论意见等要素齐备的前提下，依靠科学的流程把控，对照可验证且行业公认的鉴定标准，鉴定人通过严谨的鉴定活动所形成的主观意见才能最大可能地符合客观事实，甚至错误发生的概率和范围都可以通过溯源查证，比如DNA鉴定、指纹鉴定及其他物证痕迹鉴定等。但反之，如果鉴定标准并未有达成行业共识，更有赖于鉴定人的经验能力，相关的鉴定意见极易遭致异议和不信任。

《司法鉴定决定》第十二条规定："鉴定人和鉴定机构从事司法鉴定业务，应当遵守法律、法规，遵守职业道德和职业纪律，尊重科学，遵守技术操作规范。"这条一般被可以认为是我国司法鉴定制度中对鉴定人中立性的要求，也因此，鉴定人与审判人员一样，在诉讼活动也必须遵守回避的有关规定。可以说，中立性是保证鉴定活动严格遵循独立、公正立场的基石。由于鉴定人在诉讼中最主要的作用是通过自己的专门知识、经验以及相关技能帮助审判人员正确认识案件事实所涉及的专门性问题，从而对相关证据作出准确的判断，对相关事实作出符合客观情况的认定。因此，专业性与独立性是司法鉴定人维持其中立性的基本支撑。有学者指出："无论专家的委托方是出于对抗地位的一方当事人还是居中裁判的法官，专家都应独立于诉讼双方和裁判者。"[1] 由于司法鉴定人作为诉讼活动的参与者，当然具有帮助有序推进诉讼、服务社会的法定职责，司法鉴定人并非盈利个体，不得为了经济利益接受司法鉴定，其运营具有显著公共性，该种特性也是对其中立性的重要保障。司法鉴定本身是一种司法活动，司法公正、社会正义等社会公共利益是其主要的追求，因此应该具有一定程度的利他性。[2]

根据司法部制定的《司法鉴定人登记管理办法》，司法鉴定人的法定义务主要可以归纳为：

（1）按时完成工作。鉴定人应当认真履行自己的职责，及时、准确地完成鉴定工作。

（2）依法回避。当与案件有利害关系，出现需要回避的法定情形时，鉴定人应当依法申请回避。

（3）出庭作证。必要时，鉴定人需按时出庭作证，接受法庭和有

---

[1] 郭金霞：《鉴定结论使用中的问题与对策研究》，中国政法大学出版社2009年版，第177页。

[2] 杜国栋：《论司法鉴定人员职业规则》，载《证据科学》2011年第5期。

关人员的询问。

（4）遵守执业纪律、职业道德。鉴定人应当遵守法律法规的规定，遵守相关的执业纪律和准则，养成良好的职业道德。

（5）保守秘密。对于在鉴定活动过程中知悉的国家秘密、个人隐私等，鉴定人应当严格保密。

（6）参加继续教育和岗前培训。鉴定人应当参加技能培训、鉴定实践以及定期知识培训。

（7）接受监督检查。鉴定人应当接受司法行政部门和司法鉴定行业协会的监督和检查。

（8）法律法规所规定的其他义务。

为更好发挥司法鉴定服务于诉讼的作用，应当将健全管理体制与完善证据制度进行深度对接，将法官在具体诉讼活动依据证据规则对鉴定人提出的要求的落实情况纳到对鉴定人的管理体系之中，从而切实提升司法鉴定的质量，树立司法鉴定的公信力。因此，本次司法解释修改过程中我们听取了各级法院特别是一线审判岗位的法官意见，并征求了相关行政管理部门的意见，确定了鉴定人在从事司法鉴定活动过程中必须保持客观、公正、诚实和勤勉，并且在当事人申请及委托鉴定的法院要求出庭作证时，确保参与鉴定的鉴定人员能够到庭作证。此外，为增强鉴定人知晓和切实履行上述义务，专门增设了具结的要求，即需要签署附带有上述内容的承诺书。

针对鉴定人故意作虚假鉴定的行为，本条不仅规定了应当要求其退还鉴定费用，还明确人民法院应当根据情节，依照《民事诉讼法》第一百一十一条、第一百一十五条的规定对鉴定人予以处罚，情节严重构成犯罪的，应当追究其刑事责任。但是，对鉴定人是否要对当事人承担相应的民事赔偿责任的问题，存在着一定争议。对此，法国和德国的判例和学说均认为，鉴定人如果有重大过失而出具了错误的鉴定结论导致当事人的利益受到损害的，因符合"过错、损害和因果关系"的侵权责任成立的三要件,因而鉴定人不能免责,但都主张为了保护鉴定的自由和中立性应当减轻其责任。① 但有观点认为,在民事诉讼中,由于司法鉴定机构系受法院委托从事司法鉴定工作,与诉讼当事人之间不存在民事法律关系,因此,当司法鉴定机构发生鉴定错误时,当事人不能通过民事救济途径对司法鉴定机构提起损害赔偿之诉。多数观点认为,侵权的构成并不考虑侵权人与受害人之间是否事先存在委托或者其他民事法律关系,在鉴定人故意作虚假鉴定导致当事人发生损失的,遭受损失的当事人当然可以提起侵权之诉。

我们认为,在确定因鉴定人故意过着重大过失致使出具的鉴定意见不能被人民法院采信,或者致使出具错误的鉴定意见被采信,从而令当事人遭受损失的,当事人可以通过民事救济途径主张相应权利。对此,《司法鉴定机构登记管理办法》第四十一条对司法鉴定机构的民事责任作了十分明确的规定,该办法第三十一条还规定:"司法鉴定人在执业活动中,因故意或者重大过失行为给当事人造成损失的,其所在的司法鉴定机构依法承担赔偿责任后,可以向有过错行为的司法鉴定人追偿。"由此可知,鉴定人员因故意或重大过失致使鉴定错误造成当事人损失的,应当由所在的司法鉴定机构对外承担民事责任,再由其向具体负有责任的鉴定人员进行追偿。但考虑到鉴定意见的错误一般通过质证活动可以由人民法院及时予以纠正,且判定鉴定意见是否存在错误或者不被人民法院采信的原因是否系鉴定人造成难度较大,司法实践对此问题的处理尚不多见与成熟,因此,未将民事赔偿的相关内容在本条中予以规定。

---

① 施卫忠、许江:《司法鉴定制度改革刍论》,载《南京大学法律评论》2001卷,第193页。

【审判实践中需要注意的问题】

在司法实践中,委托法院在要求受托的鉴定人签署承诺书时,对以下两个问题可以关注:

1. 关于承诺书的内容如何确定的问题。本条规定在鉴定开始之前,人民法院应当要求鉴定人签署承诺书。但由于鉴定人义务并未有明确统一的标准表述,因此,本规定条文中仅例举了公认的对鉴定人的法定要求,并未穷尽所有的鉴定人法定义务,各地法院在执行过程中,可以根据具体需要,依照法律、行政法规,参照规章以及鉴定人自行制定的章程对鉴定人在参与诉讼活动中的要求,对承诺书的具体内容进行增补。

2. 关于要求鉴定人出具补充鉴定意见是否需要另行签署承诺书的问题,一般不再作特别要求,但如果系针对因鉴定人原因导致的需要补充鉴定的情形的,委托法院可以要求其出具针对性的承诺书,从而确保补充鉴定意见的质量。

【法条链接】

《中华人民共和国民事诉讼法》(2017 年修正)

第一百一十一条 诉讼参与人或者其他人有下列行为之一的,人民法院可以根据情节轻重予以罚款、拘留;构成犯罪的,依法追究刑事责任:

(一)伪造、毁灭重要证据,妨碍人民法院审理案件的;

(二)以暴力、威胁、贿买方法阻止证人作证或者指使、贿买、胁迫他人作伪证的;

(三)隐藏、转移、变卖、毁损已被查封、扣押的财产,或者已被

清点并责令其保管的财产，转移已被冻结的财产的；

（四）对司法工作人员、诉讼参加人、证人、翻译人员、鉴定人、勘验人、协助执行的人，进行侮辱、诽谤、诬陷、殴打或者打击报复的；

（五）以暴力、威胁或者其他方法阻碍司法工作人员执行职务的；

（六）拒不履行人民法院已经发生法律效力的判决、裁定的

人民法院对有前款规定的行为之一的单位，可以对其主要负责人或者直接责任人员予以罚款、拘留；构成犯罪的，依法追究刑事责任。

《司法鉴定机构登记管理办法》（2005 年）

第三十一条　司法机关和公民、组织可以委托列入司法鉴定人和司法鉴定机构名册的司法鉴定机构及司法鉴定人进行鉴定。

在诉讼活动中，对《全国人民代表大会常务委员会关于司法鉴定管理问题的决定》第二条所规定的鉴定事项发生争议，需要鉴定的，司法机关和公民、组织应当委托列入司法鉴定人和司法鉴定机构名册的司法鉴定机构及司法鉴定人进行鉴定。

第四十一条　司法鉴定机构在开展司法鉴定活动中因违法和过错行为应当承担民事责任的，按照民事法律的有关规定执行。

第三十四条 ［鉴定材料的提交］

人民法院应当组织当事人对鉴定材料进行质证。未经质证的材料，不得作为鉴定的根据。

经人民法院准许，鉴定人可以调取证据、勘验物证和现场、询问当事人或者证人。

【条文主旨】

本条系新增条文。本条对提交鉴定的材料提出要求，同时对于鉴定人获取鉴定材料的权利作出规定，旨在保障鉴定人的规则顺利进行。

【条文释义】

民事诉讼中，无论是哪一方当事人申请启动司法鉴定，均需要由审理的人民法院审查许可后方可进行，且委托司法鉴定的委托人绝对排除当事人，而只能由审理相关案件的人民法院担任。对于鉴定人而言，除了收取必要的鉴定费用，可供鉴定的相关材料齐备、充分也是鉴定人开展鉴定活动的基本条件。因此，除了鉴定费用预交义务外，当事人还负有提交与鉴定相关证据材料的义务，如拒不提交相关材料导致鉴定无法完成的，则应当由负有举证责任的一方当事人对需要通过鉴定证明的相关事实承担举证不能的责任。实践中一些鉴定所需的相关材料在不负有举证责任一方当事人的控制之下，在此情况下，负有举证责任的一方当事人可以通过申请书证提出命令、主张证明妨碍以及向人民法院申请调查取证等方式达到促使相关材料的控制人配合提交。

作为委托人的人民法院，必须对移送司法鉴定的相关材料进行审核，确保鉴定人所接收的鉴定材料已经经过真实性、完整性的确认。实践中虽然对于涉及鉴定的案件，主审法官往往会组织双方当事人对相关的鉴定材料进行质证。但是，现行法律、司法解释及行政法规均没有对鉴定材料的质证程序、方式与标准进行规范，导致问题不少。

一、现行规范梳理

1. 未质证的材料作为鉴定材料动摇了鉴定意见作出的合法性基础。作为鉴定基础的材料如果未经当事人质证及人民法院认证，一旦确定移送鉴定人，鉴定人据此进行鉴定并出具鉴定意见后，当然会遭致当事人对鉴定意见所根据的主要证据提出异议，进而对鉴定意见予以否认。由于未经质证的鉴定材料极有存在合法性与真实性的缺陷，因此，鉴定意见的可采性将被大大降低，导致实践中不得不通过补充鉴定、重新鉴定的方式来补救或者改正。不仅拖延了诉讼进程，浪费了大量的司法资源，增加了当事人的诉讼成本，也导致当事人对法院组织诉讼活动的能力和公正性提出质疑，配合成都大大降低。

2. 未认证真实性、完整性的材料作为鉴定材料降低了鉴定意见作出的准确性。实践中，一些法官为了避免在判决前提前就相关涉及专门性问题的证据材料进行认定，只向鉴定人移送双方当事人均未提出异议的鉴定材料，对于当事人提出异议的鉴定材料一律不移送，如此做法，既可能导致鉴定材料的完整性、充分性不足，从而影响到鉴定意见出具的可能性，导致很多鉴定项目因缺乏鉴定材料而无法作出，即便可以出具鉴定意见，也因可供鉴定的相关材料不够充分而使得鉴定意见的可靠性大大降低。如此，不仅影响当事人权利的主张，也妨碍了人民法院对相关专门性问题的查明。

3. 法官对待移送鉴定人的鉴定材料不质证不认证，也使得裁判者对于司法鉴定的相关基本原理、需求缺乏基本的了解，甚至推卸鉴定材料的采集责任，对于涉及专门性问题的相关事实查明十分不利。很多司法鉴定启动后，法官不再关心，采用何种方式、运用到何种科学原理、鉴定意见的参考标准等都不愿去学习了解，对于鉴定中存在的哪些困难也一无所知。在鉴定过程中，无法与鉴定人员保持良性的沟通，一方面在事实认定中过分依赖鉴定意见，另一方面自身对鉴定意见确实也缺乏必要的审查能力。

二、规范的完善

针对上述问题，我们有必要对鉴定所需的鉴定材料的性质作一个梳理。鉴定材料作为司法鉴定所根据的基础性信息源，本质上仍属于民事诉讼证据的范畴，仅是因为这些保有与案件有关信息的材料非经特殊的或者科学地技术方法，无法为一般人所知悉，因此必须通过司法鉴定的手段将相关案件信息从中搜集提炼。我国《民事诉讼法》第六十八条中规定，证据应当在法庭上出示，并由当事人互相质证。因此，人民法院对证据材料真实性完整性地判断必须是经过案件双方当事人质证，方可作出。关于鉴定材料移送和接收，《司法鉴定程序通则》第十二条第一款作了"委托人委托鉴定的，应当向司法鉴定机构提供真实、完整、充分的鉴定材料，并对鉴定材料的真实性、合法性负责"的规定，根据鉴定的一般需要作出了更为详细的要求。

由于鉴定人在诉讼中最主要的功能就是凭借自身特殊的专业能力发现、解释案件事实和证据中涉及的专门性问题。也就是说，鉴定人员进行分析、判断的基础是人民法院向其移送的相关鉴定材料。但是，更为全面地搜集鉴定所需的相关材料和信息，法律亦授权鉴定人员可以直接通过调取证据、询问当事人等方式获得鉴定所需要的案件信息，但因鉴定人与法官同样，亦需严格遵循中立立场，故这种获取过程也同样应当遵守人民法院调查认定证据的基本规则，即由当事人充分参与，必要时应当组织当事人之间进行质证、辩论。实践中，经常出现鉴定人将自行调取的证据或者根据当事人的陈述直接作为鉴定材料使用，但未对这些调取的证据组织质证，亦未听取对方当事人的陈述，由此所作的鉴定意见未参与的当事人意见很大，异议率较高。考虑到鉴定活动中调取证据和询问当事人等活动仍需要充分平等地保护当事人的诉讼权利，仍受到民事诉讼程序的制约，本条第二款对诉讼活动中如何适用《民事诉讼法》第七十七条第一款作了细化，一方面要求鉴定人自行调取鉴定材料之前需要向委托的人民法院告知并取得准许；另一方面，进一步充实完善了鉴定人可以调取鉴定材料的范围和手段，包括调取证据、勘验物证和现场、询问当事人或者证人。

【审判实践中需要注意的问题】

经过多年来的努力，我国现已颁布了多项司法鉴定领域各专业的技术操作规范，为保证司法鉴定质量发挥了积极的作用。但是，我国司法鉴定领域各专业的技术操作规范尚不十分健全，部分鉴定事项不仅缺乏相关技术操作规范标准，甚至连相应的有业务能力的鉴定机构都很难寻求到。当然，这些问题不仅是相关科学技术领域以及装备发展水平所致，也有相当部分鉴定有赖于鉴定人员的经验，难以通过统一量化的技术标准来进行确定。一般而言，除了可以采用仪器分析进行鉴定事项的技术标准趋于统一外，其他主要依靠鉴定人专门知识和经验的事项，如笔迹鉴定、法医精神病鉴定等，在实际操作中容易受到各种主客观因素的影响，暂时难以建立起有效的鉴定标准和技术规范，已成为影响鉴定质量的关键因素。

因此，在实践中要对缺乏统一技术操作规范的鉴定项目作重点关注。例如：笔迹鉴定受样本极大制约，所作鉴定意见的准确性就受到影响，相关投诉也较多。实践中，就笔迹真实性提出异议的当事人往往怠于提供丰富的样本以供比对，而法官一般采用较为方便的取样方式，即要求该当事人当场书写笔迹样本。但是，当事人为达到笔记明显差异的对比目的，往往通过采用与平日书写习惯迥异的方式、字体来刻意"制作"样本。实务中常见的伪装笔迹主要有两种，一是故意改变本人的笔迹特征，企图使他人无法识别是其所书写；二是模仿他人笔迹，企图是他人相信文件表达了被模仿人的意思。两种伪装笔迹均分为临时模仿和经过练习加以模仿两种形式。[①] 一些鉴定人对该类样本的形成过程分析不透彻，一旦作出与真实情况不尽相同的鉴定意见，导致对方当事人强烈反对但却缺乏有效的救济手段。对此，就应当在取样过程中严格把关，尽可能通过获取难以受当事人意志控制发生变化的已经历史形成的样本，最好是与检材同时期形成且字形相同或者相近的笔迹样本来进行比对鉴定。

此外，关于鉴定所需材料当事人拒不提供致使待证事实无法查明的法律后果承担问题。根据本规定第三十一条的规定，该不利的后果应当由对需要鉴定的待证事实负有举证责任的当事人承担。但是，如果有证据表明相关材料在对方当事人控制之下的，鉴定人经人民法院准许有权调取相关证据、勘验物证和现场、询问当事人或者证人，必要时人民法院可以根据当事人的申请，要求对方当事人予以配合，对方当事人控制相关材料但无正当理由拒不提交，对待证事实负有举证责任的当事人主张该证据的内容不利于控制人的，人民法院可以认定该主张成立。

---

① 王冠卿：《法庭证据的理论与实践探索》，北京大学出版社2014年版，第246页。

【法条链接】

《中华人民共和国民事诉讼法》（2017年修正）

第六十八条　证据应当在法庭上出示，并由当事人互相质证。对涉及国家秘密、商业秘密和个人隐私的证据应当保密，需要在法庭出示的，不得在公开开庭时出示。

第七十七条　鉴定人有权了解进行鉴定所需要的案件材料，必要时可以询问当事人、证人。

鉴定人应当提出书面鉴定意见，在鉴定书上签名或者盖章。

《司法鉴定程序通则》（2016年）

第十二条　委托人委托鉴定的，应当向司法鉴定机构提供真实、完整、充分的鉴定材料，并对鉴定材料的真实性、合法性负责。司法鉴定机构应当核对并记录鉴定材料的名称、种类、数量、性状、保存状况、收到时间等。

诉讼当事人对鉴定材料有异议的，应当向委托人提出。

本通则所称鉴定材料包括生物检材和非生物检材、比对样本材料以及其他与鉴定事项有关的鉴定资料。

第三十五条 ［未如期完成鉴定的处理］

鉴定人应当在人民法院确定的期限内完成鉴定，并提交鉴定书。

鉴定人无正当理由未按期提交鉴定书的，当事人可以申请人民法院另行委托鉴定人进行鉴定。人民法院准许的，原鉴定人已经收取的鉴定费用应当退还；拒不退还的，依照本规定第八十一条第二款的规定处理。

【条文主旨】

本条系新增条文。本条规定旨在督促鉴定人尽快完成鉴定工作，防止由于鉴定人工作拖延影响案件审理。审判实践中鉴定人拖延的情况比较严重，超长期未结案件中，由于鉴定拖延导致审理拖延的情况占有很大比例，各级法院对此反应比较强烈。故本条对鉴定人无正当理由未按期完成鉴定的，规定了返还费用的制裁措施。

【条文释义】

实践中，法官对一些鉴定机构提供的辅助服务投诉较多。法官的不满主要集中在鉴定周期和鉴定意见的模糊等方面。部分地方法院的专门报告反映,部分鉴定机构的鉴定过程过长,严重影响了案件审理进程,妨碍了当事人权利的及时救济。据浙江省高级人民法院课题组调查,鉴定期限最长为500天,为一损害股东利益责任纠纷,涉及股权审计。以纠纷类型而言,期限最长的市医疗损害责任纠纷中的医疗损害鉴定(主要为医学会在做),其次为建设工程施工合同纠纷中的造价鉴定。① 在德国,根据德国《民事诉讼法》第411条的规定,鉴定人拒绝从事其有义务应该从事的鉴定工作或迟延期间,可以警告或处以违警罚款。

我国民事诉讼及司法鉴定的相关立法对鉴定人出具鉴定意见并未作出时间上的要求,但司法部颁布的《司法鉴定程序通则》在第二十八条对此作了明确的规定。根据该条规定,一是对于一般的鉴定事项,司法鉴定机构应当自司法鉴定委托书生效之日起30个工作日内完成鉴定;二是对于鉴定事项涉及复杂、疑难、特殊技术问题或者鉴定过程需要较长时间的,经本机构负责人批准,完成鉴定的时限可以延长,延长时限一般不得超过30个工作日。并且,对于鉴定时限延长的,应当及时告知委托人。2017年12月14日起施行的《最高人民法院关于审理医疗损害责任纠纷案件适用法律若干问题的解释》第十一条第三款明确了提出了"鉴定期限"的鉴定要求。

鉴于司法实务中普遍的反响,为了保障诉讼活动高效开展,有效督促鉴定人及时进行鉴定活动,提高鉴定效率,有效将民事诉讼中法官对个案的司法鉴定活动的监督与司法行政管理部门对鉴定机构从事司法鉴定活动的行政管理进行衔接,形成监督与管理的合力,本规定修订中将鉴定人的勤勉义务正式纳入条文的具体规定之中。在适用本条时需要特别注意的是,认定逾期提交鉴定意见的前提必须是鉴定人无正当理由,如果鉴定人有正当理由导致延期的,不能据此条认定逾

---

① 摘自浙江省高级人民法院课题组:《浙江省法院民事诉讼涉鉴定问题调研报告》。

期。此外，对于当事人以鉴定人在指定期间内未提交鉴定意见为由申请人民法院另行委托鉴定人鉴定的，人民法院应当予以审查，在综合各方面因素后才决定是否予以准许。

【审判实践中需要注意的问题】

实践中值得注意的问题是，鉴定超期虽然被视为影响审判效率的顽疾。然而，鉴定超期的原因往往十分复杂，一般集中反映了法官、当事人与鉴定机构及其鉴定人三方的问题。一是实践中法官通过启动鉴定而中断案件的审理，"以鉴止审"，变相通过人为延长鉴定期限来延缓案件的审理周期；二是法官、当事人及鉴定人就鉴定的事项、鉴定意见的要求以及鉴定材料的确定难以达成一致，来回往复的沟通与补充也是导致鉴定时间延长的重要因素，一些当事人诉讼准备活动不到位、急于行使权利、消极应诉、"挤牙膏"式地提供相应证据，也使得鉴定人在搜集鉴定材料的周期不断拖延；三是鉴定人对当事人拒绝、推迟或消极提供鉴定材料及预交鉴定费用的行为缺乏制约手段，与案件主审法官沟通不畅，两者未能对相关当事人形成实质上的有效引导，导致鉴定周期拉长。因此，法官在适用本条过程中需要注意以下几个方面：

1. 人民法院在委托鉴定时应当根据鉴定事项的难度、鉴定材料的准备等情况，由相关案件的主审法官、法院管理鉴定委托事务工作的职能部门在征询受托的鉴定人意见之后，确定合理的鉴定期限。防止因鉴定期限设定的不科学，而导致鉴定人无法在预定的鉴定期限内完成鉴定事项。

2. 对于鉴定费用的催交、鉴定材料的补充以及新的鉴定项目的增补等影响鉴定周期的行为，应当纳入案件的审判流程管理之中，首先应当报由案件的主审法官指定相应的期间，相应义务人如不在指定期间内完成相关行为的，以视为放弃相关诉讼权利论处；其次由法院管理鉴定委托事务工作的职能部门在法官确定的期间内对相关行为的影响作出评估，并将相应时间在鉴定期限内扣减。

3. 对于鉴定过程中发现鉴定事项涉及复杂、疑难、特殊技术问题或者鉴定过程需要较长时间的，因可能导致鉴定人无法在原定期限内完成鉴定任务，故鉴定人应当及时通知委托的人民法院，由法院询问当事人意见后确定是否对鉴定期限作出调整。

4. 鉴定人未按期提交鉴定书的，委托的人民法院应当审查鉴定人是否存在正当理由。如无正当理由且当事人申请另行委托鉴定人进行鉴定的，人民法院一般应当予以准许。但由于另行委托将浪费大量的时间，应当慎重，必要时可以听取未申请另行委托当事人一方的意见以及鉴定人的申辩之后再行决定。

【法条链接】

《最高人民法院关于审理医疗损害责任纠纷案件适用法律若干问题的解释》（2017 年 12 月 13 日　法释〔2017〕20 号）

第十一条　委托鉴定书，应当有明确的鉴定事项和鉴定要求。鉴定人应当按照委托鉴定的事项和要求进行鉴定。

下列专门性问题可以作为申请医疗损害鉴定的事项：

（一）实施诊疗行为有无过错；

（二）诊疗行为与损害后果之间是否存在因果关系以及原因力大小；

（三）医疗机构是否尽到了说明义务、取得患者或者患者近亲属书面同意的义务；

（四）医疗产品是否有缺陷、该缺陷与损害后果之间是否存在因果关系以及原因力的大小；

（五）患者损伤残疾程度；

（六）患者的护理期、休息期、营养期；

（七）其他专门性问题。

鉴定要求包括鉴定人的资质、鉴定人的组成、鉴定程序、鉴定意见、鉴定期限等。

《司法鉴定程序通则》（2016年）

第二十八条　司法鉴定机构应当自司法鉴定委托书生效之日起三十个工作日内完成鉴定。

鉴定事项涉及复杂、疑难、特殊技术问题或者鉴定过程需要较长时间的，经本机构负责人批准，完成鉴定的时限可以延长，延长时限一般不得超过三十个工作日。鉴定时限延长的，应当及时告知委托人。

司法鉴定机构与委托人对鉴定时限另有约定的，从其约定。在鉴定过程中补充或者重新提取鉴定材料所需的时间，不计入鉴定时限。

第三十六条　[鉴定书的内容]

人民法院对鉴定人出具的鉴定书，应当审查是否具有下列内容：

（一）委托法院的名称；

（二）委托鉴定的内容、要求；

（三）鉴定材料；

（四）鉴定所依据的原理、方法；

（五）对鉴定过程的说明；

（六）鉴定意见；

（七）承诺书。

鉴定书应当由鉴定人签名或者盖章，并附鉴定人的相应资格证明。委托机构鉴定的，鉴定书应当由鉴定机构盖章，并由从事鉴定的人员签名。

【条文主旨】

本条在2001年《证据规定》第二十九条的基础上修改形成。是关于鉴定书内容的规定，目的在于规范鉴定人的行为。在总结审判实践经验的基础上，对2001年《证据规定》第二十九条的内容进行整理，将委托人明确为委托法院,将委托鉴定的内容单独列举,根据《民事诉讼法》的修改将鉴定结论修改为鉴定意见,增加了保证书的内容,并将鉴定人资格及签名盖章作为第二款。

【条文释义】

法律文书因错漏而损害司法形象与司法公信力,作为人民法院委托的鉴定人通过科学鉴定出具的鉴定意见同样也属于广义的法律文书,因为,司法鉴定文书是司法鉴定活动的产物,是鉴定意见的载体。全面推进法治社会背景下的司法鉴定文书是保障现代司法对社会公平正义的要求。因此,对其制作不仅应当符合法理性和逻辑性的基本要求,还要符合与司法鉴定就专门性问题作出专门意见的科学性属性的要求。所以,有必要对鉴定意见的文书制作作出规范,要求服务于审判需要,做到实体科学、程序公正、感受清晰,既要实现满足裁判者的审理视角需求,亦要符合当事人感知、理解、信服的获知真相需求,提高鉴定意见书的可阅读性和严肃性,从证据制作的源头树立起当事人对鉴定意见权威性和规范性的高度认同。

作为借助于专业理论和科学的技术手段,通过对鉴定对象的鉴别和判断而得出的鉴定意见,因其较强的专业性、严谨的逻辑性和结论的科学性,使得该类证据天然具有很强的证明力。正是如此,规范正确的鉴定意见作为公正司法的重要载体和查明事实的坚实基础,其格式规范就尤为重要。依据《司法鉴定决定》及修订后的《司法鉴定程序通则》(司法部令第132号),《司法部关于印发司法鉴定文书格式的通知》(司发通〔2016〕1112号)2017年3月1日起执行,原《司法部关于印发〈司法鉴定文书规范〉和〈司法鉴定协议书(示范文本)〉的通知》(〔2007〕71号)同时废止。新的司法鉴定文书格式进一步对司法鉴定文书的格式提出了规范化要求:

1. 鉴定意见必须符合法定的形式要求。主要包括：按照统一格式制作，由 2 名以上司法鉴定人签名（打印文本和亲笔签名）、加注《司法鉴定人执业证》证号、加盖司法鉴定专用章、意见书制作时间等。上述法定的文本格式要求，缺一不可，否则，将导致鉴定意见因形式上的缺陷而遭致证据能力的缺失。

2. 鉴定意见必须符合文理表达的要求。在内容上主要包括（1）委托鉴定的内容、要求；（2）鉴定所依据的相关材料；（3）鉴定所依据的原理、方法；（4）对鉴定过程作出的具体说明；（5）给出去伪存真的鉴定意见等。当然，这不仅仅是内容的要求，同时也是正常科学论证的展开，符合司法的逻辑定位，即要证明什么内容、有哪些根据作为可供证明的材料、相关的科学原理或者试验方法、鉴定的步骤和过程，并根据上述的要素最终得出符合程序规范和科学判断的结论性意见。司法鉴定文书不仅要明真，而且要通过先进技术，以"看得见的方式"指出"不真"之所在。①

3. 鉴定意见必须出具保证客观、公正、诚实地进行鉴定，保证出庭作证，如作虚假鉴定应当承担法律责任等内容的承诺书。具体理由在本规定第三十三条评述中已经说明，不再赘述。

党的十八届四中全会通过的《中共中央关于全面推进依法治国若干重大问题的决定》提出要"推进以审判为中心的诉讼制度改革"，强调"庭审实质化"，所有的案件事实必需要经过法庭的当庭审理才能确认。因此，即便是以科学性、严谨性著称的鉴定意见，如果作为认定案件事实的根据，必然需要经过当事人的质证，甚至必要时还需要通过通知鉴定人出庭来配合相应的举证、质证活动，由此帮助审判人员最终就相关专门性问题形成心证结论，并转化为案件的基本事实。

科学的鉴定是复合型要素结构，是由多个科学单元构成，鉴定技

---

① 王平荣：《司法鉴定文书文理表达研究》，载《东方论坛》2017 年第 3 期。

术科学原理、鉴定方法、鉴定设备和鉴定标准,甚至还有鉴定意见的表述等,任何一个单元要素的科学性欠佳都可能使鉴定意见偏离正确的轨道,从而影响鉴定意见的可靠率。因此,对鉴定意见的审查,如果只是审查某一单元要素的科学性,如技术标准或原理等,并不能保证鉴定意见的科学可靠性,也就不能有效阻止错误的鉴定意见被采信。[①] 统一而详尽地列明鉴定结论的内容,目的主要在于:一是减少不同法规之间的冲突;二是尽可能地限制当事人为案情需要而反复鉴定;三是强化鉴定人的法律责任感,体现鉴定人的独立性和公正性。[②] 由此可见,通过规范鉴定书的制作要求,极尽最大可能将司法鉴定的法律性和科学性通过严格的要素撰写和严谨的格式向审判人员和当事人精确传递案件所涉专门性问题的信息,是较为理想的鉴定意见表达。

【审判实践中需要注意的问题】

对于鉴定意见形式或者内容上存在瑕疵如何处理的问题。实践中,要把握既不能因为鉴定意见制作中因工作失误产生的形式瑕疵就直接否定该证据的证据能力,也不能因为鉴定意见因笔误导致的表述错误直接否定该证据的证明能力。《司法鉴定程序通则》第四十一条规定,司法意见书出具后,发现有下列情形之一的,司法鉴定机构可以进行补正:(1)图像、谱图、表格不清晰的;(2)签名、盖章或者编号不符合制作要求的;(3)文字表达有瑕疵或者错别字,但不影响司法鉴定意见的。

因此,对于鉴定意见的错误,应当作实质性分析,如果确属鉴定意见的实质性错误,譬如鉴定意见的主要依据不足或者鉴定采用的技术标准错误等,则应当否定该份证据的证明力,并视情确定采用补充

[①] 赵杰:《司法鉴定意见科学可靠性审查》,载《证据科学》2018年第3期。
[②] 沈健:《比较与借鉴:鉴定人制度研究》,载《比较法研究》2004年第2期。

鉴定还是重新委托鉴定的方式对相关专门性事实另行查明。但如果是鉴定意见并无实质性问题，仅是因为文书制作、校对时产生错误的，可以允许鉴定机构通过补正的方式予以弥补。

【法条链接】

《最高人民法院关于民事诉讼证据的若干规定》（2001年12月21日　法释〔2001〕33号）

第二十九条　审判人员对鉴定人出具的鉴定书，应当审查是否具有下列内容：

（一）委托人姓名或者名称、委托鉴定的内容；

（二）委托鉴定的材料；

（三）鉴定的依据及使用的科学技术手段；

（四）对鉴定过程的说明；

（五）明确的鉴定结论；

（六）对鉴定人鉴定资格的说明；

（七）鉴定人员及鉴定机构签名盖章。

《司法鉴定程序通则》（2016年）

第四十一条　司法鉴定意见书出具后，发现有下列情形之一的，司法鉴定机构可以进行补正：

（一）图像、谱图、表格不清晰的；

（二）签名、盖章或者编号不符合制作要求的；

（三）文字表达有瑕疵或者错别字，但不影响司法鉴定意见的。

补正应当在原司法鉴定意见书上进行，由至少一名司法鉴定人在补正处签名。必要时，可以出具补正书。

对司法鉴定意见书进行补正，不得改变司法鉴定意见的原意。

第三十七条 ［对鉴定意见的异议］

人民法院收到鉴定书后，应当及时将副本送交当事人。

当事人对鉴定书的内容有异议的，应当在人民法院指定期间内以书面方式提出。

对于当事人的异议，人民法院应当要求鉴定人作出解释、说明或者补充。人民法院认为有必要的，可以要求鉴定人对当事人未提出异议的内容进行解释、说明或者补充。

【条文主旨】

本条系新增条文。本条关于人民法院对于当事人就鉴定书的异议如何处理的规定，是在总结审判实践经验的基础上形成的。鉴定人出具鉴定书后，法院交由当事人提出书面异议，是长期以来审判实践中比较普遍的做法，比较成熟，效果也比较好，故本条予以采纳。

【条文释义】

《司法鉴定决定》第十一条规定："在诉讼中，当事人对鉴定意见有异议的，经人民法院依法通知，鉴定人应当出庭作证。"而《民事诉讼法》第七十八条作了更为严格的规定，不仅将当事人异议作为鉴定人必须出庭的情形，还增加了认为鉴定人有必要出庭的并列条件。值得注意的是，人民法院认为有必要并非当事人对鉴定意见提出异议而致使鉴定人出庭的必经途径和必要条件。这一点与《刑事诉讼法》规定的对鉴定人出庭作证的具体程序有着本质的差别。

由于鉴定意见兼具科学性和证据性的双重属性，因此，其科学属性决定了鉴定人出具的相关意见难免具有局限性和开放性，受科学原理、技术方法、鉴定标准以及鉴定人员的认知能力所限，鉴定意见出现误差是符合认知规律的。而其证据属性则决定了鉴定人在从事鉴定活动中易受到干扰。司法鉴定不同于普通科学探究活动，司法鉴定活动的目的性更明确、对实验材料的限制更严格、鉴定过程更易受人为因素影响，这些特点也导致鉴定意见可能出现与科学真相不符的情况。据此，人民法院必须通过当事人对鉴定意见提出的异议的认真审查，方能有效地通过诉讼对抗程序的安排，尽可能地找出鉴定过程或者鉴定意见本身存在的谬误，从而对相关专门性问题作出接近客观真相的判断。

关于鉴定人出庭的必要性问题，《民事诉讼法》修改给予了充分肯定，在理论上并无不当之处。由于鉴定意见是鉴定人根据自身的专业知识，对与案件有关的材料进行加工得出，特别是其形式上系通过书面报告的方式呈现在法官与当事人面前，并没有通过当庭言词的方式表现，这就使得相关证据的信息是单方体现，而无法实现当庭的双向乃至多向的交流沟通，无法就法官或者当事人对鉴定意见中无法理解或者提出质疑的问题立即进行答疑解惑。此外，由于鉴定意见的专业性，在对其阅读和理解的过程中会产生更多的疑问。特别是司法实践中，鉴定意见的证明效力极强，很难通过当事人另行举证的方式予以推翻。

因此，当事人对鉴定书所提出的异议，本质上只有通过鉴定人的出庭，详细解答法官和当事人的询问，才能对鉴定意见包含的证明案件事实的信息作充分的展示，达到直接言词审理的基本要求，也能让鉴定人在鉴定过程中保持独立、专业、谨慎和诚实的职业操守进行有效的监督。否则，对鉴定意见可靠性、关联性和合法性的审查，因证据制作者与审理者、与当事人在时空上的错位，很难一步到位。

但是，在本次修改《证据规定》中对本条的起草讨论过程时，很多法院提出要求在鉴定人出庭的前提条件"当事人对鉴定意见有异议"的基础上与《刑事诉讼法》一样，增设人民法院审查环节，即只有当人民法院认为鉴定人必须出庭的情况才通知鉴定人出庭。主要是以下两点理由：一是，实践中当事人对鉴定意见不满的情况比较普遍的情形，而《民事诉讼法》第七十八条的规定并没有将当事人对鉴定意见提出的异议进行区分和甄别，法条的字面意思十分明确，即但凡当事人提出异议的，不管该异议是否成立或者有一定的理由支撑，人民法院一律需要传唤鉴定人出庭质证。从诉讼规律的角度，很多案件客观上没有必要要求鉴定人出庭作证。这种制度安排，人为地使诉讼程序极大复杂化，诉讼成本过于高昂。第二，从实际的效果来看，虽然鉴定人员出庭能够帮助法官及当事人对相关的鉴定流程、鉴定所依据的科学原理、科学技术手段以及所运用的特殊设备有了更为深入、直观的了解，但是，由于绝大多数法官或者当事人及其诉讼代理人，囿于缺乏对相关专业领域问题的研究，故根本无法对鉴定意见是否符合科学性的问题提出具体的异议或者意见，根本无法和出庭的鉴定人员就涉及的专门性问题进行平等的对话，质证效果不好。

鉴于民事诉讼立法对鉴定人出庭的触发条件也就是启动的门槛较低，但第七十八条作为2012年《民事诉讼法》修改的重要条文，需要我们在法律适用过程中贯彻立法意图，只能进行便于操作的细化，不能通过设置实质性的审查条件作为触发的前置程序来限制当事人的该项诉讼权利。在诉讼中，鉴定意见作为法律服务产品，对其进行可靠性审查,不能简单地类比普通的社会产品,除了其自然的科学属性,还应当考虑其特有的法律属性,也就是说对鉴定意见的可靠性评价,是具有两种维度的:即科学维度和法律维度。[①] 但实践中,当事人对于鉴定意见并不一定是从科学维度提出的异议,甚至很多只是源于对鉴定方法的不了解导致的。

考虑到《司法鉴定决定》第十一条中有"经人民法院依法通知"这个流程安排和履行手续的规定,于是,在通知鉴定人出庭的具体操作中,吸收了根据司法实践中已经形成的惯有做法,安排了当事人以书面方式提出异议和鉴定人以书面方式回复的具体流程。通过这种方式,有以下两个显著的优点:一方面,可以消化相当一部分原本就不需要鉴定人出庭的简单争议,有效提高诉讼效率;一方面,为鉴定异议的明确和进一步提炼鉴定争议的焦点奠定良好的基础,使得鉴定人为出庭做好充分准备,节约庭审时间,提升庭审效果。特别值得肯定的,这种做法并没有对当事人申请鉴定人出庭的诉讼权利作出限制。

【审判实践中需要注意的问题】

实践中,对于当事人对鉴定书提出异议的,不应直接启动鉴定人出庭的程序,而是应当了解异议的具体内容,是否是针对鉴定书的内容,而不是针对鉴定材料、鉴定程序或者鉴定机构、鉴定人员的资质等非鉴定书本身内容的问题。对于非针对鉴定书内容的异议,应当进行法律审查,而鉴定人出庭则主要解决鉴定意见所涉的内容的科学性审查的问题。

当人民法院将鉴定人针对当事人异议的书面解释、说明或者补充意见转交当事人后,当事人仍有异议的,审判人员应当询问异议是否

[①] 赵杰:《司法鉴定意见科学可靠性审查》,载《证据科学》2018 年第 3 期。

存在变化，相关异议的具体理由和相关依据，必要时可以要求提交相应的资料或者证据，为下一步鉴定人出庭做好充分的准备。

当事人申请鉴定人出庭，审判人员应当提示将会发生鉴定人出庭费用。鉴于专家辅助人协助当事人就专门性问题的发表质证意见并进行相关问题的辩论活动，鉴定人出庭如果缺乏专家辅助人的协助，根本难以保证质证活动的高质量，因此还应当一并提示异议人可以聘请专家辅助人出庭参与询问鉴定人并参加相关专门性问题的质证活动。

此外，条件许可的人民法院，如果当事人同意鉴定人以其他方式如通过庭审视频等方式作证的，可以建议鉴定人以其他方式作证。

【法条链接】

《中华人民共和国民事诉讼法》（2017年修正）

第七十八条 当事人对鉴定意见有异议或者人民法院认为鉴定人有必要出庭的，鉴定人应当出庭作证。经人民法院通知，鉴定人拒不出庭作证的，鉴定意见不得作为认定事实的根据；支付鉴定费用的当事人可以要求返还鉴定费用。

《全国人民代表大会常务委员会关于司法鉴定管理问题的决定》（2015年修正）

十一、在诉讼中，当事人对鉴定意见有异议的，经人民法院依法通知，鉴定人应当出庭作证。

第三十八条 ［鉴定人出庭费用的预交］

当事人在收到鉴定人的书面答复后仍有异议的，人民法院应当根据《诉讼费用交纳办法》第十一条的规定，通知有异议的当事人预交鉴定人出庭费用，并通知鉴定人出庭。有异议的当事人不预交鉴定人出庭费用的，视为放弃异议。

双方当事人对鉴定意见均有异议的，分摊预交鉴定人出庭费用。

【条文主旨】

本条系新增条文。鉴定人出庭费用是2006年《诉讼费用交纳办法》中规定的当事人应当向人民法院交纳的诉讼费用。2012年《民事诉讼法》修改后，由于对鉴定人出庭作出明确规定，有关鉴定人出庭费用的问题在审判实践中反映比较突出，特别是由谁交纳、按照何种标准计算等问题存在一定争议，有规定的必要。本条根据《民事诉讼法》第七十八条的规定，确立了异议方预交的原则，双方均有异议的由双方分摊。对于当事人无异议但人民法院认为鉴定人有出庭必要的情形，由于审判人员认为鉴定人有必要出庭的原因是对于鉴定意见尚未形成内心确信，申请鉴定、意图以鉴定意见支持自己事实主张的当事人负有证明鉴定意见真实、客观的证明义务，故由其预交鉴定人出庭费用，符合逻辑。

【条文释义】

一、鉴定费用的范围

鉴定费用的范围有广义和狭义之分。在民事诉讼中，为了查明案件事实而启动鉴定程序，鉴定费用是整个鉴定活动实际支付费用的总和，包括鉴定必要费用、鉴定人的报酬及鉴定人出庭作证费用三方面的内容。① 因此，广义的鉴定费用不仅包括当事人应当向鉴定人预先支付的鉴定费用，还包括申请鉴定人出庭的发生的相关差旅费、误工费等费用。依据《诉讼费用交纳办法》第六条的规定，鉴定费用中的鉴定人员出庭费用等辅助费用当属于诉讼费用中的其他诉讼费用，应当根据诉讼费用的负担规则进行分配。而狭义的鉴定费用仅指鉴定申请人或者委托人向鉴定人预付的费用，依据《诉讼费用交纳办法》第十二条第一款的规定进行处理，即由"人民法院根据谁主张、谁负担的原则，决定由当事人直接支付给有关机构或者单位，人民法院不得代收代付"。鉴定费用不管系人民法院依职权启动还是人民法院对当事人的鉴定申请审查同意后委托，均会产生。但是，必须要明确的是，即便是人民法院依当事人申请而同意启动鉴定并委托鉴定人所产生的鉴定费用，该提出鉴定申请的当事人与鉴定机构并不形成私法上的权利义务，双方不存在直接的委托与受委托关系，委托鉴定的关系只能发生在委托鉴定的人民法院和接受该委托的鉴定人之间。所涉及的鉴定费用在性质上应当视为当事人因诉讼需要所需要预交的保障诉讼进行的必要费用，具有公法意义上的义务性质。

---

① 占善刚：《民事诉讼鉴定费用的定性分析》，载《法学》2015年第8期。

二、制度设计

从域外相关制度看，未建立司法鉴定制度的英美法系国家和地区十分强调专家证人出庭，如美国将专家分为出庭作证的专家、非出庭作证的专家，前者不仅要撰写专家报告还要出庭作证，也收取更高的费用；英国将专家证人的收费分为两部分：一部分是完成专家报告所收取的费用；另一部分是出庭接受询问所收取的费用。① 在大陆法系国家和地区，如德国的诉讼中素来强调直接言词原则，鉴定人出庭乃其接受委托鉴定的附随义务，因此鉴定人出庭收取的费用包括了他们之后出庭的报酬。② 实践中，对于是否需要另行支付鉴定人员出庭费用存在一定争议。2006年12月19日国务院颁布的《诉讼费用交纳办法》对鉴定人出庭费用作出了规定，根据该办法第十一条的规定，鉴定人在人民法院指定日期出庭发生的交通费、住宿费、生活费和误工补贴，由人民法院按照国家规定标准代为收取。

虽然《诉讼费用交纳办法》对鉴定人员出庭的费用作了相应规定，但对究竟采用何种国家规定标准却语焉不详。在刑事诉讼方面，可供依据的规定只有2009年9月1日国家发展改革委、司法部发布的《司法鉴定收费管理办法》，③ 该《管理办法》规定了司法鉴定收费的内容。从该规定分析，目前司法鉴定人出庭作证的费用并不包括在司法鉴定收费范围之列。对于出庭作证产生的费用问题，该管理办法第十三条进一步明确："司法鉴定人在人民法院指定日期出庭作证发生的交通费、住宿费和误工补贴，不属于司法鉴定收费范围，由人民法院按照国家规定标准代为收取后交付司法鉴定机构。"从现有情况看，鉴定费用除特别约定外，并未包含鉴定人员出庭的费用。但事实上，如果

---

① 徐继军：《专家证人研究》，中国人民大学出版社2004年版，第16页。
② 陈邦达：《鉴定人出庭作证制度实证研究》，载《法律科学》2016年第6期。
③ 该办法已于2016年5月1日被《国家发展改革委关于废止教材价格和部分服务收费政策文件有关问题的通知》（发改价格〔2016〕703号）废止。

不解决鉴定人员的出庭费用，对出庭所产生的交通费、住宿费、误工费等进行合理的补偿，鉴定人员出庭就难以得到有效的保障。由此，2016年10月9日，最高人民法院与司法部联合下发了《关于建立司法鉴定管理与使用衔接机制的意见》，该意见在第三部分"加强保障监督，确保鉴定人履行出庭作证义务"明确提出："鉴定人在人民法院指定日期出庭发生的交通费、住宿费、生活费和误工补贴，按照国家有关规定应当由当事人承担的，由人民法院代为收取。"此外，对于鉴定人员出庭的费用由谁预交的问题，在民事诉讼的现有规定中尚未十分明确。《最高人民法院关于行政诉讼证据若干问题的规定》第七十五条规定："证人、鉴定人因出庭作证或者接受询问而支出的合理费用，由提供证人、鉴定人的一方当事人先行支付，由败诉一方当事人承担。"该规定确立了由鉴定人提供的一方当事人先行支付的规则。但是，由于民事诉讼的鉴定意见系由人民法院委托的鉴定人作出，不存在直接提供鉴定人的一方当事人，在实践中导致格格不入的情形。

目前，一些地方法院自行或与司法鉴定机构的行政管理部门就鉴定人出庭费用的问题作了相应的规定，在实际操作过程中解决了长期存在的费用是否收取、费用标准计算及由谁预交等具体问题，为鉴定人出庭制度在民事诉讼过程中得到实际贯彻落实奠定了很好的基础。譬如：《上海市高级人民法院关于公布2018年度人身损害赔偿标准的通知》中就明确了医疗损害责任纠纷案件中鉴定人出庭费用的标准为500元／人／次，《上海市高级人民法院关于医疗损害责任纠纷案件鉴定人出庭作证的若干意见（试行）》的"鉴定人出庭程序的启动"中明确，"经审查，认为鉴定人有必要出庭，且当事人已预交了鉴定人出庭费用的，人民法院应当于开庭十日前书面通知鉴定人出庭，并将当事人的申请书送达鉴定人及对方当事人"。《江苏省高级人民法院民一庭建设工程施工合同纠纷案件司法鉴定操作规程》则确立了申请鉴定应当一并由申请人预交鉴定人出庭费用的原则，对于未预交的，则由对鉴定意见提出异议的一方当事人负担该项费用,并明确如果是双方当事人均提出异议的,由双方平均分担的原则。①《浙江省高级人民法院、浙江省司法厅关于进一步规范司法鉴定工作若干事项的意见》(浙司〔2014〕69号)一方面确立了申请人预交及未预交但人民法院认为有必要的情形下由法院依职权确定承担方预交的交纳方式,另一方面还明确了人民法院对鉴定人出庭费用项目及金额进行核定的权力。②《江苏省高级人民法院、江苏省司法厅关于完善司法鉴定管理与使用衔接机制的意见》(苏司通〔2017〕33号)对鉴定人出庭费用的标准、交纳与收取的方式均作了详细规定。③

但是,根据我们的了解,实践中各个地方、各个鉴定类别,甚至各个鉴定机构对于鉴定人员出庭的人数、收费标准等都不尽相同,一些机构在鉴定费用中包含了鉴定人员出庭的相应费用,故不再收取;也有一些机构因鉴定费用中并未包含鉴定人员出庭的相关费用,故另行收取,但收取标准差异很大,一些鉴定机构由于路途遥远,仅差旅费甚至超出了鉴定费用,当事人负担过重,导致给案件事实的查明带来了负面影响。由于现有规定不够细致,故本次司法解释修订过程中对此问题充分听取了中基层法院的意见,一方面肯定了鉴定人出庭费

---

① 该规程第二十六条第一款内容为:当事人申请鉴定时应向人民法院预交鉴定人出庭作证的费用,当事人未预交的,人民法院应当在判决时按照《国务院诉讼费用交纳办法》第六条第三项的规定确定费用数额并列明由对鉴定意见提出异议的一方当事人负担,双方均提出异议的,由双方平均分担。

② 该意见第5条规定:规范人民法院的告知程序。人民法院鉴定委托部门委托鉴定时,应书面告知当事人申请司法鉴定人出庭作证的相关权利义务,包括需提交书面申请,按规定支付司法鉴定人的出庭作证费及相关交通、住宿、伙食等费用。在当事人书面提出申请后,由人民法院审判部门确定司法鉴定人出庭费用项目及金额并通知申请的当事人。人民法院应统一司法鉴定人出庭作证通知书格式(见附件2、3),明确出庭作证的时间、地点、联系人、联系方式等。

③ 该意见第10条内容为:明确司法鉴定人出庭费用标准。司法鉴定人在人民法院指定日期出庭作证发生的交通费、住宿费、生活费和误工补贴费等费用,由人民法院代为收取,并按照约定,与司法鉴定机构结算或直接交给出庭的司法鉴定人签收。我省司法鉴定人出庭作证的城市间交通费、市内交通费、住宿费及伙食补助费标准参照省级机关一般工作人员差旅费标准执行,误工补贴按最高人民法院有关规定执行,出庭作证时间不足一天的,按一天计算。

用的正当性，另一方面，也规定了预交制度，并明确当事人申请鉴定人出庭的，由提出异议的当事人一方预交鉴定人出庭费用，双方都提出异议的，由双方分担。此外，为防止不预交费用导致的拖延扯皮，还特别指出了不预交鉴定人出庭费用的法律后果。

【审判实践中需要注意的问题】

1. 当人民法院将鉴定人针对当事人异议的书面解释、说明或者补充意见转交当事人后，当事人仍有异议的，审判人员应当询问异议是否存在变化，相关异议的具体理由和相关依据，必要时可以要求提交相应的资料或者证据，为下一步鉴定人出庭做好充分的准备。

2. 当事人申请鉴定人出庭，审判人员应当提示将会发生鉴定人出庭费用。鉴于专家辅助人协助当事人就专门性问题的发表质证意见并进行相关问题的辩论活动，鉴定人出庭如果缺乏专家辅助人的协助，根本难以保证质证活动的高质量，因此还应当一并提示异议人可以聘请专家辅助人出庭参与询问鉴定人并参加相关专门性问题的质证活动。

3. 此外，条件许可的人民法院，可以事先征求当事人意见，当事人同意鉴定人以其他方式如通过庭审视频等方式作证的，可以要求鉴定人以其他方式作证，从而有效降低鉴定人出庭的时间损耗及相关差旅、住宿和误工费用。

【法条链接】

《中华人民共和国民事诉讼法》（2017年修正）

第七十八条 当事人对鉴定意见有异议或者人民法院认为鉴定人有必要出庭的，鉴定人应当出庭作证。经人民法院通知，鉴定人拒不出庭作证的，鉴定意见不得作为认定事实的根据；支付鉴定费用的当事人可以要求返还鉴定费用。

《诉讼费用交纳办法》（2006年）

第六条　当事人应当向人民法院交纳的诉讼费用包括：

（一）案件受理费；

（二）申请费；

（三）证人、鉴定人、翻译人员、理算人员在人民法院指定日期出庭发生的交通费、住宿费、生活费和误工补贴。

第十一条　证人、鉴定人、翻译人员、理算人员在人民法院指定日期出庭发生的交通费、住宿费、生活费和误工补贴，由人民法院按照国家规定标准代为收取。当事人复制案件卷宗材料和法律文书应当按实际成本向人民法院交纳工本费。

第十二条　诉讼过程中因鉴定、公告、勘验、翻译、评估、拍卖、变卖、仓储、保管、运输、船舶监管等发生的依法应当由当事人负担的费用，人民法院根据谁主张、谁负担的原则，决定由当事人直接支付给有关机构或者单位，人民法院不得代收代付。

人民法院依照民事诉讼法第十一条第三款规定提供当地民族通用语言、文字翻译的，不收取费用。

第三十九条 ［鉴定人出庭费用的负担］

鉴定人出庭费用按照证人出庭作证费用的标准计算，由败诉的当事人负担。因鉴定意见不明确或者有瑕疵需要鉴定人出庭的，出庭费用由其自行负担。

人民法院委托鉴定时已经确定鉴定人出庭费用包含在鉴定费用中的，不再通知当事人预交。

【条文主旨】

本条系新增条文。本条是关于鉴定人出庭费用在常见的不同情况下如何负担的操作性条文。确定了如下三个原则：一是因鉴定人自身原因导致鉴定人须出庭的，由其自担费用；二是鉴于大部分案件鉴定费本身数额较高，从控制诉讼成本考虑，如果法院在委托鉴定时已明确鉴定费用包括出庭费用的，不再交纳；三是鉴定人出庭费用按照证人出庭费用标准计算、由败诉方承担。

【条文释义】

为保证司法部门顺利开展审判活动，多数国家或地区在民事诉讼中均采有偿主义，由参加诉讼的当事人负担相应的诉讼费用，虽然各国具体规定存在着诸多差异，但一般仍将诉讼费用区分为两种基本类型，即裁判上费用和裁判外费用。裁判上费用主要是指当事人提起民事诉讼或者不服提出上诉对相关争议事项的裁判所需向法院缴纳的费用，国内一般称之为案件受理费。德国的《法院费用法》将裁判上费用称之为"法院费用"，日本关于民事诉讼费用的法律称之为"手数料"，我国台湾地区称之为"裁判费"。裁判外费用主要指当事人在诉讼过程中实施的裁判以外的其他诉讼行为所需要支出的费用，譬如调查取证的费用、公告的费用、制作和寄送文书的费用等。德国《法院费用法》对裁判外费用又称其他费用，而日本关于民事诉讼费用的法律中则指向范围较小，以专章形式规定为"对证人等的给付"。我国台湾地区则称为进行"其他诉讼程序所必要的费用"，主要包括证人、鉴定人日费、旅费等。因此，从域外相关立法经验可知，鉴定人出庭费用与证人出庭作证费用一样，均是法院为查明案件事实所支出的必要费用，且该费用并非直接为裁判所产生，而是因为诉讼中的其他关联诉讼行为所产生。

我国《诉讼费用交纳办法》第六条将诉讼费用规定为以下三类：（1）案件受理费；（2）申请费；（3）证人、鉴定人、翻译人员、理算人员在人民法院指定日期出庭发生的交通费、住宿费、生活费和误工补贴。由此可见，我国也将诉讼费用作了与其他大陆法系国家和地区相类似的划分，其中，鉴定人出庭费用与证人出庭费用一样，均属于其他诉讼费用的一种。关于鉴定人出庭费用的标准，一般采用与证人出庭费用标准一致的做法予以补偿。大陆法系主要国家的相关立法对证人、鉴定人出庭作证的费用均有着较为明确的规定，其补偿范围一般采用列举规范的方式来进行确定。如德国《法院费用法》第19条规定："证人可获得的补偿包括交通费补偿、开销补偿、其他开支补偿、对耽误时间的补偿、对料理家务造成不利的补偿、对收入减少的补偿。"该法第8条还规定："鉴定人出庭作证收费的项目交通费补偿、开销补偿以及其他开支补偿。"但从《诉讼费用交纳办法》第六条的规定可知，我国鉴定人出庭费用的组成较为狭窄，即在"指定日期出庭发生的交通费、住宿费、生活费和误工补贴"，再无其他例举或者等其他费用之兜底条款。

虽然案件受理费和鉴定人出庭费用能够均属于诉讼费用，但两者在性质上有较为显著的差异，案件受理费系当事人启动民事诉讼，以公权力解决私权利纠纷而支付的必要费用，是对公共资源的一种补贴。而鉴定人出庭费用等其他诉讼费用本质上系当事人为诉讼需要所支付的必要费用，虽然可能由人民法院代收，但最终收取的主体是提供相应服务或者因被动参与诉讼活动而遭受的相应经济损失的鉴定人员或者证人。尽管如前文所述，证人、鉴定人出庭作证费用的请求和补偿仅在法院和证人、鉴定人之间发生，但是该项费用作为裁判外诉讼费用，最终应由当事人负担。①

实践中，关于鉴定人出庭费用由申请人负担还是由败诉方负担还有一定的争议，鉴于该费用属于诉讼费用的性质，同样应当受到《诉讼费用交纳办法》第二十九条规定的约束，即"诉讼费用由败诉方负担，胜诉方自愿承担的除外"，"部分胜诉、部分败诉的，人民法院根据案件的具体情况决定当事人各自负担的诉讼费用数额"，"共同诉讼当事人败诉的，人民法院根据其对诉讼标的的利害关系，决定当事人各自负担的诉讼费用数额"。因此，我们在起草本规定时亦对该费用的负担原则作了明确，即"鉴定人出庭费用按照证人出庭作证费用的标准计算，由败诉的当事人负担"。考虑到一些鉴定人出庭的原因是鉴定意见不明确或者有瑕疵所致，由于该鉴定人出庭所支出的费用及相应误工损失系鉴定人工作不当所引起，因此，对于这种情况应当明确鉴定人出庭费用由其自行负担。

---

① 占善刚：《民事诉讼鉴定费用的定性分析》，载《法学》2015年第8期。

【审判实践中需要注意的问题】

实践中,如何判断"因鉴定意见不明确或者有瑕疵需要鉴定人出庭"的条件,审判人员需要综合当事人的异议及法官对该鉴定意见质量的具体情况进行认定。如果鉴定意见的瑕疵或者缺陷达到即便当事人不申请鉴定人出庭,人民法院亦要依职权传唤鉴定人员出庭接受询问的较为严重的情形,即便当事人提出申请,鉴定人出庭费用亦应当由鉴定人自行承担。对于这个问题的判断,应当在通知鉴定人出庭前予以明确,并告知鉴定人。此外,关于鉴定人出庭费用承担的问题,应当注意预交义务和最终负担义务的区分。目前,《诉讼费用交纳办法》第十二条所确立的"谁主张,谁负担"原则成为司法实务中分配鉴定人出庭费用的重要依据。但是,该负担应当理解为启动鉴定人出庭所必要的条件,系预交性质,而非诉讼终结后对该费用的终局意义上的负担。我们认为,由于鉴定的启动基础在于法院的确认或委托,鉴定费用因此具有公法性质,基于同一诉讼行为发生的预交鉴定费用和鉴定人出庭费用等,虽然产生的具体形式不同,但都属于为了诉讼活动能够顺利进行所支出的必要费用,应当作为一个相同属性的诉讼费用的概念。因此,最终申请人预交的鉴定费用及申请鉴定人出庭所预交的鉴定人出庭费用,其负担均需要结合裁判结果进行确定,一般可以参照诉讼费用的负担规则,即应当由败诉方承担。当然,对法律、行政法规或者司法解释有明确规定的,以及相关费用的负担存在行业惯例的除外,譬如:对保险标的物遭受的损失进行评估,相应发生的鉴定费用如果系属于保险人评估保险事故损失的必要费用的,则应当依照《保险法》对该费用的负担确定承担主体;医疗机构实施的诊疗行为存在医疗过错,需要通过司法鉴定排除该存在医疗过错的诊疗行为与患者遭受的损害之间存在因果关系的,则对于这种支出人民法院亦可以根据案情确定相应负担等。

【法条链接】

《中华人民共和国民事诉讼法》（2017年修正）

第七十八条 当事人对鉴定意见有异议或者人民法院认为鉴定人有必要出庭的，鉴定人应当出庭作证。经人民法院通知，鉴定人拒不出庭作证的，鉴定意见不得作为认定事实的根据；支付鉴定费用的当事人可以要求返还鉴定费用。

《诉讼费用交纳办法》（2006年）

第六条 当事人应当向人民法院交纳的诉讼费用包括：

（一）案件受理费；

（二）申请费；

（三）证人、鉴定人、翻译人员、理算人员在人民法院指定日期出庭发生的交通费、住宿费、生活费和误工补贴。

第十二条 诉讼过程中因鉴定、公告、勘验、翻译、评估、拍卖、变卖、仓储、保管、运输、船舶监管等发生的依法应当由当事人负担的费用，人民法院根据谁主张、谁负担的原则，决定由当事人直接支付给有关机构或者单位，人民法院不得代收代付。

人民法院依照民事诉讼法第十一条第三款规定提供当地民族通用语言、文字翻译的，不收取费用。

《最高人民法院关于审理建设工程施工合同纠纷案件适用法律问题的解释（二）》（2018年12月29日 法释〔2018〕20号）

第十四条 当事人对工程造价、质量、修复费用等专门性问题有争议，人民法院认为需要鉴定的，应当向负有举证责任的当事人释明。当事人经释明未申请鉴定，虽申请鉴定但未支付鉴定费用或者拒不提供相关材料的，应当承担举证不能的法律后果。

一审诉讼中负有举证责任的当事人未申请鉴定，虽申请鉴定但未支付鉴定费用或者拒不提供相关材料，二审诉讼中申请鉴定，人民法院认为确有必要的，应当依照民事诉讼法第一百七十条第一款第三项的规定处理。

第四十条 ［申请重新鉴定的情形及后果］

当事人申请重新鉴定，存在下列情形之一的，人民法院应当准许：

（一）鉴定人不具备相应资格的；

（二）鉴定程序严重违法的；

（三）鉴定意见明显依据不足的；

（四）鉴定意见不能作为证据使用的其他情形。

存在前款第一项至第三项情形的，鉴定人已经收取的鉴定费用应当退还。拒不退还的，依照本规定第八十一条第二款的规定处理。

对鉴定意见的瑕疵，可以通过补正、补充鉴定或者补充质证、重新质证等方法解决的，人民法院不予准许重新鉴定的申请。

重新鉴定的，原鉴定意见不得作为认定案件事实的根据。

【条文主旨】

本条在 2001 年《证据规定》第二十七条基础上补充、修改形成。2001 年《证据规定》第二十七条关于准许重新鉴定的情形的规定，经审判实践检验，效果比较好，故本规定保留其基本内容，同时根据《民事诉讼法》第七十八条的规定，补充了由于鉴定人的重大过失只是鉴定意见无法使用、必须重新鉴定的情况下，鉴定人应当返还鉴定费用的规定；根据司法部的意见，增加了鉴定意见瑕疵时进行补正的规定。

【条文释义】

本条是关于当事人对人民法院委托的鉴定部门作出的鉴定结论有异议申请重新鉴定的条件的规定。

一、实践中的问题

重新鉴定的初衷是为了保证人民法院对相关专门性问题进行查明的质量，避免因采信错误的鉴定意见而造成认定事实错误的严重后果。重新鉴定既是鉴定意见的重要纠错机制，又是当事人捍卫自身权益的有效手段，过度放纵或武断阻拦都会带来消极后果。首先，禁止重新鉴定引发当事人对法官不满。重新鉴定的启动权在法官，当事人只能向法官申请重新鉴定，当事人申请被拒绝，必然将鉴定不满转向法官。其次，启动重新鉴定，意味着此前的鉴定意见已失效。但事实上，重新鉴定后，当事人与法官都会下意识地将多个鉴定意见相互印证。如果前后鉴定意见不一致，双方当事人都有了争辩的口实，一方当事人可能再次要求重新鉴定。同时，法官对鉴定意见的审查，也演变成对多个鉴定意见的技术性甄别，这一过程令法官无所适从，不得不采取外在的替代性测度机制，依赖鉴定机构或鉴定人的资质、名气。[①] 实践中，重新鉴定制度的适用出现了两极分化的问题：

---

① 陈如超：《鉴定纠纷及其解决机制——基于民事司法鉴定的实践逻辑》，载《证据科学》2017 年第 2 期。

1. 一些法院放弃对鉴定意见的实质审查的职权，过度依赖鉴定意见，"以鉴代审"现象十分普遍，仅对鉴定人资质和鉴定意见作出的程序是否违法作形式审查，放弃了对鉴定条件是否完全具备、鉴定的原理和采用的科学技术手段是否符合要求、鉴定意见作出的根据是否充分等内容审查，当事人启动重新鉴定几乎成为不可能。

2. 一些法院对鉴定意见的否定过于宽松，对于反驳鉴定意见所应达到的的证明标准把握不准确，只要当事人不满，就随意启动重新鉴定，通过对多份鉴定意见的对比，采信多数结论来认定案件事实。

对这两种倾向，我们在司法实践活动中均需要引起足够的重视，需要通过加强对鉴定意见的合法性、科学性审查来解决。要明确鉴定意见系《民事诉讼法》第六十三条规定的八种法定证据类型之一，其本质属性系证据，只有通过法定程序，经过当事人举证、质证及辩论，并达到审判人员心证确立的证明标准后方能转化为认定案件事实的根据。也就是说，对鉴定意见是否采信，审判人员同样要对其证据能力和证明力进行审查判断，要运用非法证据排除规则，对鉴定资格不符、鉴定条件不具备、鉴定的程序方法或者技术标准错误、鉴定材料受污染不具比对条件或者提取程序违法等形式不合法、实质不标准的鉴定意见予以排除。将对鉴定意见的审查回归到对其可靠性、科学性、权威性等综合分析考察的证明力分析上来。

二、规范司法鉴定活动

（一）审查确定并委托有鉴定资格的鉴定机构和鉴定人员进行鉴定

按照通常做法，人民法院决定司法鉴定后，首先要审查确定并委托有鉴定资格的鉴定机构和鉴定人员进行鉴定。

关于鉴定资格的问题，由于司法鉴定是科学的实证活动，其素质、能力、水平的高低对鉴定意见作为科学证据的质量和可靠性有着决定意义。因此，我国对鉴定人资格采用准入制度，从源头上提高司法鉴定人队伍的职业素养，有效保证司法鉴定活动的水平。准入制度设定的前置条件以及程序规范主要包括职业资格、执业资格、禁止性规定等，职业资格和执业资格是准入制度的积极条件，当相应人员符合一定的条件、通过相关的考核就可以具备职业资格，获取执业资格等，而禁止性规定是准入制度的消极条件，当有关人员符合规定的禁止性情形时就无法从事相关行业的工作。设定上述准入制度的相关规定是为了设定一定的标准和要求，对进入相关行业领域的人员资格进行严格的控制，从而保证相关人员具备行业领域所要求的职业素质，可以确保行业领域稳定运作和发展。根据相关规定，执业资格是指政府对那些社会通用性强、责任较大、关系公共利益的专业技术工作实行的准入控制。[1] 对于司法鉴定这一技术领域，根据该决定的规定，由省级人民政府司法行政部门负责对申请从事司法鉴定业务的个人、法人或者其他组织进行审核，对符合技术、技能等方面条件的，予以注册登记，并颁发执业资格证书。除了鉴定人资格，对于鉴定种类也有严格的规定。该决定不仅明确规定了几类司法鉴定种类，分别是法医类鉴定、物证类鉴定、声像资料类鉴定，还包括因诉讼需要由国务院司法行政部门确定的其他鉴定事项；还明确要求：司法行政部门在授予司法鉴定人执业资格的同时对其申请从事的司法鉴定业务进行登记，经登记后，司法鉴定人必须在登记的鉴定业务范围内从事司法鉴定活动，不得从事登记范围以外的司法鉴定业务。因此，如果接受委托的鉴定事项超出鉴定人司法鉴定业务的登记范围，也会被认为是无相应鉴定资格。

除了法医类鉴定、物证类鉴定、声像资料类鉴定等三类鉴定种类外，随着时代的发展，司法鉴定领域鉴定业务的种类和范围也在不断

---

[1] 全国人大常委会法制工作委员会刑法室编：《全国人民代表大会常务委员会关于司法鉴定管理问题的决定释义》，法律出版社2005年版，第10页。

发展和扩大，常见如知识产权司法鉴定、产品质量司法鉴定、建设工程司法鉴定等，很多是由相关部门的行政规章予以规定的，比如，涉及工程造价的鉴定项目，根据《国务院对确需保留的行政审批项目设定行政许可的决定》（2004年国务院令第412号）以及国务院清理整顿经济鉴证类社会中介机构领导小组《关于规范工程造价咨询行业管理的通知》（国清〔2002〕6号）精神，工程造价咨询单位和造价工程师的审批、注册管理工作由建设行政部门负责。住房和城乡建设部颁布实施的《工程造价咨询企业管理办法》规定，本办法所称工程造价咨询企业，是指接受委托，对建设项目投资、工程造价的确定与控制提供专业咨询服务的企业。工程造价咨询企业应当依法取得工程造价咨询企业资质，并在其资质等级许可的范围内从事工程造价咨询活动。工程造价咨询单位资质等级分为甲级、乙级。

甲级工程造价咨询企业资质包括如下标准：（1）已取得乙级工程造价咨询企业资质证书满3年；（2）企业出资人中，注册造价工程师人数不低于出资人总人数的60%，且其出资额不低于企业认缴出资总额的60%；（3）技术负责人已取得造价工程师注册证书，并具有工程或工程经济类高级专业技术职称，且从事工程造价专业工作15年以上；（4）专职从事工程造价专业工作的人员（以下简称专职专业人员）不少于20人，其中，具有工程或者工程经济类中级以上专业技术职称的人员不少于16人；取得造价工程师注册证书的人员不少于10人，其他人员具有从事工程造价专业工作的经历；（5）企业与专职专业人员签订劳动合同，且专职专业人员符合国家规定的职业年龄（出资人除外）；（6）专职专业人员人事档案关系由国家认可的人事代理机构代为管理；（7）企业近3年工程造价咨询营业收入累计不低于人民币500万元；（8）具有固定的办公场所，人均办公建筑面积不少于10平方米；（9）技术档案管理制度、质量控制制度、财务管理制度齐全；（10）企业为本单位专职专业人员办理的社会基本养老保险手续齐全；

（11）在申请核定资质等级之日前3年内无本办法第二十七条禁止的行为。

乙级工程造价咨询企业资质包括如下标准：（1）企业出资人中，注册造价工程师人数不低于出资人总人数的60%，且其出资额不低于认缴出资总额的60%；（2）技术负责人已取得造价工程师注册证书，并具有工程或工程经济类高级专业技术职称，且从事工程造价专业工作10年以上；（3）专职专业人员不少于12人，其中，具有工程或者工程经济类中级以上专业技术职称的人员不少于8人；取得造价工程师注册证书的人员不少于6人，其他人员具有从事工程造价专业工作的经历；（4）企业与专职专业人员签订劳动合同，且专职专业人员符合国家规定的职业年龄（出资人除外）；（5）专职专业人员人事档案关系由国家认可的人事代理机构代为管理；（6）具有固定的办公场所，人均办公建筑面积不少于10平方米；（7）技术档案管理制度、质量控制制度、财务管理制度齐全；（8）企业为本单位专职专业人员办理的社会基本养老保险手续齐全；（9）暂定期内工程造价咨询营业收入累计不低于人民币50万元；（10）申请核定资质等级之日前无本办法第二十七条禁止的行为。

甲级工程造价咨询企业资质，由国务院住房城乡建设主管部门审批。乙级工程造价咨询企业资质许可的实施程序由省、自治区、直辖市人民政府住房城乡建设主管部门依法确定。工程造价咨询企业资质有效期为3年。资质有效期届满，需要继续从事工程造价咨询活动的，应当在资质有效期届满30日前向资质许可机关提出资质延续申请。资质许可机关应当根据申请作出是否准予延续的决定。准予延续的，资质有效期延续3年。

关于工程造价咨询业务范围，根据该管理办法，包括：（1）建设项目建议书及可行性研究投资估算、项目经济评价报告的编制和审核；（2）建设项目概预算的编制与审核，并配合设计方案比选、优化设计、限额设计等工作进行工程造价分析与控制；（3）建设项目合同价款的确定（包括招标工程工程量清单和标底、投标报价的编制和审核）；合同价款的签订与调整（包括工程变更、工程洽商和索赔费用的计算）及工程款支付，工程结算及竣工结（决）算报告的编制与审核等；（4）工程造价经济纠纷的鉴定和仲裁的咨询；（5）提供工程造价信息服务等。此外，工程造价咨询企业可以对建设项目的组织实施进行全过程或者若干阶段的管理和服务。该管理办法明确工程造价咨询企业依法从事工程造价咨询活动，不受行政区域限制，但对甲乙不同级别的工程造价咨询企业的咨询业务范围在标的金额上作了区分：甲级工程造价咨询企业可以从事各类建设项目的工程造价咨询业务，而乙级工程造价咨询企业可以从事工程造价5000万元人民币以下的各类建设项目的工程造价咨询业务。一旦乙级工程造价咨询企业违反了该业务区分，则亦应当被认为出具造价咨询意见的行为存在超越资质的情形。

（二）鉴定意见作出的程序应当合法

1. 鉴定人应当严格遵循回避的有关规定，从事鉴定的机构及相关鉴定人员与当事人不得有利害关系，从而确保其中立性。依照《民事诉讼法》第四十四条的规定，鉴定人履行鉴定职务时适用该法有关回避制度的规定，即鉴定人有下列情形之一的，应当回避，否则就是违法，如：鉴定人系案件的当事人或者当事人的近亲属，鉴定人担任过本案的证人或诉讼代理人，鉴定人与案件的处理有其他利害关系、可能影响公正鉴定的。法院委托鉴定，鉴定单位应当将鉴定人员身份通过法院告知当事人，在收取鉴定费之前，完成申请回避的程序，保障当事人的诉讼权利，对于鉴定人应当回避而没有回避的，法院可以鉴定程序严重违法对该鉴定结论不予采信。

2. 鉴定材料应当严格依照法定程序经过当事人质证和法院认证。我国是奉行证据裁判主义的国家，既讲究"以事实为根据，以法律为准绳"的实质正义，也寻求事实查明需遵循法定的程序，保障当事人的举证权利和辩论权利。依照《民事诉讼法》第六十八条的规定，证据应当在法庭上出示，并由当事人互相质证。因此，未经当事人质证的证据不能够成为认定案件事实的根据。而鉴定意见的作出需要通过科学技术手段对相关证据材料进行分析判断而最终得出。对于这些鉴定的基础，同样也是认定案件事实的证据范畴，也应当经过当事人的举证质证。根据《司法鉴定程序通则》第十二条的规定，委托人委托鉴定的，应当向司法鉴定机构提供真实、完整、充分的鉴定材料，并对鉴定材料的真实性、合法性负责。因此，如果鉴定意见作出所根据的相应鉴定材料未经质证的，同样也属于程序错误。当然，由于相关鉴定材料客观存在，该错误可以通过补充质证并确定相关材料真实性等方式予以弥补，无法弥补的，则需要考虑其权重，并确定是否符合重新鉴定的严重违法情形。此外，该《通则》第十五条设置的司法鉴定机构不得受理的部分情形，可以用来判断鉴定程序是否合法的条件，如：鉴定材料不真实、不完整、不充分或者取得方式不合法的；鉴定用途不合法或者违背社会公德的等。

(三) 关于鉴定意见明显依据不足的判断

主要是指鉴定结论明显违反客观规律或与当事人提供的证据明显不一致的，比如，婚姻或抚养案件中涉及的亲子鉴定问题，遗传学的理论和技术是判断可疑的父母和子女之间是否存在亲生关系的基本依据和方法，按照遗传学的基本规律：（1）子女必定得到父母每方的一对遗传标记中的一个；（2）子女不可能带有父母都没有的遗传标记；（3）除非父母双方均有同一遗传标记，否则子女不会是纯合子；（4）父母之一若是纯合子，则子女必得其一。如果亲子鉴定的结论违反上述遗传学的基本规律，则鉴定结论属于明显的依据不足。对此，《司法鉴定程序通则》第十五条的相关条款亦可作相应参考，譬如：鉴定要求不符合司法鉴定执业规则或者相关鉴定技术规范的；鉴定要求超出受托鉴定机构技术条件或者鉴定能力的；其他不符合法律、法规、规章规定的情形。

鉴定意见作出后，双方当事人没有异议的，应当作为定案的根据。对于经过质证，当事人虽然提出异议，但是依据当事人异议的理由，鉴定单位有科学的根据证明其异议不能成立的，鉴定意见也应当作为定案的根据。如果当事人提出的异议，依据其异议的理由可以直接纠正鉴定结论的错误，或是人民法院在审核鉴定结论时发现其存在瑕疵和缺陷，无须重新鉴定亦能解决的，可以采取补充鉴定、重新质证或者补充质证的方法查明案件争议的事实。比如，对鉴定单位未作出明确的鉴定意见的，如属于委托范围明确、且相关材料齐备，鉴定单位因疏忽未作，造成鉴定结论有漏项的，法院应限令鉴定单位限期作出补充鉴定的结论；如属于双方当事人提供的材料在鉴定前的质证时即不能确定其真实性，鉴定单位分别表述鉴定结果的，法院可以在审查采信时，通过补充质证，依据举证责任的原则确认争议的事实。如果鉴定结论是鉴定人员在某个取费标准的采用或数学计算上出现错误，经当事人提出后，鉴定机构或鉴定人员经过复议即能发现错误并予以纠正的，也可以通过补充鉴定的办法解决，不需要重新鉴定。

对于因鉴定人不具备相应资格、鉴定程序严重违法、鉴定意见明显依据不足等因素导致相关专门性问题不得不重新鉴定的，因上述情形均系鉴定人违反法定义务导致所作鉴定意见无法作为人民法院认定案件事实的根据，亦导致申请鉴定的当事人的申请鉴定目的落实，因此，对鉴定人已经收取的鉴定费用应当退还给预交的当事人。除此之外，鉴于司法鉴定成本高、周期长、科学性强的特性，针对实践中部分法院随意启动重新鉴定的问题，特别强调了两个处理原则，一是可以补正、补充鉴定或者补充质证、重新质证等方法解决的，人民法院即应当排除重新鉴定的启动；二是强调了重新鉴定的原因只能是原鉴定意见程序违法或者意见内容不符合鉴定的科学性要求，因此，一旦启动重新鉴定，即意味着原鉴定意见不具备证明力，当然不得作为认定案件事实的根据。由此否定通过对多份鉴定意见的对比，采信多数结论的错误做法。

【审判实践中需要注意的问题】

1. 关于当事人对一审法院委托鉴定人所作的鉴定意见不服，提起上诉并申请重新鉴定的，二审法院如何审查决定？有观点认为，应先组织当事人对所提证据进行质证，听取双方的异议和理由，由合议庭依法进行确认，如果异议成立，原鉴定结论确实存在问题的，视具体情况，或补充鉴定，或对原鉴定结论中某一部分不予采信，如果原鉴定结论存在原则错误的，可以重新鉴定。也有观点认为，委托鉴定应当视为法院调查取证的范畴，对于一审鉴定有误、不明确或应当重新鉴定的，属于一审判决认定事实不清，证据不足，应当发回重审，二审不要搞重新鉴定。还有人认为，虽然当事人在二审中有要求重新鉴定的权利，但二审重新鉴定不能以当事人的申请为依据，二审可以直接要求一审鉴定单位复议，或参加二审的质证。我们认为，首先应当审查上诉人在一审时有无对该鉴定意见提出异议，一审法院有无对该异议进行审理，如要求鉴定人提供说明，在说明仍不能解决争议时根据当事人的申请组织鉴定人出庭接受询问等。如果上述审理步骤并未完成，二审应当予以审查，通过审查确定该异议是否成立。其次，如果经过审查，可以通过补正、补充鉴定或者补充质证、重新质证等方法解决上诉人对鉴定意见的异议的，则二审法院应当就此开展审理活动，从而在实质上解决当事人的矛盾纠纷，对案件的相关基本事实作出实体判断，而不应当通过发回重审这种审理成本最高、对当事人解决矛盾纠纷效果最差的方式来处理。如果经审查，上诉人对鉴定意见所提异议的理由成立，足以排除该鉴定意见的采信的，相关专门性问题应当通过重新鉴定予以查明的。此时，是否由二审法院径行按照相关法律、司法解释的规定委托有资质的鉴定人重新鉴定，还是发回由一审法院对相关案件事实进行重新查明，则应当根据案件的具体情况处置。

2. 关于当事人在二审或者再审中申请鉴定的问题。在案件进入二审或者再审程序的情况下，对于是否应当启动鉴定方式查明相关事实，法官除了审查该鉴定申请是否与查明案件基本事实有关以及该相关问题是否为必须鉴定才能作出判断等条件外，还需要增加审查一个重要事项，即：原审法院是否就相关待查明事实需要鉴定的问题向当事人作过释明。如果原审法院就相关专门性问题的查明予以了充分关注，并对负有申请责任的举证责任一方当事人作过释明，但该当事人经过释明后仍明确放弃司法鉴定或者未按照要求预交鉴定费用，此时，就需要对当事人放弃鉴定是否有正当理由作专门的询问和审查。我们认为，如果当事人无正当理由未按照原审法院的在指定的期间内申请鉴定，或者申请后未按照要求预交鉴定费用，则可以推定该当事人对相关待证事实的举证权利作了处分，一般可以不再对当事人在二审或者再审中提出的鉴定申请予以准许。

当然，人民法院在二审或者再审中对于相关专门性问题的查明也有例外，比较常见的就是不通过鉴定的方式，凭当事人提供的其他证据也能够证明相关专门性问题。此时，对原审法院以未鉴定为由对涉专门性问题的相关事实不予认定的结论就应当重新审查，并根据现有证据对相关事实依法作出认定。对于当事人在二审或者再审中提交的新的证据，且该证据足以引起与案件基本事实有关的相关专门性问题的认定发生变化的，此时，就需要对该专门性问题客观上是否需要通过鉴定方式来重新审查认定应当专门作出评估，符合鉴定启动条件的，应当予以准许。对于当事人逾期举证的问题，则按照《民事诉讼法》第六十五条的规定进行处理。

此外，根据《民事诉讼法解释》第三百九十九条的规定，审查再审申请期间，再审申请人申请法院委托鉴定的，法院不予准许。但对于当事人自行委托有鉴定资质的鉴定人出具的单方鉴定材料，人民法院可以结合案件的具体情况，决定是否进入再审。

3. 决定重新鉴定后，原鉴定意见的效力问题。重新鉴定设立的初衷旨在解决鉴定意见存在不可采信的因素被否定其证明效力后重新委托新的鉴定人对相关鉴定项目进行鉴定并向委托的人民法院出具鉴定意见的司法活动。但是，重新鉴定制度在实践中不断被异化，导致出现多次鉴定、多头鉴定，许多案件被人为复杂化，陷入了"鉴定—异议—重新鉴定—再异议—反复鉴定—继续异议"的恶性循环，甚至一些法院将多次鉴定后得出的不同鉴定意见按照"少数服从多数"的方法来确定最终采用何种观点并据此作出裁判，完全无视重新鉴定的前提条件是原鉴定意见存在无法弥补的缺陷，一方面无原则地拆除了重启鉴定的门槛，导致鉴定泛滥；另一方面也严重影响了司法鉴定的权威性与科学性，不仅导致案件久拖不决，还极大增加了当事人负担，激化了矛盾纠纷。对此，本条对此问题作了强调，明确了人民法院一旦决定重新鉴定的，原鉴定意见不得作为认定案件事实的根据，从而从根本上取消了审判人员通过多次鉴定确定相关专门性问题的驱动力。

【法条链接】

《中华人民共和国民事诉讼法》（2017年修正）

第四十四条 审判人员有下列情形之一的，应当自行回避，当事人有权用口头或者书面方式申请他们回避：

（一）是本案当事人或者当事人、诉讼代理人近亲属的；

（二）与本案有利害关系的；

（三）与本案当事人、诉讼代理人有其他关系，可能影响对案件公正审理的。

审判人员接受当事人、诉讼代理人请客送礼，或者违反规定会见当事人、诉讼代理人的，当事人有权要求他们回避。

审判人员有前款规定的行为的，应当依法追究法律责任。

前三款规定，适用于书记员、翻译人员、鉴定人、勘验人。

第六十八条 证据应当在法庭上出示，并由当事人互相质证。对涉及国家秘密、商业秘密和个人隐私的证据应当保密，需要在法庭出示的，不得在公开开庭时出示。

第七十八条 当事人对鉴定意见有异议或者人民法院认为鉴定人有必要出庭的，鉴定人应当出庭作证。经人民法院通知，鉴定人拒不出庭作证的，鉴定意见不得作为认定事实的根据；支付鉴定费用的当事人可以要求返还鉴定费用。

《最高人民法院关于适用〈中华人民共和国民事诉讼法〉的解释》（2015年1月30日 法释〔2015〕5号）

第三百九十九条 审查再审申请期间，再审申请人申请人民法院委托鉴定、勘验的，人民法院不予准许。

《最高人民法院关于民事诉讼证据的若干规定》（2001年12月21日 法释〔2001〕33号）

第二十七条 当事人对人民法院委托的鉴定部门作出的鉴定结论有异议申请重新鉴定，提出证据证明存在下列情形之一的，人民法院应予准许：

（一）鉴定机构或者鉴定人员不具备相关的鉴定资格的；

（二）鉴定程序严重违法的；

（三）鉴定结论明显依据不足的；

（四）经过质证认定不能作为证据使用的其他情形。

对有缺陷的鉴定结论，可以通过补充鉴定、重新质证或者补充质证等方法解决的，不予重新鉴定。

《司法鉴定程序通则》（2016 年）

第十二条　委托人委托鉴定的，应当向司法鉴定机构提供真实、完整、充分的鉴定材料，并对鉴定材料的真实性、合法性负责。司法鉴定机构应当核对并记录鉴定材料的名称、种类、数量、性状、保存状况、收到时间等。

诉讼当事人对鉴定材料有异议的，应当向委托人提出。

本通则所称鉴定材料包括生物检材和非生物检材、比对样本材料以及其他与鉴定事项有关的鉴定资料。

第十五条　具有下列情形之一的鉴定委托，司法鉴定机构不得受理：

（一）委托鉴定事项超出本机构司法鉴定业务范围的；

（二）发现鉴定材料不真实、不完整、不充分或者取得方式不合法的；

（三）鉴定用途不合法或者违背社会公德的；

（四）鉴定要求不符合司法鉴定执业规则或者相关鉴定技术规范的；

（五）鉴定要求超出本机构技术条件或者鉴定能力的；

（六）委托人就同一鉴定事项同时委托其他司法鉴定机构进行鉴定的；

（七）其他不符合法律、法规、规章规定的情形。

第四十一条 ［当事人单方自行委托鉴定的效力］

对于一方当事人就专门性问题自行委托有关机构或者人员出具的意见，另一方当事人有证据或者理由足以反驳并申请鉴定的，人民法院应予准许。

【条文主旨】

本条在2001年《证据规定》第二十八条的基础上，对表述方式进行修改后形成。本条是对当事人单方自行委托鉴定的效力问题及另一方当事人申请重新鉴定应当如何处理问题作出的规定。

【条文释义】

我国民事诉讼法上所称的鉴定，指的是司法鉴定，所称的鉴定意见，也是特指由人民法院委托有资质的鉴定人通过科学的鉴定手段就案件事实所涉专门性问题出具的相关意见。当事人自行委托鉴定，并不是法律上的概念，它是对现实生活中存在的法律现象的归纳，有人将它称之为自行鉴定，认为自行鉴定是相关当事人就专门性问题自行委托有相应鉴定或者检测、评估资质的机构或相关专家进行检验、评价与判断，并形成书面意见的行为。实践中，当事人为了证明自己的诉讼主张成立，往往在诉讼之前或者诉讼中自行就某些专门性问题委托所谓"鉴定"，并以单方委托专业机构出具的意见作为重要证据向人民法院提交。由于自行委托的所谓鉴定的情况客观存在，且较为普遍。因此，人民法院有必要对该种证据材料的定位及证明力判断加以规范。

本条系在2001年《证据规定》第二十八条的基础上，对表述方式进行修改后形成的。2001年《证据规定》第二十八条内容为："一方当事人自行委托有关部门作出的鉴定结论，另一方当事人有证据足以反驳并申请重新鉴定的，人民法院应予准许"，修改主要体现在：将原"有关部门"修改为"有关机构或者人员"，拓宽了鉴定人的主体范围；将原"作出的鉴定结论"改为"出具的意见"，将鉴定形成的意见不再使用鉴定结论的称谓，与现行的《民事诉讼法》等法律规定表述一致起来。从条文规定可以体会出，当事人有自行委托专业机构出具专业意见的权利，对当事人自行委托所谓"鉴定"形成的意见，允许对方反驳，当反驳的证据和理由充分时，另一方当事人还可以申请鉴定。

一、关于当事人有无单方直接自行委托鉴定的权利问题

是否承认当事人有直接自行委托鉴定的权利，与证据法上对鉴定人职能属性的界定有密切关系。在此问题上，大陆法系国家和地区与英美法系国家和地区的观点和做法不尽相同。

在大陆法系国家和地区，鉴定人往往被作为狭义上的专业人员来看待，鉴定人被限定为少数具有大学和大学以上文化程度，以及在各种行业具有特殊专业才能和名望的人士。因此，大陆法系所谓的专家，常常是指建筑师、会计师、律师、工程师、土地房屋调查师等获得资格认证或具有较高学历的人士。纵观其各国法律，在法国，专家被视为法院的组成人员，必须公正无私，专家按照法官的指定将鉴定意见作为发现事实真相的一种方式。在意大利，专家被视为法院的辅助人

员,是法官的助手而非证人,其职能是协助法官收集证据并对有关证据进行评估。专家鉴定在证据方式上属间接证据的范畴。专家就案件事实所提供的的技术咨询可涉及任何专业、学科、行业或技能领域。在西班牙,鉴定人为一种专家证人,不过西班牙的专家证人更像法官助手,而不同于普通证人。他们由当事人合意选任,按照特殊的经验法则帮助法官来确认有关待证事实问题。在我国台湾地区,鉴定是在受诉法院监督下进行的。法院不但有权参与鉴定,还可以随时听取鉴定人的意见,并且还应当监督鉴定的进度。如法院认为所采用的鉴定方法有欠妥当或有其他不当情形时,可以随时撤换鉴定人。在鉴定意见形成后,如法院对其存有疑问,可以指令他人重新鉴定。鉴定人作为法院的辅助机关,其作出的结论并无约束法院的力量。

在英美法系国家和地区,鉴定人或鉴定专家,被作为广义的证人或充当一般证人来看待。例如,美国《联邦证据规则》第702条规定:"如果科学、技术或其他专业知识有助于事实审判者理解证据或者确定系争事实,凭其知识、技能、经验、训练或者教育够格为专家的证人可以用意见或其他方式作证。"英美法上的专家证人应当具备以下几个基本条件:(1)作为专家证言所表达的意见、推论或结论,是依靠专门性的知识、技能和培训作出的,而不是依靠陪审团的普通经验。(2)作为专家证人在法庭上必须表明其作为某一特定领域内的专家所具有的经验,并证明其拥有能够胜任该种工作的能力;(3)作为专家证人必须对自己的意见、推论或结论作出合理的肯定(很可能)程度的证明;(4)作为专家证人应当首先表明其对待证事实有关的证据材料作出的有根据的意见、推论或结论。并且必须对依据有关事实提出的假设性问题作出肯定性回答。在英美法国家,鉴定意见不作为独立的证据方式,它与证人证言之间不作明确的区分。但是,这种专家证人与一般证人重大差别在于,专家证人在其提供证证言的范围内,必须具有某一特殊专业的知识、技能和经验;在一般情形下,专家证人不能直接证明有关的事实，而只是从有关事实材料基础上作出推论，也就是说，他们所作出的这种推论与法庭所要求证明的待证事实之间具有关联性，而一般证人通常只能就其亲耳目睹的与案件事实有关的情况予以证明，即只允许证明某一案件事实的存在，而不允许就案件事实情况进行推论、推测或发表意见。因此，英美法上的专家鉴定人一般由当事人选择传唤，法院可以自行决定或根据当事人的申请指定经当事人同意的任何专家证人，而由法院选定鉴定人并不作为常规的形态。

在我国，围绕着当事人是否有单方自行委托鉴定的权利，换言之，当事人能否直接聘请鉴定人进行鉴定的问题，证据法学者曾有过激烈的争论。主要有肯定说和否定说两种对立观点。

持肯定说者认为，当事人及其诉讼代理人可以直接聘请鉴定人进行鉴定。主要理由：（1）允许当事人直接聘请鉴定人可以使当事人充分发挥其诉讼上的防御作用，即便败诉也心服口服；（2）我国现行法律并没有禁止当事人聘请鉴定人。刑事诉讼法只规定了在什么情况下应当指派或聘请鉴定人，没有规定由什么人指派或聘请鉴定人，相反却规定了被告人有申请补充鉴定或重新鉴定的权利；（3）从国外立法例来看，多数国家允许当事人自行聘请鉴定人。

持否定说者认为，鉴定人参加鉴定活动只能由司法机关聘请，当事人则无此权利。主要理由：（1）鉴定是公、检、法机关为查明案件事实而进行的专门调查活动，在侦查阶段，属于侦查活动；在审判阶段，属于法院的审判活动。因此，只能由司法机关聘请鉴定人参加鉴定活动。（2）指派或聘请鉴定人是鉴定活动的组成部分，而鉴定活动是司法机关决定采取的诉讼活动，故聘请鉴定人的行为只能由司法机关实施；（3）当事人提出鉴定申请须得到法院同意后，才能进行补充鉴定或者重新鉴定，这与当事人直接聘请鉴定人有根本不同。否定说在我国诉讼法学界影响力较大，许多学者都否定当事人享有直接自行聘请专家鉴定人的权利。

对此，我们认为，司法解释的态度如前所述，民事诉讼法等法律意义上的司法鉴定，所指向的是由人民法院对外委托启动的鉴定，当事人自行委托鉴定不属于司法鉴定的范畴。即在司法鉴定范畴内，可以说当事人无单方直接自行委托鉴定的权利。不过，这并不意味着全盘否认和剥夺当事人享有自行委托鉴定的权利。从单方举证证明自己观点的角度出发，在民事诉讼和行政诉讼中，当事人有提供证据的权利，其单方委托鉴定形成的书面意见作为一种证据形式，还是应当被允许的。当事人要实现此诉讼权利，理应有权直接自行聘请专家鉴定人。

综合上述分析，可以认为，在司法鉴定领域外，我国承认当事人具有自行委托鉴定的权利，只不过该行使该权利进行的鉴定不是司法鉴定，实务中对其证据的定位和证明力问题需要作出进一步的分析认定。如无特殊说明，本条文释义内容中所提及的当事人有权自行委托鉴定及当事人自行委托鉴定形成的鉴定意见或书面意见等用语，均系在司法鉴定领域外的语境之下进行的使用和表述。

二、对当事人自行委托鉴定问题的认识

当事人单方自行委托专业机构形成的书面意见与《民事诉讼法》所指的鉴定意见相比，在科学性、权威性、证明力等方面都存在不小的差距。其存在以下明显缺陷：

1. 未经法定程序启动。众所周知，启动鉴定必须是经过人民法院的同意方能进行，因为审判人员将根据案件基本事实查明的需要对某些待证明的专门性问题的认定是否需要通过司法鉴定的方式予以查明进行审核，如果不需要通过司法鉴定即可查明的，则无需启动鉴定。但是，当事人自行委托的所谓鉴定则未经该法定程序。

2. 鉴定人选任不符合要求。如果系人民法院委托司法鉴定，则一旦决定启动鉴定，首先需要召集双方当事人就相关鉴定项目进行协商，

并在对应的鉴定人目录中选取鉴定人，协商不成的，通过既定的程序，一般是通过摇号随机确定鉴定人。由于从事司法鉴定的鉴定人均受着司法行政管理、行业管理及人民法院司法鉴定管理的多重审核，其鉴定人资质的审查与其他社会机构相比更为复杂与严格。因此，不论是鉴定人选任程序的保障和鉴定人资质的确认，都是确保从事司法鉴定的鉴定人选择的协商性与公正性，防止鉴定人与任一方当事人存在利害关系，确保鉴定人在鉴定活动中的独立性与公正性。

3. 鉴定的基础证据材料不符合要求。进行鉴定的基础证据是否进行质证，作为当事人自行提交鉴定的相关鉴定材料，由于未经人民法院组织双方当事人进行举证质证，故上述移送鉴定人的鉴定材料并不能保证其真实性、完整性。因此，当事人自行委托所谓鉴定所得的书面意见因所根据的鉴定材料本身存在未经质证和人民法院认证的缺陷，故其科学性和权威性就存在先天不足，相关意见的客观性、关联性常常受到对方当事人的质疑。

不过，当事人自行委托鉴定在司法实践中多有发生。在人民法院受理案件日益纷繁复杂的背景下，当事人自行委托鉴定具有客观上的合理性和必要性，对于充分发挥当事人的主动性、促进诉讼进程顺畅进行、提高诉讼效率具有积极意义。[①] 由于当事人自行委托鉴定的相关书面意见的来源也是专业机构或者专业人员通过一定的鉴定方法根据现有的证据和材料对相关专门性问题所作的结论性意见，有着一定的证据基础和专业特征。至少，在一定程度上可以加强当事人就某些专门性问题的证据准备。从司法实践来看，符合很多当事人进行诉讼的实际需要。因此，对当事人自行委托鉴定的行为并不能因法律、司法解释未有明确规定而一味排斥。考虑到，当事人自行委托专业机构提供专业意见时，供专业机构使用的基础材料都是由一方当事人自己提

[①] 最高人民法院民事诉讼法修改研究小组编：《〈中华人民共和国民事诉讼法〉修改条文理解与适用》，人民法院出版社2012年版，第186页。

供的，难免作有利于自己的取舍，造成鉴定结论不能客观、完全地体现争议事实的真实面貌，同时，鉴定人的鉴定资格、工作程序和方法等也没有接受对方当事人的监督，意见是否合法、准确，需要对方的认定。因此，我们认为，对于当事人自行委托的所谓鉴定所形成的书面意见，虽然不能作为民事诉讼法所规定的八种法定证据类型中的鉴定意见来看待，但可以准用私文书证的质证规则来处理。着重审查以下几个方面：

1. 对接受委托的专业机构的资格、资质的审查。参照司法鉴定所作鉴定意见的程序要求，审查专业机构的资格、资质，审查其是否经过专业训练，是否掌握鉴定科学方法和能力等。我国《民事诉讼法》第四十五条规定了鉴定人应当回避的三种情形。单方"鉴定"是由当事人启动的，当事人与受委托专业机构之间存在经济利益关系。

2. 意见所依据的证据材料是否真实可靠。对单方委托"鉴定"所形成的意见，其所依据的证据材料虽然在移交前未作质证、认证，但在对意见进行质证时可以进行弥补，如果经过质证发现，所移交的证据材料的合法性、真实性、关联性并无问题，亦符合司法鉴定对鉴定材料完整性的要求，则对所出具的意见的科学性亦是一个很好的支撑。

3. 对意见形成过程的审查。专业意见具有科学性，非专业人士无法通过一般认识来掌握和评判，但是，审判人员可以通过程序理性对单方委托的专业意见的正当性进行评价。意见形成过程是否符合行业规范、鉴定措施及流程安排是否合理、所得结论性意见是否符合逻辑和科学等等，这些情形通过一般考察可以得出意见是否合理、公正的初步印象。

4. 审查意见与案件的其他证据有无矛盾。如果当事人单方委托所得的专业意见与本案其他证据基本一致，并无矛盾之处，则其真实性亦在相当程度上得到了保障。譬如在交通事故中，所有的证据都指向事故受害人系遭遇车祸严重受伤而致休克，其家属在受害人死亡后单方委托医疗机构出具的报告亦显示死亡原因系失血性休克。在此种情形下，肇事方提出医疗机构出具的报告系当事人单方委托的鉴定，不具备证明力，并请求重新鉴定，但由于相关证据均指向该报告的结论真实客观，故审判人员对肇事方的异议不予采纳，径行认定该报告所反映的案件事实。

此外，人民法院还可以通过鼓励当事人聘请专家辅助人出庭，通过庭审质证的方式直接验证上述审查要点。而不能仅仅是因为相关意见系因当事人单方委托所作出，提出异议一方当事人即可以此为由启动司法鉴定。只有当提出异议的当事人提供了相反的证据证明该意见存在不实之处，从而动摇审判人员对此形成的心证结论，在此情况下，如果当事人提出申请启动司法鉴定的，人民法院才应当予以准许。

三、对当事人自行委托形成的意见的反驳与申请鉴定问题

对一方当事人提供的证据，对方当事人可提出证据进行反驳，学理上称为"反驳证据"或者"证据抗辩"。这与一方当事人提出反证（相反证据）直接否认对方本证所证明的要件事实不同。对基于自行委托形成的书面意见，对方当事人当然可以提出"反驳证据"，比如指出其自行委托的机构或者人员不具备相关的资格、形成意见的程序严重违法、意见明显依据不足等。如果反驳证据和理由充分，当事人自行委托形成的意见存在问题，那么该专业意见作为证据的效力将被削弱，在提出意见的一方为负举证责任之人的情况下，反驳该意见的一方则无需再行申请法院进行鉴定，因为此时提出专业意见的一方，尚未尽到其举证之责，或者说其主张的事实尚未得到证明。当然，若此时反驳的一方负举证责任，其反驳成功后，仍然要举证证明其事实主张，为此，就有必要申请法院委托鉴定。

【审判实践中需要注意的问题】

首先，当事人单方自行委托所谓鉴定，可以发生在诉讼前，也可以发生在诉讼进行中。当事人根据自己的需要，自行单方选取专业机构就专门性问题出具鉴定意见作为证据材料，是当事人依法享有的诉讼权利，无需申请和获批。在这一点上，自行委托所谓鉴定与司法鉴定有所不同，后者发生在诉讼开始后，且需要经人民法院准许方能启动鉴定程序。而且，对当事人自行委托"鉴定"的事项申请鉴定的，如果仅以原鉴定系单方委托为由，是难以得到法院支持的，只有反对意见理由比较充分，法院才可能准许启动司法鉴定。

其次，由于《民事诉讼法》第六十三条所规定的鉴定意见范围较为严格，司法实践案中存在形形色色的专业机构出具的意见或者证明，就几类关于专门性问题的材料，我们需要在此作统一梳理：

1. 关于行政主管部门依据管理职权移交鉴定人就在行政处理过程中遇到的专门性问题所作的鉴定报告。在很多情形下，如事故责任的后续赔偿纠纷，由于所涉民事责任之前已经行政管理部门介入，为了界定事故责任是否涉及相应行政责任甚至刑事责任的问题，管理部门会根据当事人的申请或者依职权启动行政鉴定，委托内设机构或者有资质的鉴定人对相关专门性问题作出结论性意见，并由此确定事故责任及责任大小。譬如：交通事故责任认定中，交巡警部门经常会就事故车辆的车况、是否存在碰擦痕迹等问题移交司法鉴定人员作出鉴定意见，并据此帮助判断事故各方的相应责任；医疗事故责任认定中，医学会也会接受相关行政主管部门或者医疗机构、患者家属的委托，对相关医疗行为是否构成医疗事故及事故等级进行鉴定；火灾事故认定中，常常涉及火灾损失的认定，如果损失较大涉及刑事评价的，消防部门一般会委托相关鉴定人对损失作出价格认定；等。对于这些行政主管部门依照法律、行政法规和规章授权,对相关的专门性问题进行认定过程中所作的鉴定,虽然并非《民事诉讼法》八种法定证据类型的鉴定意见,也未按照民事诉讼法定程序进行鉴定人选任、鉴定材料质证与认证等,但由于其行政处理的法定性和行政程序的严谨性,对于相关意见或者结论因系有关单位依照管理职权所作出,可以作为书证对待。

2. 关于当事人系根据双方合同的约定单方委托鉴定所形成的报告。为避免可能发生的争议,越来越多的当事人会在交易之初就对相关专门性问题的确定方式、认定标准作出约定,最为典型的当属建设工程施工合同。在建设工程施工领域,除非是"一口价"合同,当事人一般均会对工程量、工期、工程价款等与工程结算有关的合同履行内容确定相应的计算标准,并约定第三方评估机构予以测算。对于经常会发生纠纷的工程质量,多数施工合同亦会确定执行质量的标准体系,并约定第三方机构进行验收、评估。此外,一些买卖合同或者加工承揽合同,亦会对产品的质量标准和第三方检验机构作出约定。契约系当事人之间的法律,只要相关合同约定系合法有效,即应当严格按约执行。因此,当发生相关争议时,当事人根据合同约定将相关的专门性问题移交第三方机构予以审核评定,第三方机构根据合同约定的监测或者执行标准进行审核评定后得出的结论性意见,当然是认定相关事实的重要证据。对相关结论性意见提出异议的当事人,在诉讼中就相关专门性问题提出鉴定申请的,人民法院一般不予准许,除非该当事人有相反证据足以推翻该结论性意见的除外。上述情形,也适用于当事人单方委托鉴定过程中对方当事人曾经参与而形成的报告。当然,实践中不排除一些当事人通过共同委托专业机构出具意见,恶意抬高工程价款或者其他评估价格,以此侵害案外人权益。对此,人民法院应当结合案情进行必要的审查,以避免虚假诉讼。

【法条链接】

《中华人民共和国民事诉讼法》（2017年修正）

第四十五条　当事人提出回避申请，应当说明理由，在案件开始审理时提出；回避事由在案件开始审理后知道的，也可以在法庭辩论终结前提出。

被申请回避的人员在人民法院作出是否回避的决定前，应当暂停参与本案的工作，但案件需要采取紧急措施的除外。

第六十三条　证据包括：

（一）当事人的陈述；

（二）书证；

（三）物证；

（四）视听资料；

（五）电子数据；

（六）证人证言；

（七）鉴定意见；

（八）勘验笔录。

证据必须查证属实，才能作为认定事实的根据。

《最高人民法院关于民事诉讼证据的若干规定》（2001年12月21日　法释〔2001〕33号）

第二十八条　一方当事人自行委托有关部门作出的鉴定结论，另一方当事人有证据足以反驳并申请重新鉴定的，人民法院应予准许。

第四十二条 ［对鉴定意见撤销的限制］

鉴定意见被采信后，鉴定人无正当理由撤销鉴定意见的，人民法院应当责令其退还鉴定费用，并可以根据情节，依照民事诉讼法第一百一十一条的规定对鉴定人进行处罚。当事人主张鉴定人负担由此增加的合理费用的，人民法院应予支持。

人民法院采信鉴定意见后准许鉴定人撤销的，应当责令其退还鉴定费用。

【条文主旨】

本条系新增条文。本条是人民法院对于鉴定人撤销鉴定意见的处理的规定。本条内容根据人民法院司法鉴定管理部门的建议所作出的。审判实践中，鉴定人未经委托鉴定的人民法院同意撤销鉴定意见的情形时有发生，有的鉴定人甚至在人民法院根据鉴定意见作出的裁判生效后撤销鉴定意见，导致案件再审，严重影响诉讼秩序和司法权威。根据最高人民法院司法辅助办公室以及多个高级法院司法鉴定管理部门的建议，在本次修改过程中决定对鉴定人撤销鉴定意见的情形设置相应的规则。由于人民法院并非司法鉴定机构的主管部门，故只能针对鉴定机构在诉讼中的行为进行相应处理。因此，我们根据不同情况，对鉴定人擅自撤销鉴定意见的行为规定了返还费用以及根据民事诉讼法妨碍民事诉讼的规定的处理方式。鉴定意见被有关主管部门或者组织撤销的情形，一般是基于鉴定人比较严重的过错，故可以比照鉴定人擅自撤销鉴定意见的情形处理。

【条文释义】

一、实践中的问题

对于鉴定人是否有权自行撤销已经作出且送交委托的人民法院的鉴定意见，目前并无任何法律规定。《司法鉴定决定》并未就受委托的鉴定机构可以自行撤销鉴定意见的问题作出任何授权，民事诉讼法、行政诉讼法、刑事诉讼法及相关司法解释对此亦无规定。相反，2016年修订的《司法鉴定程序通则》第三十五条规定，司法鉴定人完成鉴定后，司法鉴定机构应当指定具有相应资质的人员对鉴定程序和鉴定意见进行复核；对于涉及复杂、疑难、特殊技术问题或者重新鉴定的鉴定事项，可以组织3名以上的专家进行复核。由此可见，行政主管部门对司法鉴定意见采取了慎重作出，但不安排由本机构对自己已经作出的鉴定意见进行纠正的立场。理由不外乎鉴定意见系受人民法院委托制作的一份证据材料，是否存在错误应当通过诉讼程序对该证据材料的证明力进行评价之后方能决定，一旦认定有误，应当通过启动补充鉴定甚至重新鉴定的方式予以纠纷。但是，由于目前相关法律、司法解释及行政管理的规范意见对鉴定机构所谓的自行纠正也没有禁止性规定，因此，当鉴定机构迫于现实的各种压力，陆续出现了自行撤销已经作出甚至人民法院已经采信并作为裁判依据的鉴定意见的情况。

就鉴定意见撤销的问题，据调查，以北京市司法行政机关2014年调查处理的司法鉴定投诉案件为例，在最终认定存在问题的案件中，鉴定文书不规范的占 36.2%（如笔误等）、超期鉴定的占 12.8%、鉴定意见存在问题的占 12.8%（包括意见表述不准确，意见有遗漏，对无资质问题发表意见，意见未直接对应委托事项等）、受理程序存在问题的占 8.5%（包括鉴定材料不全即受理，超期受理等）、鉴定标准适用不准确的占 8.5%、鉴定协议书方面存在问题的占 8.5%（如未规范签署鉴定协议书等）、违规接受鉴定材料的占 6.4%。在上述投诉案件中，绝大部分当事人的投诉都是形式上反映执业规范问题，实质上寄望于推翻或者改变鉴定意见，虽然司法行政机关没有撤销鉴定意见的职权，但是 90% 以上的当事人在投诉书中均要求"撤销鉴定意见"。① 就鉴定人自行撤销其所作鉴定意见的问题，成因比较复杂，从鉴定机构维护自身利益的角度看，主动撤销鉴定意见主要是"迫于非正常压力的无奈之举，是在多方沟通无效的情况下，为保证正常的司法鉴定活动而采取的自保行为"②。

根据我们向相关鉴定机构的了解，一些当事人甚至通过对鉴定机构负责人、鉴定人员实施暴力、软暴力的手段，或者扬言自杀或将铺盖卷儿搬到鉴定人办公场所等方式逼迫鉴定人自行撤销其所出具的鉴定意见。当然，也有通过其他不正当的手段，譬如行贿等方式，来谋取撤销对其不利的鉴定意见。

为什么当事人会通过"闹鉴""贿鉴"的方式对鉴定意见作出的鉴定机构施加压力呢？一方面，根据上述分析可知，系由于对已作出鉴定意见的行政管理和禁止自行纠正的规范不够明确所致；但另一方，究其本质，还是由于鉴定意见在诉讼活动中的纠正比例过低，当事人认为在该途径中难以获得救济。虽然鉴定人对当事人提出的撤销鉴定意见的申请要求向人民法院提出，但由于对司法鉴定意见证明效力予

---

① 樊崇义、阮娜：《鉴定意见撤销问题研究以对鉴定意见投诉解决为视角》，载《证据科学》2017 年第 4 期。

② 邱德胜、郭伶倒、肖玲等：《鉴定机构撤销鉴定报告三例案件的分析与探讨》，载《2015 年全国司法精神病医学鉴定学术会议资料汇编》，第 31 页。

以否定的举证难度大、实践中很多法院对鉴定意见进行实质审查职能的落实缺位等因素，当事人并不愿意通过法定的诉讼途径来对鉴定人已经作出的鉴定意见提出异议，转而寻求釜底抽薪，要求鉴定机构直接撤销其已经作出的鉴定意见，以达到阻碍委托法院依据该意见作出不利认定的目的。

二、起草过程

由于鉴定人根据当事人的投诉在未与委托的人民法院充分沟通的情况下擅自撤销鉴定意见可能对生效裁判或其他法律文书的效力造成很大的负面影响，因此，在本次修改《证据规定》征求意见的过程中，全国各级法院均对这种做法普遍持否定态度。但是，对于鉴定意见撤销的法律后果，不同法院有不同的做法，具体而言主要存在以下两种不同的认定：

一种意见认为，鉴定意见一经作出，鉴定机构即已经完成了人民法院委托鉴定的行为，后续对鉴定意见是否予以认定应当交由委托机关根据民事诉讼法的程序予以审理并最终决定是否采纳。鉴定意见作为法定证据的一种，在诉讼中是否具有证据能力由法院审查决定。而人民法院对鉴定意见的审查，也必须依法通过当事人质证，围绕着对该份证据的合法性、真实性、关联性进行展开。因此，大部分法院认为，虽然鉴定机构出具撤销鉴定意见书，但如果没有说明撤销的合理原因以及没有相应撤销程序依据的，该撤销决定不发生法律上的效力。人民法院仍按照已经作出的鉴定意见的合法性、真实性及关联性进行审查。对此，也有公开发表的案例明确"鉴定机构出具的撤销决定不属上诉或再审新证据"。[①]

另一种意见认为，鉴定意见系由鉴定人通过专业方式作出，因此，

---

① 胡云红：《鉴定机构出具的撤销决定不属上诉或再审新证据》，载《人民司法·案例》2016年第5期。

应当尊重作出人的决定。如鉴定人撤销其所作出的鉴定意见，则原先出具的该份材料即无法作为案件的证据使用，必然导致裁判所依据的事实对应的证据情况发生变化。因此，此时应当启动重新鉴定，以重新鉴定所得的鉴定意见作为证据并重新组织当事人质证并根据具体情况决定是否予以认定。但是，对于撤销鉴定意见的鉴定人，应当作出后续的处理，一是返还鉴定费用，二是对其接受法院委托鉴定的资格应当重新予以审查。

在向专家学者和四级法院征求意见的过程中，主要的观点也集中在上述两种意见上，但讨论的更为深入。

持第一种意见的同志认为，司法鉴定行为系一种准司法行为，根据我国《民事诉讼法》的规定，在民事诉讼中当事人对初次鉴定和重新鉴定都有申请权，但该权利行使的法律后果并非是直接启动鉴定，而必须要经过人民法院的审查允许后方能进行，且将相关专门性问题委托鉴定的委托人也只能是人民法院而非提出鉴定申请的当事人。鉴定人的鉴定行为和鉴定结果都只需要对法院负责即可，避免了鉴定机构和鉴定人囿于当事双方的博弈之中，而出具失实的鉴定意见。法院作为沟通这两层关系的媒介，将根据鉴定人出示的鉴定意见的证明力，决定是否采纳鉴定意见，并形成支撑案件事实的证据，从而使得鉴定活动对案件产生影响。鉴定人接受人民法院委托行使部分案件事实查明的权力，归属于民事诉讼对专门性问题查明所设置的法庭调查环节，具有司法性质。因此，鉴定人在未经人民法院同意的情况下，绝对不得自行作出所谓纠正的决定。因此，不管是当事人申请撤销鉴定申请还是鉴定人自行决定撤销其已经作出的鉴定意见的行为，均需要通过决定启动鉴定或者决定委托鉴定的人民法院审查同意后方能发生法律效力。如果未经人民法院许可，未经当事人举证质证，该所谓自我"纠正"的行为应当被认定为自始无效。

持第二种意见的同志认为，虽然按照现行鉴定制度，鉴定人在接受人民法院委托后不得擅自拒绝进行鉴定，亦无权对已经作出的鉴定意见再行处置，但是并不能否认鉴定意见虽然系掌握专门知识的专家通过科学方法和相关仪器对鉴定材料进行分析、加工的基础上形成，但仍有着专家意见的证据属性，有着鉴定人员的主观判断因素。而且，特别是鉴定人系作为独立的诉讼参与主体参与到诉讼之中，有着强烈的独立性地位。因此，鉴定人自行撤销其已经作出的鉴定意见，不管是出于何种目的，是否有着相应的程序，但这样的行为一经作出，对于当事人而言，依据该鉴定意见作出的裁判，其公信力显然已经遭到了严重破坏。对此，应当从对鉴定人违反法律程序，作出令法院无法采信的鉴定意见，拖延了正常的诉讼活动，干扰了本应当有序开展的诉讼秩序，有违受托责任，有违鉴定人的基本义务。因此，对鉴定人撤销已经作出的鉴定意见的行为应当进行严格审查，对于鉴定人无正当理由撤销鉴定意见的，应当作为故意作虚假鉴定的行为进行严肃处理。

三、本条的理解

最终，本条主要采纳了第二种意见。对于本条内容的理解，实践中应当掌握以下几个方面的问题：

1. 尊重鉴定人独立的诉讼地位，对于鉴定人自行撤销其所作出的鉴定意见的行为效力，因相关立法和行业规范未作规定，故不在法律上进行判定。但是，由于这种撤销行为本身导致鉴定意见的公信力遭到很大质疑，所以不应当将原鉴定意见再作为证据在诉讼中使用。

2. 强调鉴定人系受人民法院委托才作为诉讼参加人参与诉讼并作出鉴定意见。因此，鉴定人在撤销其已经作出的鉴定意见之前应当取得委托其鉴定的人民法院的同意，如果未经同意便自行撤销的，则违反了接受委托后应当依法尽责的基本要求。在这种情况下，人民法院应当根据具体的情况决定是否对鉴定人作出相应的处罚。

3. 对鉴定人的处罚采用比较谨慎的态度。设置了两个实质性审查判断标准，且必须同时成立：（1）鉴定人撤销鉴定意见的行为必须是在鉴定意见已经被人民法院采信后，因为本条的增设主要是为了确保已经作出的生效裁判的既判力不受动摇，对于尚在审理过程中的案件，只要人民法院未明确采信相关鉴定意见，则仍可以通过补充鉴定或者重新鉴定的方式对相关专门性问题进行查明；（2）鉴定人撤销已经作出的鉴定意见并无正当理由。该两个条件不同时符合的，人民法院不能适用本条规定对鉴定人进行处罚。第四，因鉴定意见不再作为证据使用，故产生的费用及造成的损失，由鉴定人予以退回及赔偿。

纵观世界主要国家、地区的鉴定人制度，对于重新鉴定、补充鉴定以及鉴定人责任等问题均有相应较为完备的规制，但是对于鉴定人是否可以自行撤销鉴定意见未作相应规定，盖因为此类问题不应成为干扰司法裁判的一个考虑因素。本条的规定，将司法实践中遇到的现实问题予以规制，希望通过这种规制重新将这个本不应存在的问题回归到对鉴定意见本身的可采性审查上来，回归到民事诉讼对证据的举证、质证和认证规则上来。

【审判实践中需要注意的问题】

在审判实践当中，应当着重予以关注以下四个问题：

1. 当事人不按照《民事诉讼法》规定，通过举证等方式对鉴定意见进行反驳，反而另辟蹊径，通过对鉴定人实施"缠鉴""闹鉴"及"贿鉴"等不法手段，逼迫或者诱使鉴定人自我否定，从而审判造成不利影响。对此情形，委托的人民法院应当与鉴定人之间保持沟通，对鉴定人反映的当事人"缠鉴""闹鉴"情况及时查明，并果断采取措施，加大对妨碍作证行为的处罚，排除干扰，帮助鉴定人保持独立性和超脱性。

2. 对于鉴定人擅自撤销已为人民法院采信的鉴定意见的，对"正当理由"的准确把握显得尤为重要。为便于适用，我们认为，应当与人民法院对鉴定意见的审查标准相一致，具体的实质判断条件可以参考本规定第四十条启动重新鉴定的相关条件，如果不符合相关条件的，一般不应当认定为有正当理由，如鉴定人因当事人或当事人指使的其他人闹鉴等，迫于压力撤销鉴定意见。形式上，对鉴定人撤销决定也应当进行审查，如果撤销决定未列明撤销理由的，一般也应当视为无正当理由。但对于鉴定人因受到不当干扰和压力的，人民法院应当依照《民事诉讼法》第一百一十一条的规定，对干扰、胁迫鉴定人作证的相关行为人及时作出严肃处理，确保鉴定人依法行使受托职权。

3. 鉴定意见已经作出，但法院尚未作出判决前，鉴定人无正当理由撤销鉴定意见的，人民法院可以参照本条规定处理。虽然此种情况下并不同时满足本条适用的两个条件，但符合本条规定精神的。

4. 如何看待鉴定人自行撤销鉴定意见对生效裁判的影响。由于已经为生效裁判采纳的鉴定意见是该发法律效力的裁判所确认的案件事实认定的根据与基础，因此，鉴定意见的撤销对生效裁判据以作出的事实基础产生消极影响，通常而言需要通过审判监督程序解决。

【法条链接】

《中华人民共和国民事诉讼法》（2017年修正）

第一百一十一条 诉讼参与人或者其他人有下列行为之一的，人民法院可以根据情节轻重予以罚款、拘留；构成犯罪的，依法追究刑事责任：

（一）伪造、毁灭重要证据，妨碍人民法院审理案件的；

（二）以暴力、威胁、贿买方法阻止证人作证或者指使、贿买、胁迫他人作伪证的；

（三）隐藏、转移、变卖、毁损已被查封、扣押的财产，或者已被

清点并责令其保管的财产，转移已被冻结的财产的；

（四）对司法工作人员、诉讼参加人、证人、翻译人员、鉴定人、勘验人、协助执行的人，进行侮辱、诽谤、诬陷、殴打或者打击报复的；

（五）以暴力、威胁或者其他方法阻碍司法工作人员执行职务的；

（六）拒不履行人民法院已经发生法律效力的判决、裁定的。

人民法院对有前款规定的行为之一的单位，可以对其主要负责人或者直接责任人员予以罚款、拘留；构成犯罪的，依法追究刑事责任。

《司法鉴定程序通则》（2016年）

第三十五条　司法鉴定人完成鉴定后，司法鉴定机构应当指定具有相应资质的人员对鉴定程序和鉴定意见进行复核；对于涉及复杂、疑难、特殊技术问题或者重新鉴定的鉴定事项，可以组织三名以上的专家进行复核。

复核人员完成复核后，应当提出复核意见并签名，存入鉴定档案。

第四十三条 ［物证和现场的勘验］

人民法院应当在勘验前将勘验的时间和地点通知当事人。当事人不参加的，不影响勘验进行。

当事人可以就勘验事项向人民法院进行解释和说明，可以请求人民法院注意勘验中的重要事项。

人民法院勘验物证或者现场，应当制作笔录，记录勘验的时间、地点、勘验人、在场人、勘验的经过、结果，由勘验人、在场人签名或者盖章。对于绘制的现场图应当注明绘制的时间、方位、测绘人姓名、身份等内容。

【条文主旨】

本条在《民事诉讼法》第八十条、《民事诉讼法解释》第一百二十四条、2001年《证据规定》第三十条的基础上，对人民法院的勘验活动的操作性进一步进行了明确。本条是对人民法院勘验物证和现场的操作性规定。

【条文释义】

勘验笔录为《民事诉讼法》所规定的证据种类之一。而勘验笔录的完成，有待于勘验活动的开启。民事诉讼过程中，对当事人争议的某些特定标的物，基于标的物自身特殊性，如不动产、体积庞大难以搬运、携带等原因而无法在庭审中向法院举示，为此，人民法院有必要通过勘验的方式以查明相关争议事实。相关法律、司法解释对人民法院的勘验活动也进行了明确。如《民事诉讼法》第八十条规定："勘验物证或者现场，勘验人必须出示人民法院的证件，并邀请当地基层组织或者当事人所在单位派人参加。当事人或者当事人的成年家属应当到场，拒不到场的，不影响勘验的进行。／有关单位和个人根据人民法院的通知，有义务保护现场，协助勘验工作。／勘验人应当将勘验情况和结果制作笔录，由勘验人、当事人和被邀参加人签名或者盖章。"《民事诉讼法解释》第一百二十四条规定："人民法院认为有必要的，可以根据当事人的申请或者依职权对物证或者现场进行勘验。勘验时应当保护他人的隐私和尊严。／人民法院可以要求鉴定人参与勘验。必要时，可以要求鉴定人在勘验中进行鉴定。"2001年《证据规定》第三十条规定："人民法院勘验物证或者现场，应当制作笔录，记录勘验的时间、地点、勘验人、在场人、勘验的经过、结果，由勘验人、在场人签名或者盖章。对于绘制的现场图应当注明绘制的时间、方位、测绘人姓名、身份等内容。"由此可见，相较于《民事诉讼法》及《民事诉讼法解释》的规定，2001年《证据规定》对人民法院勘验物证和现场的规定进行了细化，操作性较强，为勘验活动的正常、顺利开展提供了规范指引。尽管如此，人民法院勘验活动仍存在亟需明确的地方，以保障当事人的程序权益和勘验活动的正常进行。为此，在前述法律、司法解释规定的基础上，本条对人民法院的勘验活动的操作性进一步进行了明确，对于保障人民法院勘验活动的开展，保障当事人相关的诉讼权益，具有重要的意义。

一、勘验前的通知义务

勘验是人民法院为查明案件事实，根据当事人的申请或者依职权而进行的活动。勘验的目的在于查明案件事实,对有可能成为认定案件事实的证据而展开的证据调查活动。此项活动,涉及诉讼当事人的民事权益。为此,为保障勘验活动程序的公开以及勘验结果的客观,人民法院在进行勘验前,有必要将勘验相关事项通知当事人,如勘验的时间、地点等具体事项。该要求有利于当事人配合人民法院的勘验活动,积极参加勘验过程,也保障了当事人的程序权益。从程序上而言,勘验活动的目的在于寻找、固定相关证据,以利于庭审调查活动的开展,特别是某些特定证据,如不进行相关的活动,则使庭审调查活动所要查明案件事实的目的落空。如针对电子数据证据的认定问题,当事人在举证期限期内向法院提交了证明其相关诉讼请求能够成立的电子数据证据,而在当事人对电子数据的形式以及存储电子数据载体记载的内容存在争议时,则有必要通过勘验的方式查明相关事实。否则,基于证据的复杂性和审判人员的专业受限性,难以对证据进行评判。

勘验是人民法院根据当事人的申请或者依职权所单方进行的活动,但该活动的开展关涉当事人的民事权益。在人民法院勘验物证、现场前,应将相关的事项通知当事人,以便于当事人决定是否参与人民法院的勘验活动。同时,也利于当事人配合、协助人民法院勘验活动的开展。为此,人民法院在勘验前,应当将勘验的时间、地点告知当事人。在此需要明确的是,此条明确人民法院进行勘验活动前负有通知当事人相关勘验事宜的义务,但并不是强制当事人必须参加勘验活动。当事人是否参加,不影响人民法院勘验活动的正常进行。人民法院也不能以当事人经通知未参加勘验活动为由取消应开展的勘验活动。

二、当事人勘验活动的参与

勘验是人民法院对案件事实有关的物品、场所进行勘察,以收集、固定证据的活动。为保障勘验结果的正确性，当事人应参与人民法院的勘验活动，就相关勘验事项在勘验过程中进行解释和说明，也可以请求人民法院注意勘验中的重要事项，协助人民法院勘验工作的顺利实施。

查明案情、分清是非是人民法院的职责所在。民事诉讼活动就是在人民法院的主持下，由当事人、其他诉讼参与人共同完成的一项活动。人民法院的勘验实为查明案情而采取的措施之一。作为当事人而言，对于人民法院的勘验活动，负有协助、配合义务。人民法院在勘验活动过程中，当事人对勘验相关事项的解释和说明以及提请人民法院注意相关重要事项等，对于人民法院通过勘验活动以查明案件事实真相，作用重大。如在林木种植纠纷中，当事人对林木的种植面积、生长、位置等情况的解释和说明，对于人民法院顺利进行勘察并对纠纷作出正确的判断作用重大。又比如，对于当事人之间的宅基地纠纷，在人民法院对争议的现场进行勘验时，当事人对宅基地位置、面积、四至范围、现有状况的解释和说明，对人民法院通过勘验笔录的形式客观反映原貌较为重要。同时，基于勘验事项的专业性、繁杂性等因素，为保障勘验活动的效果，当事人亦可以就勘验中的重要事项，提请人民法院注意。

三、勘验笔录的制作

勘验笔录，是指勘验人员对案件有关的现场进行调查、勘验所作的记录。[①] 勘验笔录的内容反映人民法院对勘验物证、现场的存在状况、存在时空以及相关属性的勘察结果，勘验笔录是人民法院勘验活动的成果。勘验笔录作为法律所规定的证据类型，在诉讼过程中，作为证据使用的勘验笔录，影响案件基本事实的认定，关涉当事人的民

---

① 张卫平：《民事诉讼法学》（第五版），法律出版社2019年版，第227页。

事权益。为此，勘验笔录的制作应符合法律规定的条件和要求。在此需注意的是，勘验笔录的制作主体或者说勘验主体并非限定于法官，对于勘验物证、现场涉及较为专业的问题，可委托具有专门知识的人进行。

通过对物证、现场进行勘验后制作勘验笔录，作为获取证据的方法具有悠久的历史，且为各国法律所规定，在实践中得到广泛的应用。如德国《民事诉讼法》第二编第一章第六节规定了"勘验"的相关内容。该法第271条至第372条之一明确了勘验的标的、容忍勘验的义务、证明程序、勘验辅佐人等。法国《民事诉讼法典》第179条至第183条规定了法官亲自查证的程序，第249条至第255条规定了法官委托具有专门知识的人进行勘验的程序。我国台湾地区"民事诉讼法"第二编"第一审程序"第一章第三节关于证据的规定中第五目第三百六十四条至三百六十七条规定了勘验程序。对勘验的事项、参与主体、勘验的制作要求等进行了明确。如第三百六十四条规定："声请勘验，应表明勘验之标的物及应勘验之事项。"第三百六十五条规定："受诉法院、受命法官或者受托法官于勘验时得命鉴定人参与。"第三百六十六条规定："勘验，于必要时，应以图书或照片附于笔录；并得以录音、录影或其他有关物件附于卷宗。"

勘验笔录对于案件事实的证明具有一定的作用，勘验笔录的制作应符合相应的规范要求。对于勘验笔录的具体要求，我国法律规定得较为笼统。如《民事诉讼法》第八十条第三款规定："勘验人应当将勘验情况和结果制作笔录，由勘验人、当事人和被邀参加人签名或者盖章。"而2001年《证据规定》第三十条规定："人民法院勘验物证或者现场，应当制作笔录，记录勘验的时间、地点、勘验人、在场人、勘验的经过、结果，由勘验人、在场人签名或者盖章。对于绘制的现场图应当注明绘制的时间、方位、测绘人姓名、身份等内容。"对于勘验的方法，除了用文字记载外，还可以用录像、拍照、绘图、测量、检测、检验等方式进行。相较于法律的规定，2001年《证据规定》对于勘验笔录的制作提出了更为明确、具体的要求，有利于勘验笔录制作的规范性，减少当事人对勘验笔录的质疑。在司法实践中，该解释对指导人民法院勘验工作的开展，发挥了积极的作用。为此，本规定在修订的基础上，吸收了2001年《证据规定》中勘验笔录的相关规定内容。

为确保勘验笔录制作的完整性、客观性，勘验笔录在制作过程中有以下几个方面的要求：

1. 勘验笔录的内容应当如实记载勘验当时的客观情况，不能掺杂勘验人员的主观推测和分析判断的内容，做到如实反映，全面记载，不扩大、不缩小、不走样。

2. 勘验笔录文字的记载内容应明确，不能模棱两可、左右摇摆，不能用不确定的词语。诸如"大概""可能""好像""差不多"等。

3. 勘验笔录为勘验过程中即时作出，完整地反映勘验的经过和结果，不能事后补记。

4. 为体现勘验的程序公开性和结果公正性，勘验过程应依法邀请当地基层或者当事人所在单位人员参加，并在笔录上签字。

【审判实践中需要注意的问题】

实务中，人民法院勘验活动的开展通常基于当事人的申请或依职权进行。不论勘验活动依何种方式而开启，作为证据使用的勘验笔录，应经当事人的庭审质证，通过双方当事人对勘验笔录的庭审对抗活动，保障当事人的程序权益，以便人民法院对勘验笔录的证据能力、证明力大小作出认定，最终认定案件事实。但是，司法实务中，仍存在一些错误的认识。

比如，有观点认为，对于依职权启动的勘验，法官亲自参与了勘验活动，勘验笔录的结论具有当然的正确性。当事人对勘验笔录是否进行庭审质证，均不影响案件事实的认定。勘验笔录即使在未经当事人庭审质证的情况下，也可作为认定案件基本事实的证据。

该观点存在不当。根据《民事诉讼法》的有关规定，勘验笔录为庭审调查的内容之一，且当事人经法庭许可，可以向勘验人发问，对勘验有异议的，有权要求重新进行勘验等。由此，对于作为证据使用的勘验笔录，应依法保证当事人质证的权利。当事人要求重新进行勘验的，人民法院应根据当事人的异议事由，依法决定是否准许。

【法条链接】

《中华人民共和国民事诉讼法》（2017年修正）

第八十条　勘验物证或者现场，勘验人必须出示人民法院的证件，并邀请当地基层组织或者当事人所在单位派人参加。当事人或者当事人的成年家属应当到场，拒不到场的，不影响勘验的进行。

有关单位和个人根据人民法院的通知，有义务保护现场，协助勘验工作。

勘验人应当将勘验情况和结果制作笔录，由勘验人、当事人和被邀参加人签名或者盖章。

《最高人民法院关于适用〈中华人民共和国民事诉讼法〉的解释》（2015年1月30日　法释〔2015〕5号）

第一百二十四条　人民法院认为有必要的，可以根据当事人的申请或者依职权对物证或者现场进行勘验。勘验时应当保护他人的隐私和尊严。

人民法院可以要求鉴定人参与勘验。必要时，可以要求鉴定人在勘验中进行鉴定。

《最高人民法院关于民事诉讼证据的若干规定》（2001年12月21日　法释〔2001〕33号）

第三十条　人民法院勘验物证或者现场,应当制作笔录,记录勘验的时间、地点、勘验人、在场人、勘验的经过、结果,由勘验人、在场人签名或者盖章。对于绘制的现场图应当注明绘制的时间、方位、测绘人姓名、身份等内容。

第四十四条 ［以摘录的方式复制书证］

摘录有关单位制作的与案件事实相关的文件、材料，应当注明出处，并加盖制作单位或者保管单位的印章，摘录人和其他调查人员应当在摘录件上签名或者盖章。

摘录文件、材料应当保持内容相应的完整性。

【条文主旨】

本条由 2001 年《证据规定》第三十一条修改形成，是关于以摘录的方式复制书证的规定。

【条文释义】

摘录为当事人收集证据和人民法院依职权调查收集证据的一种方式。司法实践中，对与案件事实有关联的一些证据材料，由相关的机构持有、保管，在进行证据收集时，基于材料的庞杂、数量巨大，无法完全取得或者完全取得相对困难且成本高昂，意义不大。为此，有必要对于有价值的部分进行摘录，如档案材料等。基于该档案材料已为档案馆以及有关机关、团体、企业事业单位或其他组织保存，已将原始文件归档管理，不能提供原件。为此，为获取与待证事实相关的证据资料,对相关档案文件进行摘录较为必要。由此,诉讼中,人民法院为查明案件事实的需要以及当事人为证明其诉讼请求的成立与否,案件事实需以档案为证据时,可以摘录相关档案材料。

从域外的情况看,英美法系国家和地区采行"最佳证据规则",要求当事人提供的证据为最佳或最直接的证据。该规则主要适用于文件、电文、信函等,又被称之为"原始文本规则"。随着科技的不断发展,英美法系国家和地区对当事人提供原件的要求有所放松,允许当事人在一定条件下可不提供书证原件。如美国《联邦证据规则》第1004条明确不需要提供书证原件的情形为:(1)所有原件均已遗失或毁坏,但提供人出于不良动机遗失或毁坏的除外;(2)原件不能通过适当的司法程序或行为获得;(3)原件处于该证据材料的出示对其不利的一方当事人的控制下,已通过送达原告起诉状或其他方式告知该当事人在听证时该材料内容属于证明对象,但该当事人在听证时不提供原件;(4)有关书证内容与主要争议无紧密关联。大陆法系国家和地区,虽未绝对要求当事人提交原件,但对当事人不提交原件有较为严格的明确规定,对非原件的证据资料要求附加一定的条件。如日本《民事诉讼法》第322条规定,文书的提出或送交应以原本、正本或有认证的副本进行。

从我国现行法律的规定看,《民事诉讼法》第七十条第一款规定:"书证应当提交原件。物证应当提交原物。提交原件或者原物确有困难的,可以提交复制品、照片、副本、节录本。"对当事人提交的证据而言,根据最佳证明规则之要求,应向人民法院提交原件、原物。在难以提交原件、原物的情况下,才可以提交复制品、照片、副本、节录本等。由此可见,节录本为法律规定的一种证据材料。节录本,又称为摘录本。对案件事实有关文件、材料的摘录,现行法律并无明确规定。为保障摘录的规范性,2001年《证据规定》第三十一条对此予以了明确。本规定在前述规定的基础上,进行了修改。

一、摘录的形式要求

从证据的类型而言，摘录文件、材料属于书证的一种。书证是通过文字、符号、图形等方式所记载的内容、表达的思想来证明案件事实的证据，其为法律所规定的八种证据类型之一。从真实性的角度而言，书证的真实性包括形式上的真实和实质上的真实。形式上的真实决定了书证的证据能力，即书证能否具备法律上认定案件事实的资格；实质上的真实决定了书证对案件事实所具有的证明力。基于形成的特殊性，对摘录文件、材料真实性的要求，不仅包括内容的真实，还包括形式上的真实。

书证的证明力体现为其记载的内容、表达的思想。由此，从形式的角度而言，书证所记载的内容、表达的思想应在形式上是完备的。比如，书证的制作主体是否适格，手续是否完备，印章是否真实，有无伪造、变造的情形等。有学者指出，对书证证据资格的审查，就是考量制作人资格，该文书是否确系某人所制作，某人是否确有制作该文书之资格；制作手续，签名是否由制作人本人亲力亲为，印章是否属实；有无伪造和变造。[①] 摘录文件、资料，作为书证的一种具体表现形式，其真实性问题主要涉及的问题即是形式上是否完备问题。

为保障摘录文件、材料的真实性，对案件事实证据具有一定的积极意义，要求摘录文件、材料应符合一定的标准，以保证摘录材料的真实性、准确性，此为摘录的形式要求。

具体而言，摘录文件、材料的形式要求主要表现为以下几个方面：

1. 摘录笔录要载明摘录的出处，摘录笔录从何处摘录，以便人民法院对摘录文件、材料进行核对；

2. 要加盖制作单位、保管单位的印章，为提高摘录文件、材料的

---

① 郭天武：《刑事证据法学》，中国法制出版社 2015 年版，第 94 页。

真实性，需由制作单位、保管单位加盖其印章；

3. 摘录文件、材料要由摘录人、其他调查人员的签名和盖章，也即载明该书证的调查收集主体。

由此，只有摘录文件、材料在形式上具备了前述几项要求，其才具备相应的证据资格。作为证据使用的摘录，是否对案件事实有证明作用，首先考虑的是其是否具备证据资格。而证据资格的审查，首先要考虑的因素为证据的形式是否完备。对摘录文件、材料而言，如果没有载明摘录的出处、未加盖制作单位、保管单位的印章，亦没有摘录人、其他调查人员的签名和盖章，那么，摘录文件、材料在形式上是不完备的。形式上存在瑕疵的证据，必然影响着该证据的证据资格、证明力大小。由此，摘录文件、材料时，应注意形式上的要求，在摘录文件、材料上记载出处、加盖制作单位、保管单位的印章、并让摘录人、其他调查人员签名和盖章，以保证摘录文件形式上的完备性。

二、摘录的实质要求

摘录的实质要求，主要是针对摘录内容的完整性而言。证据完整性，要求证据内容是完整的，全面真实反映了客观事实的实际情况。对证据完整性的论述，学者们的研究主要聚焦于电子证据。如有的认为，完整性是考查电子证据证明力的一个特殊指标，传统证据是没有这一标准的。[①] 电子证据本身的完整性是构成电子证据原件的一个要素，涉及形式上的完整性和内容上的完整性。形式上的完整性是指电子证据必须保持生成之时的原状，包括格式调整在内的任何更改都将视为完整性受到损害。而电子证据内容上的完整性是指电子证据自形成之时起，其内容保持完整、未遭到非必要的添加或删除。摘录文件、材料作为书证的一种形式，基于其形成的特殊性，对作为证据使用的

---

① 宋春雨：《新民事诉讼法中有关证据制度理解和适用的几个问题》，载《法律适用》2013年第10期。

摘录文件、材料，必然要求摘录文件、材料的完整性，即要求所摘录文件、材料客观完整反映了文件、材料的内容，不能片面摘录，更不得断章取义。

证据的形成，均发生在特定的时空、环境中，并体现一定的规律性、逻辑性。此特点要求我们在认定证据时要全面审核，以日常生活经验、逻辑等标准对证据资料进行评断。证据评断既包括证据与证据之间的整体评断，亦包括对单个证据的评断。而证据资料在内容上完整性与否，影响了证据所反映事实的正确性、客观性。日常生活中，我们不能仅根据某人的只言片语来判断其所形成结论的正确性，以免管中窥豹，盲人摸象。从方法论上而言，所有的结论均有其形成的特定背景、影响因素。如果我们不全面考虑结论的特定背景，则难免出现错误的判断，差之毫厘，谬以千里，一字之差，而意义截然相反。由此，摘录文件、材料的完整性与否，对于摘录文件、材料所证明事实的客观性至关重要。摘录的文件、材料的内容，虽可由摘录人根据需要进行选择性的取舍，但要保持相应的完整性，不能望文生义、穿凿附会，也不能加入个人的观点。

三、摘录本的证据效力

摘录文件、材料所形成的摘录本书证，其证据效力与原本的证据效力有无差异，现行法律没有明确规定。从法律规定看，当事人提交的书证是原件，仅在提交原件有困难时才可以提交复制品、照片、副本、节录本等。从证据法理论上讲，基于证据来源的不同，证据可分为原始证据和传来证据。原始证据为直接来源于案件事实，未经中间环节而形成的证据，也即"第一手证据材料"。如物证、书证、视听资料的原件，证人证言等。传来证据，又称派生证据，为从原始证据中衍生出来的证据，也即"第二手证据材料"。如复制品、摘录本。根据前述分类，摘录本属传来证据类别，为"第二手证据材料"。

实践中，在当事人提交的证据为摘录本时，其证据效力如何认定问题，也即能否视为原本的证据效力时，则可能存在认识上的分歧。有观点认为，基于摘录本在性质上为传来证据，属"第二手证据材料"，其证据效力有别于原件、原本。此观点有失妥当。从证据的认定看，本解释相关条款对证据认定的基本原则和单一证据的审核认定进行了规定，也即在对单一证据审核认定的基础上，由法官遵循职业道德，运用逻辑推理和日常生活经验对证据有无证明力和证明力大小进行整体判断。由此，在对摘录本等传来证据进行认定时，根据单一证据的审核认定规定，首先要审核的是摘录本是否与原件、原本相符的问题。根据摘录本与原件、原本的比对，如与原件、原本相符，则摘录本的证据效力与原件、原本的证据效力是相同的。反之，如与原件、原本不符，则摘录本不具真实性，不具有证据效力。由此，在摘录本为真实的情况下，其证据效力与原件的证据效力并无差异。

在此需说明的是，摘录本与原件、原本的比对，既要从形式上进行，又要从实质上进行。从形式上进行比对而言，需查看摘录的文件、材料是否注明出处，是否加盖制作单位或保管单位的印章，摘录人和其他调查人员是否在摘录件上签名或者盖章。从实质上进行比对而言，主要是查看摘录文件、材料是否保持内容上的完整性。

【审判实践中需要注意的问题】

实践中，当事人向人民法院提交通过摘录的方式所形成的书证以证明待证事实时，需对摘录文件、材料的证据资格及证明力大小进行审查判断。对作为证据使用的摘录文件、材料的审查，需从两个方面加以注意：

1. 注意审查摘录文件、材料在形式上是否符合规定要求，也即摘录文件、材料是否注明了出处，是否加盖由制作单位或者保管单位的公章，摘录人、其他调查人员是否在摘录文件上签名或者盖章。如果形式上不符合要求，存在瑕疵，则可以要求提交摘录文件、材料的当事人进行补正。如不进行补正，则可从形式上否定该摘录文件、材料的证据资格。

2. 在形式上符合法定条件的基础上，需重点审查摘录文件、材料的完整性与否。此问题的审查，可由对方当事人对摘录文件、材料的完整性发表相应的意见。如当事人对摘录文件、材料的完整性未提出异议，则可对摘录文件、材料的完整性予以认可。如当事人不予认可摘录文件、材料的完整性，应让其说明理由，并由另一方当事人对此发表意见。当事人提出的异议能够成立，则可以重新进行摘录。如不能成立，则当事人的异议不能予以支持。

【法条链接】

《中华人民共和国民事诉讼法》（2017年修正）

第七十条　书证应当提交原件。物证应当提交原物。提交原件或者原物确有困难的，可以提交复制品、照片、副本、节录本。

提交外文书证，必须附有中文译本。

《最高人民法院关于民事诉讼证据的若干规定》（2001年12月21日　法释〔2001〕33号）

第三十一条　摘录有关单位制作的与案件事实相关的文件、材料，应当注明出处，并加盖制作单位或者保管单位的印章，摘录人和其他调查人员应当在摘录件上签名或者盖章。

摘录文件、材料应当保持内容相应的完整性，不得断章取义。

第四十五条 ["书证提出命令"的申请条件]

当事人根据《最高人民法院关于适用〈中华人民共和国民事诉讼法〉的解释》第一百一十二条的规定申请人民法院责令对方当事人提交书证的，申请书应当载明所申请提交的书证名称或者内容、需要以该书证证明的事实及事实的重要性、对方当事人控制该书证的根据以及应当提交该书证的理由。

对方当事人否认控制书证的，人民法院应当根据法律规定、习惯等因素，结合案件的事实、证据，对于书证是否在对方当事人控制之下的事实作出综合判断。

【条文主旨】

本条系新增条文，是关于"书证提出命令"的申请条件的规定，是对《民事诉讼法解释》第一百一十二条规定进行的完善和补充。

【条文释义】

本条及第四十六条、第四十七条规定的内容，来源于《民事诉讼法解释》第一百一十二条，是对该条关于"书证提出命令"规定的进一步解释。通过这三个条文的规定，确立我国"书证提出命令"制度的基本内容。

　　基于民事诉讼的辩论主义原则,作为裁判基础的案件事实主要依赖于当事人提供的证据进行证明。当事人对于其主张的于己有利的事实,有义务进行举证证明,未提出相应证据证明的将承担相应的不利后果。这既是法律、司法解释的规定,也是"谁主张、谁举证"原则的题中应有之意。但是,在民事诉讼实践中,对待证事实承担举证责任的当事人并不总是能够掌握所有对其有利的证据,一些能够直接证明案件事实的证据,可能由对方当事人或者诉讼外的第三人所控制。而在一些特殊类型的诉讼,如环境侵权等现代性诉讼中,实体法律关系居于优势地位的当事人往往对于证据也拥有更大的控制权,在其不将控制的于己不利的证据提交给法院的情况下,对待证事实承担举证责任的对方当事人势必处于非常不利的地位,形成所谓证据偏在的局面。而法院的事实查明也很可能因此与客观事实存在较大差距,从而损害裁判的正当性,影响实质正义的实现。为此,大陆法系国家和地区通过文书提出命令制度,解决因证据偏在导致当事人举证困难的窘迫局面,更好地发现真实、实现当事人诉讼权利的平等保护。

　　"书证提出命令"在我国民事诉讼法上没有规定,是《民事诉讼法解释》创设的制度,是最高人民法院为提高当事人举证能力、扩展当事人收集证据手段所采取的重要措施。2001年《证据规定》公布实施后,在对该规定实施情况进行调研的过程中,我们发现,由于立法上对当事人调查收集证据的权利保障不够充分,而法律规定的律师调查权亦未得到充分落实,致使当事人调查收集证据的手段十分有限,由此导致当事人的举证能力普遍不足,特别在证据偏在场合更显得十分突出。这种情况严重影响事实查明的准确性,影响当事人诉讼权利的保障和实体权利的实现,是民事诉讼实践中亟待解决的问题。为此,我们从审判实践的需要出发,进行了充分调研和论证,在2012年《民事诉讼法》修改过程中,提出了增加"书证提出命令"和调查令制度的立法建议,但未获立法机关采纳。于是在其后的《民事诉讼法解释》起草过程中,我们在第一百一十二条对"书证提出命令"作出原则性规定。本条是对《民事诉讼法解释》第一百一十二条规定进行的完善和补充。我们期望通过"书证提出命令"制度的建立,能够在一定程度上起到扩展当事人收集证据手段、增强当事人的举证能力的作用,以更有利于民事诉讼中查明真实的案件事实,促进当事人诉讼权利的保障和实体权利的实现。

《民事诉讼法解释》和本规定中的"书证提出命令"制度,参照大陆法系国家和地区的文书提出命令制度,结合我国民事诉讼制度和民事审判实践情况进行适当改造,以使其能够更顺利地与我国现行制度融合。

一、"书证提出命令"主体范围

"书证提出命令"主体范围包括申请"书证提出命令"的主体及相对方,即申请人和被申请人。根据《民事诉讼法解释》第一百一十二条"书证在对方当事人控制之下的,承担举证证明责任的当事人可以在举证期限届满前书面申请人民法院责令对方当事人提交"的规定,对待证事实负有举证责任的当事人为申请人,而控制书证的对方当事人为被申请人。作为被申请人的当事人的范围应当理解为广义的当事人,包括诉讼中的原告、被告,也包括有独立请求权第三人以及无独立请求权第三人中的被告型第三人。

大陆法系国家和地区的文书提出命令制度中,申请人的范围与我国相同,也是对待证事实负有举证责任的当事人。所不同的是被申请人的范围除广义的当事人外,还包括诉讼外与诉讼无关的第三人。由于在民事诉讼实践中,对待证事实的证明有重要意义的证据可能处于诉讼外第三人控制之下,从扩大法院裁判的证据基础,保障双方当事人的武器平等以及发现真实、实现实体正义的角度出发,有必要将文书提出命令的被申请人范围扩展到诉讼外第三人。如德国《民事诉讼法》第 429 条规定，"第三人在有与举证人的对方当事人相同原因时，负有提出证书的义务"。日本《民事诉讼法》第 219 条规定了申请人可以申请法院向与案件无关的第三人发出文书提出命令。我国台湾地区"民事诉讼法"第三百四十二条也有类似规定。

在 2015 年《民事诉讼法解释》公布实施后，有观点认为，我国"文书提出命令制度的义务主体过于狭隘"[1]，《民事诉讼法解释》第一百一十二条"把第三人排除在文书提出义务主体之外，完全忽视了其在制度中的作用……这将极大地缩小法院所能达成的证据范围，不利于法院裁决之适正，也未能充分发挥文书提出命令之效果。因此，我国民事诉讼立法应当适当借鉴日本《民事诉讼法》中关于文书提出义务之适用主体的规定，将第三人纳入文书提出命令制度的范畴"[2]。对此，我们认为，由于我国的"书证提出命令"制度是由司法解释所创设，而司法解释囿于其局限性不能为诉讼外第三人设定诉讼法上的义务，书证提出义务的主体只能限于控制书证的对方当事人。

二、申请"书证提出命令"的条件

本条第一款是有关"书证提出命令"的申请书内容的规定，实质上是通过规定申请书必须记载的内容，明确人民法院对申请进行审查的基本内容，进而明确当事人申请"书证提出命令"的基本条件。

（一）申请提出的书证名称或者内容

对待证事实负有举证责任的当事人向人民法院申请控制书证的对方当事人提出书证的，首先应当要求作为提出对象的书证的特定化，

---

[1] 郭成：《论我国文书提出命令制度及其完善——以德、日文书提出命令制度的比较为视角》，载《法制与社会》2016 年第 2 期（下），第 48 页。
[2] 吴静：《日本文书提出命令制度及其启示》，载《湖北省法学会诉讼法学研究会 2016 年年会论文集》。

即"书证提出命令"所指向的书证应当明确。否则,对方当事人作为义务主体势必因对象书证指向不明而增加不必要的负担,包括承担遭受制裁的风险。因此,申请人负有特定化其申请的对象书证的责任。根据本条规定,申请书首先需要载明所申请提出的书证名称或者内容,此即对申请的对象书证特定化的要求。一般而言,申请人能够明确书证的名称或标题或者主要内容的,基本上能够实现书证的特定化。细节越丰富、越准确,特定化程度越高。通常,申请人对于其亲身参与形成过程或者了解其内容的书证,如当事人之间的合同文本、会议纪要、结算文件等,比较容易做到特定化。但对于未参与形成过程、无从了解的书证,特定化比较困难。日本《民事诉讼法》专门规定了文书特定程序,在申请人关于文书标示和内容要点较为抽象和模糊时,提供这一程序解决文书特定化问题。我国《民事诉讼法》上并无类似程序,司法解释亦无法对此作出规定。我们认为,对于申请人未亲身参与形成过程的书证以及其无从了解详细内容的书证,只要其对书证的描述能够达到明确对象书证的程度,即可视为完成书证的特定化,而不必对书证的名称或者内容的准确无误作过于严苛的要求。

(二) 要证事实及事实的重要性

要证事实即需要以对象书证证明的事实。设立"书证提出命令"制度的目的在于扩展当事人调查收集证据的手段、排除其在证据调查收集过程中的障碍、提升其举证能力,因此,要求申请人明确其要证事实是必要的。人民法院作出"书证提出命令",意味着以公权力对证据控制人施加义务和负担,同样也有必要审慎对待权力的行使,慎重考虑发出"书证提出命令"的必要性。我们认为,只有在对象书证对于要证事实的查明能够起到积极作用的情况下,才有必要作出"书证提出命令"。而就要证事实而言,其本身应当具有重要性,即要证事实的证明结果对于案件基本事实的形成和人民法院裁判结果将产生比较重要影响。简言之,在对象书证对要证事实的证明有积极作用,且要证事实本身对于裁判有重要意义的情况下，人民法院才有作出"书证提出命令"的必要。一般而言，要证事实存在与否对裁判结果有重要影响，而对象书证能否提出对于要证事实的证明有重要意义的，则应当准许"书证提出命令"的申请。

(三) 对方当事人控制书证的根据

人民法院作出"书证提出命令"的前提，建立在书证存在且在对方当事人控制书证基础上。如果书证不存在或者虽然存在但未在对方当事人控制之下，一切都无从谈起。因此，对待证事实负有举证责任的当事人向人民法院申请控制书证的对方当事人提出书证的，应当提供证据证明书证存在且对方当事人控制对象书证的事实。关于对书证存在的证明，隐含于本条关于"对方当事人控制该书证的根据"的要求之中。这意味着申请人约定就书证存在且处于对方当事人控制之下的事实，承担举证责任。

本条第二款规定了在对方当事人否认控制书证时，人民法院进行判断时所需要考量的因素，其中同样隐含了对方当事人否认书证存在时的人民法院应当考量的内容。在对方当事人否认证据存在或者否认控制书证时，人民法院应当审查该书证按照法律规定是否应当存在，对方当事人是否具有保管对象书证的法定义务，该书证按照事物发展的规律是否在逻辑上属于对方当事人控制的范畴，在交易习惯上是否通常会形成该书证、是否由对方当事人所持有和支配等。控制书证不限于对书证的实际占有，能够支配转移等情形亦属于控制书证的应有之意。在审查过程中，人民法院可以结合案件有关的事实、其他证据的情况，就对象书证是否在对方当事人控制之下的事实作出综合判断。对方当事人如果主张书证灭失、毁损等情形的，应当就相应的书证灭失、毁损的事实承担举证责任。对于确有证据证明书证原件灭失、毁损的，如果当事人持有复制件的，也属于应当提交的范畴。

（四）对方当事人应当提交书证的理由

所谓对方当事人应当提交书证的理由，是指对方当事人提交书证的法定原因或者理由。既包括实体法上的理由，也包括诉讼法上的理由。就实体法而言，是指申请人根据实体法的规定所享有的要求被申请人交付相应书证的请求权，或者查阅相应书证的请求权。如根据我国公司法的规定，股东的知情权包括查阅、复制公司章程、股东名册、董事会会议记录、监事会会议记录、股东会会议记录、公司财务报告等。因此，在涉及股东权益的诉讼中，股东有权要求公司提出相应的书证。就诉讼法上的理由而言，是指控制书证的当事人在诉讼法上的书证提出义务。有关书证提出义务的内容，在本规定第四十七条有明确规定，此处不再赘述。

【审判实践中需要注意的问题】

1. 本条关于规定申请书内容的规定，目的在于明确当事人申请"书证提出命令"的基本条件，同时明确人民法院对申请审查的内容。

2. 人民法院对当事人申请书中"书证名称或者内容"的审查，目的在于对书证进行特定化，可以根据申请人是否亲身参与形成过程、是否了解等因素，斟酌书证特定化的尺度。

3. 在书证对要证事实的证明有积极作用，且要证事实本身对于裁判有重要意义的情况下，人民法院才有作出"书证提出命令"的必要。

4. 申请书关于"对方当事人控制该书证的根据"的要求，隐含着对书证存在的证明要求。但书证存在以及对方当事人控制该书证的事实，有时并非需要证据证明，申请人能够陈述充分理由、足以让法官确信前述事实的，人民法院也可以作出事实存在的认定。

【法条链接】

《最高人民法院关于适用〈中华人民共和国民事诉讼法〉的解释》（2015年1月30日 法释〔2015〕5号）

第一百一十二条 书证在对方当事人控制之下的，承担举证证明责任的当事人可以在举证期限届满前书面申请人民法院责令对方当事人提交。

申请理由成立的，人民法院应当责令对方当事人提交，因提交书证所产生的费用，由申请人负担。对方当事人无正当理由拒不提交的，人民法院可以认定申请人所主张的书证内容为真实。

第四十六条 ［对当事人书证提出命令申请的审查处理］

人民法院对当事人提交书证的申请进行审查时，应当听取对方当事人的意见，必要时可以要求双方当事人提供证据、进行辩论。

当事人申请提交的书证不明确、书证对于待证事实的证明无必要、待证事实对于裁判结果无实质性影响、书证未在对方当事人控制之下或者不符合本规定第四十七条情形的，人民法院不予准许。

当事人申请理由成立的，人民法院应当作出裁定，责令对方当事人提交书证；理由不成立的，通知申请人。

【条文主旨】

本条系新增条文，是关于对当事人书证提出命令申请的审查处理的规定，目的在于保障双方发表意见的机会和进行辩论的权利。在《民事诉讼法解释》第一百一十二条、一百一十三条的基础上，对"书证提出命令"审查程序和内容了进一步规定。

【条文释义】

《民事诉讼法解释》第一百一十二条、第一百一十三条对"书证提出命令"作出原则性规定。本条规定在《民事诉讼法解释》规定的基础上，对"书证提出命令"审查程序和内容作出了进一步规定，明确了书证提出命令在当事人提出申请、人民法院对当事人申请的审查以及审查后处理方式的具体操作问题。

一、本条第一款的释义

本条第一款明确了人民法院对当事人书证提出命令申请的审查方式。大陆法系国家和地区的文书提出命令制度是建立在持有文书的当事人负有文书提出义务的基础之上。从性质上看，文书提出义务是特定的文书持有人，基于诉讼法的规定而承担的公法性义务。文书提出命令的申请虽由当事人提出，但是真正产生强制性效果的乃是法院发出的文书提出命令，法律对文书持有人课以文书提出义务的根本目的在于保障双方当事人诉讼权利平等、查明案件事实，实现公平正义。而从文书提出义务的法理基础上看，文书提出义务是基于《民事诉讼法》对双方当事人"武器平等原则"的保护而作出的制度设计和安排。武器平等原则是指"当事人无论其诉讼中为原告或被告，或诉讼外系高低阶层之关系，于诉讼中之地位一律平等；法官因此负有经由客观公正程序进行，无成见地使用与评价当事人双方之主张，无偏私地运用法律及履行其他程序上义务，以确保当事人地位之平等；而唯经武器平等原则，乃得强化正确判决获得之可能性。"[①] "武器平等原则"要求，在形式上双方当事人在诉讼程序中享有平等的攻击防御的机会；而在实质上双方当事人具备事实上平等的程序地位，拥有平等的诉讼能力。文书提出义务以武器平等原则为其法理基础，既在形式上平等保护双方当事人接近证据、获得证据的机会，也在实质上给予处于弱势地位的当事人以必要的支持。如前所述，文书提出命令制度建立在

---

① 姜世明：《民事程序法之发展与宪法原则》，台湾地区元照出版公司 2003 年版，第 162 页、第 163 页。

文书持有人所负有的文书提出义务的基础之上。民事诉讼的辩论原则，要求和保障双方当事人就争议的事实、争议的问题以及法律的适用，各自陈述自己的主张和根据，互相进行反驳和答辩，以维护自己的合法权益。因此，人民法院对于被申请人应否提交特定书证这一对当事人权益有重要影响的事项进行审查时，应当充分听取双方当事人的意见，保障双方发表意见的机会和进行辩论的权利。如德国《民事诉讼法》第46条规定，必要时法官可对双方当事人进行询问，"对方当事人不承认证书为他所占有时，应向他讯问证书之所在。在讯问期日的传票中，应指示对方当事人对证书的所在细心追究之。"① 日本《民事诉讼法》第162条规定的照会制度，明确"在诉讼系属之中，当事人为了准备主张或证明所必要的事项，可以向对方当事人提出书面照会，要求其在指定的适当期间内，以书面作出回答。"当事人提出书证提出命令申请后，对方当事人可就其是否负有书证提出义务提交书面意见。借鉴德国和日本等国的立法及实践经验，为了保障双方当事人的辩论权，人民法院在对当事人书证提出命令申请进行审查时，应当充分听取双方当事人的意见，特别是在对方当事人提出其不持有文书，或即使其持有文书但并不负有提出文书的义务时，人民法院应听取对方当事人就其是否负有文书提出义务而作出的抗辩。在必要的情况下，人民法院可以组织双方当事人进行询问，就对方当事人是否负有文书提出义务进行辩论，并提供相应的证据证明其主张。

二、本条第二款的释义

本条第二款明确了人民法院对当事人书证提出命令申请的审查内容。一般而言，法官对文书提出命令申请的审查，包括以下内容：一是形式审查，即当事人提交的申请书是否符合法律及司法解释的规定；

---

① 详见《德意志联邦共和国民事诉讼法》，谢怀栻译，中国法制出版社2001年版，第104页。

二是实质审查,即判断对方当事人是否负有书证提出义务。就此而言,人民法院应当综合该书证是否具备证明利益、是否包含于法定的客体范围之内以及是否处于对方当事人控制之下等因素作出综合的审查判断。详言之:

(一)书证是否特定

书证的特定是法官据以判断书证控制人是否负有书证提出义务的基础。当事人在其提交的申请书中应当尽量表明所申请之书证的外在特征,如文书的名称、性质、制作人、制作时间等信息。

(二)书证是否具备证明利益

所谓证明利益,指"该文书于待证事实具证据之重要性,且适合充当证据方法,并且待证事实于裁判具有重要性而言。"①

1. 对待证事实的重要性。待证事实是指双方当事人争议的且需要通过证据予以证明且能够产生法律效果的具体事实。书证对待证事实的重要性,应当从两方面予以考量:(1)书证指向的证明内容是待证事实;(2)书证能够对认定待证事实的存在与否产生重要影响,该书证与待证事实之间具有较强的关联性,对于待证事实的存在与否具有相当程度的证明力。应综合考量待证事实是否因该书证不被提出而真伪不明,除了该证据之外,负有举证责任的当事人无法通过其他证据证明案件的主要事实等因素。

2. 书证是否符合民事诉讼证据的真实性、合法性、关联性。书证提出命令是特定情况下当事人收集证据的手段和方式,是当事人证明待证事实从而完成举证义务的特殊方法。因此,当事人申请对方当事人提出的书证,应当符合《民事诉讼法》规定的证据要件,即书证应当符合真实性、合法性、关联性的要求。

3. 待证事实对于裁判结果具有实质性影响。双方当事人各自收集

---

① 姜世明:《新民事证据法论》,学林文化事业有限公司2004年版,第14~15页。

并提出证据以证明己方主张是民事诉讼证明活动的基本形态；而强制对方当事人提交证据并证明本方主张是民事诉讼证明活动的特殊形态。对一方当事人或第三人课以书证提出义务的最终目的在于查明案件真实情况，实现裁判结果的公平正义。因此，只有当书证直接影响待证事实的查明以及个案正义的实现时，才能够改变民事诉讼证明活动的基本形态，要求一方当事人或第三人提交证据证明对方当事人的主张。否则，当事人难免将丧失自主收集证据以支持主张的积极性，而依赖于要求法院命令相对方提交证据。司法实践中，当事人申请的文书主要是为申请人利益或法律关系制作的文书。其中，利益文书是可直接证明申请人的地位、权利、权限等内容的文书，而法律关系文书则是可直接证明双方当事人的法律关系存在与否以及法律关系内容的文书。

（三）书证是否包含于法定的客体范围

书证提出义务的客体范围是对控制书证的当事人负有提出义务的书证范围。书证提出义务是在特定情况下，为了保障双方当事人的诉讼权利以及人民法院查明案件事实以作出公正合理裁判的特殊制度安排，因此，为了避免书证提出义务的一般义务化，我国的"书证提出命令"制度对文书的客体范围采取列举式的方式对书证客体范围予以明确。本规定第四十七条规定了书证提出命令的客体范围。当事人申请的书证应当属于本规定第四十七条规定的文书范围之内。

（四）书证是否处于对方当事人的控制之下

文书提出命令制度的主要功能在于使举证人获取对方当事人所控制的文书证据以支持其主张。因而，书证处于对方当事人控制之下是文书提出命令制度运行的基础条件。对方当事人对书证的控制，不仅包括直接占有，还包括间接占有，即当事人虽未直接占有该文书，但该文书处于其控制范围之内，获得该文书并不存在事实上的任何障碍。申请人必须在申请文书中阐明对方当事人占有该文书的依据或事实。对方当事人否认控制书证的，人民法院应当根据法律规定、习惯等因素，结合案件的事实、证据，对于书证是否在对方当事人控制之下的事实作出综合判断。

三、本条第三款的释义

本条第三款明确了人民法院对当事人书证提出命令申请审查后的处理方式。人民法院经审查，认为当事人提出的书证提出命令申请成立的，应当作出民事裁定责令对方当事人提出书证。之所以采用裁定的方式，一方面，因为目前我国《民事诉讼法》中规定的文书类型中不包括命令书；另一方面，《民事诉讼法》第一百五十四条第一款规定："裁定适用于下列范围：（一）不予受理；（二）对管辖权有异议的；（三）驳回起诉；（四）保全和先予执行；（五）准许或者不准许撤诉；（六）中止或者终结诉讼；（七）补正判决书中的笔误；（八）中止或者终结执行；（九）撤销或者不予执行仲裁裁决；（十）不予执行公证机关赋予强制执行效力的债权文书；（十一）其他需要裁定解决的事项。"

据此可知，裁定既可以是人民法院的一种结案方式，也可以是解决诉讼过程中阶段性程序问题的一种方式。法官发出书证提出命令的行为，属于人民法院对诉讼过程中阶段性程序问题的处理，因此，应当使用裁定的方式责令对方当事人提出书证。裁定书中应当写明申请人、书证持有人、申请提出的书证及范围、申请理由及裁定主文，其中裁定主文应当包括责令对方当事人于何时提出书证以及对方当事人违反书证提出义务时应承担的法律责任等内容。而在人民法院经审查认为当事人提出的书证命令申请不成立时，应当以口头或者书面通知的方式告知申请人。

【审判实践中需要注意的问题】

1. 应当明确人民法院对当事人书证提出命令申请的审查内容和标

准。并非书证在对方当事人控制之下，人民法院都可以根据当事人的申请责令控制书证的当事人提交。不承担举证责任的当事人控制书证，仅是当事人申请"书证提出命令"的充分条件。对当事人的申请是否准许，应当综合考量待证事实是否因该证据不被提交而真伪不明、持有书证的当事人是否具有不提交书证的正当理由或其他不可归责于己的因素，作出综合分析认定。

2. 人民法院作出的责令对方当事人提出书证的裁定，应当写明申请人、书证持有人、申请提出的书证及范围、申请理由及裁定主文，其中裁定主文应当包括责令对方当事人于何时提出书证以及对方当事人违反书证提出义务时应承担的法律责任等内容。

3. 人民法院经审查，认为当事人提出的书证提出命令申请部分成立的，可以仅就该部分书证作出裁定，但不能超出当事人申请的书证范围。

【法条链接】

《中华人民共和国民事诉讼法》（2017 年修正）

第一百五十四条　裁定适用于下列范围：

（一）不予受理；

（二）对管辖权有异议的；

（三）驳回起诉；

（四）保全和先予执行；

（五）准许或者不准许撤诉；

（六）中止或者终结诉讼；

（七）补正判决书中的笔误；

（八）中止或者终结执行；

（九）撤销或者不予执行仲裁裁决；

（十）不予执行公证机关赋予强制执行效力的债权文书；

（十一）其他需要裁定解决的事项。

对前款第一项至第三项裁定，可以上诉。

裁定书应当写明裁定结果和作出该裁定的理由。裁定书由审判人员、书记员署名，加盖人民法院印章。口头裁定的，记入笔录。

《最高人民法院关于适用〈中华人民共和国民事诉讼法〉的解释》（2015年1月30日　法释〔2015〕5号）

第一百一十二条　书证在对方当事人控制之下的，承担举证证明责任的当事人可以在举证期限届满前书面申请人民法院责令对方当事人提交。

申请理由成立的，人民法院应当责令对方当事人提交，因提交书证所产生的费用，由申请人负担。对方当事人无正当理由拒不提交的，人民法院可以认定申请人所主张的书证内容为真实。

第一百一十三条　持有书证的当事人以妨碍对方当事人使用为目的，毁灭有关书证或者实施其他致使书证不能使用行为的，人民法院可以依照民事诉讼法第一百一十一条规定，对其处以罚款、拘留。

第四十七条 ["书证提出命令"的客体范围]

下列情形，控制书证的当事人应当提交书证：

（一）控制书证的当事人在诉讼中曾经引用过的书证；

（二）为对方当事人的利益制作的书证；

（三）对方当事人依照法律规定有权查阅、获取的书证；

（四）账簿、记账原始凭证；

（五）人民法院认为应当提交书证的其他情形。

前款所列书证，涉及国家秘密、商业秘密、当事人或第三人的隐私，或者存在法律规定应当保密的情形的，提交后不得公开质证。

【条文主旨】

本条系新增条文，是关于"书证提出命令"客体范围的规定。是对《民事诉讼法解释》第一百一十二条、一百一十三条的完善和补充。

【条文释义】

"书证提出命令"的客体是书证，"书证提出命令"客体范围即是负有举证责任的当事人可以申请对方当事人提出的书证范围，实质上是控制书证的当事人负有书证提出义务的范围。客体范围是"书证提出命令"的核心条件，只有客体范围内的书证，才能成为"书证提出命令"的对象，当事人才能提出申请。本规定第四十五条第一款关于"书证提出命令"申请书内容的规定中，"应当提交该书证的理由"即指向本条规定的"书证提出命令"的客体范围。《民事诉讼法解释》第一百一十二条只规定了"书证提出命令"的主体范围，对客体范围未涉及，本条规定是对《民事诉讼法解释》第一百一十二条、第一百一十三条规定的完善和补充。

一、书证提出义务的范围

一般而言，当事人对于于己不利的证据没有提交的义务，也不负有协助对方当事人举证的义务。但民事诉讼中发现真实的案件事实，不仅涉及当事人之间私权的保护，有时也关系到司法权的正确行使、社会公共利益的保护和公平正义的实现。特别是证据偏在场合，如果不能采取适当的措施进行干预，所谓武器平等、诉讼权利保护和实质正义的实现势必遭受极大损害，影响司法的公信力。因此，各国普遍在立法上对不负举证责任的当事人课以在一定条件下，提交其控制的书证的义务。这种义务，即为书证提出义务。这种义务并非当事人之间基于私法关系而产生，是当事人对代表国家行使审判权的法院所负有的证据协力义务，是诉讼法上的义务，性质为公法上的义务。

当事人的文书提出义务从历史沿革上可以追溯至罗马法。"在罗马法，为期诉讼之正当进行，无论何人执有文书，以其不受损害为限，皆有将其所执文书提出于法院的义务"至"德国普通法时代，……执有文书之当事人对举证人仅负私法上的文书返还义务，也即举证人只有在基于所有权或债权对执有文书之当事人享有文书返还请求权之情形下，始可利用该文书为证据方法"。① 现代社会，大陆法系国家和地区基于不同的历史传统和价值观念，对于当事人的文书提出义务也作出不同的制度安排。德国民事诉讼中的文书提出义务明确限制在民法、商法等有明确规定的情形。文书提出义务在诉讼法上仅适用于该文书为不负证明责任的当事人曾经在诉讼中引用过。随着现代性诉讼的增加，德国对于当事人文书提出义务的范围虽有所扩大，但主要是通过对实体法请求权适用的扩张解释来实现的，而非诉讼法上抽象地授权举证人请求文书持有人提出其持有的文书。而日本和我国台湾地区则在德国的基础上，对于文书提出义务作了一般化的扩张。在日本，除了依据实体法的规定应当提出以及引用过的文书之外，没有明确不得提出的情形即属于可以提出文书的范围。我国台湾地区"民事诉讼法"则将文书提出义务扩张，"与本案诉讼有关的事项所制作的文书"都包含在提出义务的范围。②

传统上各国对于书证提出义务的范围，采取限定主义，即将书证提出义务限制在特定范围之内，以寻求书证控制人的利益保护与发现真实之间的平衡，在不损害书证控制人利益的前提下，使负有举证责任的当事人能够获得、使用对方控制的书证。本条第一款关于书证提出义务范围的规定，参考了我国台湾地区和日本的立法例，并根据我国民事诉讼的实际情况进行适当调整，以期能够更好地适应我国民事诉讼实践。

根据本条第一款规定，控制书证的当事人有义务提交的书证，包括：

（一）引用文书

控制书证的当事人在诉讼中曾经引用过的书证，即引用文书。控

---

① 占善刚：《论民事诉讼中当事人之文书提出义务》，载《求索》2008年第3期，第154页。
② 张卫平：《当事人文书提出义务的制度构建》，载《法学家》2017年第3期，第32～第33页。

制书证的当事人在诉讼中引用过书证，意味着其愿意将该书证公开，且其引用该书证本身意味着有利用、公开该书证的积极意愿，因此，负有举证责任的当事人有权要求控制人提交该书证。即使书证控制人在引用该书证后撤销或者放弃使用该书证，其书证提出义务也不能免除。如果书证控制人只引用书证的一部分，控制书证的当事人是否应当提交书证的全部内容？有观点认为，应当提出的仅指引用的部分，没有具体引用的部分应当除外。[①] 我们不赞同这种观点，理由在于，对书证的审查应当考虑书证的完整性，仅抽取其中部分内容，无法判断该部分书证内容的真实性。故当事人引用书证部分内容的，仍然有义务将完整的书证提出。就引用书证的主体而言，系指控制书证的当事人，既包括原告、被告，也包括具有原告地位的有独立请求权第三人以及被告型无独立请求权第三人。但辅助型第三人不在此限。

（二）利益文书

为对方当事人的利益制作的书证，即利益文书。此处的对方当事人是指负有举证责任的当事人。为负有举证责任的当事人利益制作的书证，未必留存在该当事人之手，由对方当事人控制时，则属于应当提出的书证。此处的利益不仅指负有举证责任的当事人的利益，也包括负有举证责任的当事人与其他人拥有共同利益的情形，即只要包括负有举证责任的当事人的利益即可。书证是否属于为负有举证责任的当事人利益而制作，可以从主客观两个方面考虑。如果该书证能够在客观上直接证明负有举证责任当事人的法律地位、权利，或者该书证本身即是为证明负有举证责任当事人的法律地位、权利而制作，则该书证即属于所谓利益文书的范畴。如还款承诺，遗嘱，均属于此类书证。在主观方面，可以从制作书证的目的、动机等主观因素出发，结合当事人诉讼请求所需保护的利益进行综合判断。

[①] 张卫平：《当事人文书提出义务的制度构建》，载《法学家》2017年第3期，第35页。

（三）权利文书

对方当事人依照法律规定有权查阅、获取的书证即权利文书，是指负有举证责任当事人依照实体法的规定有权要求书证控制人交出或者查阅的书证权利文书作为书证提出义务的范围，源于实体法上的理由。其既可以基于实体法的规定，如公司法关于股东知情权的规定作出判断，也可以基于实体法上的请求权而发生，如委托人要求受托人交付其保管的文书。

（四）账簿、记账原始凭证

在正常的经济往来中，商业账簿、记账凭证等财务资料能够比较准确地反映出交易的主要过程，或者能够从中推定交易情况，具有较强的证明作用。我国台湾地区"民事诉讼法"第三百四十四条即将商业账簿纳入文书提出义务的范畴。就账簿及记账原始凭证在"书证提出命令"客体范围中的类型，我们倾向于其属于法律关系文书。法律关系文书是指基于负有举证责任当事人与证据控制人之间的法律关系而制作的文书，这种文书作为证据与争议的法律关系事实具有直接关联，对于证明案件事实具有重要意义。从书证内容来看，法律关系文书记载负有举证责任当事人与证据控制人之间的法律关系及相关事项；从证明作用角度考察，该书证能够直接或者间接证明法律关系存在与否。[①] 民事诉讼实践中，法律关系文书与利益文书往往存在交叉。日本《民事诉讼法》第220条对于文书提出义务的范围就将利益文书和法律关系文书置于同一条款，在第3项作出"文书基于举证人的利益或举证人与文书持有人之间的法律关系作成"的规定。就账簿及记账原始凭证而言，多数情况下，归于法律关系文书似更适当。

（五）其他情形

人民法院认为应当提交书证的其他情形，属于兜底性条款，由人

[①] 张卫平：《当事人文书提出义务的制度构建》，载《法学家》2017年第3期，第36页。

民法院在具体地案件审理中根据具体情况审酌确定。从本条第一款的内容可知，本规定关于书证提出义务的范围，与大陆法系国家和地区立法上的规定存在一定差异。这种差异体现在，本规定对于书证提出义务并未遵循严格的限定主义，而是设置了兜底性条款，由人民法院酌定情形适用，但同时也未采取书证提出义务一般化的立场。所谓书证提出义务的一般化，是将书证控制人提出书证的义务扩展到如同任何人都有出庭作证义务一样，[①] 只要该书证与案件有关联，书证控制人即有向法院提出的义务。如日本《民事诉讼法》在第220条第4项规定了五种例外情形，并明确不属于例外情形的均属于文书提出义务范围。我国台湾地区"民事诉讼法"第三百四十四条第一款第五项规定了"就与本件诉讼有关之事项所作者"。有学者认为，"自立法理由观之，……系因应今后社会之新需求，改善不公平之证据独占现象，致力弥补德国等大陆法系搜证手段不够完备之缺失，以贯彻当事人间武器平等原则…实质上已将文书提出义务一般化"。书证提出义务的一般化，对于贯彻当事人诉讼资料的平等使用、揭示案件事实真相，解决现代性诉讼、危险领域中证据偏在的问题具有积极作用。但同时也应当看到，书证提出义务一般化在大陆法系国家和地区有其特定的制度背景和社会背景，亦与其诉讼体制和诉讼模式密切相关。大陆法系国家和地区采取当事人主义诉讼模式，施行较为彻底的辩论原则，法院在诉讼中处于消极、中立地位，将提出证据的责任尽量归于当事人是合理且公平的。在这种情况下，文书提出义务的一般化只是在解决现代性诉讼中证据偏在、武器不平等的特殊情况所采取的措施。"即使是日本法上文书提出义务的一般化，也同样有明确的条件限制"。[②] 在我国台湾地区，亦有学者认为，"若绝对性地承认一般性的文书提出义

[①] 陶婷：《文书提出命令的适用范围探讨》，载《西南政法大学学报》2008年第2期，第68页。

[②] 张卫平：《当事人文书提出义务的制度构建》，载《法学家》2017年第3期，第33页。

务，且于其违反课与处罚效果，则将可能使诉讼沦为相互纠举相对人违反文书义务之证明，而于积极性实体要件证据之提出反而变成次要；诉讼程序乃成为诚实要求绝对化及相对应处罚之程序，其有无违反人性及是否以程序害实体，非无疑虑"，故对于台湾地区"民事诉讼法"第三百四十四条第一款第五项规定，"其适用应采限缩解释，例如尽量适用于有危险领域及证据偏在之情形，且依诚信原则对于非负举证责任一造当事人无过苛之期待者，始适用此一条文，较为妥当"。①

本次修改《证据规定》过程中，关于书证提出义务的范围，曾有方案系参照我国台湾地区"民事诉讼法"第三百四十四条，在第一款规定了"就与本案争议有关的事项所制作的书证"，作为本条第五项，以此作为书证提出义务一般化的规则。但经慎重考虑，我们最终删除该项内容，改为"人民法院认为应当提交书证的其他情形"。主要理由在于：（1）我国诉讼体制和诉讼模式与大陆法系国家和地区存在很大不同。尽管我国民事诉讼从二十世纪八十年代就开始从职权主义诉讼体制向当事人主义诉讼体制转型，但至今这种转型尚未完成，作为当事人主义诉讼模式基础的辩论原则和处分原则在实践中并未得到充分贯彻，对于举证责任承担以及后果的认识在民事诉讼实践中不够充分、坚决。这种情况下采取书证提出义务一般化的做法，可能"诉讼沦为相互纠举相对人违反文书义务之证明"，妨碍民事诉讼审理的集中化；更可能使负有举证责任的当事人基于对书证提出义务的依赖而放弃对书证的积极收集，从而"回归到义务泛化的职权主义老路"。②（2）基于书证提出义务，由法院命令提出书证在民事诉讼中属于极为例外的情形，需要严格限制其适用，特别是对于本条前四项之外的情形，更需要在审判实践中逐步探索。

---

① 姜世明：《民事诉讼法注释书（四）》，台湾地区新学林出版股份有限公司2013年版，第414页。
② 张卫平：《当事人文书提出义务的制度构建》，载《法学家》2017年第3期，第34页。

二、涉及秘密证据的处理

书证提出义务的履行，实质上是个人利益对公法义务的让步，因此，应当设置必要的措施平衡这种冲突的利益关系，特别是在书证提出义务的履行可能导致公共利益、个人隐私、特殊信赖关系等方面利益上的损害时更是如此。这种利益上的损害多体现为特定保密义务的违反，因此，大陆法系国家和地区普遍对文书提出命令中有关秘密的保护作出规定。如日本《民事诉讼法》第220条规定的除外情形，即属于基于亲属关系、监护关系、职业关系、职务行为等获知的涉及秘密及个人隐私的文书，文书持有人有拒绝提出的权利。我国台湾地区"民事诉讼法"第三百四十四条第二款也规定，"前项第五款之文书内容，涉及当事人或第三人之隐私或业务秘密，如予公开，有致该当事人或第三人受重大损害之虞者，当事人得拒绝提出。但法院为判断其有无拒绝提出之正当理由，必要时，得命其提出，并以不公开方式行之"。与证人拒绝作证的权利相似，大陆法系国家和地区对于涉及秘密的证据，文书持有人有拒绝提出的权利。当然，法院只有在阅读有关文书后才能判断其是否属于涉及秘密、可以不提出的文书，因此，有关文书仍然应当提交给法院审查判断。

本条第二款涉及秘密证据的处理，与大陆法系国家和地区的做法不同，并未规定书证控制人拒绝提出的权利。在本次修改《证据规定》过程中，本条第二款曾经拟规定"涉及国家秘密、商业秘密、当事人或者第三人的隐私，且公开书证可能造成当事人或者第三人重大损害的，控制书证的当事人可以不提交。人民法院认为确有必要的，可以责令当事人提交书证，以不公开的方式审核"，即与我国台湾地区的做法相似。但在讨论过程中，多数人认为，我国立法上并未承认证人拒绝作证的权利，证据涉及秘密不能成为拒绝提供的理由；涉及秘密的证据在质证时以不公开方式进行，《民事诉讼法》对此有明确规定，可以保障当事人在质证过程中秘密不被诉讼外他人获知；法律关于保密的规定，能够约束当事人不将秘密泄露，诉讼中人民法院也应当要求当事人遵守保密的义务；关于秘密证据质证，《民事诉讼法》有明确规定，本规定应当与其保持一致。

【审判实践中需要注意的问题】

本条第一款第五项的适用应当慎重，应当充分考虑当事人举证责任的贯彻，并可以结合负有举证责任的当事人是否处于事件发生或者证据形成过程之外、是否确实存在不能获得有关证据的情形，以及对方当事人是否能够较为容易获取证据等因素，根据诚实信用原则和公平原则进行综合判断。

【法条链接】

《最高人民法院关于适用〈中华人民共和国民事诉讼法〉的解释》（2015年1月30日　法释〔2015〕5号）

第一百一十二条　书证在对方当事人控制之下的，承担举证证明责任的当事人可以在举证期限届满前书面申请人民法院责令对方当事人提交。

申请理由成立的，人民法院应当责令对方当事人提交，因提交书证所产生的费用，由申请人负担。对方当事人无正当理由拒不提交的，人民法院可以认定申请人所主张的书证内容为真实。

第一百一十三条　持有书证的当事人以妨碍对方当事人使用为目的，毁灭有关书证或者实施其他致使书证不能使用行为的，人民法院可以依照民事诉讼法第一百一十一条规定，对其处以罚款、拘留。

第四十八条 ［不遵守"书证提出命令"的后果］

控制书证的当事人无正当理由拒不提交书证的，人民法院可以认定对方当事人所主张的书证内容为真实。

控制书证的当事人存在《最高人民法院关于适用〈中华人民共和国民事诉讼法〉的解释》第一百一十三条规定情形的，人民法院可以认定对方当事人主张以该书证证明的事实为真实。

【条文主旨】

本条系新增条文，是关于不遵守书证提出命令的法律后果的规定。在《民事诉讼法解释》第一百一十二条、第一百一十三条的基础上进行了整理。

【条文释义】

《民事诉讼法解释》第一百一十二条第二款规定了当事人不遵守人民法院提交书证要求的后果，第一百一十三条对于当事人恶意毁损书证行为规定了处罚措施。本条规定在《民事诉讼法解释》基础上进行整理，同时对恶意毁损书证行为补充了证据法上的后果，形成完整的不遵守"书证提出命令"法律后果的规定。

一、不遵守书证提出命令，适用证明妨害法理，确定行为的法律后果

证明妨害也称举证妨害，是指因不负有举证责任的当事人一方的行为致使其持有的对证明待证事实具有相当证明意义的证据未能在诉讼中提供、损毁灭失或者丧失证明价值，使待证事实无证据可资证明，导致待证事实处于真伪不明状态时，在事实认定上，法律就负有举证责任当事人的事实主张，作出对其有利的调整。一般而言，在待证事实处于真伪不明状态时，法官依据证明责任规范的指引，判决由对待证事实承担证明责任的当事人承担相应的不利后果。但是，如果造成待证事实真伪不明的原因，并不是负有举证责任的当事人未尽到努力收集、提供证据，而是由于不负有举证责任的当事人实施了妨害对方当事人举证的行为，使负有举证责任的当事人陷于无证据提供等证据缺失的境地，此时如果适用证明责任规则作出对负有举证责任的当事人不利的判决，对负有举证责任的当事人而言有失公平。这种情况下，有必要通过证明妨害规则来"避免通过证明责任规范作出裁判"。①

由于从逻辑上讲，纵然没有妨害证明的行为，负有举证责任的当事人提出了有关证据，事实也未必能够明晰，也可能仍然发生真伪不明的情形。因此，理论上就证明妨害的法理基础存在认识上的分歧，主要有以下观点：

1. 经验法则说。德国学者罗森贝克认为，证明妨害涉及一切经验法则，亦即若事实（按不利于相对人者）非真，则相对人应不致妨碍举证之进行，而是予以支持，其破坏证据调查，即显示其恐惧结果之呈现。②

---

① ［日］高桥宏志：《民事诉讼法——制度与理论的深层分析》，林剑锋译，法律出版社2004年版，第466页。
② 姜世明：《民事诉讼法》（下册），台湾地区新学林出版股份有限公司2013年版，第100页。

2. 违反诉讼上协力义务说。民事诉讼中不负有举证责任的当事人，也有协助法院发现事实及促进诉讼的义务。妨害举证的行为不仅对事实发现造成障碍，也对于促进诉讼造成不便，因此是对诉讼上协力义务的违反。

3. 违反诚实信用原则。当事人妨害举证的行为，是对权利的滥用，是违反诚实信用原则的行为如果该行为导致事实证明困难，则不应让实施妨害行为的人获益。

4. 违反实体法上的证据保存义务。当事人基于法律、约定或者习惯，对于特定证据负有保存义务时，如果由于该当事人的原因致使对方当事人在诉讼中无法使用，负有保存义务的当事人应当对此负有责任。

有关证明妨害的法理基础，我国有学者主张，举证妨害具有各种形态，行为人的行为动机不尽相同，后果也会涉及不同的范围和层面。因此证明妨害的理论基础是多元的，既有实体法上的证据保存义务，也有诚实信用原则和诉讼上的协力义务，也应当考虑他方当事人正当的实体利益和程序利益，依衡平、公平方式进行诉讼。这既是当事人为诉讼上行为之指针，也是法院评判诉讼上当事人行为之基准。[①]

二、证明妨害的构成要件

证明妨害的构成要件包括客观构成要件和主观构成要件两个方面：

1. 客观构成要件，包括有证明妨害行为、存在待证事实真伪不明的情况、妨害行为与待证事实真伪不明的状况存在因果关系这几个方面。证明妨害行为可以是积极的作为，也可以表现为消极的不作为，只要造成对方当事人对该证据使用困难，无论作为还是不作为，均不影响妨害行为的构成。这种行为一般应在诉讼中发生，但有时在诉讼

[①] 宋英辉、汤维建：《我国证据制度的理论与实践》，中国人民公安大学出版社 2006 年版，第 465 页。

之前发生,也可能被认定为证明妨害行为,如医院在诉讼之前损毁病历的行为。待证事实真伪不明是客观要件的重要因素,当事人虽然实施了妨害证明的行为,但待证事实并未因此而陷于真伪不明的状况,则无适用证明妨害规则的必要。因果关系是构成证明妨害的关键,如果待证事实真伪不明是其他原因造成的,与妨害行为无关,也不应适用证明妨害规则。

2. 主观构成要件,即实施妨害行为的当事人的主观故意或者过失。故意实施妨害证明的行为应无异议,就过失而言,一般是指对有关证据负有保管的法定、约定等义务的情形。过失证明妨害大致有三种类型:"(1)虽有意图使证据方法不能被使用,但对该证据方法被除去之于将来诉讼之意义却疏未认识。(2)虽明知该证据方法于将来诉讼之意义,却过失将其毁弃或损坏。(3)过失毁弃或损坏某证据方法,且其对该证据方法于将来诉讼之意义亦疏未认识。"[1]

三、证明妨害的法律后果

就法律后果而言,证明妨害可以导致公法上的制裁,如日本《民事诉讼法》规定,对不遵守文书提出命令的人员,法院可以裁定处以罚款。同时,证明妨害也可以在诉讼法上发生一定法律效果。理论上证明妨害的法律效果主要有以下几种形态:

1. 举证责任转换,即对于法律另有规定障碍该法律效果产生的事实,主张权利的一方不负担该事实不存在的举证责任,而由对权利主张有异议的对方负担举证责任。[2]

2. 降低证明标准。由于证明妨害行为的多样性和复杂性,有时适用举证责任转换可能发生有失公允的情况,有学者提出法院应当在心

---

[1] 姜世明:《民事诉讼法》(下册),台湾地区新学林出版股份有限公司2013年版,第106~107页。

[2] [日]兼子一、竹下守夫:《民事诉讼法》,白绿铉译,法律出版社1995年版,第111页。

证基础上综合考虑妨害方式、可归责的程度以及被妨害证据的重要程度进行自由裁量。如果事实真伪不明是由于证明标准问题，则可以降低证明标准。

3. 推定机制，即如果当事人事实证明妨害的行为，法院可以据此推定对方当事人关于此证据的主张或相关的事实的主张为真实。

四、本条规定的释义

本条第一款针对不遵守"书证提出命令"一般情形，规定了与本规定第九十五条相一致的法律后果，认定"书证提出命令"的申请人所主张的书证内容为真实。由于书证是记载特定内容的文书，无法以其他物品替代，在书证控制人不遵守提出命令时，无法以直接强制的方法使其提出书证。这种情况下，采取间接强制的方法，对书证控制人课以诉讼法上的后果，以促使其尽可能提出书证。"认定对方当事人所主张的书证内容为真实"这种法律后果的适用，意味着对待证事实负有举证责任的申请人在申请"书证提出命令"时，应当尽量明确书证的内容。在一些特殊情形下，申请人对于书证的具体内容无法掌握得十分清楚，如环境侵权诉讼中加害工厂的生产规模、工艺流程方面的记录等，只能说明其大致的内容及该书证所能够证明的事实，此时如果要求申请人说明书证的准确内容，显然过于严苛，人民法院可以酌情减轻申请人的说明义务。

本条第二款是对《民事诉讼法解释》第一百一十三条的补充。《民事诉讼法解释》第一百一十三条规定："持有书证的当事人以妨碍对方当事人使用为目的，毁灭有关书证或者实施其他致使书证不能使用行为的，人民法院可以依照民事诉讼法第一百一十一条规定，对其处以罚款、拘留"，是因妨害证明行为构成妨害民事诉讼所导致司法制裁措施适用的规定。而本条则是对这种妨碍民事诉讼的行为规定了证据法上的后果。妨害证明的行为损害诉讼秩序的正常进行，破坏民事诉讼的结构平衡,有悖于民事诉讼的基本理念和价值取向,很多国家将妨害证明行为中的一些特定情形归于妨碍民事诉讼的行为,课以一定的公法上的效果。如美国《联邦民事诉讼规则》第37条规定,对于任何不遵守证据开示命令的行为,法院可以发布代替上述任何命令的命令或附加命令,该命令将不遵守命令的行为作为藐视法庭的行为对待。日本《民事诉讼法》第225条、第229条规定,对不服从相关文书提出命令的人员,法院可以裁定处以罚款。我国《民事诉讼法》第一百一十一条规定,伪造、毁灭重要证据,妨碍人民法院审理案件的,人民法院对于诉讼参与人根据情节处以罚款、拘留。该条规定实质上已经包含了证明妨害的内容。本条规定实际上是对毁灭书证进行了进一步的解释,即《民事诉讼法》第一百一十一条规定毁灭证据不仅指对书证本身的灭失,造成书证不能在诉讼证明中使用的,在效果上与证据灭失无异,也可以归入毁灭证据的情形,适用相同的罚则。但对于恶意损毁书证或者实施其他使书证不能使用行为的人而言,有时这种罚款、拘留的强制措施不足以对其产生震慑。如果诉讼所涉及的利益巨大,而当事人控制的书证又十分关键,可能存在宁愿被罚款、拘留也要毁灭证据的情况。因此,对恶意损毁书证的当事人课以证据法上的后果十分必要。由于这种恶意损毁书证、妨害书证使用的行为性质十分恶劣,其在证据法上也应当承担更为严重的后果,人民法院可以认定对方当事人主张以该书证证明的事实为真实,即直接认定要证事实为真实。

【审判实践中需要注意的问题】

审判实践中需要注意的是,对于"书证提出命令"申请人对于书证内容说明义务的审查,应当区分不同情况。对于申请人亲身参与的事实或者形成过程的证据,应当要求申请人尽量对内容进行准确描述;对于申请人无从参与的，则应适当放宽要求，适当减轻申请人的说明义务。

【法条链接】

《中华人民共和国民事诉讼法》（2017年修正）

第一百一十一条　诉讼参与人或者其他人有下列行为之一的，人民法院可以根据情节轻重予以罚款、拘留；构成犯罪的，依法追究刑事责任：

（一）伪造、毁灭重要证据，妨碍人民法院审理案件的；

（二）以暴力、威胁、贿买方法阻止证人作证或者指使、贿买、胁迫他人作伪证的；

（三）隐藏、转移、变卖、毁损已被查封、扣押的财产，或者已被清点并责令其保管的财产，转移已被冻结的财产的；

（四）对司法工作人员、诉讼参加人、证人、翻译人员、鉴定人、勘验人、协助执行的人，进行侮辱、诽谤、诬陷、殴打或者打击报复的；

（五）以暴力、威胁或者其他方法阻碍司法工作人员执行职务的；

（六）拒不履行人民法院已经发生法律效力的判决、裁定的。

人民法院对有前款规定的行为之一的单位，可以对其主要负责人或者直接责任人员予以罚款、拘留；构成犯罪的，依法追究刑事责任。

《最高人民法院关于适用〈中华人民共和国民事诉讼法〉的解释》（2015年1月30日　法释〔2015〕5号）

第一百一十三条　持有书证的当事人以妨碍对方当事人使用为目的，毁灭有关书证或者实施其他致使书证不能使用行为的，人民法院可以依照民事诉讼法第一百一十一条规定，对其处以罚款、拘留。

司法解释理解与适用丛书

最高人民法院 新民事诉讼证据规定 理解与适用

〔下〕

最高人民法院民事审判第一庭 编著

人民法院出版社

PEOPLE'S COURT PRESS

【法条链接】 .... (478)

第五十一条 ［举证期限的确定］ .... (483)

举证期限可以由当事人协商，并经人民法院准许。

人民法院指定举证期限的，适用第一审普通程序审理的案件不得少于十五日，当事人提供新的证据的第二审案件不得少于十日。适用简易程序审理的案件不得超过十五日，小额诉讼案件的举证期限一般不得超过七日。

举证期限届满后，当事人提供反驳证据或者对已经提供的证据的来源、形式等方面的瑕疵进行补正的，人民法院可以酌情再次确定举证期限，该期限不受前款规定的期间限制。

【条文主旨】 .... (483)
【条文释义】 .... (483)
【审判实践中需要注意的问题】 .... (488)
【法条链接】 .... (489)

第五十二条 ［举证期限内提供证据确有困难的认定］ .... (492)

当事人在举证期限内提供证据存在客观障碍，属于民事诉讼法第六十五条第二款规定的"当事人在该期限内提供证据确有困难"的情形。

前款情形，人民法院应当根据当事人的举证能力、不能在举证期限内提供证据的原因等因素综合判断。必要时，可以听取对方当事人的意见。

【条文主旨】 .... (492)
【条文释义】 .... (492)
【审判实践中需要注意的问题】 .... (495)
【法条链接】 .... (496)

目 录

（下册）

三、举证时限与证据交换

第四十九条 ［被告答辩义务和答辩内容］ ·················· （466）
　　被告应当在答辩期届满前提出书面答辩，阐明其对原告诉讼请求及所依据的事实和理由的意见。
【条文主旨】 ··· （466）
【条文释义】 ··· （466）
【审判实践中需要注意的问题】 ······························· （472）
【法条链接】 ··· （472）

第五十条 ［举证通知书的送达时间和内容］ ·················· （474）
　　人民法院应当在审理前的准备阶段向当事人送达举证通知书。
　　举证通知书应当载明举证责任的分配原则和要求、可以向人民法院申请调查收集证据的情形、人民法院根据案件情况指定的举证期限以及逾期提供证据的法律后果等内容。
【条文主旨】 ··· （474）
【条文释义】 ··· （474）
【审判实践中需要注意的问题】 ······························· （477）

第五十三条 ［当事人主张与人民法院认定不一致的处理］ …（497）

诉讼过程中，当事人主张的法律关系性质或者民事行为效力与人民法院根据案件事实作出的认定不一致的，人民法院应当将法律关系性质或者民事行为效力作为焦点问题进行审理。但法律关系性质对裁判理由及结果没有影响，或者有关问题已经当事人充分辩论的除外。

存在前款情形，当事人根据法庭审理情况变更诉讼请求的，人民法院应当准许并可以根据案件的具体情况重新指定举证期限。

【条文主旨】……………………………………………（497）
【条文释义】……………………………………………（497）
【审判实践中需要注意的问题】………………………（503）
【法条链接】……………………………………………（504）

第五十四条 ［举证期限的延长］ ………………（505）

当事人申请延长举证期限的，应当在举证期限届满前向人民法院提出书面申请。

申请理由成立的，人民法院应当准许，适当延长举证期限，并通知其他当事人。延长的举证期限适用于其他当事人。

申请理由不成立的，人民法院不予准许，并通知申请人。

【条文主旨】……………………………………………（505）
【条文释义】……………………………………………（505）
【审判实践中需要注意的问题】………………………（508）
【法条链接】……………………………………………（508）

第五十五条 ［特殊情形下的举证期限的确定］ ················ （510）

存在下列情形的，举证期限按照如下方式确定：

（一）当事人依照民事诉讼法第一百二十七条规定提出管辖权异议的，举证期限中止，自驳回管辖权异议的裁定生效之日起恢复计算；

（二）追加当事人、有独立请求权的第三人参加诉讼或者无独立请求权的第三人经人民法院通知参加诉讼的，人民法院应当依照本规定第五十一条的规定为新参加诉讼的当事人确定举证期限，该举证期限适用于其他当事人；

（三）发回重审的案件，第一审人民法院可以结合案件具体情况和发回重审的原因，酌情确定举证期限；

（四）当事人增加、变更诉讼请求或者提出反诉的，人民法院应当根据案件具体情况重新确定举证期限；

（五）公告送达的，举证期限自公告期届满之次日起计算。

【条文主旨】 ······································· （510）

【条文释义】 ······································· （511）

【审判实践中需要注意的问题】 ····················· （517）

【法条链接】 ······································· （518）

第五十六条 ［证据交接时间的确定、证据交换与举证期限的关系］ ······························· （521）

人民法院依照民事诉讼法第一百三十三条第四项的规定，通过组织证据交换进行审理前准备的，证据交换之日举证期限届满。

证据交换的时间可以由当事人协商一致并经人民法院认可，也可以由人民法院指定。当事人申请延期举证经人民法院准许的，证据交换日相应顺延。

【条文主旨】……………………………………………（521）
【条文释义】……………………………………………（521）
【审判实践中需要注意的问题】………………………（527）
【法条链接】……………………………………………（529）

第五十七条 [证据交换] ………………………………（532）
　　证据交换应当在审判人员的主持下进行。
　　在证据交换的过程中，审判人员对当事人无异议的事实、证据应当记录在卷；对有异议的证据，按照需要证明的事实分类记录在卷，并记载异议的理由。通过证据交换，确定双方当事人争议的主要问题。

【条文主旨】……………………………………………（532）
【条文释义】……………………………………………（532）
【审判实践中需要注意的问题】………………………（536）
【法条链接】……………………………………………（538）

第五十八条 [再次证据交换] …………………………（539）
　　当事人收到对方的证据后有反驳证据需要提交的，人民法院应当再次组织证据交换。

【条文主旨】……………………………………………（539）
【条文释义】……………………………………………（539）
【审判实践中需要注意的问题】………………………（541）
【法条链接】……………………………………………（542）

第五十九条 [逾期举证罚款数额的确定] ……………（544）
　　人民法院对逾期提供证据的当事人处以罚款的，可以结合当事人逾期提供证据的主观过错程度、导致诉讼迟延的情况、诉讼标的金额等因素，确定罚款数额。

【条文主旨】···(544)

【条文释义】···(544)

【审判实践中需要注意的问题】·······················(548)

【法条链接】···(549)

四、质证

第六十条 [质证的规则] ·····························(552)

　　当事人在审理前的准备阶段或者人民法院调查、询问过程中发表过质证意见的证据，视为质证过的证据。

　　当事人要求以书面方式发表质证意见，人民法院在听取对方当事人意见后认为有必要的，可以准许。人民法院应当及时将书面质证意见送交对方当事人。

【条文主旨】···(552)

【条文释义】···(552)

【审判实践中需要注意的问题】·······················(559)

【法条链接】···(559)

第六十一条 [对书证、物证、视听资料的质证]·····(562)

　　对书证、物证、视听资料进行质证时，当事人应当出示证据的原件或者原物。但有下列情形之一的除外：

　　（一）出示原件或者原物确有困难并经人民法院准许出示复制件或者复制品的；

　　（二）原件或者原物已不存在，但有证据证明复制件、复制品与原件或者原物一致的。

【条文主旨】···(562)

【条文释义】···(562)

【审判实践中需要注意的问题】·······················(567)

【法条链接】 ………………………………………………… （568）

第六十二条　［质证的程序］ ………………………………… （569）

　　质证一般按下列顺序进行：

　　（一）原告出示证据，被告、第三人与原告进行质证；

　　（二）被告出示证据，原告、第三人与被告进行质证；

　　（三）第三人出示证据，原告、被告与第三人进行质证。

　　人民法院根据当事人申请调查收集的证据，审判人员对调查收集证据的情况进行说明后，由提出申请的当事人与对方当事人、第三人进行质证。

　　人民法院依职权调查收集的证据，由审判人员对调查收集证据的情况进行说明后，听取当事人的意见。

【条文主旨】 …………………………………………………… （569）

【条文释义】 …………………………………………………… （569）

【审判实践中需要注意的问题】 ……………………………… （575）

【法条链接】 …………………………………………………… （575）

第六十三条　［当事人陈述的处理］ ………………………… （577）

　　当事人应当就案件事实作真实、完整的陈述。

　　当事人的陈述与此前陈述不一致的，人民法院应当责令其说明理由，并结合当事人的诉讼能力、证据和案件具体情况进行审查认定。

　　当事人故意作虚假陈述妨碍人民法院审理的，人民法院应当根据情节，依照民事诉讼法第一百一十一条的规定进行处罚。

【条文主旨】 …………………………………………………… （577）

【条文释义】 …………………………………………………… （577）

【审判实践中需要注意的问题】·················(584)
【法条链接】······························(584)

第六十四条 ［当事人接受询问］·················(586)

人民法院认为有必要的，可以要求当事人本人到场，就案件的有关事实接受询问。

人民法院要求当事人到场接受询问的，应当通知当事人询问的时间、地点、拒不到场的后果等内容。

【条文主旨】····························(586)
【条文释义】····························(586)
【审判实践中需要注意的问题】·················(590)
【法条链接】······························(590)

第六十五条 ［当事人具结］····················(591)

人民法院应当在询问前责令当事人签署保证书并宣读保证书的内容。

保证书应当载明保证据实陈述，绝无隐瞒、歪曲、增减，如有虚假陈述应当接受处罚等内容。当事人应当在保证书上签名、捺印。

当事人有正当理由不能宣读保证书的，由书记员宣读并进行说明。

【条文主旨】····························(591)
【条文释义】····························(591)
【审判实践中需要注意的问题】·················(596)
【法条链接】······························(596)

第六十六条 ［当事人拒绝人民法院询问的后果］·········(598)

当事人无正当理由拒不到场、拒不签署或宣读保证书或者拒不接受询问的，人民法院应当综合案件情况，判断待证事实的真伪。待证事实无其他证据证明的，人民法院应当作出不利于该当事人的认定。

【条文主旨】 ……………………………………………………（598）
【条文释义】 ……………………………………………………（598）
【审判实践中需要注意的问题】 ………………………………（602）
【法条链接】 ……………………………………………………（602）

第六十七条　[证人资格] …………………………………………（604）

不能正确表达意思的人，不能作为证人。

待证事实与其年龄、智力状况或者精神健康状况相适应的无民事行为能力人和限制民事行为能力人，可以作为证人。

【条文主旨】 ……………………………………………………（604）
【条文释义】 ……………………………………………………（604）
【审判实践中需要注意的问题】 ………………………………（609）
【法条链接】 ……………………………………………………（609）

第六十八条　[证人出庭作证] ……………………………………（611）

人民法院应当要求证人出庭作证，接受审判人员和当事人的询问。证人在审理前的准备阶段或者人民法院调查、询问等双方当事人在场时陈述证言的，视为出庭作证。

双方当事人同意证人以其他方式作证并经人民法院准许的，证人可以不出庭作证。

无正当理由未出庭的证人以书面等方式提供的证言，不得作为认定案件事实的根据。

【条文主旨】 ……………………………………………………（611）

【条文释义】··(612)

【审判实践中需要注意的问题】····························(617)

【法条链接】··(618)

第六十九条　［当事人申请证人出庭作证］··············(619)

　　当事人申请证人出庭作证的，应当在举证期限届满前向人民法院提交申请书。

　　申请书应当载明证人的姓名、职业、住所、联系方式，作证的主要内容，作证内容与待证事实的关联性，以及证人出庭作证的必要性。

　　符合《最高人民法院关于适用〈中华人民共和国民事诉讼法〉的解释》第九十六条第一款规定情形的，人民法院应当依职权通知证人出庭作证。

【条文主旨】··(619)

【条文释义】··(619)

【审判实践中需要注意的问题】····························(623)

【法条链接】··(624)

第七十条　［申请证人出庭作证的处理］··············(626)

　　人民法院准许证人出庭作证申请的，应当向证人送达通知书并告知双方当事人。通知书中应当载明证人作证的时间、地点，作证的事项、要求以及作伪证的法律后果等内容。

　　当事人申请证人出庭作证的事项与待证事实无关，或者没有通知证人出庭作证必要的，人民法院不予准许当事人的申请。

【条文主旨】··(626)

【条文释义】··(626)

【审判实践中需要注意的问题】……………………………（632）
【法条链接】…………………………………………………（632）

第七十一条　［证人具结制度］……………………………（635）
　　人民法院应当要求证人在作证之前签署保证书，并在法庭上宣读保证书的内容。但无民事行为能力人和限制民事行为能力人作为证人的除外。
　　证人确有正当理由不能宣读保证书的，由书记员代为宣读并进行说明。
　　证人拒绝签署或者宣读保证书的，不得作证，并自行承担相关费用。
　　证人保证书的内容适用当事人保证书的规定。

【条文主旨】…………………………………………………（635）
【条文释义】…………………………………………………（636）
【审判实践中需要注意的问题】……………………………（641）
【法条链接】…………………………………………………（642）

第七十二条　［证人作证方式］……………………………（643）
　　证人应当客观陈述其亲身感知的事实，作证时不得使用猜测、推断或者评论性语言。
　　证人作证前不得旁听法庭审理，作证时不得以宣读事先准备的书面材料的方式陈述证言。
　　证人言辞表达有障碍的，可以通过其他表达方式作证。

【条文主旨】…………………………………………………（643）
【条文释义】…………………………………………………（643）
【审判实践中需要注意的问题】……………………………（648）
【法条链接】…………………………………………………（648）

第七十三条 ［证人连续陈述］ ·························· （650）

证人应当就其作证的事项进行连续陈述。

当事人及其法定代理人、诉讼代理人或者旁听人员干扰证人陈述的，人民法院应当及时制止，必要时可以依照民事诉讼法第一百一十条的规定进行处罚。

【条文主旨】 ·· （650）

【条文释义】 ·· （650）

【审判实践中需要注意的问题】 ·································· （655）

【法条链接】 ·· （656）

第七十四条 ［询问证人］ ·························· （657）

审判人员可以对证人进行询问。当事人及其诉讼代理人经审判人员许可后可以询问证人。

询问证人时其他证人不得在场。

人民法院认为有必要的，可以要求证人之间进行对质。

【条文主旨】 ·· （657）

【条文释义】 ·· （657）

【审判实践中需要注意的问题】 ·································· （664）

【法条链接】 ·· （664）

第七十五条 ［证人出庭作证费用的计算标准、预交和支付］ ··· （667）

证人出庭作证后，可以向人民法院申请支付证人出庭作证费用。证人有困难需要预先支取出庭作证费用的，人民法院可以根据证人的申请在出庭作证前支付。

【条文主旨】 ·· （667）

【条文释义】 ·· （667）

【审判实践中需要注意的问题】 ·································· （672）

【法条链接】…………………………………………（672）

第七十六条　［证人以其他方式作证的条件］…………（675）
　　证人确有困难不能出庭作证，申请以书面证言、视听传输技术或者视听资料等方式作证的，应当向人民法院提交申请书。申请书中应当载明不能出庭的具体原因。
　　符合民事诉讼法第七十三条规定情形的，人民法院应当准许。

【条文主旨】…………………………………………（675）
【条文释义】…………………………………………（675）
【审判实践中需要注意的问题】……………………（681）
【法条链接】…………………………………………（681）

第七十七条　［书面证言和视听资料证言的审查］………（683）
　　证人经人民法院准许，以书面证言方式作证的，应当签署保证书；以视听传输技术或者视听资料方式作证的，应当签署保证书并宣读保证书的内容。

【条文主旨】…………………………………………（683）
【条文释义】…………………………………………（683）
【审判实践中需要注意的问题】……………………（688）
【法条链接】…………………………………………（688）

第七十八条　［证人保护和伪证制裁］…………………（690）
　　当事人及其诉讼代理人对证人的询问与待证事实无关，或者存在威胁、侮辱证人或不适当引导等情形的，审判人员应当及时制止。必要时可以依照民事诉讼法第一百一十条、第一百一十一条的规定进行处罚。
　　证人故意作虚假陈述，诉讼参与人或者其他人以暴

· 13 ·

力、威胁、贿买等方法妨碍证人作证，或者在证人作证后以侮辱、诽谤、诬陷、恐吓、殴打等方式对证人打击报复的，人民法院应当根据情节，依照民事诉讼法第一百一十一条的规定，对行为人进行处罚。

【条文主旨】 …………………………………………………… (690)

【条文释义】 …………………………………………………… (690)

【审判实践中需要注意的问题】 …………………………… (697)

【法条链接】 …………………………………………………… (697)

第七十九条 ［鉴定人出庭的准备和要求］…………………… (699)

　　鉴定人依照民事诉讼法第七十八条的规定出庭作证的，人民法院应当在开庭审理三日前将出庭的时间、地点及要求通知鉴定人。

　　委托机构鉴定的，应当由从事鉴定的人员代表机构出庭。

【条文主旨】 …………………………………………………… (699)

【条文释义】 …………………………………………………… (699)

【审判实践中需要注意的问题】 …………………………… (703)

【法条链接】 …………………………………………………… (704)

第八十条 ［鉴定人对异议及询问的答复］…………………… (706)

　　鉴定人应当就鉴定事项如实答复当事人的异议和审判人员的询问。当庭答复确有困难的，经人民法院准许，可以在庭审结束后书面答复。

　　人民法院应当及时将书面答复送交当事人，并听取当事人的意见。必要时，可以再次组织质证。

【条文主旨】 …………………………………………………… (706)

【条文释义】 …………………………………………………… (706)

【审判实践中需要注意的问题】……………………………（710）
【法条链接】……………………………………………………（711）

第八十一条 ［鉴定人拒不出庭的后果］……………………（712）

　　鉴定人拒不出庭作证的，鉴定意见不得作为认定案件事实的根据。人民法院应当建议有关主管部门或者组织对拒不出庭作证的鉴定人予以处罚。

　　当事人要求退还鉴定费用的，人民法院应当在三日内作出裁定，责令鉴定人退还；拒不退还的，由人民法院依法执行。

　　当事人因鉴定人拒不出庭作证申请重新鉴定的，人民法院应当准许。

【条文主旨】……………………………………………………（712）
【条文释义】……………………………………………………（712）
【审判实践中需要注意的问题】……………………………（717）
【法条链接】……………………………………………………（717）

第八十二条 ［对鉴定人的询问］……………………………（719）

　　经法庭许可，当事人可以询问鉴定人、勘验人。

　　询问鉴定人、勘验人不得使用威胁、侮辱等不适当的言语和方式。

【条文主旨】……………………………………………………（719）
【条文释义】……………………………………………………（719）
【审判实践中需要注意的问题】……………………………（722）
【法条链接】……………………………………………………（723）

第八十三条 ［专家辅助人的申请和通知］…………………（724）

　　当事人依照民事诉讼法第七十九条和《最高人民法院

关于适用〈中华人民共和国民事诉讼法〉的解释》第一百二十二条的规定，申请有专门知识的人出庭的，申请书中应当载明有专门知识的人的基本情况和申请的目的。

人民法院准许当事人申请的，应当通知双方当事人。

【条文主旨】 …………………………………………… (724)

【条文释义】 …………………………………………… (724)

【审判实践中需要注意的问题】 …………………… (727)

【法条链接】 …………………………………………… (730)

第八十四条 ［专家辅助人询问以及专家辅助人参与诉讼活动的范围］ …………………………………… (732)

审判人员可以对有专门知识的人进行询问。经法庭准许，当事人可以对有专门知识的人进行询问，当事人各自申请的有专门知识的人可以就案件中的有关问题进行对质。

有专门知识的人不得参与对鉴定意见质证或者就专业问题发表意见之外的法庭审理活动。

【条文主旨】 …………………………………………… (732)

【条文释义】 …………………………………………… (732)

【审判实践中需要注意的问题】 …………………… (734)

【法条链接】 …………………………………………… (735)

五、证据的审核认定

第八十五条 ［证据裁判主义和认定证据的基本原则］ ……… (738)

人民法院应当以证据能够证明的案件事实为根据依法作出裁判。

审判人员应当依照法定程序，全面、客观地审核证据，依据法律的规定，遵循法官职业道德，运用逻辑推理和日常生活经验，对证据有无证明力和证明力大小独立进行判断，并公开判断的理由和结果。

【条文主旨】 ………………………………………………（738）

【条文释义】 ………………………………………………（738）

【审判实践中需要注意的问题】 …………………………（748）

【法条链接】 ………………………………………………（749）

第八十六条　［提高和降低证明标准的情形］……………（750）

当事人对于欺诈、胁迫、恶意串通事实的证明，以及对于口头遗嘱或赠与事实的证明，人民法院确信该待证事实存在的可能性能够排除合理怀疑的，应当认定该事实存在。

与诉讼保全、回避等程序事项有关的事实，人民法院结合当事人的说明及相关证据，认为有关事实存在的可能性较大的，可以认定该事实存在。

【条文主旨】 ………………………………………………（750）

【条文释义】 ………………………………………………（750）

【审判实践中需要注意的问题】 …………………………（756）

【法条链接】 ………………………………………………（757）

第八十七条　［单一证据审核认定］………………………（758）

审判人员对单一证据可以从下列方面进行审核认定：

（一）证据是否为原件、原物，复制件、复制品与原件、原物是否相符；

（二）证据与本案事实是否相关；

（三）证据的形式、来源是否符合法律规定；

（四）证据的内容是否真实；

（五）证人或者提供证据的人与当事人有无利害关系。

【条文主旨】 ……………………………………………（758）

【条文释义】 ……………………………………………（758）

【审判实践中需要注意的问题】 ………………………（764）

【法条链接】 ……………………………………………（765）

第八十八条 ［对证据进行综合审核认定］ …………（767）
　　审判人员对案件的全部证据，应当从各证据与案件事实的关联程度、各证据之间的联系等方面进行综合审查判断。

【条文主旨】 ……………………………………………（767）

【条文释义】 ……………………………………………（767）

【审判实践中需要注意的问题】 ………………………（772）

【法条链接】 ……………………………………………（773）

第八十九条 ［人民法院对当事人认可的证据如何审核认定］ … （775）
　　当事人在诉讼过程中认可的证据，人民法院应当予以确认。但法律、司法解释另有规定的除外。
　　当事人对认可的证据反悔的，参照《最高人民法院关于适用〈中华人民共和国民事诉讼法〉的解释》第二百二十九条的规定处理。

【条文主旨】 ……………………………………………（775）

【条文释义】 ……………………………………………（775）

【审判实践中需要注意的问题】 ………………………（781）

【法条链接】 ……………………………………………（782）

第九十条 ［瑕疵证据的补强规则］ …………………（786）
　　下列证据不能单独作为认定案件事实的根据：

（一）当事人的陈述；

（二）无民事行为能力人或者限制民事行为能力人所作的与其年龄、智力状况或者精神健康状况不相当的证言；

（三）与一方当事人或者其代理人有利害关系的证人陈述的证言；

（四）存有疑点的视听资料、电子数据；

（五）无法与原件、原物核对的复制件、复制品。

【条文主旨】 …………………………………………（786）

【条文释义】 …………………………………………（786）

【审判实践中需要注意的问题】 ……………………（791）

【法条链接】 …………………………………………（792）

第九十一条 ［公文书证的复制件、副本、节录本证明力］ …（794）

公文书证的制作者根据文书原件制作的载有部分或者全部内容的副本，与正本具有相同的证明力。

在国家机关存档的文件，其复制件、副本、节录本经档案部门或者制作原本的机关证明其内容与原本一致的，该复制件、副本、节录本具有原本相同的证明力。

【条文主旨】 …………………………………………（794）

【条文释义】 …………………………………………（794）

【审判实践中需要注意的问题】 ……………………（799）

【法条链接】 …………………………………………（800）

第九十二条 ［私文书证审核认定规则］ ……………（801）

私文书证的真实性，由主张以私文书证证明案件事实的当事人承担举证责任。

私文书证由制作者或者其代理人签名、盖章或捺印的，推定为真实。

私文书证上有删除、涂改、增添或者其他形式瑕疵的，人民法院应当综合案件的具体情况判断其证明力。

【条文主旨】 ………………………………………………（801）

【条文释义】 ………………………………………………（801）

【审判实践中需要注意的问题】 …………………………（807）

【法条链接】 ………………………………………………（807）

第九十三条　[判断电子数据真实性因素] ……………（808）

人民法院对于电子数据的真实性，应当结合下列因素综合判断：

（一）电子数据的生成、存储、传输所依赖的计算机系统的硬件、软件环境是否完整、可靠；

（二）电子数据的生成、存储、传输所依赖的计算机系统的硬件、软件环境是否处于正常运行状态，或者不处于正常运行状态时对电子数据的生成、存储、传输是否有影响；

（三）电子数据的生成、存储、传输所依赖的计算机系统的硬件、软件环境是否具备有效的防止出错的监测、核查手段；

（四）电子数据是否被完整地保存、传输、提取，保存、传输、提取的方法是否可靠；

（五）电子数据是否在正常的往来活动中形成和存储；

（六）保存、传输、提取电子数据的主体是否适当；

（七）影响电子数据完整性和可靠性的其他因素。

人民法院认为有必要的，可以通过鉴定或者勘验等方法，审查判断电子数据的真实性。

【条文主旨】 ………………………………………………（808）

【条文释义】 …… (809)

【审判实践中需要注意的问题】 …… (815)

【法条链接】 …… (818)

第九十四条 ［电子数据推定真实］ …… (821)

电子数据存在下列情形的，人民法院可以确认其真实性，但有足以反驳的相反证据的除外：

（一）由当事人提交或者保管的于己不利的电子数据；

（二）由记录和保存电子数据的中立第三方平台提供或者确认的；

（三）在正常业务活动中形成的；

（四）以档案管理方式保管的；

（五）以当事人约定的方式保存、传输、提取的。

电子数据的内容经公证机关公证的，人民法院应当确认其真实性，但有相反证据足以推翻的除外。

【条文主旨】 …… (821)

【条文释义】 …… (821)

【审判实践中需要注意的问题】 …… (825)

【法条链接】 …… (826)

第九十五条 ［证明妨害规则］ …… (828)

一方当事人控制证据无正当理由拒不提交，对待证事实负有举证责任的当事人主张该证据的内容不利于控制人的，人民法院可以认定该主张成立。

【条文主旨】 …… (828)

【条文释义】 …… (828)

【审判实践中需要注意的问题】 …… (834)

【法条链接】 …… (835)

第九十六条 ［证人证言审核认定］ …………………………（836）
　　　　人民法院认定证人证言，可以通过对证人的智力状况、品德、知识、经验、法律意识和专业技能等的综合分析作出判断。

【条文主旨】 ……………………………………………………（836）
【条文释义】 ……………………………………………………（836）
【审判实践中需要注意的问题】 ………………………………（841）
【法条链接】 ……………………………………………………（842）

第九十七条 ［采纳证据的理由必须公开］ …………………（843）
　　　　人民法院应当在裁判文书中阐明证据是否采纳的理由。
　　　　对当事人无争议的证据，是否采纳的理由可以不在裁判文书中表述。

【条文主旨】 ……………………………………………………（843）
【条文释义】 ……………………………………………………（843）
【审判实践中需要注意的问题】 ………………………………（848）
【法条链接】 ……………………………………………………（849）

六、其他

第九十八条 ［对证人、鉴定人、勘验人的合法权益加以保护以及对与证据有关的妨碍民事诉讼的行为予以制裁］ …（852）
　　　　对证人、鉴定人、勘验人的合法权益依法予以保护。
　　　　当事人或者其他诉讼参与人伪造、毁灭证据，提供虚假证据，阻止证人作证，指使、贿买、胁迫他人作伪证，或者对证人、鉴定人、勘验人打击报复的，依照民事诉讼法第一百一十条、第一百一十一条的规定进行处罚。

【条文主旨】………………………………………（852）

【条文释义】………………………………………（852）

【审判实践中需要注意的问题】……………………（857）

【法条链接】………………………………………（859）

第九十九条 ［适用及参照适用的情形］……………（862）

本规定对证据保全没有规定的，参照适用法律、司法解释关于财产保全的规定。

除法律、司法解释另有规定外，对当事人、鉴定人、有专门知识的人的询问参照适用本规定中关于询问证人的规定；关于书证的规定适用于视听资料、电子数据；存储在电子计算机等电子介质中的视听资料，适用电子数据的规定。

【条文主旨】………………………………………（862）

【条文释义】………………………………………（862）

【审判实践中需要注意的问题】……………………（870）

【法条链接】………………………………………（870）

第一百条 ［本规定的施行时间和溯及力］…………（872）

本规定自 2020 年 5 月 1 日起施行。

本规定公布施行后，最高人民法院以前发布的司法解释与本规定不一致的，不再适用。

【条文主旨】………………………………………（872）

【条文释义】………………………………………（872）

【审判实践中需要注意的问题】……………………（875）

【法条链接】………………………………………（876）

附录一：民事诉讼证据规定新旧条文对照表

....（879）

附录二：相关规范

中华人民共和国民事诉讼法（节录）
　　（2017年6月27日）................................（933）
最高人民法院
　　关于适用《中华人民共和国民事诉讼法》的解释（节录）
　　（2015年1月30日）................................（937）

三、举证时限与证据交换

第四十九条 ［被告答辩义务和答辩内容］

被告应当在答辩期届满前提出书面答辩，阐明其对原告诉讼请求及所依据的事实和理由的意见。

【条文主旨】

本条承继2001年《证据规定》第三十二条的规定，是关于被告答辩义务和答辩内容的规定。

【条文释义】

本条规定了被告的答辩义务以及提出书面答辩的时间和内容要求。本条没有规定不在答辩期届满前提出书面答辩的法律后果，并没有确立答辩失权制度，而仅仅是更强调答辩人有答辩的义务，加重其答辩的责任感。同时，有关答辩内容的规定，也是对《民事诉讼法》的有益补充。

一、本条强调答辩人有答辩的义务

本条强调答辩人有答辩的义务，主要基于以下考虑：

(一) 与《民事诉讼法》要求被告负有答辩义务的规定精神保持一致

2012年修改以前的《民事诉讼法》第一百一十三条由于并未明确被告"应当"提交答辩状,故而有不少观点认为,答辩仅是当事人的一项诉讼权利,诉讼请求和答辩意见随时可以提出,致使审前程序难以形成案件争点,不利于审判的有效进行,降低了庭审效率,也不利于促进调解与和解。2001年《证据规定》第三十二条规定被告应当在答辩期届满之前提交答辩状,但并未上升为法律规定。2012年《民事诉讼法》修改以后,该法第一百二十五条第一款规定:"人民法院应当在立案之日起五日内将起诉状副本发送被告,被告应当在收到之日起十五日内提出答辩状。答辩状应当记明被告的姓名、性别、年龄、民族、职业、工作单位、住所、联系方式;法人或者其他组织的名称、住所和法定代表人或者主要负责人的姓名、职务、联系方式。人民法院应当在收到答辩状之日起五日内将答辩状副本发送原告。"该条文对被告的答辩义务进行了强化。本规定承继2001年《证据规定》与2012年修正后《民事诉讼法》的精神,继续强调答辩应为被告的一项义务。

(二) 正确理解答辩既是权利,也是义务

答辩本身既是被告的一项诉讼权利,又是被告的一项诉讼义务。被告答辩也可以称抗辩权,它首先是被告的诉讼权利,是当事人辩论权的外在表现,答辩权是被告辩论权中最重要的权利之一,是与原告的起诉权相对应的。作为被告的一项诉讼权利来说,被告的答辩主要是指被告提出各种事实、主张、理由包括证据来反对原告的请求以维护自己合法权益的诉讼手段,同时答辩也是我国民事诉讼以辩论权为基础确立的辩论原则所赋予被告的权利。其次,被告答辩又是被告的一项诉讼义务。义务之所以为义务,是因为不履行义务就需承担相应的责任。如果被告不应诉,法院可以作出缺席判决,被告必须接受法院的缺席判决。尽管法律没有明确规定不答辩的法律后果，但是，从《民事诉讼法》的整部法律规定来看，在程序方面，还是可以看出不履行答辩义务就得承担相应的责任，如被告对管辖权异议的提出必须在提交答辩状期限内，否则就失权。被告对管辖权异议的提出可以理解为被告在程序上的答辩内容之一。在实体方面，答辩又可以理解为应诉的内容或方式之一，被告仅有答辩，而不参加开庭，不能认为被告没有应诉，法院对答辩意见在实体处理时同样要认真对待，但是，被告如果不参加开庭，又没有提出答辩意见即答辩状，法院就可以作出缺席判决。

（三）要求被告承担答辩义务具有重要意义

1. 要求答辩人的答辩义务有助于民事诉讼中平等原则的实现。在诉讼实践中，被告、被上诉人在答辩期间不提出答辩状存在如下情形：没有时间准备答辩状，例如被告在考虑是否聘请律师时耗费一定的时间和精力；有些被告对原告起诉存在情感抵触，对答辩置之不理；出于诉讼突袭策略的考虑不提出答辩状，担心原告知道自己的诉讼对策而准备充分。不及时进行答辩将违反诉讼权利平等原则的基本要求。民事诉讼平等原则要求民事诉讼当事人双方平等地享有诉讼权利和平等地承担诉讼义务，被告可以充分了解原告的主张和证据，就应该同样赋予原告了解被告的主张和证据机会和权利，否则，被告隐蔽自己的观点与证据，实际上剥夺了原告的庭前诉讼知情权并限制了其辩论权的行使。此外，被告不按期提交答辩状，不仅使原告实体上的合法权利受到损害，在一定程度上，被告也因不能及时提供证据而使自己的合法权益受到损害。

2. 有利于民事诉讼争议焦点的归纳和确定，保障民事诉讼的有效进行。随着我国人民法院受理民事案件数量大幅增加，民事审判压力日益加大，进一步提高民事审判效率成为司法改革的客观要求。人们也越来越关注法律的效益性价值目标，以及开始重视程序经济问题。

程序经济是世界各国程序改革的主要动力和重要方向，也是中国司法改革的大趋势。

所谓程序经济就是诉讼主体以最低诉讼成本取得最大法律效益，实现诉讼目的。程序经济主要包括两方面的要求：（1）使司法资源耗费降低到最小，达到最低诉讼成本；（2）加速程序进程，降低诉讼拖延。在此背景下，被告在答辩期间不提出答辩状所产生的消极后果愈来愈清晰地显现，主要包括：首先，被告不答辩使得法庭对争议焦点不明确。法院为了保证被告的诉讼权利得以及时行使，在法律规定的期限内将原告起诉书及相应的材料送达给被告，以便被告及时了解诉讼内容，及时准备诉讼材料并提交于人民法院，给法官以及时了解法律事实真相的机会，在使被告能够得以充分行使诉讼权利的同时，为庭审工作做好充分准备。其次，被告不答辩，直接影响着人民法院办案的质量和效率。由于被告未按规定期限提交答辩状，法院不能在开庭时及时了解案情，明确不了双方当事人所争执的核心、热点和难点，往往在开庭后又回到原来的状况，特别是按照简易程序审理的案件，有可能要进入普通程序。这不仅给双方当事人增加了诉累，同时，也影响了人民法院办案的质量与效率。

二、本条没有规定答辩失权

民事诉讼中的失权，是指当事人在民事诉讼中原本享有的诉讼权利因某种原因或事由的发生而丧失，失权的主要原因是时限届满。而答辩失权，指法律明确规定诉讼中的一审被告、二审中的被上诉人在规定期间内，因未实施答辩行为而丧失此后的答辩权利。任何权利的行使皆是具体的、有条件的，若存在的具体条件不复存在时，就会发生失权的后果。民事诉讼中失权是符合公正和效率原则的。民事诉讼是一个物质运动过程，这个过程不仅是一个物质消耗过程，同时也是一个时间消耗过程。由于民事诉讼解决纠纷之目的以及对公正和效率价值的兼顾，诉讼必须在有限的时间内完成，故须对诉讼主体的诉讼行为在实施时间上予以限制。民事诉讼中的失权主要包括如下情形：答辩权的丧失，上诉权和申诉权的丧失，管辖异议权的丧失以及证据提出权的丧失。如上文所称，被告在答辩期间不提出答辩状，对原告实施诉讼突袭，不符合程序正义的要求，造成时间浪费和诉讼迟延，同时将伴生诉讼成本和审判成本的攀升，不符合程序经济的要求，也影响开庭审理的效率。

从比较法来看，答辩失权大致有两种模式：一是答辩期间作为答辩权行使的法定要件，丧失答辩权的结果是法院直接承认一审原告或二审上诉人的权利主张和上诉请求。二是法院在案件受理后即确定当事人双方出庭的第一次期日，要求被告在第一次期日到庭并提出答辩状，没有在第一次期日到庭或到庭后不提出答辩状的，丧失以后进行答辩的权利。英美法系多属前种模式，大陆法系多采后一做法。比如，美国《联邦民事诉讼规则》第8条第4款规定，除了关于损害赔偿金额的主张外，被告在答辩中须回答诉答书状中的一切主张。如果被告在答辩状中没有否认的主张，即视为自认。英国《民事诉讼规则》第15.3条规定："如被告不提出答辩，只要符合本规则第12章（缺席判决）规定条件的，原告便可取得缺席判决。"我国香港特别行政区有关法院规则规定，被告人应当在收到令状后的14日内提出答复书；如果被告没有在答辩期间提出答辩状时，原告可向法院的司法常务主任申请不应诉判决，以判决被告败诉。而奥地利《民事诉讼法》第243条规定，被告必须在第一次期日中对原告的起诉状提出相应的答辩状，如果在该期日没有提出答辩状的，被告将丧失抗辩权。日本《民事诉讼法》第159条规定："法院在原告起诉之后，可确定第一次口头辩论期日。在口头辩论期日里，当事人没有对对方的主张予以否定的，视为承认对方的主张。就被告而言，被告如果没有对原告的主张提出抗辩的，也就视为被告承认原告的权利主张。在口头辩论期日，当事人未到庭亦视为承认对方的主张。"

我国现行《民事诉讼法》至今未规定答辩失权制度，故本条规定仍延续2001年《证据规定》第三十二条的规定，强调被告在答辩期届满前提出书面答辩。

三、答辩状的内容——自认与否认

依本条规定，答辩状的内容包括被告对原告的诉讼请求及所依据的事实和理由的意见，即被告对原告的诉讼请求是自认抑或否认，全部否认还是部分否认，依据的理由如何，包括事实理由和法律理由等。答辩状内容应明确、真实，被告不得进行虚假答辩。因为被告有时会故意提出非真实意思的答辩状，然后在开庭审理中突然变更答辩状的内容，以达到诉讼突袭之后果。这种情形与答辩期间不提出答辩状的做法实质上是相同的。基于民事诉讼上的诚实信用原则，被告的答辩对以后辩论行为应具有拘束力，如无特殊事由，不得随意推翻原来答辩状的内容。比如，英国《民事诉讼规则》第16.5条规定："答辩状须对原告每一项主张进行回复，载明：（a）被告否认原告在诉状明细中的哪些主张、否认的理由，并可提出不同于原告陈述的案件事实；（b）被告不能自认或否认原告的主张，但要求原告提供证据证明；（c）被告对原告主张的自认。被告对原告主张的款项金额提出异议的，须陈述理由，并尽可能提出有关款项金额的己方陈述。被告可主张对原告享有金钱债权，作为对诉讼请求的抵销，而不论该抵销是否为第20章之诉。被告以代表资格提出抗辩的，须陈述其所代表的资格是什么。主张诉讼时效过期的，应写明细节。被告未提交送达认收书的，须提供送达地址。答辩状须经事实声明确认。"第22.1～22.3条还规定，当事人的案情声明（包括答辩状）等需经事实声明确认。当事人若签署了事实声明，则比照证人作证可能承担虚假陈述之法律后果；而不签署的，则案情声明法庭将不予采纳。意大利《民事诉讼法》第

167条规定，被告应当在答辩状中提出所有的防御方法，并详细列出在诉讼中所要提出的证据以及主张的基本内容。如果在第一次期日里要求有第三人出庭的，也必须在答辩状中写明。奥地利《民事诉讼法》第243条规定，在答辩状中"必须完全、简洁地提出抗辩所依据的事实，并且应详细地表示出为证明被告的事实主张而将在辩论中采用的各种证据方法。"被告认为法院主管错误、管辖不合法、案件已为法院受理、裁决等时也都必须在答辩状中提出其理由和事实。否则，法院将不予认可。

【审判实践中需要注意的问题】

1. 被告不提出书面答辩状或逾期不作出答辩的，不影响人民法院对案件的审理，即并不影响民事诉讼程序下一阶段的进行。

2. 书面答辩状可以对原告提出的诉讼请求和所依据的事实与理由进行回答和辩解，答辩的内容既包括程序方面的，如提出原告没有诉权、起诉不符合条件或者受诉人民法院对案件无管辖权等；也包括实体方面的，如说明纠纷的原因、案件的事实、反驳原告的诉讼请求和理由，提出自己的诉讼请求等。

【法条链接】

《中华人民共和国民事诉讼法》（2017年修正）

第一百二十五条　人民法院应当在立案之日起五日内将起诉状副本发送被告，被告应当在收到之日起十五日内提出答辩状。答辩状应当记明被告的姓名、性别、年龄、民族、职业、工作单位、住所、联系方式；法人或者其他组织的名称、住所和法定代表人或者主要负责人的姓名、职务、联系方式。人民法院应当在收到答辩状之日起五日内将答辩状副本发送原告。

被告不提出答辩状的，不影响人民法院审理。

《最高人民法院关于民事诉讼证据的若干规定》（2001年12月21日　法释〔2001〕33号）

第三十二条　被告应当在答辩期届满前提出书面答辩，阐明其对原告诉讼请求及所依据的事实和理由的意见。

第五十条　[举证通知书的送达时间和内容]

人民法院应当在审理前的准备阶段向当事人送达举证通知书。

举证通知书应当载明举证责任的分配原则和要求、可以向人民法院申请调查收集证据的情形、人民法院根据案件情况指定的举证期限以及逾期提供证据的法律后果等内容。

【条文主旨】

本条由2001年《证据规定》第三十三条第一款修改形成。本条规定了举证通知书的送达时间和内容，修改的主要内容是将送达举证通知书的时间由"送达案件受理通知书和应诉通知书的同时"修改为审理前的准备阶段。修改后，在操作上更灵活，适应性更强。

【条文释义】

一、人民法院送达举证通知书的时间

2001年《证据规定》第三十三条第一款规定："人民法院应当在送达案件受理通知书和应诉通知书的同时向当事人送达举证通知书。"

这意味着 2001 年《证据规定》是在人民法院受理诉讼的阶段确定举证期限。《民事诉讼法解释》第九十九条更改了这种做法，规定人民法院应当在审理前的准备阶段确定当事人提供证据的期限，这使得举证期限起算点的确定更加灵活，可以在审理前准备阶段的任一时点开始确定举证期限，而不要求必须从受理诉讼的阶段起算举证期限。本条承继了《民事诉讼法解释》第九十九条规定的精神，将送达举证通知书的时间调整为审理前的准备阶段。

所谓审理前的准备，是指人民法院受理原告的起诉以后到开庭审理之前，由案件承办人员依法进行的一系列准备工作，这一阶段总称为审理前的准备阶段，具体包括以下工作内容：

1. 在法定期间内将起诉状副本发送被告，要求被告提出答辩状，并在法定期间内将答辩状副本发送原告；

2. 向当事人告知有关的诉讼权利义务与合议庭的具体组成人员；

3. 处理管辖异议事项；

4. 认真审核诉讼材料，调查收集必要的证据；

5. 追加当事人；

6. 处理案件分流事项等。审理前的准备阶段是普通程序开庭审理之前的一个必经阶段，也是民事诉讼程序的重要组成部分，是保证庭审质量、提高庭审效率必不可少的基础，是民事诉讼活动顺利进行的必要前提。这一阶段的工作是否依法进行，关系到审判工作的有效性和合法性，对于保护当事人充分行使诉讼权利、保障法院正确行使审判权，切实维护当事人的合法权益，均具有十分重要的意义。

《民事诉讼法解释》第九十九条和本规定第五十五条将送达举证通知书的时间调整为审理前的准备阶段，主要基于如下考虑：

1. 在案件受理时即指定举证期限，双方当事人举证期限届满时间不一致，当诉讼中出现追加当事人等稍微复杂的情况时，由于当事人举证期限届满时间不一，会导致程序操作上的混乱。2008年下发的《举证时限规定通知》也正是为了解决这一问题。

2. 根据《民事诉讼法》第一百三十三条的规定，需要开庭审理的案件，都要通过证据交换等方式明确争议焦点。这意味着凡是开庭审理的案件，均应有以整理焦点固定证据为目的的审理前准备。2001年《证据规定》第三十三条关于在案件受理时指定举证期限的规定，已经不适应立法修改的新要求。

3. 在审理前准备阶段，特别是双方当事人到场的情况下指定举证期限，双方期限届满时间相同，有利于诉讼程序的操作。特别是在采取审前会议、证据交换方式进行审理前准备的更是如此。

二、举证通知书的内容

举证通知书的内容，也是举证要求，含举证期限及后果、举证责任的分配原则与要求及申请调查取证的告知，这实际是法院指导当事人举证的措施。自2001年《证据规定》实施以来，实务中主要有两种做法：一是书面指导，这种指导是一般性的；一是口头指导，即法官在案件中，根据当事人的举证情况有针对性地进行指导，这种指导因个案和当事人而异。由于我国并不实行律师强制代理主义，实务中当事人自己进行诉讼的情况较多，书面指导往往要辅以口头指导才能发挥作用，例如当事人可能会向法官咨询举证须知中某条规定应如何操作。口头指导的长处在于较为具体，便于当事人理解和操作，但其缺陷也较为明显，法官若没有把握好界限，容易使自己的角色变为当事人的律师，并从审判的结构上，混淆了法官的身份特征，带来一种隐性的当事人的心理感受偏差，影响诉讼的平衡。

因此，本条明确规定了举证通知书的如下内容：

1. 举证责任的分配原则与要求。具体条文包括《民事诉讼法解释》第九十条、第九十一条、第九十二条、第九十三条的规定；结合证据的具体内容，对证据提交的形式进行指导，包括本规定第十一条、第十二条、第十三条、第十四条、第十五条；结合证据形成在中华人民共和国领域内外，进行指导，包括本规定第十六条、第十七条、第十八条；最后对提交的证据材料格式及副本数量进行指导，包括本规定第十九条。

2. 可以向人民法院申请调查取证的情形的内容。具体规定包括《民事诉讼法》第六十四条、《民事诉讼法解释》第九十四条、第九十五条、第九十六条；申请法院调查收集证据的程序规定，具体规定包括本规定第二十条。

3. 举证期限以及逾期提供证据的法律后果。举证期限即当事人提交证据的最后日期，当事人在举证期限内提交证据材料确有困难的，应当在举证期限内向人民法院申请延期举证，但需经人民法院准许；当事人逾期提供证据的，人民法院应当责令其说明理由，拒不说明理由或者理由不成立的，人民法院根据不同情形可以不予采纳该证据，或者采纳该证据但予以训诫、罚款。具体规定包括《民事诉讼法》第六十五条、《民事诉讼法解释》第九十九条、第一百零一条、第一百零二条、第一百零三条，本规定第五十一条、第五十二条、第五十三条、第五十四条、第五十五条。

【审判实践中需要注意的问题】

1. 举证通知书的送达并没有排除法官对当事人举证的口头指导，法官在举证方面行使一定的释明权，口头指导举证有时同样必要。

2. 举证通知书上载明的逾期举证的法律后果，应符合《民事诉讼法》第六十五条的规定。2001年《证据规定》的举证时限制度是以证据失权为原则，对于不发生证据失权后果视为未逾期的证据，则属于例外情形；而《民事诉讼法》第六十五条新增加的举证时限的规定，则分层设置了举证时限的后果,以证据不失权为原则、失权为例外。审判实践中应注意对于当事人逾期举证的法律后果进行法律释明和口头指导。

【法条链接】

《中华人民共和国民事诉讼法》(2017年修正)

第六十四条　当事人对自己提出的主张,有责任提供证据。

当事人及其诉讼代理人因客观原因不能自行收集的证据,或者人民法院认为审理案件需要的证据,人民法院应当调查收集。

人民法院应当按照法定程序,全面地、客观地审查核实证据。

第六十五条　当事人对自己提出的主张应当及时提供证据。

人民法院根据当事人的主张和案件审理情况,确定当事人应当提供的证据及其期限。当事人在该期限内提供证据确有困难的,可以向人民法院申请延长期限,人民法院根据当事人的申请适当延长。当事人逾期提供证据的,人民法院应当责令其说明理由;拒不说明理由或者理由不成立的,人民法院根据不同情形可以不予采纳该证据,或者采纳该证据但予以训诫、罚款。

第一百三十三条　人民法院对受理的案件,分别情形,予以处理:

(一)当事人没有争议,符合督促程序规定条件的,可以转入督促程序;

(二)开庭前可以调解的,采取调解方式及时解决纠纷;

(三)根据案件情况,确定适用简易程序或者普通程序;

(四)需要开庭审理的,通过要求当事人交换证据等方式,明确争议焦点。

《最高人民法院关于适用〈中华人民共和国民事诉讼法〉的解释》(2015年1月30日　法释〔2015〕5号)

第九十条　当事人对自己提出的诉讼请求所依据的事实或者反驳

对方诉讼请求所依据的事实，应当提供证据加以证明，但法律另有规定的除外。

在作出判决前，当事人未能提供证据或者证据不足以证明其事实主张的，由负有举证证明责任的当事人承担不利的后果。

第九十一条 人民法院应当依照下列原则确定举证证明责任的承担，但法律另有规定的除外：

（一）主张法律关系存在的当事人，应当对产生该法律关系的基本事实承担举证证明责任；

（二）主张法律关系变更、消灭或者权利受到妨害的当事人，应当对该法律关系变更、消灭或者权利受到妨害的基本事实承担举证证明责任。

第九十二条 一方当事人在法庭审理中，或者在起诉状、答辩状、代理词等书面材料中，对于己不利的事实明确表示承认的，另一方当事人无需举证证明。

对于涉及身份关系、国家利益、社会公共利益等应当由人民法院依职权调查的事实，不适用前款自认的规定。

自认的事实与查明的事实不符的，人民法院不予确认。

第九十三条 下列事实，当事人无须举证证明：

（一）自然规律以及定理、定律；

（二）众所周知的事实；

（三）根据法律规定推定的事实；

（四）根据已知的事实和日常生活经验法则推定出的另一事实；

（五）已为人民法院发生法律效力的裁判所确认的事实；

（六）已为仲裁机构生效裁决所确认的事实；

（七）已为有效公证文书所证明的事实。

前款第二项至第四项规定的事实，当事人有相反证据足以反驳的除外；第五项至第七项规定的事实，当事人有相反证据足以推翻的除外。

第九十四条　民事诉讼法第六十四条第二款规定的当事人及其诉讼代理人因客观原因不能自行收集的证据包括：

（一）证据由国家有关部门保存，当事人及其诉讼代理人无权查阅调取的；

（二）涉及国家秘密、商业秘密或者个人隐私的；

（三）当事人及其诉讼代理人因客观原因不能自行收集的其他证据。

当事人及其诉讼代理人因客观原因不能自行收集的证据，可以在举证期限届满前书面申请人民法院调查收集。

第九十五条　当事人申请调查收集的证据，与待证事实无关联、对证明待证事实无意义或者其他无调查收集必要的，人民法院不予准许。

第九十六条　民事诉讼法第六十四条第二款规定的人民法院认为审理案件需要的证据包括：

（一）涉及可能损害国家利益、社会公共利益的；

（二）涉及身份关系的；

（三）涉及民事诉讼法第五十五条规定诉讼的；

（四）当事人有恶意串通损害他人合法权益可能的；

（五）涉及依职权追加当事人、中止诉讼、终结诉讼、回避等程序性事项的。

除前款规定外，人民法院调查收集证据，应当依照当事人的申请进行。

第九十九条　人民法院应当在审理前的准备阶段确定当事人的举证期限。举证期限可以由当事人协商，并经人民法院准许。

人民法院确定举证期限，第一审普通程序案件不得少于十五日，当事人提供新的证据的第二审案件不得少于十日。

举证期限届满后，当事人对已经提供的证据，申请提供反驳证据或者对证据来源、形式等方面的瑕疵进行补正的，人民法院可以酌情再次确定举证期限，该期限不受前款规定的限制。

第一百零一条 当事人逾期提供证据的，人民法院应当责令其说明理由，必要时可以要求其提供相应的证据。

当事人因客观原因逾期提供证据，或者对方当事人对逾期提供证据未提出异议的，视为未逾期。

第一百零二条 当事人因故意或者重大过失逾期提供的证据，人民法院不予采纳。但该证据与案件基本事实有关的，人民法院应当采纳，并依照民事诉讼法第六十五条、第一百一十五条第一款的规定予以训诫、罚款。

当事人非因故意或者重大过失逾期提供的证据，人民法院应当采纳，并对当事人予以训诫。

当事人一方要求另一方赔偿因逾期提供证据致使其增加的交通、住宿、就餐、误工、证人出庭作证等必要费用的，人民法院可予支持。

第一百零三条 证据应当在法庭上出示，由当事人互相质证。未经当事人质证的证据，不得作为认定案件事实的根据。

当事人在审理前的准备阶段认可的证据，经审判人员在庭审中说明后，视为质证过的证据。

涉及国家秘密、商业秘密、个人隐私或者法律规定应当保密的证据，不得公开质证。

《最高人民法院关于民事诉讼证据的若干规定》（2001年12月21日 法释〔2001〕33号）

第三十三条 人民法院应当在送达案件受理通知书和应诉通知书的同时向当事人送达举证通知书。举证通知书应当载明举证责任的分配原则与要求、可以向人民法院申请调查取证的情形、人民法院根据案件情况指定的举证期限以及逾期提供证据的法律后果。

举证期限可以由当事人协商一致,并经人民法院认可。

由人民法院指定举证期限的,指定的期限不得少于三十日,自当事人收到案件受理通知书和应诉通知书的次日起计算。

第五十一条 ［举证期限的确定］

举证期限可以由当事人协商,并经人民法院准许。

人民法院指定举证期限的,适用第一审普通程序审理的案件不得少于十五日,当事人提供新的证据的第二审案件不得少于十日。适用简易程序审理的案件不得超过十五日,小额诉讼案件的举证期限一般不得超过七日。

举证期限届满后,当事人提供反驳证据或者对已经提供的证据的来源、形式等方面的瑕疵进行补正的,人民法院可以酌情再次确定举证期限,该期限不受前款规定的期间限制。

【条文主旨】

本条由2001年《证据规定》第三十三条第二款、第三款修改形成。本条是关于举证期限如何确定的规定,系在《民事诉讼法》第六十五条、《民事诉讼法解释》第九十九条、第二百六十六条、第二百七十七条以及《举证时限规定通知》第一条内容的基础上的整理、归纳。

【条文释义】

举证期限是对当事人提供证据的时间上的要求,是举证时限制度的基础，逾期举证的后果是举证期限得以遵守的保障，二者结合共同构成举证时限制度的基本内容。我国关于举证期限的立法规定，最早体现在《海事诉讼特别程序法》第八十四条的内容中。对于普通民事诉讼而言，举证时限制度是民事审判方式改革的产物，由2001年《证据规定》所创设，该规定首次对举证期限的内涵、后果、例外情形等作出比较系统的规定。2012年《民事诉讼法》修改，在总结司法解释施行经验的基础上，对举证期限进行了完善补充，在第六十五条增加规定了人民法院指定当事人提供证据的期限的内容，首次在立法上对举证时限制度作出了原则性规定，这对我国民事诉讼具有重要而深远的影响。其后，《民事诉讼法解释》对举证期限作出了细化规定。

一、举证期限的确定方式

举证期限属民事诉讼期间制度。所谓期间，是指人民法院、当事人和其他诉讼参与人有效实施诉讼行为的期限和日期。期间依据其确定方式可以分为法定期间和指定期间，前者是由法律明文规定的期间，后者是由人民法院确定的期间。依据《民事诉讼法》第六十五条第二款关于"人民法院根据当事人的主张和案件审理情况，确定当事人应当提供的证据及其期限"的规定，举证期限属于指定期间，由法院根据案件审理的具体情况依职权确定。《民事诉讼法》第六十五条没有采纳2001年《证据规定》第三十三条第二款关于"举证期限可以由当事人协商一致，并经人民法院认可"的规定，主要考虑"从我国司法实践看，当事人协商确定举证期限的方式操作性很差，双方当事人很难达成一致意见。同时，民事案件类型众多、复杂程度差别很大，在不同的审判阶段要求当事人提供证据的时间应当有一定差异，根据案情的发展也存在变更的客观需要，法律不宜作出一个统一适用的法定期限的规定。由人民法院根据当事人的主张和案件审理情况来具体确定当事人的举证期限更具合理性和操作性。"①

本条延续2001年《证据规定》第三十三条的思路，规定了举证期限的确定由人民法院指定和当事人协商并经人民法院准许两种方式。这是因为，为充分尊重当事人的程序权利，贯彻民事诉讼的处分原则，应当允许举证期限由当事人协商一致，但当事人就举证期限的合意还须经人民法院的认可。法院对当事人协商的举证期限认可的形式比较灵活，可以由当事人共同提出申请书，由法院存卷，或者亦可经当事人口头达成合意，法院记录在案。

对于举证期限由人民法院指定的情形，《民事诉讼法》赋予人民法院在确定举证期限上一定的自由裁量权，这是实践需要，但这一裁量权并非不受限制，人民法院应当根据当事人的主张和案件审理情况来确定，充分考虑案件的复杂程度、当事人调查收集证据的能力、所需时间、当事人的具体情况以及法院的工作安排等。因为举证期限对当事人举证能力的要求是较高的，如何保证在有限的时间里收集所有的关联性证据以及保证所收集证据的证明力，须保证当事人和律师所有收集证据的正当手段，适当扩大律师的证据收集权。总之，法院对举证期限的确定，既要注重诉讼进程的紧凑和快速，又绝不能损害当事人的程序权利，应在兼顾公正和效率原则的前提下，由法官自由确定。

二、不同审理程序的举证期限

（一）一审普通程序的举证期限

在具体的期限上，2001年《证据规定》第三十三条第三款规定："由人民法院指定举证期限的，指定的期限不得少于三十日，自当事人收到案件受理通知书和应诉通知书的次日起计算。"《民事诉讼法解释》第九十九条对上述具体期限进行了修改，规定为第一审普通程序案件

---

① 王胜明主编：《中华人民共和国民事诉讼法释义》，法律出版社2012年版，第153页。

不少于十五日。这种变化主要考虑《民事诉讼法解释》将举证期限的起算点从案件受理时变更为审理前的准备阶段，起算点更加灵活、操作性更强，如果在答辩期届满后指定举证期限的，从总的时间来看，依《民事诉讼法解释》第九十九条第二款确定的举证期限不会少于三十日。

（二）二审程序的举证期限

2001 年《证据规定》未规定二审程序的举证期限，《举证时限规定通知》规定的是不受"不少于三十日"的限制。由于二审程序当事人提交新证据的概率不高，数量不多，《民事诉讼法解释》第九十九条将其明确为不少于十日。本条关于二审程序中举证期限的规定，与《民事诉讼法解释》的规定保持了一致。

（三）适用简易程序案件的举证期限

2001 年《证据规定》第三十三条第三款规定了由人民法院指定举证期限的，指定的期限不得少于三十日，但其第八十一条又规定适用简易程序审理的案件举证期限不受三十日限制，至于具体多长时间则没有明确。2003 年《最高人民法院关于适用简易程序民事案件的若干规定》（以下简称《简易程序规定》）第七条、第二十二条第一次规定了适用简易程序案件举证期、答辩期简化问题，首次规定了可以当庭举证、协商举证期，但也没有明确规定对适用简易程序的案件，人民法院应如何确定举证期。2008 年《举证时限规定通知》中再次强调了适用简易程序审理的案件，人民法院指定的举证期限，可以少于三十日。

民事诉讼中设置简易程序的目的主要是为了高效解决民事纠纷、便利当事人诉讼、降低当事人诉讼成本。为了实现这一目的，2012 年《民事诉讼法》第一百五十九条增加规定了审理简单的民事案件，可以用简便方式传唤当事人和证人、送达诉讼文书、审理案件，但应当保障当事人陈述意见的权利。这里所指适用简便方式审理案件，就包括对审理前准备阶段的简化处理。《简易程序规定》第七条、第二十二条规定了适用简易程序审理案件中审理前准备阶段的口头答辩、当庭举证、协商举证等问题。《民事诉讼法解释》第二百六十六条在上述条文的基础上，增加规定了当事人双方均表示无须举证期、答辩期时的处理，当庭举证有困难时的处理，被告要求书面答辩的处理，人民法院告知举证期和开庭日期的程序四个方面。在适用简易程序审理案件中，如果当事人表示当庭举证确有困难，人民法院就不能立即开庭，此时就需要确定举证期限。举证期限的决定权在人民法院，但途径有两种：其一是人民法院直接指定；其二是双方当事人协商好了报人民法院批准。但是，由于已经将一审普通程序的举证期限限定为十五日，那在简易程序中不管采用何种途径确定举证期限，其长度也不得超过十五日。

（四）小额诉讼程序的举证期限

小额诉讼程序是简易程序的特殊形式，小额诉讼案件是比适用简易程序的案件更简易的案件，对其审理强调快审快结，故在规定简易程序举证期限不得超过十五日的基础上进一步压缩举证期限即为应有之意。最后，《民事诉讼法解释》在几经权衡的基础上，最终将适用小额诉讼程序案件中当事人协商举证期限和人民法院指定举证期限统一规定为一般不超过七日。本条规定与《民事诉讼法解释》的规定保持一致。

三、不受举证期限约束的除外情形

2001年《证据规定》未规定不受举证期限约束的除外情形。《举证时限规定通知》中，对于反驳证据允许人民法院酌情指定举证期限。本条延续了该通知的基本思路，同时增加了补强证据允许人民法院酌情指定举证期限的规定。所谓补强证据，是指用以确认或者证明另一主要证据的真实性或弥补其资格、形式上的瑕疵，以补充或增强其证明力的证据。一般认为，举证期限针对主要证据发挥作用，补强证据作为佐证，不受举证期限的限制。因此，当事人要求对主要证据在来源、形式上的瑕疵予以补强的，人民法院可以酌情确定举证期限。

【审判实践中需要注意的问题】

1. 举证期限的起算点不再采取自当事人收到案件受理通知书和应诉通知书的次日起算的单一标准，审理前的准备阶段中的任一时点均可以作为举证期限的起算点，由法官依据当事人的主张和案件审理情况来确定。

2. 人民法院可以再次酌情确定举证期限的情形，只发生于当事人需要提供反驳证据和补强证据的情形，虽然比2001年《证据规定》有所放宽，但仍然不能任意扩大其适用范围。

3. 适用小额诉讼程序案件，在特殊情形下当事人协商确定的举证期限可以超过七日，但不得超过适用简易程序审理案件的十五日举证期限。从尊重当事人程序的主体性角度和小额诉讼程序高效、简便特性出发，本条对当事人协商确定举证期限作出一般不超过七日的规定。有一般即不排除特殊，这意味着人民法院在特殊情形下可以对个案中当事人协商确定举证期限超过七日的情形予以准许。至于小额诉讼案件举证期限的上限，简易程序部分规定了当事人对适用简易程序的案件，可以在协商一致并经人民法院准许后约定不超过十五日的举证期限。由于小额诉讼目前仍属于简易程序范畴，故以此类推，小额诉讼案件，当事人协商一致的举证期限也不得超过十五日。

【法条链接】

《中华人民共和国民事诉讼法》（2017年修正）

第六十五条 当事人对自己提出的主张应当及时提供证据。

人民法院根据当事人的主张和案件审理情况，确定当事人应当提供的证据及其期限。当事人在该期限内提供证据确有困难的，可以向人民法院申请延长期限，人民法院根据当事人的申请适当延长。当事人逾期提供证据的，人民法院应当责令其说明理由；拒不说明理由或者理由不成立的，人民法院根据不同情形可以不予采纳该证据，或者采纳该证据但予以训诫、罚款。

《最高人民法院关于适用〈中华人民共和国民事诉讼法〉的解释》（2015年1月30日 法释〔2015〕5号）

第九十九条 人民法院应当在审理前的准备阶段确定当事人的举证期限。举证期限可以由当事人协商，并经人民法院准许。

人民法院确定举证期限，第一审普通程序案件不得少于十五日，当事人提供新的证据的第二审案件不得少于十日。

举证期限届满后，当事人对已经提供的证据，申请提供反驳证据或者对证据来源、形式等方面的瑕疵进行补正的，人民法院可以酌情再次确定举证期限，该期限不受前款规定的限制。

第二百六十六条 适用简易程序案件的举证期限由人民法院确定，也可以由当事人协商一致并经人民法院准许，但不得超过十五日。被告要求书面答辩的，人民法院可在征得其同意的基础上，合理确定答辩期间。

人民法院应当将举证期限和开庭日期告知双方当事人，并向当事人说明逾期举证以及拒不到庭的法律后果，由双方当事人在笔录和开庭传票的送达回证上签名或者捺印。

当事人双方均表示不需要举证期限、答辩期间的，人民法院可以立即开庭审理或者确定开庭日期。

第二百七十七条 小额诉讼案件的举证期限由人民法院确定，也可以由当事人协商一致并经人民法院准许，但一般不超过七日。

被告要求书面答辩的，人民法院可以在征得其同意的基础上合理确定答辩期间，但最长不得超过十五日。

当事人到庭后表示不需要举证期限和答辩期间的，人民法院可立即开庭审理。

《最高人民法院关于民事诉讼证据的若干规定》（2001 年 12 月 21 日　法释〔2001〕33 号）

第三十三条 人民法院应当在送达案件受理通知书和应诉通知书的同时向当事人送达举证通知书。举证通知书应当载明举证责任的分配原则与要求、可以向人民法院申请调查取证的情形、人民法院根据案件情况指定的举证期限以及逾期提供证据的法律后果。

举证期限可以由当事人协商一致，并经人民法院认可。

由人民法院指定举证期限的，指定的期限不得少于三十日，自当事人收到案件受理通知书和应诉通知书的次日起计算。

《最高人民法院关于适用简易程序审理民事案件的若干规定》（2003 年 9 月 10 日　法释〔2003〕15 号）

第七条 双方当事人到庭后，被告同意口头答辩的，人民法院可以当即开庭审理；被告要求书面答辩的，人民法院应当将提交答辩状的期限和开庭的具体日期告知各方当事人，并向当事人说明逾期举证以及拒不到庭的法律后果，由各方当事人在笔录和开庭传票的送达回证上签名或者捺印。

第二十二条 当事人双方同时到基层人民法院请求解决简单的民事纠纷，但未协商举证期限，或者被告一方经简便方式传唤到庭的，当事人在开庭审理时要求当庭举证的，应予准许；当事人当庭举证有困难的，举证的期限由当事人协商决定，但最长不得超过十五日；协商不成的，由人民法院决定。

《最高人民法院关于适用〈关于民事诉讼证据的若干规定〉有关举证时限规定的通知》（2008年12月11日　法发〔2008〕42号）

一、关于第三十三条第三款规定的举证期限问题。《证据规定》第三十三条第三款规定的举证期限是指在适用一审普通程序审理民事案件时，人民法院指定当事人提供证据证明其主张的基础事实的期限，该期限不得少于三十日。但是人民法院在征得双方当事人同意后，指定的举证期限可以少于三十日。前述规定的举证期限届满后，针对某一特定事实或特定证据或者基于特定原因，人民法院可以根据案件的具体情况，酌情指定当事人提供证据或者反证的期限，该期限不受"不得少于三十日"的限制。

第五十二条 ［举证期限内提供证据确有困难的认定］

当事人在举证期限内提供证据存在客观障碍，属于民事诉讼法第六十五条第二款规定的"当事人在该期限内提供证据确有困难"的情形。

前款情形，人民法院应当根据当事人的举证能力、不能在举证期限内提供证据的原因等因素综合判断。必要时，可以听取对方当事人的意见。

【条文主旨】

本条系新增条文，是对《民事诉讼法》第六十五条第二款"当事人在该期限内提供证据确有困难"的解释。

【条文释义】

《民事诉讼法》为举证期限内提供证据确有困难的当事人，规定了延长举证期限的救济措施，以保障当事人和其他诉讼参与人的合法权益，体现了举证时限制度的原则性和灵活性。民事诉讼期间的种类，根据期间被确定后是否可以变更，分为不变期间和可变期间。不变期间，是指经法律规定，非有法定情形，任何人不得予以变更的期间。

如上诉期间、申请再审的期间等法定期间，属于不变期间。对于不变期间，不产生中止、中断、延长等期间变更的法律效果。当事人或其他诉讼参与人违反法定期间所进行的诉讼活动，不发生相应的法律效力。可变期间，是指期间经法律规定或法院指定后，因情况发生了变化，在规定或指定的期间内完成某种诉讼行为仍有困难，法院根据当事人的申请或依职权变更原定的期间。一般而言，指定期间属于可变期间，而法定期间大多属于不变期间，但也有一些法定期间，法律规定可以根据具体情况加以调整。我国民事诉讼法律制度中关于举证期间的确定，采取的是指定期间兼约定期间的模式，举证期限在性质上属可变期间，可以由当事人向人民法院申请延长。

一、期限延长的主客观原因

所谓期限的延长，是指当事人和其他诉讼参与人不能或未能在法律规定或者法院指定的期间内完成应该进行的诉讼行为，法院依当事人提出的延期申请或依职权主动决定延长期间。期间的延长是以期间的延误或可能延误为前提的，而期间延误的原因大致可分为两类：主观原因和客观原因。当事人或其他诉讼参与人由于故意或过失而造成期间延误的，属主观原因；因不可抗力等不能归责于当事人和其他诉讼参与人的客观情况，属客观原因。不同原因造成期间延误的法律后果不尽相同。因主观原因在法定期间或指定期间内未能完成某项诉讼行为，当事人和其他诉讼参与人将丧失在该期间内进行某项诉讼行为的权利；对于因客观原因致使期间延误的，为保护当事人和其他诉讼参与人的合法权益，法律规定了期间延误的补救措施，即期间的延长。期间的延长，一般由当事人提出申请并说明理由，由法院决定是否准许。特定情形下，法院亦可依职权确定期间的延长。而举证期限的延长，是指当事人在举证期限内提交证据材料确有困难的，应当在举证期限内向人民法院申请延期举证，人民法院根据当事人申请适当延长举证期限。

二、"确有困难"限于客观障碍

当事人在举证期限内提交证据材料确有困难,这是举证期限延长的必备条件。从符合民事诉讼实际需要、防止举证期限延长规定被滥用的角度出发,《民事诉讼法》第六十五条规定的"确有困难"应限于客观障碍,主要包括两种情形:一是指因不可抗力、社会事件等原因,当事人在法定期限内无法完成举证。例如,因山洪、地震、战争等原因交通中断,当事人在法定举证期限内无法完成异地取证等情况;证人外出尚没有找到、收集有关证据材料尚需时间等。二是当事人具有客观上不能举证或难以举证的情形,主要是指需要勘验、鉴定、评估、审计才能证明的;涉及国家秘密、商业秘密的资料;当事人提供的证据相互矛盾,且已不能继续举证的;当事人及其诉讼代理人因客观原因不能自行收集的其他证据。如属第二种情形,当事人亦可在举证期限届满前以书面形式向人民法院申请调查收集。

三、法院对"确有困难"的裁量因素

当事人提出的延期举证申请是否符合"确有困难"的标准,依赖于法官的判断和选择,法官有自由裁量之权力。根据 2001 年《证据规定》第三十六条的规定,当事人在举证期限内提供证据确有困难的,是否准许延长举证期限,人民法院"可以"根据案件的具体情况确定,这意味着法官不仅有裁量延期举证申请是否符合"确有困难"标准的权力,也有裁量是否准许延期举证期限的权力。而依据《民事诉讼法》第六十五条规定,只要当事人在举证期限内提供证据确有困难申请延长举证期限的,人民法院就必须适当延长举证期限,这是《民事诉讼法》第六十五条相比 2001 年《证据规定》第三十六条的重大变化，①体现了《民事诉讼法》对举证时限制度中法官自由裁量权一定程度的限制，其目的是充分保障当事人的诉讼权利。

本条第二款对法官判断"确有困难"的因素作出了指引性规定，即对是否存在客观困难，应根据举证能力、不能提供证据的原因等案件具体情况综合判断。同时，本款创设性规定"必要时，可以听取对方当事人的意见"，主要目的是尊重对方当事人的程序权利，避免法官误判，防止当事人借举证期限的延长拖延诉讼，维护对方当事人的时限利益。

【审判实践中需要注意的问题】

1. 人民法院对当事人延长举证期限申请的审查，限于是否存在期限内提供证据"确有困难"的情形，而是否导致诉讼迟延、妨碍诉讼效率不再是人民法院是否延长举证期限的考量因素。这是《民事诉讼法》第六十五条相比 2001 年《证据规定》第三十六条的重大变化。

2. "确有困难"仅限于举证的客观障碍，不包括当事人因一般过失或轻微过失导致其不能在举证期限内提供证据。

3. 只要当事人在举证期限内提出的延长举证期限申请符合"确有困难"标准的，人民法院就"应当"适当延长举证期限，此种情形下人民法院对是否延长举证期限不再享有自主决定权。这是《民事诉讼法》第六十五条相比 2001 年《证据规定》第三十六条的另一重大变化。

4. 为提高当事人举证的积极性，防止当事人借举证期限的延长拖延诉讼，法院对"确有困难"的认定应当严格把关。只有确认当事人

---

① 参见最高人民法院民事诉讼法修改研究小组编著：《〈中华人民共和国民事诉讼法〉修改条文理解与适用》，人民法院出版社 2012 年版，第 142 页。

不存在举证懈怠和拖延诉讼之动机，法院方延长举证期限。当事人是否举证懈怠和拖延诉讼，属法官自由裁量的范畴，法院可以听取对方当事人的意见，但最终由法院依案件审理的需要来决定。

【法条链接】

《中华人民共和国民事诉讼法》（2017年修正）

第六十五条　当事人对自己提出的主张应当及时提供证据。

人民法院根据当事人的主张和案件审理情况，确定当事人应当提供的证据及其期限。当事人在该期限内提供证据确有困难的，可以向人民法院申请延长期限，人民法院根据当事人的申请适当延长。当事人逾期提供证据的，人民法院应当责令其说明理由；拒不说明理由或者理由不成立的，人民法院根据不同情形可以不予采纳该证据，或者采纳该证据但予以训诫、罚款。

《最高人民法院关于民事诉讼证据的若干规定》（2001年12月21日　法释〔2001〕33号）

第三十六条　当事人在举证期限内提交证据材料确有困难的，应当在举证期限内向人民法院申请延期举证，经人民法院准许，可以适当延长举证期限。当事人在延长的举证期限内提交证据材料仍有困难的，可以再次提出延期申请，是否准许由人民法院决定。

第五十三条 ［当事人主张与人民法院认定不一致的处理］

诉讼过程中，当事人主张的法律关系性质或者民事行为效力与人民法院根据案件事实作出的认定不一致的，人民法院应当将法律关系性质或者民事行为效力作为焦点问题进行审理。但法律关系性质对裁判理由及结果没有影响，或者有关问题已经当事人充分辩论的除外。

存在前款情形，当事人根据法庭审理情况变更诉讼请求的，人民法院应当准许并可以根据案件的具体情况重新指定举证期限。

【条文主旨】

本条由 2001 年《证据规定》第三十五条修改形成，是关于当事人主张与人民法院认定不一致时，人民法院如何处理的规定。

【条文释义】

根据 2001 年《证据规定》第三十五条规定，诉讼过程中，当事人主张的法律关系性质或者民事行为效力与人民法院根据案件事实作出的认定不一致的，人民法院应当告知当事人可以变更诉讼请求。当事人变更诉讼请求的，人民法院应当重新指定举证期限。本条规定在保留2001年《证据规定》第三十五条基本精神的前提下，作出如下修改：

1. 删除了当事人主张的法律关系性质或者民事行为效力与人民法院根据案件事实作出的认定不一致时，人民法院应当告知当事人变更诉讼请求的规定；

2. 明确人民法院应当将涉及法律关系性质或者民事行为效力的问题作为焦点问题进行审理；

3. 增加规定了除外情形，即法律关系性质对裁判理由及结果没有影响，或者需要列为争议焦点的上述内容已经当事人充分辩论的，人民法院可以直接就相关问题进行认定和处理；

4. 当事人根据法庭审理情况变更诉讼请求后，不再要求人民法院必须重新指定举证期限，而是允许人民法院根据案件具体情况自由裁量。

一、当事人关于法律关系性质或者民事行为效力的主张能否在诉讼中变更

按照传统民事诉讼法理论，当事人争议的法律关系即为诉讼标的。诉讼标的，是民事诉讼中予以审理和判断的对象，是诉讼请求的基础；诉讼请求是当事人向法院主张的具体的权益请求，没有诉讼标的也就无所谓有诉讼请求。人民法院审理民事案件应围绕当事人争议的法律关系进行审理，民事行为效力问题涉及对当事人争议的法律关系性质和效力判断，是人民法院依职权审理和判断的内容。人民法院围绕诉讼标的进行认定和处理的结果是判决支持或者驳回当事人的诉讼请求。若当事人主张的法律关系性质或者民事行为效力与人民法院根据案件事实作出的认定不一致的，人民法院应如何处理，存在两种观点：

一种观点认为，人民法院应判决驳回当事人的诉讼请求。诉讼请求的变更包括诉讼请求量的变更和诉讼请求质的变更。前者是指诉讼请求数额的变化，比如原告请求支付违约金数额的增加，这种变更并不涉及诉讼标的的变化，理论和实践中往往是允许的。而诉讼请求质的变更，往往涉及诉讼标的的变更和诉的性质的变化，比如诉讼请求由支付买卖合同项下的货款及违约金变更为请求支付民间借贷本金及利息，此种情形发生了当事人主张的法律关系的变更，系变更诉讼标的；又如请求解除合同变更为请求确认合同无效，此种变更使诉的类型由形成之诉变更为确认之诉，原因是当事人主张的民事行为效力发生了变化。因诉讼请求质的变更导致诉讼中相应攻击防御的目标发生变化，影响了对方当事人的诉讼权利及实体权利，故对诉讼请求质的变更应不予准许，此种情形下人民法院应判决驳回当事人的诉讼请求。

另一种观点认为，不应简单判决驳回当事人的诉讼请求，应允许当事人在诉讼中变更其主张的法律关系性质或者民事行为效力。审判实践中，有的案件当事人因财力问题不能聘请律师，但自身法律知识欠缺，或者基于诉讼策略的考量，导致其主张的法律关系性质和民事行为效力与人民法院根据案件事实作出的认定不一致，在当事人的认识出现上述偏差时，若判决驳回其诉讼请求，则往往会引发当事人另行提起其他诉讼，这无疑增加了当事人的诉累，也会造成司法资源过度消耗。因此，从保障当事人诉讼权利、提高审判效率的角度出发，允许当事人在诉讼中对其主张的法律关系性质或者民事行为效力依法进行变更，是十分有必要的。

本条规定承继了2001年《证据规定》第三十五条的精神，采纳了上述第二种观点，是一种较为务实的选择。

在当事人主张的法律关系性质或者民事行为效力与人民法院根据案件事实作出的认定不一致时，当事人可以根据法庭审理情况变更诉讼请求，也可以坚持原来的主张不予变更。赋予当事人这种选择权，是民事诉讼处分原则的具体体现。处分原则是民事诉讼法理论中的一项基本原则，是指当事人有权在民事诉讼中依法处分自己的实体权利和诉讼权利。变更诉讼请求，从形式上看是法律赋予当事人的一项诉讼权利，但最终关涉实体权利能否实现。

在司法实践中，可能存在当事人因种种原因坚持原诉讼请求而不愿变更的情形，根据处分原则，如果当事人坚持原来的主张，人民法院不得要求当事人必须变更诉讼请求，并且应当及时作出裁判，但这并不妨碍当事人今后再以人民法院认定的法律关系或者民事行为效力为基础另行起诉。

二、当事人主张的法律关系性质或者民事行为效力与人民法院的认定不一致时如何处理

当事人主张的法律关系性质或者民事行为效力与人民法院的认定不一致时如何处理法院应将法律关系性质或者民事行为效力作为焦点问题进行审理。2001年《证据规定》第三十五条规定，诉讼过程中，当事人主张的法律关系性质或者民事行为的效力与人民法院根据案件事实作出的认定不一致的，人民法院应当告知当事人可以变更诉讼请求。上述规定是民事诉讼法理论中的释明权制度的体现。释明权，又称阐释权，指法院为救济当事人在举证和质证过程中存在能力上的不足和缺陷，通过发问、指导等方式以澄清或落实当事人所主张的某些事实，引导和协助当事人对案件的主要事实和主要证据进行有效和积极辩论的权利。[1] 释明权是当事人主义模式下扩张法官职权的产物，属于实质上的诉讼指挥权。[2] 释明权发端于1877年德国《民事诉讼法》，其后，日本、法国和我国台湾地区诉讼程序中也相应地设立了释明权。

---

[1] 李国光主编：《最高人民法院〈关于民事诉讼证据的若干规定〉的理解与适用》，中国法制出版社2002年版，第25页。

[2] 肖建华、陈琳：《法官释明权之理论阐释与立法完善》，载《北方法学》2007年第3期。

英美法系国家和地区虽无成文法直接规定释明权，但为应对二战后诉讼膨胀这一现实，客观上不得不通过扩大法官职权来提高司法效率。[①]释明权是在辩论主义的基础上产生和发展的。民事诉讼中，辩论主义意味着除法定情形外，当事人在诉讼中主张的事实、举示的证据，只有经过质证、辩论才能由法院决定是否采信。这就是说，法院作出判决基础材料大部分来自当事人，如果当事人的诉讼能力较弱，其在诉讼活动中很有可能承担诉讼不利的风险，尽管这种结果与实质正义相悖，故释明权一定程度上可以弥补辩论主义的上述缺陷，在探求当事人诉讼真意、避免超范围或者突袭裁判、实现诉讼平等方面起到一定的积极作用。

根据2001年《证据规定》第三十五条规定，当事人主张的法律关系性质或者民事行为效力与人民法院根据案件事实作出的认定不一致的，人民法院应当告知当事人可以变更诉讼请求。从提高诉讼效率、节约诉讼资源、保障当事人实体及诉讼权利的角度出发，由人民法院对上述问题进行释明，具有积极意义。

但是，审判实践中，上述规定的法律适用存在较大争议，主要表现在：（1）在案件尚未判决前，告知当事人人民法院对案件的看法是否违反了法官保持中立的原则，是否构成释明权的滥用？（2）告知当事人可以变更诉讼请求，是否违背了当事人处分原则？（3）告知的性质应如何理解？告知是法官的权利还是义务？如果二审对案件性质的看法与一审不一致，一审法官应否为其告知的行为承担责任？如为后者，二审是否能以一审法官未履行告知义务而将案件发回重审？（4）释明的程度以及告知的方式规定并不明确，比如，应否明确告知当事人合议庭关于法律性质及法律行为效力的认定，应否由合议庭当庭告

[①] 蔡虹：《释明权：基础透视与制度构建》，载《法学评论》2005年第1期。

知等，各地做法不一。① 持肯定观点的意见认为，告知变更诉讼请求是法院向当事人表明自己的法律观点，以免对当事人造成裁判突袭，能够促进法官与当事人之间的沟通交流。告知并不出于帮助某一方当事人胜诉，亦不影响当事人对是否变更诉讼请求的自由选择，并不违反中立原则与当事人处分原则。持否定观点的意见认为，告知当事人变更诉讼请求可能会影响其对自身诉讼权利的处分，有违当事人处分原则，同时可能破坏诉辩双方的平等对抗。

在当事人主张的法律关系性质或者民事行为效力与人民法院认定不一致时，不能简单驳回当事人的诉讼请求，以尽量避免裁判突袭的情形。同时，亦不应由人民法院根据自己的认识径行作出裁判，以致出现超出当事人诉讼请求裁判的严重违反处分原则和辩论主义的情形。考虑到释明问题在理论和实践中争议较大，我们对2001年《证据规定》第三十五条进行了适当修改，一是取消了人民法院应当告知当事人变更诉讼请求的规定，解决人民法院应如何进行适当告知的实务操作难题，避免对当事人处分权和审判中立原则造成不当冲击，同时为了防止法院"突袭裁判"，兼顾当事人诉讼权利的保障和法院裁判的正当合法性，本条规定明确人民法院应当将法律关系性质和民事行为效力的问题通过列为争议焦点进行审理，以保障当事人能够充分行使辩论权，对法律关系性质和民事行为效力问题有充分发表意见的机会，实现保障当事人合法权益、最大限度节约司法资源以及促进人民法院依法审判的有机结合。根据本条规定，对于法律关系性质对裁判理由及结果没有影响的情形，由于当事人的诉讼权利和实体权利并不因人民法院的认定受到影响，因此也就没有让当事人对此问题进行辩论的必要，人民法院自然没有将此问题作为焦点问题审理的必要。而如果法律关系的性质或者民事行为的效力等问题本来就是案件中双方当事

---

① 厦门市中级人民法院、厦门大学法学院联合课题组：《厦门市两级法院执行〈关于民事诉讼证据的若干规定〉情况的调研报告》，载《法律适用》2003年第4期。

人争议的焦点问题，已经由人民法院主持双方当事人进行了充分辩论，当事人的诉讼权利已经得到充分保障，也没有再次进行审理的必要，人民法院可以根据自己的认识对法律关系性质和民事行为效力问题作出认定，并以此为基础进行裁判。

三、举证期限应如何确定

当事人主张的法律关系性质或者民事行为效力与法院认定不一致，当事人根据法庭审理情况变更诉讼请求的，本条规定不再要求人民法院必须重新指定举证期限，而是赋予人民法院确定举证期限的裁量权。这是因为，当事人对其主张的法律关系性质或者民事行为的效力进行变更，虽发生了诉讼请求质的变化，但案件事实并不一定发生变化，不一定需要新的事实和证据，或者提供新的证据不一定需要与原举证期限相当的时间。在这种情况下，为避免无谓的诉讼消耗，提高诉讼效率，本规定修改为人民法院可以根据案件的具体情况重新指定举证期限，是否重新指定以及具体期限的确定应结合当事人的举证能力，综合考虑拟收集调取新证据的必要性、难易程度等因素，由人民法院视情形决定。

【审判实践中需要注意的问题】

1. 庭审过程中发现本规定情形时应如何处理

在案件开庭审理过程中，审判长或合议庭的其他成员认为当事人主张的法律关系或者民事行为效力与人民法院的认定不一致，应休庭合议。经合议认为，当事人主张的法律关系性质或者民事行为效力与合议庭根据案件事实作出的认定不一致的，可以在法庭调查、辩论中将相关问题作为争议焦点进行审理。

2. 注意区分适用本条第二款与本规定第五十五条第四项关于变更

诉讼请求时举证期限如何确定的规定

当事人因其主张的法律关系性质或者民事行为效力与人民法院根据案件事实作出的认定不一致，而变更诉讼请求的，举证期限的确定适用本规定第五十三条第二款的规定。当事人变更诉讼请求的其他情形，举证期限的确定方式则适用本规定第五十五条第四项的规定。

3. 当事人依据本规定申请诉讼请求变更的时限

当事人主张的法律关系性质和民事行为效力与人民法院认定不一致时，人民法院将上述问题归纳为争议焦点后，当事人据此申请变更诉讼请求的，应当在第一审程序法庭辩论终结前提出。

【法条链接】

《最高人民法院关于民事诉讼证据的若干规定》（2001年12月21日　法释〔2001〕33号）

第三十五条　诉讼过程中，当事人主张的法律关系的性质或者民事行为的效力与人民法院根据案件事实作出的认定不一致的，不受本规定第三十四条规定的限制，人民法院应当告知当事人可以变更诉讼请求。

当事人变更诉讼请求的，人民法院应当重新指定举证期限。

第五十四条 ［举证期限的延长］

当事人申请延长举证期限的，应当在举证期限届满前向人民法院提出书面申请。

申请理由成立的，人民法院应当准许，适当延长举证期限，并通知其他当事人。延长的举证期限适用于其他当事人。

申请理由不成立的，人民法院不予准许，并通知申请人。

【条文主旨】

本条在《民事诉讼法解释》第一百条、2001年《证据规定》第三十六条以及《举证时限规定通知》第六条内容的基础上进行整合形成，是关于举证期限延长的操作性规定。

【条文释义】

我国民事诉讼法律制度中关于举证期限的确定，采取的是指定期间兼约定期间的模式，举证期限在性质上属可变期间，可以由当事人向人民法院申请延长。举证期限的延长，不仅要满足当事人在举证期限内提交证据材料确有困难的实质要件，还应当满足一定的形式要件和程序性规定。本条关于举证期限延长的操作性规定，主要包括以下

四个方面的内容:

一、当事人申请延长举证期限的形式要件

延期举证申请的提出应符合法定的形式要件要求,这种要求体现在两个方面:

1. 当事人的申请应当在举证期限届满前提出。将当事人的申请行为视为举证行为,赋予相同法律效果,是最高人民法院自 2001 年《证据规定》以来的一贯立场。从这一观点出发,当事人申请延长举证期限的行为,当然应当遵守举证期限的要求。超过举证期限未申请期限的延长,视为当事人同意法院先前指定的举证期限;超过举证期限未申请期限的延长、亦未提供证据的,视为当事人放弃举证,其法律后果为证据失权。

2. 当事人的申请应当以书面方式提出。延长举证期限不仅与申请人有关,也涉及其他当事人的诉讼利益,从程序公正的角度出发,要求当事人以书面方式申请更为妥当。

二、人民法院对当事人申请延期的理由应当进行审查

民事诉讼期间的延长一般以当事人申请为限,而举证期限的延长则完全以当事人申请为原则,法院不依职权确定期间的延长,但是否延长举证期限,具体延长的期限如何,以及举证期限延长的次数,应经人民法院审查确定。人民法院对当事人延期举证申请的审查,除应审查当事人的延期举证申请是否在举证期限内以书面形式提出外,重点应围绕当事人的申请理由是否符合《民事诉讼法》第六十五条规定的在举证期限内提交证据确有困难的情形。本规定第五十一条已对"确有困难"的认定标准作出规定,即所谓确有困难,仅限于客观障碍,当事人主观上的原因不属于确有困难的情形,一般过失或轻微过失也不属于确有困难的情形。

三、举证期限延长的效果

人民法院经审查认为申请理由成立的,可以根据具体情况,适当延长举证期限。适当延长,意味着人民法院可以斟酌个案情况,决定与具体情况相对应的适当期限。强调"适当延长",主要目的在于保障诉讼在合理期间内进行,避免诉讼迟延。因此,法院一般只能合理延长举证期限。为便于法院确定举证期限延长的具体期限,当事人在举证期限延长申请书中,除列明具体理由之外,还应载明申请延长的期间,供法院作出延长举证期限决定时参考。

申请人的举证期限延长后,由于其他当事人的举证期限已经届满,如果期限延长仅适用于申请人,则其他当事人只能等待延长的期限届满后才能继续参与下一步的诉讼活动。这种状况对于推进诉讼、发现真实、保障程序公正毫无意义。因此,本条延续了《举证时限规定通知》和《民事诉讼法解释》第一百条规定的精神,在2001年《证据规定》第三十六条的基础上,增加规定延长的举证期限适用于其他当事人。

本条在起草过程中,曾考虑保留2001年《证据规定》中关于举证期限的延长一般不超过两次的规定,但经过讨论删除了延长次数的规定,主要有以下考虑:审判实践中多次申请延长举证期限的情况极为少见,人民法院对延长举证期限的申请有审查的权力,若当事人借举证期限的延长拖延诉讼,则人民法院不应准许期限延长;如确有必要多次延长,也没有不予准许的必要。是否准许延长举证期限应当由审理案件的人民法院根据具体情况灵活掌握,没必要限定延长举证期限的次数。

四、人民法院对于延长举证期限的申请有答复的义务

无论人民法院是否准许当事人的申请,均应通知当事人。在准许

延长举证期限的情况下,不仅应通知申请人,还应同时通知其他当事人。通知可以采取书面形式,也可以口头通知。

【审判实践中需要注意的问题】

1. 人民法院对当事人延长举证期限申请的答复,可以书面通知,也可以口头通知并记录在案。

2. 举证期限延长后,当事人在延长的举证期限内提供证据仍有困难的,能否再次申请延长举证期限,《民事诉讼法解释》第一百条关于举证期限延长的规定中没有作出规定。对于确实存在特殊情况需要再次延长举证期限的情形,人民法院可以根据案件具体情况决定是否准许再次延长举证期限,以避免因客观障碍在延长的举证期限内仍无法举证的当事人承担证据上的不利后果。为贯彻"法律不保护权利上的睡眠者"的法律理念,避免举证期限的规定被架空,人民法院对延长举证期限的申请理由应适当从严掌握。

【法条链接】

《中华人民共和国民事诉讼法》(2017年修正)

第六十五条 当事人对自己提出的主张应当及时提供证据。

人民法院根据当事人的主张和案件审理情况,确定当事人应当提供的证据及其期限。当事人在该期限内提供证据确有困难的,可以向人民法院申请延长期限,人民法院根据当事人的申请适当延长。当事人逾期提供证据的,人民法院应当责令其说明理由;拒不说明理由或者理由不成立的,人民法院根据不同情形可以不予采纳该证据,或者采纳该证据但予以训诫、罚款。

《最高人民法院关于适用〈中华人民共和国民事诉讼法〉的解释》（2015年1月30日　法释〔2015〕5号）

第一百条　当事人申请延长举证期限的，应当在举证期限届满前向人民法院提出书面申请。

申请理由成立的，人民法院应当准许，适当延长举证期限，并通知其他当事人。延长的举证期限适用于其他当事人。

申请理由不成立的，人民法院不予准许，并通知申请人。

《最高人民法院关于民事诉讼证据的若干规定》（2001年12月21日　法释〔2001〕33号）

第三十六条　当事人在举证期限内提交证据材料确有困难的，应当在举证期限内向人民法院申请延期举证，经人民法院准许，可以适当延长举证期限。当事人在延长的举证期限内提交证据材料仍有困难的，可以再次提出延期申请，是否准许由人民法院决定。

《最高人民法院关于适用〈关于民事诉讼证据的若干规定〉中有关举证时限规定的通知》（2008年12月11日　法发〔2008〕42号）

六、关于当事人申请延长举证期限的问题。当事人申请延长举证期限经人民法院准许的，为平等保护双方当事人的诉讼权利，延长的举证期限适用于其他当事人。

第五十五条 ［特殊情形下的举证期限的确定］

存在下列情形的，举证期限按照如下方式确定：

（一）当事人依照民事诉讼法第一百二十七条规定提出管辖权异议的，举证期限中止，自驳回管辖权异议的裁定生效之日起恢复计算；

（二）追加当事人、有独立请求权的第三人参加诉讼或者无独立请求权的第三人经人民法院通知参加诉讼的，人民法院应当依照本规定第五十一条的规定为新参加诉讼的当事人确定举证期限，该举证期限适用于其他当事人；

（三）发回重审的案件，第一审人民法院可以结合案件具体情况和发回重审的原因，酌情确定举证期限；

（四）当事人增加、变更诉讼请求或者提出反诉的，人民法院应当根据案件具体情况重新确定举证期限；

（五）公告送达的，举证期限自公告期届满之次日起计算。

【条文主旨】

本条系新增条文，是关于诉讼中存在特殊情形时如何确定举证期限的操作性规定，是在《举证时限规定通知》第三条、第五条、第七条、第八条、第九条内容的基础上进行整理、归纳形成。

【条文释义】

一、当事人提出管辖权异议时的举证期限

本条第一项在《举证时限规定通知》第三条的基础上，结合《民事诉讼法解释》的规定和审判实践的需要进行整理，对当事人提出管辖权异议时的举证期限计算方式作出了规定。《举证时限规定通知》第三条规定，当事人在一审答辩期内提出管辖权异议的，人民法院应当在驳回当事人管辖权异议的裁定生效后重新指定举证期限的规定，该通知是将管辖权异议认定为举证期限的中断事由，在驳回裁定生效后举证期限重新计算。而本条第一项则将管辖权异议修改为举证期限的中止事由，在驳回裁定生效后举证期限继续计算。无论是将管辖权异议理解为举证期间的中断事由还是中止事由，其共同点是将人民法院审理管辖权异议的期间剔除出举证期间。期间的剔除，是指受诉法院按照规定，不将期间进行中虽然用于某些必要事项或活动，但却难以精确控制的时间计入该项期间。期间剔除制度的意义在于合理减少诉讼期间的"虚耗"，保障诉讼期间能够得到实际、充分、有效的利用。《民事诉讼法》第八十二条第四款关于"期间不包括在途时间，诉讼文书在期满前交邮的，不算过期"的规定，即是关于期间剔除的规定。除此之外，2001年《最高人民法院案件审限管理规定》亦规定了八种期间不计入审理、执行期限，其中就包括审理当事人提出的管辖权异议的期间。当事人在一审答辩期内提出管辖权异议的，人民法院应当进行审查，在受诉法院的管辖权确定之前，其不能进行案件审理活动，若不将管辖权异议的审查时间剔除出举证期限，则必然影响当事人的举证权利。因此，无论是《举证时限规定通知》第三条，还是本条第

一项，均将人民法院审理当事人提出的管辖权异议的期间不计入举证期限内，以保障举证期限能够得到实际、充分、有效的利用。

依据本规定管辖权异议产生举证期限中止的效力，这意味着如果经审查受诉法院有管辖权的，则驳回管辖权异议的裁定生效之日即举证期限的中止事由消灭时，举证期限应恢复计算，而不是重新计算。本条第一项之所以将管辖权异议从举证期限的中断事由调整为中止事由，是考虑到根据调研情况，当事人滥用管辖权异议拖延诉讼的情况非常普遍，而管辖权异议两审审理期间较长，对管辖权异议的审理并不影响当事人收集、提供有关实体争议的证据。因此，本条的修改有利于在一定程度上消除管辖权异议对诉讼的拖延，也不影响当事人提供证据的权利。

二、新参加诉讼的当事人的举证期限

本条第二项延续了《举证时限规定通知》第五条的精神，并增加规定无独立请求权的第三人参加诉讼时的举证期限确定方式。

无独立请求权的第三人虽对当事人双方的诉讼标的没有独立请求权，但案件处理结果同他有法律上的利害关系，为了保护其合法权益，其在诉讼中有权了解原告起诉、被告答辩的事实和理由，并向人民法院递交陈述意见书，陈述自己对该争议的意见。开庭审理时，人民法院应当用传票传唤其出庭。在庭审中，无独立请求权的第三人可以陈述意见，提供证据，参加法庭辩论。而且，无独立请求权的第三人被判决承担民事责任的，有权提起上诉，在二审程序中可以提出上诉主张、提供证据、进行答辩、参加法庭辩论。因此，有必要对无独立请求权的第三人参加诉讼时的举证期限确定方式进行规定。

追加的当事人、有独立请求权的第三人或者无独立请求权的第三人，均属于新参加诉讼的当事人，其举证期限的确定方式适用本规定第五十条关于举证期限确定方式的一般规定，这是当事人诉讼权利平等原则的必然要求和具体体现。《民事诉讼法》第八条规定："民事诉讼当事人有平等的诉讼权利。人民法院审理民事案件，应当保障和便利当事人行使诉讼权利，对当事人在适用法律上一律平等。"在民事诉讼中，无论是原告、被告还是有独立请求权的第三人、无独立请求权的第三人，也不论当事人民族、性别、职业、社会出身、政治背景、宗教信仰、文化程度、经济状况等的差异，诉讼权利一律平等，人民法院应当一视同仁，保障和便利当事人行使诉讼权利。当事人诉讼权利平等是"公民在法律面前一律平等"这一宪法原则在民事诉讼中的体现，也是民事纠纷自身特点的反映。民事纠纷发生在平等的民事主体之间，在民事法律关系中当事人的地位完全平等，这就要求在解决民事纠纷的民事诉讼过程中，当事人也必须具有平等地位、享有平等的诉讼权利、承担平等的诉讼义务。诉讼权利的平等不意味着所有诉讼当事人的权利义务内容完全一致，比如有独立请求权的第三人有权提出独立的诉讼请求，而无独立请求权第三人则不享有提出独立诉讼请求的权利。举证期限是民事诉讼中的当事人、诉讼参加人提交证据的期限，民事诉讼中新参加诉讼的当事人同其他当事人一样享有平等的举证权利，故应适用关于举证期限确定的一般规定，即本规定第五十一条的规定来确定新参加诉讼的当事人的举证期限。

由于追加的当事人、有独立请求权的第三人和无独立请求权的第三人是加入已经开始的诉讼中，故其举证期限的起算点往往晚于已开始诉讼中当事人的举证期限起算点，如果新参加诉讼的当事人的举证期限不适用于其他当事人，则其他当事人只能等待新参加诉讼的当事人举证期限届满后才能继续参与下一步的诉讼活动。这种状况对于推进诉讼、发现真实、保障程序公正毫无意义。因此，本条延续了《举证时限规定通知》第五条精神，规定为新参加诉讼的当事人确定的举证期限适用于其他当事人。

三、发回重审案件的举证期限

本条第三项基本延续了《举证时限规定通知》第九条的精神,但条文表述更加简练,内容更加原则灵活。

发回重审是第二审人民法院审理上诉案件的裁判种类,重审意味着案件按照一审程序进行重新审理,则举证期限亦应当重新确定。根据《民事诉讼法》第一百七十条第三项、第四项的规定,第二审人民法院发回重审有两种情形:(1)原判决认定事实不清;(2)原判决存在遗漏当事人或者违法缺席判决等严重违反法定程序的情形。《民事诉讼法解释》第三百二十五条对《民事诉讼法》第一百七十条第四项规定的严重违反法定程序的情形作出细化规定,具体包括:(1)审判组织的组成不合法的;(2)应当回避的审判人员未回避的;(3)无诉讼行为能力人未经法定代理人代为诉讼的;(4)违法剥夺当事人辩论权利的。

对于因原判决认定事实不清而发回重审的案件,当事人在重审程序中往往会补充举证,补充的证据可能是证明新的事实的证据,也可能是补强证据,当事人在重审中举证的困难程度也可能与第一次审理时有所不同,此时赋予人民法院依据案件具体情况和发回重审的原因酌情确定举证期限,就更为灵活务实。

对于因违反法定程序发回重审的案件,《举证时限规定通知》第九条规定了两种举证期限的确定方式:一是人民法院在征求当事人的意见后,可以不再指定举证期限或者酌情指定举证期限;二是案件因遗漏当事人被发回重审的,按照《举证时限规定通知》第五条处理。本规定对违反法定程序发回重审案件的举证期限未再区分情形作细化规定,主要有以下考虑:(1)《民事诉讼法解释》第三百二十五条对《民事诉讼法》第一百七十条第四项规定的严重违反法定程序的情形作出了细化规定,《举证时限规定通知》第九条所规定的两种举证期限确定方式已不能涵盖《民事诉讼法解释》第三百二十五条的内容。（2）法官"酌情确定举证期限"的规定更为开放包容，涵盖了《举证时限规定通知》第九条所规定的人民法院在征求当事人的意见后，可以不再指定举证期限或者酌情指定举证期限的内容。（3）因遗漏当事人而发回重审的案件，其举证期限的确定可以适用本条第二项追加当事人情形下举证期限应如何确定的规定，不必重复规定。（4）重审案件的举证期限确定规则，与原审程序中举证期限的确定规则并无本质不同，从条文规定的简洁性、体系性出发，将确定举证期限的权利交由法官依据相关规定裁量确定即可。

总之，本项规定虽然删除了原《举证时限规定通知》第九条的相关内容，但承继了该条规定的基本精神。将发回重审案件举证期限的确定交由法官裁量，更便于法官根据案件实际情况灵活处理案件。

四、当事人增加、变更诉讼请求或提出反诉的举证期限

本条第四项基本延续了《举证时限规定通知》第七条的精神，但根据《民事诉讼法解释》第二百三十二条的规定作了相应调整。《举证时限规定通知》第七条中关于"当事人在一审举证期限内增加、变更诉讼请求或者提出反诉"的表述，已为《民事诉讼法解释》第二百三十二条所修改。《民事诉讼法解释》第二百三十二条对增加诉讼请求或提出反诉的时限作出了修改规定："在案件受理后，法庭辩论结束前，原告增加诉讼请求，被告提出反诉，第三人提出与本案有关的诉讼请求，可以合并审理的，人民法院应当合并审理。"可见，原告增加诉讼请求、被告提出反诉的时限不再是一审举证期限内，而是案件受理后，法庭辩论结束前，本条第四项规定据此作了相应调整。

（一）关于诉讼请求增加、变更时的举证期限确定方式

诉讼请求的增加、变更共同构成广义的诉的变更，而狭义的诉的变更仅指诉讼请求的变更，不包括诉讼请求的增加。我国《民事诉讼

法》及其司法解释明确将诉讼请求的变更与诉讼请求的增加予以区分，分别对两者的有关情形作出规定。诉讼请求的变更在法理上包括两种情形：（1）诉讼请求在量上的变化，如诉讼请求数额的增加或减少；（2）诉讼请求质的变化，即诉讼请求性质的变化，如将合同之诉变更为侵权之诉。诉讼请求的增加、变更使得人民法院的审理对象发生了变化，这使得当事人从事举证活动的证明对象也发生了变化，由此当事人及其他诉讼参加人进行举证活动的期限亦应重新计算。由于诉讼请求的增加、变更对举证期限变化的影响存在个案差异，不宜作统一要求，故为便于法官根据个案情形灵活确定举证期限、提高诉讼效率，本规定赋予法官根据案件具体情况重新确定举证期限的裁量权。

（二）关于反诉的举证期限确定方式

民事诉讼中的反诉，是指在已经开始的民事诉讼中，被告针对原告提出的与本诉有牵连的诉讼请求。被告反诉的目的，旨在通过反诉，抵消或者吞并本诉的诉讼请求，或者使本诉的诉讼请求失去意义。提起反诉是被告的一项诉讼权利，《民事诉讼法》规定反诉制度的目的，一方面，便于法院通过对反诉与本诉的合并审理，以同一诉讼程序解决相关民事纠纷，提高诉讼效率；另一方面，则是为了避免因分别审理而造成的裁判矛盾。反诉本质上是一个独立的诉，反诉中的当事人享有与本诉中的当事人同等的诉讼权利、负有同等的诉讼义务，故反诉的举证期限应独立于本诉的举证期限。因反诉的诉讼标的、待证事实与本诉不同，人民法院应依据举证期限确定的一般规则重新确定反诉的举证期限。如果人民法院不重新计算反诉的举证期限，则必然影响反诉中当事人举证活动的进行和诉讼权利的行使。因此，本条第四项规定当事人提出反诉的，人民法院应当根据案件具体情况重新确定举证期限。

五、公告送达案件的举证期限

本条第五项系新增加的规定，增加规定了公告送达案件的举证期限起算点。

民事诉讼中的送达作为一项诉讼行为，是指人民法院依照法定的程序和方式，将诉讼文书交给当事人和其他诉讼参与人的行为。民事诉讼中，所有需要交给当事人和其他诉讼参与人的诉讼文书都需要送达，诉讼文书未经送达，法院不能有效行使民事案件审判权，不能实施下一环节的诉讼行为；诉讼文书依法送达后，受送达人实施诉讼行为、行使诉讼权利和履行诉讼义务的起始时间才得以确定。因此，送达日期的确定对于诉讼活动期间的确定至关重要。《民事诉讼法》第八十四条第二款规定："受送达人在送达回证上的签收日期为送达日期。"但是，在实践中常常出现受送达人下落不明，或者采用直接送达、留置送达、委托送达、邮寄送达、转交送达这五种方式无法送达的情况。为保障民事诉讼活动的顺利进行，保障当事人的诉讼权利，《民事诉讼法》第九十二条第一款规定："受送达人下落不明，或者用本节规定的其他方式无法送达的，公告送达。自发出公告之日起，经过六十日，即视为送达。"据此，公告送达是一种拟制的送达，不需要受送达人签收，公告期满之日即发生送达的法律效果，公告期满之日即视为送达日期。对于公告送达案件受理通知书、应诉通知书、开庭传票的案件，在公告送达的送达日期确定后，案件当事人才能实施举证活动，故本条第五项规定公告送达的案件，从公告期届满之次日开始计算举证期限。

【审判实践中需要注意的问题】

1. 管辖权异议产生举证期限中止的效力，驳回管辖权异议的裁定生效之日举证期限应恢复计算，而不再是重新计算，这是本条与《举证时限规定通知》第三条的重大区别。

2. 参加诉讼的无独立请求权的第三人享有举证权利，人民法院应当依照本规定第五十一条的规定为无独立请求权的第三人确定举证期限，该举证期限适用于其他当事人。

3. 应注意区分本规定第五十五条第四项规定与本规定第五十三条第二款规定的适用。当事人因其主张的法律关系性质或者民事行为效力与人民法院根据案件事实作出的认定不一致，而变更诉讼请求的，举证期限的确定适用本规定第五十三条第二款的规定。当事人变更诉讼请求的其他情形，举证期限的确定方式则适用本规定第五十五条第四项的规定。

4. 依据《民事诉讼法解释》第一百四十条的规定，适用简易程序的案件，不适用公告送达。因此，本规定第五十五条第五项关于公告送达案件举证期限起算点的规定，不适用于适用简易程序的案件。

【法条链接】

《中华人民共和国民事诉讼法》（2017年修正）

第一百二十七条　人民法院受理案件后，当事人对管辖权有异议的，应当在提交答辩状期间提出。人民法院对当事人提出的异议，应当审查。异议成立的，裁定将案件移送有管辖权的人民法院；异议不成立的，裁定驳回。

第一百七十条　第二审人民法院对上诉案件，经过审理，按照下列情形，分别处理：

（一）原判决、裁定认定事实清楚，适用法律正确的，以判决、裁定方式驳回上诉，维持原判决、裁定；

（二）原判决、裁定认定事实错误或者适用法律错误的，以判决、裁定方式依法改判、撤销或者变更；

（三）原判决认定基本事实不清的，裁定撤销原判决，发回原审人民法院重审，或者查清事实后改判；

（四）原判决遗漏当事人或者违法缺席判决等严重违反法定程序的，裁定撤销原判决，发回原审人民法院重审。

原审人民法院对发回重审的案件作出判决后，当事人提起上诉的，第二审人民法院不得再次发回重审。

《最高人民法院关于适用〈中华人民共和国民事诉讼法〉的解释》（2015年1月30日　法释〔2015〕5号）

第一百四十条　适用简易程序的案件，不适用公告送达。

第二百三十二条　在案件受理后，法庭辩论结束前，原告增加诉讼请求，被告提出反诉，第三人提出与本案有关的诉讼请求，可以合并审理的，人民法院应当合并审理。

第三百二十五条　下列情形，可以认定为民事诉讼法第一百七十条第一款第四项规定的严重违反法定程序：

（一）审判组织的组成不合法的；

（二）应当回避的审判人员未回避的；

（三）无诉讼行为能力人未经法定代理人代为诉讼的；

（四）违法剥夺当事人辩论权利的。

《最高人民法院关于适用〈关于民事诉讼证据的若干规定〉中有关举证时限规定的通知》（2008年12月11日　法发〔2008〕42号）

三、关于当事人提出管辖权异议后的举证期限问题。当事人在一审答辩期内提出管辖权异议的，人民法院应当在驳回当事人管辖权异议的裁定生效后，依照《证据规定》第三十三条第三款的规定，重新指定不少于三十日的举证期限。但在征得当事人同意后，人民法院可以指定少于三十日的举证期限。

五、关于增加当事人时的举证期限问题。人民法院在追加当事人或者有独立请求权的第三人参加诉讼的情况下，应当依照《证据规定》第三十三条第三款的规定，为新参加诉讼的当事人指定举证期限。该举证期限适用于其他当事人。

七、关于增加、变更诉讼请求以及提出反诉时的举证期限问题。当事人在一审举证期限内增加、变更诉讼请求或者提出反诉，或者人民法院依照《证据规定》第三十五条的规定告知当事人可以变更诉讼请求后，当事人变更诉讼请求的，人民法院应当根据案件的具体情况重新指定举证期限。当事人对举证期限有约定的，依照《证据规定》第三十三条第二款的规定处理。

八、关于二审新的证据举证期限的问题。在第二审人民法院审理中，当事人申请提供新的证据的，人民法院指定的举证期限，不受"不得少于三十日"的限制。

九、关于发回重审案件举证期限问题。发回重审的案件，第一审人民法院在重新审理时，可以结合案件的具体情况和发回重审的原因等情况，酌情确定举证期限。如果案件是因违反法定程序被发回重审的，人民法院在征求当事人的意见后，可以不再指定举证期限或者酌情指定举证期限。但案件因遗漏当事人被发回重审的，按照本通知第五条处理。如果案件是因认定事实不清、证据不足发回重审的，人民法院可以要求当事人协商确定举证期限，或者酌情指定举证期限。上述举证期限不受"不得少于三十日"的限制。

第五十六条 ［证据交接时间的确定、证据交换与举证期限的关系］

人民法院依照民事诉讼法第一百三十三条第四项的规定，通过组织证据交换进行审理前准备的，证据交换之日举证期限届满。

证据交换的时间可以由当事人协商一致并经人民法院认可，也可以由人民法院指定。当事人申请延期举证经人民法院准许的，证据交换日相应顺延。

【条文主旨】

本条由2001年《证据规定》第三十八条修改、完善形成，是关于证据交换时间的确定、证据交换与举证期限关系的规定。

【条文释义】

证据交换是指在人民法院的组织下，当事人之间将各自持有的证据与对方进行交换，是审前程序的中心。证据交换时间在答辩期届满后至开庭审理前，目的在于通过证据交换使当事人在庭审前即将全部证据提出，整理证据、固定争点，使庭审集中化，保障开庭审理的顺利进行。证据交换是我国民事审判方式改革和司法体制改革的成果之一，反映了司法实践的实际需求。《最高人民法院关于第一审经济纠纷案件适用普通程序开庭审理的若干规定》（已失效）最早规定了证据交换，即开庭前，合议庭可以召集当事人交换、核对证据。1998年《审判方式改革规定》明确"案情比较复杂、证据材料较多的案件，可以组织当事人交换证据。"2001年《证据规定》对证据交换进行了具体规定。2012年《民事诉讼法》修改时增加了第一百三十三条规定，将证据交换作为庭前会议的一项重要内容，从而确立了证据交换在民事诉讼基本法上的地位。

证据交换制度最早起源于16世纪下半期的英国衡平法实践，目的在于防止当事人运用证据突袭的诉讼技巧损害诉讼的公平正义。1851年施行的《证据法》首次授权英联邦普通法院在审理诉讼案件时进行证据开示，即证据开示制度不再局限于衡平法案件。根据《布莱克法律词典》的注释：证据开示制度指了解原先所不知道的、未知的，揭露和挖掘隐藏起来的东西，主要用于一方当事人从另一方当事人获得和持有与案件有关的信息情形。1938年美国《联邦民事诉讼规则》正式将证据开示制度法典化，使之成为一项正式的法定程序。大陆法系国家和地区如法国、德国有审前程序，其中包括证据交换。英美法系国家和地区的诉答、证据开示、审前会议具有严格的阶段性，而法国、德国的审前程序未作上述严格区分。英美法系传统国家证据开示的核心是证据提取，由当事人主导，大陆法系传统国家的审前程序是以法官主导的证据调查程序为核心。虽然我国的证据交换制度借鉴了英美法系的证据开示制度，但是在理解我国的证据交换制度时要注意与英美法系国家和地区的证据开示制度进行区分。主要表现在以下三点：一是英美法系由诉答程序确定争点，以确定证据开示的范围，我国则需要通过证据交换确定争点；二是证据开示制度的核心是证据资料的全面提取，我国需要通过当事人举证规则、举证时限、法院调查收集证据规则共同配合完成证据全面提取收集功能。三是我国证据交换的运行系法官主持下双方当事人共同参与，法官为主导；证据开示的进行则是当事人主导，当事人根据证据提取规则要求对方当事人披露相关证据。①

本条款是对 2001 年《证据规定》第三十八条的承继，目的是发挥证据交换在整理证据、归纳争点，提高审判质量和效力方面的积极作用。证据交换有利于实现公平诉讼，提高审判质量和审判效率，同时也有利于实现审判的集中化，节省司法资源。庭前证据交换可以发挥以下作用：

1. 明确争议焦点，充分体现对抗性。当事人在开庭前掌握对方的证据材料，有时间有条件在庭审之前对证据的客观性、关联性和合法性进行详细审查，充分准备质证意见。在法庭上，当事人有的放矢，开展高质量的质证和辩论，避免了对抗的盲目性和效果不强的缺点。

2. 提高庭审效率，发挥庭审功能。庭前证据交换的效率来源有三：一是对案情复杂的案件，审判人员对案件的争议焦点有了明确认识，有利于抓住重点，引导当事人围绕争议焦点举证、质证和认证，发挥庭审的功能；二是对有异议的证据的核实准备成为置于法庭之外的自觉行为，由当事人在庭外完成，对证据材料较多的案件，双方当事人无异议的证据只需在庭审中简要阐述该证据内容，说明证明问题即可；三是通过证据交换使当事人知己知彼，促成一部分案件和解和撤诉。

3. 避免证据突袭，有利司法公正。庭前证据交换一般都向当事人指定证据交纳的期限，保证在庭审之前通过交换掌握对方当事人证据，避免庭审中证据突袭。② 当事人在庭审时能够公平对抗，由客观事实而不是证据突袭或者诉讼技巧决定案件结果。

---

① 丁宝同：《民事诉讼审前证据交换规则研究》，厦门大学出版社 2013 年版，第 70～71 页、第 166 页。
② 参见高洪宾、何海彬：《庭前证据交换实务问题研究》，载《政治与法律》2001 年第 1 期。

一、证据交换与举证期限的关系

证据交换制度要实现整理争议焦点和证据的功能,更好发挥庭审作用,提高审判质量和效率,必须与举证期限密切结合起来。2001年《证据规定》第三部分以"举证时限与证据交换"为题作出相关规定,也说明证据交换与举证时限密不可分。2001年《证据规定》公布施行之前,在相当长的时期里对证据的提出实行"随时提出主义"。当事人不仅在一审法庭辩论终结前的任何阶段都可以向法院提出新的证据,即使诉讼进入了第二审程序,当事人还可以向法院提供新的证据,甚至在判决生效后,当事人只要有足以推翻原判决的新证据,就能够根据《民事诉讼法》的规定,向法院申请再审,而法院对此种情形也应当进行再审。2001年《证据规定》关于举证期限和证据交换制度的设立使我国民事诉讼从原来的证据"随时提出主义"转为"适时提出主义"。

举证期限要求负有举证责任的当事人在法律规定或者人民法院指定的期限内提供证据证明其主张,逾期不提供将承担不利的法律后果。举证期限制度应包含两方面内容:一是举证的期限,指由当事人约定或法院指定的期间,当事人应当在此期间内提供支持其主张的证据;二是逾期举证的法律后果,指如果当事人在该期间内不提供相应的证据,且没有正当理由,则承担不利的后果。2001年《证据规定》第三十四条规定:"当事人应当在举证期限内向人民法院提交证据材料,当事人在举证期限内不提交的,视为放弃举证权利。/对于当事人逾期提交的证据材料,人民法院审理时不组织质证。但对方当事人同意质证的除外。"该不利后果即证据失权。所谓证据失权是指当事人丧失提出证据的权利,实质是丧失了证明权。2012年《民事诉讼法》第六十五条第二款规定:"当事人逾期提供证据的,人民法院应当责令其说明理由;拒不说明理由或者理由不成立的,人民法院根据不同情形可以不予采纳该证据，或者采纳该证据但予以训诫、罚款。"因此，证据必须在一定的时间范围内提出来，否则证据可能失去了证据的效力，即证据失权；或者人民法院虽因该证据与案件基本事实有关而采纳，但会依照《民事诉讼法》第六十五条、第一百一十五条第一款的规定予以训诫、罚款。

举证时限和证据交换是密切相关的制度，证据交换的日期与举证期限必须保持一致，举证期限延长导致证据交换日期顺延。在诉讼程序中实行证据交换的，无论是通过当事人协商的方式还是人民法院指定的方式确定证据交换之日，证据交换之日举证期限届满，之后再行提交的证据视为逾期提交证据。如果允许当事人在整个诉讼过程中不受任何时间和条件的限制随时提出证据，那么设立证据交换制度所要追求的整理证据和固定争点的基础功能就无从体现落实。

二、关于证据交换时间的确定原则和方式问题

证据交换的时间区间由法律规定。《民事诉讼法》第一百三十三条规定："人民法院对受理的案件，分别情形，予以处理：……（四）需要开庭审理的，通过要求当事人交换证据等方式，明确争议焦点。"《民事诉讼法解释》第二百二十四条规定："依照民事诉讼法第一百三十三条第四项规定，人民法院可以在答辩期届满后，通过组织证据交换、召集庭前会议等方式，作好审理前的准备。"因此，证据交换的时间区间是答辩期届满后开庭审理前这一区间内，该区间是法定的，当事人不能协商确定，人民法院亦不能指定。

在区间内证据交换的时间点的确定，通常有两种做法，一种是由当事人协商一致并经人民法院准许的方式，另一种是由人民法院指定的方式。前者是首选方案，体现了民事诉讼中当事人处分原则，后者是备选方案。从尊重当事人诉讼权利的角度看，既然举证期限可以由当事人协商并经人民法院准许的方式确定，那证据交换的日期也可以

由当事人协商一致并经人民法院许可的方式确定。因为在当事人主义诉讼模式中，证据交换是由当事人依照《民事诉讼法》的规定自主运作的，法院则保持最大限度的消极性和中立性。如果当事人在对抗初期能就证据交换日期协商一致，那对双方当事人纠纷的下一步解决是有好处的。当事人协商一致确定的证据交换日期只要不影响人民法院案件的审理或者存在其他不应准许的情形，人民法院一般均会同意。从司法实践中看，证据交换多由人民法院指定的方式确定，但并不妨碍人民法院指定证据交换之日时充分听取双方当事人的意见，体现了当事人的自治性。如果当事人就证据交换日期发生争议，如一方当事人想尽快进行证据交换，以便于进行反驳和答辩，而另一方并不想证据交换，或者不想让对方尽早知道自己手中的证据而拖延，那可以通过人民法院指定的方式确定证据交换日期。根据《民事诉讼法解释》第九十九条的规定，人民法院确定举证期限，第一审普通程序案件不得少于十五日，当事人提供新的证据的第二审案件不得少于十日。人民法院通过组织证据交换进行审理前准备的，证据交换之日举证期限届满。因此，在人民法院指定证据交换日期时，时间点应当符合上述关于举证期限的规定，即第一审普通程序案件不得少于十五日，当事人提供新的证据的第二审案件不得少于十日。本规定第五十一条第一款对一二审举证期限作了相同规定。需要注意的是，2001年《证据规定》第三十三条第三款规定："由人民法院指定举证期限的，指定的期限不得少于三十日，自当事人收到案件受理通知书和应诉通知书的次日起计算。"而本规定之所以将期限调整为十五日和十日，是因为举证期限的起算点是从答辩期届满之日起算，不再是"收到案件受理通知书和应诉通知书的次日起计算"，事实上两者并无太大差距。

根据《民事诉讼法》第六十五条第二款规定，当事人在举证期限内提供证据确有困难的，可以向人民法院申请延长期限，人民法院根据当事人的申请适当延长。由于举证期限届满之日与证据交换之日保持一致，如果当事人在确定的举证期限内无法完成举证，申请延期举证经人民法院准许的，证据交换日期应相应顺延。

【审判实践中需要注意的问题】

1. 当事人超出举证期限提交证据能否组织质证

证据交换的重要作用在于防止当事人证据突袭、诉讼拖延，提高诉讼效率。庭前证据交换并非只有一次机会，当事人提交反驳证据、补强证据，人民法院根据当事人申请延长举证期限的，均可再次进行证据交换。有些当事人在证据交换终结后，在庭审中或者庭审后又提交证据。该类证据能否再组织质证，由法院根据法律规定、案件事实和审理需要来决定。《民事诉讼法解释》第一百零二条规定："当事人因故意或者重大过失逾期提供的证据，人民法院不予采纳。但该证据与案件基本事实有关的，人民法院应当采纳，并依照民事诉讼法第六十五条、第一百一十五条第一款的规定予以训诫、罚款。／当事人非因故意或者重大过失逾期提供的证据，人民法院应当采纳，并对当事人予以训诫。／当事人一方要求另一方赔偿因逾期提供证据致使其增加的交通、住宿、就餐、误工、证人出庭作证等必要费用的，人民法院可予支持。"证据交换后当事人逾期提交的证据能否采纳，由法院根据当事人的主观过错，证据与案件基本事实的关联，作出决定。即便法院采纳证据，如果当事人逾期提交证据存在故意或者重大过失，法院会依照《民事诉讼法》第六十五条、第一百一十五条第一款的规定予以训诫、罚款。若证据与案件基本事实有关，当事人逾期提供证据的理由成立（系因客观原因），或者对方当事人对逾期提供证据不持异议的，可以组织双方对证据进行询问、质证。

2. 证据交换适用的证据范围

证据交换主要对当事人提出的证据进行交换。司法实践中，一些法院习惯于证据交换的范围多以书证为主，而鉴定意见、证人证言、电子数据等则往往采取"一步到庭"的方式，这限制了证据交换的功能，也不利于案件的审理。因此，在采取证据交换分式整理争点、固定证据的情形下，应当尽量引导当事人在证据交换中出示全部证据。

3. 证据交换适用的案件范围

2001年《证据规定》第三十七条规定："经当事人申请，人民法院可以组织当事人在开庭审理前交换证据。/人民法院对于证据较多或者复杂疑难的案件，应当组织当事人在答辩期届满后、开庭审理前交换证据。"根据该规定，法院对"证据较多或者复杂疑难的案件"应进行证据交换，而对证据不多或者案情简单的，可以不进行证据交换。作出该规定的一个原因是希望提高诉讼效率，减少法官工作量，但是"证据较多或者复杂疑难的案件"的界限并不清晰，法官在进行证据交换之前也无法对案件的复杂程度和证据的数量提前作出准确判断；此外，证据交换的一项重要功能是固定争议焦点，使庭审集中化，提高庭审效率。即便案件证据不多，也不够疑难复杂，也需要整理证据和固定争点。上述标准并不能涵盖需要进行证据交换的所有案件。本次修改删除该规定，根据《民事诉讼法》第一百三十三条第四项规定，对于需要开庭审理的案件，根据案件具体情况均可进行证据交换，确定争议焦点。

4. 证据交换与审前程序

《民事诉讼法解释》第二百二十四条规定："依照民事诉讼法第一百三十三条第四项规定，人民法院可以在答辩期届满后，通过组织证据交换、召集庭前会议等方式，作好审理前的准备。"第二百二十五条规定："根据案件具体情况，庭前会议可以包括下列内容：（一）明确原告的诉讼请求和被告的答辩意见；（二）审查处理当事人增加、变更诉讼请求的申请和提出的反诉，以及第三人提出的与本案有关的诉讼请求；（三）根据当事人的申请决定调查收集证据，委托鉴定，要求当事人提供证据，进行勘验，进行证据保全；（四）组织交换证据；（五）归纳争议焦点；（六）进行调解。"审前程序是民事诉讼程序的一个组成部分，是庭审之前存在的一个独立程序阶段，其兼具程序方面和实体方面的目的，既有为庭审程序有效运行服务的目的，也有将有待庭审解决的问题提前的目的；既有明确争议焦点和整理证据的功能，还有繁简分流及和解的功能。证据交换是审前程序的重要环节，但并非审前程序的全部内容，审前程序还包括调查收集证据，委托鉴定，进行和解等，证据交换与其他环节相互配合能够使审前程序的功能得到充分发挥，实践中，应注意予以区分。

【法条链接】

《中华人民共和国民事诉讼法》（2017年修正）

第六十五条 当事人对自己提出的主张应当及时提供证据。

人民法院根据当事人的主张和案件审理情况，确定当事人应当提供的证据及其期限。当事人在该期限内提供证据确有困难的，可以向人民法院申请延长期限，人民法院根据当事人的申请适当延长。当事人逾期提供证据的，人民法院应当责令其说明理由；拒不说明理由或者理由不成立的，人民法院根据不同情形可以不予采纳该证据，或者采纳该证据但予以训诫、罚款。

第一百一十五条 对个人的罚款金额，为人民币十万元以下。对单位的罚款金额，为人民币五万元以上一百万元以下。

拘留的期限，为十五日以下。

被拘留的人，由人民法院交公安机关看管。在拘留期间，被拘留人承认并改正错误的，人民法院可以决定提前解除拘留。

第一百三十三条 人民法院对受理的案件，分别情形，予以处理：

（一）当事人没有争议，符合督促程序规定条件的，可以转入督促程序；

（二）开庭前可以调解的，采取调解方式及时解决纠纷；

（三）根据案件情况，确定适用简易程序或者普通程序；

（四）需要开庭审理的，通过要求当事人交换证据等方式，明确争议焦点。

《最高人民法院关于适用〈中华人民共和国民事诉讼法〉的解释》（2015年1月30日　法释〔2015〕5号）

第九十九条　人民法院应当在审理前的准备阶段确定当事人的举证期限。举证期限可以由当事人协商，并经人民法院准许。

人民法院确定举证期限，第一审普通程序案件不得少于十五日，当事人提供新的证据的第二审案件不得少于十日。

举证期限届满后，当事人对已经提供的证据，申请提供反驳证据或者对证据来源、形式等方面的瑕疵进行补正的，人民法院可以酌情再次确定举证期限，该期限不受前款规定的限制。

第一百零二条　当事人因故意或者重大过失逾期提供的证据，人民法院不予采纳。但该证据与案件基本事实有关的，人民法院应当采纳，并依照民事诉讼法第六十五条、第一百一十五条第一款的规定予以训诫、罚款。

当事人非因故意或者重大过失逾期提供的证据，人民法院应当采纳，并对当事人予以训诫。

当事人一方要求另一方赔偿因逾期提供证据致使其增加的交通、住宿、就餐、误工、证人出庭作证等必要费用的，人民法院可予支持。

第二百二十四条　依照民事诉讼法第一百三十三条第四项规定，人民法院可以在答辩期届满后，通过组织证据交换、召集庭前会议等方式，作好审理前的准备。

《最高人民法院关于民事诉讼证据的若干规定》（2001年12月21日 法释〔2001〕33号）

第三十三条 人民法院应当在送达案件受理通知书和应诉通知书的同时向当事人送达举证通知书。举证通知书应当载明举证责任的分配原则与要求、可以向人民法院申请调查取证的情形、人民法院根据案件情况指定的举证期限以及逾期提供证据的法律后果。

举证期限可以由当事人协商一致，并经人民法院认可。

由人民法院指定举证期限的，指定的期限不得少于三十日，自当事人收到案件受理通知书和应诉通知书的次日起计算。

第三十四条 当事人应当在举证期限内向人民法院提交证据材料，当事人在举证期限内不提交的，视为放弃举证权利。

对于当事人逾期提交的证据材料，人民法院审理时不组织质证。但对方当事人同意质证的除外。

当事人增加、变更诉讼请求或者提起反诉的，应当在举证期限届满前提出。

第三十七条 经当事人申请，人民法院可以组织当事人在开庭审理前交换证据。

人民法院对于证据较多或者复杂疑难的案件，应当组织当事人在答辩期届满后、开庭审理前交换证据。

第三十八条 交换证据的时间可以由当事人协商一致并经人民法院认可，也可以由人民法院指定。

人民法院组织当事人交换证据的，交换证据之日举证期限届满。当事人申请延期举证经人民法院准许的，证据交换日相应顺延。

第五十七条 ［证据交换］

证据交换应当在审判人员的主持下进行。

在证据交换的过程中，审判人员对当事人无异议的事实、证据应当记录在卷；对有异议的证据，按照需要证明的事实分类记录在卷，并记载异议的理由。通过证据交换，确定双方当事人争议的主要问题。

【条文主旨】

本条承继2001年《证据规定》第三十九条的内容，是关于证据交换的具体操作和功能的规定。

【条文释义】

本条规定了证据交换的实务操作问题。第一款规定主持证据交换的人员，第二款对证据交换的过程和目的作出了原则规定。

一、证据交换主持人员

本条规定的"审判人员"究竟如何理解？有的理解为案件的主审法官，有的理解还包括法官助理和书记员。我们认为，证据交换作为人民法院主持下双方当事人参与的一项民事诉讼活动，是人民法院审判活动的重要组成部分。要科学地确定证据交换的主体，必须首先明确证据交换程序的法律属性。证据交换属于审前程序，审前程序中也确有准备的内容，但证据交换放在审前进行，其本质乃是为了简化程序而实行的庭审程序的前移，它和庭审程序中对证据的提供和质辩是联为一体的。正因如此，本规定第六十条第一款规定："当事人在审理前的准备阶段或者人民法院调查、询问过程中发表过质证意见的证据，视为质证过的证据。"第六十八条第一款规定："人民法院应当要求证人出庭作证，接受审判人员和当事人的询问。证人在审理前的准备阶段或者人民法院调查、询问等双方当事人在场时陈述证言的，视为出庭作证。"从这个角度看，证据交换一般应当由具有审判权的法官主持。从《民事诉讼法解释》第四十八条"民事诉讼法第四十四条所称的审判人员，包括参与本案审理的人民法院院长、副院长、审判委员会委员、庭长、副庭长、审判员、助理审判员和人民陪审员"中关于审判人员的列举，也可进一步证明审判人员的范围。

对法官而言，还有一个是否由主持庭审的法官来主持证据交换的问题。对此主要有"分离制"与"合一制"两种做法，分离制是准备法官与审理法官相分离，主持证据交换的法官不参加案件的实体审理，采用这种做法的国家主要有美国、英国和法国等。合一制是主持证据交换和审理案件工作由合议庭一名法官主持，采用这种方式的主要有德国、日本等。两种做法在国内外的司法实践中都可以找到依据，也确实各有优缺点。从我国司法实践看，证据交换的目的之一就是为了让承办法官提前了解案件事实，明确双方争执所在，做到心中有数。如果采取分离制，就意味着承办法官到庭审之时还要从头开始认识案件事实，明确争议焦点，熟悉证据，证据交换制度的功能受到限制。由审判人员主持证据交换，有利于尽早了解案件的争议焦点，熟悉案情，调动当事人进行证据交换的积极性，使双方当事人对案件的证据明了，清楚认识到自己的有利方面和不利方面，和解和撤诉的概率加大，由审判人员主持，可以及时完成调解和撤诉工作，节省司法资源。

综上，我们认为证据交换应当由审判员或合议庭主持。因为庭前证据交换程序包含了当事人陈述、举证和质证的内容，与庭审程序法庭调查阶段的一部分内容相重合，是一项比较完整的诉讼活动。此外，根据《最高人民法院司法责任制实施意见（试行）》第13条规定法官助理可以协助法官组织庭前证据交换，可以根据案件的实际情况，由合议庭委托法官助理协助主持证据交换。法官助理主持，只是辅助性的，作为承办法官不能主持时的补充。

二、证据交换的操作和功能

证据交换的主要目的是整理证据，固定争议焦点，实现庭审集中审理。如果所有证据均在开庭审理时出示，进行质证，会使庭审集中在事实调查，发现争议焦点，延长审理时间。在审理前对证据予以整理，确定争议焦点，能够使庭审更为集中。所谓整理证据实质是对各方当事人提交的证据材料，根据当事人在证据交换过程中的质证意见进行区分，确定哪些是有争议的证据，哪些是无争议的证据。通过证据整理，当事人在审前就能够对对方的证据进行分析，对其真实性、合法性和关联性予以核实，做好辩论准备，减少在开庭时的思考时间。此外，当事人可以因司法认知和对方当事人自认而免于举证，因对某些证据达成一致意见免于庭审中进行辩论，从而使庭审集中在双方存在争议的证据上。[①]

在实际操作中，双方当事人应当对其提交的证据材料逐一分类编号，对证据材料的来源、证明对象和内容作简要说明，并提供给对方查验和发表意见。当事人可以就证据的来源询问对方，并可就复印件

---

① 李国光主编：《最高人民法院〈关于民事诉讼证据的若干规定〉的理解与适用》，中国法制出版社2002年版，第296~297页。

与原物原件进行比对、发表意见。通过证据交换，双方当事人互相了解对方的证据和理由，也便于针对对方的证据进一步提供反驳的证据和理由。当事人在证据交换中无异议的事实和证据，应由书记员记录在案，开庭审理阶段可以不再进行举证质证，有利于提高庭审效率。对于当事人没有异议的证据，除非有相反证据证明，当事人不得随意变更或撤销其对证据和事实的承认。这体现了民事诉讼中的诚实信用原则。当事人对有异议的证据，按照案件法律关系和需要证明的事实分类记录在卷，并记载异议的理由，以便于在开庭审理阶段集中进行举证、质证和辩论。考虑到不同当事人的诉讼能力和表达能力不同，在证据交换过程中，法官可以针对交换证据的情况，指导当事人围绕自己的诉讼主张、争议的焦点及案件的事实举证。但这种指导一般是宏观、抽象的，不应是微观、具体的指导，否则可能有失中立性，影响公正裁判。

争点是指当事人对解决案件的关键事实的真伪或者是否存在持有不同主张。如果当事人对案件关键事实不存在争议，就可以节省法庭调查的时间，将庭审集中在法庭辩论。争议焦点的固定是对各方当事人所提出的事实主张，根据当事人在证据交换过程中的陈述进行区分，固定实质争议焦点。从其他国家的诉讼模式看，对争点进行整理所处的程序阶段不尽一致，有的放在程序启动之初，通过双方当事人起诉状和答辩状的反复交换来整理争点；有的放在审前程序中，通过准备书状的交换或者通过证据收集和交换的过程，来达到明确争点的目的；有的则是通过庭审的方式对争点予以确定。通过诉答程序整理争点，实际上是离开对证据的了解而抽象地主张事实，从而明确争点，通过这种方式整理争点会有偏差。通过庭审程序来整理争点，可能会反复进行，浪费诉讼资源。而通过审前程序来整理争点，一方面结合了证据的收集和交换，各方能够深入了解案件事实，整理出真正的争点，另一方面又可以设定灵活的方式来整理争点，有利于节约司法资源。

通过庭前的证据交换，诉讼材料被充分展示出来，人民法院对当事人无异议的证据和事实基本掌握，有利于提升争点归纳的全面、客观性，由此来确定的争议问题更接近纠纷的实质。

当事人主要围绕事实争点举证，整理证据和固定争点是互动或交替进行。当事人双方在进入审前程序后，首先按照诉答文书主张相对立的事实，从而形成初步的争点，在该初步争点的指导下，双方开始证据交换。证据交换中，事实争点范围可能扩大，也可能因当事人的自认而缩小或者变更，双方再围绕新确定的争点继续交换证据。如此往复，双方均认同了他们之间所存在的真正的争议之处，成为本案的具有程序制约力的争点。① 在争议焦点固定过程中，当事人可以通过协商的形式限缩争点，法官可以对争点的范围作出取舍，保证争点的准确性与完整性。

【审判实践中需要注意的问题】

1. 书记员在证据交换中的作用

通常，书记员不应主持证据交换。如果仅仅是书面性证据交换的接收，可以考虑在审理法官的指挥和监督下由书记员接收证据，依据《民事诉讼法》第六十六条的规定出具收据，并将所交换的证据材料送达给其他当事人。如果需要对当事人的质证意见进行记录，则不能单独由书记员进行。

2. 争点整理的复杂性

争点整理是一项审理技术。证据交换和争点整理交织在一起，当事人在证据交换中会逐渐发现事实，争点会发生变化。我国未对争点整理的效力作出规定，无法避免当事人于争点固定后又变更诉讼标的

---

① 汤维建：《民事诉讼中证据交换制度的确立和完善》，载《法律科学（西北政法学院学报）》2004年第1期。

或提出新的事实主张和证据。再由于当事人法律知识、诉讼技能的欠缺或者自身认识上的主观性等因素，争点的变动与逐步呈现在审判工作中成为常态。主持证据交换的审判人员应充分认识争点的变动性，识别当事人无实质争议的事实，归纳和确认双方的争点，从而使实质争点进入庭审。

3. 证据交换的方式

证据交换的主要方式是法院召集当事人在场当面交换证据，其区别于正式的庭审，虽然当事人在场，但是不对外公开，程序运作较为灵活，不严格区分庭审调查、辩论、调解、最后陈述等阶段。当事人的质证意见和固定的争议焦点记入笔录。该种方式能够使当事人及时了解对方当事人的意见，通过相互交换意见，固定争议焦点。另外一种方式是采取书面形式，法院将当事人提交的证据及书面意见相互转交。该种证据交换方式，看似节省时间，但是由于当事人不能面对面质证，不利于及时发现和调整争点。此外，科学技术的发展使得证据交换可以在线上进行，省去在途时间。互联网法院可以组织在线证据交换，当事人将在线电子数据上传、导入诉讼平台，或者将线下证据通过扫描、翻拍、转录等方式进行电子化处理后上传至诉讼平台进行举证。在具备条件的情况下，法院还可以使用"视频会议""电视电话会议"等方式进行证据交换。法院可以根据当事人的意见和工作安排灵活确定证据交换的方式。既要防止证据交换简单化、程序化，使之流于形式，也要防止证据交换庭审化。

4. 证据交换中应注意促进当事人和解

《民事诉讼法》第一百二十二条、第一百三十三条规定："当事人起诉到人民法院的民事纠纷，适宜调解的，先行调解，但当事人拒绝调解的除外。""人民法院对受理的案件，分别情形，予以处理：……（二）开庭前可以调解的，采取调解方式及时解决纠纷；……"我国诉讼案件数量较大，促进当事人和解是解决纠纷的有效手段。通过证据交换,当事人对各自的主张、证据有较为全面的掌握,对于案件结果有初步预测,如果此时和解,可以省去庭审时间,也避免判决的刚性后果。因此,争点和证据整理结束后,法院征得当事人双方同意,可以径行调解,以充分发挥证据交换制度在解决纠纷、促进和解方面的作用。

【法条链接】

《中华人民共和国民事诉讼法》(2017年修正)

第六十六条 人民法院收到当事人提交的证据材料,应当出具收据,写明证据名称、页数、份数、原件或者复印件以及收到时间等,并由经办人员签名或者盖章。

第一百二十二条 当事人起诉到人民法院的民事纠纷,适宜调解的,先行调解,但当事人拒绝调解的除外。

第一百三十三条 人民法院对受理的案件,分别情形,予以处理:

(一)当事人没有争议,符合督促程序规定条件的,可以转入督促程序;

(二)开庭前可以调解的,采取调解方式及时解决纠纷;

(三)根据案件情况,确定适用简易程序或者普通程序;

(四)需要开庭审理的,通过要求当事人交换证据等方式,明确争议焦点。

《最高人民法院关于民事诉讼证据的若干规定》(2001年12月21日 法释〔2001〕33号)

第三十九条 证据交换应当在审判人员的主持下进行。

在证据交换的过程中,审判人员对当事人无异议的事实、证据应当记录在卷;对有异议的证据,按照需要证明的事实分类记录在卷,并记载异议的理由。通过证据交换,确定双方当事人争议的主要问题。

第五十八条 ［再次证据交换］

当事人收到对方的证据后有反驳证据需要提交的，人民法院应当再次组织证据交换。

【条文主旨】

本条由2001年《证据规定》第四十条的整理、修改形成。是关于再次证据交换的规定。

【条文释义】

一、再次证据交换的必要性

证据应经质证才能作为认定案件事实的依据。证据交换完成了开庭审理中质证的部分功能。证据交换时，原告方提出诉讼请求以相应的事实和理由为依托，通过一定的证据支持其诉讼请求；而被告方则是通过反驳对方提出的证据来进行抗辩。质证的意义在于保证证据的真实性和可靠性。质证的方式主要是当事人对对方提交证据的真实性、关联性、合法性提出意见，当事人可能会提交反证予以证明。质证的过程，也是当事人再次提交证据的过程。在第一轮的证据交换后，当事人基本上都会针对对方的初始证据提出反证，使对方提出的证据不能成立或者不具备证据效力，或者提出补充证据。因此如果一方当事人收到对方提出的证据后，提出反驳意见并需要提交反驳证据的，已经完成的证据交换势必不够充分，为平等保护当事人的诉讼权利，人民法院应当再次组织证据交换。主要的考量有：一是保证双方当事人在证据交换中保持平等的诉讼地位。当事人均应向对方披露其所拥有的证据，证据交换并非单向的，而是双向的证据交流。原告是诉讼的发动者，一般应当依举证责任首先向对方交换证据，被告继而有针对性地向原告交换证据，提交反驳证据。如果一方当事人交换证据后证据交换程序就此告终，对另一方是不公平的。二是有利于法院整理证据和固定争点。再次证据交换能够让当事人的证据全面展示，防止在庭审过程中的证据突袭。当事人提交反驳证据，不仅有利于当事人了解对方证据，法院也可以确定当事人之间的实质争点，为开庭审理做好准备。如果仅进行一次证据交换，确定的争点可能是片面的，非实质争点。

证据交换制度本身即隐含着多次证据交换的意思，或者说证据交换的多次进行是一个常态，在证据交换制度的设计中，应当考虑到证据交换在实际运行中的这个普遍性特点。例如美国《联邦民事诉讼规则》第26条规定证据交换至少分三次进行：一次是初次交换，交换的内容是与各方在诉答文书中提出的特定争执事实有关的证据信息；第二次是专家证词的交换，专家证词一般是在当事人初次交换证据后根据需要而形成的，因此在第一次证据交换后，需要进行专家证词的专门性交换；第三次是在庭审前30日进行的最后一次交换，这次交换在性质上属于补充性证据交换，也就是当事人准备在庭审中使用的所有证据，如果尚未交换的，应当全部交换。[①] 以上三次证据开示均是强制

---

① 汤维建：《民事诉讼中证据交换制度的确立和完善》，载《法律科学（西北政法学院学报）》2004年第1期。

性的,由于美国的证据开示制度有收集证据的功能,当事人可以要求对方当事人披露相关证据,证据交换的次数可能更多。

二、证据交换的次数

2001年《证据规定》第四十条规定:"当事人收到对方交换的证据后提出反驳并提出新证据的,人民法院应当通知当事人在指定的时间进行交换。/证据交换一般不超过两次。但重大、疑难和案情特别复杂的案件,人民法院认为确有必要再次进行证据交换的除外。"本次修改2001年《证据规定》时删除了上述第二款,即关于证据交换次数的规定。2001年《证据规定》规定证据交换一般不超过两次,主要考虑"设立庭前证据交换的目的之一是为了提供审判效率,如果不对当事人交换证据的次数加以必要合理的限制,不但削弱证据交换的积极作用,还可能对司法公正和效率产生负面影响。""规定证据交换的次数,也是为了防止有些当事人借助证据交换之机拖延诉讼,借此达到损害对方当事人合法权益的目的。"① 本次修改删除了证据交换的次数,主要是因实践中案件情况差别较大,重大、疑难和案情特别复杂的案件,证据纷杂,事实查明难,允许多次证据交换是必然的。而对于事实清楚争议不大的案件,一般通过一次证据交换就完成了。至于是多次交换还是一次交换,由法官根据案件事实和证据交换的情况自行决定,解释不再作强制性的规定。这是尊重法官自由裁量权的实事求是的规定。

【审判实践中需要注意的问题】

1. 再次组织证据交谈

《民事诉讼法解释》第九十九条第三款规定,举证期限届满后,当

---

① 李国光主编:《最高人民法院〈关于民事诉讼证据的若干规定〉的理解与适用》,中国法制出版社2002年版,第222页。

事人对已经提供的证据，申请提供反驳证据或对证据来源、形式等方面的瑕疵进行补正的，人民法院可以酌情再次确定举证期限。根据上述规定，人民法院再次确定举证期限的，也需再次组织证据交换。此外，该规定对于当事人提交补强证据的情况，也允许再次组织证据交换，而不仅限于当事人提出反驳证据的情况。补强证据是指用以确认或者证明另一主要证据的真实性或弥补其资格、形式上的瑕疵，以补充或增强其证明力的证据。何种情况下应再次组织证据交换，原则上应有利于案件审理，使庭审更为集中、高效，增强整个诉讼程序的可预测性，不能任意扩大再次组织证据交换的适用范围，避免当事人利用证据交换拖延诉讼，降低诉讼效率。

2. 证据交换的次数

虽然本次修改《证据规定》时删除了关于证据交换次数的规定，并非鼓励当事人多次进行证据交换。而是因为案件情况复杂，证据交换的次数宜由法官根据实际情况予以确定，不必作硬性规定。司法实践中，有些案件较为复杂，例如建设工程施工合同纠纷，往往涉及工程造价鉴定，核对付款金额等，需要多次进行证据交换。而有些案件系因当事人故意拖延诉讼，不断提出新的主张和证据。较为有效的方式是尽快确定实质争议焦点，降低当事人提出新的争点和证据的随意性，进而控制证据交换的次数。

【法条链接】

《最高人民法院关于适用〈中华人民共和国民事诉讼法〉的解释》（2015年1月30日　法释〔2015〕5号）

第九十九条　人民法院应当在审理前的准备阶段确定当事人的举证期限。举证期限可以由当事人协商，并经人民法院准许。

人民法院确定举证期限，第一审普通程序案件不得少于十五日，当事人提供新的证据的第二审案件不得少于十日。

举证期限届满后,当事人对已经提供的证据,申请提供反驳证据或者对证据来源、形式等方面的瑕疵进行补正的,人民法院可以酌情再次确定举证期限,该期限不受前款规定的限制。

《最高人民法院关于民事诉讼证据的若干规定》(2001年12月21日　法释〔2001〕33号)

第四十条　当事人收到对方交换的证据后提出反驳并提出新证据的,人民法院应当通知当事人在指定的时间进行交换。

证据交换一般不超过两次。但重大、疑难和案情特别复杂的案件,人民法院认为确有必要再次进行证据交换的除外。

第五十九条 ［逾期举证罚款数额的确定］

人民法院对逾期提供证据的当事人处以罚款的，可以结合当事人逾期提供证据的主观过错程度、导致诉讼迟延的情况、诉讼标的金额等因素，确定罚款数额。

【条文主旨】

本条系新增条文，是对逾期提供证据当事人处以罚款数额的考量因素的规定。

【条文释义】

一、当事人逾期提供证据的法律后果

逾期举证的法律后果是举证时限制度的核心，当事人没有遵守举证时限的要求必然会承担一定的法律后果，这是举证时限制度的应有之义。

2012年《民事诉讼法》修改过程中，针对举证时限制度施行中存在的问题，在第六十五条规定，"当事人逾期提供证据的，人民法院应当责令其说明理由；拒不说明理由或者理由不成立的，人民法院根据

不同情形可以不予采纳该证据，或者采纳该证据但予以训诫、罚款"。由此明确了当事人负有及时提供证据的法定义务，解决了2001年《最高人民法院证据规定》为当事人设定举证期限在立法上依据不足的问题。随后，在2015年制定《民事诉讼法解释》中对此进一步明确、细化，即《民事诉讼法解释》第一百零二条规定："当事人因故意或者重大过失逾期提供的证据，人民法院不予采纳。但该证据与案件基本事实有关的，人民法院应当采纳，并依照民事诉讼法第六十五条、第一百一十五条第一款的规定予以训诫、罚款。／当事人非因故意或者重大过失逾期提供的证据，人民法院应当采纳，并对当事人予以训诫。／当事人一方要求另一方赔偿因逾期提供证据致使其增加的交通、住宿、就餐、误工、证人出庭作证等必要费用的，人民法院可予支持。"根据当事人逾期提供证据的主观状态对应不同的后果，是自2001年《证据规定》公布实施以来最高人民法院对适用逾期举证后果的一贯立场。在2003年全国民事审判工作座谈会纪要中，即提出当事人逾期提供证据是否属于新的证据，在判断时应当考虑当事人主观上是否存在故意或重大过失。[①] 根据《民事诉讼法解释》的精神，如果当事人逾期提供证据是基于自身所不能控制的客观原因，如不可抗力、社会事件等，其主观上不存在故意和过失，应当认为其未及时提供证据存在正当理由。对于当事人无正当理由的，也应当根据当事人逾期提供证据的主观过错程度，适用不同的责任和后果。如果当事人基于轻微过失未及时提供证据，可以对应训诫这种轻微的处罚；当事人存在一般过失的，可以对其处以罚款；当事人存在故意或者重大过失未能及时提供证据的，则应当对应证据失权的后果。[②]

当事人未在举证期限内和证据交换时提交证据应承担相应法律后

[①] 最高人民法院修改后民事诉讼法贯彻实施工作领导小组编著：《最高人民法院民事诉讼法司法解释理解与适用》（上），人民法院出版社2015年版，第344页。
[②] 宋春雨：《对新民诉法证据制度若干问题的理解》，载《山东审判》2013年第1期。

果，否则会阻碍举证时限和证据交换制度发挥作用。当事人在证据交换时隐匿关键证据，在随后的诉讼程序中才提交，会导致诉讼拖延、造成诉讼不公平的后果。罚款是一项较为有效的处罚方式，能够避免证据失权的严苛后果，使法律事实贴近客观事实，保障当事人的诉讼权利，同时也能够对当事人产生威慑作用，促使其在举证期限内交换证据。

二、确定罚款数额的考量因素

人民法院根据当事人逾期提供证据的情形和法律规定予以罚款。《民事诉讼法》第一百一十五条第一款规定："对个人的罚款金额，为人民币十万元以下。对单位的罚款金额，为人民币五万元以上一百万元以下。"该规定仅规定了罚款数额的区间，但具体数额的确定缺乏可参照的实务标准。甚至有人认为，由于法官们对举证时限、证据失权基础理念和价值内涵的理解不同，在审判中所适用罚款的宽严标准也不同，容易造成司法实务上的混乱。本条对此予以明确，即人民法院予以罚款时，要结合主观过错程度、导致诉讼迟延的情况、诉讼标的金额等因素确定。

（一）关于主观过错程度方面

逾期提供证据的当事人主观上要求存在故意或重大过失。如果当事人基于轻微或者一般过失未提供证据，可予以训诫，而不必罚款。罚款数额要考虑过错的程度，故意是指当事人明知逾期举证会导致诉讼拖延，并希望发生诉讼拖延的后果。例如当事人在一审庭前证据交换时已经持有与案件基本事实有关证据，故意等到二审程序中才提交。重大过失是指当事人认识到逾期举证的后果，因自身原因未能尽力避免该后果的发生。例如，当事人虽然知道存在与案件基本事实有关的证据，但是未尽一切努力寻找，直至二审中才找到证据并予以提交。如果当事人主观上存在恶意拖延诉讼、隐匿证据等较为明显的过错，那其应当承担与之对应的较为严厉的处罚。如果当事人存在重大过失，因其主观恶性较故意低，罚款数额可以相应降低。实践中故意和重大过失不易区分，可以根据当事人的举证能力，获取证据的难易程度等予以确定。

（二）关于导致诉讼迟延方面

要考虑当事人逾期提供证据对整个诉讼过程的影响，当事人逾期提供证据，是否影响到了案件的正常开庭审理，是否因此导致案件审理进度拖延，甚至导致对方当事人为此支付本不应产生的交通、住宿、就餐、误工等费用。如果因当事人逾期提供证据导致案件无法在法定审理期限内审结，严重影响当事人权利的实现，我们认为这是比较严重的导致诉讼延迟的情形。

（三）关于诉讼标的金额

如两个单位之间的租赁合同纠纷，所欠租金仅10万元，如果依照《民事诉讼法》确定的5～100万元的区间罚款50万元，当事人可能就难以接受。如果当事人之间的争议标的额很大，罚款数额过低，则未必能够起到威慑的效果。因此，罚款数额虽由法官根据案件情况依法行使自由裁量权，但应当综合、充分考虑上述情况，按照比例原则来确定，使罚款数额起到威慑作用，防止畸高或过低的情形，做到"罚当其罪"。

【审判实践中需要注意的问题】

1. 当事人主观上是否存在故意和重大过失

除要结合其所提交的证据和案件基本事实来判断外，还要考虑该证据对案件审理的价值，该证据的存在与否是否直接影响了案件的裁判方向和结果，该证据的出现是否导致当事人因此而获得了不同的诉讼利益。如果法院未采纳当事人逾期提交的证据，当事人已经受到证据失权的处罚，就不必再予以罚款。人民法院对逾期提供证据的当事人处以罚款的，除考虑主观过错程度、导致诉讼迟延的情况、诉讼标的金额外，还可以根据案件审理和当事人的实际情况，再结合当事人的举证能力，处以相当数额罚款的社会效果等因素综合判断。司法实践中，有些当事人在一审诉讼中已经持有证据，未在举证期限内提交。在二审中作为新证据提交，导致二审改判，可以认定其存在故意或者重大过失，法院在采纳证据的情况下，可对其处以一定数额的罚款。

2. 法院罚款和一方当事人向对方当事人承担的赔偿责任的关系

根据《民事诉讼法解释》第一百零二条第三款规定，一方当事人逾期提交证据，另一方当事人可以主张其承担赔偿责任，该责任系另一方当事人增加的交通、住宿、就餐、误工、证人出庭作证等必要费用，属于实际发生的费用，实质属于私法上的责任。法院罚款属于公法责任，目的在于维护民事诉讼秩序，处罚妨害民事诉讼行为，两者不能互相替代。不能因为一方当事人已被人民法院处以罚款就免除其向对方当事人应承担的赔偿责任。

【法条链接】

《中华人民共和国民事诉讼法》（2017年修正）

第六十五条 当事人对自己提出的主张应当及时提供证据。

人民法院根据当事人的主张和案件审理情况，确定当事人应当提供的证据及其期限。当事人在该期限内提供证据确有困难的，可以向人民法院申请延长期限，人民法院根据当事人的申请适当延长。当事人逾期提供证据的，人民法院应当责令其说明理由；拒不说明理由或者理由不成立的，人民法院根据不同情形可以不予采纳该证据，或者采纳该证据但予以训诫、罚款。

第一百一十五条 对个人的罚款金额，为人民币十万元以下。对单位的罚款金额，为人民币五万元以上一百万元以下。

拘留的期限，为十五日以下。

被拘留的人，由人民法院交公安机关看管。在拘留期间，被拘留人承认并改正错误的，人民法院可以决定提前解除拘留。

《最高人民法院关于适用〈中华人民共和国民事诉讼法〉的解释》（2015年1月30日 法释〔2015〕5号）

第一百零二条 当事人因故意或者重大过失逾期提供的证据，人民法院不予采纳。但该证据与案件基本事实有关的，人民法院应当采纳，并依照民事诉讼法第六十五条、第一百一十五条第一款的规定予以训诫、罚款。

当事人非因故意或者重大过失逾期提供的证据，人民法院应当采纳，并对当事人予以训诫。

当事人一方要求另一方赔偿因逾期提供证据致使其增加的交通、住宿、就餐、误工、证人出庭作证等必要费用的，人民法院可予支持。

四、质证

第六十条 ［质证的规则］

当事人在审理前的准备阶段或者人民法院调查、询问过程中发表过质证意见的证据，视为质证过的证据。

当事人要求以书面方式发表质证意见，人民法院在听取对方当事人意见后认为有必要的，可以准许。人民法院应当及时将书面质证意见送交对方当事人。

【条文主旨】

本条由 2001 年《证据规定》第四十七条修改形成，是关于质证规则的规定，是对《民事诉讼法解释》第一百零三条的补充、完善。

【条文释义】

质证是指法庭审理过程中，由诉讼当事人采用询问、辨认、质疑、说明、辩驳等方式就法庭上所出示的证据材料进行对质、辩论，以在证据的真实性、关联性、合法性以及证明力等问题上对法官的内心确信产生影响的一种诉讼活动。质证是当事人的一项诉讼权利，也是人民法院审查认定证据效力的必要前提，体现了正当程序的精神实质，是直接原则、言辞原则的具体体现。

从本质上讲，质证程序是通过当事人对证据的相互质询来确定证据可信程度及证明力大小，从而对证据进行筛选的过程。证据之所以要经过质证程序进行筛选，其根本的原因在于当事人所提供的证据并非都是作证案件事实的证据。《民事诉讼法》第六十八条规定"证据应当在法庭上出示，并由当事人互相质证"。严格来讲，当事人提供的未经质证的证据只能称作为证据材料，需要通过当事人对证据材料相互质证并进行筛选后，将能够证明案件事实的证据材料上升为认定案件事实意义上的证据。

一、质证是诉讼主体行使诉权的重要方式

质证的过程是通过诉讼主体在法庭上展示证据并对对方当事人举证予以反驳，从而对证据进行筛选，这个过程给当事人提供了增强自己举证力度、削弱对方证据证明力的机会。由于当事人是诉讼法律关系直接利害关系人，受趋利避害观念的驱使，诉讼主体往往更关注案件事实能够向有利于自己的方向发展，而对案件事实是否真实并不十分关切。通过质证程序，诉讼主体通过举示证据、进行辩论使案件事实朝着有利于自己的方面认定，从而实现自己的民事诉权。这种机会对于诉讼双方是均等的，人民法院也正是通过双方举证、质辩的过程来实现内心确信并筛选出能够作为定案依据的证据。

二、质证是法庭辩论的重要内容

其目的是通过当事人对法庭上出示的证据材料进行辨认、质询、辩驳，从而确定证据可信程度及证明力大小。质证亦是直接原则、言辞原则的体现。法庭辩论是在审判人员的主持下，双方当事人对各自主张及所支撑的证据进行陈述并反驳对方当事人诉讼主张及证据的诉讼活动。法庭辩论过程应贯彻直接原则和言辞原则。直接原则要求法官必须在诉讼参与人到场的情况下，亲自对案件事实进行调查，并对

证据进行审查和认定。包括在法庭上听取当事人、证人、鉴定人等的陈述，对有关书证、物证、鉴定意见等证据材料进行直接审查。这就需要当事人在双方当事人均在场的情形下出示证据，并在法官主持下进行质证。言辞原则要求庭审质证活动应该以言辞陈述和辩论的方式展开，未经言辞方式提出和调查的证据均不得作为裁判的根据。只有法官亲自参与并在当事人和其他诉讼参与人到场的情况下，通过这种言辞质证的方式，才能使法官对作为裁判基础的证据保持全面而充分的接触和审查，为法官查明案件事实真相提供保障。

三、质证的构成要素

质证的构成要素一般包括质证的主体、质证的客体和质证的内容。关于质证的主体，学术界存在三种观点：一种观点认为当事人和法院都是质证的主体；第二种观点认为只有原、被告双方才能成为质证的主体；第三种观点认为原告、被告和第三人均为质证的主体。这三种观点的分歧在于是所有参与质证过程的主体均为质证的主体还是只有诉讼中矛盾冲突双方是质证的主体。我们认为，质证的主体应该是质证程序中享有质证权利、承担质证义务的当事者。他们不仅是案件事实的亲历者、诉讼活动的参与者，亦是审理结果的承担者。当事人参与质证程序，对其提出的证明其主张的证据予以说明，对另一方当事人提出的证据予以质疑和辩驳，通过这样的程序才可能使证据材料去伪存真，上升为定案的依据。因此质证主体应是与案件事实、审理结果有直接的利害关系、并承担质证法律后果的主体。实质上就是诉讼的当事人。按照这种判断标准，原告、被告当然是质证的主体。我国《民事诉讼法》上的第三人包括有独立请求权的第三人和无独立请求权的第三人，但无论第三人是否对诉讼标的享有独立的请求权，其均与案件处理结果有法律上的利害关系，那么按照前述标准，第三人自然也是质证的主体，其在诉讼过程中也有权利举证、质证。而法官虽然全程参与质证，但其并非质证权利和义务的承受者，其职责主要是积极引导双方当事人依法依规、合理科学的质证和辩论，制止无力、无关的质询和辩驳，避免出现当事人循环往复、毫无依据的争辩，从而掌控质证的节奏，提高庭审的效率。

四、质证的客体

质证的客体，又称为质证对象，是质证主体之间的权利义务关系所指向的目标，这一质证目标是核实与案件事实有关联的证明材料，进而为自己的主张提供有效的依据。《民事诉讼法》第六十三条规定了八种证据类型，质证的客体应该包括该条规定所列明的证据材料。即：在法庭上出示的当事人陈述、书证、物证、视听资料、电子数据、证人证言、鉴定意见、勘验笔录等证据材料。需要明确的是，有可能出现在质证程序中的证人、鉴定人并非质证的客体，证人陈述的证人证言、鉴定人作出的鉴定意见才是质证的客体。另外需要强调的是，除了当事人向人民法院提供的与案件事实有关联的证据，人民法院依当事人申请和依职权调查收集的证据也属于质证的客体。人民法院调查收集的证据虽然在程序上更具有公正性，且调查收集的主体是居中裁判者，可采信程度更大，但是证据的真实性、关联性和合法性不会因收集证据的主体与案件处理结果无利害关系就有所变化，人民法院调查收集的证据材料是否与案件有关联，能否作为认定案件事实的证据，仍然需要通过质证程序得以确认。

五、质证的内容

审判实践中，对于证据的质证一般都围绕证据的真实性、关联性、合法性展开。对证据真实性、关联性、合法性的质询和辩论即构成了质证的内容。

1. 证据的真实性，是指当事人在法庭上出示的证据材料本身是真实的，而非伪造的。这里并不要求证据材料一定能客观如实反映案件事实，只要证据材料本身是真实的，既符合证据的真实性要求。

2. 证据的关联性，是指民事诉讼中的证据应与其证明的案件事实有内在的联系及联系程度。一份证据材料如果与待证的案件事实无关，当然不能作为认定该案事实的证据。质证主体在质证过程中应紧紧围绕证据的关联性展开辩论，力争排除与案件事实无关的证据材料。

3. 证据的合法性，包括两方面的含义：一是证据应符合法定的证据形式，二是证据应通过合法方式取得。质证主体应注意提交的证据既要符合法定形式的要求，又要通过合法途径获取。在审判实践中，虽然有些证据实际上能够证明案件事实，但因其不符合上述要求，也不能作为认定案件事实的证据。证据的合法性具有重要意义，其必然成为质证主体质证的内容之一。

六、质证的模式

不同的诉讼模式产生不同的质证模式。由于质证是法官在庭审过程中会同诉讼参与人为确定判案证据而进行的诉讼行为，是庭审程序的重要环节，因此法官所处的地位和发挥的作用对质证模式产生着重要影响。在采取当事人主义诉讼模式的英美法系国家和地区，由当事人主导并在当事人之间进行庭审质证，法官则处于消极的组织者的地位；采用职权主义诉讼模式的大陆法系国家和地区，由法官主持、指挥庭审质证程序。当事人主义质证模式更能发挥质证主体的主观能动性，往往要求质证主体具有较高的质证水平，一般会取得较好的质证效果；由于法官的积极参与，职权主义质证模式在发现真实和追求效率方面具有较大优势。《审判方式改革规定》采用了二者结合的方式，既强调诉讼当事人是质证的主体，同时明确法官在庭审中享有询问权。这种方式的改革既保护了当事人主体地位，利于质证主体发挥主观能动性，对查明案件事实、认定证据起到积极作用；又由法官对庭审质证程序进行把控和引导，使质证主体围绕案件实质性问题进行质辩，从而防止诉讼拖延、提高庭审效率。

七、本条规定的理解

本条规定对 2001 年《证据规定》第四十七条进行了修改，对《民事诉讼法解释》第一百零三条的内容进行了补充和完善。《民事诉讼法解释》第一百零三条第一款规定："证据应当在法庭上出示，由当事人互相质证。未经当事人质证的证据不得作为认定案件事实的根据。"该款条文吸收了 2001 年《证据规定》第四十七条第一款的内容。鉴于《民事诉讼法解释》已经对此作出明确规定，本次修改的条文中即不再作出规定。

《民事诉讼法解释》第一百零三条第二款规定："当事人在审理前的准备阶段认可的证据，经审判人员在庭审中说明后，视为质证过的证据。"这一内容是在总结审判经验的基础上对 2001 年《证据规定》第四十七条第二款内容进行的修改。庭审证据交换制度是民事审判方式改革的产物，是针对当事人突袭性诉战、拖延诉讼、审判效率不高等问题提出的。其含义是指案件开庭前，当事人将各自持有的证据材料，在审判人员的主持下，依照一定顺序和期限提交对方当事人查阅、辨认，并准备在庭审中质证的制度。《民事诉讼法》第一百三十三条关于开庭前准备阶段对案件处理情况予以规定，其中第四项对于庭审前准备阶段表述为"当事人交换证据等方式"，《民事诉讼法解释》在审理前准备的问题上除证据交换方式之外也增加了庭前会议的方式，因此将 2001 年《证据规定》第四十七条第二款"证据交换过程中"修改为"审理前的准备阶段"，表述更为准确，涵盖的范围更为广泛。

"未经当事人质证的证据，不得作为认定案件事实的根据"意味着证据必须在法庭上出示并进行质证，这是证据材料能上升为认定案件事实意义上的证据的必然要求，但经过质证的证据并不一定都能作为认定案件事实的根据，还要结合案件事实及当事人对证据真实性、关联性、合法性的质证情况，来进行综合判断。因此，《民事诉讼法解释》第一百零三条第二款未沿用2001年《证据规定》第四十七条"可以作为认定案件事实的依据"的表述，仅明确当事人在审理前的准备阶段认可的证据"视为质证过的证据"，这种表述更为科学、准确。

本条第一款内容是对《民事诉讼法解释》第一百零三条第二款内容的细化和完善。在案件审理过程中，有些事实的查明不需要通过开庭审理的方式，也可通过调查、询问的方式进行，因此，根据审判实践的需要，本条第一款将"审理前的准备阶段"修改为"审理前的准备阶段或者人民法院调查、询问过程中"。审理前的准备阶段和人民法院调查、询问过程中的质证，均是双方当事人在场的情况下出示证据，并由当事人发表意见，虽然这些证据没有在庭审过程中质证，但实质上已完成了质证过程，因此可以视为质证过的证据。

《民事诉讼法解释》第一百零三条规定将"视为当事人质证过的证据"限定为"当事人在审理前的准备阶段认可的证据"，实际上限缩了"视为质证过的证据"的范围。审判实践中，当事人对出示的证据发表意见，内容可能是对证据真实性、关联性、合法性均予以认可，这也是我们通常理解的"认可"。但大多数情形下，当事人仅认可证据三性中的某一项内容，甚至对证据的三性均不认可。当事人对证据不认可并非等同于当事人未发表过质证意见，而只要当事人发表过质证意见的证据就应视为质证过的证据。因此本条规定将"当事人在审理前的准备阶段认可的证据"修改为"发表过质证意见的证据"。即只要当事人对证据发表过质证意见，无论其是否认可该证据，均可视为是当事人质证过的证据。

审判实践中，经常出现当事人要求以书面方式发表质证意见的情形，特别是针对某一特定证据的质证，如果一概要求当庭质证诉讼成本过高，各地法院普遍认可书面质证的效力，但在程序操作上不统一，容易引起争议。在本规定论证过程中,地方法院普遍要求增加对书面质证的规定。本条规定第二款即在《民事诉讼法解释》第一百零三条的基础上增加而来,对于书面发表质证意见的条件和程序进行规范。即设定书面质证的条件为当事人请求、法院认为确有必要的情况下可以准许,并规定人民法院应当将书面质证意见及时送交对方当事人。这种规定可以兼顾《民事诉讼法》的要求和审判实践的需要。

【审判实践中需要注意的问题】

在审判实践中,并非所有事实均需举证证明,法律规定无需当事人举证的,如《民事诉讼法解释》第九十二条规定的当事人自认的事实以及《民事诉讼法解释》第九十三条规定的免证事实,当事人无需举证证明,亦无需进行质证。

对证据的质证,要从证据的真实性、关联性、合法性的角度进行认定,当事人往往更重视从证据的真实性和关联性方面进行质证,而忽视对证据合法性的质证,这种偏向应当纠正。需要强调的是,关于证据效力的认定,人民法院依当事人申请和依职权调查收集的证据,从程序上讲更具有公正性,但所调查收集的证据并不当然具有更高的证明力,同样属于质证的客体,其能否作为认定案件事实的根据,同样需要在质证程序中予以确认。

【法条链接】

《中华人民共和国民事诉讼法》(2017年修正)

第六十三条 证据包括:

(一)当事人的陈述;

（二）书证；

（三）物证；

（四）视听资料；

（五）电子数据；

（六）证人证言；

（七）鉴定意见；

（八）勘验笔录。

证据必须查证属实，才能作为认定事实的根据。

第六十八条 证据应当在法庭上出示，并由当事人互相质证。对涉及国家秘密、商业秘密和个人隐私的证据应当保密，需要在法庭出示的，不得在公开开庭时出示。

第一百三十三条 人民法院对受理的案件，分别情形，予以处理：

（一）当事人没有争议，符合督促程序规定条件的，可以转入督促程序；

（二）开庭前可以调解的，采取调解方式及时解决纠纷；

（三）根据案件情况，确定适用简易程序或者普通程序；

（四）需要开庭审理的，通过要求当事人交换证据等方式，明确争议焦点。

《最高人民法院关于适用〈中华人民共和国民事诉讼法〉的解释》（2015年1月30日 法释〔2015〕5号）

第一百零三条 证据应当在法庭上出示，由当事人互相质证。未经当事人质证的证据，不得作为认定案件事实的根据。

当事人在审理前的准备阶段认可的证据，经审判人员在庭审中说明后，视为质证过的证据。

涉及国家秘密、商业秘密、个人隐私或者法律规定应当保密的证据，不得公开质证。

《最高人民法院关于民事诉讼证据的若干规定》（2001年12月21日　法释〔2001〕33号）

第四十七条　证据应当在法庭上出示，由当事人质证。未经质证的证据，不能作为认定案件事实的依据。

当事人在证据交换过程中认可并记录在卷的证据，经审判人员在庭审中说明后，可以作为认定案件事实的依据。

第六十一条 ［对书证、物证、视听资料的质证］

对书证、物证、视听资料进行质证时，当事人应当出示证据的原件或者原物。但有下列情形之一的除外：

（一）出示原件或者原物确有困难并经人民法院准许出示复制件或者复制品的；

（二）原件或者原物已不存在，但有证据证明复制件、复制品与原件或者原物一致的。

【条文主旨】

本条在2001年《证据规定》第四十九条的基础上进行文字修改形成，是关于对书证、物证、视听资料质证的要求的规定，是对《民事诉讼法》第七十条、第七十一条的进一步细化、补充。

【条文释义】

本条规定体现了原件、原物优先原则的要求。原件、原物优先原则是指在诉讼活动中应当尽量使用原件、原物的规则，只有在提交原件、原物确有困难的情况下，才能提交复制件、复制品。

一、最佳证据规则

在英美法系国家和地区，原件、原物优先原则包含于最佳证据规则之中，最佳证据规则是普通法上的一项重要规则。所谓最佳证据是指一项事实只能用找到的最佳、最有说服力的证据予以证明。① 随着历史的发展，现代最佳证据规则并不再强调提供原始证据本身，提供原件的要求一般仅适用于文书、记录或照片。最佳证据规则的理论基础在于，原件依据其属性，决定了不可能有比它更好的证据，因此为最佳证据。与原件相比，复制件可能存在错误，且原件往往包含更多的诸如笔迹、纸张等信息，而对于文书内容的口头陈述远不及文书本身记载内容的准确度更高。"最佳证据规则"这一名称实际上容易引起歧义，导致一定程度的混乱。有的学者认为，最佳证据规则实际上是一个关于文书的证据规则，只是"文书"的内涵更为丰富，包括所有以其信息内容证明案件真实情况的载体。随着现代科学技术的不断发展和进步，最佳证据规则的运用也发生了一些变化，其并不要求所有情况下都必须提交原件。在当事人对副本或复制件无争议、原件已丢失或损毁、原件掌握在对方或第三人手中、属于官方文件等情况下，可以不要求提供原件。大陆法系国家和地区没有从证据资格或者证据能力方面明确规定最佳证据规则，而是从审查书证的真实性角度出发，要求当事人提供书证时，原则上应当提交书证原件。但提供复印件并不当然不具有证据资格，法官仍然根据当事人提供复印件的具体情况来评判其证据力的大小。因此，书证的判断原则上，以书证的真实性为要件。

二、原件、原物优先原则

我国《民事诉讼法》中没有规定最佳证据规则，而是规定了原件、

---

① 沈达明：《比较民事诉讼法初论》（上册），中信出版社1991年版，第282页。

原物优先原则。《民事诉讼法》第七十条规定，书证应当提交原件，物证应当提交原物。所谓"原件"是指文书制作人作出的最初定稿、签字的原本或者加盖印章与原本有同一效力的正本。所谓"原物"即指物证本身。书证和物证是民事诉讼活动中使用最多的证据，证据的审查首先要保证书证和物证的真实性，为此，当事人提交证据时应提交证据的原件、原物。

书证是指以文字、符号、图形所记载或表示的内容、含义来表明案件事实的证据。书证是民事诉讼中十分重要的证据方法和证据类型，广义上讲，书证不仅包括打印、书写于纸张上的文字记录，照片、录音录像资料、记载于计算机磁盘等电子介质上的数据电文亦归属于书证的范畴。我国《民事诉讼法》将照片、录音录像资料等作为视听资料，记载于电子介质上的数据电文作为电子证据，均为独立的证据类型。因此，书证从狭义理解，一般指视听资料和电子数据之外的以其记载的内容来证明案件事实的资料。书证以纸张等物质载体的形式体现，文字、图形、符号等所记载的内容是其本质属性。因当事人在实施民事法律行为时，常常采用书面形式，于是形成了大量书证。其在各类民事证据中占有突出的位置。书证一般可作如下分类：

1. 公文书证和私文书证：一般认为，公文书证包括两类，一类是国家机关及其公务人员在其职权范围内制作的文书，如判决书、营业执照、所有权证书等；另一类是具有公信权限机构制作的文书，如公证书等；公文书证之外的其他文书为私文书证。

2. 处分性文书与报道性文书：前者是指具有确立、变更或终止一定民事法律关系的内容的书证，如合同书、结婚证书等；后者是指记载了某种具有证据意义的事实，但不具有因其导致民事法律关系产生或变动效果的书证，如医院的病例、被继承人生前含有立遗嘱意图的书信等。报道性书证也可证明有争议的案件事实，但不能直接证明民事法律关系的发生、变更与消灭。

3. 普通形式的书证与特殊形式的书证：前者是指形式和手续无特定要求的书证，如当事人间订立的一般合同；后者是指需具备特定形式的书证，如当事人从国外调取的证据，必须经过公证、认证。特殊形式的书证，如果不具备特定形式或特定手续，就不能产生证据效力。

原件原则是书证最重要的规则，书证在一般情况下应是原件，除法定情形外，不以原件提供的书证不具有证据能力。法官对书证从形式上的证据力和实质上的证据力的角度进行认定，形式上的证据力是指书证是其制作者真实作成的，不存在被伪造的情况。实质上的证据力是对书证证明价值的评价，书证内容应与待证事实相关联。形式上证据力涉及书证存在的真伪问题，而实质上的证据力涉及书证内容能否证明待证事实的问题。书证原件规则是书证形式上证据力的保证，其作用在于确保提交的书证具有证据能力或资格。作为例外情形可以提交复制件的书证，虽然其证据能力上不存在法律上的障碍，但由于其无法与原件核对，其实质证据力仍然会受到影响。书证是否具有实质上的证据力，往往由法官依据经验法则，依自由心证进行判断。

物证是指以自己的外部特征和物质属性，即以其存在、形状、质量等来证明案件事实的物品。物证也是一种重要的证据，但相对于书证而言较为简单。在英美法系代表国家美国，实物证据首先须证明其与争议事实的关联性及证据作成的真实性；之后，实物证据一旦被允许作为证据，双方当事人的律师为了加强物证的直观效力，往往把证据物件交给陪审团观察，或在询问证人过程中出示实物。[①]

视听资料是指利用录音带、录像带、光盘等反映出的图像和音响及电脑储存的资料等来证明案件事实的证据。视听资料进入证据领域，是现代科学技术发展的成果，同传统证据相比，视听资料具有信息量大、形象逼真、可反复再现的特点。由于视听资料是利用现代科技手

---

① 常怡、刘艳军：《民事庭审中的质证问题研究》，载《汕头大学学报》2000年第2期。

段记载法律事件和法律行为，在无伪造、变造的情况下，具有较强的准确性和真实性。但另一方面，视听资料又很容易用剪接后复制等手段伪造或变造。因此，《民事诉讼法》第七十一条规定："人民法院对视听资料，应当辨别真伪，并结合本案的其他证据，审查确定能否作为认定事实的根据。"由于视听资料的可复制性，法官对视听资料不能盲目地作为证据采信，要经过当事人双方的充分质辩。对视听资料审查主要是确认其真实性，查明视听资料的来源、形成过程，是原始的还是复制的，有无剪辑、伪造、篡改的痕迹。

书证、物证、视听资料的质证，首先应审查其作成的真实性及过程的合法性，其次要审查这些证据材料与案件事实之间是否具有关联性。书证、物证、视听资料的原件或原物与案件事实有最直接的关联，最能证明案件的事实真相，因此从一般意义上讲，提交证据的一方当事人应当出示书证、物证、视听资料的原件或原物。本条第一款将2001年《证据规定》第四十九条第一款"当事人有权要求出示证据的原件或原物"修改为"当事人应当出示证据的原件或原物"。一方当事人"有权要求"另一方当事人出示证据的原件和原物的表述，似乎意味着一方当事人不提出原件、原物要求时，负有举证责任的一方当事人即可不出示原件或原物。本条第一款规定要求承担举证义务的一方当事人"应当"出示证据的原件和原物，进一步强调了当事人提交证据原件或原物的义务，进一步明确对书证、物证及视听资料质证的要求。

三、本条的理解

在审判实践中，存在当事人出示原件或原物确有困难的情形，为此，本条第二款明确了两种例外情况。第一种例外情况，当事人出示原件或原物确有困难的，经人民法院准许，可以出示复制件或复制品。复制件或复制品是指按照原件或原物的特征，借助一定的手段，重新塑造一个和原件或原物相同的物品。复制件一般包括：（1）通过复印技术制作的书证的复印件；（2）加盖公章或签字的，与原本和正本同一内容的抄送本或副本；（3）从原本、正本、副本等文本中摘录主要内容并附有相关机关证明的节录本；（4）与原件明暗程度相同的照片；（5）用原本翻录的、未经剪辑等加工的录音资料和影像资料。复制品一般是指物证的复制品，即根据原物制作的模型或者照片等。

这里强调可以出示复制件或复制品的条件是：出示原件或原物确有困难并经人民法院准许。"出示原件和原物确有困难"，一般理解包括以下几种情形：（1）由国家机关、社会团体归档、保存的证据，不能由当事人随意提取、支配；（2）应当提交的证据体积庞大、无法移动；（3）属于鲜活产品等不易保存。上述情形下，当事人可以出示复制件或复制品。相较于《民事诉讼法》第七十条的规定，本条规定增加了"经人民法院准许"的限制，即当事人提交复制件或复制品需经人民法院同意，由人民法院判断是否属于"出示原件和原物确有困难"的情形。

第二种例外情况是原件或原物已经不存在的，这种情况下要求当事人出示原件或原物是无法实现的。这种情形当事人可以提交复制件或复制品，但要有其他证据证明复制件、复制品与原件或原物一致。该条规定允许当事人在原件、原物客观上已不存在的情形下出示复制件、复制品，但有一个前提是需要有其他证据佐证此复制件、复制品与原件、原物一致，实际上需要经过一次再证明的过程。

【审判实践中需要注意的问题】

根据本条规定，当事人在特定情况下可以提供证据的复制件或复制品。符合本条规定的两种情形的复制件、复制品，只是满足了证据能力的要求，这种证据本身仍然是有瑕疵的证据。对当事人出示的原件或原物的复制品，首先要经过一个核实或再证明的过程，人民法院在审查判断该证据时，也应当结合其他证据和案件具体情况进行综合判断。应该明确的是，经与原件或原物核对无误或其他证据可以证明与原件或原物一致的复制件或复制品，具有与原件或原物相同的证明力。

【法条链接】

《中华人民共和国民事诉讼法》（2017年修正）

第七十条　书证应当提交原件。物证应当提交原物。提交原件或者原物确有困难的，可以提交复制品、照片、副本、节录本。

提交外文书证，必须附有中文译本。

第七十一条　人民法院对视听资料，应当辨别真伪，并结合本案的其他证据，审查确定能否作为认定事实的根据。

《最高人民法院关于民事诉讼证据的若干规定》（2001年12月21日　法释〔2001〕33号）

第四十九条　对书证、物证、视听资料进行质证时，当事人有权要求出示证据的原件或者原物。但有下列情况之一的除外：

（一）出示原件或者原物确有困难并经人民法院准许出示复制件或者复制品的；

（二）原件或者原物已不存在，但有证据证明复制件、复制品与原件或原物一致的。

第六十二条 ［质证的程序］

质证一般按下列顺序进行：

（一）原告出示证据，被告、第三人与原告进行质证；

（二）被告出示证据，原告、第三人与被告进行质证；

（三）第三人出示证据，原告、被告与第三人进行质证。

人民法院根据当事人申请调查收集的证据，审判人员对调查收集证据的情况进行说明后，由提出申请的当事人与对方当事人、第三人进行质证。

人民法院依职权调查收集的证据，由审判人员对调查收集证据的情况进行说明后，听取当事人的意见。

【条文主旨】

本条由2001年《证据规定》第五十一条修改形成，是关于质证程序的规定。

【条文释义】

《民事诉讼法》第六十八条规定，证据应当在法庭上出示，并由当事人互相质证。《民事诉讼法解释》第一百零三条规定，未经当事人质证的证据，不得作为认定案件事实的根据。但是《民事诉讼法》和《民事诉讼法解释》并未明确当事人在庭审中如何进行质证。

一、质证程序模式是诉讼模式在质证阶段的具体反映

质证模式是诉讼模式在质证阶段的具体反映。关于诉讼模式，依其裁判者与当事人之间关系的不同，分为英美法系当事人主导型的当事人主义诉讼模式和大陆法系法官主导型的职权主义诉讼模式。当事人主义的基本特征是民事诉讼开始、进行直至终结，全部由当事人意思表示所决定，证据由当事人列举并在法庭上相互质证、辩论，法官在诉讼中居于完全超然的第三者地位。职权主义的基本特征则是强调法官在诉讼中的主动性，法官不是消极裁判者，而是诉讼的积极参与者，法官对寻求案件事实真相负有一定职责，质证以法官对案件的调查为主线进行。两种诉讼模式各有特点，在发现事实方面均发挥了重要作用。

从两种模式的特点可以看出，虽然职权主义在发现真实和追求效率方面优于当事人主义，但当事人主义的质证模式更能反映质证的本质，当事人的行为引发质证模式的展开，更能发挥当事人的主观能动性，使整个质证程序更具活力。在我国民事审判方式改革之前，审判方式主要受职权主义模式的影响，审查核实证据主要是法官的工作，法官出示证据后，由当事人辨认真伪，然后再向当事人说明该证据所证明的事实，如对证据有疑问，由法官来询问当事人，整个庭审方式具有明显的纠问痕迹。在质证过程中，法官是完全的主宰者，当事人则基本上处于消极被动的地位。随着我国审判方式的改革，采用质证方式后，当事人地位更趋于主动，不仅要向法官和对方当事人说明证据的情况，论证该证据的证明力，回答对方当事人的质询，同时要对对方所举示的证据及时提出质疑。而法官则变主动为被动，处于听证的地位，其职责是主持质证程序，听取双方当事人的质辩，对质证中应涉及而未涉及或者未质辩清楚的问题，进行引导和发问。

二、质证程序的步骤

质证程序大体经历以下几个步骤：首先是证据的出示，即由当事人提出证明自己主张或反驳对方主张的证据材料。这是质证的前提，否则质证就没有了对象。其次是证据的说明，由提出证据的一方当事人对证据来源、证明目的等情况进行说明。最后是证据的质辩，即一方当事人对另一方当事人所出示证据发表意见。这里存在两种情况，一种情况是当事人对对方当事人出示的证据的真实性、关联性、合法性均予以认可，则按照"自认免质"的质证原则处理，双方可不再对证据进行质辩；另一种情况是当事人对对方当事人出示的证据提出异议，此时，则由双方当事人及第三人围绕有异议证据的真实性、关联性、合法性等内容进行辩驳。

三、质证的主体顺序

明确了质证过程的步骤，还需要考虑质证的主体顺序问题。《审判方式改革规定》中曾对质证顺序进行了规定，首先由原告出示证据，被告进行质证；被告出示证据，原告进行质证。原、被告对第三人出示的证据进行质证；第三人对原告或者被告出示的证据进行质证。审判人员出示人民法院调查收集的证据，原告、被告和第三人进行质证。这一规定是审判方式改革的成果，但也存在一定问题。从庭审效率的角度看，首先进行的是原、被告之间的质证，再次是原、被告对第三人出示证据的质证，最后由第三人对原、被告的证据质证，相当于原、被告的证据出示了两次，要反复提出、质询和辩论，质证顺序较为混乱。从保护第三人诉讼主体地位的角度看，第三人对证据的质证顺序较为滞后，与当事人诉讼权利平等的要求相悖。

2001年《证据规定》第五十一条第一款对《审判方式改革规定》

中规定的质证顺序进行了调整。首先，由原告出示证据，同时对证据的形式、内容、来源、欲证明的事实等内容进行陈述，再由被告、第三人认可或者提出质询或抗辩，对证据的真实性、关联性、合法性发表意见；原告对于被告和第三人提出的异议，可再予解释、说明。其次，由被告出示证据，同样由被告对证据的形式、内容、来源、欲证明的事实等内容作出说明，再由原告、第三人认可或提出质询，被告针对原告、第三人提出的异议进行回答。再次，由第三人出示证据，先由第三人对证据进行说明，再由原告、被告认可或者提出质询，第三人回答疑问。最后，各方当事人可就各自的证据，相互之间进行辩论。该条规定对质证顺序的调整避免当事人反复提出证据，有效提高了庭审效率。其重要意义在于重视了第三人诉讼主体地位。通常情况下，诉讼结构由法院、原告和被告三方组成的等腰"三角形"结构，但由于第三人参与诉讼的特殊性，在确保通常诉讼结构正常、合理运行的基础上，保证第三人的诉讼权利，是必须遵循的基本原则。质证顺序按照先原告、后被告、再第三人的顺序进行，在具体质证操作上，使程序的参与者在庭审过程中拥有平等的机会和手段，体现了当事人平等的原则。本条第一款沿用了2001年《证据规定》第五十一条第一款的内容，只作了文字修改，将所要求的质证顺序作为一般情形予以规范，在保障当事人质证权利的基础上，增加了庭审的灵活性。

质证应在法官的主持下进行，引导质证的顺序。上述顺序体现了先主询问后反询问的规则。所谓主询问是证实有利于己方的证据材料，以证明自己的主张或待证事实；反询问则是旨在削弱对方所提供证据的可靠性、真实性，暴露对方证据的不足，反驳对方的主张。[①] 在当事人主义模式下，质证主要由主询问、反询问的方式进行；在职权主义质证模式下，一般实行以法官为主、当事人为辅的询问方式，是否采

---

① 阎海：《论律师质证制度的改革与完善》，载《法学研究》2000年第3期。

取交叉询问方式完全听凭法官的指挥。在邻国日本采用的是法官指挥下进行交叉询问的混合式质证模式，通常情况下是由申请证据的当事人进行主询问，然后由对方当事人进行反询问，待双方当事人询问结束后，法官进行补充性询问。如认为必要时，可随时进行反询问或在主询问时准许对方当事人进行反询问。[①] 我国民事诉讼实践中也实质上采用了这种交叉询问的模式，但同时，法官在质证活动中发挥着对主询问与反询问进行规范的作用，任何一方擅自询问或打断对方正常询问，法官应予以制止；另外，法官应在保证当事人充分发表意见的情况下，及时制止无关与重复性的询问，防止陷入案件枝节的提问，避免诉讼的拖延，以维护法庭的正常秩序，保障质证顺利进行。

《民事诉讼法》第六十四条第一款规定："当事人对自己提出的主张，有责任提供证据。"第二款规定："当事人及其诉讼代理人因客观原因不能自行收集的证据，或者人民法院认为审理案件需要的证据，人民法院应当调查收集。"当事人对于自己提出的主张和请求，应提供相应的证据予以证明，人民法院只有在当事人举证不能或人民法院认为必要时，为查明案件的事实，才可调查收集证据。证据当然既包括当事人自行收集的证据，也包括人民法院调查收集的证据。这里就存在一个证据次序的问题，即首先对当事人出示的证据进行质证，其次对人民法院调查收集的证据进行质证。

四、申请人民法院调查收集的证据

人民法院调查收集的证据，包括人民法院依当事人申请和依职权调查收集的证据。负有举证责任的当事人因客观原因不能自行收集证据，申请人民法院调查收集的证据，实质上仍属于提出申请的一方当事人提出的支持其诉讼主张的证据，人民法院根据当事人的申请，对

---

① 常怡、刘艳军：《民事庭审中的质证问题研究》，载《汕头大学学报》2000年第3期。

证据进行必要的调查收集，是弥补当事人调查能力不足的重要手段，是基于审判权而实施的职权行为。但这种调查活动对法院与原告、被告之间的"三角形"关系并不会产生影响，人民法院调查收集的证据并不能导致本应由当事人负有的举证责任变为人民法院负有举证责任的情形发生。本条第二款对 2001 年《证据规定》第五十一条第二款的内容进行了修改，明确了人民法院根据当事人申请调查收集证据的质证方法，但人民法院依当事人申请调查收集的证据的性质并未发生变化，仍然是作为提出申请的一方当事人提供的证据。由于是人民法院调查收集的证据，需要审判人员对调查收集证据的来源、调查收集证据的过程、证据的内容等进行说明，然后由提出申请的当事人与对方当事人、第三人按照本条第一款规定的顺序进行质证。

五、人民法院依职权调查收集的证据

本条第三款是针对人民法院依职权调查收集证据的情形。人民法院依职权调查收集的证据即《民事诉讼法》第六十四条第二款规定的"人民法院认为审理案件需要的证据"，根据《民事诉讼法解释》第九十六条第一款的规定，人民法院认为审理案件需要的证据包括：涉及可能损害国家利益、社会公共利益的；涉及身份关系的；涉及《民事诉讼法》第五十五条规定诉讼的；当事人有恶意串通损害他人合法权益可能的；涉及依职权追加当事人、中止诉讼、终结诉讼、回避等程序性事项的；除上述情形外，人民法院调查收集证据均应依当事人申请进行。需要强调的是，人民法院对其认为审理案件需要的证据会依职权进行调查收集，这些证据往往会涉及国家利益、社会公共利益或者程序性的事项，与双方当事人无直接的利害关系，因此，可能存在当事人不积极举证或无法举证的情形，这种情形下规定人民法院可以依职权调取证据，对查明案件事实，正确化解矛盾纠纷十分必要。但由于人民法院依职权调查收集证据的特殊性，对于人民法院依职权调查收集的证据,应由审判人员对调查收集证据的情况进行说明,说明证据来源、调查收集的过程、证明的事项等,然后听取当事人的意见。质证的主体是当事人,因此,严格意义来讲,此时当事人的意见并不是一般意义上的质证意见,当事人只是对证据本身发表意见,而不能与法官进行质辩。

【审判实践中需要注意的问题】

需要强调的是,就证据本身而言,并不因为调查主体的不同,而具有不同的证明力。人民法院根据当事人的申请调查收集的证据,审判人员应在法庭上进行说明,这里的说明是指在庭上宣读、出示、展现证据,即对诸如证据的来源、调查收集过程、证据的内容等进行客观的说明,而不能对证据的实质内容进行解释和说明,更不能先行确认。而人民法院依职权调取的证据,审判人员除对证据来源、调查收集过程及内容进行说明外,还应对证明事项进行说明。无论是人民法院依当事人申请还是依职权调查收集证据,当事人均不能与法官就证据本身的问题询问辩驳,法官也无需答辩或者反驳,始终处于中立和听证的地位。

【法条链接】

《中华人民共和国民事诉讼法》(2017 年修正)

第五十五条 对污染环境、侵害众多消费者合法权益等损害社会公共利益的行为,法律规定的机关和有关组织可以向人民法院提起诉讼。

人民检察院在履行职责中发现破坏生态环境和资源保护、食品药品安全领域侵害众多消费者合法权益等损害社会公共利益的行为,在没有前款规定的机关和组织或者前款规定的机关和组织不提起诉讼的情况下，可以向人民法院提起诉讼。前款规定的机关或者组织提起诉讼的，人民检察院可以支持起诉。

第六十四条 当事人对自己提出的主张，有责任提供证据。

当事人及其诉讼代理人因客观原因不能自行收集的证据，或者人民法院认为审理案件需要的证据，人民法院应当调查收集。

人民法院应当按照法定程序，全面地、客观地审查核实证据。

第六十八条 证据应当在法庭上出示，并由当事人互相质证。对涉及国家秘密、商业秘密和个人隐私的证据应当保密，需要在法庭出示的，不得在公开开庭时出示。

《最高人民法院关于适用〈中华人民共和国民事诉讼法〉的解释》（2015年1月30日 法释〔2015〕5号）

第一百零三条 证据应当在法庭上出示，由当事人互相质证。未经当事人质证的证据，不得作为认定案件事实的根据。

当事人在审理前的准备阶段认可的证据，经审判人员在庭审中说明后，视为质证过的证据。

涉及国家秘密、商业秘密、个人隐私或者法律规定应当保密的证据，不得公开质证。

《最高人民法院关于民事诉讼证据的若干规定》（2001年12月21日 法释〔2001〕33号）

第五十一条 质证按下列顺序进行：

（一）原告出示证据，被告、第三人与原告进行质证；

（二）被告出示证据，原告、第三人与被告进行质证；

（三）第三人出示证据，原告、被告与第三人进行质证。

人民法院依照当事人申请调查收集的证据，作为提出申请的一方当事人提供的证据。

人民法院依照职权调查收集的证据应当在庭审时出示，听取当事人意见，并可就调查收集该证据的情况予以说明。

第六十三条 ［当事人陈述的处理］

当事人应当就案件事实作真实、完整的陈述。

当事人的陈述与此前陈述不一致的，人民法院应当责令其说明理由，并结合当事人的诉讼能力、证据和案件具体情况进行审查认定。

当事人故意作虚假陈述妨碍人民法院审理的，人民法院应当根据情节，依照民事诉讼法第一百一十一条的规定进行处罚。

【条文主旨】

本条系新增条文，是关于当事人的真实陈述义务、陈述不一致的处理以及故意虚假陈述的处罚的规定。

【条文释义】

当事人是民事诉讼的主体，通常亲历了法律关系的发生、变更和消灭的全过程，其对案件事实有着最直接、最全面和最深入的了解。当事人陈述作为一种证据类型，一般而言会是民事诉讼过程中数量最多、内容最丰富的证据种类，为法官审理案件、了解案情提供了最为重要的资料和信息，对人民法院发现案件事实具有积极意义。由于当事人不仅是案件所涉事实的亲历者,同时亦是案件的直接利害关系人,其将直接承受诉讼结果。从应然层面讲,当事人陈述更能反映案件事实,更有利于发现真实。但从实然层面来讲,由于当事人作为裁判结果的承担者,当事人之间具有利益冲突,受趋利避害的本性使然,当事人往往只陈述于己有利的内容。当事人的这种双重身份决定了当事人陈述具有主观性和不稳定性的特点,其陈述往往虚实结合、真伪并存,司法实践中,当事人陈述的真实性和可靠性亦常受到质疑。

一、当事人陈述的内涵

关于当事人陈述的内涵,理论界有着不同认识。有学者将当事人陈述区分为广义的当事人陈述和狭义的当事人陈述,广义的当事人陈述包括涉及"主张"的陈述与涉及"事实"的陈述,所谓"主张"的陈述,是当事人围绕权利是否存在的"请求"层面而作出的陈述,既可以是攻击性或要求性的主张,也可以是防御性或反驳性的主张。一般包括诉讼请求的提出、证据的提出以及法律关系的性质和法律适用等内容。狭义的当事人陈述仅指当事人就案件事实向法院所作的陈词和叙述。如果一方当事人对另一方的主张不是进行反驳,而是表示承认,或者一方当事人对于案件事实的陈述与另一方的陈述并不矛盾而是相互一致,这种陈述就构成"自认"。这里需要强调的是,能作为一种证据的当事人陈述,只能是当事人就"事实"的陈述,而且由于当事人陈述的主观性和不稳定性的特点,法律对作为证据的当事人陈述的证明效力问题作出了特别规定。《民事诉讼法》第七十五条第一款规定:"人民法院对当事人的陈述,应当结合本案的其他证据,审查确定能否作为认定事实的根据"。而本规定第九十条亦规定,当事人的陈述不能单独作为认定案件事实的根据。

二、当事人的真实陈述义务的理解

由于当事人具有双重身份,当事人的陈述具有的主观性和不稳定性的特点，很多国家《民事诉讼法》要求当事人履行真实陈述的义务。奥地利《民事诉讼法》首先确立了当事人真实陈述义务。依据奥地利《民事诉讼法》的规定，当事人在诉讼中所做的一系列陈述都应当是完整陈述和真实陈述。德国《民事诉讼法》承袭了奥地利《民事诉讼法》中关于当事人真实陈述义务的规定。在1933年德国《民事诉讼法》中明确要求当事人在诉讼中所做的有关当事人的陈述必须是完全而真实的。虽然立法上作出了明确规定，但理论界对于当事人真实陈述义务的争论并未停止。主张否定说的学者们认为，真实义务更多是一种道德上的义务，属于道德伦理的范畴，将其上升为法律义务，并不妥当。同时根据辩论主义原则，当事人的事实主张是否真实可以通过当事人之间相互辩论得以证明，要求当事人履行真实陈述义务，势必削弱辩论主义在民事诉讼中的地位。主张肯定说的学者们认为，根据诚实信用原则，当事人的真实陈述义务是民事诉讼的基本要求，其与辩论原则并不相悖。辩论原则强调通过辩论发现案件的真实，但并不鼓励当事人撒谎，真实义务同样有其存在的价值。由于理论界的广泛争论，日本《民事诉讼法》并未明确规定当事人的真实陈述义务，而是通过规制当事人虚假陈述的行为，来实现对当事人真实陈述的要求。

对于何为当事人真实义务，各国诉讼法学者亦存在不同认识。德国学者认为，当事人的真实义务强调的是主观真实，而非客观真实，禁止当事人故意错误陈述。在民事诉讼活动中，当事人不能为了加重对方诉讼负担而主张自己不确信的案件事实。日本学界的通说也认为，真实义务要求当事人在诉讼中只能主张其认为是真实的案件事实。当明确知道对方当事人所主张的案件事实与事实相符时，仍然进行争论，亦违反了真实义务。从上述学者们的意见来看，虽然表述不尽相同，但都认为当事人真实义务中的真实是一种主观真实，而非客观真实，当事人陈述与其主观认知相一致的案件事实即履行了真实义务。关于当事人真实义务的范围存在着广义和狭义之分。狭义的当事人真实义务，一般是指，当事人在诉讼中真实陈述，即不得在诉讼中主张已知是非真实或者其自认为非真实的事实，并且不能在明知对方当事人提出的主张与事实相符或者其认为相符时，仍进行争论。广义的当事人真实义务包括当事人真实陈述与完全陈述的义务。要求当事人不仅不能说谎，不能陈述与其主观认知不一致的案件事实，同时要求当事人在诉讼中进行完全、充分的陈述。对于真实义务是否包括完全陈述义务，理论界尚存有争论。主张否定说的学者认为，如果要求当事人履行完全陈述义务，则要求当事人不仅要就其主张的案件事实全盘托出，而且对于对方当事人主张并负有证明责任的事实也要进行毫无保留的陈述，显然有悖于辩论主义和当事人处分原则的要求。这种情形下，如果当事人履行完全的、绝对的真实义务，所有当事人都讲真话，似乎不再需要任何诉讼规则，在当事人履行真实义务的过程中，即可还原案件的客观事实真相。主张肯定说的学者认为，当事人真实义务包含完全陈述义务，要求当事人对作为诉讼裁判根据的事实进行完全的陈述，对于己不利的事实亦不能保持沉默，更不能歪曲案件事实。但也有持肯定观点的学者认为，当事人对于己不利的事实也要进行真实陈述，但亦存在一定的界限。这种界限主要表现在，当事人完全陈述义务的目的是禁止当事人在明知案件事实的情况下故意保持沉默，但并非无视诉讼中举证责任分配等规则，而要求当事人对于全部事实甚至对方主张的事实进行陈述。

三、本条的理解

我国《民事诉讼法》并未明确规定当事人真实义务以及违反真实义务的法律后果。审判实践中，当事人虚假陈述的情形日益增多，主要表现为故意陈述虚假的案件事实、虚假否认、虚假自认以及陈述前后矛盾等情形。《民事诉讼法》第十三条明确规定："民事诉讼应当遵循诚实信用原则。"诚实信用原则是民事私法领域的一项基本原则,要求人们在市场活动中讲信用、守诺言,在不损害他人利益和社会公共利益的前提下追求自己的利益。诚实信用原则在民事诉讼中最重要的体现就是规范诉讼主体的行为,要求当事人进行诉讼活动时,秉持诚实和善意,因此,约束当事人的诉讼行为、规定当事人的真实陈述义务即为诚实信用原则的应有之义。《民事诉讼法解释》在贯彻诚实信用原则方面作出了具体规定,但并未明确对当事人真实义务进行规制。《民事诉讼法解释》第一百一十条第一款规定:"人民法院认为有必要的,可以要求当事人本人到庭,就案件有关事实接受询问。可以要求当事人在询问前签署保证书。"该条第三款规定对于当事人拒绝到庭、拒绝接受询问或者拒绝签署保证书,而又无其他证据证明待证事实的,人民法院对当事人主张的事实不予认定,但对于当事人违反保证书的内容而作虚假陈述的情形,并未规定相应的法律后果。本条规定即是在《民事诉讼法》及司法解释规定的基础上,对这一问题的补充。

本条第一款规定了当事人真实陈述义务,要求当事人应当就案件事实作真实、完整的陈述。我们认为,这里的"真实"同样是指主观真实,而非客观真实,当事人的陈述应与其主观认知相一致,当明知另一方当事人的陈述与事实相符,不进行否定性的争论。这里规定的"完整",首先强调当事人的陈述不能是片面的、局部的,而应该是对案件事实完整的陈述。如果当事人仅陈述部分事实,而隐瞒了其他事实,经其省略加工后陈述的事实可能无法完全反映案件真实情况,进而妨碍法院发现真实并作出正确的裁判。要求当事人完整的陈述案件事实,是积极层面的真实义务,目的在于防止当事人刻意隐瞒、歪曲事实真相。与前述分析的完全陈述义务相类似,当事人不能对于己不利的事实完全保持沉默,但同时这种完整亦是存在一定边界的。即不能要求当事人忽视各自的主张和诉讼资料的提出以及举证责任分配等法则,而陈述全部案件事实。

本条第二款规定是针对当事人陈述前后不一致情形的处理。由于当事人是法律关系的直接参与者，与案件结果有直接利害关系，决定了其陈述存在主观性和不稳定性的特点，而且往往虚实结合、真伪并存。审判实践中，经常会出现当事人陈述前后不一致的情形，这时需要当事人说明理由，对于当事人陈述的证明效力，则要结合当事人的诉讼能力、证据和案件具体情况进行审查认定。

这条规定既是当事人真实义务的要求，又体现了"禁反言"原则的要求。禁反言原则源于英美法系的规则，英美法系国家和地区一直适用宣誓制度，并逐步发展出禁反言原则。要求当事人在民事诉讼过程中，其所实施的诉讼行为应前后一致，如果一方当事人变更诉讼行为会给另一方当事人造成不公平的结果时，对前后矛盾的行为应予禁止。当事人陈述也是一种诉讼活动，同样应遵循禁反言的原则，其陈述前后不一致，所陈述内容的真实性将进一步受到质疑。《元照英美法词典》将禁反言的内涵分为三个层次：（1）不容否认，指禁止当事人提出与其以前的言行相反的主张，即对于当事人先前的行为、主张或者否认，禁止其在此后的法律程序中反悔，否则，将会对他人造成损害；（2）再诉禁止，既判事项不容否认，即禁止对同一当事人或相同争点再次诉讼；（3）主张因对他人的误导性陈述存在善意信赖而受有损害的答辩。[①] 在大陆法系国家和地区，禁反言原则被理解为诉讼法中诚实信用原则的一种具体表现形态。有日本学者认为，禁反言的法理意味着，一方当事人有义务从事对方所预期的一定行为时，实际上实施的确实完全违背对方预期的行为，这种行为被视为违反信义原则的背信行为而予以禁止。[②] 英美法系和大陆法系关于禁反言原则的论述虽有不同，但其基本内涵是一致的。

禁反言是民事诉讼诚实信用原则的要求。诚实信用原则最早起源

---

① 薛波主编：《元照英美法词典》，法律出版社2003年版，第495页。
② ［日］谷口安平：《程序的正义与诉讼》（增补本），王亚新、刘荣军译，中国政法大学出版社2002年版，第175页。

于罗马法中的诚信契约和诚信诉讼,即所谓的民法学界的"帝王原则",是当事人和其他诉讼参与人应当遵守的基本原则,贯穿民事诉讼活动的全过程。其内容包括:

1. 禁止滥用诉讼权利,当事人及其他诉讼参与人依法善意地行使法律赋予的诉讼权利,不得滥用起诉权、管辖异议权、回避申请权、提出证据等权利,或者不按照规定的程序行使权利,意图拖延诉讼、阻挠诉讼的进行;

2. 当事人一方怠于行使诉讼权利,长期没有行使的意思表示和事实相应的行为,致使对方当事人误认为不会行使后,再行使该权利并导致对方利益受损的行为,法院不能支持;

3. 当事人及其他诉讼参与人负有真实陈述事实和主张的义务,当事人不得在诉讼中提供虚假证据、不得在诉讼中作虚假陈述,证人不得提供虚假证言等;

4. 禁反言,一方当事人有义务从事对方所预期的一定行为,实际上实施的确实完全违背对方预期的行为时,这种行为就被认为是背信行为而应当受到禁止。禁反言主要是防止一方当事人以及其他诉讼参与人出现前后相互矛盾的诉讼行为,从而损害对方当事人的利益,破坏民事诉讼的整体进展。构成禁反言,应当具备当事人及其他诉讼参与人实施了前后矛盾的诉讼行为损害了对方当事人的利益的条件。

根据前述关于当事人真实义务的分析,基于禁反言原则的要求,虽然我国《民事诉讼法》中并未明确规定禁反言原则,但根据《民事诉讼法》中诚实信用原则的内涵和要求,应要求当事人履行真实陈述义务,其陈述前后应保持一致。当出现不一致情形时,应说明理由,由审判人员结合当事人陈述的内容、变更陈述的理由、当事人诉讼能力、证据情况及案件相关事实等进行审查认定。对当事人的诉讼能力的判断,可以结合当事人年龄、智力状况、受教育程度、道德品质、法律意识等因素进行考量。

我国现行民事诉讼立法没有规定对当事人虚假陈述的制裁措施，当事人虚假陈述的不利后果一般仅限于对法官心证的影响。然而，仅以法院的负面心证的实效性为后盾，来阻止当事人隐瞒对自己不利的案件事实几乎不可能。由于当事人真实陈述于己不利的案件事实所产生的不利益一般不会低于法官心证中的负面评价，诉讼当事人将会选择更小的风险，而不会主动开示于己不利的案件事实。因此，增设当事人虚假陈述的处罚规定十分必要。本条规定第三款对当事人故意作虚假陈述妨碍人民法院审理的法律后果进行了规定，人民法院应当根据当事人虚假陈述的情节，依照《民事诉讼法》第一百一十一条关于妨害民事诉讼行为采取强制措施的规定及第一百一十五条关于适用罚款和拘留措施的规定进行处罚。

【审判实践中需要注意的问题】

审判实践中需要注意，当事人的陈述是其对亲历的事实进行主观加工和转换而得出的，并非客观事实本身，当事人陈述具有主观性的特点。当事人的真实义务是指主观真实，这里强调，只要当事人不主张其明知不真实或者认为不真实的事实，也不对明知真实或者认为真实的对方当事人的主张进行争执，即可视为当事人履行了真实义务。同时，当事人完整陈述义务是存在边界的，并不要求当事人对于己不利的事实主动进行陈述，也无需积极主动帮助法官形成内心确认，只要消极地避免妨碍法官形成正确的心证即可。

【法条链接】

《中华人民共和国民事诉讼法》（2017年修正）

第十三条　民事诉讼应当遵循诚实信用原则。

当事人有权在法律规定的范围内处分自己的民事权利和诉讼权利。

第七十五条 人民法院对当事人的陈述,应当结合本案的其他证据,审查确定能否作为认定事实的根据。

当事人拒绝陈述的,不影响人民法院根据证据认定案件事实。

第一百一十条 诉讼参与人和其他人应当遵守法庭规则。

人民法院对违反法庭规则的人,可以予以训诫,责令退出法庭或者予以罚款、拘留。

人民法院对哄闹、冲击法庭,侮辱、诽谤、威胁、殴打审判人员,严重扰乱法庭秩序的人,依法追究刑事责任;情节较轻的,予以罚款、拘留。

第一百一十五条 对个人的罚款金额,为人民币十万元以下。对单位的罚款金额,为人民币五万元以上一百万元以下。

拘留的期限,为十五日以下。

被拘留的人,由人民法院交公安机关看管。在拘留期间,被拘留人承认并改正错误的,人民法院可以决定提前解除拘留。

《最高人民法院关于适用〈中华人民共和国民事诉讼法〉的解释》
(2015年1月30日 法释〔2015〕5号)

第一百一十一条 民事诉讼法第七十条规定的提交书证原件确有困难,包括下列情形:

(一)书证原件遗失、灭失或者毁损的;

(二)原件在对方当事人控制之下,经合法通知提交而拒不提交的;

(三)原件在他人控制之下,而其有权不提交的;

(四)原件因篇幅或者体积过大而不便提交的;

(五)承担举证证明责任的当事人通过申请人民法院调查收集或者其他方式无法获得书证原件的。

前款规定情形,人民法院应当结合其他证据和案件具体情况,审查判断书证复制品等能否作为认定案件事实的根据。

第六十四条 ［当事人接受询问］

人民法院认为有必要的，可以要求当事人本人到场，就案件的有关事实接受询问。

人民法院要求当事人到场接受询问的，应当通知当事人询问的时间、地点、拒不到场的后果等内容。

【条文主旨】

本条系新增条文，是关于当事人询问的规定，是对《民事诉讼法解释》第一百一十条第一款的进一步的操作性规定。

【条文释义】

当事人作为民事诉讼的主体，在民事诉讼中享有广泛的程序参与权并受到相应的程序保障，其在诉讼中提出诉讼请求、法律和事实根据以及证据，都必须以言辞的方式完成。因此当事人陈述是在任何一个民事案件审理过程中都存在的一种诉讼材料。当事人陈述在最广泛意义上包括关于诉讼请求的陈述，关于支持或者反对诉讼请求的法律与事实根据的陈述，关于与案件有关的其他事实的陈述，关于证据分析的陈述，关于案件的性质和法律问题的陈述等。① 狭义上的当事人陈述一般指当事人就案件事实向法院所作的陈述。从功能上，当事人陈述可以区分为三个层次：一是当事人为了支持其诉讼请求而向法院陈述的事实根据，即关于主要事实的主张。当事人关于主要事实的主张也就是诉讼中的证明对象，具有确定法院审理的事实范围和诉讼证明对象的功能。二是当事人对于不利于自己的事实的真实性的认可，即自认。自认具有排除事实争议、限缩证明对象的功能。三是当事人作为证据方法而就其亲历所知向法院陈述有关案件事实，以作为证据资料供法院参考。这个意义上的当事人陈述的功能是作为证明的手段，亦即证据功能。② 我国《民事诉讼法》立法是在证据功能上规定当事人陈述，有人称之为当事人陈述功能的一元定位。

在英美法系国家和地区，当事人陈述并不是一种独立的证据形式，立法上也没有对询问当事人单独作出规定。当事人被视为证人，是证人的一部分。当事人既可以自己就涉讼案件提供证言，也可以要求对方当事人就案件的相关事实提供证言。当事人需要就案件事实向法院陈述时，应当作为证人，适用证人规则。大陆法系国家和地区在对待作为证据资料的当事人陈述之利用上存在两种做法，一种是将当事人陈述作为补充性证据方法，只有在法官依其他证据无法就案件事实的真伪形成内心确信时，才能就待证事实对当事人进行询问。德国《民事诉讼法》即采取此种做法。另一种以日本《民事诉讼法》为代表，对当事人陈述的适用不作限制，法官在证据调查的任何阶段均可自由决定是否对当事人进行询问。苏联《民事诉讼法》将当事人陈述作为独立的证据形式，但立法上并不是简单地把当事人的陈述作为证据来使用，而是要求法院把当事人的陈述与其他证据进行对照，用其他证

---

① 江伟主编：《民事诉讼法》，高等教育出版社2000年版，第142页。
② 翁晓斌、宋小海：《论民事诉讼当事人陈述的功能》，载《现代法学》2007年11月第29卷第6期，第108~109页。

据来审查当事人的陈述，在被其他证据证明为真实后才能把它作为证据。苏联解体后，俄罗斯在苏俄《民事诉讼法典》的基础上制定了《俄罗斯联邦民事诉讼法典》，仍然继承了前苏联民事诉讼法的做法。

我国《民事诉讼法》是参照苏联民事诉讼法制定的，有关证据意义的当事人陈述也是采取与苏联《民事诉讼法》相同的立场，将当事人陈述作为一种单独的证据形式。《民事诉讼法》第七十五条规定："人民法院对当事人的陈述，应当结合本案的其他证据，审查确定能否作为认定事实的根据。／当事人拒绝陈述的，不影响人民法院根据证据认定案件事实。"这种规定与苏联对待当事人的立场相一致。这意味着，当事人陈述尽管被立法规定为一种单独的证据形式，但其地位仍然是辅助性的，需要与其他证据结合起来进行综合判断才能确定是否作为认定案件事实的根据。作为证据的当事人陈述不能单独作为认定案件事实根据的原因在于当事人的双重地位，其既是案件事实的亲历者，同时又是案件处理结果的直接利害关系人，其双重地位决定了当事人陈述具有主观性和不稳定性的特点。因此民事诉讼立法上对当事人陈述的认定作出了特别的规定。

然而在审判实践中，某些情况下待证事实除当事人陈述之外没有其他证据证明，如民间借贷案件中款项交付的事实真伪不明，这种情况下简单根据举证责任分配规则进行裁判，驳回当事人的诉讼请求，有时会引起裁判是否公证、法官是否尽到职责的质疑。为此，《民事诉讼法解释》制定过程中，参考大陆法系国家和地区的经验，将人民法院询问时当事人的陈述作为一种特殊情形，在满足一定条件和程序情况下赋予其独立的证据效力。这种设计与大陆法系国家和地区将询问当事人作为证据方法的做法是一致的。在"依据当事人的举证结果不足以使法官就事实的真伪形成确信，或其他证据方法已经使用穷尽时……就待证事实询问当事人。至于该应证事实被证明的几率是否相当高或是否被释明，则非所问"。①

设立当事人询问制度目的是通过询问当事人的方式，获取当事人亲身经历的见闻的陈述，帮助法院查明案件事实。所谓当事人询问，就是指将当事人作为一种证据方法，对其亲历所知的见闻进行询问，并将询问获取的内容作为证据资料的一种调查证据的方法。

《民事诉讼法解释》第一百一十条第一款规定，人民法院认为有必要的，可以要求当事人本人到庭，就案件有关事实接受询问。从上述规定可以看出，在我国，当事人询问的对象指当事人本人，因为只有当事人本人亲历案件所涉事实，其陈述才更有价值。当事人询问的条件是人民法院认为有必要，所谓必要的情形，一般是指证据已经穷尽而待证事实处于真伪不明的情况。当然，在审判实践中是否询问、何时询问当事人，应当根据案件的具体情况确定，出于审判便利的需要，在法庭审理过程中询问当事人本人的，也并不违反相关法律和司法解释的规定。

本条规定对《民事诉讼法解释》第一百一十条的规定进行了细化。本条第一款进一步明确了在人民法院认为有必要的情形下，可以询问当事人。本条第二款是对《民事诉讼法解释》第一百一十条第一款的操作性规定，在人民法院要求当事人到场接受询问的，应当通知当事人询问的时间、地点以及拒不到庭后果等内容。当事人本人到庭接受询问，是人民法院认为有必要时对当事人提出的要求，当然应通知当事人询问的时间和地点，尤其要告知当事人拒不到庭的后果，防止当事人为避免诉讼出现不利于自己的后果而拒不到庭，从而有利于人民法院查明案件事实。

---

① 张永泉：《民事诉讼证据原理研究》，厦门大学出版社2006年版，第82页。

【审判实践中需要注意的问题】

需要强调的是，人民法院认为有必要时，可以要求当事人本人到场，这里规定是当事人本人"到场"而非"到庭"，这种表述上的变化，是为了适应审判实践的需要。人民法院认为有必要，可以在调查和询问的过程中要求当事人本人到场接受询问。另外，本条规定没有明确人民法院通知当事人的方式和通知的期限，人民法院在适用本条规定时，可以口头或书面的方式通知当事人，但应给当事人预留一定合理期限，以便当事人能够在法院通知的时间到达指定的场所接受询问。

【法条链接】

《中华人民共和国民事诉讼法》（2017年修正）

第七十五条 人民法院对当事人的陈述，应当结合本案的其他证据，审查确定能否作为认定事实的根据。

当事人拒绝陈述的，不影响人民法院根据证据认定案件事实。

《最高人民法院关于适用〈中华人民共和国民事诉讼法〉的解释》（2015年1月30日 法释〔2015〕5号）

第一百一十条 人民法院认为有必要的，可以要求当事人本人到庭，就案件有关事实接受询问。在询问当事人之前，可以要求其签署保证书。

保证书应当载明据实陈述、如有虚假陈述愿意接受处罚等内容。当事人应当在保证书上签名或者捺印。

负有举证证明责任的当事人拒绝到庭、拒绝接受询问或者拒绝签署保证书，待证事实又欠缺其他证据证明的，人民法院对其主张的事实不予认定。

第六十五条 ［当事人具结］

人民法院应当在询问前责令当事人签署保证书并宣读保证书的内容。

保证书应当载明保证据实陈述，绝无隐瞒、歪曲、增减，如有虚假陈述应当接受处罚等内容。当事人应当在保证书上签名、捺印。

当事人有正当理由不能宣读保证书的，由书记员宣读并进行说明。

【条文主旨】

本条系新增条文，是关于当事人具结的规定，是对《民事诉讼法解释》第一百一十条第一款后段及第二款关于当事人具结的操作性规定，是对该条文内容的补充和完善。

【条文释义】

一、宣誓制度

证据意义上的当事人陈述也就是狭义上的当事人陈述一般是指当

事人就案件事实向法院所作的陈述。其功能是当事人作为证据方法就其见闻向法院陈述有关案件事实，以作为证据资料供法院参考。当事人陈述作为一种言辞证据，是人通过主观认识将其亲见感知的客观事实通过言辞再现出来的过程，本身就具有主观性和不稳定性的特点。同时，由于当事人既是案件事实的亲历者，又是案件结果的承受者，受趋利避害心理影响，审判实践中，当事人往往只陈述于己有利的内容，导致其陈述往往真假难辨。为了保证这种主观色彩极强的证据种类具有真实可靠性，人们制定了很多的法律措施来加以保障。宣誓制度就是其中的一种。

宣誓是指向神、上帝或令人尊敬的人或物庄严表示某人的陈述是真实的，或者某人将遵守诺言。如果陈述是不真实的或者违背了诺言，宣誓人必将受到惩罚。①

宣誓制度在诉讼程序中的应用由来已久，其起源显然与人类的蒙昧落后状态有密切的关系。在人类社会早期，由于认识自然和改造自然的能力低下，人类无法解释变化无穷的自然现象，只能将其归结为一种超自然的力量，自然赋予其神秘的色彩。基于对这种超自然的天、神的敬畏，产生了宣誓制度。宣誓人出于对天、神的敬畏，因害怕受到惩罚而不得不发誓说真话。法官往往会在缺乏证据而无法审理案件的时候，要求当事人或者证人陈述前进行宣誓。这一时期，人类受认识能力所限并不具备客观科学的证据调查方法，诉讼活动对诉讼当事人和证人的证言具有非常大的依赖性，此时宣誓的作用是证明证言真实性，或者宣誓本身就被认为是"真实"的证言。

随着人类社会的发展，宗教对法律的影响日渐淡薄，人们逐渐认识到传统宣誓制度并不完全符合对法律正义的追求。此后，宣誓制度进行了相应的改革，宣誓不再是法官确认证人证言真实性的法律效力

---

① 薛波主编：《元照英美法词典》，法律出版社2003年版，第990页。

的当然根据,其功能在于提醒证人如实履行作证的义务,而证人证言的真伪及其证明力将由法官根据自由心证的原则来判定。当宗教信仰在宣誓制度中的作用越来越模糊时,宣誓的替代品出现了。在证人没有宗教信仰或者因为其信仰反对宣誓的情况下,证人可以通过郑重陈述来表明其对法律的认同和陈述的真实性,从而有利于查明案件事实。此时,对证人更多的是是道德层面的约束。

人作为社会行为的主体,其在社会生活中,应遵循道德准则,做到诚实信用,以不做损人利己的事情为基本前提。社会生活中的准则会自然延伸到法律程序中,在诉讼活动中,证人应当恪守道德良知,做到诚实守信,如实陈述其所知所见的案件事实。而宣誓制度一方面起到了提醒证人如实履行作证义务的作用,使其清楚地认识到自己作为证人存在道德和法律的双重义务,一定程度上加快了裁判者发现法律真实的进程。另一方面,诉讼中的宣誓制度反过来又增强了证人的道德诚信意识,潜移默化地推动了社会诚信意识的形成和巩固。

经历以宗教信仰为基础发展为以道德诚信为依托的现代宣誓制度,在诉讼活动中具有重要意义。首先,通过宣誓人郑重其事并高声宣读的方式提醒其真实作证的义务,从而唤起内心深处的道德良知,提升自觉性和正义感,促使其真实陈述所知案件事实。其次,通过相关配套制度的设计,使证人清楚虚假陈述如被发现或被对方揭穿将给其带来的不利后果,从而产生对自身利益受损的顾虑及对法律的敬畏,起到预防证人虚假陈述的作用。

宣誓的效力主要涉及两个方面:一是不宣誓的后果;二是宣誓后作虚假陈述的法律责任。世界大多数国家证人作证程序中均设立宣誓环节,虽然各国在立法上没有明确规定不进行宣誓的后果,但根据程序设计的初衷及法条的内在逻辑可以判断出,在法律明确要求宣誓而未进行宣誓的情形下,证人证言一般不具有合法性,这样的证据将不被法官所采信,将导致一方当事人因举证不能而承担不利后果。对于宣誓后仍进行虚假陈述的法律责任，许多国家都规定了伪证罪，不仅将影响证人的个人诚信，也将受到法律的追究。

二、具结制度

与宣誓相类似的还有具结制度，也是一种保证证言可信性的一种方式。它通过固定的仪式和程序进行，从而在客观上促进证人能够如实作证。但一般而言，具结制度功能只有一个，就是通过客观存在的对作伪证的处罚来对证人进行警示，促使证人如实作证。

前面我们对宣誓制度和具结制度进行了简要的分析，这两种制度一般都是对证人作证的要求。证据意义上的当事人陈述与证人证言一样，同样也具有浓厚的主观色彩。证人与当事人都是知道案件事实的人，但与证人不同的是，当事人不仅亲历了案件事实，还是案件处理结果的利害关系人，因此，对作为证据材料的当事人陈述的认定上也应该严格把握，在制度设计上，也应通过让当事人签署保证书并宣读保证书内容的方式来进行具结，通过这种固定的仪式和程序，客观上督促当事人如实陈述。

基于当事人陈述的特点，我国《民事诉讼法》虽然将当事人陈述作为一种证据形式，但对当事人陈述的证明效力作出了特别规定。然而在审判实践中，存在待证事实除当事人陈述之外没有其他证据证明的情形，为了更好地查明案件事实，有效化解民事纠纷，我国《民事诉讼法解释》将人民法院询问当事人作为一种特殊证据方法，赋予询问结果独立的证明效力。为了保证当事人在接受询问时，能如实陈述，除了应要求当事人履行真实陈述义务之外，还应要求其在接受询问前以签署保证书并宣读保证书内容的方式具结。具结是一种保证，是保证对自己的行为负责、愿意为违反保证承担责任的意思表示。由于人民法院询问当事人的结果能够独立发挥证明作用，由当事人具结对于促使当事人如实陈述十分必要，也具有十分积极的意义。

三、本条的理解

《民事诉讼法解释》第一百一十条第一款关于"在询问当事人之前,可以要求签署保证书"的规定,首次明确了当事人的具结义务。本条规定将该条司法解释"可以要求当事人签署保证书"修改为"责令当事人签署保证书并宣读保证书的内容"。这种文字上的变动,进一步明确了签署保证书是当事人必须履行的一项义务,进一步完善了当事人具结的程序和方法。首先,当事人具结的对象应为当事人本人,不包括其诉讼代理人,因为只有当事人本人亲历案件所涉事实,其陈述才更有价值。其次,具结时间应在当事人本人接受询问之前,具结时间的合理设置是发挥具结制度功效的前提条件。最后,具结的方式,当事人具结应同时完成书面具结和口头具结。书面具结即签署保证书,口头具结即以宣读保证书的方式进行。对于当事人接受询问前的具结而言,仅签署保证书并不足以对其内心产生威慑,审判实践经验表明,当事人、证人以口头方式陈述保证书内容,通过郑重高声宣读提醒自己如实陈述的义务,可以在一定程度上唤起良心上的自觉和正义感。同时通过宣读的方式,可以更加清晰地了解签署保证书后虚假陈述的后果,使其内心不愿也不敢作虚假陈述,从而对其内心产生极强的震慑效果,确保其如实陈述案件事实。

本条第二款在《民事诉讼法解释》第一百一十条第二款的基础上,进一步细化补充了当事人签署保证书的内容,列明了几种虚假陈述的方式。签署保证书的形式要求是要在保证书上签名、捺印,通过这种"签字画押"式的仪式,让当事人内心确信,应对自己的言行负责。签署保证书的内容,即保证书应当载明的事项包括:保证据实陈述,绝无隐瞒、歪曲、增减,如有虚假陈述应当接受处罚等内容。这里的"隐瞒""歪曲""增减"是比较典型的几种虚假陈述的方式。所谓"隐瞒",是指通过积极行为掩盖事实或采取消极行为不如实告知的行为。所谓"歪曲",是指为了掩盖事实真相,故意改变事实的本来面目或对事实作不正确的反映。所谓"增减",是指从有利于自己利益的角度出发,增加或减少所知事实内容的行为。

本条第三款规定了当事人宣读保证书内容的例外情形,即当事人有正当理由不能宣读保证书的,由书记员宣读并进行说明。签署和宣读保证书是当事人接受询问前必须履行的义务,也是当事人如实陈述的保证。当事人确有正当理由不能宣读保证书的,这里的正当理由一般是指当事人在文字认知、语言表达等方面确实存在障碍,比如当事人不识字或身体残疾无法识别文字内容的盲人或无法用语言表达的聋哑人,以及因重大疾病导致无法宣读等情形。正当理由的判断应由人民法院作出判断,并由书记员代为宣读并进行说明。

【审判实践中需要注意的问题】

需要强调的是,当事人在接受询问前,不仅要签署保证书,同时应宣读保证书的内容。只有在当事人存在正当理由,确实无法宣读的情况下,可以由书记员代为宣读保证书的内容,但不能因此免除宣读的程序,否则不能起到当事人具结制度设立的效果。

【法条链接】

《最高人民法院关于适用〈中华人民共和国民事诉讼法〉的解释》(2015年1月30日 法释〔2015〕5号)

第一百一十条 人民法院认为有必要的,可以要求当事人本人到庭,就案件有关事实接受询问。在询问当事人之前,可以要求其签署保证书。

保证书应当载明据实陈述、如有虚假陈述愿意接受处罚等内容。

当事人应当在保证书上签名或者捺印。

负有举证证明责任的当事人拒绝到庭、拒绝接受询问或者拒绝签署保证书，待证事实又欠缺其他证据证明的，人民法院对其主张的事实不予认定。

第六十六条 ［当事人拒绝人民法院询问的后果］

当事人无正当理由拒不到场、拒不签署或宣读保证书或者拒不接受询问的，人民法院应当综合案件情况，判断待证事实的真伪。待证事实无其他证据证明的，人民法院应当作出不利于该当事人的认定。

【条文主旨】

本条系新增条文，是关于当事人拒绝人民法院询问的后果的规定，是对有关《民事诉讼法解释》第一百一十条的完善和补充。

【条文释义】

一、当事人拒绝人民法院的询问

《民事诉讼法》第七十五条第一款规定，"人民法院对当事人的陈述，应当结合本案的其他证据，审查确定能否作为认定事实的根据"。从上述规定可以看出，当事人陈述尽管被我国《民事诉讼法》确立为一种单独的证据形式，但其地位仍然是辅助性的，需要与其他证据结合起来进行综合判断才能确定是否作为认定案件事实的根据。由于审判实践中，存在待证事实除当事人陈述之外没有其他证据证明的情形，为此，《民事诉讼法解释》制定过程中，参考大陆法系国家和地区的经验，将人民法院询问当事人的陈述作为一种特殊情形，赋予其独立的证据效力。这种设计与大陆法系国家和地区将询问当事人作为证据方法的做法是一致的。设立当事人询问制度的目的是通过询问当事人的方式，获取当事人亲身经历的见闻的陈述，帮助法院查明案件事实。所谓当事人询问，就是指将当事人作为一种证据方法，对其亲历所知的见闻进行询问，并将询问获取的内容作为证据资料的一种调查证据的方法。

在民事诉讼中，由于当事人与诉讼结果具有直接的利益关系，故作为证据方法的当事人在询问程序中作出的陈述同样具有较浓的主观色彩。加之，当事人是凭借其记忆对其经历之事实进行描述，受记忆力、感知能力及表达能力的影响，当事人陈述较之于书证、物证的可靠性更低。为此，《民事诉讼法解释》第一百一十条及本规定第六十五条设立了当事人具结制度，当事人本人在人民法院通知接受询问前，应签署保证书并宣读保证书内容。这种程序的设置，为促使当事人如实陈述提供了制度保障。当事人询问程序作为专门审查证据意义上当事人陈述的程序，法官可以充分利用询问技巧以及双方当事人之间相互对质等方式，通过当事人陈述本身所包含的肯定性与否定性内在因素，结合已查明证据及辩论整体意旨对询问所获的当事人陈述进行自由心证。而心证结果基本上可以分为两种情形：一种是当事人询问结果能够强化原先的心证，达到高度盖然性的证明标准，进而认定待证事实；另一种则是当事人询问结果仍旧不能达到法官心证的要求，不能认定待证事实，于是，依照证明责任作出判决。

由于当事人真实陈述于己不利的案件事实所产生的不利后果一般不会低于法官心证中的负面评价，诉讼当事人将会选择更小的风险，而不会主动开示于己不利的案件事实。审判实践中，当事人本人经常不参加庭审活动，而仅由诉讼代理人参加诉讼，当然这种参与诉讼的方式亦为法律规定所允许，但在证据已经穷尽而待证事实仍处于真伪不明的情况时，人民法院认为有必要通知当事人本人到场接受询问的情形，如果当事人拒不到场、甚至拒不接受询问，是否应该承担责任，承担什么样的责任？《民事诉讼法解释》第一百一十条第三款对负有举证证明责任的当事人拒绝到庭、拒绝接受询问或者拒绝签署保证书的情形作出了规定，在上述情形出现时，且待证事实又欠缺其他证据证明的，人民法院对负有举证责任的当事人主张的事实不予认定。当事人是诉讼的主体，其陈述会站在自身立场，天然地带有利于自己一方的可能性，因此《民事诉讼法》在制度设计上，赋予人民法院要求当事人出庭接受询问的权利，目的是查清案件事实，在这种背景下，负有举证证明责任的当事人拒绝到庭、拒绝接受询问或者拒绝签署保证书，而待证事实又没有其他证据证明的，人民法院对其主张的事实不予认定，符合"谁主张、谁举证"的基本原则，亦符合《民事诉讼法》关于证明责任的规定。在无其他证据的情况下，作为亲历者的当事人拒绝陈述案件事实，以供法官进行审查和判断，在此情况下让法官来确定案件事实并对当事人主张的诉讼请求作出判断，是不现实的，负有举证责任的一方当事人自然应当承担举证不能的法律后果。

一般而言，当案件事实处于真伪不明的状态时，法官可以根据证明责任规范判决负有举证责任的一方当事人承担不利后果。但是，如果造成待证事实真伪不明的原因不是举证责任方不努力收集、提供证据，而是对方当事人实施了妨碍行为致使无法举证证明，其中包括对方当事人对其掌握的案件事实拒不接受法庭询问的情形，这种情况下，直接判决举证责任方承担不利后果，一定程度上会造成显失公平的后果，有必要通过证明妨碍规则来对不负举证责任一方当事人的行为进行约束。协同主义诉讼构造要求双方当事人在证据收集、提出方面相互协作，共同发现裁判的基础材料。从而，协同主义也允许一方当事人要求对方当事人为其解明事实提供协力义务。① 换言之，虽然不负举证责任的一方当事人在待证事实处于真伪不明的情形下，无需承担举证不能的不利后果，但是违反事实解明义务给对方当事人造成证明妨碍时，仍然要承担相应的责任。

二、本条的理解

那么对于不负举证责任的当事人被人民法院传唤接受询问时，拒不到场、拒不接受询问或者拒绝签署保证书的，而待证事实亦无其他证据证明的情形，不负举证责任的当事人应承担什么样的责任，《民事诉讼法解释》第一百一十条并未明确。实际上，《民事诉讼法解释》第一百一十条第一款规定，人民法院认为有必要的，可以要求当事人本人到庭，就案件有关事实接受询问，对"当事人"的范围没有进行限定，即只要是本案当事人，只要是人民法院认为有必要，均可以依职权传唤当事人询问。

本条规定在《民事诉讼法解释》第一百一十条的基础上，没有按照举证责任规则对当事人予以区分，而是规定"当事人无正当理由拒不到场、拒不签署或宣读保证书或者拒不接受询问的，人民法院应当综合案件情况，判断待证事实的真伪。待证事实无其他证据证明的，人民法院应当作出不利于该当事人的认定"。这就意味着，在人民法院穷尽了证明手段，仍无法查明案件事实的情况下，可以通知当事人到场接受询问，而无论该当事人对未查明的事实是否负有举证责任。对于当事人本人到场接受询问获取的案件事实的真伪，人民法院仍然应该综合案件情况来判断。同时，本条规定了当事人拒不到场、拒不履行具结义务或拒不接受询问应承担责任的条件，即"当事人无正当理由"，该条规定并未进一步明确什么样的理由是"正当理由"，关于正

---

① 包冰锋：《现代诉讼构造下的案件事实解明义务研究》，载《南通大学学报（社会科学版）》2015年第2期，第50页。

当理由的判断，是人民法院酌定的事项，一般情况下，包括当事人因健康原因，路途遥远且交通不便或自然灾害等不可抗力的原因。本条规定当事人无正当理由拒不到场、拒不签署或宣读保证书或者拒不接受询问的，而待证事实无其他证据证明的，当事人应承担的后果是"人民法院应当作出不利于该当事人的认定"。这是人民法院对于责令当事人接受询问，而当事人无正当理由拒不接受询问的一种惩罚性措施。

而对于当事人应法院要求到场接受询问，并履行了具结义务、签署保证书并宣读保证书内容的情形，法官可以根据当事人陈述并结合已查明证据及双方当事人辩论情况进行自由心证。如能够强化原先的心证，达到高度盖然性的证明标准，则可认定待证事实；如询问当事人的结果不能达到法官心证的要求，则不能认定待证事实，仍然依照证明责任作出判决。

【审判实践中需要注意的问题】

这里需要明确的是，人民法院作出不利于该当事人认定的范围仅针对穷尽证据手段而无法证明的待证事实而非负有举证责任一方当事人主张的所有事实。

【法条链接】

《中华人民共和国民事诉讼法》（2017年修正）

第七十五条 人民法院对当事人的陈述，应当结合本案的其他证据，审查确定能否作为认定事实的根据。

当事人拒绝陈述的，不影响人民法院根据证据认定案件事实。

《最高人民法院关于适用〈中华人民共和国民事诉讼法〉的解释》
(2015年1月30日 法释〔2015〕5号)

第一百一十条 人民法院认为有必要的,可以要求当事人本人到庭,就案件有关事实接受询问。在询问当事人之前,可以要求其签署保证书。

保证书应当载明据实陈述、如有虚假陈述愿意接受处罚等内容。当事人应当在保证书上签名或者捺印。

负有举证证明责任的当事人拒绝到庭、拒绝接受询问或者拒绝签署保证书,待证事实又欠缺其他证据证明的,人民法院对其主张的事实不予认定。

第六十七条 ［证人资格］

不能正确表达意思的人，不能作为证人。

待证事实与其年龄、智力状况或者精神健康状况相适应的无民事行为能力人和限制民事行为能力人，可以作为证人。

【条文主旨】

本条由2001年《证据规定》第五十三条修改形成，是关于证人资格的规定。

【条文释义】

一、证人的概念与界定

证人是诉讼法上的特定概念，由于法系的不同，对证人的界定与理解不尽相同。英美法系的证人概念所涉及的证人范围非常广泛，证人"是经过宣誓对案件有关事实作证的人"[①]。按照是否具有某一专门知识对案件争议的事实作出判断，证人分为两种：一种是专家证人，

[①] 白绿铉：《美国民事诉讼》，经济日报出版社1996年版，第145页。

基于其特定的专门学科的有关学识与经验提供意见,其证言被称为意见证言;另一种是非专家证人,亦称普通证人,是依据其感觉器官获得某种程度上的感知和记忆,在诉讼中所作的证言被称为感知证言。普通证人既可以是诉讼当事人自己也可以是当事人之外的第三人。

大陆法系的证人属于狭义的证人概念,是指向法庭陈述所知案件情况的第三人,即当事人之外的第三人。不包括当事人本人和鉴定人。英美法系中的专家证人在大陆法系中被称为鉴定人。大陆法系国家和地区认为,证人是将其亲身感知案件事实向法院陈述者,具有不可替代性,原则上将证人与鉴定人较为严格地区分开来。

根据我国《民事诉讼法》第六十三条中的规定,证人证言是独立的证据类型,各有其独立的证据价值。因此,尽管我国民事诉讼法未对证人进行定义,证人的含义也是从狭义上理解的,当事人和鉴定人均不属于证人的范畴。

当事人是民事诉讼的主体,是案件处理结果的承受者,当事人之间的利益一般是互相冲突的,如果由当事人作为证人,其陈述往往会受到更大的质疑。鉴定人是指基于专门知识和专业技能,对涉及案件事实的专门性问题进行鉴别和判断的人。鉴定人运用所掌握的科学知识、方法和手段,对诉讼活动中涉及查明事实等专门性问题提出意见,从而起到证明案件事实的作用。与证人不同,鉴定人不具有唯一性。而证人是知道案件事实的人,具有不可选择和不可替代性,其提供的证言是陈述自己通过其耳闻目睹所了解的案件事实。只要了解案件情况的人,依法都有作证的义务。如果证人与当事人有利害关系,将对证人证言的效力产生影响。而鉴定人如存在与案件有利害关系等情形,则应当回避。

二、证人资格的基本原则

证人资格又称证人能力或证人适格性,它解决的是证人的范围问题，决定了哪些人有资格作为证人提供证言。

限制证人资格的目的是保障证人证言的可信性。从其他国家的情况来看，对证人证言的可信性的保证，一般经历了从对证人资格的审查到对证人证言的审查的发展阶段。在早期主要是通过对证人资格的审查来保证证人证言的可信性。在这一阶段，应当排除作为证人的情形十分宽泛，与案件的结果有利害关系的人，由于可能因为自身的利益提供不真实的证言而被排除，在品质、能力上有缺陷的人，如未成年人、精神病人、受到不名誉判决的人等。由于可能因能力、品行等方面的缺陷影响证言的真实性而被排除。随着历史的发展，因品行、年龄、宗教等因素不具有证人资格的做法逐渐被抛弃，这些因素成为法庭判断证人证言证明力的参考因素，对证人证言的可行性审查主要通过对证言本身的审查来完成。有关证人资格的限制越来越少，主要表现为有关证人能力方面的要求，即证人正确表达的能力、判断是非的能力和对事实的感知、记忆能力。有关证人的身份、品行等因素不再是限制证人资格的因素，而是判断证人证言证明力的因素。

英美法上认为，不能仅以生理上、精神上的缺陷或者年幼来剥夺公民的证人资格，证人的资格或者能力完全取决于他是否具有辨别是非和正确表达的能力，而对这些能力的判断必须经过法庭审查。大陆法系国家和地区关于证人的精神状态及年龄也没有严格的限制，不能仅以年幼或精神缺陷等原因限制这些人的作证能力。总之，从历史发展来看，无论是英美法系还是大陆法系，对于证人资格上的限制越来越少。但是对于证人资格并非不再具有任何限制。

我国《民事诉讼法》第七十二条规定，凡是知道案件情况的单位和个人，都有义务出庭作证。有关单位的负责人应当支持证人作证。不能正确表达意思的人，不能作证。这一条规定确定了证人资格的基本原则。"不能正确表达意思的人"如何理解，这里不能简单地等同于无民事行为能力人和限制民事行为能力人，这样的理解缩小了民事诉讼法中关于证人的范围。2001 年《证据规定》第五十三条对此作出了进一步规范。

证人是就其亲身感知的案件事实向法庭作证的人。这意味着证人以了解案件事实为基本特征,在诉讼中具有不可选择性和不可替代性的特点。因此,作为证人,必须是亲身感知案件事实的第三人,证人对其所亲身感知的案件事实应当具有辨别是非的能力和正确表达意思的能力。如前所述,当事人不能作为证人,而鉴定人由于具有可选择性和可替代性的特点,也不能作为证人。至于生理、精神上有缺陷或者年幼的人能否作为证人,则取决于他是否具有辨别是非和正确表达的能力。《民事诉讼法》第七十二条规定的证人资格问题与其他国家的认识在原则上是一致的。这种一致性表现在:

1. 我国民事诉讼法在证人的资格方面,同样要求证人要具有感知能力、判断是非的能力和正确的表述能力。

2. 从立法技术上来看,我国在证人的感知能力方面并没有进行特别的要求,即在法律上一般不应当以证人的感知能力来限制证人作证的资格。换言之,立法承认每个人都具有一定的感知能力。至于影响感知能力的因素,则视其为与证人证言可信性有关的因素,在审查证人证言的证明力时予以考虑。

3. 从程序角度上看,上述规定表明,应当假定每个人都有作证的资格,非有相反证据,不得排除该证人。也就是说,证人资格的问题与证人证言的可信性问题不能等同,除非有相反的证据,每个人都具有作为证人的资格,而否定证人资格的,也只能通过对证人正确表达意思能力是否欠缺的认定来完成。

"不能正确表达意思的人,不能作为证人"包含了对证人判断是非的能力、正确表达的能力的要求。证人判断是非的能力、正确表达的能力即为证人资格的具体化,主要与证人智力状况或精神健康状况相关。通常所称的"智力",是指个人在认识过程中表现出来的认知能力系统。它包括观察力、记忆力、想象力和思维力，它们均属一般能力的范畴，其中思维能力是智力的核心。所以有时人们也用智力的概念来综合描述证人的这三种能力，即感知、记忆能力、辨别是非的能力和正确表达的能力。人们的智力是先天遗传素质，后天环境与教育影响和个人努力三者相互作用的产物。一般情况下，自然人的理智、智力是随着年龄的增加而逐步健全的。但自然人的精神健康状态却要复杂得多，这一因素既可能是人的先天遗传素质固有的，也可能是后天精神病理障碍诱发的。

在民法学上各国均以年龄和精神健康状况为标准将自然人划分为完全民事行为能力人、无民事行为能力人和限制民事行为能力人。对于完全民事行为能力人，因其智力和精神健康状况良好，故其证人身份是不容置疑的。而对于不完全民事行为能力人和无民事行为能力人则可能因为其智力和精神健康状况的不同而要分别对待。但民事行为能力并非评价证人证言的有效尺度，证人作证行为不同于民事行为，在有关无民事行为能力人和限制民事行为能力人作为证人的资格问题上，也不能以有无民事行为能力作为确定证人资格的标准。

在英美法上，对于无民事行为能力人和限制民事行为能力人，一般认为，只要法官认为其具有观察、记忆和陈述其意思的能力，能够理解宣誓的性质和作证的后果，就可以作为证人。在大陆法上，一般也没有关于证人资格与精神状态、智力状况的规定，而是将这方面的缺陷作为不得令其宣誓或者具结的原因。只要待证事实与证人的年龄、智力健康状况或者精神健康状况相适应，不论是否是无民事行为能力人或者限制民事行为能力人，均可以作为证人。

本条规定在2001年《证据规定》的基础上进行了文字修改，将"不能正确表达意志的人"修改为"不能正确表达意思的人"。与2012年修改的《民事诉讼法》第七十二条的表述相一致。同时，"意志"是哲学和心理学上的术语，一般带有主观色彩；而"意思"更多用于法律领域，在条文中使用"意思"表述更为准确。

【审判实践中需要注意的问题】

关于证人资格的审查问题，应当正确把握本条第一款与第二款的关系。根据《民事诉讼法》第七十二条的规定，有关证人资格是采取排除式的规定，即除非有不能正确表达意思的情形，一切人均由作为证人的资格。本条第一款再次重申了民事诉讼法的这一规定。本条第一款和第二款存在关联性，第一款是第二款适用的前提，是对证人资格问题的原则性要求。有关无民事行为能力人和限制民事行为能力人作为证人的情形，首先应当符合本条第一款的要求。审判实践中，在审查证人资格时，首先应当审查证人是否具备正确表达意思的能力，审查证人是否具有正确感知事务和准确记忆的能力、是否具有正确的表达能力。在此前提下，当证人是无民事行为能力人或者限制民事行为能力人时，审查待证事实是否与证人的年龄和智力健康状况或者精神健康状况相适应。

【法条链接】

《中华人民共和国民事诉讼法》（2017年修正）

第六十三条 证据包括：

（一）当事人的陈述；

（二）书证；

（三）物证；

（四）视听资料；

（五）电子数据；

（六）证人证言；

（七）鉴定意见；

（八）勘验笔录。

证据必须查证属实，才能作为认定事实的根据。

第七十二条 凡是知道案件情况的单位和个人，都有义务出庭作证。有关单位的负责人应当支持证人作证。

不能正确表达意思的人，不能作证。

第一百三十九条 当事人在法庭上可以提出新的证据。

当事人经法庭许可，可以向证人、鉴定人、勘验人发问。

当事人要求重新进行调查、鉴定或者勘验的，是否准许，由人民法院决定。

《最高人民法院关于民事诉讼证据的若干规定》（2001年12月21日 法释〔2001〕33号）

第五十三条 不能正确表达意志的人，不能作为证人。

待证事实与其年龄、智力状况或者精神健康状况相适应的无民事行为能力人和限制民事行为能力人，可以作为证人。

第六十八条 ［证人出庭作证］

人民法院应当要求证人出庭作证,接受审判人员和当事人的询问。证人在审理前的准备阶段或者人民法院调查、询问等双方当事人在场时陈述证言的,视为出庭作证。

双方当事人同意证人以其他方式作证并经人民法院准许的,证人可以不出庭作证。

无正当理由未出庭的证人以书面等方式提供的证言,不得作为认定案件事实的根据。

【条文主旨】

本条在2001年《证据规定》第五十五条基础上修改、补充形成,是关于证人出庭作证的规定。该条文延续了对证人出庭的要求,对视为出庭的情形进行完善;对不出庭作证的,增加了对方当事人同意并经人民法院准许可以不出庭的内容;对于无正当理由未出庭的证人提供的证言则规定没有证据资格。

【条文释义】

一、证人出庭作证制度的价值

证人是就其亲身感知的事实向法庭做客观陈述的人,其所要证明的内容是其亲身经历的事实。证人具有不可选择性和不可替代性的特点,其通过正确表达感知来证明案件事实。因此,证人对事物的感知能力、证人的表达能力、证人是否客观诚实地陈述证言等因素对于案件事实的认定都有直接的影响。证人只有出席法庭审理才能对影响证人证言证明力的各种因素予以查明,诉讼活动才能得以正常进行。否则,法官和当事人无法对证人进行询问,证人证言的真实性和证明力无法判断,诉讼活动也难以正常开展。因此,要求证人出庭陈述证言,既是保障当事人质证权利充分行使的需要,也是人民法院正确认证的需要。为此,本规定对证人出庭作证义务提出了原则要求。证人出庭作证制度的价值主要体现在:

(一)证人出庭作证能够保障发现案件事实真相,实现实体正义

民事诉讼活动中所追求的实体正义包括发现案件事实真相,正确适用法律以解决纠纷,从而保障当事人民事实体权益。证人按照民事法律的要求出庭作证,于庭审之中接受双方当事人的交叉询问和质证,使其作证行为当庭呈现在双方当事人及审判法官的监督之下,这样证人在作证时就会在最大程度上产生一种责任感,并能充分考虑作伪证的相关法律后果,从而能向法庭如实陈述其了解的案件事实情况。证人陈述的真实性则有助于法官从双方当事人的交叉询问和质证活动中正确及时地查明案件事实情况,正确适用民事实体法和程序法,迅速解决当事人之间的纷争,从而保障当事人相关实体权益能够得以实现,真正实现案件实体正义。

（二）证人出庭作证是贯彻直接言辞原则的具体体现

直接言辞原则是程序正义的体现，根据直接言辞原则对证据的严格要求，所有证据均应在法庭上通过言辞的形式进行陈述和调查，否则，不能作为认定案件事实的依据。所谓直接原则，包含两方面的内容，一是直接审理原则，即法院的审理以各诉讼主体亲自到场参与诉讼为原则；二是直接认证原则，即法院在诉讼过程中对证据的调查和采信，应当以直接的方式进行，法官必须亲自对证据进行直接调查，并以这种直接调查后经过衡量所确认的证据作为裁判的依据。所谓言辞原则，也称口头原则，是指审判程序应当以口头陈述的方式进行，只有诉讼主体在法庭上以口头方式陈述的案件事实，才能作为法院裁判的基础，未经法庭审理中以口头方式陈述的事实，不能作为裁判的根据。

（三）证人出庭作证亦是辩论原则的内在要求

辩论原则是民事诉讼的一项基本原则，是指诉讼活动中，在人民法院主持下，当事人有权就案件事实、争议的问题和适用的法律，各自陈述自己的主张和根据，互相进行反驳和抗辩，以维护自身合法权益。当事人在诉讼过程中享有辩论权是民事诉讼辩论原则的重要体现。《民事诉讼法》第十二条规定："人民法院审理民事案件时，当事人有权进行辩论。"当事人围绕鉴定意见行使辩论权，既可实现维护自身合法的程序权益，也可通过程序的保障来实现自身的实体权益。辩论原则所规定的辩论权贯穿于民事诉讼全过程，当然应适用于证人作证环节。因此，按照辩论原则的要求，由当事人提供的以支持其主张和诉讼请求的证人就应当到庭作证，亲自如实陈述其所了解的案件事实，这样才能真正保证双方当事人在庭审中形成互相辩论的态势，从而最终帮助法官就争议事实及时正确地作出裁判。

二、证人作证的方式

无论大陆法系国家和地区还是英美法系国家和地区对证人作证都要求出庭为原则。只是基于不同的诉讼模式和不同的程序特点，采取不同的方式。大陆法系国家和地区对于证人证言采取直接原则和言辞原则，因此要求以证人出庭作证为原则。英美法系国家和地区则以诉讼中的传闻规则来要求证人出庭作证。所谓传闻证据规则，又称反对传闻规则，是指未在法庭上作出的证人证言属于一种传闻证据，不得在诉讼中作为证据使用。因此在英美法系国家和地区，同样要求证人以亲自出庭作证陈述证言为原则。

证人接受当事人的质询，是指一方当事人提供证人出庭作证的，应当接受另一方当事人的询问和质疑。有关对出庭作证的证人的询问，大陆法系国家和地区一般以法官询问为主，在法官许可下，当事人方可询问证人，未经法官许可，任何人不得直接询问证人。而在英美法国家，询问证人是当事人的权利，当事人可以对证人进行主询问和交叉询问。相比较而言，英美法系国家和地区对证人询问规则更为丰富，在民事诉讼中也居于更为重要的地位。在英美法系国家和地区，主询问是询问证人的第一个阶段，由提供证人的一方当事人进行询问。交叉询问是询问证人的第二个阶段，由对方当事人对证人进行询问。通过当事人对证人的主询问和反询问，充分发挥当事人采取各种质疑方式的积极性和主动性，使证人的品格、利害关系、社会经验、智力状况等因素及其对证人证言的影响直接暴露在法庭之上，使证人证言的证明力直接外观化。我国《民事诉讼法》对如何询问证人没有明确规定，但在第一百三十九条第二款中规定"当事人经法庭许可，可以向证人、鉴定人、勘验人发问"，这里所指的当事人当然包括双方当事人。因此，可以说，我国《民事诉讼法》并不排斥交叉询问的做法，在法庭许可的前提下，当事人可以采取与交叉询问相类似的方法询问证人。

审判实践中，一些证人在某些情况下无法出席法庭审理，有些证人由于种种原因不愿出席法庭审理，但对于法庭审理之外的其他诉讼活动中出席陈述证言却能够接受。从其他国家的情况来看，无论大陆法系国家和地区还是英美法系国家和地区都规定，在一定情况下，证人于法庭审理前陈述的证言具有与庭审中陈述同样的可信性。一般上认为，如果庭审前证人作出陈述的环境符合庭上证言作出的环境要求，则证人在庭前作出的陈述具有可信性。人民法院庭前审理的准备阶段或者人民法院调查、询问等程序是人民法院的主持下进行，证人亦是在双方当事人在场的情形下陈述证言，双方当事人均可以就案件的有关问题向证人询问，此时证人所作的陈述，应当具有庭审中陈述同样的法律效果。为解决困扰审判实践的证人出庭作证率低的问题，本条第一款对证人陈述证言的时间进行了修改，规定证人在审理前的准备阶段或者人民法院调查、询问等双方当事人均在场时陈述证言的，视为出庭作证。

根据《民事诉讼法》第七十三条中的规定，经人民法院许可，证人因健康原因、路途遥远、交通不便、自然灾害等不可抗力及其他由正当理由不能出庭作证的，可以通过书面证言、视听传输技术或者视听资料等方式作证。证人出庭作证的目的在于对其证言有效质证，有利于法官对案件事实的判明，维护裁判的公正性、权威性，以保护司法公共利益。因此，证人不出庭就不利于案件事实之查明，对司法公共利益有一定损害，在无法实现证人出庭的情况下，应追求司法公共利益损害最小化的目标。特殊情况下允许证人不出庭的作证，是在司法利益和证人利益之间的平衡选择。[①] 因健康原因不能出庭作证，这是各国的普遍做法，要求年迈体弱或者行动不便的证人必须出庭作证，既不客观也不现实。路途特别遥远，交通不便难以出庭的情形，路途遥远与交通不便是相对应的，如果路途遥远，但交通便利，不能作为

---

① 李峰：《最接近规则：证人特殊作证方式的选择》，载《现代法学》2013年第4期。

证人不出庭作证的理由。只有在路途特别遥远且交通不便，要求证人一定出庭作证不合理或者不可行的情况下，证人方可不出庭作证。自然灾害等不可抗力原因不能出庭作证的，不可抗力是证人自身无法避免、无法克服的自然现象和社会现象。证人因不可抗力的原因无法出庭的，可以以其他方式作证。这里的其他方式应按照《民事诉讼法》第七十二条的规定予以规范。

为了贯彻诉讼契约精神，本条第二款在《民事诉讼法》第七十三条规定的基础上，增加了双方当事人同意证人以其他方式作证并经人民法院准许的情形。即除证人健康原因，路途遥远、交通不便及自然灾害等不可抗力因素不出庭作证的情形之外，当事人一致同意证人以其他方式作证的，且人民法院准许的情况，证人可以通过书面证言、视听传输技术或者视听资料等方式作证。由于发生纠纷的是双方当事人，法院的角色是居中裁判，居于等腰三角形的顶端，其存在的基础就是为了解决双方当事人的纠纷，因此，如果双方当事人对证人不出庭作证而是以其他方式作证达成了合意，对双方当事人纠纷的解决是有利的，一般来讲，人民法院会认可。当然，一方面，一旦进入诉讼，人民法院就有指导诉讼、指挥诉讼的职责；另一方面，人民法院也有义务在法定审限内解决纠纷。因为这种情形不符合法律规定的一般情形，需要由人民法院决定是否准许，如认可这种合意符合双方当事人真实意思表示，且证人作证的"其他方式"亦符合相关法律、司法解释的规定，可以允许证人以其他方式作证。

这里的"其他方式"应符合《民事诉讼法》第七十三条的规定，通过书面证言、视听传输技术或者视听资料等方式作证。其他方式作证，一是以书面形式作证。书面证言是证人出庭作证之外的最为简便最为常见的作证方式。证人不能出庭作证的，可以提交其亲笔书写的书面证言，也可以以他人记录的证言笔录的形式作证。二是以视听资料的形式作证。视听资料与书面证言相比，具有很大的优越性。它可以比较全面地反映证人作证的环境，能够更好地保证证言的可信性。三是以双向视听传输技术手段作证。双向视听传输技术是现代科技发展的产物，与书面证言和视听资料相比，双向试听传输技术手段具有即时性、互动性的优点，能够更为全面地反映证人作证的现场情况，并能够使质证和询问证人的程序及时展开，更有利于法庭正确地审核判断证据，从而更好地保障证人证言的真实性。

对于无正当理由未出庭作证的证人以书面等方式提供的证言，不得作为认定案件事实的根据。因为证人出庭作证是一项基本义务，只有在因健康原因、路途遥远、交通不便、自然灾害等不可抗力情形出现时，或者其他正当理由，诸如国家机构中一些特殊岗位或者具有公益性质的岗位，确实无法离开的，如果离开可能影响国家机构正常运作或者对社会公益造成消极影响的，经人民法院许可或者双方当事人同意并经人民法院许可的情形下，证人可以不出庭作证。除此之外，证人无正当理由未出庭作证，而以书面等方式提供的证言，不具有证据资格，不能作为认定案件事实的根据。

【审判实践中需要注意的问题】

本条是对出庭作证变通形式的规定，一种是在法院主持下且双方当事人在场的情形，这种情形视为证人出庭作证；一种是对方当事人同意且经法院准许的情形，此时需要注意的是，可以不出庭作证的证人的作证方式应采取《民事诉讼法》第七十三条规定的书面证言、视听传输技术或者视听资料等方式，不符合《民事诉讼法》第七十三条规定的证人证言，则没有证据资格。

技术手段在证人作证环节的运用，带来便利的同时，可能会存在利用现代技术做假证的可能性。审判实践中，需要使用技术手段时，应尽可能在一种出庭作证的环境，要求技术手段不仅要具备双向传输的功能，而且必须是既可视又可听的手段，仅有可视或者仅有可听的功能，或者虽然既可视又可听，但只能单向传输的，都不属于司法解释要求的手段。

【法条链接】

《中华人民共和国民事诉讼法》（2017年修正）

第十二条　人民法院审理民事案件时，当事人有权进行辩论。

第七十二条　凡是知道案件情况的单位和个人，都有义务出庭作证。有关单位的负责人应当支持证人作证。

不能正确表达意思的人，不能作证。

第七十三条　经人民法院通知，证人应当出庭作证。有下列情形之一的，经人民法院许可，可以通过书面证言、视听传输技术或者视听资料等方式作证：

（一）因健康原因不能出庭的；

（二）因路途遥远，交通不便不能出庭的；

（三）因自然灾害等不可抗力不能出庭的；

（四）其他有正当理由不能出庭的。

第一百三十九条　当事人在法庭上可以提出新的证据。

当事人经法庭许可，可以向证人、鉴定人、勘验人发问。

当事人要求重新进行调查、鉴定或者勘验的，是否准许，由人民法院决定。

《最高人民法院关于民事诉讼证据的若干规定》（2001年12月21日　法释〔2001〕33号）

第五十五条　证人应当出庭作证，接受当事人的质询。

证人在人民法院组织双方当事人交换证据时出席陈述证言的，可视为出庭作证。

第六十九条 ［当事人申请证人出庭作证］

当事人申请证人出庭作证的，应当在举证期限届满前向人民法院提交申请书。

申请书应当载明证人的姓名、职业、住所、联系方式，作证的主要内容，作证内容与待证事实的关联性，以及证人出庭作证的必要性。

符合《最高人民法院关于适用〈中华人民共和国民事诉讼法〉的解释》第九十六条第一款规定情形的，人民法院应当依职权通知证人出庭作证。

【条文主旨】

本条系新增条文，是关于证人的提出的规定，是在《民事诉讼法解释》第一百一十七条第一款、第二款基础上进行补充形成，增加了申请书内容的规定。

【条文释义】

一、证人证言的概念

证人证言是民事诉讼中最常见的证据形式之一，也是各个国家普遍承认的一种重要的证据类型。证人证言是以证人在法庭上就其亲身经历的案件事实所作的客观陈述作为证明案件事实的资料。英美法系国家和地区奉行证人中心主义，证人证言在所有证据类型中居于核心地位，大陆法系国家和地区证人证言地位虽然不如英美法系国家和地区，但仍然是一种重要的证据类型，立法上规定了较为详尽的规则。在英美法系国家和地区，证人的范围比较宽泛，包括当事人在内，凡是经过宣誓之后在庭审或者其他诉讼过程中对案件有关事实提供口头证词的人均为证人。证人证言从性质上也区分为专家证人的意见证言，即专家证人基于其具有特定专门学科领域的知识或者经验而提供证言，和普通证人的感知证言，即普通证人依据自己就其感官获得的某种程度上的记忆提供证言。大陆法系国家和地区将证人定位为向法庭陈述其感知的事实的第三者，首先将当事人排除在证人范围之外。同时，还将证人限定于将其感官体验的案件事实向法院作陈述的人，具有不可替代性，从而又将专家证人和意见证言排斥在证人和证人证言范围之外。从我国的法律传统和民事诉讼法的规定来看，我国对于诉讼中的专门性问题提交鉴定和鉴定意见来判断，当事人的陈述也不是按照证人证言的规则对待，与大陆法系国家和地区的做法基本一致。

二、证人的提出

申请出庭作证的行为，性质上属于提供证据的行为。正如证据可以由当事人提供也可以在符合法定条件下由人民法院调查收集一样，当事人可以提出证人出庭作证的请求，法院也可以依职权要求证人出庭作证。

（一）日本关于证人申请的规定

在邻国日本，证人申请的方式有两种，一种是在口头辩论期日或辩论准备期日等开庭时以口头方式进行，另一种则是在对席审理的期日之外以书面方式提出，此种情形下，当事人除提交法院的一份之外，还必须按照对方当事人的人数准备相应的副本，在向法院提出的同时直接送交对方当事人。无论当事人的申请采用哪一种方式，都必须指明要证事实、想询问的特定事项以及询问证人大体上所需要的时间，并提供便于法院召唤证人的其他信息，如姓名和地址等足以指向证人的信息。在提出申请的同时，当事人原则上还应当按照民事诉讼费用的有关规则预先缴纳证人出庭可能需要的旅费、住宿费和当日补贴，如果不预交，法院则可以放弃对该证人的审查。

关于证人申请提出的时期，在日本《民事诉讼法》确定的适时提出原则下，当事人除特殊情况外，被要求都应该在主要期日开庭之前对所有需要询问的证人进行申请。法官可以根据程序进行状况规定当事人提出证人申请的时期。当事人提出的证人申请在进入证据审查之前还允许撤回，该撤回则需要获得对方当事人的同意。针对当事人提出的证人申请，对方当事人以及被指定的证人可以通过两种方法来进行争议。一种方法是通过口头或书面对证人作为证据与待证事实的关联性、是否错过申请日期等提出异议，另一种则是主张被指定的证人具有拒绝作证的正当事由并提供相应证据。后一种情况下，法院应该采取"审询"的简易开庭形式，召唤双方当事人和证人到庭听取意见，并以决定的方式就证人是否有权拒绝作证作出裁判，对此决定双方当事人和证人都可以再提出"即时抗告"的简易上诉。

当事人提出证人是以申请的方式表现出来的，由于这种申请证人出庭作证的行为，在性质上与举证行为相同，因此应当遵守举证期限的要求。举证时限，是指负有举证责任的当事人应当在法律规定和法院指定的期限内提出证明其主张的相应证据，逾期不举证则承担证据失权的法律后果的一项民事诉讼制度。

（二）我国关于证人申请的规定

我国《民事诉讼法》第六十五条第一款规定："当事人对自己提出的主张应当及时提供证据。"该条款是对当事人及时提供证据义务的明确规定。当事人及时提供证据义务是指在民事诉讼中，当事人应当根据诉讼进行情况，在合理、适当的期间内对自己的主张提供证据。该条第二款规定："人民法院根据当事人的主张和案件审理情况，确定当事人应当提供的证据及期限。当事人在该期限内提供证据确有困难的，可以向人民法院申请延长期限，人民法院根据当事人的申请适当延长。当事人逾期提供证据的，人民法院应当责令其说明理由；拒不说明理由或者理由不成立的，人民法院根据不同情形可以不予采纳该证据，或者采纳该证据但予以训诫、罚款。"该条款是对当事人及时提供证据义务并承担相应后果的规定，明确了当事人的举证期限和逾期提供证据的法律后果。从我国司法实践的情况看，规定人民法院应当根据当事人的主张和案件审理情况来确定举证期限，从制度上解决了法院审理案件有期限约束，而当事人举证无任何限制的矛盾，促进审判效率的提高；同时有效防止"证据突袭"，对当事人诉讼给予平等保护。

由于申请证人出庭作证的行为，在性质上与举证行为相同，本条规定明确了申请证人出庭作证的一方当事人应当在举证期限届满前提交申请书。并明确规定了申请书的内容。申请书中应当载明必要信息，包括：证人的姓名、职业、住所、联系方式，同时应在申请书中明确作证的主要内容、作证内容与待证事实的关联性以及证人出庭作证的必要性，由人民法院判断是否准许当事人出庭作证。

证人出庭作证需要依据人民法院的通知，通知证人出庭作证属于人民法院的职权行为。只有存在《民事诉讼法解释》第九十六条第一款规定的"人民法院认为审理案件需要的证据"的情形，人民法院才能依职权通知证人出庭作证。

《民事诉讼法解释》第九十六条第一款对《民事诉讼法》第六十四条第二款规定的"人民法院认为审理案件需要的证据"的情形进行了明确：

1. 第一种情形为"涉及可能损害国家利益、社会公共利益的"，法院对涉及国家利益和社会公共利益的事实保留依职权调查的权力，是大陆法系国家和地区的普遍做法，也是法院保护国家利益和社会公共利益所必要的职权。

2. 第二种情形为"涉及身份关系的"，主要考虑到身份关系涉及社会基本伦理价值，本身即具有社会公共利益的属性。这种身份关系的事实，在性质上需要法院保留依职权调查收集证据的权力。

3. 第三种情形为"涉及《民事诉讼法》第五十五条规定的诉讼的"即公益诉讼的情形。公益诉讼事关公共利益的保护，故其与一般民事诉讼相比，规则较为特殊，需要法院广泛发挥职权作用调查收集证据。实质上涉及公益诉讼的情形亦可以理解为涉及社会公共利益的范畴，将其单独列出，表述更清晰明确，也能够更好地与立法上的其他诉讼制度相呼应。

4. 第四种情形为"当事人有恶意串通损害他人合法权益可能的"，《民事诉讼法》第一百一十二条增加了对当事人恶意串通，企图通过诉讼、调解等方式侵害他人合法权益的制裁规定，因此，当事人恶意串通损害他人合法权益的也属于需要人民法院依职权调查的情形。

5. 第五种情形为"涉及依职权追加诉讼当事人、中止诉讼、终结诉讼、回避等程序性事项的"，有关程序性事项，人民法院不依职权调查收集，民事诉讼程序可能无法推进，因此，也应当由人民法院依职权调查收集。

如前述分析，证人的提出与举证行为类似，因此人民法院依职权通知证人出庭作证的情形应符合《民事诉讼法解释》第九十六条第一款的规定。

【审判实践中需要注意的问题】

当事人申请证人出庭作证的，应当在举证期限届满前向人民法院提交申请。由于民事案件情况复杂，审判实践中，人民法院在确定举证期限上有一定自由裁量权，可能在民事案件审理过程中确定当事人的举证期限不止一次，有些复杂案件要根据诉讼发展不同阶段的需要多次确定当事人应当提供的证据和提供该证据的期限。对当事人提出证人出庭作证申请期限的把握上，也应根据《民事诉讼法》第六十五条的规定进行确定。

【法条链接】

《中华人民共和国民事诉讼法》（2017 年修正）

第六十四条　当事人对自己提出的主张，有责任提供证据。

当事人及其诉讼代理人因客观原因不能自行收集的证据，或者人民法院认为审理案件需要的证据，人民法院应当调查收集。

人民法院应当按照法定程序，全面地、客观地审查核实证据。

第六十五条　当事人对自己提出的主张应当及时提供证据。

人民法院根据当事人的主张和案件审理情况，确定当事人应当提供的证据及其期限。当事人在该期限内提供证据确有困难的，可以向人民法院申请延长期限，人民法院根据当事人的申请适当延长。当事人逾期提供证据的，人民法院应当责令其说明理由；拒不说明理由或者理由不成立的，人民法院根据不同情形可以不予采纳该证据，或者采纳该证据但予以训诫、罚款。

第六十九条　经过法定程序公证证明的法律事实和文书，人民法院应当作为认定事实的根据，但有相反证据足以推翻公证证明的除外。

第一百一十二条　当事人之间恶意串通，企图通过诉讼、调解等方式侵害他人合法权益的，人民法院应当驳回其请求，并根据情节轻重予以罚款、拘留；构成犯罪的，依法追究刑事责任。

《最高人民法院关于适用〈中华人民共和国民事诉讼法〉的解释》

(2015 年 1 月 30 日　法释〔2015〕5 号)

第九十六条　民事诉讼法第六十四条第二款规定的人民法院认为审理案件需要的证据包括：

（一）涉及可能损害国家利益、社会公共利益的；

（二）涉及身份关系的；

（三）涉及民事诉讼法第五十五条规定诉讼的；

（四）当事人有恶意串通损害他人合法权益可能的；

（五）涉及依职权追加当事人、中止诉讼、终结诉讼、回避等程序性事项的。

除前款规定外，人民法院调查收集证据，应当依照当事人的申请进行。

第一百一十七条　当事人申请证人出庭作证的，应当在举证期限届满前提出。

符合本解释第九十六条第一款规定情形的，人民法院可以依职权通知证人出庭作证。

未经人民法院通知，证人不得出庭作证，但双方当事人同意并经人民法院准许的除外。

第七十条 ［申请证人出庭作证的处理］

人民法院准许证人出庭作证申请的，应当向证人送达通知书并告知双方当事人。通知书中应当载明证人作证的时间、地点，作证的事项、要求以及作伪证的法律后果等内容。

当事人申请证人出庭作证的事项与待证事实无关，或者没有通知证人出庭作证必要的，人民法院不予准许当事人的申请。

【条文主旨】

本条由2001年《证据规定》第五十四条修改形成，是关于当事人申请如何处理的规定。意在解决人民法院对于申请的操作性问题，并强调人民法院通知证人的意义。

【条文释义】

一、证人证言的提出和收集

证人证言的提出和收集，是证人出庭作证的首要环节。证人证言不是自发形成的，需要法官或者当事人通过取证才能进入诉讼程序。证人出庭作证应通过怎样的环节，以何种方式和途径通知证人，是证人出庭作证首先要明确的问题。

(一) 国外证人证言提出和收集的规定

大陆法系和英美法系国家和地区因诉讼模式的差异，在证人证言的提出和收集程序上存在不同之处。大陆法系国家和地区，对于证人证言的提出和收集主要有两种方式。一是由当事人向法院申请证人出庭作证，是否准许则由法官决定。法官准许当事人提出的证人出庭作证的申请后，由法院签发出庭传唤令并向证人送达，传唤证人出庭作证；二是法官依职权向证人送达出庭传唤令，传唤证人出庭作证。如法国的民事诉讼中，由法庭签发传唤令并向证人送达。法国新《民事诉讼法典》第218条规定："进行调查的法官，得依职权或应当事人请求，传唤提供证言有利于查明事实真相的任何人，或者听取他们的证言。"而在德国，由法院签发传唤令或传票，且原则上由法庭向证人送达传唤令，只有在特定情况下，可由当事人向证人送达传唤令。德国《民事诉讼法》第377条规定："对证人的传票，应由书记科根据证据裁定作成，并依职权送达。如法院未命令送达时，即不拘方式送交之。"英美法系国家和地区，证人证言的收集主要由当事人来完成，法官处于中立地位，由当事人向法院提出证人出庭作证的申请。证人出庭作证由法庭对证人的合法传唤而启动，法庭在收到当事人的申请后，应签发出庭传唤令或传票，由法院或当事人送达给待出庭作证的认证。如果证人经传唤而拒不到庭，其将面临严厉的法律制裁。以"精致的传唤＋严厉的制裁"为基本结构的证人出庭保障制度，是英美法国家中确保和实现证人高出庭率和如实作证的程序设计及制度保障。对于传唤证人的方式，美国《联邦民事诉讼规则》第614条规定，法庭可以自己提议或者根据一方当事人的提议传唤证人。而实践中的通常做法是，由法院书记官将已签署的空白传唤令或传票发给当事人，由当事人填写后向当事人送达。如美国《联邦民事诉讼规则》第45条规定，书记官应将已签署的空白传票发给提出请求的当事人，当事人应在送达前填写该传票……任何人没有足够的理由而未遵守已送达的传票,可以被视为对发出传票法庭的蔑视。英国《民事诉讼规则》第34.2条及第34.3条规定,证人传唤令状(witness summons)是由审理案件的法院或举行听审程序的法院签发的要求证人出庭作证或出示书证的文件。第34.6条规定,证人传唤令状由法院送达,如法院签发令状所代表的当事人以书面形式明确表示要求法院签发令状后由其亲自送达的除外。从前述两大法系对证人证言的提出和收集规则的相关规定可知,两大法系的主要区别在于申请证人出庭作证的提出主体不同,而对于证人出庭作证的通知环节,两大法系均采用了严格的令状制度,以法院签发正式的证人传唤令或传票的方式通知证人出庭作证。

(二)我国证人证言提出和收集的规定

我国《民事诉讼法》中关于证人证言的提出和收集,借鉴了大陆法系国家和地区的做法。《民事诉讼法》第六十四条规定:"当事人对自己提出的主张,有责任提供证据。/当事人及其诉讼代理人因客观原因不能自行收集的证据,或者人民法院认为审理案件需要的证据,人民法院应当调查收集。/人民法院应当按照法定程序,全面地、客观地审查核实证据。"第六十五条规定:"当事人对自己提出的主张应当及时提供证据。/人民法院根据当事人的主张和案件审理情况,确定当事人应当提供的证据及其期限。当事人在该期限内提供证据确有困难的,可以向人民法院申请延长期限,人民法院根据当事人的申请适当延长。当事人逾期提供证据的,人民法院应当责令其说明理由;拒不说明理由或者理由不成立的,人民法院根据不同情形可以不予采纳该证据,或者采纳该证据但予以训诫、罚款。"第六十七条规定:"人民法院有权向有关单位和个人调查取证,有关单位和个人不得拒绝。/人民法院对有关单位和个人提出的证明文书,应当辨别真伪,审查确定其效力。"根据上述民事诉讼法的相关规定可知,作为民事诉讼程序主体的当事人负担了收集、提供证据的义务。向人民法院提出证人出庭作证的申请，性质上属于当事人的举证行为。因此，原则上应当由当事人向人民法院提出证人出庭作证的申请；而对人民法院认为审理案件需要的证据可依职权要求证人出庭作证，《民事诉讼法解释》第九十六条将人民法院依职权调查取证的情形限定在涉及损害国家利益、社会公共利益、身份关系、当事人有恶意串通损害他人合法权益以及涉及依职权追加当事人、中止诉讼、终结诉讼、回避等程序性事项的情形。除此之外，当事人负有举证证明自己的主张和诉求的义务。因此，证人证言在不涉及前述应当由人民法院依职权调取的情况外，均应由当事人向人民法院申请证人出庭作证。

二、申请证人出庭作证的审查

人民法院应当对当事人提出的证人出庭作证申请进行审查。申请证人出庭作证本质上是当事人的举证行为，证人证言应当符合民事诉讼证据的真实性、合法性和关联性。证人出庭作证客观上会增加相应的诉讼成本，如证人出庭所产生的路费、食宿费以及误工费等费用，为了节约诉讼成本、提升审判效率，人民法院在收到当事人提出的证人出庭作证申请后，应对证人出庭作证的事项与待证事实之间是否具有关联性等因素作出综合的考量。关联性是证据的基本属性和特征，是证据进入诉讼的第一道"关卡"以及证据能够被采纳的首要条件。关联性要求证据必须同案件事实存在某种联系，对证明案情具有实际意义。具体说来，证据的关联性包括两方面含义：一是证据对于解决争议的待证事实具有实质意义，其本身或者与其他证据相结合对待证事实的证明能够发挥作用；二是证据具有证明价值，即具有使待证的事实主张更有可能或更无可能的能力。因证人证言主要以证人对其亲身感知的案件事实所作的客观陈述作为证明待证事实的资料，因此，在认定证人出庭作证与待证事实之间是否具有关联性时，应当综合证人的年龄、职业、身份等因素，根据当事人申请证人出庭作证拟实现的证明目的，以及该证明目的是否指向待证事实，是否有助于证明待证争议事实等因素作出综合判断。

广义上来说，当事人申请证人出庭作证拟证明的内容对于待证事实的证明无意义的，属于人民法院没有通知证人出庭作证必要的情形。此外，本条第二款规定的"没有通知证人出庭作证必要的"情形，属于兜底性条款，由审理案件的法官根据个案的具体情况作出综合判断。如对于待证事实，审理案件的法官已经形成较为充分的内心确信，无论证人是否出庭作证，均不可能对法官的心证基础产生动摇的，应属于本条规定的"没有通知证人出庭作证必要"的情形。

三、人民法院的通知是证人出庭作证的必要前提

《民事诉讼法》第七十三条中规定，经人民法院通知，证人应当出庭作证。人民法院准予证人出庭作证申请的，应当向证人送达通知书。据此可知，人民法院的通知是证人出庭作证的必要前提。大陆法系和英美法系国家和地区虽然在证人证言的提出方面存在一定的差异，但两大法系对于通知证人出庭作证环节，均规定了应当以法院签发令状的方式通知证人出庭作证。在当事人主义的诉讼模式下，当事人对其主张负有举证责任，证人需要对当事人履行作证义务，而法官则是证人履行义务的监督者。因为证人履行作证义务需要在查明事实程序中进行，由法院保障这一程序的进行而传唤证人成为一种法律逻辑内的必须；同时，因证人是否履行如实作证义务不仅关系到双方当事人的利益关系，同时也对诚实信用、公平公正等社会公共利益息息相关，因此，规范证人证言的收集、提出程序以及证人出庭作证的各个环节，通过程序设计促进证人如实履行作证义务，以程序正义促进实体正义的实现，正是法院通知证人出庭这一制度设计的要旨所在。我国《民事诉讼法》第七十二条第一款中规定，凡是知道案件情况的单位和个人，都有义务出庭作证。据此，知悉相关情况的单位和个人出庭作证

从而将其亲身感知的案件事实向法庭作出客观陈述是其应承担的法定义务。证人主要是通过感官对自己耳闻目睹的案件事实进行陈述，并且只能对过去已经发生过的事实进行陈述。因此，证人证言具有很大的主观性，是人的心理和思维过程对客观事物能动反映的产物。确保证人客观、真实的陈述其经历的案件事实，尽量减少陈述中掺杂其个人的主观分析、评论和臆断，是证人证言得以证明待证事实以及法官据此作出公正合理的司法裁判的必然要求。

证人证言的客观、真实需要制度化的程序设计以及法律的威慑力作为保障。一方面，完善证人出庭的申请及通知程序，通过人民法院向证人送达通知书，是确保证人如实、客观地陈述其所知情况的正当程序保障。另一方面，在通知书中载明出庭作证的要求以及作伪证的法律后果，对当事人产生威慑力，使其惧怕受到法律的制裁而不敢作伪证。从程序正义的角度看，以人民法院的通知作为启动证人出庭作证的程序要件，对确保证人证言的客观、真实性具有重要的意义和作用：

1. 人民法院以通知的方式告知证人出庭作证的时间、地点、作证的事项、要求以及作伪证的法律后果，将证人应承担的诚信作证义务见诸有形的诉讼文书，以诉讼文书的形式要件彰显出庭作证的严肃性以及证人必须如实陈述的法定义务；

2. 通过人民法院送达的出庭通知，证人可以在出庭前清楚的了解其享有的权利及承担的义务，知悉如作伪证可能承担的法律后果和责任；

3. 证人主要通过对自己耳闻目睹的已经发生的案件事实进行回忆从而向法庭作出陈述，人民法院送达的出庭通知中，载明了作证的事项、要求等内容，有助于证人调整好参加庭审的心理状态并做好相应的准备工作。

人民法院的通知是证人出庭作证的必要前提，但审判实践中，经常出现当事人未在举证期限届满前向人民法院提出申请,而是径行携证人出席庭审,提出要求证人作证的申请,或者申请的证人与到场的证人不一致等情形。一些审判人员对民事诉讼法及司法解释的相关规定理解模糊,适用弹性过大,随意准许未经通知的证人出庭作证,既损害了庭审的严肃性,也无法保障证人证言的客观真实性。因此,本条明确规定人民法院的通知是证人出庭作证的前提和必要条件,未经人民法院通知意味着当事人关于证人出庭作证的申请未提出或者人民法院未予准许。但例外情况是,如果双方当事人均同意未经通知的证人出庭作证,在不违反法律、行政法规的强制性规定的情况下,人民法院可以准许当事人的申请,允许未经事先通知的证人出庭作证。

【审判实践中需要注意的问题】

人民法院向证人送达通知书,是证人获准出庭作证的标志,也是证人出庭作证的前提。原则上未经人民法院通知,证人不能出庭作证。但如果双方当事人均同意未经人民法院通知的证人出庭作证,经人民法院准许,可以作为例外情形。

【法条链接】

《中华人民共和国民事诉讼法》(2017年修正)

第六十四条 当事人对自己提出的主张,有责任提供证据。

当事人及其诉讼代理人因客观原因不能自行收集的证据,或者人民法院认为审理案件需要的证据,人民法院应当调查收集。

人民法院应当按照法定程序,全面地、客观地审查核实证据。

第六十五条 当事人对自己提出的主张应当及时提供证据。

人民法院根据当事人的主张和案件审理情况，确定当事人应当提供的证据及其期限。当事人在该期限内提供证据确有困难的，可以向人民法院申请延长期限，人民法院根据当事人的申请适当延长。当事人逾期提供证据的，人民法院应当责令其说明理由；拒不说明理由或者理由不成立的，人民法院根据不同情形可以不予采纳该证据，或者采纳该证据但予以训诫、罚款。

第六十七条 人民法院有权向有关单位和个人调查取证，有关单位和个人不得拒绝。

人民法院对有关单位和个人提出的证明文书，应当辨别真伪，审查确定其效力。

第七十条 书证应当提交原件。物证应当提交原物。提交原件或者原物确有困难的，可以提交复制品、照片、副本、节录本。

提交外文书证，必须附有中文译本。

第七十二条 凡是知道案件情况的单位和个人，都有义务出庭作证。有关单位的负责人应当支持证人作证。

不能正确表达意思的人，不能作证。

第七十三条 经人民法院通知，证人应当出庭作证。有下列情形之一的，经人民法院许可，可以通过书面证言、视听传输技术或者视听资料等方式作证：

（一）因健康原因不能出庭的；

（二）因路途遥远，交通不便不能出庭的；

（三）因自然灾害等不可抗力不能出庭的；

（四）其他有正当理由不能出庭的。

《最高人民法院关于适用〈中华人民共和国民事诉讼法〉的解释》（2015年1月30日　法释〔2015〕5号）

第九十六条 民事诉讼法第六十四条第二款规定的人民法院认为审理案件需要的证据包括：

（一）涉及可能损害国家利益、社会公共利益的；

（二）涉及身份关系的；

（三）涉及民事诉讼法第五十五条规定诉讼的；

（四）当事人有恶意串通损害他人合法权益可能的；

（五）涉及依职权追加当事人、中止诉讼、终结诉讼、回避等程序性事项的。

除前款规定外，人民法院调查收集证据，应当依照当事人的申请进行。

《最高人民法院关于民事诉讼证据的若干规定》（2001年12月21日　法释〔2001〕33号）

第五十四条　当事人申请证人出庭作证，应当在举证期限届满十日前提出，并经人民法院许可。

人民法院对当事人的申请予以准许的，应当在开庭审理前通知证人出庭作证，并告知其应当如实作证及作伪证的法律后果。

证人因出庭作证而支出的合理费用，由提供证人的一方当事人先行支付，由败诉一方当事人承担。

第七十一条 ［证人具结制度］

人民法院应当要求证人在作证之前签署保证书，并在法庭上宣读保证书的内容。但无民事行为能力人和限制民事行为能力人作为证人的除外。

证人确有正当理由不能宣读保证书的，由书记员代为宣读并进行说明。

证人拒绝签署或者宣读保证书的，不得作证，并自行承担相关费用。

证人保证书的内容适用当事人保证书的规定。

【条文主旨】

本条系新增条文，是关于证人具结的规定。有关内容是在《民事诉讼法解释》第一百一十九条、第一百二十条的基础上作出的补充规定。主要增加了证人具结时宣读保证书的内容。证人作证时的具结，对于促进证人如实作证，维护司法权威具有十分积极的作用。实践证明，宣读保证书比单纯签署保证书更有利于对证人心理形成威慑，具结效果更理想。

【条文释义】

一、证人宣誓制度

在具有宗教信仰的大陆法系和英美法系国家和地区，宣誓是保证证人如实陈述的必经程序。证人出庭作证时，为确保证人陈述的真实性，证人作证前采用宣誓的方式以口头形式保证如实作证以"免除虚伪的危险"。

（一）古代的宣誓制度

宣誓制度源于人们对神明的敬畏和宗教的信仰，是宗教和法律相结合的产物，是非理性的认知活动在法律领域留下的影响。证人宣誓制度经历了由实用价值向程序价值的转变。宣誓制度发展初期，因科技文化水平的落后，人们认识自然和改造自然的能力低下，变化无穷的自然现象因人们无法作出合理的解释而具有了神秘的色彩。一旦人的行为违背了天、神的旨意，天、神就必将降罪于他。宣誓制度就是这种超自然力量的表现。当法官审理案件由于缺乏证据而无法进行的时候，他便要求当事人或证人在陈述前或陈述后进行宣誓。宣誓人出于对天、神的敬畏，害怕受到惩罚而不得不发誓说真话。而随着经济社会的发展，人们对客观世界的理性认识不断加深，以神学思想为基础的古代宣誓制度也随之发生了变化。尽管宣誓制度最初以宗教信仰为背景，但随着宗教力量的逐渐减弱及宗教色彩的逐渐淡化，宣誓制度的约束力逐渐由内在的心灵强制变化为外在的法律制裁，借助合理化的诉讼结构和交叉询问等制度来鉴别证言的真伪。

（二）现代西方的宣誓制度

如今，证人作证前的宣誓程序起到保障证言真实性，激发证人如实作证良知的作用。现代西方国家的宣誓制度与古代的宣誓制度相比，有以下几方面特点：

1. 从性质上看，现代宣誓制度的主要目的在于规范证人出庭程序，强调证人作证的严肃性，加大证人如实作证的责任感，以此保证证人证言的真实性。而古代诉讼中宣誓仪式的实质是利用人们对于宗教的迷信和神灵的敬畏来加强对当事人和证人的心理强制，以促使其如实陈述或作证的一种手段，并且它也是古代神示证据制度中判定当事人的陈述或者证人证言真实性的一种证明方式。

2. 从形式上看，现代西方各国诉讼中的宣誓可以宗教名义进行起誓，也可以其他名义进行非宗教名义的宣誓。并且还可以采用没有任何宗教色彩的"郑重声明"或"具结"的形式来保证证言的真实性。而古代宣誓完全以神灵的名义进行，具有浓厚的宗教色彩。

3. 从适用对象上看，现代西方国家在诉讼中有任何人不得自证其罪的权利，因此宣誓对犯罪嫌疑人、被告人、相关的当事人是不适用的。而亲属、医师、律师、神甫等因亲属关系、职业关系、宗教关系而享有特权，在就他们所获知的与案件相关的事实时，可以拒绝宣誓作证。而在古代的神示证据制度中，宣誓的主要适用对象是当事人而不是证人。证人在法庭中的宣誓是在正确理解誓词内容的前提下，按照誓词的要求作证，是证人对法庭以及当事人的承诺，使证人从内心深处不愿作伪证。如英国《宣誓法》规定，证人只有在法庭上宣誓讲真话，或者以法庭和证人都认可的对证人良心更具约束作用的另外的某种方式（如庄严神明），其提供的证据和证言才会被法庭认可，予以承认。美国《联邦证据规则》第603条规定，作证前，要求每个证人声明如实提供证言，通过宣誓或者虽不宣誓但以旨在激发证人良知和加强责任感的方式进行。证人在法庭上通过宣誓或者保障的方式，激发证人内心的正能量，唤醒证人内心的道德底线和良知，从而促使证人能够积极履行其如实作证的义务，确保其提供的证言的真实性。

在英美法系国家和地区，证人宣誓是在作证前完成。但在有的国家或地区证人是在接受完询问后进行宣誓,且宣誓的形式不固定,如我国台湾地区采用具结的方式保障证人证言的真实性。我国台湾地区"刑法"第一百六十八条规定:"于执行审判职务之公署审判时,或于检察官侦查时,证人、鉴定人、通译于案情有重要关系之事项,供前或供后具结,而为虚伪陈述者,处七年以下有期徒刑。"

可以说,从早期的人类社会发展而来的宣誓行为作为为数不多的被历史保留下来的古老仪式,在今天仍然散发着迷人的魅力,为大多数国家和地区的法律制度所重视和沿用,原因即在于宣誓制度所具有独特的文化价值和法律价值。现代法治国家中的证人宣誓制度,一方面源于社会道德和内心良知对证人的约束,另一方面则是证人作伪证时将面临的法律制裁。证人首先是一个社会行为主体,应当在社会活动中遵循道德准则,做到诚实信用,应当实事求是、公平公正。这样的要求自然而然的延伸到了法律程序中。在诉讼活动中,证人应当遵从自己的道德良心,做到诚实信用,力求以真实的面目再现自己所了解的案件事实。而宣誓制度强化了对证人如实作证责任的提醒作用,使其清楚认识到自己负担的道德和法律的双重义务,促进其如实陈述所感知和了解的客观事实情况。此外,证人在作证前履行宣誓行为,使其明确作出伪证时将承担的法律后果,以及在特定情形下所需承担的刑事责任,对证人起到威慑作用,使证人不愿也不敢作出伪证。证人作出的伪证,不仅是证人对其法定义务的违反,还会影响法庭对案件事实的调查,妨碍司法的程序公正与实体公正。

总之,现代宣誓制度最重要的意义在于:一方面,通过宣誓人的郑重高声宣读提醒其真实作证的义务,唤起良心上的自觉和正义感,以使其真实陈述所知案件事实。另一方面,与证人作伪证的处罚以及审判公开等制度设计相配合,使证人产生顾虑,惧怕其作出的虚假陈处被法庭发现或被对方揭穿,而给自己带来不利的后果。宣誓制度在无形中针对人的心理特点而设置的避免虚假证言的预防法则,是现代证据制度中保障证言真实性的一项重要手段。

二、我国的证人具体制度

在我国的司法实践中，证人证言在各种证据形式中存在的问题相对较多，证人有作虚假陈述的情况，证人证言不受信任，没有发挥其应有的事实证明作用。导致这一情况的原因很多，有社会诚信的缺失问题，也有伪证制裁的不明确、法律威慑力不够等方面的原因。

（一）《民事诉讼法解释》的规定

《民事诉讼法解释》第一百一十九条及第一百二十条规定了证人的具结制度。其中，第一百一十九条规定："人民法院在证人出庭作证前应当告知其如实作证的义务以及作伪证的法律后果，并责令其签署保证书，但无民事行为能力人和限制民事行为能力人除外。／证人签署保证书适用本解释关于当事人签署保证书的规定。"第一百二十条规定："证人拒绝签署保证书的，不得作证，并自行承担相关费用。"据此可知，在作证之前签署保证书是证人的义务，证人不得拒绝，保证书即为具结书，其内容即为结文，包括：证人保证如实陈述，绝无匿、饰、增、删，如有虚假陈述，愿意接受伪证制裁等。具结制度旨在保证证人证言的真实性，预防虚假陈述。一方面，通过具结和伪证制裁的规则，使证人因惧怕处罚而消除其作伪证的动机，另一方面使陈述人产生一旦作伪证将被拆穿的顾虑。

（二）本规定的补充规定

本次修改《证据规定》，在前述《民事诉讼法解释》及2001年《证据规定》的基础上，对我国民事诉讼中的具结制度作出了补充规定，进一步完善和明确了证人具结的程序和方法。对于证人具结的方式，明确要求证人出庭作证时，不仅应当签署书面保证书，同时应当在法庭上宣读保证书，即证人应当同时完成书面具结和口头具结。因口头具结方式较签署书面保证书的方式而言，更能够对证人内心产生威慑，证人在法庭面对法官以及各方当事人及诉讼参与人宣读保证书，庄严肃穆的法庭是国家法制与法的精神的集中体现与象征。法庭的建筑形式、法袍、法槌、肃立的法警、宣告并执行的法庭规则等，都作为法的"布景"与"道具"，成为法庭这一法的"场域"的构成要素。该"场域"所具有的庄严性以及法律的权威，形成了有利于公民如实作证的环境与条件。

证人在法庭上，在法官和所有当事人及诉讼参与人的面前宣读保证书，其是否履行如实作证的义务将受到在场所有人的监督，此种当场宣读保证书的方式再次加深证人对如实作证的义务以及如作伪证将承担的法律后果的认识，激发证人内心的正能量，唤醒证人内心的道德底线和良知，使其从内心上不愿也不敢作虚假陈述，从而促使证人能够积极履行如实作证的义务，确保其提供的证言的真实性。

三、适用我国具结制度的注意事项

据此，根据《民事诉讼法解释》及本条的规定，我国民事诉讼中的具结制度在适用时应当注意：

1. 具结的适用主体方面，具结程序适用于除无民事行为能力和限制行为能力人之外所有的证人。因无民事行为能力和限制民事行为能力人在与其年龄、智力状况或精神健康状况相适应的事项上可以作为证人，但由于行为能力的限制，其不能完全理解具结的意义，在通常情况下也无法令其承担伪证制裁后果，故无民事行为能力人和限制民事行为能力人不必具结。

2. 具结的时间方面，具结时间的合理设置是发挥具结制度功效的前提条件。证人的具结应当在证人陈述证言之前进行，并且为了加强具结的仪式效果和警醒作用，证人的具结必须单独进行。

3. 具结的方式方面，证人应当同时完成书面具结和口头具结。具结是尽可能地激发证人的良知和责任感，具结的效果往往取决于程序在证人内心产生的共鸣和约束作用,因此具结的形式应当使证人充分了解其所肩负的义务以及违反义务时应当承担的法律后果。证人因客观原因无法出庭作证而以书面证言或其他视听传输技术作证时,仍应当完成证人的具结。

4. 从具结的内容上看,应当包含两方面的内容:(1)保证如证人所感知和了解的客观事实,绝无匿、饰、增、删的情形;(2)是如有虚假陈述,愿意接受法律制裁。

5. 从具结的法律效力上看,证人的具结是其作证的前提条件。未经具结的证人证言不具有证据能力,不能作为认定案件事实的依据。

证人具结是证人如实陈述的保证,也是证人如实作证的必要措施。证人如确有正当理由无法宣读保证书,如证人在文字认知、语言表达等方面确实存在障碍,经人民法院准许,可由书记员代为宣读并作出说明。签署和宣读保证书是证人作证前的必经程序,签署和宣读保证书的主要作用在于对证人的心理产生威慑,进而保障证人证言的真实性,证人拒绝签署和宣读保证书意味着其无法保证陈述内容的真实性,本质上是拒绝作证的表示。据此,因证人拒绝签署和宣读保证书而导致其不能作证的,自然不能主张出庭作证的费用,相关费用应当由其自行承担。

【审判实践中需要注意的问题】

1. 保证书应当包括两方面的内容:一是证人承诺如实陈述其所知的相关情况,绝无匿、饰、增、删;二是承诺如作伪证将受到法律的制裁。

2. 审判实践中,因人民法院的疏忽等原因准许未签署和宣读保证书的证人作证的,除证人系无民事行为能力人和限制民事行为能力人外,证人证言不具有证据能力,不能作为认定案件事实的依据。

【法条链接】

《最高人民法院关于适用〈中华人民共和国民事诉讼法〉的解释》(2015年1月30日　法释〔2015〕5号)

第一百一十九条　人民法院在证人出庭作证前应当告知其如实作证的义务以及作伪证的法律后果,并责令其签署保证书,但无民事行为能力人和限制民事行为能力人除外。

证人签署保证书适用本解释关于当事人签署保证书的规定。

第一百二十条　证人拒绝签署保证书的,不得作证,并自行承担相关费用。

第七十二条 ［证人作证方式］

证人应当客观陈述其亲身感知的事实，作证时不得使用猜测、推断或者评论性语言。

证人作证前不得旁听法庭审理，作证时不得以宣读事先准备的书面材料的方式陈述证言。

证人言辞表达有障碍的，可以通过其他表达方式作证。

【条文主旨】

本条在 2001 年《证据规定》第五十七条基础上整理、补充形成，是关于证人作证方式的规定。

【条文释义】

一、英美法系与大陆法系证人的范围

在英美法系国家和地区，证人的范围较为宽泛，凡是经过宣誓之后在庭审或者其他诉讼过程中对案件有关事实提供口头证词的人均为证人，包括普通证人、专家证人和当事人；在证人证言的性质上，英美法系国家和地区将证人证言分为专家证人的意见证言，即专家证人

基于其具有的特定专门领域或学科的专业知识或经验而提供的证言，以及普通证人的感知证言，即普通证人依据自己就其感官获得的某种程度上的记忆提供证言。大陆法系国家和地区更加注重书证的证据价值，证人是将其感官体验的案件事实向法庭作出陈述的人，而将当事人、专家证人等排除在证人的范围之外。

二、我国民事诉讼中证人的规定

我国《民事诉讼法》第七十二条规定："凡是知道案件情况的单位和个人，都有义务出庭作证。有关单位的负责人应当支持证人作证。／不能正确表达意思的人，不能作证。"据此可知，我国民事诉讼中的证人与大陆法系国家和地区的规定相近，主要是指依据其感官获得的某种程度上的记忆而向法庭提供证言的人，将专家证人、鉴定人、当事人等排除在证人的范围之外。作为民事诉讼证据的证人证言，主要是以证人在法庭上就其亲身经历的案件事实所作的客观陈述作为证明案件事实的资料。

三、证人的作证方式

（一）证人应客观陈述亲自感知的案件事实

证人证言是证人对其亲身感知的案件事实作出的客观陈述，是对过去发生的其亲身经历的事实的回忆和重现。证人证言的形成过程是证人感知、记忆、陈述的过程。其中，证人的感知阶段发生在诉讼程序之前，是证人感知其亲身经历的客观事实的过程。证人的记忆阶段，是证人通过回忆的方式对其曾经感知的案件事实进行重现的过程。证人的陈述阶段，则是证人将其感知到的并保存于大脑中的案件信息表述出来的过程。证人证言在本质上是当事人的举证行为，是当事人据以证明案件事实以支持其主张的方式。证人证言的主要功能和目的，在于证明待证事实存在与否以及具体的事实状况。因此，为了尽可能地接近和还原客观事实，证人应当如实陈述其亲身感知的客观情况。证人提供的证言应当是对其亲历事实的客观陈述，不能掺杂个人的主观臆断和评价，证人在法庭上陈述的与案件无关的事实，以及对案件事实所作的猜测、推断、评论甚至对案件中相关法律问题的意见等，并不是对客观事实的重现和陈述，均不属于证人证言的范畴。证人在其证言中作出的猜测、推断或评论性语言，对于人民法院查明客观案件事实会产生误导和影响，不利于法官查明客官案件事实，因此，证人在作证过程中应当仅就其感知和亲身经理的客观情况作出如实陈述，不得使用猜测、推断或者评论性语言。

(二) 证人出庭作证前不能旁听法庭审理

证人证言的真实性，受证人作证时外界环境因素的影响。询问证人应当遵循单独询问规则，当案件中存在多个证人时，对证人的询问应当每次传唤一个证人出庭，由法官或当事人对其进行询问，对该证人的询问完毕之后，应通知证人退出法庭，法官再传唤第二个证人出庭接受询问，如此反复。证人单独询问规则是为保障每个证人陈述自己所感知的案件事实，而不受其他证人的干扰和影响。

证人主要通过感官对自己耳闻目睹的案件事实进行陈述，并且只能对过去已经发生过的事实进行陈述，因此，证人证言具有很大的主观性，是人的心理和思维过程对客观事物能动反映的产物。证人在向法庭陈述之前，一般需要经历了解——记忆——叙述这三个阶段，因为人记忆的时间有限性、主观性的特征，记忆随着时间的流逝而消退，在证人向法庭提供证言的时候，可能会出现记忆模糊、记忆不全面的情况。从心理学上讲，每个人都有从众心理，多数人的共同行为易对其他人发生暗示作用。证人由于受到他人的陈述或观点等外界因素的影响，对案件事实的感知或者记忆可能会出现偏差或者模糊不清，从而影响其作出的证言的客观真实性。如允许证人旁听庭审活动或其他证人作出的陈述，证人易受到他人观点或陈述的影响，从而根据其他证人的证言而对自己的证言进行剪裁，以使两者相适应。

因此，询问证人应当遵循单独询问规则，在询问证人的过程中，每次传唤一个证人出庭，由法官或当事人对其进行询问，询问完毕之后该证人应退出法庭，法官再传唤第二个证人出庭接受询问，如此反复。证人单独询问规则是为保障每个证人如实陈述自己所感知的客观事实，而不受其他证人的干扰和影响。

大陆法系国家和地区普遍认可和采用了证人单独询问规则。如德国《民事诉讼法》第394条规定："对证人应个别询问，询问时不能使以后要询问的证人在场。"当案件存在数位证人，其中一位证人作证时，其他证人应当退庭，并且证人相互之间应当采取隔离措施，避免相互交流、询问。

对证人的询问遵循单独询问规则，证人作证前不得旁听法庭审理，且每个证人单独接受询问，有利于保障证人如实陈述其感知的事实情况，而不受案件事实和他人的影响。结合我国的司法实践，为了避免法庭的审理情况对证人产生干扰和误导，影响证人证言的真实性，因此证人作证前不得旁听法庭审理；因我国目前推行的庭审直播使证人即使不旁听法庭审理，仍可通过观看庭审直播的方式了解案件审理的相关情况，因此，本条规定在具体适用时，还应注意证人在出庭作证前，不能以观看庭审直播的方式了解案件的审理情况。

(三) 证人应以言辞方式陈述证言

证人证言是以言辞方式在法庭上所作的陈述。证人作为诉讼参与人之一，应当遵守诚实信用原则。证人的诚信义务包含了行为意义和实质意义两个层面：

1. 证人自觉出庭作证义务。这是证人证言符合诚实信用原则的形式要件。证人证言对人民法院查明案件事实具有重要意义，因此，出庭作证是证人的法定义务。在诚实信用原则的指导和要求下，证人出庭作证应当是出于自己的真实意愿，只有证人出于真实意愿出庭作证，才会提供真实可靠的证言，从而对人民法院查清案件事实和解决具体纠纷起到促进作用。

2. 客观真实陈述义务。这是证人证言符合诚实信用原则的实质要件。客观真实陈述义务要求证人所作证言：一方面应当客观真实，证人作证时要客观、如实地陈述其对案件事实的感知，不能掺杂个人的主观臆断和评价，更不能伪造、捏造证言；另一方面，证人应当完全、充分的将其对客观事实的感知情况作出陈述，不得隐瞒、反复。

就作证方式而言，原则上证人应当出庭作证，仅在法律规定的特殊情况下，经人民法院准许，方可以提交书面证言、视听资料或通过双向视频传输技术手段等方式作证。证人出庭作证，使证人置身于法官和当事人的共同监督之下，接受当事人和法官的询问，法官根据证人的陈述以及双方当事人对证人的询问，发现证言中的模糊、矛盾、冲突之处，正确地分析和归纳当事人争议的焦点问题，深入挖掘案件事实，辨别真伪，作出准确的裁决。而这也正是民事诉讼要求证人出庭作证的意义和目的所在。

大陆法系及英美法系的诉讼制度中，均肯定和遵循言辞诉讼原则，实行法庭审判的言辞原则与直接原则，要求双方当事人及其他诉讼参与人以言辞的方式展开所有法庭活动，一般情况下禁止以书面证言代替证人出庭作证。书面证言的作证方式，因证人作出的陈述是由书面证言的方式所承载，法官和当事人只能通过书面证言了解相关情况，相较于证人出庭作证直接作出陈述的方式来讲，书面证言的这种间接陈述方式，可能造成法官对书面证言内容的理解出现偏差甚至误解的情况，同时，书面证言在作出的过程中可能存在信息扭曲、甚至证人受当事人的影响而作出不真实陈述的情况，这些情况通过书面证言的形式较难察觉。

因此，禁止使用书面证言代替言辞作证是现代诉讼的一般要求。当事人出庭作证时，原则上亦不得以宣读书面材料的方式作证，如果允许当事人宣读书面材料，那么与其提交书面证言无异，书面证言所存在的种种弊端仍无法避免。

法律上的权利和义务是相互关联、功能互补、对立统一的。法律规定证人负有将其知道的相关事实如实向法庭作出陈述义务的同时，亦对证人出庭作证提供了相应的保障，赋予了证人在人身权益、经济保障等方面的权利。证人出庭作证时，如因证人的身体健康等原因而无法陈述相关案件事实时，即证人因身体等原因言辞表达存在障碍的，经人民法院准许，可以通过其他表达方式作证。

【审判实践中需要注意的问题】

1. 证人出庭作证时，应当客观陈述其亲身感知的事实，不得以宣读事先准备的文件或者笔记的方式陈述证言。即使存在本条第三款规定的"当事人言辞表达有障碍"的情形，证人也应当采取其他的变通方式当庭作证，而不得以提交事先准备好的书面证言方式作证。

2. 本条第二款规定的"证人作证前不得旁听法庭审理"，不仅要求证人不能旁听法庭审理，同时要求证人不能以观看庭审直播的方式了解法庭审理的相关情况。

【法条链接】

《中华人民共和国民事诉讼法》（2017年修正）

第七十二条 凡是知道案件情况的单位和个人，都有义务出庭作证。有关单位的负责人应当支持证人作证。

不能正确表达意思的人，不能作证。

《最高人民法院关于民事诉讼证据的若干规定》（2001 年 12 月 21 日　法释〔2001〕33 号）

第五十七条　出庭作证的证人应当客观陈述其亲身感知的事实。证人为聋哑人的，可以其他表达方式作证。

证人作证时，不得使用猜测、推断或者评论性的语言。

第七十三条 ［证人连续陈述］

证人应当就其作证的事项进行连续陈述。

当事人及其法定代理人、诉讼代理人或者旁听人员干扰证人陈述的，人民法院应当及时制止，必要时可以依照民事诉讼法第一百一十条的规定进行处罚。

【条文主旨】

本条系新增条文，是关于证人连续陈述的规定。是根据审判实践经验，证人作证时的连续陈述，既是保障证人完整陈述证言的要求，也是维护庭审秩序的需要。本条第二款因此也规定了干扰证人陈述的处置措施。

【条文释义】

一、保障证人连续陈述的必要性

本条规定是在2001年《证据规定》的基础上新增加的内容。旨在明确我国民事诉讼中对于证人作证的方式，应当遵循和保障证人连续、完整陈述其感知和了解的相关案件事实而不受当事人及其他诉讼参与人的干扰。根据《民事诉讼法》第七十二条及七十三条的规定，凡是知道案件情况的单位和个人均负有出庭作证的义务。法律上的权利和义务是相互关联、功能互补、对立统一的。法律规定证人负有将其知道的相关事实如实向法庭作出陈述义务的同时，亦对证人出庭作证提供了相应的保障。法官作为询问证人程序的主导，应当保障证人履行作证义务时免受外界的干扰。

证人作证的过程是通过回忆其所感知的案件事实，再现事实情况并如实向法庭表达的过程。证人证言是否真实可信受主客观环境的综合影响。具体说来，主观上证人证言的真实性受证人的感知能力、记忆能力、表达能力等因素的影响；客观上证人证言的真实性则受证人出庭作证的方法、作证过程中接受询问的情况，法庭的气氛等外在因素的影响。感知能力、记忆能力、以及表述能力是证人本身所具有的司法机关不可控的因素范围，因此，如何从程序和制度设计上减少外在因素对证人证言真实性的影响，确保证人证言的真实可信，是民事诉讼的主要任务之一。为避免和减少证人证言受外界因素的影响特别是来自当事人诱导的影响，证人应当就其作证的事项进行连续陈述，将其知道的相关案件信息完整连续地向法庭作出陈述。证人作证过程中，法官和当事人询问证人的方法、法庭的气氛等外在因素，均会对证人证言的真实性产生影响。

二、国内外的证人询问模式

就证人作证的方式而言，法官对证人的询问包括开放型询问和特指型询问。前者是指由证人主动陈述案件情况，比如说"请描述一下你看到的事情"；后者是指由证人在询问者的限定信息中选择某一答案。开放型询问方式会受到证人自身记忆特征的影响，不易受到外界因素的干扰，有利于事件原貌的恢复；特指型询问可能会导致证人回忆时产生记忆上的偏差，但是适当的引导，有利于对案件细节的回忆。

据此，为了减少外在因素对证人证言真实性的影响，证人出庭作证时，首先应当由证人独立完整且不受干扰地将其所感知的客观情况作出陈述，再由法官或当事人有针对性地进行发问。如果一开始就采用问答的方式进行陈述，当事人一方可能会避重就轻，引导证人向有利于己方的方向表达，不利于法院查明案件事实。

司法实践中，经常出现证人出庭作证陈述其感知和了解的相关案件事实时，当事人及其诉讼代理人或旁听人员扰乱证人陈述，未经法官许可即打断证人的陈述，反驳证人陈述的相关内容甚至对证人进行侮辱、威胁的情形，当事人及其他诉讼参与人的行为，不仅扰乱了证人连续陈述其感知的相关案件事实，造成证人记忆或陈述的混乱，同时也是对庭审秩序的违反和破坏。

（一）国外的证人询问模式

为了减少证人受外界干扰从而影响证言的真实性，大多数国家均作出了相应的规定。如英美法国家奉行的禁止诱导性询问规则，在交叉询问模式下由当事人主导对证人的询问过程，为避免证人受当事人诱导性的影响，在交叉询问过程中禁止当事人向证人询问某种暗含询问者所期望的答案的问题。通常来讲，诱导性问题分为三类：一是虚伪诱导，系暗示证人使之故意作出虚假的陈述；二是错误诱导，系因当事人的暗示而使证人产生错觉，从而作出错误的表述；三是记忆诱导，系在当事人的诱导之下使证人记忆起某事。证人在法庭上本处于紧张状态，易于受到当事人或其诉讼代理人暗示的影响，而作出虚假或与事实相悖的陈述。因此，要求证人首先就其知道的事实情况连续、完整的作出陈述，而不受当事人的诱导，从而最大程度保障证人证言的真实性。大陆法系国家和地区的职权主义询问模式下，法官主导整个证人证言的质证程序，并对程序的推进进行指挥和控制，当事人须经法官允许方可询问证人。职权主义询问模式下，证人出庭作证，应当就其知道的案件事实如实、完整、连续的作出陈述。未经法官允许而对证人进行询问，往往被视为扰乱法庭秩序，严重者将承担相应的法律责任。如法国《民事诉讼法典》第214条规定，在询问证人的过程中，当事人有向证人询问或者打断证人作证等可对证人作证施加影响的行为，当事人可被逐出法庭。

（二）我国民事诉讼的证人询问模式

目前我国民事诉讼中对证人的询问程序，系借鉴大陆法系的职权主义询问模式，由法官主导证人证言的质证程序，当事人经审判人员准许后可以对证人进行询问。在职权主义询问模式之下，对证人的询问由法官负责、控制和推进。通常情况下，职权主义询问按照以下顺序进行：首先，证人经法庭传唤到庭，向法官陈述证言；其次，在证人陈述完毕之后，法官就证人陈述不清楚或者存疑的地方询问证人；再次，当事人经法庭许可，可向证人发问；最后，在必要时由证人之间或证人与当事人之间相互对质。为了保证证人证言的真实性，职权主义询问模式下对证人的询问应遵循单独询问规则和全面询问规则。证人单独询问规则是在询问证人的过程中，每次传唤一个证人出庭，由法官或当事人对其进行询问，该询问证人完毕之后应退出法庭，法官再传唤第二个证人出庭接受询问，如此反复。证人单独询问规则是为保障每个证人陈述自己所经历过的案件事实，而不受其他证人的干扰和影响。而全面询问规则要求证人就他对询问事项所知道的全部内容作出陈述。

此外，法庭的氛围会对证人的陈述产生影响。良好的法庭秩序是审判活动得以顺利进行的重要保障，也是确保证人如实陈述相关事实的程序保障。法庭氛围会直接影响证人的情绪，当事人及其他诉讼参与人遵守法庭秩序，在法官的主持下有序开展诉讼活动，未经允许不得发言、提问或打断证人陈述，在此情况下证人的情绪也会相应放松，如当事人或其他诉讼参与人随意打断证人的陈述，证人的情绪则会处于紧张状态，因当事人的诱导或威胁而无法作出真实全面的陈述。因此，当事人及其他诉讼参与人未经审判人员允许而擅自打断证人陈述或实施其他干扰证人陈述的行为，一方面会对证人如实陈述其感知和了解的客观事实产生影响，进而影响法官查明相关案件事实；另一方面，这种干扰证人作证的行为是对法庭秩序的违反和破坏。

法庭是人民法院审理案件的场所，良好的法庭秩序是审判活动得以顺利进行的重要保障，也是确保证人如实陈述相关事实的程序保障。良好的法庭秩序既是司法权威的直接体现也是当事人及诉讼参与人权利保护的必要条件。司法权作为国家公权力介入纷争，站在中立的立场上来和平地解决纠纷是建立和维持秩序最好的方式。司法权成为解决纠纷最好方式的前提在于司法的权威性，司法权威由司法拘束力和司法公信力所构成，是在社会纠纷中起定纷止争、唤起社会大众自愿服从的公共性力量。法庭作为司法权运行的场所，既象征着司法秩序本身，也维持着以司法作为解决纠纷手段的秩序规则。法庭秩序要求在人民法院开庭审理过程中，一切参与审判活动的机关、诉讼参与人和旁听人员应当遵守的纪律和秩序。人们通过诉诸法律来寻求纷争的解决，是因为信赖司法权威和司法的公信力。法庭秩序的规范和失范直接关系着司法权威的维护和法律尊严的彰显。因此，维护法庭秩序是实现程序公正和实体公正的必然要求，是维护司法权威的必要保障。

三、干扰证人陈述的处置措施

为了确保证人证言的真实性，法官应当保障证人可以连续、完整的就其知道的相关情况作出陈述，而免受当事人及其他诉讼参与人的干扰。对于当事人及其他诉讼参与人实施的干扰证人作证的行为，法官应当及时制止，并根据具体情况对当事人施以相应的处罚。

我国《民事诉讼法》第一百一十一条规定："诉讼参与人或者其他人有下列行为之一的，人民法院可以根据情节轻重予以罚款、拘留；构成犯罪的，依法追究刑事责任：（一）伪造、毁灭重要证据，妨碍人民法院审理案件的;(二)以暴力、威胁、贿买方法阻止证人作证或者指使、贿买、胁迫他人作伪证的;(三)隐藏、转移、变卖、毁损已被查封、扣押的财产,或者已被清点并责令其保管的财产,转移已被冻结的财产的;(四)对司法工作人员、诉讼参加人、证人、翻译人员、鉴定人、勘验人、协助执行的人,进行侮辱、诽谤、诬陷、殴打或者打击报复的;(五)以暴力、威胁或者其他方法阻碍司法工作人员执行职务的;(六)拒不履行人民法院已经发生法律效力的判决、裁定的。/人民法院对有前款规定的行为之一的单位,可以对其主要负责人或者直接责任人员予以罚款、拘留;构成犯罪的,依法追究刑事责任。"

据此可知,民事诉讼中当事人及其他诉讼参与人实施的扰乱法庭秩序的行为,人民法院可根据情节轻重施以罚款、拘留,构成犯罪的,依法追究刑事责任。当事人及其诉讼代理人、旁听人员实施的干扰证人作证的行为,是对法庭秩序的违反和破坏,因此,人民法院应当及时制止当事人及其他诉讼参与人对证人的干扰。且在情节严重时,人民法院可以根据前述法律规定,对实施妨害法庭秩序的当事人及其他诉讼参与人施以罚款、拘留,构成犯罪的依法追究刑事责任。

【审判实践中需要注意的问题】

在诚实信用原则的要求下,如实陈述客观事实是证人的义务。而保障证人不受当事人及其他诉讼参与人的干扰从而连续、完整作出陈述则是人民法院的职责所在。

【法条链接】

《中华人民共和国民事诉讼法》（2017年修正）

第七十二条 凡是知道案件情况的单位和个人，都有义务出庭作证。有关单位的负责人应当支持证人作证。

不能正确表达意思的人，不能作证。

第七十三条 经人民法院通知，证人应当出庭作证。有下列情形之一的，经人民法院许可，可以通过书面证言、视听传输技术或者视听资料等方式作证：

（一）因健康原因不能出庭的；

（二）因路途遥远，交通不便不能出庭的；

（三）因自然灾害等不可抗力不能出庭的；

（四）其他有正当理由不能出庭的。

第一百一十条 诉讼参与人和其他人应当遵守法庭规则。

人民法院对违反法庭规则的人，可以予以训诫，责令退出法庭或者予以罚款、拘留。

人民法院对哄闹、冲击法庭，侮辱、诽谤、威胁、殴打审判人员，严重扰乱法庭秩序的人，依法追究刑事责任；情节较轻的，予以罚款、拘留。

第七十四条 ［询问证人］

审判人员可以对证人进行询问。当事人及其诉讼代理人经审判人员许可后可以询问证人。

询问证人时其他证人不得在场。

人民法院认为有必要的，可以要求证人之间进行对质。

【条文主旨】

本条在2001年《证据规定》第五十八条基础上整理、补充形成，是关于询问证人的规定。

【条文释义】

询问证人是证人证言的主要调查方法，是对证人证言进行质证的主要方式。询问证人既是获取证人证言的方式，也是对证人证言的真实性进行验证的过程。因此，询问证人制度对辨别证人证言的真伪、帮助法官形成自由心证、提高诉讼效率、实现案件审理的程序公正与判决结果的实体公正具有重要的意义和作用。

一、证人的询问方式

本条第一款旨在明确询问证人的方式。总的来说，询问证人的模式主要包括交叉询问模式、职权主义询问模式及混合询问模式三种。

(一) 交叉询问模式

交叉询问模式源于19世纪的英国,主要指庭审中由当事人主导对证人进行询问的制度综合体,包括主询问、反询问、复询问过程。交叉询问建立在对抗式诉讼模式的基础之上,旨在通过双方当事人在高度制度化的辩论过程中通过证据和诉讼主张的正面对决,最大限度地提供有关纠纷事实的信息,从而使处于中立和超然地位的审判者有可能据此作出为社会和当事人所接受的决定来解决纠纷。其中,主询问是交叉询问的开端环节,由当事人对己方证人进行询问,通过对证人身份、年龄、工作等基本情况,待证事实的发生地点、时间、场景等信息进行询问,从证人证言中将当事人主张的事实和理由等信息准确反映出来,从而对法官和陪审团形成心证施加影响,使法官和陪审团相信当事人所主张的事实真实存在。主询问结束之后,由对方当事人对证人进行反询问。反询问的目的旨在削弱或消除主询问过程中证人所提供的对申请他出庭作证的一方当事人有利的证言。反询问结束之后,提供证人的一方当事人可以根据情况需要,再次对证人进行询问,从而对反询问过程中对方当事人对证人证言提出的质疑予以澄清和解释;之后,对方当事人可以再次进行反询问。

交叉询问模式之下,由当事人对证人进行主询问、反询问、再主询问、再反询问,法官在询问中处于消极地位,不主动推进询问证人的程序。交叉询问模式强调双方当事人的平等对抗,法官处于消极、中立、超然的地位。

(二) 职权主义询问模式

职权主义询问模式建立在职权探知主义原则之上,对证人的询问由法官控制、负责和推进。职权主义询问通常按照以下顺序进行:首先,证人经法庭传唤到庭,向法官陈述证言;证人陈述完毕之后,法官就证人陈述不清楚或者存疑的地方询问证人;当事人经法庭许可,询问当事人；最后，经法官许可，可以让证人之间或者证人与当事人之间相互对质。证人之间或证人与当事人之间相互对质，称为对质询问，是职权主义询问模式之下的特殊询问方式，在普通的询问证人中，遵循证人单独询问原则，但是对质询问却是让就同一问题而言辞相互矛盾的两个或两个以上证人面对面，由法官对他们进行询问，让他们就同一问题进行论述和辨明。对质询问的主要目的在于帮助法官认定证人证言的真实性以形成自由心证。总的来讲，交叉询问与职权主义询问作为典型的询问证人模式，二者差异明显。

交叉询问模式和职权主义询问模式采取不同的询问证人方式的成因不一样。交叉询问制度建立在不干预主义、相对主义、程序正当理念的基础之上。"不干预主义"强调法官在民事诉讼中处于中立消极地位，由当事人推进诉讼进行，由当事人确定诉讼主张、收集证据资料，法官的权力受到限制和制约，法官居中裁判。"相对主义"理论是美国学者富勒提出的，其意旨是"某种主张看来多么合理，都允许另一种意见的存在，获得案件事实真相的最佳方法是让每一方参与者都能主动寻找事实"。"正当程序"理念源于英美法所主张和追求的"自然正义"，它包含程序中立性、平等参与性、程序自治性等内容，正当程序理念在询问证人的环节，主要体现在法官应当聆听双方当事人的意见，不能存有偏见，以保障程序的公平正义。

与交叉询问制度的理念不同，大陆法系的职权询问主义模式建立在依职权调查和探求实体真实的理念之上。在大陆法系国家和地区之中，普遍认同的是追求实体公正。相较于当事人，法官控制审判程序、维护正义的能力更强，法官询问证人更能得到信任，由法官来调查证据更能发现案件事实，维护实体公正。法官因代表国家行使审判权的特殊身份，由法官询问证人，证人会有一种对说谎话的畏惧感，更倾向于说出实情，有利于案件的实体公正。因此在询问制度方面，由法官主导进行。

(三) 混合询问模式

随着大陆法系国家和地区的民事诉讼增强当事人主体性的改革，日本、韩国、俄罗斯等国在民事诉讼中的询问证人制度，在传统的职权主义询问模式的基础上吸收借鉴了英美法系的交叉询问制度，形成了混合询问证人模式。混合式询问模式的具体过程为：提请证人出庭的一方当事人对证人进行询问—对方当事人对证人进行询问—法官进行补充询问；法官控制着整个询问过程，法官可以随时对证人进行询问，可以更改询问证人的顺序。

混合式询问证人模式以保有法官在询问证人中的职权的方式克服了在交叉询问制中当事人在庭审中为胜诉就细致末节过分纠结和当事人滥用诉讼权利造成诉讼拖延的弊端；同时这种混合式询问证人模式下引进交叉询问制度，克服了职权主义询问模式之下当事人主体性不强的弊端，加强了庭审过程中的对抗色彩。以日本为例，日本《民事诉讼法》第202条规定，按照如下顺序对证人进行询问：申请证人作证的当事人对证人进行询问，而后由对方当事人对证人进行询问，最后由审判长依据职权进行询问。如果对方当事人对证人询问完毕之后，若存在进一步询问证人的需要，根据日本《民事诉讼法》第113条的规定，申请该证人的当事人可以在得到审判长许可之后，对该证人再主询问，而后对方当事人再次交叉询问该证人。日本的询问证人制度要求遵循询问事项与待证事实相互关联，对方当事人对证人进行询问应当限于主询问中出现的事项或与其相关联的事项、与证人的可信度有关的事项，不能询问新的事项。日本的询问证人制度虽引进了交叉询问原则，但与英美法系交叉询问制度不一样的是，在询问证人过程中法官享有比英美法系法官更大的职权，这体现在：根据日本《民事诉讼法》第202条的规定，审判长在听取当事人意见的基础上，可以变更询问顺序；根据第113条的规定，审判长可以在询问证人的程序中随时对证人进行发问；对于当事人询问证人的事项，审判长认为不妥当时，法官可以依申请或职权进行限制；根据第 11 条的规定，在必要时，审判长可以让证人进行对质，且在这种对质询问中，审判长可以首先进行询问；且当事人能否对证人进行再询问，也需得到审判长的许可。可见日本的询问证人制度保有大陆职权主义询问的特征。

我国《民事诉讼法》关于询问证人的问题，1982 年《民事诉讼法（试行）》第一百零七条规定，法庭调查按下列顺序进行：……（二）告知证人的权利义务，询问证人，宣读未到庭的证人证言；（三）询问鉴定人，宣读鉴定结论……第一百零八条第二款规定，当事人经法庭许可，可以向证人、鉴定人、勘验人发问。从这两个涉及询问证人的条文来看，询问证人制度已经存在，法官和当事人都有权询问证人，但当事人对证人的询问必须经过法官允许。

1991 年《民事诉讼法》关于询问证人制度的内容相较于 1982 年《民事诉讼法（试行）》来讲并没有较大的改动，只是在一百二十四条中将 1982 年《民事诉讼法（试行）》第一百零七条第二款的内容变更为：（二）告知证人的权利义务，证人作证，宣读未到庭的证人证言，将第三款关于"询问证人"的规定删除。

此后，2007 年、2012 年及 2017 年历次对《民事诉讼法》的修正，关于询问证人的程序均沿用了 1991 年《民事诉讼法》的规定。由此，从民事诉讼法的规定来看，我国借鉴了大陆法系的职权主义询问证人模式，由法官主导对证人的询问。在法庭调查阶段，法官可对证人进行询问，当事人在法官允许后可询问证人。2001 年《证据规定》第六十条第一款中规定，经法庭许可，当事人可以向证人发问。2001 年《证据规定》亦是在借鉴职权主义询问模式的基础上，对证人的询问作出了系统明确的规定。根据 2001 年《证据规定》的规定，询问证人主要由法官主导推进，当事人经法官许可后可以对当事人进行询问，且在必要时，法官可以要求证人之间以及证人和当事人之间进行对质。

本条内容是在《民事诉讼法》及2001年《证据规定》的基础上，对证人制度作出的补充规定，不仅明确了询问证人的相关程序及规则，对证人证言的采集和提出、询问证人、证人的权利及义务、违反义务时应当承担的法律责任等均作出了系统性的规定，完善了我国民事诉讼中的证人制度。

二、证人的单独询问规则

本条第二款旨在明确询问证人应当遵循单独询问规则。证人单独询问规则指在询问证人的过程中，每次传唤一个证人出庭，由法官或当事人对其进行询问，对该证人的询问完毕之后，应通知证人退出法庭，法官再传唤第二个证人出庭接受询问，如此反复。证人单独询问规则是为保障每个证人陈述自己所经历过的案件事实，而不受其他证人的干扰和影响。证人主要通过感官对自己耳闻目睹的案件事实进行陈述，并且只能对过去已经发生过的事实进行陈述，因此，证人证言具有很大的主观性，是人的心理和思维过程对客观事物能动反映的产物。证人在向法庭陈述之前，一般需要经历了解——记忆——叙述这三个阶段，因为人记忆的时限性、主观性的特征，记忆随着时间的流逝而消退，在证人向法庭提供证言的时候，可能会出现记忆模糊、记忆不全面的情况。从心理学上讲，每个人都有从众心理，多数人的共同行为易对其他人发生暗示作用。证人由于受到他人的陈述或观点等外界因素的影响，对案件事实的感知或者记忆可能会出现偏差或者模糊不清，从而影响其作出的证言的客观真实性。如允许证人旁听庭审活动或其他证人作出的陈述，证人易受到他人观点或陈述的影响，从而根据其他证人的证言而对自己的证言进行剪裁，以使两者相适应。因此，询问证人应当遵循单独询问规则，在询问证人的过程中，每次传唤一个证人出庭，由法官或当事人对其进行询问，询问完毕之后该证人应退出法庭，法官再传唤第二个证人出庭接受询问，如此反复。

证人单独询问规则是为保障每个证人如实陈述自己所感知的客观事实，而不受其他证人的干扰和影响。大陆法系国家和地区普遍认可和采用了证人单独询问规则。如德国《民事诉讼法》第394条规定："对证人应个别询问，询问时不能使以后要询问的证人在场。"当案件存在数位证人，其中一位证人作证时，其他证人应当退庭，并且证人相互之间应当采取隔离措施，避免相互交流、询问。对证人的询问遵循单独询问规则，证人作证前不得旁听法庭审理，且每个证人单独接受询问，有利于保障证人如实陈述其感知的事实情况，而不受案件事实和他人的影响。

三、证人之间的对质询问

本条第三款明确了特定情况下证人之间的对质询问。证人之间的对质询问是大陆法系职权主义询问模式中特有的询问规则。一般而言，对证人的询问应当遵循单独询问原则，但是对质询问却是让就同一事实的作出相互矛盾陈述的两个或两个以上的证人面对面，由法官对他们进行询问，让他们就同一问题进行争辩，对质询问是询问证人的一种补充手段。日本《新法律学辞典》对对质询问的界定是："证人的证言相互之间、当事人的陈述相互之间或证言同当事人陈述之间发生矛盾，在必须判断其哪一个是可靠的时候，使这些人彼此面对面进行询问的制度。对质时，可以对几个人同时进行询问，并且可以使他们就发生矛盾抵触的地方相互辩明。"[①]

对质询问的主要目的在于帮助法官认定证人证言的真实性以形成自由心证。通常情况下，对质询问发生在询问的最后阶段。这是因为对质询问虽然对澄清矛盾的证言而言具有重大意义，但是也存在许多消极影响，最大的消极影响在于可能造成法庭秩序的混乱。对质的双

---

① ［日］《新法律学词典》，董潘舆等译，中国政法大学出版社1991年版。

方是陈述相互矛盾的证人、当事人之间的对抗，质证的双方都处于紧张状态，为了证实自己的陈述是真实的，质证双方可能会使用激烈的言辞，甚至对对方进行人身攻击，质证的场面通常比较激烈，可能会导致法庭秩序的混乱。因此，对质询问规则原则上应当在询问证人的最后阶段进行，且对质询问作为询问证人的补充手段，只有在人民法院认为有必要时方能进行。

【审判实践中需要注意的问题】

1. 当事人只有在得到法庭许可的情况下，方能对证人进行询问。即使对自己申请出庭作证的证人，当事人也不能随意的发问，仍需获得法庭的许可。未经许可即对证人进行询问的，人民法院可视具体情形，根据《民事诉讼法》第一百一十条、第一百一十一条的规定作出处理。

2. 对证人的询问不仅应当遵循单独询问规则，在存在多个证人的情况下，对每个证人逐一、单独进行询问，出庭作证前证人不能旁听庭审或通过观看庭审直播了解案件审理的相关情况。

3. 对质询问规则原则上应当在询问证人的最后阶段进行，且对质询问作为询问证人的补充手段，只有在人民法院认为有必要时方能进行。

【法条链接】

《中华人民共和国民事诉讼法》（2017年修正）

第一百一十条　诉讼参与人和其他人应当遵守法庭规则。

人民法院对违反法庭规则的人，可以予以训诫，责令退出法庭或者予以罚款、拘留。

人民法院对哄闹、冲击法庭,侮辱、诽谤、威胁、殴打审判人员,严重扰乱法庭秩序的人,依法追究刑事责任;情节较轻的,予以罚款、拘留。

第一百一十一条 诉讼参与人或者其他人有下列行为之一的,人民法院可以根据情节轻重予以罚款、拘留;构成犯罪的,依法追究刑事责任:

(一)伪造、毁灭重要证据,妨碍人民法院审理案件的;

(二)以暴力、威胁、贿买方法阻止证人作证或者指使、贿买、胁迫他人作伪证的;

(三)隐藏、转移、变卖、毁损已被查封、扣押的财产,或者已被清点并责令其保管的财产,转移已被冻结的财产的;

(四)对司法工作人员、诉讼参加人、证人、翻译人员、鉴定人、勘验人、协助执行的人,进行侮辱、诽谤、诬陷、殴打或者打击报复的;

(五)以暴力、威胁或者其他方法阻碍司法工作人员执行职务的;

(六)拒不履行人民法院已经发生法律效力的判决、裁定的。

人民法院对有前款规定的行为之一的单位,可以对其主要负责人或者直接责任人员予以罚款、拘留;构成犯罪的,依法追究刑事责任。

第一百三十八条 法庭调查按照下列顺序进行:

(一)当事人陈述;

(二)告知证人的权利义务,证人作证,宣读未到庭的证人证言;

(三)出示书证、物证、视听资料和电子数据;

(四)宣读鉴定意见;

(五)宣读勘验笔录。

《最高人民法院关于民事诉讼证据的若干规定》(2001年12月21日 法释〔2001〕33号)

第五十八条 审判人员和当事人可以对证人进行询问。证人不得旁听法庭审理；询问证人时，其他证人不得在场。人民法院认为有必要的，可以让证人进行对质。

第六十条 经法庭许可，当事人可以向证人、鉴定人、勘验人发问。

询问证人、鉴定人、勘验人不得使用威胁、侮辱及不适当引导证人的言语和方式。

第七十五条 ［证人出庭作证费用的计算标准、预交和支付］

证人出庭作证后，可以向人民法院申请支付证人出庭作证费用。证人有困难需要预先支取出庭作证费用的，人民法院可以根据证人的申请在出庭作证前支付。

【条文主旨】

本条系新增条文，是关于证人出庭作证费用的计算标准、预交和支付的规定，是在《民事诉讼法解释》第一百一十八条的基础上补充形成。

【条文释义】

证人的经济补偿权是指国家或当事人对证人履行作证义务所支出费用的补偿。从法理上讲，法律上的权利和义务是相互关联、功能互补、对立统一的。法律对知晓案件情况的单位和个人施以出庭作证的义务，那么，对于证人出庭作证所产生的必要费用和相关经济损失，则也应由法律通过制度化的设计提供保障。证人因履行出庭作证义务而遭受的经济损失，如果不加以补偿，将会使证人处于权利义务失衡的不公平状态。而从情理上讲，经济补偿权是对证人履行出庭作证义务的一种激励方式，证人出庭作证必然会产生交通、食宿等直接费用，以及因出庭作证而产生的误工费等间接损失。出于经济利益的考虑，证人往往不愿出庭作证，证人的经济补偿权是对证人利益损失的一种弥补，可以提高证人出庭作证的积极性。

一、各国关于证人出庭费用补偿制度的规定

（一）英美法系国家和地区的规定

从比较法研究的角度分析，各国在立法上普遍设置证人作证所支出费用的补偿制度，肯定和保护证人享有的经济补偿权。英美法系国家和地区，一般由申请证人作证的一方先行垫付，最终由败诉方承担。证人作证既可以获得合理支出费用的补偿，还可以获取适当酬金。包括证人支出的交通费、住宿费等费用。如果证人受到伤害，还包括医药费、丧葬费等。但是这一酬金的给付有范围的限制，超出法律规定的范围，证人证言的真实性将会受到质疑，法院可以不予采纳。如英国《民事诉讼规则》规定，在传唤令状送达证人时，必须提供足额的作证费用和相应的补偿费用；证人的经济补偿费用包括差旅费和因时间损失而获得的补偿费用，且规定此费用由负有举证责任的当事人向法院预交，在向证人送达传唤令时，向证人支付。美国《加州证据法典》也同样规定证人补偿费用由负有举证责任的当事人支付。

（二）大陆法系国家和地区的规定

大陆法系国家和地区，则规定由申请证人作证的一方先行垫付，最后由败诉方承担。虽然补偿金是由当事人提供的，但由特定的机构给付。补偿的范围主要针对证人在履行作证义务时产生的实际损失，证人不能获得酬劳或奖赏。如德国《民事诉讼法》第379条规定，举证人需预先垫付作证费用，否则不予传唤证人。第401条规定举证人预先垫付证人出庭作证的费用，并明确证人的补偿标准以《关于证人

和鉴定人请求补偿的法律》为准。法国《民事诉讼法典》第221条规定，证人可向法官申请并经法官批准领取补偿金。日本《民事诉讼法》第8条规定，证人的经济补偿包括旅费、津贴以及住宿费等。我国台湾地区"民事诉讼法"第三百二十三条规定，证人在被拘提、无正当理由拒绝作证或者提供证言等情形下，不得领取补偿金。澳门地区民事诉讼法也规定了证人的补偿费用问题，且此费用在法院作出判决前依证人申请而支付。

可以说，民事诉讼的目的是定分止争，而人民法院作出公平公正的司法裁判建立在查明案件事实的基础之上。因此，对于民事诉讼而言，证人证言具有十分重要的作用。即使在物证技术高度发达的今天，证人证言作为民事诉讼中的重要证据类型之一，仍然具有物证所无法替代的作用。因此，大多数国家的民事诉讼中，均明确规定了证人负有向法庭如实陈述其所感知和了解的客观事实的义务。在我国的司法实践中，证人证言是民事诉讼中常见的证据类型，但是出于诉讼经济的考量，我国幅员辽阔，证人出庭作证需花费时间和相关费用，且基于我国所固有的"人情社会"的民情风俗，司法实践中证人出庭率低，证人出庭难、作证难以及作伪证、作假证的问题较为突出，严重影响了人民法院的审判效率和司法公正。证人制度作为民事诉讼证据制度的重要组成部分，通过法律规定的方式明确证人资格、证人作证形式和程序、证人证言的采信标准以及证人的权利义务等内容，具有重要的法律价值。我国《民事诉讼法》第七十一条和第七十二条，明确规定了证人出庭作证的义务；第七十四条、第一百一十一条则对证人享有的权利作出了相应的规定。

二、我国对证人作证费用承担的规定

就证人的经济补偿权而言，我国《民事诉讼法》在2012年修正之前对于证人作证的费用承担问题未作出规定。2001年《证据规定》第五十四条第三款规定："证人因出庭作证而支出的合理费用，由提供证人的一方当事人先行垫付，由败诉一方当事人承担。"根据2006年《诉讼费用交纳办法》第六条第三款中的规定可知，证人在人民法院指定日期出庭发生的交通费、住宿费、生活费和误工补贴纳入当事人应当向人民法院交纳的诉讼费用。2012年《民事诉讼法》在借鉴司法解释和行政法规的基础上，对证人出庭费用的责任承担问题作出了规定。《民事诉讼法解释》对证人出庭作证费用的计算和缴纳方式作出规定。本规定在民事诉讼法及司法解释相关规定的基础上，进一步明确了证人享有的经济补偿权，以及证人出庭费用的支付时间和条件。

证人享有作证费用补偿的权利，证人也因此有作证费用的请求权。证人作证的费用是因履行作证义务而发生，而出庭作证的义务是证人对代表国家司法权的人民法院所尽的公法上的义务。现代民事诉讼贯彻施行辩论主义原则，除法律特别规定的显著的事实和当事人自认的事实之外，法院认定案件事实均需要以证据调查的结果为依据。而法院证据调查的过程是司法权行使的过程，在证人出庭作证的情况下，证人是证据调查和法院司法权行使的对象，法院通过询问证人获得有助于事实认定的证人证言。因此，证人出庭作证的义务并不仅仅是其对当事人的私法上的义务，同时也是对代表国家司法权的人民法院所尽的公法上的义务。既然证人作证费用请求权是证人对人民法院之公法上的请求权，逻辑上法院应当代表国家承担给付义务，但民事诉讼是当事人为了自己的利益请求国家司法机关确定私权之程序，属于国家对于发生私权争执的当事人之特别服务，为此所支出的费用，自然不能由全国纳税人负担。民事诉讼采有偿主义，由当事人自己负担诉讼费用，以防止当事人滥用诉权而提起无益的诉讼。

三、证人经济补偿有关问题

证人经济补偿权的实施，应当注意以下几方面：

1. 证人经济补偿的条件

（1）证人在法律规定或人民法院指定的时间到庭，逾期未到庭不能提出经济补偿要求。

（2）到庭后如实的陈述证人亲身感知的事实，不得使用猜测、推断或者评论性语言，更不能作出虚假陈述。

2. 证人出庭作证费用的最终承担主体

根据"谁主张，谁举证"举证责任规则，当事人应对己方申请出庭的证人先行垫付相关费用，最终由人民法院在案件审结后按照"谁败诉，谁负担"的原则裁决负担。

3. 证人经济补偿的范围和具体标准

（1）证人的经济补偿权仅限于其出庭作证所产生的必要费用，包括交通费、住宿费、生活费和误工费。所谓必要费用，是指维持证人正常生活状态和履行出庭作证义务所应当支出的费用。

（2）费用的确定标准，交通、住宿、就餐等费用按照机关事业单位工作人员差旅费用和补贴标准计算，误工损失按照国家上年度职工日平均工资标准计算。

4. 证人经济补偿程序

基于证人作证费用请求权属于公法上请求权的性质，证人只能向人民法院提出补偿费用的请求。对于证人出庭作证补偿费用，应以庭后给付为主，事前给付为例外作为一般原则。之所以这样规定，是考虑到：

（1）人民法院向证人送达出庭通知后，证人是否到庭作证无法确定，事前给付缺乏事实基础，因此，证人作证费用请求权一般应当在证人作证结束之后行使。如我国台湾地区"民事诉讼法"第三百二十三条第二款规定，证人请求法院给付作证费用，应于其被询问完毕之日起十日内为之。我国《民事诉讼法》及司法解释对证人行使经济补偿请求权没有规定明确的期限，但从诉讼效率及权利保护的角度出发，证人应当在作证结束后尽快提出主张。

(2) 对确实有经济困难的证人若亦采取事后给付，显然不利于鼓励证人积极出庭作证，也与保障证人出庭的价值相违背。因此，对于经济确有困难的证人，为保证其能够如期到庭，可以在证人出庭作证之前根据其申请预付差旅费用。

【审判实践中需要注意的问题】

1. 当事人申请证人作证时，所需垫付的费用应当缴付给人民法院，由人民法院支付给证人，当事人不能直接向证人支付费用。

2. 证人应向人民法院提出当事人支付出庭作证费用的请求，由人民法院从当事人处收取后，再转交证人。证人不能直接向当事人请求支付出庭作证的费用，当事人未及时支付费用的，证人应当基于其公法上的请求权向人民法院提出请求。

3. 证人因有困难向人民法院提出先行支付出庭作证费用的，人民法院通知当事人预交而当事人在人民法院规定的期限内未交付款项的，人民法院不通知证人出庭。

4. 证人在出庭前申请预先支付出庭作证费用的，应向人民法院提交书面申请，并在申请书中载明申请预先支付出庭作证费用的原因。

5. 证人拒绝签署和宣读保证书而导致其不能作证的，不能主张出庭作证的费用，相关费用应当由证人自行承担。

【法条链接】

《中华人民共和国民事诉讼法》（2017年修正）

第七十一条　人民法院对视听资料，应当辨别真伪，并结合本案的其他证据，审查确定能否作为认定事实的根据。

第七十二条 凡是知道案件情况的单位和个人，都有义务出庭作证。有关单位的负责人应当支持证人作证。

不能正确表达意思的人，不能作证。

第七十四条 证人因履行出庭作证义务而支出的交通、住宿、就餐等必要费用以及误工损失，由败诉一方当事人负担。当事人申请证人作证的，由该当事人先行垫付；当事人没有申请，人民法院通知证人作证的，由人民法院先行垫付。

第一百一十一条 诉讼参与人或者其他人有下列行为之一的，人民法院可以根据情节轻重予以罚款、拘留；构成犯罪的，依法追究刑事责任：

（一）伪造、毁灭重要证据，妨碍人民法院审理案件的；

（二）以暴力、威胁、贿买方法阻止证人作证或者指使、贿买、胁迫他人作伪证的；

（三）隐藏、转移、变卖、毁损已被查封、扣押的财产，或者已被清点并责令其保管的财产，转移已被冻结的财产的；

（四）对司法工作人员、诉讼参加人、证人、翻译人员、鉴定人、勘验人、协助执行的人，进行侮辱、诽谤、诬陷、殴打或者打击报复的；

（五）以暴力、威胁或者其他方法阻碍司法工作人员执行职务的；

（六）拒不履行人民法院已经发生法律效力的判决、裁定的。

人民法院对有前款规定的行为之一的单位，可以对其主要负责人或者直接责任人员予以罚款、拘留；构成犯罪的，依法追究刑事责任。

《最高人民法院关于适用〈中华人民共和国民事诉讼法〉的解释》（2015年1月30日　法释〔2015〕5号）

第一百一十八条 民事诉讼法第七十四条规定的证人因履行出庭作证义务而支出的交通、住宿、就餐等必要费用，按照机关事业单位工作人员差旅费用和补贴标准计算；误工损失按照国家上年度职工日平均工资标准计算。

人民法院准许证人出庭作证申请的,应当通知申请人预缴证人出庭作证费用。

《最高人民法院关于民事诉讼证据的若干规定》(2001年12月21日 法释〔2001〕33号)

第五十四条 当事人申请证人出庭作证,应当在举证期限届满十日前提出,并经人民法院许可。

人民法院对当事人的申请予以准许的,应当在开庭审理前通知证人出庭作证,并告知其应当如实作证及作伪证的法律后果。

证人因出庭作证而支出的合理费用,由提供证人的一方当事人先行支付,由败诉一方当事人承担。

《诉讼费用交纳办法》(2006年)

第六条 当事人应当向人民法院交纳的诉讼费用包括:

(一)案件受理费;

(二)申请费;

(三)证人、鉴定人、翻译人员、理算人员在人民法院指定日期出庭发生的交通费、住宿费、生活费和误工补贴。

第七十六条 ［证人以其他方式作证的条件］

证人确有困难不能出庭作证，申请以书面证言、视听传输技术或者视听资料等方式作证的，应当向人民法院提交申请书。申请书中应当载明不能出庭的具体原因。

符合民事诉讼法第七十三条规定情形的，人民法院应当准许。

【条文主旨】

本条系新增条文，是关于证人以其他方式作证的条件的规定，是对《民事诉讼法》第七十三条的操作性解释。根据证人作证的基本要求，对符合《民事诉讼法》第七十三条情形以其他方式作证的要求作出规定。

【条文释义】

证人出庭作证是推进和实现程序公正与实体公正的重要保障。证人证言作为民事诉讼中常见的证据类型之一，申请证人出庭作证在本质上是当事人的举证行为，当事人按照法定的举证责任规则提出主张和证据并反驳对方提出的主张和证据，通过举证和充分的辩论以实现当事人的诉讼请求，是正当程序的原则和核心内涵所在。证人出庭作证，当庭作出陈述并接受法官及双方当事人的询问和质证，对查清相关事实、还原真实情况具有重要的意义和作用。证人出庭作证，使其置身于法官和当事人的共同监督之下，就其亲身感知的事实向法庭作出客观的陈述，接受当事人和法官的询问和质证，法官根据双方当事人对证人的对质及证人作证的主客观条件，发现证言中的模糊、矛盾、冲突之处，正确地分辨出当事人争议的焦点，深入挖掘案件事实、辨别真伪，从而作出最终的判断和司法裁判。因此，证人出庭作证是确保和实现其诚信、如实履行作证义务的程序性保障，除因客观原因无法出庭作证的情况外，证人均应履行出庭作证的义务。

证人出庭作证义务，不应机械地理解为凡是证人均必须出庭作证，否则该证人证言法庭不予采信。社会生活的复杂多样决定了在司法实践中会不可避免地遇到许多特殊情况，过于严格地适用直接言词原则或传闻排除规则会导致很多有价值的证据不能进入审判者的视野。因此法律在作出一般性的原则规定之外，还针对特殊情况作出了例外规定，证人出庭例外便是其中之一。为了确保例外情况下获得的证人证言可以最大程度接近客观事实，对于例外情况的应用应当由法律作出明确的规定。通过法律规定的方式将例外情况的适用限制在合理范围之内，避免证人以种种借口回避出庭作证，使证人出庭作证的法定义务成为具文。

一、证人以其他方式作证的条件

我国《民事诉讼法》第七十三条规定，传人民法院通知，证人应当出庭作证。有下列情形之一的，经人民法院许可，可以通过书面证言、视听传输技术或者视听资料等方式作证：（1）因健康原因不能出庭的；（2）因路途遥远，交通不便不能出庭的；（3）因自然灾害等不可抗力不能出庭的；（4）其他有正当理由不能出庭的。据此，在我国的民事诉讼程序中，证人出庭作证的例外仅适用于"因客观原因无法出庭"的情形。具体说来，因以下四种情形而导致客观上无法出庭作证的情况时，应当向人民法院提交书面申请，经人民法院准许后，可以不出庭作证：

1. 证人健康原因。证人身患疾病等健康原因，且该健康原因导致证人无法出庭作证，如果仅是健康欠佳但并未达到无法出庭作证的程度，原则上证人应当出庭作证。

2. 路途遥远，交通不便。因路途遥远交通不便的情形导致无法出庭作证，应当在综合证人距离的远近、道路交通情况等予以综合判断，虽然路途遥远但交通便利的，不能作为证人不出庭作证的理由。只有在路途遥远且交通不便，使得证人出庭作证不合理或者不可行的情况下，证人才可以不出庭作证。

3. 不可抗力。自然灾害等不可抗力造成证人无法出庭作证，也应当综合自然灾害的类型、损害程度等因素予以综合判断，只有因自然灾害等不可抗力导致证人出庭作证不合理且不可行的情况下，证人才可以不出庭作证。

4. 证人有其他理由不能出庭作证的。本条是证人不能出庭作证的兜底条款，证人应当在书面申请中写明其不能出庭作证的客观原因，并提交相应的证据予以证明，人民法院经综合考虑，认为证人出庭作证不合理不可行的，可准许证人不出庭作证。

二、证人因客观原因无法出庭作证时的替代作证方式

《民事诉讼法》的证人因客观原因无法出庭作证时的替代作证方式包括两种：一是提交书面证言；二是通过视听传输技术或者视听资料等方式作证。此种在证人因客观原因无法出庭作证的特定情况下，通过其他方式向法庭陈述案件事实或者接受询问的替代性方案，称为证人特殊作证方式。根据特殊作证方式所采用的具体方法，以及证人与

法官、当事人的交流方式与程度为区分标准，可将证人特殊作证方式划分为：单向叙事方式、双向交流方式、多向交流方式。

（一）单向叙事方式

单向叙事方式，是指证人只能对法院单向陈述案件事实，法官、当事人等不能通过询问等方式与证人进行交流。典型的有书面证人证言、证人提供的录音、录像等。这种作证方式证人只需出具一张纸质的证人证言或者视听资料，不需要考虑证人出庭作证的误工费用和食宿费用由谁承担和垫付的问题。但是书面证言与录音、录像是否是证人真实意思表示难以验证，也无法对证人当庭询问，无法对书面证言和录音、录像展开质证。目前我国的司法实践中以书面证言的方式作证是较为普遍的现象。因此，书面证言的证据效力和证明能力问题，成为司法实践中亟待明确和解决的问题。证人证言的形成过程是了解案件事实的当事人以外的人感知、记忆、陈述的过程，因此，证人证言具有很大的主观性，是人的心理和思维过程对客观事物能动反映的产物。确保证人客观、真实的陈述其经历的案件事实，避免陈述中掺杂其个人的主观评价和臆断，是确保证人证言能够如实反映案件事实的基本要求。可以说，民事诉讼中关于证人的制度设计，均是围绕如何确保证人证言的真实性而展开。大陆法系及英美法系的诉讼制度中，均肯定和遵循言辞诉讼原则，实行法庭审判的直接言辞原则与直接原则，一般情况下禁止以书面证言代替证人出庭作证。书面证言的作证方式，因证人作出的陈述是由书面证言的方式所承载，法官和当事人只能通过书面证言了解相关情况，相较于证人出庭作证直接作出陈述的方式来讲，书面证言的这种间接陈述方式，可能造成法官对书面证言内容的理解出现偏差甚至误解的情况，同时，书面证言在作出的过程中可能存在信息扭曲、夸大或遗漏部分内容以及证人受当事人的影响而作出不真实陈述的情况，这些情况通过书面证言的形式较难察觉。据此，禁止使用书面证言代替言辞作证是现代诉讼的一般要求。以书面证言或通过视听传输技术的方式作证,较证人出庭作证而言,更加难以保证证言的真实性。

(二) 双向交流方式

双向交流方式,是指证人和法官可以通过问答方式陈述、询问与案件有关事实的作证方式。所谓的双向交流,主要在法官和证人之间进行。双向交流的作证方式较单向叙事方式而言,避免法官只能单纯听取证人的陈述的局限,使证人在不出庭的情况下,法官可通过询问证人的方式进一步了解相关事实。

(三) 多向交流方式

多向交流方式,是指法官、当事人、律师及其他诉讼参与人能够与证人进行询问和交流。如电话作证、电视会议作证、网络视频作证等。这种作证方式具有实时性,可以保证证人作证时的所有陈述和表现是证人的即时表现,没有被提前安排。另外,双方当事人、律师和法官还可以对证人进行询问。因此这类特殊作证方式弥补了上面两类作证方式的缺陷,即它具有实时性,当事人可以对证人进行质证,也可以保证其意思表示的真实性。与上面两类方式相比,最接近直接言词原则,特别是远程视频作证,通过远程网络传播技术把证人带进了庭审现场,庭审活动的其他参加人可以看到、听到证人的陈述,证人也可以看到听到其他庭审活动的参加人,使这种作证方式相对于前面两种作证方式来说更具有证明力。

前述证人无法出庭作证时的三种替代性作证方式,因作证方式的不同,因此三种方式下证人证言的真实性程度以及可采纳程度存在差异,从而不同作证方式下作出的证人证言对事实的证明力亦存在差异。人民法院在具体案件的审理过程中,应综合证人无法出庭作证的客观原因、证人证言对案件事实认定的重要性程度、双方当事人对待证事实的争议程度、是否有其他证据予以相互印证、法庭的客观技术条件等方面的因素予以综合考量,从而确定最佳的证人出庭作证的替代性方式。

　　本次修改《证据规定》，在《民事诉讼法》及其司法解释以及2001年《证据规定》的基础上，进一步补充、完善和明确了证人证言这一重要证据类型的相关规定。对证人证言的收集和提出、证人作证的方式、对证人的询问、证人的权利和义务以及违反义务时应承担的法律后果等方面均在民事诉讼法及司法解释的基础上作出了详细的规定。司法实践中，证人申请以书面或其他方式作证时，应当注意：

　　1. 从证人证言的提出和收集方面，无论以何种方式作证，除《民事诉讼法》第六十四条第二款及《民事诉讼法解释》第九十四条规定的应当由人民法院依职权调取证据的情形外，均应由当事人向人民法院提出证人出庭作证的申请。人民法院经审查，准许证人出庭作证并向证人送达通知书，是证人出庭作证的前提条件。

　　2. 证人因身体健康等客观原因无法出庭作证时，应当向人民法院提交书面申请，载明无法出庭的原因以及出庭作证的替代性方式。人民法院经审核，证人的申请符合《民事诉讼法》第七十三条规定的情形的，应当准许证人不出庭作证的申请。但经人民法院审查，证人提出的申请不符合《民事诉讼法》第七十三条规定的情形的，当事人仍应履行出庭作证义务。

　　3. 替代性方式作证情况下证人应当履行具结程序。具结的作用在于保障证人证言的真实性，预防虚假陈述。一方面，通过具结和伪证制裁的规则，使证人因惧怕处罚而消除其作伪证的动机，另一方面使陈述人产生一旦作伪证将被揭穿的顾虑。因此，履行具结程序是证人作证的前置程序和条件，未经具结而作出的证言不具有证据效力，不能作为认定案件事实的依据。因此，以替代性方式作证的情况下，证人仍需完成具结。以书面证言方式作证的，证人应当签署保证书；而以录音、录像等视频、音频传输技术作证的证人，应当签署保证书并宣读保证书的内容。

【审判实践中需要注意的问题】

1. 司法实践中，证人如因客观原因无法出庭作证，应当向人民法院提交书面申请，在申请书中载明无法出庭作证的原因，并提供相应的证据予以证明。

2. 证人向人民法院申请不出庭作证，人民法院经审查，认为证人提出的不出庭作证的原因符合《民事诉讼法》第七十三条规定的情形的，应告知证人对其申请不予准许。人民法院不允许证人提出的不出庭作证申请的，证人仍应履行出庭作证的法定义务。

【法条链接】

《中华人民共和国民事诉讼法》（2017年修正）

第六十四条　当事人对自己提出的主张，有责任提供证据。

当事人及其诉讼代理人因客观原因不能自行收集的证据，或者人民法院认为审理案件需要的证据，人民法院应当调查收集。

人民法院应当按照法定程序，全面地、客观地审查核实证据。

第七十三条　经人民法院通知，证人应当出庭作证。有下列情形之一的，经人民法院许可，可以通过书面证言、视听传输技术或者视听资料等方式作证：

（一）因健康原因不能出庭的；

（二）因路途遥远，交通不便不能出庭的；

（三）因自然灾害等不可抗力不能出庭的；

（四）其他有正当理由不能出庭的。

《最高人民法院关于适用〈中华人民共和国民事诉讼法〉的解释》

(2015年1月30日 法释〔2015〕5号)

第九十四条 民事诉讼法第六十四条第二款规定的当事人及其诉讼代理人因客观原因不能自行收集的证据包括:

(一)证据由国家有关部门保存,当事人及其诉讼代理人无权查阅调取的;

(二)涉及国家秘密、商业秘密或者个人隐私的;

(三)当事人及其诉讼代理人因客观原因不能自行收集的其他证据。

当事人及其诉讼代理人因客观原因不能自行收集的证据,可以在举证期限届满前书面申请人民法院调查收集。

第七十七条 ［书面证言和视听资料证言的审查］

证人经人民法院准许,以书面证言方式作证的,应当签署保证书;以视听传输技术或者视听资料方式作证的,应当签署保证书并宣读保证书的内容。

【条文主旨】

本条系新增条文,是关于证人以其他方式作证时具结的规定。

【条文释义】

为确保证人陈述的真实性,大多数国家的民事诉讼中规定了证人宣誓或者具结。证人作证前采用宣誓的方式以口头形式保证如实作证以"免除虚伪的危险"。在具有宗教信仰的大陆法系和英美法系国家和地区,宣誓是保证证人真实陈述的必经程序。宣誓制度起源于人们对神明的敬畏、宗教的信仰,是宗教和法律相结合的产物,是非理性的认识活动在法律领域留下的影响。证人宣誓制度经历了由实用价值向程序价值的转变。

一、证人宣誓制度的发展

宣誓制度发展初期,证人宣誓的内容即为证人作证内容,如今,证人宣誓仅起到保障证言真实性的作用，激发证人如实作证的良知。证人宣誓是在正确理解誓词内容的前提下按照誓词的要求作证，是证人对法庭以及当事人的承诺，使证人从内心深处不愿作伪证。如英国《宣誓法》规定，证人只有在法庭上宣誓讲真话，或者以法庭和证人都认可的对证人良心更具约束作用的另外的某种方式（如庄严神明），其提供的证据和证言才会被法庭认可，予以承认。美国《联邦证据规则》第603条规定，作证前，要求每个证人声明如实提供证言，通过宣誓或者虽不宣誓但以旨在激发证人良知和加强责任感的方式进行。证人在法庭上通过宣誓或者保障的方式，激发证人内心的正能量，唤醒证人内心的道德底线和良知，从而促使证人能够积极履行其如实作证的义务，确保其提供的证言的真实性。

在英美法系，证人宣誓是在作证前完成。但在有的国家证人是在接受完询问后进行宣誓的，且宣誓的形式不固定，采用宗教与具结相结合的方法，如德国。我国台湾地区采用具结的方式保障证人证言的真实性。我国台湾地区"刑法"第一百六十八条规定："于执行审判职务之公署审判时，或于检察官侦查时，证人、鉴定人、通译于案情有重要关系之事项，供前或供后具结，而为虚伪陈述者……为伪证"。

从宣誓制度的发展来看，尽管宣誓制度最初以宗教信仰为背景，但随着宗教力量的逐渐减弱及宗教色彩的逐渐淡化，宣誓制度的约束力逐渐由内在的心灵强制变化为外在的法律制裁，借助合理化的诉讼结构和交叉询问等制度来鉴别证言的真伪。证人宣誓制度的功能在于促使证人如实陈述其感知和知晓的客观情况，通过宣誓的方式，使证人明确其负有的如实作证义务以及违反该项义务时应当承担的法律后果，提审证人内心的道德良知和底线，激发证人履行如实陈述的义务。

二、证人具结制度

在我国的民事审判实践中，证人证言在各种证据形式中存在的问题相对较多，证人有作虚假陈述的情况，证人证言不受信任，没有发挥其应有的事实证明作用。导致这一情况的原因很多，有社会诚信的缺失问题，也有伪证制裁的不明确、法律威慑力不够等方面的原因。2015年《民事诉讼法解释》规定了证人的具结制度。《民事诉讼法解释》第一百一十九条规定："人民法院在证人出庭作证前应当告知其如实作证的义务以及作伪证的法律后果，并责令其签署保证书，但无民事行为能力人和限制民事行为能力人除外。／证人签署保证书适用本解释关于当事人签署保证书的规定。"第一百二十条规定："证人拒绝签署保证书的，不得作证，并自行承担相关费用。"证人证言的形成过程是证人感知、记忆、陈述的过程。其中，证人的感知阶段发生在诉讼程序之前，是证人感觉和感知亲身经历的客观事实的过程。证人的记忆阶段，是证人通过回忆的方式，对其曾经感知的案件事实进行重现的过程。证人的陈述阶段，则是证人将其感知到的并保存于大脑中的案件信息表述出来，是证人内心意思的外在表达。

可以说，证人证言的形成经历了由外到内、再由内到外的过程：感知和记忆是将外部信息内在化，陈述则是将内部信息外在化。为最大限度地减少证人证言中掺杂的证人的主观臆断和评价，保证证人陈述的真实客观性，大多数国家均要求证人在作证前履行宣誓或具结程序。在具有宗教信仰传统的大陆法系和英美法系国家和地区，宣誓是保证证人真实陈述的必经程序，而在我国台湾地区则称之为具结。具结是指证人在陈述前（有时也可以在陈述之后），"应为确切担保其陈述均属真实之表示，此项表示，谓之具结"。[①] 具结是证人关于如作不实陈述将受法律制裁的一种表示，宣誓与具结相比，则更多地强调宗教信仰和唤起证人良知的作用。

我国民事诉讼的理论与实践中，一般也将证人在陈述前保证如实

---

① 姜世明：《民事诉讼法（下册）》，台湾地区新学林出版股份有限公司2013年版，第167页。

陈述的表示称之为具结。具结的作用在于保障证人证言的真实性，预防虚假陈述。一方面，通过具结和伪证制裁的规则，使证人因惧怕处罚而消除其作伪证的动机，另一方面使陈述人产生一旦作伪证将被揭穿的顾虑。

三、本规定对证人具结制度的补充

本条规定在2015年施行的《民事诉讼法解释》基础上对证人具结制度进行完善。本条规定是在前述《民事诉讼法解释》及本规定第七十一条关于证人具结的规定的基础上，对证人具结制度的补充，明确了证人因客观原因无法出庭作证且经人民法院许可，可以通过书面证言、视听传输技术或者视听资料等方式作证时，仍应履行具结程序。

一般而言，出庭作证是证人的法定义务。证人出庭作证，使其置身于法官和当事人的共同监督之下，就其亲身感知的事实向法庭作出客观的陈述，接受当事人和法官的询问和质证，法官根据双方当事人对证人的对质及证人作证的主客观条件，发现证言中的模糊、矛盾、冲突之处，正确地分辨出当事人争议的焦点，深入挖掘案件事实、辨别真伪，从而作出最终的判断和司法裁判。因此，证人出庭作证是确保和实现其诚信、如实履行作证义务的程序性保障。但诉讼活动的复杂性，决定了在司法实践中会不可避免地遇到许多特殊情况，过于严格地适用直接言词原则或传闻排除规则会导致很多有价值的证据不能进入审判者的视野。因此法律在作出一般性的原则规定之外，还针对特殊情况作出了例外规定，证人出庭例外便是其中之一。

前述《民事诉讼法》第七十三条规定的证人因客观原因无法出庭作证时的替代作证方式包括两种：一是提交书面证言；二是通过视听传输技术或者视听资料等方式作证。书面证言的作证方式，因证人作出的陈述是由书面证言的方式所承载，法官和当事人只能通过书面证言了解相关情况，相较于证人出庭作证直接作出陈述的方式来讲，书面证言的这种间接陈述方式,可能在作出的过程中出现信息扭曲、遗漏、甚至证人受当事人的影响而作出不真实陈述的情况,这些情况通过书面证言的形式较难察觉。因此,以书面证言或通过视听传输技术的方式作证,证人出庭作证而言,更加难以保证证言的真实性。因此,以书面证言或通过视听传输技术的方式作证的证人,在作证之前更加需要履行具结程序以确保证言的真实性。

证人具结作为一种程序,是指证人开始作证前,通过一定的仪式向法庭宣誓,表明其如实向法庭作证,如实回答法庭的提问,证言无虚假的法律程序;作为一种制度,是指通过要求证人在庭上作证之前宣誓的方式,来约束证人的作证行为,促使证人如实作证、免除虚伪危险、保证诉讼程序的效率和公正的法律制度。因此,无论是证人出庭作证,还是以书面证言或通过视听传输技术等方式作证,证人均应履行具结程序,证人具结是其作证的前提条件。

在作证之前签署并宣读保证书是证人的义务,证人不得拒绝,保证书即为具结书,其内容即为结文,包括:证人保证如实陈述,绝无匿、饰、增、删,如有虚假陈述,愿意接受伪证制裁等。具结制度旨在保证证人证言的真实性,预防虚假陈述。一方面,通过具结和伪证制裁的规则,使证人因惧怕处罚而消除其作伪证的动机,另一方面使陈述人产生一旦作伪证将被揭的顾虑。

口头具结方式较仅签署书面保证书的方式而言,更能够对证人内心产生威慑。签署和宣读保证书是证人如实陈述的保证,也是证人如实作证的必要措施。因此,签署和宣读保证书是证人作证前的必经程序,签署和宣读保证书的主要作用在于对证人的心理产生威慑,进而保障证人证言的真实性,证人拒绝前述和宣读保证书意味着其无法保证陈述内容的真实性,本质上是拒绝作证的表示。因此,证人因客观原因无法出庭作证且经人民法院准许,可以书面证言或其他方式作证时,证人同样需要签署保证书,以视听传输技术或者视听资料方式作证的，应当签署保证书并宣读保证书的内容。

【审判实践中需要注意的问题】

1. 证人以书面方式作证的，应当签署保证书。证人未签署保证书的情况下，除证人系无民事行为能力人和限制民事行为能力人外，该书面证言不具有证据能力，不能作为认定案件事实的依据。

2. 以视听传输技术或者视听资料方式作证的证人，应当同时履行书面具结和口头具结，签署保证书并宣读保证书的内容。证人仅以书面或口头方式具结的，除证人系无民事行为能力人和限制民事行为能力人外，该证言不具有证据能力，不能作为认定案件事实的依据。

【法条链接】

《中华人民共和国民事诉讼法》（2017 年修正）

第七十三条　经人民法院通知，证人应当出庭作证。有下列情形之一的，经人民法院许可，可以通过书面证言、视听传输技术或者视听资料等方式作证：

（一）因健康原因不能出庭的；

（二）因路途遥远，交通不便不能出庭的；

（三）因自然灾害等不可抗力不能出庭的；

（四）其他有正当理由不能出庭的。

《最高人民法院关于适用〈中华人民共和国民事诉讼法〉的解释》（2015 年 1 月 30 日　法释〔2015〕5 号）

第一百一十九条　人民法院在证人出庭作证前应当告知其如实作证的义务以及作伪证的法律后果，并责令其签署保证书，但无民事行为能力人和限制民事行为能力人除外。

证人签署保证书适用本解释关于当事人签署保证书的规定。

第一百二十条 证人拒绝签署保证书的，不得作证，并自行承担相关费用。

第七十八条 ［证人保护和伪证制裁］

当事人及其诉讼代理人对证人的询问与待证事实无关，或者存在威胁、侮辱证人或不适当引导等情形的，审判人员应当及时制止。必要时可以依照民事诉讼法第一百一十条、第一百一十一条的规定进行处罚。

证人故意作虚假陈述，诉讼参与人或者其他人以暴力、威胁、贿买等方法妨碍证人作证，或者在证人作证后以侮辱、诽谤、诬陷、恐吓、殴打等方式对证人打击报复的，人民法院应当根据情节，依照民事诉讼法第一百一十一条的规定，对行为人进行处罚。

【条文主旨】

本条系新增条文，是关于证人保护和伪证制裁的规定，对保障证人权利，维护诉讼秩序具有积极作用。有关内容是在《民事诉讼法》第一百一十一条规定基础上整理、归纳形成。

【条文释义】

证人证言作为民事诉讼证据的类型之一，对证人证言亦应当围绕真实性、合法性、关联性展开质证。因此，当事人经法庭许可对证人进行询问时，应当围绕证言的真实性、合法性与关联性进行，当事人及其诉讼代理人应当就证人陈述的与待证事实有关的相关事实和情况进行询问，对于与待证事实无关甚至威胁、侮辱或不适当引导证人的情形，人民法院应当及时制止。

一、证人保护的必要性

证人出庭作证是一种利他行为、有益社会的行为。实践中，证人往往担心因其所作的证言不利于对方当事人而遭到打击报复，因此不愿出庭作证，这也是多年来我国民事诉讼中证人出庭作证率低的原因之一。解决证人出庭作证率低的问题，一方面需要在法律上明确证人负有出庭作证，如实将其知道的事实情况在法庭上作出陈述的义务；另一方，也需要通过法律规定的方式保障证人的合法权益不受侵害，建立相应的证人保护制度。总的来说，证人保护的必要性主要体现在：

1. 从法理学上分析，证人保护是权利义务相统一的必然要求。没有无权利的义务，也没有无义务的权利，证人保护制度是国家规定证人作证义务的逻辑结果，证人义务的预设是证人保护的直接原因。证人制度是一个整体的系统，权利义务的良性运行是证人制度发挥其应有作用的关键环节。片面强调证人的作证义务，而忽视对证人权益的保障，将阻碍整个制度的有效运作。

2. 从目前我国民事诉讼证人出庭作证的实际情况出发，证人保护是推进审判方式改革，强化庭审功能的重要举措。长久以来，我国民事诉讼中证人出庭作证率低的重要原因之一在于对证人权益的保护力度不够。因此，加强证人权益的保护是促使和鼓励证人出庭作证的重要保障。

3. 从诉讼参与人采用暴力、威胁等方法妨碍证人作证的行为性质上看，妨碍证人作证的行为不仅是对证人权益的侵犯，同时也是对法律权威的挑衅。因此，对当事人及其他诉讼参与人实施的妨碍证人作证的行为在必要时给予法律制裁，是维护庭审秩序和法律权威的需要。

二、证人保护的内容

总体来说，证人保护主要包括三方面的内容。

（一）证人人身安全保护

证人人身安全保护是证人保护制度的核心内容，证人最担心和害怕的就是因作证而导致自身安全受到侵害，对人身安全的忧虑也是司法实践中证人拒绝出庭作证的主要原因。因此，各国均十分重视对证人人身安全的保护。如英国的《证人保护法》，美国的《有组织犯罪控制法》《证人安全方案》《证人安全改革法案》，我国香港特别行政区的证人保护条例，均强调和体现了对证人人身安全的保护。以美国为例，美国建立了较为完善的证人保护制度，不仅设置了专门的证人保护机构，而且对证人的保护有事前保护和事后保护相结合，且在保护范围上，凡是可能受威胁的证人家属均在美国法律的保护范围内。

（二）证人财产利益保护

对证人财产利益的保护是证人保护制度的重要内容。证人因出庭作证而产生的经济损失应当予以补偿。证人经济补偿权是对证人利益损失的一种弥补，是鼓励证人出庭作证，提高证人出庭作证率的重要手段。因此，各国在立法上普遍设置证人作证所支出费用的补偿制度，对证人作证的费用请求权作出规定。如英国《民事诉讼规则》、德国《民事诉讼法》、日本《民事诉讼法》均规定了证人经济补偿制度。

（三）证人人格利益和精神利益保护

证人利益的保护，除了对证人所受到的外在的、有形的对人身安全和财产利益的侵害之外，证人的名誉权、荣誉权、隐私权等人格利益的损害以及心理上因作证所受到的创伤，这种无形的损害持续的时间可能更长，对证人带来的消极影响也可能更深远，同时又往往可能影响到证人证言的作证质量。因此，对证人人格利益和精神利益的保护也应当是证人保护制度的重要内容。

三、证人的询问制度

证人主要通过感官对自己耳闻目睹的案件事实进行陈述，并且只能对过去已经发生过的事实进行陈述，因此，证人证言的形成过程是证人感知、记忆、陈述的过程。证人证言的形成经历了由外到内、再由内到外的过程：感知和记忆是将外部信息内在化，陈述则是将内部信息外在化。为了减少证人受外界干扰从而影响证言的真实性，大多数国家均作出了相应的规定。

如英美法国家奉行的禁止诱导性询问规则，在交叉询问模式下由当事人主导对证人的询问过程，为避免证人受当事人诱导性的影响，在交叉询问过程中禁止当事人向证人询问某种暗含询问者所期望的答案的问题。通常来讲，诱导性问题分为三类：一是虚伪诱导，系暗示证人使之故意作出虚假的陈述；二是错误诱导，系因当事人的暗示而使证人产生错觉，从而作出错误的陈述；三是记忆诱导，系在当事人的诱导之下使证人记忆起某事。证人在法庭上本处于紧张状态，易受到当事人或其诉讼代理人暗示的影响，而作出虚假或与事实相悖的陈述。在大陆法系国家和地区的职权主义询问模式下，法官主导整个证人证言的质证程序，并对程序的推进进行指挥和控制，当事人须经法官允许方可询问证人。

职权主义询问模式下，证人出庭作证，应当就其知道的案件事实如实、完整、连续的作出陈述。未经法官允许而对证人进行询问，往往被视为扰乱法庭秩序，严重者将承担相应的法律责任。如法国《民事诉讼法典》第213条对法官询问证人的范围进行了规定，法官可以就法律允许提出的所有事实询问证人。根据该法第214条的规定，在询问证人的过程中,当事人有向证人询问或者打断证人作证等可对证人作证施加影响的行为,当事人可被逐出法庭。

我国民事诉讼中询问证人制度借鉴了大陆法系国家和地区的做法,由法官主导对证人的询问,当事人只有在取得法官准许的情况下方能向证人进行询问。当事人及其诉讼代理人对证人进行询问时,如提出的问题与待证事实无关或存在不适当引导等情形,法官应当及时制止。当事人及其诉讼代理人作出威胁、侮辱证人或不适当引导等情形,一方面会对证人如实陈述其感知和了解的客观事实产生影响,进而影响法官查明相关案件事实;另一方面,这种干扰证人作证的行为是对法庭秩序的违反和破坏。

法庭是人民法院审理案件的场所,良好的法庭秩序是审判活动得以顺利进行的重要保障,也是确保证人如实陈述相关事实的程序保障。良好的法庭秩序既是司法权威的直接体现也是当事人权利保护的必要条件。法庭秩序要求在人民法院开庭审理过程中,一切参与审判活动的机关、诉讼参与人和旁听人员应当遵守的纪律和秩序。人们通过诉诸法律来寻求纷争的解决,是因为信赖司法权威和司法的公信力。法庭秩序的规范和失范直接关系着司法权威的维护和法律尊严的彰显。维护法庭秩序是实现程序公正和实体公正的必然要求,是维护司法权威的必要保障。

因此,在必要时法官可以依照《民事诉讼法》第一百一十条及一百一十一条的规定,对当事人扰乱庭审秩序的行为进行处罚。对当事人及其诉讼代理人事实的干扰和阻碍证人作证的行为,人民法院应当及时制止,情节恶劣的,人民法院可以依照《民事诉讼法》第一百一十条、第一百一十一条的规定对当事人及其诉讼代理人进行处罚。

四、证人具有如实在陈述的义务

证人证言作为一种重要的言辞证据,是以证人在法庭上就其亲身经历的案件事实所作的客观陈述作为证明案件事实的资料。《民事诉讼法》第十三条第一款规定："民事诉讼应当遵循诚实信用原则。"诚实信用原则是我国民事诉讼的基本原则。诚实信用原则始于私法领域，是民法的"帝王条款"。"在民事诉讼中设置诚实信用原则的主要目的在于防止诉讼主体滥用权利，保障诉讼程序平等、公平的进行。从诉讼结构来看，诉讼是由原告、被告和法院三角构成，形成双方当事人之间以及当事人与法院之间的诉讼法律关系。"[①]

诚实信用原则不仅适用于当事人之间的诉讼行为，同样适用于法官与当事人之间的诉讼行为，对当事人和法院均具有约束力。民事诉讼中的诚实信用原则，要求人民法院、当事人及其他诉讼参与人在案件审理过程中必须公正、诚实和善意。诚实信用原则作为民事诉讼的基本原则，要求当事人及其他诉讼参与人在实施诉讼行为时必须诚实和善意。具体表现在以下几个方面：

1. 禁止在诉讼中作虚假陈述；

2. 禁止反言；

3. 禁止以不正当的方式形成有利于己的诉讼状态；

4. 禁止滥用诉讼权利；

5. 禁止诉讼欺诈。

（一）证人作为诉讼参与人之一，应当遵守诚实信用原则

证人的诚信义务包含了两个层面：

1. 证人自觉出庭作证义务。这是证人证言符合诚实信用原则的形式要件。证人证言对人民法院查明案件事实具有重要意义，因此，出庭作证是证人的法定义务。在诚实信用原则的指导和要求下，证人出庭作证应当是出于自己的真实意愿，只有证人出于真实意愿出庭作证，才会提供真实可靠的证言，从而对人民法院查清案件事实和解决具体

---

① 江必新主编：《新民事诉讼法理解适用与实务指南》，法律出版社2015年版。

纠纷起到促进作用。

2. 如实陈述义务。这是证人证言符合诚实信用原则的实质要件。如实陈述义务要求证人所作证言：一方面应当客观真实，证人作证时要客观、如实地陈述其对案件事实的感知，不能掺杂个人的主观臆断和评价，更不能伪造、捏造证言；另一方面，证人应当完全、充分的将其对客观事实的感知情况作出申述，不得隐瞒、反复。

（二）如实陈述是证人负有的法定义务

证人故意作虚假陈述的行为，不仅是对其法定义务的违反，影响法官对案件事实的查明，同时也是对法庭和法律权威的挑衅。因此，证人故意作出虚假陈述的行为，应承担相应的法律责任。证人作证前的宣誓和具结以及对证人询问规则的设置，是对证人作伪证的预防措施，使其不愿或不能作伪证，但是这并不能杜绝证人作伪证，还需借助对证人作伪证行为的法律制裁对证人造成心理威慑，使其不敢作伪证。

大多数国家对证人作伪证应承担的法律责任作出了明确的规定，如英国《民事诉讼规则》规定，诚实信用原则是证人在作证过程必须遵循的理念和原则，如果证人在作证时，违反诚实信用原则作出虚假陈述，法院可以对证人处以藐视法庭罪。美国的民事诉讼法中也规定了证人违反如实陈述义务时，法院可以采取以下几种措施，（1）制裁其违法行为；（2）承担因此产生的费用；（3）处以藐视法庭罪。

我国《民事诉讼法》第一百一十一条规定："诉讼参与人或者其他人有下列行为之一的，人民法院可以根据情节轻重予以罚款、拘留；构成犯罪的，依法追究刑事责任：（一）伪造、毁灭重要证据，妨碍人民法院审理案件的；（二）以暴力、威胁、贿买方法阻止证人作证或者指使、贿买、胁迫他人作伪证的；（三）隐藏、转移、变卖、毁损已被查封、扣押的财产，或者已被清点并责令其保管的财产，转移已被冻结的财产的；（四）对司法工作人员、诉讼参加人、证人、翻译人员、鉴定人、勘验人、协助执行的人，进行侮辱、诽谤、诬陷、殴打或者打击报复的；（五）以暴力、威胁或者其他方法阻碍司法工作人员执行职务的；（六）拒不履行人民法院已经发生法律效力的判决、裁定的。／人民法院对有前款规定的行为之一的单位，可以对其主要负责人或者直接责任人员予以罚款、拘留；构成犯罪的，依法追究刑事责任。"

据此可知，对于诉讼参与人实施的伪造证据、妨碍人民法院审理案件，以及阻止证人出庭作证或者作伪证等情形，人民法院可对行为人作出处罚，构成犯罪的应依法追究刑事责任。本条规定在前述《民事诉讼法》第一百一十一条的基础上，明确了证人故意作虚假陈述的，人民法院可以根据情节轻重予以罚款、拘留；构成犯罪的，依法追究刑事责任。

【审判实践中需要注意的问题】

证人出庭作证时，应当就其知道的案件事实如实、完整、连续的作出陈述。当事人及其委托代理人只有在获得法官许可的情况下，方可对证人进行询问。未经法官许可，当事人及其诉讼代理人、旁听人员等实施的打断、干扰证人作证的行为，人民法院应当及时制止，必要时可以依照《民事诉讼法》第一百一十条的规定作出处罚。

【法条链接】

《中华人民共和国民事诉讼法》（2017年修正）

第十三条　民事诉讼应当遵循诚实信用原则。

当事人有权在法律规定的范围内处分自己的民事权利和诉讼权利。

第一百一十条　诉讼参与人和其他人应当遵守法庭规则。

人民法院对违反法庭规则的人，可以予以训诫，责令退出法庭或者予以罚款、拘留。

人民法院对哄闹、冲击法庭，侮辱、诽谤、威胁、殴打审判人员，严重扰乱法庭秩序的人，依法追究刑事责任；情节较轻的，予以罚款、拘留。

第一百一十一条 诉讼参与人或者其他人有下列行为之一的，人民法院可以根据情节轻重予以罚款、拘留；构成犯罪的，依法追究刑事责任：

（一）伪造、毁灭重要证据，妨碍人民法院审理案件的；

（二）以暴力、威胁、贿买方法阻止证人作证或者指使、贿买、胁迫他人作伪证的；

（三）隐藏、转移、变卖、毁损已被查封、扣押的财产，或者已被清点并责令其保管的财产，转移已被冻结的财产的；

（四）对司法工作人员、诉讼参加人、证人、翻译人员、鉴定人、勘验人、协助执行的人，进行侮辱、诽谤、诬陷、殴打或者打击报复的；

（五）以暴力、威胁或者其他方法阻碍司法工作人员执行职务的；

（六）拒不履行人民法院已经发生法律效力的判决、裁定的。

人民法院对有前款规定的行为之一的单位，可以对其主要负责人或者直接责任人员予以罚款、拘留；构成犯罪的，依法追究刑事责任。

第七十九条 ［鉴定人出庭的准备和要求］

鉴定人依照民事诉讼法第七十八条的规定出庭作证的，人民法院应当在开庭审理三日前将出庭的时间、地点及要求通知鉴定人。

委托机构鉴定的，应当由从事鉴定的人员代表机构出庭。

【条文主旨】

本条系新增条文，是关于鉴定人出庭的操作性规定。

【条文释义】

鉴定人出庭作证的通知和安排，应当便于鉴定人合理安排工作时间，在法庭上有效地回应当事人对鉴定意见的质疑。如果当事人对鉴定意见持有异议，且申请鉴定人出庭但鉴定人据不出庭，或者鉴定意见质证的形式化、简单化与无序化，都会削弱法官利用庭审质证判断鉴定意见的功能，同时也无法平息当事人不满。

一、鉴定人出庭的功能价值

有学者指出，鉴定人出庭，除了实现程序正义与庭审实质化外，尚具有三重功能：（1）阐释功能。鉴定人出庭可以回答当事人异议，向当事人解释鉴定方面的分歧。（2）震慑功能。鉴定人出庭一定程度可以减少虚假鉴定、超资质鉴定等违规现象，提高鉴定人鉴识水平、责任意识。（3）甄别功能。鉴定人出庭，有助于消除法官疑虑、强化法官心证，判断有无重新鉴定之必要。[1] 因此，有必要创设一系列比较好的条件令鉴定人便于出庭、敢于出庭、乐于出庭，其中重要的一个措施就是保证鉴定人有较为从容的出庭准备时间。目前，根据我国《刑事诉讼法》第一百八十七条中的规定，人民法院决定开庭审判后，应当至迟在开庭3日以前将出庭通知书送达鉴定人。《司法鉴定程序通则》第四十三条规定，经人民法院依法通知，司法鉴定人应当出庭作证，回答与鉴定事项有关的问题。该通则第四十四条还就具体的细节作了如下安排，即：司法鉴定机构接到出庭通知后，应当及时与人民法院确认司法鉴定人出庭的时间、地点、人数、费用、要求等。但是，民事诉讼对相关细节问题譬如通知的时间等并未作出明确要求。为解决操作中的具体问题，本条明确了人民法院应当在开庭审理3日前将出庭的时间、地点及要求通知鉴定人。

二、鉴定人出庭前的审核与准备工作

鉴定人出庭由于涉及一系列审判事务的安排，也会发生较为高昂的费用，因此，应当尽可能地减少不必要的出庭，提高鉴定人出庭解决专门性问题认定争议的质量。我们认为，对于鉴定人出庭，至少需要考虑以下几方面问题：

1. 鉴定意见的争议是否为实质性的争议，譬如对鉴定方法、鉴定结论的主要依据等存在争议，还是仅对鉴定人的资质或者鉴定程序是否合法提出异议。如是前者，因涉及鉴定意见具体内容的实质性审查，

---

[1] 陈如超：《鉴定纠纷及其解决机制——基于民事司法鉴定的实践逻辑》，载《证据科学》2017年第2期。

原则上应当支持鉴定人出庭作证,以便法庭查明相关事实;如果仅是针对程序合法性问题,则审判人员可以依法径行审查,如果发现完全可以通过书面审核的方式确定是否存在合法性问题的,则不需要通过鉴定人出庭作证的方式来作出认定。当然,法官经审核认为争议不大,但该争议不是基于当事人的无理取闹,那么法官应该尊重当事人的申请权,不论异议的性质、程度如何,都应当通知鉴定人出庭作证。①

2. 鉴定人出庭前的准备是否已经到位,具体包括:

(1) 当事人提出异议的,是否已经将当事人提出的异议进行初步分析,是否已经将该异议转交给鉴定人,鉴定人是否已经在规定的期间内将答复意见予以回复,相关答复意见对当事人的异议是否作出了针对性的解释;

(2) 如果当事人未提出申请,但是,审判人员包括合议庭根据案件审理的需要,对所涉及的专业性问题的复杂程度,当事人的争议程度等审查后,确定需要鉴定人出庭的,此时应当确定该出庭需求系因鉴定人作出的鉴定意见存在瑕疵导致还是因为其他原因导致,如果是因为其他原因导致的,则是否已经通知负有举证责任的当事人一方预交鉴定人出庭费用;等。如果决定鉴定人必须到庭的,如果上述步骤并未完成,则应当查视未完成的原因,如果是审判人员的疏忽,则应当在完成上述工作后才决定启动鉴定人出庭的相关诉讼安排。

三、鉴定人出庭的制度规定

十八届四中全会通过的《中共中央关于全面推进依法治国若干重大问题的决定》提出要"推进以审判为中心的诉讼制度改革,确保侦查、审查起诉的案件事实证据经得起法律的检验。全面贯彻证据裁判规则,严格依法收集、固定、保存、审查、运用证据,完善证人、鉴

---

① 姚慧:《我国司法鉴定人出庭作证制度的完善——以民事诉讼领域权利保障与权力制约为基点》,载《中国司法鉴定》2015年第3期。

定人出庭制度，保证庭审在查明事实、认定证据、保护诉权、公正裁判中发挥决定性作用。"2016年10月9日，最高人民法院与司法部联合下发了《关于建立司法鉴定管理与使用衔接机制的意见》，该意见在第三部分"加强保障监督，确保鉴定人履行出庭作证义务"中明确提出："鉴定人出庭作证对于法庭通过质证解决鉴定意见争议具有重要作用。人民法院要加强对鉴定意见的审查，通过强化法庭质证解决鉴定意见争议，完善鉴定人出庭作证的审查、启动和告知程序，在开庭前合理期限以书面形式告知鉴定人出庭作证的相关事项。人民法院要为鉴定人出庭提供席位、通道等，依法保障鉴定人出庭作证时的人身安全及其他合法权益。经人民法院同意，鉴定人可以使用视听传输技术或者同步视频作证室等作证。"可以说，人民法院根据审判工作的需要，对具体的鉴定流程进行细化规范，如鉴定的委托、鉴定材料移交程序的完善、技术性证据审查工作的细化、庭审质证程序的优化，以及对鉴定人出庭作证的指导和保障等，对于切实加强审查判断鉴定意见的能力，确保司法公正具有不可替代的作用。

此外，关于本规定中鉴定人及从事鉴定的人员应当如何理解的问题。2015年修正的《司法鉴定决定》中规定鉴定机构为符合条件的"法人或者其他组织"。因此，司法鉴定机构的定位应理解为：符合该决定规定的条件，并经申请由司法行政机关授予司法鉴定执业许可证的，在诉讼活动中对专门事实问题提供科学认知，并向法院提交鉴定意见的法人或者其他组织。但《民事诉讼法》对司法鉴定的相关条款仅用了鉴定人的表述，如《民事诉讼法》第七十六条第一款规定：当事人可以就查明事实的专门性问题向人民法院申请鉴定。当事人申请鉴定的，由双方当事人协商确定具备资格的鉴定人；协商不成的，由人民法院指定；该条第二款规定，当事人未申请鉴定，人民法院对专门性问题认为需要鉴定的，应当委托具备资格的鉴定人进行鉴定。该条中鉴定人既然是指"具备资格的鉴定人"，根据现有司法鉴定管理的规定，应当对应为"法人或者其他组织"。但是，《民事诉讼法》第一百三十九条第二款又规定"当事人经法庭许可，可以向证人、鉴定人、勘验人发问"，此时的鉴定人显然应当是指作出鉴定意见的专业人员，而无法是其所在的单位。结合司法实践中人民法院需要通过启动鉴定查明的并不在司法鉴定管理目录之中的专门性问题亦十分常见，因此，自然人作为鉴定人接受人民法院的鉴定委托以成为可能。据此，本次司法解释在修改过程中将接受人民法院委托从事鉴定活动的主体一律根据民事诉讼法的称谓确定，统称为鉴定人。至于是否为鉴定人员还是鉴定机构，则根据不同的语境或者委托鉴定的事项来确定，两者并不相悖。

【审判实践中需要注意的问题】

司法实践中对本条的操作上，有以下需要注意的问题：

1. 在确定具体开庭日期的时候，人民法院应当将开庭的具体日期预先告知鉴定人，防止其相关工作人员因其他客观原因无法准时到庭。这里特别强调一个良性沟通和互动的要求。

2. 在通知鉴定人出庭的同时，应当向鉴定人明确，要求其选派参与具体鉴定意见制作的鉴定人员出庭。实践中，一些鉴定机构为解决人民法院要求鉴定人出庭较为频繁的情况，专门指派由机构的一般工作人员专门从事出庭活动。这种情况与鉴定人出庭接受法官和当事人询问，帮助法庭对鉴定意见能否采信进行判断的立法本意发生了严重偏离，导致庭审效果无法达到预期，故需要在通知上特别注明，防止当事人就此提出异议。

3. 在通知鉴定人出庭的时间、地点同时，应当把当事人要求鉴定人出庭的具体理由，或者人民法院要求鉴定人出庭的具体理由、需要着重说明的相关问题，以及需要当庭展示的技术性文献等告知鉴定人。

便于鉴定人员在出庭之前做好充分的准备，从而提高庭审的效率，提升鉴定人出庭参与质证的效果。

4. 在通知鉴定人出庭的过程中，人民法院应当对鉴定人出庭是否需要展示特殊的证据做好对接工作，如准备好可以用于播放音频、视频资料的设备或者可以即时远程视频的通讯设施等，防止因准备工作不充分而限制了相关资料的展示。

【法条链接】

《中华人民共和国民事诉讼法》（2017年修正）

第七十六条　当事人可以就查明事实的专门性问题向人民法院申请鉴定。当事人申请鉴定的，由双方当事人协商确定具备资格的鉴定人；协商不成的，由人民法院指定。

当事人未申请鉴定，人民法院对专门性问题认为需要鉴定的，应当委托具备资格的鉴定人进行鉴定。

第七十八条　当事人对鉴定意见有异议或者人民法院认为鉴定人有必要出庭的，鉴定人应当出庭作证。经人民法院通知，鉴定人拒不出庭作证的，鉴定意见不得作为认定事实的根据；支付鉴定费用的当事人可以要求返还鉴定费用。

第一百三十九条　当事人在法庭上可以提出新的证据。

当事人经法庭许可，可以向证人、鉴定人、勘验人发问。

当事人要求重新进行调查、鉴定或者勘验的，是否准许，由人民法院决定。

《中华人民共和国刑事诉讼法》（2018年修正）

第一百八十七条　人民法院决定开庭审判后，应当确定合议庭的组成人员，将人民检察院的起诉书副本至迟在开庭十日以前送达被告人及其辩护人。

在开庭以前，审判人员可以召集公诉人、当事人和辩护人、诉讼代理人，对回避、出庭证人名单、非法证据排除等与审判相关的问题，了解情况，听取意见。

人民法院确定开庭日期后，应当将开庭的时间、地点通知人民检察院，传唤当事人，通知辩护人、诉讼代理人、证人、鉴定人和翻译人员，传票和通知书至迟在开庭三日以前送达。公开审判的案件，应当在开庭三日以前先期公布案由、被告人姓名、开庭时间和地点。

上述活动情形应当写入笔录，由审判人员和书记员签名。

第八十条 ［鉴定人对异议及询问的答复］

鉴定人应当就鉴定事项如实答复当事人的异议和审判人员的询问。当庭答复确有困难的，经人民法院准许，可以在庭审结束后书面答复。

人民法院应当及时将书面答复送交当事人，并听取当事人的意见。必要时，可以再次组织质证。

【条文主旨】

本条由 2001 年《证据规定》第五十九条修改形成，是关于鉴定人对异议及询问答复的规定。

【条文释义】

"专家有义务把抽象的专业问题向法官说明，让作为普通人的法官能够理解和接受，一个不能令法庭理解自己的证人，是不可能有说服力。"[①] 作为接受人民法院委托就相关专门性问题作出鉴定意见的鉴定

---

① ［美］理查德·A. 波斯纳：《证据法的经济分析》，徐昕等译，中国法制出版社 2000 年版，第 164 页。

人除了应以书面的方式陈述鉴定意见,并对鉴定的过程和步骤、方法及原理、结论和建议进行详细、精确地描述之外,还有根据委托法院的要求,对审判人员或者当事人提出的问题或者异议进行书面答复,在书面答复后仍无法得到有效答疑解惑的情况下,按照人民法院的要求,有义务出庭对鉴定意见涉及的问题进行解释并接受法官和当事人及其委托诉讼代理人的询问。

一、审查鉴定意见的必要性及考察因素

由于对鉴定材料的限制更为严格、鉴定过程更易受人为因素影响,这些特点也导致鉴定意见可能出现与科学真相不符的情况。因此,鉴定意见的两种属性都决定了其本身可能出现错误的必然性,需要通过一定的程序对其进行审查。[1] 具体而言,因司法鉴定活动与其他科学研究活动存在明显的差异,系接受人民法院的委托对查明案件基本事实确有帮助且无法通过寻常的调查手段达成认定的专门性问题作出明确的意见和建议,故司法鉴定具有更为明确的目的性、指向性、专门性和规范性。对于鉴定实验所用的鉴定材料,因仍属于案件证据的范畴,故在送检送鉴之前更有着严格的法定程序对其来源的合法性、材料的真实性和完整性,以及与鉴定活动的关联性进行质证与认证,只有符合上述三个条件的鉴定材料才能作为司法鉴定活动的研究对象,除非该鉴定项目本身就是对存疑证据的排查。据此,我们对于鉴定意见的采信主要也是围绕着其人为因素和科学因素两个方面进行考察。考虑到对鉴定活动亲身经历者的出庭作证优势,因此本规定第七十九条在修订过程中还进一步明确,如果鉴定人系机构的,"应当由从事鉴定的人员代表机构出庭",从而确保出庭说明和接受询问的专家对所涉鉴定意见作出的一系列活动有着极高的熟悉程度。

---

[1] 刘鑫、方玉叶:《公安机关鉴定人员面临错鉴责任风险》,载《中国法医学杂志》2016年第2期。

二、询问出庭鉴定人员的事项

一般而言,对出庭的鉴定人员主要询问以下几个方面的问题:

1. 鉴定人是否就所作的鉴定项目具有鉴定资格,相应的鉴定人员的职称与执业经历。此外,根据相关法律、行政法规及内部规章制度的要求,一些鉴定活动还要求参加鉴定的专家职称与人数,因此对有特殊要求的,还需要对这些诸如职称与人数的参与条件是否合规进行审查。对于鉴定人资质和鉴定人员资格的问题,之前已经有过评述。人民法院具有对外委托司法鉴定职权的内设机构应当在委托之前就对鉴定人对鉴定事项是否具有资质进行查验,审判人员在当事人就该问题提出异议的时候亦应当在鉴定人出庭之前予以审查。凡是发现鉴定人不具有法定资格的,均应当将其所作的鉴定意见从可采的证据中予以排除,并不需要通过鉴定人出庭的方式来耗时费力地解决。

2. 鉴定人与本案有无利害关系或者其他影响鉴定活动公正性的问题。根据《民事诉讼法》第四十四条的规定,鉴定人与审判人员一样,不得与本案有利害关系或者其他影响到公正鉴定关系的情形,如不遵循回避要求,应当被依法追究法律责任,所作鉴定意见亦不能作为认定案件事实的证据。

3. 鉴定意见所依据的鉴定材料是否真实、充分。鉴定意见所依据的鉴定材料的合法性、真实性、全面性和关联性,是鉴定人通过科学鉴定作出正确意见和建议的前提和基础。实践中,对于鉴定人员自行搜集的相关鉴定材料往往会存在争议。对于未经当事人举证、质证和审判人员认证的鉴定材料,需要重点询问,必要时应当启动补充质证,尽可能弥补鉴定材料缺陷带来的不良影响。对于查明相关鉴定材料的真实性或者完整性不能得到确认的,应当及时补充鉴定,补充鉴定不能的,则视情决定是否启动重新鉴定。

4. 作出鉴定意见的程序安排是否符合法律、法规、规章及技术规范的要求。如果违反法律、法规、规章及技术规范，则应当推定可能影响鉴定意见的正确性，此时，审判人员应当着重于询问不符之处及该不符之处与鉴定意见之间的关联性，在确认存在实质影响或者无法排除实质影响可能的，相对应的鉴定意见就无法作为认定案件事实的根据，而需要视情启动补充鉴定或者重新鉴定。对于鉴定过程，要求鉴定人能够全程监控与复现，从而实现对鉴定流程科学性的检验。譬如：对抽样物送鉴定的，还应审查抽样人是否具有抽样资格，抽样程序、方法、数量等是否符合规定要求。如鉴定意见所依据的鉴定物是不具备抽样资格的人抽取的，或不符合抽样程序、方法、数量等规定抽取的，则所作意见即为存疑，难以作为定案的根据。

5. 审查鉴定意见的作出是否符合相应的科学原理。鉴定活动本身具有科学性，相应的鉴定方法、鉴定流程均需要完全符合科学原理才能获得较为正确的鉴定意见，才能被同行专家所认可。因此，对于鉴定方法、鉴定流程的科学性，不仅是鉴定人出庭所要阐述的重点内容，也是审判人员和当事人及其诉讼代理人通过具体询问来增加内心确信或者排除合理怀疑的重点内容。不符合科学原理的鉴定意见显然因其科学性的缺乏，而不能作为认定案件事实的根据。

鉴定人出庭的效果好不好，关键在于审判人员对鉴定意见的了解程度深不深。因为如果仅就鉴定意见本身进行审查，无非仅是从程序上查看是否依法合规，但真正的困难来自实质内容审查的能力缺失。由于鉴定意见涉及许多领域的专门知识，这就需要与其他证据联系起来进行对照分析。2010年至2015年司法部组织行业内鉴定机构和技术专家，先后研制、颁布了74项司法鉴定技术规范，并及时收集使用反馈信息，对旧的规范进行修订，如2016年就对《亲权鉴定技术规范》等8个技术规范进行了修订；加上公安、海关等部委颁布的技术规范，截至2016年6月，我国法庭科学领域国家标准和行业标准总量达770项，内容涉及法庭科学专业发展的多个领域，覆盖了毒化、理化、法医、指纹、痕迹、照相、电子物证、文件检验鉴定、刑事信息、刑事技术产品、现场勘查、智能语音技术和心理测试技术等多个专业。[①] 这就要求审判人员在鉴定人出庭前就做好相应的准备，不仅仅是对出庭程序、询问问题的准备，更是要对所涉专门性问题的鉴定方法、技术标准有过基本的了解，熟悉并掌握一般的思路、原理，方便在庭审时根据具体情况具体应对。

此外，当前鉴定人出庭越发频繁，司法行政部门及人民法院要加强对鉴定人出庭应知应会的培训力度。鉴定人出庭作证，其主要的目的和功能在于解释相关原理和技术方法，说服法官，增加其内心确信；说服当事人，增加其理解和认同。但是，在极其有限的时间内，在庄重陌生的法庭上，鉴定人能否克服对新环境、对针锋相对地提问不适应的困扰，利用极短的时间，组织最为浅显易懂的语言，将专业性很强的术语、知识转化成当事人和法官听得懂的内容，从而改善沟通方式，提升沟通效果，为鉴定意见的可采性增强说服力。

【审判实践中需要注意的问题】

为防止鉴定人对相关问题未能充分准备，导致庭审效率和效果不佳的问题。审判人员应当在出庭前将庭审中可能涉及的需要重点作出解释和回答的问题与出庭通知一并送达鉴定人，并对庭审中可能出现的突发状况、当事人及其诉讼代理人的重要异议、对出庭的鉴定人员的具体要求等与鉴定人进行良好的沟通，避免出现无法当庭答复的困难。

---

① 焦贺娟等：《我国法庭科学标准适用性评价分析》，载《刑事技术》2016年第6期。

【法条链接】

《中华人民共和国民事诉讼法》（2017年修正）

第四十四条　审判人员有下列情形之一的，应当自行回避，当事人有权用口头或者书面方式申请他们回避：

（一）是本案当事人或者当事人、诉讼代理人近亲属的；

（二）与本案有利害关系的；

（三）与本案当事人、诉讼代理人有其他关系，可能影响对案件公正审理的。

审判人员接受当事人、诉讼代理人请客送礼，或者违反规定会见当事人、诉讼代理人的，当事人有权要求他们回避。

审判人员有前款规定的行为的，应当依法追究法律责任。

前三款规定，适用于书记员、翻译人员、鉴定人、勘验人。

《最高人民法院关于民事诉讼证据的若干规定》（2001年12月21日　法释〔2001〕33号）

第五十九条　鉴定人应当出庭接受当事人质询。

鉴定人确因特殊原因无法出庭的，经人民法院准许，可以书面答复当事人的质询。

第八十一条 ［鉴定人拒不出庭的后果］

鉴定人拒不出庭作证的，鉴定意见不得作为认定案件事实的根据。人民法院应当建议有关主管部门或者组织对拒不出庭作证的鉴定人予以处罚。

当事人要求退还鉴定费用的，人民法院应当在三日内作出裁定，责令鉴定人退还；拒不退还的，由人民法院依法执行。

当事人因鉴定人拒不出庭作证申请重新鉴定的，人民法院应当准许。

【条文主旨】

本条系新增条文，是根据《民事诉讼法》第七十八条的规定，对鉴定人拒不出庭的后果的操作性规定。除民事诉讼法规定的鉴定意见不得作为认定案件事实的依据外，对于当事人要求返还鉴定费用，在操作上由人民法院裁定鉴定人返还并依职权移送执行；准许当事人重新鉴定的申请。

【条文释义】

坚持以审判为中心，全面贯彻证据裁判主义，其中最为重要的一项内容就是直接言辞原则的落实。直接言辞不允许审判人员仅依据书面材料作出审理,只能是通过亲自参加开庭审理活动,通过直接传唤当事人、证人、鉴定人及聆听当事人对相关争议问题的辩论意见,从而认定案件的基本事实,并据此作为审查判断的根据。通过法官"察颜辨色""听话听音",辨别证据的真伪。虽然鉴定意见在法律上属于法定的独立证据种类,但其总体上具有言词证据的属性。[1] 科学方法的掌握、科学原理的运用、科学仪器设备的操作和使用等,无不由人来完成,故人的主观性或多或少地影响着鉴定的结果。[2] 同证人证言一样,鉴定意见只有通过鉴定人出庭作证,接受诉讼双方和法官当庭询问,对鉴定意见的内容、形成过程、鉴定依据、方法程序等进行陈述,对有争议的问题进行解释,方可消除法官和当事人的疑惑,加强鉴定意见的说服力,从而帮助法官对鉴定意见进行实质性审查判断,从而就有关专门性问题相关的事实形成符合实际的心证结论。

一、鉴定人出庭的重要意义

鉴定人出庭对鉴定意见发挥应有的确定涉案专门性问题的根据有着极为重要的意义:

1. 鉴定人出庭作证可以消除双方当事人对鉴定意见产生的各种异议,对减少鉴定异议、补充鉴定乃至重复鉴定有很好的帮助。由于鉴定意见专业技术性强、专业壁垒高,当事人难以在鉴定材料、鉴定技术等方面提出实质性的有效的质证意见,由于推翻鉴定意见的证明要求极高,当事人因此不断通过提出异议或者申请重新鉴定,甚至闹鉴、缠鉴成为了试图解决司法鉴定争议的手段。如果鉴定人出庭,对当事人不理解的专业术语、所不知情的鉴定过程、不熟悉的科学依据

---

[1] 陈瑞华:《鉴定意见的审查判断问题》,载《中国司法鉴定》2011 年第 5 期。
[2] 李祖军、吕辉:《鉴定人出庭作证制度立法解读与完善进路——以 2012 年民事诉讼法为背景》,载《河北法学》2014 年第 1 期。

进行解释和阐明，能够在很大程度上消除诉讼双方对司法鉴定的不良猜测。

2. 鉴定人出庭作证能够令审判人员及时发现鉴定程序和鉴定方法是否存在瑕疵。通过双方当事人当庭询问、质证和鉴定人的回答，审判人员可以深入考察鉴定意见是否存在疑点或者不当之处。特别是在当事人申请专家辅助人同时出庭参与质证的情况下，审判人员更是可以通过专家之间的交锋，发现问题、澄清困惑。

3. 鉴定人出庭作证可以增强鉴定意见的程序正当性。鉴定意见虽然是具有鉴定资格的专家或者技术人员通过科学的鉴定方法对相关鉴定项目作出的以供审判人员认定案件事实参考的信息，具有科学性，但同时，该意见也包含着鉴定人员的日常经验及大量的主观判断，在一定程度上具有主观性，必须通过鉴定人员亲自到庭对鉴定的整个流程与方法、方法运用与鉴定意见最终作出之间的关联性等诸多问题作出介绍，从而在鉴定人参与诉讼的形式上为鉴定意见的权威性作出实质意义的背书。

4. 鉴定人出庭无形中加强了对鉴定程序合法性、科学性的监督。鉴定人出庭能够对鉴定人业已实施完毕的鉴定工作形成后续的监督。以往鉴定人认为只要出具鉴定意见，便认为手头的鉴定工作大功告成，实际上鉴定人的工作才刚刚开始。鉴定人出庭使他们前期工作必须接受同行评议，从而产生一种同行监督的评估机制，促使他们更加认真地完成鉴定工作。[①]

二、鉴定人出庭的制度规定

党的十八届四中全会《决定》提出构建"以审判为中心的诉讼制度变革"的目标，并提出完善鉴定人出庭作证制度。在此背景下，通

---

① 陈邦达：《鉴定人出庭作证制度实证研究》，载《法律科学》2016年第6期。

过出具鉴定意见的鉴定人员参加庭审，从而推动以庭审为中心的审判方式改革就显得极其重要。关于鉴定人出庭的要求，《民事诉讼法》修正与《刑事诉讼法》修正对此作了不同的选择，前者明确系当事人异议即须出庭，后者则设置了审判人员审查决定是否出庭的前置条件。但是，对于鉴定人无正当理由拒不出庭的法律后果，民事诉讼法与刑事诉讼法的规定是较为一致的，均会直接造成鉴定意见不被采纳的严重后果。同《刑事诉讼法》修正一样，2012年《民事诉讼法》修改过程中对鉴定人出庭增加了专门规定，该法第七十八条中规定，"当事人对鉴定意见有异议或者人民法院认为鉴定人有必要出庭的，鉴定人应当出庭作证"，并明确："经人民法院通知，鉴定人拒不出庭作证的，鉴定意见不得作为认定事实的根据；支付鉴定费用的当事人可以要求返还鉴定费用。"对该问题，《司法鉴定决定》也早就作了要求，不仅在证据被采信的诉讼法意义上有了法律后果，《司法鉴定决定》第十三条还就鉴定人拒不出庭的行政责任作了具体规定，即应当由省级人民政府司法行政部门予以警告，责令改正；并且"经人民法院依法通知，拒绝出庭作证的"，应当"由省级人民政府司法行政部门给予停止从事司法鉴定业务三个月以上一年以下的处罚；情节严重的，撤销登记"。

由于立法上对于鉴定人出庭的态度十分坚决且明确，鉴定人出庭率低的问题近年来已经有了很大改观。据司法部2017年度的统计，经司法行政机关登记管理的司法鉴定人接到出庭通知14917次，其中14691次得到司法鉴定人依法出庭，应出尽出率为98.48%，比上年提高约2.5个百分点。法院向鉴定人发出出庭通知的次数占民事诉讼、刑事诉讼、行政诉讼中委托业务量的比率为1.20%，比上年的1.43%有所降低。[①] 通过鉴定人出庭接受询问，切实将与鉴定有关的问题在庭

---

① 党凌云、张效礼：《2017年度全国司法鉴定情况统计分析》，载《中国司法鉴定》2018年第3期。

审过程中一次性解决，并在判决中对鉴定意见的审查判断过程和采信与否的理由进行释明，消除当事人对鉴定意见的异议和不满，逐渐改变当事人通过申请撤销鉴定意见以寻求改变审判结果的做法。实践中，对此已经有了较好的实践。

2016年10月9日，最高人民法院与司法部联合下发的《关于建立司法鉴定管理与使用衔接机制的意见》指出，"人民法院和司法行政机关要根据本地实际情况，切实加强沟通协作，根据本意见建立灵活务实的司法鉴定管理与使用衔接机制，发挥司法鉴定在促进司法公正、提高司法公信力、维护公民合法权益和社会公平正义中的重要作用。"同时，该意见在第三部分"加强保障监督，确保鉴定人履行出庭作证义务"中明确提出"司法行政机关要监督、指导鉴定人依法履行出庭作证义务。对于无正当理由拒不出庭作证的，要依法严格查处，追究鉴定人和鉴定机构及机构代表人的责任"，在第四部分"严处违法违规行为，维持良好司法鉴定秩序"中强调"司法鉴定事关案件当事人切身利益，对于司法鉴定违法违规行为必须及时处置，严肃查处。司法行政机关要加强司法鉴定监督，完善处罚规则，加大处罚力度，促进鉴定人和鉴定机构规范执业。监督信息应当向社会公开。鉴定人和鉴定机构对处罚决定有异议的，可依法申请行政复议或者提起行政诉讼。人民法院在委托鉴定和审判工作中发现鉴定机构或鉴定人存在违规受理、无正当理由不按照规定或约定时限完成鉴定、经人民法院通知无正当理由拒不出庭作证等违法违规情形的，可暂停委托其从事人民法院司法鉴定业务，并告知司法行政机关或发出司法建议书。司法行政机关按照规定的时限调查处理，并将处理结果反馈人民法院。"因此，根据上述规定，本条不仅通过明确出庭义务、强化出庭责任，还要求委托的人民法院对鉴定人违规行为应当及时通报鉴定人的主管部门，加强与司法行政管理部门的沟通协调，形成管理合力，进一步完善鉴定人出庭作证的各种机制，提高鉴定人出庭作证率和审判效率。实践中，一些地方法院与鉴定机构的管理部门进行了机制对接，对鉴定人违法鉴定和拒绝出庭等情况进行了信息互通，一些法院还通过司法建议的方式要求相关主管部门对一些问题进行处理，对发现的工作机制问题进行改正，取得了良好的效果。

【审判实践中需要注意的问题】

司法实践中，由于鉴定人无正当理由拒不出庭将导致费时耗力代价高昂的鉴定意见不能作为证据使用，造成司法资源的极大浪费，也增加了当事人的诉讼负担，给人民法院依法高效解决矛盾纠纷带来消极影响。因此，不仅应当依据民事诉讼法及本司法解释的规定责令鉴定人承担相应的诉讼法上的法律责任，还可以依照最高人民法院与司法部联合下发《关于建立司法鉴定管理与使用衔接机制的意见》的规定，对无正当理由不出庭的鉴定人，"暂停向其委托司法鉴定的相关业务，并可以向司法行政部门发司法建议书，司法行政部门可以视情节给予暂停执业、罚款甚至吊销执照的处罚"。发挥诉讼审理监督与行政管理监督的对接、合力作用，促使鉴定人依法合规办理人民法院委托的司法鉴定业务。

【法条链接】

《中华人民共和国民事诉讼法》（2017年修正）

第七十八条 当事人对鉴定意见有异议或者人民法院认为鉴定人有必要出庭的，鉴定人应当出庭作证。经人民法院通知，鉴定人拒不出庭作证的，鉴定意见不得作为认定事实的根据；支付鉴定费用的当事人可以要求返还鉴定费用。

《全国人民代表大会常务委员会关于司法鉴定管理问题的决定》（2015年修正）

十三、鉴定人或者鉴定机构有违反本决定规定行为的，由省级人民政府司法行政部门予以警告，责令改正。

鉴定人或者鉴定机构有下列情形之一的，由省级人民政府司法行政部门给予停止从事司法鉴定业务三个月以上一年以下的处罚；情节严重的，撤销登记：

（一）因严重不负责任给当事人合法权益造成重大损失的；

（二）提供虚假证明文件或者采取其他欺诈手段，骗取登记的；

（三）经人民法院依法通知，拒绝出庭作证的；

（四）法律、行政法规规定的其他情形。

鉴定人故意作虚假鉴定，构成犯罪的，依法追究刑事责任；尚不构成犯罪的，依照前款规定处罚。

第八十二条 ［对鉴定人的询问］

经法庭许可，当事人可以询问鉴定人、勘验人。

询问鉴定人、勘验人不得使用威胁、侮辱等不适当的言语和方式。

【条文主旨】

本条由 2001 年《证据规定》第六十条修改形成，是关于鉴定人、勘验人出庭接受询问的有关规定。

【条文释义】

一、鉴定人、勘验人出庭作证的意义

由于鉴定意见和勘验笔录是法院审查判断书证、物证等证据涉及专门性问题时通常需要借助的主要手段，在民事诉讼中具有重要意义。鉴定意见、勘验笔录是鉴定人、勘验人就案件事实认定中涉及的某些专门性问题通过科学的鉴定方法或勘验手段所作的判断或者记录，这种判断或者记录既有科学理论方法和相应技术手段的支撑，也有赖于鉴定人、勘验人的经验水平、技术素养和职业道德操守，既有与书证、

物证相类似的客观性特征,也有与证人证言相类似的主观性因素。由于其可靠性容易受到诸多社会、自然因素的影响,因此,为了确认鉴定意见的可信度,有必要给对方当事人深入质证的机会,如果对方当事人要求鉴定人出庭接受询问,则法庭应当准许。当然与证人出庭作证的情况一样,这里也有例外,如果鉴定人有正当事由不能出庭的,经法庭准许,也可不出庭,由当事人对其书面鉴定结论进行质证。

鉴定人、勘验人出庭作证无疑对实现当事人诉讼权利,帮助法官形成正确的心证结论,确保诉讼的公正进行起到极其关键的作用。对此,2012年《民事诉讼法》修正中对鉴定人出庭即采用了有异议即无条件到庭的思路,明确了鉴定人出庭的必要条件,和经人民法院通知无正当理由拒不出庭的法律后果。

二、实践中存在的问题

但是,实践中我们也发现虽然人民法院通知鉴定人和勘验人到庭,鉴定人员和勘验人员绝大多数亦能根据要求出庭作证,但是出庭的效果却并不令人满意。主要存在着以下几个方面的突出问题:

1. 形式意义多于实质意义,鉴定人、勘验人出庭给审判人员查明相关专门性问题未起到预期作用。鉴定人、勘验人出庭的案件中,能够真正在诉讼中显现出质证效果的更是少之又少,出庭作证主要是满足《民事诉讼法》第七十八条所规定的要求,很难达到"因疑而问,有疑而问,问以解疑,问以证疑"[①] 的质证目的。一般情况下,鉴定人、勘验人出庭后只是宣读鉴定书或者勘验笔录的内容,当事人及其诉讼代理人、审理案件的审判人员亦无相关专业性较强的问题需要发问,更多的仅是停留在鉴定或者勘验程序是否合法、鉴定或者勘验人员的资质有无缺失上面,并没有预想中的对鉴定意见或者勘验笔录中

---

① 何家弘、南英主编:《刑事证据制度改革研究》,法律出版社2003年版,第392页。

有疑问的专门问题进行询问、质证从而答疑解惑。当事人由于事先不邀请专家辅助人出庭发表专业的质证意见,对相关鉴定意见或者勘验笔录中的专门性问题几乎一无所知,皮毛的、浅层次的形式问题多,深入讨论、涉及科学性论证的问题少或无违背了鉴定人、勘验人出庭制度的立法初衷。

2. 二是询问中解决的异议内容过于宽泛,多数问题通过不出庭的书面方式即可得到答疑解惑。鉴定意见或者勘验笔录的正确与否受到多种因素的影响,我们主要还是从程序的合法性,鉴定材料或者勘验对象的合法性、真实性、完整性及关联性,鉴定或者勘验过程的合规性,相应标准的科学性等角度,对鉴定意见及勘验笔录的可采性进行审查。这些因素中的某一条或者几条都可能是当事人所不能理解而质疑的内容,囿于专业壁垒的客观存在,当事人所提异议或者法官所提问题失于笼统,缺乏可操作性,使当事人在行使对鉴定人、勘验人当庭询问、质证权利的时候,根本无法对其作出有效地监督。

3. 询问的方式、方法缺乏科学性、体系性。一般而言,鉴定人、勘验人出庭作证并接受询问,可以适用证人出庭作证的相关规则。但现有立法对此并未作出明确规定,我国法律只规定了鉴定人应该出庭作证的义务,对作证的方式方法、询问的主体、次序、内容等,均未作出细化。导致鉴定人、勘验人的庭审准备不足,庭审效率和效果不尽如人意。

鉴定人、勘验人出庭接受询问主要目的在于帮助审判人员弥补专业知识的不足,即在法官对相关专门性问题无法直接认定,并就当事人针对鉴定意见或者勘验笔录提出的异议无法直接解答的情况下,由鉴定人、勘验人出庭就其所作的鉴定意见、勘验笔录用当事人听得懂的方式加以表述,以便于审判人员对鉴定意见、勘验笔录这种类型的证据作出最终采纳与否的正确判断。如果上述情况无法得到有效改观的话,从鉴定人、勘验人的角度而言,其出庭的必要性就受到质疑,其出庭的积极性也会受到很大打击。因此，对于通知鉴定人或者勘验人到庭作证的，建议相关案件的审判组织应当一并通知要求当事人申请专家辅助人到庭协助质证，从而确保到庭质证的效果；对于当事人针对程序性事项提出的合法性审查，如果可以通过书面审查相关资料解决的，也应当首先选择先行审查并将审查结果告知当事人之后决定是否需要通过鉴定人、勘验人出庭作证、质证的方式进行审查。

【审判实践中需要注意的问题】

司法实践中对于鉴定人、勘验人的询问往往存在诸多问题，一方面，系由于当事人及其诉讼代理人缺乏相关的对专门性问题的背景知识，缺乏对鉴定项目、鉴定条件、鉴定方法及其科学原理的深刻认识，所以提出的问题质量普遍不高；另一方面，当事人特别是鉴定意见对其不利的当事人，经常会出现情绪激动甚至失控的情形，对出庭的鉴定或者勘验人员出言不逊，甚至有威胁举动。这些情形，不仅使得法庭专门安排鉴定人、勘验人出庭质证的活动效率低下，还使得出庭的鉴定人、勘验人极为难堪，对出庭有着较为抵触的情绪。对此，应当注意以下两个问题：

1. 对于当事人及其诉讼代理人的询问，在发问前应当经得审判人员的许可。对于相关的问题已经在之前的书面或者口头答复中予以了明确的，重复发问不应予以准许；对虽然不属于重复发问，但显然与对鉴定意见或者勘验笔录的质证、认证无关的，也不应当予以准许。对于一些问题，当事人或其诉讼代理人无法表述清楚的，审判人员认为有必要的，应当主动询问，从而提升当庭质证的效果。

2. 确保庭审的纪律。出庭的鉴定人、勘验人都是在某一领域有着独特造诣的具有专门性知识的专家、学者或者工程技术人员，故对他们的询问不仅要言之有物，言之有理，还要确保询问环境的相对宽松、自由、友好，对于拒不合作干扰鉴定人、勘验人作证的当事人、诉讼代理人或者旁听人员，审判人员应当及时制止，必要时可以依照《民事诉讼法解释》第一百八十一条的规定，立即采取拘留措施。

【法条链接】

《中华人民共和国民事诉讼法》（2017年修正）

第七十八条　当事人对鉴定意见有异议或者人民法院认为鉴定人有必要出庭的，鉴定人应当出庭作证。经人民法院通知，鉴定人拒不出庭作证的，鉴定意见不得作为认定事实的根据；支付鉴定费用的当事人可以要求返还鉴定费用。

《最高人民法院关于适用〈中华人民共和国民事诉讼法〉的解释》（2015年1月30日　法释〔2015〕5号）

第一百八十一条　因哄闹、冲击法庭，用暴力、威胁等方法抗拒执行公务等紧急情况，必须立即采取拘留措施的，可在拘留后，立即报告院长补办批准手续。院长认为拘留不当的，应当解除拘留。

《最高人民法院关于民事诉讼证据的若干规定》（2001年12月21日　法释〔2001〕33号）

第六十条　经法庭许可，当事人可以向证人、鉴定人、勘验人发问。

询问证人、鉴定人、勘验人不得使用威胁、侮辱及不适当引导证人的言语和方式。

第八十三条 ［专家辅助人的申请和通知］

当事人依照民事诉讼法第七十九条和《最高人民法院关于适用〈中华人民共和国民事诉讼法〉的解释》第一百二十二条的规定，申请有专门知识的人出庭的，申请书中应当载明有专门知识的人的基本情况和申请的目的。

人民法院准许当事人申请的，应当通知双方当事人。

【条文主旨】

本条系新增条文，是有关专家辅助人申请和通知的操作性规定。

【条文释义】

一、专家辅助人的制度沿革

我国民事诉讼制度中有关专家辅助人的规定，最早出现在2001年《证据规定》之中。在2001年《证据规定》起草、论证过程中，有地方法院的法官提出，一些地方法院的法官提出，在对鉴定结论质证时，往往由于当事人和诉讼代理人均不具备相应的专业知识，而导致质证活动难以充分展开。对此，有些地方法院尝试建议当事人各自申请

"专家"出庭，协助其对鉴定意见中有关专门性问题进行质证，取得了很好的效果。因此，他们建议将这种做法在司法解释中肯定下来，以解决审判实践中有关鉴定意见质证困难的问题。

2001年《证据规定》采纳了这种意见，在第六十一条规定，当事人可以向人民法院申请由一至二名具有专门知识的人员出庭就案件的专门性问题进行说明。人民法院准许其申请的，有关费用由提出申请的当事人负担。审判人员和当事人可以对出庭的具有专门知识的人员进行询问。经人民法院准许，可以由当事人各自申请的具有专门知识的人员就有案件中的问题进行对质。具有专门知识的人员可以对鉴定人进行询问。由于该条规定在审判实践适用中取得比较好地效果，且有的法院在没有委托鉴定情况下，通过将这种"具有专门知识的人员"适用到对诉讼中涉及的专业性问题陈述意见，较好地实现审判效率和保障当事人诉讼权利的平衡，在2012年《民事诉讼法》修改过程中，立法机关吸收了最高人民法院的意见，将其总结归纳后，形成《民事诉讼法》第七十九条的内容。《民事诉讼法解释》第一百二十二条、第一百二十三条延续了2001年《证据规定》第六十一条的精神，对《民事诉讼法》第七十九条的适用作出解释。本条规定是对《民事诉讼法解释》第一百二十二条中有关当事人申请专家辅助人的要求以及人民法院通知当事人的操作性规定。

二、专家辅助人的申请和通知

根据本条第一款的规定，当事人申请专家辅助人出庭的，首先应当以书面方式提出，即向人民法院提交申请书。《民事诉讼法解释》第一百二十二条对于当事人申请专家辅助人，只规定了可以在举证期限届满前提出申请，对于申请的方式未作规定。本条规定直接明确申请书所应载明的内容，意味着，申请只能以书面方式提出，口头申请并不发生申请的效果，未提交申请书的，视为未提出申请。如果当事人在人民法院询问、开庭审理过程中以口头方式当场提出的,其申请时间应当以其提交申请书时确定。由于当事人的申请行为可以视为其举证的行为,当事人提交申请书时间在举证期限届满后的,则产生逾期举证的后果,人民法院可以根据《民事诉讼法》第六十五条的规定处理。其次,专家辅助人的基本情况和申请专家辅助人的目的,是申请书的必要记载事项,须在申请书中载明。《民事诉讼法》及司法解释没有关于专家辅助人资格的规定,而基于其诉讼辅助人的地位,理论上和实务中一般认为对专家辅助人的资格亦无特别要求的必要。但诉讼中,当事人申请书中应当载明专家辅助人的基本情况,以便于人民法院通知以及开庭时核对专家辅助人的身份。申请专家辅助人的目的也应当申请书中载明,其原因在于,专家辅助人的作用在于对鉴定意见的质证或者对案件事实所涉及的专业性问题发表意见,明确当事人申请的目的可以相应的明确专家辅助人在法庭审理中参与诉讼活动的范围,便于对方当事人有针对性地进行准备,也便于人民法院的审理。

根据本条第二款的规定,人民法院准许当事人申请的,首先应当通知当事人。关于通知当事人的方式,2001年《证据规定》、2015年《民事诉讼法解释》及本规定均未作出规定。2003年1月9日印发的《〈最高人民法院关于民事诉讼证据的若干规定〉文书样式(试行)》中,对于准许或者不予准许具有专门知识人员出庭协助质证申请,均有专门的通知书样式。但对于是否以通知书方式通知当事人,亦未明确。我们认为,本条第二款并未对通知当事人的方式作出特别规定,故采取口头或者书面方式,有人民法院根据具体情况决定。无论哪种方式,均不涉及通知的合法性问题。采取书面方式通知的,在新的文书样式发布之前,可以参照适用原有的文书样式。其次,通知的对象是双方当事人。基于专家辅助人在诉讼中为辅助人的地位,专家辅助人参加诉讼亦体现为跟随当事人一同参与庭审活动,与当事人可以一体视之,人民法院没有必要对其进行专门的通知,只需要在准许当事人申请后，通知申请人即完成对专家辅助人的通知。对于对方当事人而言，人民法院的通知体现为对其诉讼权利的保障。通过人民法院的通知，可以由对方当事人更充分地进行相应准备，更好地进行攻击和防御，包括可以申请己方的专家辅助人等，以切实保障庭审的质量和效率。

【审判实践中需要注意的问题】

1. 注意条文背后的法理，明确有专门知识的人的性质。自 2002 年开始，有观点认为，2001 年《证据规定》第六十一条"具有专门知识的人员"性质为专家证人。经过我们多方解释、论证、澄清，理论界和实务界普遍认可"具有专门知识的人员"专家辅助人的性质以及诉讼辅助人的地位。但是，近年来，特别是 2012 年《民事诉讼法》修正后，一些学者和实务工作者对《民事诉讼法》第七十九条做了不正确的解读，尤其是在不了解立法背景、制度演进以及域外制度内容及运行状况的情形下所作出的解读，混淆审判实践中的认识，将"有专门知识的人"理解为专家证人的情况仍然一定程度上存在。

事实上，尽管专家证人和"有专门知识的人"都是基于当事人的聘请并经法庭准许进入民事诉讼之中、对当事人的诉讼活动提供帮助、由当事人承担其相关费用或支付报酬、在诉讼活动中参照或者适用证人作证的规则，但专家证人与"有专门知识的人"的相似是表面化的，二者存在实质性差别。

（1）二者功能的不同。"有专门知识的人"在诉讼中的功能只是单一的协助当事人就有关专门性问题的提出意见或者对鉴定意见进行质证，回答审判人员和当事人的询问、与对方当事人申请的"有专门知识的人"对质等活动也是围绕着对鉴定意见或者专业问题的意见展开的。法律、司法解释对于"有专门知识的人"活动范围、方式的规定，与解决审判实践中对鉴定意见质证困难的初衷密不可分。辅助当事人充分有效地完成诉讼活动才是"有专门知识的人"最主要的功能，其并不承担法官"专业助手"的职责。而专家证人的功能则是双重的。他在诉讼中，既要在事实发现上为法庭提供帮助，也要辅助当事人进行诉讼。而辅助法庭事实发现的功能是其最主要和优先的功能。

这种功能在英国《民事诉讼规则》实施前，在一个1993年的判例中，民事诉讼中专家证人的职责就已经被确定为"就其专业知识范围内的事项，以客观地无偏见的意见的方式，为法庭提供独立的帮助"，"专家证人绝不应当承担辩护律师的角色"。而英国《民事诉讼规则》35.3更将其明确为"①专家的职责是就其专业知识范围内的事项为法庭提供帮助；②这种职责优先于其对聘请他或向他支付报酬的人的责任"。专家证人的这种功能与大陆法上鉴定人的功能非常接近。

在大陆法系国家，鉴定的基本功能就是在法官面对因不具备专业知识而不能作出判断的事项时，由专家提供中立的意见以弥补其能力的不足，以达到对有关事项正确判断的目的。鉴定人在诉讼中被视为法官的助手，应当根据法庭的指示和派遣来履行职责。专家证人与这种功能上的差异，决定了"有专门知识的人"的性质和诉讼地位不是专家证人。由于专家证人制度与鉴定制度同样具有在事实发现过程中辅助事实审理者对专业问题作出决定的功能，如果我国民事诉讼制度在已经遵循大陆法国家的做法确立了鉴定制度的同时，再设置专家证人制度，欠缺必要性与合理性，也不符合法律规则创设的内在逻辑。

（2）英美法系国家和地区的专家证人尽管与事实证人相比较存在特殊性，但其诉讼地位仍然归属于证人范畴，遵循适用于所有证人作证的共同规则。然而根据民事诉讼法和司法解释中有关证人作证的规则，我国的证人制度并不允许证人表达意见证言，证人只能进行"体验性"陈述。这些规则与英美法系国家和地区对事实证人的要求是一致的。这种对证人的要求显然与本条关于"有专门知识的人"的要求是不相容的。因此，将"有专门知识的人"理解为专家证人的观点是不正确的，它势必导致"概念称谓上的混乱，理解上的不统一"，也势必影响该项规定在审判实践中适用的效果。

（3）"有专门知识的人"与日本《民事诉讼法》上的诉讼辅助人具有实质上的一致性。在日本《民事诉讼法》上，诉讼辅助人是指"随同当事人、法定代理人或诉讼代理人在期日里一起出庭，进行口头陈述的人"。其口头陈述的内容即是对当事人及代理人的陈述进行补充。由于诉讼辅助人只是法庭审理过程中的"附加人员"，因此他不能在法庭审理之外从事有关的诉讼行为。对于这种诉讼辅助人的资格，法律通常没有特别的限制，但一个人能否成为诉讼辅助人，仍需法庭的许可。而本条规定的"有专门知识的人"在法庭上的活动，同样是以对有关专门性问题进行说明陈述的方式，弥补当事人及代理人在能力上的不足；其活动范围也仅限于法庭审理中与专门性问题的有关的活动；对于这种"有专门知识的人"的资格，法律和司法解释没有提出特别的要求，其是否具有满足协助当事人就专门性问题发表意见、进行质证的资格，是当事人考虑的问题，但其出席法庭审理，仍然需要当事人的申请和法庭的许可。

可见，将"有专门知识的人"理解为诉讼辅助人是恰当的，符合立法和司法解释的本意和"有专门知识的人"的特点。而专家辅助人这一称谓，也能够准确反映"有专门知识的人"的本质。有关诉讼辅助人，有日本学者在论述时指出，"随着纠纷中专业化、技术化因素的增多，对于一些事项，即使是一些具有律师身份的诉讼代理人，也不具备这种专业知识，因此让这种问题的专家及技术者成为当事人或诉讼代理人的助手就显得极为必要。有鉴于此，近来也有观点倡导应当积极灵活地运用辅助人制度"。由此可见，在民事诉讼中涉及专业性问题时，日本学者的观点与我国的立法和司法解释的解决方案存在高度一致。

基于上述对于"有专门知识的人"性质的认识，对于审判实践中当事人根据《民事诉讼法解释》第一百二十二条规定申请所谓专家证人出庭作证的情形，应当向当事人进行释明，要求其按照法律、司法解释的规定更正申请的内容。而绝不应出现根据当事人申请通知所谓专家证人出庭作证、以专家证人的证言作为认定案件事实根据的情况。

2. 要注意对当事人特别是对方当事人诉讼权利的保障。本条规定对于通知当事人的方式未作规定，由审理案件的审判人员灵活掌握，但这并不意味着可以忽视当事人权利的保障。一方当事人申请"有专门知识的人"获人民法院准许的，应当及时通知对方当事人，以保障对方当事人充分行使诉讼权利，有针对性地进行攻击和防御。

3. 本条规定虽未规定当事人申请"有专门知识的人"未获准许的情形，但同样从保障当事人诉讼权利出发，人民法院应当通知申请人。至于通知方式，由于法律、司法解释并无特别规定，由审理案件的审判人员依法灵活处理。

【法条链接】

《中华人民共和国民事诉讼法》（2017 年修正）

第六十五条 当事人对自己提出的主张应当及时提供证据。

人民法院根据当事人的主张和案件审理情况，确定当事人应当提供的证据及其期限。当事人在该期限内提供证据确有困难的，可以向人民法院申请延长期限，人民法院根据当事人的申请适当延长。当事人逾期提供证据的，人民法院应当责令其说明理由；拒不说明理由或者理由不成立的，人民法院根据不同情形可以不予采纳该证据，或者采纳该证据但予以训诫、罚款。

第七十九条 当事人可以申请人民法院通知有专门知识的人出庭，就鉴定人作出的鉴定意见或者专业问题提出意见。

《最高人民法院关于适用〈中华人民共和国民事诉讼法〉的解释》（2015年1月30日　法释〔2015〕5号）

第一百二十二条　当事人可以依照民事诉讼法第七十九条的规定,在举证期限届满前申请一至二名具有专门知识的人出庭,代表当事人对鉴定意见进行质证,或者对案件事实所涉及的专业问题提出意见。

具有专门知识的人在法庭上就专业问题提出的意见,视为当事人的陈述。

人民法院准许当事人申请的,相关费用由提出申请的当事人负担。

第一百二十三条　人民法院可以对出庭的具有专门知识的人进行询问。经法庭准许,当事人可以对出庭的具有专门知识的人进行询问,当事人各自申请的具有专门知识的人可以就案件中的有关问题进行对质。

具有专门知识的人不得参与专业问题之外的法庭审理活动。

《最高人民法院关于民事诉讼证据的若干规定》（2001年12月21日　法释〔2001〕33号）

第六十一条　当事人可以向人民法院申请由一至二名具有专门知识的人员出庭就案件的专门性问题进行说明。人民法院准许其申请的,有关费用由提出申请的当事人负担。

审判人员和当事人可以对出庭的具有专门知识的人员进行询问。

经人民法院准许,可以由当事人各自申请的具有专门知识的人员就有案件中的问题进行对质。

具有专门知识的人员可以对鉴定人进行询问。

第八十四条 ［专家辅助人询问以及专家辅助人参与诉讼活动的范围］

审判人员可以对有专门知识的人进行询问。经法庭准许，当事人可以对有专门知识的人进行询问，当事人各自申请的有专门知识的人可以就案件中的有关问题进行对质。

有专门知识的人不得参与对鉴定意见质证或者就专业问题发表意见之外的法庭审理活动。

【条文主旨】

本条系新增条文，是关于对专家辅助人询问以及专家辅助人参与诉讼活动的范围的规定。

【条文释义】

本条是对《民事诉讼法解释》第一百二十三条的细化，内容并无不同，只是表述上更为具体、明确。《民事诉讼法解释》第一百二十三条规定："人民法院可以对出庭的具有专门知识的人进行询问。经法庭准许，当事人可以对出庭的具有专门知识的人进行询问，当事人各自申请的具有专门知识的人可以就案件中的有关问题进行对质。具有专门知识的人不得参与专业问题之外的法庭审理活动。"《民事诉讼法解释》公布施行后,有人对于第一百二十三条规定的有专门知识的人参与专门性问题审理范围产生疑问,为此,本条规定将其进一步细化,明确为"对鉴定意见质证或者就专业问题发表意见",与《民事诉讼法》第七十九条相呼应。

一、专家辅助人的询问规则

从大陆法系的理解出发,询问是对于人证证据方法进行调查的必要手段。通过法官、当事人的询问,有利于更准确、清晰地了解证人陈述的具体内容,发现其中疑点或者不真实之处,从而促进事实查明的准确性。我国虽然不是大陆法系国家和地区,但受大陆法系影响较深,在对人证的调查上亦遵循相似的逻辑。与大陆法系国家和地区更为重视证据方法不同,我国《民事诉讼法》第六十三条对证据形式有明确规定,当事人的陈述是立法上明确规定的证据形式,而在大陆法系国家和地区,单纯的当事人的陈述并不具有证据法上的意义。

由于有专门知识的人性质上专家辅助人,其在诉讼中的地位属于诉讼辅助人,具有当事人"附加人员"的特点,在诉讼中约定将诉讼辅助人与申请其出庭的当事人一体对待。《民事诉讼法解释》第一百二十二条第二款关于"具有专门知识的人在法庭上就专业问题提出的意见,视为当事人的陈述"的规定,合乎逻辑,也符合专家辅助人作为专家证据形式的特征。根据《民事诉讼法》第七十五条第一款规定,人民法院对当事人的陈述,应当结合本案的其他证据,审查确定能否作为认定事实的根据。即当事人的陈述不能独立证明案件事实,应当与其他证据相结合才能发挥事实证明作用。因此,有专门知识的人就专业问题发表的意见,同样不具有独立证明案件事实的作用,亦应当结合案件其他证据才能作为认定案件事实的根据。

基于上述认识,对有专门知识的人的询问可以适用对当事人询问的规则。事实上，根据本规定第九十九条"除法律、司法解释另有规定外，对当事人、鉴定人、有专门知识的人的询问参照适用本规定中关于询问证人的规定"，对有专门知识的人的询问规则与询问证人的规则也基本一致。就询问的主体而言，审判人员基于审判权的行使，当然是有权询问专家辅助人的主体，当事人在经过法庭准许后，也有权对专家辅助人进行询问。由于专家辅助人是申请其出庭的当事人的"附加人员"，其意见视为当事人的陈述，因此，有权对专家辅助人询问的当事人系指对方当事人，否则会产生逻辑上的悖论。在双方当事人都申请专家辅助人出庭的情况下，如有必要，经法庭准许，询问也可以在专家辅助人之间展开。双方当事人的专家辅助人之间就专门性问题意见分歧的，可以相互进行质疑、辩论。

二、专家辅助人参与诉讼活动的范围

由其性质、地位和功能所决定，专家辅助人参与诉讼活动的范围应当限于专业性问题的事实查明，即对鉴定意见进行质证，或者在人民法院没有委托鉴定的情况下对专业性问题发表意见。超出这一范围参与诉讼活动，既与专家辅助人的功能不符，也不符合立法、司法解释的本意，人民法院应当及时制止。

【审判实践中需要注意的问题】

1. 本条第一款虽然系对专家辅助人询问的规定，但需注意的是，专家辅助人在法庭上的活动以"对鉴定意见质证或者就专业问题发表意见"为主要内容，这是《民事诉讼法》第七十九条的明确规定，也是专家辅助人制度功能、作用的体现。在需要对鉴定意见进行质证或者对专业性问题发表意见时，一般以出庭的专家辅助人进行陈述为主，审判人员、对方当事人在有必要的情况下可以进行询问。对专家辅助人的询问并非必经环节，不宜以询问特别是审判人员的询问替代专家辅助人发表意见、进行质证。

2. 专家辅助人在法庭上的活动限于"对鉴定意见质证或者就专业问题发表意见"，即有关专业性问题的事实查明。超出这一范围的其他诉讼活动，专家辅助人不能参与。因此，在专家辅助人出庭时，应当注意，在涉及专业性问题的事实调查结束后，一般应请专家辅助人退出审判区。即使其留在审判区，亦不能发表意见。同时，专家辅助人在对鉴定意见进行质证，或者对专业性问题分别意见过程中，超出专业性问题范围发表意见、进行陈述的，审判人员应当及时制止。如果专家辅助人同时是其他案件事实的亲历者，有必要对有关事实进行陈述的，也应当作为证人按照证人作证的规则陈述证言，而不能以专家辅助人身份参与到专业性问题范围之外的诉讼活动中。

【法条链接】

《中华人民共和国民事诉讼法》（2017年修正）

第六十三条　证据包括：

（一）当事人的陈述；

（二）书证；

（三）物证；

（四）视听资料；

（五）电子数据；

（六）证人证言；

（七）鉴定意见；

（八）勘验笔录。

证据必须查证属实，才能作为认定事实的根据。

第七十五条　人民法院对当事人的陈述，应当结合本案的其他证据，审查确定能否作为认定事实的根据。

当事人拒绝陈述的，不影响人民法院根据证据认定案件事实。

第七十九条 当事人可以申请人民法院通知有专门知识的人出庭，就鉴定人作出的鉴定意见或者专业问题提出意见。

《最高人民法院关于适用〈中华人民共和国民事诉讼法〉的解释》（2015年1月30日 法释〔2015〕5号）

第一百二十二条 当事人可以依照民事诉讼法第七十九条的规定，在举证期限届满前申请一至二名具有专门知识的人出庭，代表当事人对鉴定意见进行质证，或者对案件事实所涉及的专业问题提出意见。

具有专门知识的人在法庭上就专业问题提出的意见，视为当事人的陈述。

人民法院准许当事人申请的，相关费用由提出申请的当事人负担。

第一百二十三条 人民法院可以对出庭的具有专门知识的人进行询问。经法庭准许，当事人可以对出庭的具有专门知识的人进行询问，当事人各自申请的具有专门知识的人可以就案件中的有关问题进行对质。

具有专门知识的人不得参与专业问题之外的法庭审理活动。

五、证据的审核认定

第八十五条 ［证据裁判主义和认定证据的基本原则］

人民法院应当以证据能够证明的案件事实为根据依法作出裁判。

审判人员应当依照法定程序，全面、客观地审核证据，依据法律的规定，遵循法官职业道德，运用逻辑推理和日常生活经验，对证据有无证明力和证明力大小独立进行判断，并公开判断的理由和结果。

【条文主旨】

本条承继 2001 年《证据规定》第六十三条、第六十四条规定，是证据裁判主义和认定证据的基本原则的规定。

【条文释义】

诉讼作为当事人解决争议的方式之一，在矛盾化解中起着不可替代的作用。人民法院作为调处纷争的国家司法机关，依法享有并行使民事案件的独立审判权。而人民法院审理民事案件，必须以事实为根据，以法律为准绳。为此，要求人民法院裁判案件，必须以证据为根据，而非以其他的标准进行裁判。在此原则下，对案件事实的证明，则提出了相应的要求。然而，基于人类认知的局限性，对于过去发生的事实的认知并不能绝对的反映事实的全部真实。为了实现纠纷的解决，公平公正的审理案件，人民法院在认定案件事实时只能以证据能够证明的案件事实为裁判的依据。民事诉讼的客观规律决定了民事诉讼的证明要求只能是法律真实。2001年《证据规定》第六十三条明确了法律真实的证明要求。[1]

在证据裁判主义原则下，人民法院对证据的审查与认定对案件基本事实的判断息息相关。《民事诉讼法》第六十四条第三款规定："人民法院应当按照法定程序，全面地、客观地审查核实证据。"该规定为审判人员审查、认定证据提供了原则规定，但该规定较为抽象，实践中的操作性不强。2001年《证据规定》第六十四条则对此进行了进一步明确，增强了审判人员审判判断证据的可操作性，并提出了相应的要求。

从证据的审查判断原则上来看，我国现行法律并没有采取自由心证原则，但相关条文已体现了自由心证的精髓和要义。从理论研究的角度而言，我国学术界长期以来对自由心证原则持排斥的态度，认为自由心证是资产阶级唯心观的产物。随着认识的发展，近年来，学界自由心证的越来越多，研究成果颇丰，对自由心证采取了一种客观的认识态度。从实践的情况看，对证据的审查、认定最终需审判人员进行，也即由审判人员按照良知、理性、经验规则等因素对证据证明力有无以及大小进行判断。

由此可见，对证据的审查、认定不能完全排除法官的自由判断，如无此权利，则无法根据案件情况对证据进行审查、认定。而从2001年《证据规定》第六十四条的相关规定看，该规定借鉴现代自由心证原则的合理因素，并对其进行符合我国国情的改造，以此为基础建立

---

[1] 宋春雨：《〈关于民事诉讼证据的若干规定〉的理解与适用》，载《人民司法》2002年第2期。

我国法官依法独立审查判断证据的原则。① 认定证据并以此为基础认定案件事实，适用法律，为人民法院审判活动中的重要职责所在。而证据裁判主义以及认定证据的基本原则，为审判人员依法行使审判权，进行事实认定提供了原则指引。本条规定是在2001年《证据规定》第六十三条、第六十四条和《民事诉讼法解释》第一百零五条规定的基础上，进行了完善形成。

一、证据裁判主义的内涵和要求

（一）证据裁判主义的含义

所谓证据裁判主义，又称为证据为本，就是说在司法活动中认定案件事实必须以证据为本源，司法证明活动必须以证据为基石。换言之，司法裁判必须建立在证据的基础上，因此又为"证据裁判主义"。这是人类在摒弃了神明裁判和主观断案的司法证明之后确立的一项司法原则。②

证据裁判主义的确立，是人类司法文明进步的产物，反映了人类诉讼制度由愚昧过渡到文明的转变。因为与证据裁判主义相对的是神明裁判主义。神明裁判主义的裁判要求并不是事件发展过程中形成的证据，而是取决于人类崇拜的神明。神明无处不在，神明无事不知。在发生纠纷后对争议事实的认定，由万能的神来决定。由此可见，证据裁判主义是在反对神明裁判的过程中确立的，是人类司法文明的进步。

证据裁判主义是符合司法证明客观规律的。司法证明的基本任务是认定案件事实。对于司法人员及其他诉讼参与者来说，案件事实一

---

① 宋春雨：《〈关于民事诉讼证据的若干规定〉的理解与适用》，载《人民司法》2002年第2期。

② 参见百度百科网站，https://baike.baidu.comitem 证据为本/12616604？fromtitle＝证据裁判主义 &fromid=53114，2019年12月21日访问。

般都是发生在过去的事实，无论是一年以前还是一天以前。由于时间具有一维性，是一去不复返的，因此，司法人员及其他诉讼者在诉讼中无法看见发生在过去的事实。他们所能看到和听到的，只是各种各样的证据。在他们的面前，案件事实犹如镜中之花、水中之月、海市蜃楼。虽然"花、楼、月"是客观存在的事实，但是司法人员及其他诉讼参与者只能通过"镜、水、空气"的折射感知它们的存在。而"镜、水、空气"就是案件中的证据。尽管现代科学技术非常发达，但是人类还没有办法回到过去。司法人员及其他诉讼参与者在诉讼中，根本无法看见发生在过去的案件事实。因此，诉辩双方的任务就是要举出各种各样的证据，来证明自己的事实主张或反驳对方的事实主张，而法官的任务就是要通过这些证据去查明和认定案件事实。从目前各国的立法上看，证据裁判主义已为诸多的国家和地区立法所采纳。如德国《民事诉讼法》（2014年修订）第286条第1款规定："法院应当考虑言辞辩论的全部内容以及已有的证据调查的结果，经过自由心证，以判断事实上的主张是否可以认为真实。作为法官心证根据的理由，应在判决书记明。"日本《民事诉讼法》第247条规定："裁判所为判决时，应斟酌全部言辞辩论之意旨与调查之结果，依自由心证判断事实之主张是否真实。"我国台湾地区"民事诉讼法"第二百二十二条第一款规定："法院为判决时，应斟酌全辩论意旨及调查证据之结果，依自由心证判断事实之真伪。但别有规定者，不在此限。"

（二）证据裁判主义的要求

证据裁判主义，要求法官的裁判必须以证据为依据，而非其他标准。在此之下，法官通过一定的标准对当事人提供的证据能否证明案件事实进行判断，并以此为基础进行法律适用，裁决当事人纷争。由此，证据裁判主义含义项下，需具备如下的条件：

1. 案件事实的认定须以证据为依据

证据裁判主义，要求司法人员在办案过程中，必须从客观存在的证据出发来认定案件事实，不能以主观臆断或猜测等进行案件事实认定。从证据的来源看，作为裁判基础的证据，既可以使当事人提供的证据，也可以是人民法院依申请或职权调取的证据。在此需要强调的是，证据裁判主义，并不意味着所有的案件事实都需要证据予以证明。对于有些事实，基于法律、司法解释的规定，可以免除主张方的证明责任。如《民事诉讼法解释》第九十二条第一款规定："一方当事人在法庭审理中，或者在起诉状、答辩状、代理词等书面材料中，对于己不利的事实明确表示承认的，另一方当事人无需举证证明。"第九十三条规定："下列事实，当事人无须举证证明：（一）自然规律以及定理、定律；（二）众所周知的事实；（三）根据法律规定推定的事实；（四）根据已知的事实和日常生活经验法则推定出的另一事实；（五）已为人民法院发生法律效力的裁判所确认的事实；（六）已为仲裁机构生效裁决所确认的事实；（七）已为有效公证文书所证明的事实。／前款第二项至第四项规定的事实，当事人有相反证据足以反驳的除外；第五项至第七项规定的事实，当事人有相反证据足以推翻的除外。"根据前述规定，对于自认以及司法解释已明确的免证事实，无需当事人进行举证，法官对这些事实可以直接认定。法官的行为不但不违反证据裁判主义原则，而且有利于节约司法资源，提高诉讼效率。

2. 证据应达到能够证明案件事实的程度

证据所证明的事实，应达到一定的证明标准，才能认定案件事实。所谓证明标准，根据英国学者墨菲的观点，"是指履行举证责任必须达到的范围和程度。……是证据必须在事实裁判者头脑中造成的确定性或者盖然性的程度，是承担举证责任的当事人在有权赢得诉讼之前使事实裁判者形成确信的标准。从证明责任的履行来看，证明标准是证据质量和证明力的测试仪。"[①] 案件事实的认定，需以证据为基础。同

[①] Peter Murphy, *A Proctical Approach to Evidence* . 4th ed, Blackstone Press Limiter, 1992.

时，作为认定案件事实的证据，亦需达到一定的标准或程度，才能最终认定案件事实。对证明标准问题，大陆法系和英美法系国家和地区立法均有明确的规定，且确立的标准大致一致，均以盖然性作为民事诉讼的证明标准，存在不同的是对盖然性的要求程度不同。

德国学者对盖然性问题曾以刻度盘的形式进行直观的描述。在0%～100%之间可分为四个等级，即1%～24%＝非常不可能；26%～49%＝不太可能；51%～74%＝大致可能；75%～99%＝非常可能。刻度盘有两级：0%＝绝对不可能；50%＝完全不清楚；100%＝绝对肯定。为简化研究，德国学者在理论上对于证明尺度存在两种相对立的意见，亦即对真相的心证和所谓优势原则。对此也存在着不同的表达方式，例如，高盖然性、大盖然性、如此高的盖然性，以至于理性的人都不怀疑、安全的盖然性、有说服力的盖然性、生活需要的确信度、对真相的心证，并有必要对盖然性的准确百分比进行确定。在实践中，德国学者对50%以上的盖然性值粗略地分成三大类：（1）按照这种分类，一项事实主张可以是相对可能性很大（亦即赞成比反对的多）。（2）一项事实主张也可以具备非常的盖然性（一个理性的人不再怀疑或者看起来其他的可能性都被排除了）。（3）一项事实主张也可能具备显然的可能性（主张的事实是如此明显，按照人们的一般常识是不会有疑问的）。[①]

在英美法系国家和地区，民事诉讼的盖然性证明标准一般表述为盖然性占优或盖然性权衡，指负有证明责任的当事人必须证明他所主张的事实存在的可能性大于不存在，即事实审理者斟酌全案证据后，必须能够表明当事人主张的事实存在的概率大于不存在。如果盖然性对等，亦即事实审理者无法作出判断，负担证明责任的当事人将败

---

① ［德］汉斯·普维庭：《现代证明责任问题》，吴越译，法律出版社2006年版，第104～107页。

诉。① 在美国，盖然性占优或盖然性权衡通常表述为优势证据标准，它要求"诉讼一方当事人所提供的证据比另一方所提供的证据更具有说服力或者更令人相信……这一标准在确定哪一方在证据的数量和质量上更有优势不做高度要求。一些评论家将这种证明标准表达为51%的概率，意即只要一方当事人证据的优势超过51%他就可以胜诉"。②

从我国现行法律规定看，对案件事实的证明标准有明确的规定。如《民事诉讼法解释》第一百零八条规定："对负有举证证明责任的当事人提供的证据，人民法院经审查并结合相关事实，确信待证事实的存在具有高度可能性的，应当认定该事实存在。／对一方当事人为反驳负有举证证明责任的当事人所主张事实而提供的证据，人民法院经审查并结合相关事实，认为待证事实真伪不明的，应当认定该事实不存在。／法律对于待证事实所应达到的证明标准另有规定的，从其规定。"由此可见，我国对案件事实的证明标准为确信待证事实的存在具有高度可能性，即优势证据规则。由此，证据裁判主义原则下，对于证明案件事实的证据，需到达一定的证明标准，即确信待证事实的存在具有高度可能性之标准。此为对证据之"质"的要求。当然，在法律、司法解释对证明标准有特殊要求时，应遵照该规定来认定。如《民事诉讼法解释》第一百零九条规定："当事人对欺诈、胁迫、恶意串通事实的证明，以及对口头遗嘱或者赠与事实的证明，人民法院确信该待证事实存在的可能性能够排除合理怀疑的，应当认定该事实存在。"由此，对于欺诈、胁迫、恶意串通事实的证明标准，应采行排除合理怀疑的程度，而不能采行高度盖然性的标准。

二、证据认定的基本原则

证据的认定主体具有特殊性，即案件的审判人员。对证据的审核

---

① 齐树洁：《英国证据法》，厦门大学出版社2002年版，第201~203页。
② 张卫平：《外国民事诉讼证据制度研究》，清华大学出版社2003年版，第217页。

认定,是审判人员的重要任务之一,也是进行裁判的必经过程。从法律的规定看,对审判人员的裁判要求的规定,较为笼统。如《民事诉讼法》第六十四条第三款规定:"人民法院应当按照法定程序,全面地、客观地审查核实证据。"实践中,该规定的效果并不尽人意。为此,《民事诉讼法解释》吸收了2001年《证据规定》的相关内容,对人民法院审查判断证据的原则进行了明确。

从历史渊源上看,证据制度大致经历了从"神示证据制度"到"法定证据制度"再到"自由心证证据制度"的发展过程。"神示证据制度"是最为原始的证据制度,它是根据神明的启示来作为判断案件是非曲直的一种证据制度,是与当时社会生产力水平极其低下、人们的认知水平有限原因所致。主要表现为"水审""火审""决斗"等方式。"水审"是通过让当事人接受水的考验的方式,以考验的结果显示神意,并以认定当事人的陈述是否真实或者当事人是否有罪。如将当事人投入河中,看其是否沉没,以验证其陈述的真伪后者是否有罪。"火审"是用火或者烧红的铁器考验被告人,显示神意,用以判定当事人陈述的真实与否或者被控人是否有罪。"决斗"是发生争议的双方当事人通过手持武器进行打斗,以胜负结果作为确定当事人陈述的真伪或者被控人是否犯罪。"法定证据制度"萌芽于罗马帝制时期,是指法律依据证据的不同表现形式,对其证明力的大小以及如何审查判断、运用进行了预先明确规定,法官审理案件时必须据此进行判断,而不得自由评断和取舍。1857年《俄罗斯帝国法规全书》规定,当几个地位或性别不同的证人的语言发生矛盾时,要依照下列原则处理:(1)男人的证言优于妇女的证言;(2)学者的证言优于非学者的证言;(3)显贵者的证言优于普通人的证言;(4)僧侣的证言优于世俗人的证言。[①]"自由心证证据制度"是指一切证据证明力的大小以及证据的

---

① 卞建林:《证据法学》,中国政法大学出版社2002年版,第21页。

取舍和运用，由法官根据自己的良心、理性自由判断，并根据其形成的内心确信认定案件事实的一种证据制度。从当今两大法系的规定看，英美法系与大陆法系国家和地区均采用的此项证据制度，尽管随着社会的发展，各国也在不断通过司法改革，对自由心证进行新的解释和限制。

20世纪30年代以后，各国逐渐对传统自由心证制度进行改造，抛弃其非理性、非民主的因素，既强调法官的心证自由，也强调法律规则对法官心证必要的制约，强调心证过程与结果的公开。由此产生的现代自由心证制度，为世界各国所普遍接受。①

三、裁判理由与结果的公开

对当事人的诉讼请求进行判断，并公开裁判的理由、结果，为司法走向文明的重要标志。裁判理由、结果的公开，实为法官将其心证形成的过程、结果通过法律文书的形式对外公开。党的十八届三中全会通过的《中共中央关于全面深化改革若干重大问题的决定》中指出：推进审判公开、检务公开，录制并保留全程庭审资料。增强法律文书说理性，推动公开法院生效裁判文书。近年来，最高人民法院为推动审判公开，相继出台了多部规范性文件，如《司法公开示范标准》《最高人民法院关于人民法院在互联网公布裁判文书的规定》《关于人民法院直播录播庭审活动的规定》等，为推动司法公开下了大气力，也为推动法官裁判理由、结果的公开创造了条件。

法官裁判理由、结果的公开，被视为对法官自由心证的约束。从域外立法看，德国《民事诉讼法》第286条规定："（1）法院应当考虑言辞辩论的全部内容以及已有的调查证据的结果，经过自由心证，以判断事实上的主张是否可以认为事实。作为法官心证根据的理由，

---

① 最高人民法院民事审判第一庭：《民事诉讼证据司法解释的理解与适用》，中国法制出版社2002年版，第302~303页。

应当在判决中记明。"法国《民事诉讼法典》第 455 条规定："判决应当简要表述各方当事人的诉讼请求以及各自的理由；'此项表述可以采取参照赞同各方当事人提出的准备书状（conclusion）的形式，并且应指明该准备书状的日期'。判决应当说明理由。"日本《民事诉讼法》第 253 条第 1 款规定："判决书应当记载下列事项：（一）主文；（二）事实；（三）理由……"在英美法系国家和地区，虽没有成文法的规定，但基于集中审理主义和当事人主义原则，在相关的诉讼程序的规定中有明确。如美国《联邦民事诉讼规则》第 16 条规定："法院得命令双方当事人的律师参加审前会议以确定下列事项，且法官可以采取相应的行为：争点的明确和简化，剔除无关争议的事；修正双方的诉讼文书；承认某事实或文件，以免除不必要的举证；提供有助于处理案件的办法。"美国的判例法论集定期出版，对公众和社会公布，是法官公开心证最直接的方式。判决书中既公布多数意见，并在多数意见中突出强调和阐述其认为重要的问题和原则，同时也公布不同意见，指出持不同意见的法官反对法院的判决，不同意法官认定的事实或阐明的法律。

在我国，现行法律及司法解释虽对心证公开未有明确表述，但 2001 年《证据规定》第七十九条和第六十四条以及《民事诉讼法解释》第一百零五条的有关内容涉及判决理由的论证和判决理由的公开制度。理论上，学者们一般认为 2001 年《证据规定》确立的判决理由的论证制度就是心证公开制度，而心证公开制度与判决理由制度可以在相互置换的意义上理解。[①] 而从前述的相关政策和文件看，加强裁判文书的说理，并公开裁判理由、结果，则是心证公开的直接表现。本条规定在借鉴域外规定的基础上，吸收了 2001 年《证据规定》和《民事诉讼法解释》的相关规定而制定。

[①] 赵信会：《论民事诉讼中的心证公开》，载《河南省政法干部管理学院学报》2005 年第 5 期。

【审判实践中需要注意的问题】

人民法院作出裁判，应当以证据为依据，但对作为认定案件事实的证据并不是没有要求和限制。审判实践中，有的对当事人提供的证据并没有进行审查，并经相应的程序保障，致使认定的案件事实存在瑕疵。比如，对证据的证明资格问题的审查疏忽，导致没有缺乏证据资格的证据作为认定事实的依据。《民事诉讼法解释》第一百零六条规定："对以严重侵害他人合法权益、违反法律禁止性规定或者严重违背公序良俗的方法形成或者获取的证据，不得作为认定案件事实的根据。"从前述规定看，确立了非法证据排除规则。由此，对于当事人收集的非法证据，不具备作为证据的证据资格要求，不得作为认定案件事实的依据。此外，《民事诉讼法解释》第一百零三条规定："证据应当在法庭上出示，由当事人互相质证。未经当事人质证的证据，不得作为认定案件事实的根据。/当事人在审理前的准备阶段认可的证据，经审判人员在庭审中说明后，视为质证过的证据。/涉及国家秘密、商业秘密、个人隐私或者法律规定应当保密的证据，不得公开质证。"由此，对作为认定案件事实的证据，还有程序性要求，即需经庭审出示，并安排当事人进行质证。否则，对未经当事人质证的证据，亦不得作为认定案件事实的根据。

此外，关于证据证明力大小的判断，是由审判人员根据法律规定，遵循法官职业道德，运用逻辑推理和日常生活经验综合在案证据进行判断，而非根据单一证据或数个证据进行比较进行评判。由此，关于单一证据的证明力大小问题，是不科学的，也有违证据认定的基本原则。故2001年《证据规定》第七十七条有关证据证明力大小的规定，本规定对此未予以保留。

【法条链接】

《中华人民共和国民事诉讼法》（2017年修正）

第六十四条　当事人对自己提出的主张，有责任提供证据。

当事人及其诉讼代理人因客观原因不能自行收集的证据，或者人民法院认为审理案件需要的证据，人民法院应当调查收集。

人民法院应当按照法定程序，全面地、客观地审查核实证据。

《最高人民法院关于适用〈中华人民共和国民事诉讼法〉的解释》（2015年1月30日　法释〔2015〕5号）

第一百零五条　人民法院应当按照法定程序，全面、客观地审核证据，依照法律规定，运用逻辑推理和日常生活经验法则，对证据有无证明力和证明力大小进行判断，并公开判断的理由和结果。

《最高人民法院关于民事诉讼证据的若干规定》（2001年12月21日　法释〔2001〕33号）

第六十三条　人民法院应当以证据能够证明的案件事实为依据依法作出裁判。

第六十四条　审判人员应当依照法定程序，全面、客观地审核证据，依据法律的规定，遵循法官职业道德，运用逻辑推理和日常生活经验，对证据有无证明力和证明力大小独立进行判断，并公开判断的理由和结果。

第八十六条 ［提高和降低证明标准的情形］

当事人对于欺诈、胁迫、恶意串通事实的证明，以及对于口头遗嘱或赠与事实的证明，人民法院确信该待证事实存在的可能性能够排除合理怀疑的，应当认定该事实存在。

与诉讼保全、回避等程序事项有关的事实，人民法院结合当事人的说明及相关证据，认为有关事实存在的可能性较大的，可以认定该事实存在。

【条文主旨】

本条系新增条文，是提高和降低证明标准的情形的规定。

【条文释义】

一、域外证明标准的构建与划分

当事人为证明自己的诉讼请求能够成立，应提供相应的证据予以证明，且达到法律规定的证明标准。从域外的情况看，不论大陆法系国家和地区，还是英美法系国家和地区，对于证明标准均作层次性的多元化区分。

在大陆法系的德国，证明标准被确定为三级：第一级为原则性证明标准，要求法官对真相形成全面心证，达到很高的盖然性，适用于通常的实体事实的证明；第二级为降低的证明标准，要求达到令人相信的程度，相当于英美法系国家和地区盖然性占优的标准，适用于程序性事实的证明；第三级为提高的证明标准，要求达到显而易见的程度，适用于如显失公平的证明等特殊场合。

在英美法系的美国，证明程度分为九等：第一等是绝对确定，由于认识论的限制，这一标准无法达到；第二等为排除合理怀疑，是诉讼证明的最高标准，适用于刑事案件有罪裁决的事实认定；第三等是清楚和有说服力的证据，某些司法区的某些民事判决有此种要求；第四等是优势证据，是作出民事判决以及肯定刑事辩护时的要求；第五等是可能的原因，适用于签发令状、无证逮捕、搜查和扣押，提起大陪审团起诉书和检察官起诉书、撤销缓刑假释等情况；第六等是有理由相信，适用于拦截和搜身；第七等是有理由怀疑，足以将被告人宣布无罪；第八等是怀疑，可以开始侦查；第九等是无线索，不足以采取任何法律行为。①

在美国的民事诉讼中，证明标准分为两个层级：优势证据标准适用于大部分民事案件实体事实的证明；清楚和有说服力的证明标准用于特定事实如欺诈的证明，"许多司法区要求，民事欺诈案或可能涉及刑事行为的民事案件的主张，要用清晰且令人信服的证据加以证明"。②

二、我国证明标准的现行规定

从我国现行法规定看，我国确立的证明标准为高度盖然性证明标准。如《民事诉讼法解释》第一百零八条规定："对负有举证证明责任

---

① 宋英辉、汤维建主编：《我国证据制度的理论与实践》，中国人民公安大学出版社2006年版，第421页。
② [美] 罗纳德·J. 艾伦等：《证据法——文本、问题和案例》，张保生等译，高等教育出版社2006年版，第808页。

的当事人提供的证据,人民法院经审查并结合相关事实,确信待证事实的存在具有高度可能性的,应当认定该事实存在。／对一方当事人为反驳负有举证证明责任的当事人所主张事实而提供的证据,人民法院经审查并结合相关事实,认为待证事实真伪不明的,应当认定该事实不存在。／法律对于待证事实所应达到的证明标准另有规定的,从其规定。"同时,对于待证事实的证明标准,也作了灵活性规定,对于特殊的情况可以作不同于一般标准的特别规定,也即对于一些特殊的事实认定,可以规定高于或低于一般证明标准的规定。如《民事诉讼法解释》第一百零九条规定:"当事人对欺诈、胁迫、恶意串通事实的证明,以及对口头遗嘱或者赠与事实的证明,人民法院确信该待证事实存在的可能性能够排除合理怀疑的,应当认定该事实存在。"该规定明确了对于当事人主张的欺诈、胁迫、恶意串通以及口头遗嘱、赠与等事实,确立了高于一般证明标准的规定,即需达到待证事实存在的可能性能够排除合理怀疑的程度和标准。此外,对于降低证明标准的情形虽未规定,但从立法的相关条文中,可以推导出降低证明标准的内容。如《民事诉讼法》第四十四条中规定,审判人员"与本案当事人或者诉讼代理人有其他关系,可能影响对案件公正审理的",这里的"可能"一词,即意味着属于降低证明标准的情形。[1]

本条规定是在《民事诉讼法解释》第一百零九条规定基础上补充、完善而来,即在该条基础上增加了第二款降低证明标准的情形。降低证明标准的情形主要针对民事诉讼程序中的程序性事项,从保障当事人诉讼权利、推进诉讼程序出发,对于程序性事项降低证明标准,符合审判实际的需要。

---

[1] 沈德咏主编:《最高人民法院民事诉讼法司法解释理解与适用》(上),人民法院出版社2015年版,第361页。

三、证明标准的提高

证明标准,指在诉讼中用以衡量或评判法官就个案中的待证事实是否获得内心确信的尺度或程度。① 对证明标准的构建,域外国家和地区多进行了层次性的划分。尽管区分的层级不尽相同,但从区分的基础而言,多以案件事实的性质不同而有不同的要求或标准。在英美法系国家和地区,对高于盖然性占优势的证明标准的特殊案件,如口头信托、口头遗嘱、以错误或欺诈为等理由请求更正文件时,则要求主张的一方当事人必须有明确和令人信服的证据加以证明。

美国对下列案件的证明标准则要求比一般民事案件的证明标准更高的证明标准。(1)欺诈和不正当影响诉讼;(2)确定遗嘱的口头合同和确定已遗失遗嘱的条款诉讼;(3)口头合同的特殊履行诉讼;(4)撤销、变更、修改书面合同的程序或欺诈、错误或不完整之正式行为诉讼;(5)欺诈危险索赔和辩护诉讼以及其他不应被支持的特殊索赔诉讼。

在大陆法系国家和地区,通说认为,大陆法系的民事诉讼和刑事诉讼在证明标准上是没有明确区分的,两者均要求达到接近确实性的盖然性,这种盖然性要排除合理怀疑。而该种观点在大陆法系国家和地区中已出现动摇的迹象。大陆法系国家和地区出现了逐渐重视民事证明标准在不同性质案件中的层次性问题。此也从反面说明,对于不同性质的案件,基于实体正义及程序正义的角度考虑,应有不同的证明标准。

提高证明标准的规定,已在司法解释中有明确的规定。如《民事诉讼法解释》第一百零九条的规定。该条规定内容就是依据实体法上存在的提高证明标准的法律规定,将欺诈、胁迫、恶意串通的事实的

---

① 毕玉谦:《证据制度的核心基础理论》,北京大学出版社2013年版,第196页。

证明，提高证明标准，规定需要达到排除合理怀疑的程度。[①] 本条规定即是吸收了《民事诉讼法解释》提高证明标准的特殊情形的内容。

四、证明标准的降低

对于某些性质的案件事实的确认，确立了高于一般证明标准的更高的证明标准。与此同时，也存在着某些性质的案件事实的确认，其证明标准低于一般证明标准的情况。由此，在设计证明标准体系时，有必要根据案件的性质、影响、证明的困难程度等因素，建立灵活的证明标准类型。由此，在明确证明标准提高的情形时，有必要对证明标准降低的情况进行规定。以提高诉讼效率，节约诉讼成本。

从域外的规定看，根据案件类型、待证事实等因素的差异，而规定了低于一般证明标准的证明标准，即允许降低事实证明标准的规定。从德国、日本的民事诉讼看，对于实体法要件事实的证明，一般采用高度盖然性的证明标准，只有在证据难以获得的一些例外情形中，才允许降低证明标准，将其降低到优势的盖然性。但对于一些程序法事实，则允许采用疏明的证明标准。

在德国《民事诉讼法》中，疏明这一证明标准被明确地规定适用于若干特定的程序法事实，如当事人申请回避时对其提出的回避事由的证明、申请延长期限时对所提出的理由的证明等。[②] 在日本，有的学者认为，基于公平正义的角度，对有些案件应当允许降低原则性证明标准，并对这种需要降低证明标准的案件设置了一些要件，具体包括：（1）从案件性质来看，按照一般的证明标准事实难以证明的；（2）按照实体法规范的目的及趣旨，按照一般证明标准，这种事实就难以被证明或其结果明显会导致不正义的产生；（3）没有其他可以与原则性

[①] 沈德咏主编：《最高人民法院民事诉讼法司法解释理解与适用》（上），人民法院出版社2015年版，第361页。

[②] 李浩：《民事诉讼法适用中的证明责任》，载《中国法学》2018年第1期。

证明度等价值的举证。① 在日本，亦有疏明的规定。伊藤真教授指出，在为保证能够顺利地实施事实认定而为保全的情形中，若裁判所无法迅速地推进程序作出裁判，就可能妨碍制度目的的实现。该种情形中，由于并非是对实体权利关系前提事实的认定，因此为保全而采取的相应处分或关于一定程序上事项作出裁判而需要证明时，无需达到高度盖然性的确信，只需要达到相当程度的盖然性即可对该事项作出认定，此即为疏明的概念。为了达到上述目的，用疏明的证据方法限于裁判所可即时调查的证据方法。此被称为疏明方法的即时性。具有即时性的证据如出庭证人及实施疏明的当事人现在持有的文书。② 而在英美法系国家和地区，英国民事诉讼的证明标准是盖然性占优势，但具体实行的是被英国学者称为"灵活性证明标准"，即在坚持盖然性权衡的原则下，根据原告指控的性质和程度的不同，相应的证明标准也有所变化。美国则对证明标准则依据等级、比例等因素进行不同程度的量化，使性质不同的案件事实适用不同的盖然性标准。从两大法系国家的立法规定看，尽管对证明标准的层次划分、划分方式存在一定的差异，但在民事诉讼证明标准根据案件性质、证明难度等因素不同而采取不同的标准问题上具有一致性。

从现行规定看，《民事诉讼法解释》第一百零九条仅规定了提高证明标准的情形，而对于降低证明标准的事实范畴，则未予以明确。而实务界在处理程序性事项的证明时，实际上已采取类似"疏明"这一标准的，事实上降低了证明要求。如在处理当事人申请回避的事由、当事人申请延长举证期限的事由时。③ 为此，借鉴域外的成熟经验，总结实践中的有益做法，本条规定对降低证明标准的事实范围进行了明确，即关于诉讼保全、回避等程序事项有关的事实，确立了较大可能

---

① 张卫平：《外国民事证据制度研究》，清华大学出版社2003年版，第450页。
② ［日］伊藤真：《民事诉讼法》，曹云吉译，北京大学出版社2019年版，第235～236页。
③ 李浩：《民事诉讼法适用中的证明责任》，载《中国法学》2018年第1期。

性的证明标准。

【审判实践中需要注意的问题】

实务中，对当事人主张的与诉讼保全、回避等程序性事项有关的事实认定，人民法院既要按照司法解释所确立的低于一般证明标准的标准为依据进行认定，依法保障当事人诉讼权利、推进诉讼程序的进行。与此同时，要防止当事人滥用权利，迟延诉讼程序进行事件的发生。诉讼中，针对当事人主张的前述事实，人民法院应要求当事人进行说明，并提供相应的证据予以证明。如《民事诉讼法》第四十五条第一款规定："当事人提出回避申请，应当说明理由，在案件开始审理时提出；回避事由在案件开始审理后知道的，也可以在法庭辩论终结前提出。"由此，当事人提出的回避申请，不论是书面形式还是口头形式，均要求对需要回避的具体人员、回避的事由、证据及证据线索等进行说明。如当事人仅提出回避申请，并未对需要回避的具体人员、回避的事由、证据及证据线索等进行说明，则应认定该事实不存在。反之，在当事人针对回避申请提供了说明和相关证据后，应依法进行审查。而审查的标准，则应根据本条规定所确立的证明标准降低的规定进行认定。此处需强调的是，如何确定事实存在的可能性较大的问题，我们认为，对此不宜苛求。对此，可参照《民事诉讼法解释》第一百零八条的规定，结合本证、反证的证明标准和要求进行判断。如该事实的证明标准不是陷于真伪不明的状态，即其标准高于真伪不明，但又未到达高度可能性的标准时，可认定当事人主张的事实成立，反之，则不成立。

【法条链接】

《中华人民共和国民事诉讼法》（2017年修正）

第四十五条 当事人提出回避申请，应当说明理由，在案件开始审理时提出；回避事由在案件开始审理后知道的，也可以在法庭辩论终结前提出。

被申请回避的人员在人民法院作出是否回避的决定前，应当暂停参与本案的工作，但案件需要采取紧急措施的除外。

《最高人民法院关于适用〈中华人民共和国民事诉讼法〉的解释》（2015年1月30日 法释〔2015〕5号）

第一百零八条 对负有举证证明责任的当事人提供的证据，人民法院经审查并结合相关事实，确信待证事实的存在具有高度可能性的，应当认定该事实存在。

对一方当事人为反驳负有举证证明责任的当事人所主张事实而提供的证据，人民法院经审查并结合相关事实，认为待证事实真伪不明的，应当认定该事实不存在。

法律对于待证事实所应达到的证明标准另有规定的，从其规定。

第一百零九条 当事人对欺诈、胁迫、恶意串通事实的证明，以及对口头遗嘱或者赠与事实的证明，人民法院确信该待证事实存在的可能性能够排除合理怀疑的，应当认定该事实存在。

第八十七条 ［单一证据审核认定］

审判人员对单一证据可以从下列方面进行审核认定：

（一）证据是否为原件、原物，复制件、复制品与原件、原物是否相符；

（二）证据与本案事实是否相关；

（三）证据的形式、来源是否符合法律规定；

（四）证据的内容是否真实；

（五）证人或者提供证据的人与当事人有无利害关系。

【条文主旨】

本条由2001年《证据规定》第六十五条修改形成，是关于单一证据审核认定的规定。

【条文释义】

本规定第八十五条对认定证据的基本原则进行了规定，但该认定是建立在对单一证据进行审核认定的基础之上的。对单一证据如何审查认定，则是人民法院认定案件事实的前提和基础。从民事诉讼证据的属性而言，一般认为民事诉讼证据具有真实性、关联性、合法性三个基本属性。从证据的基本属性出发，对单一证据的审核认定，实际上可从证据的真实性、关联性、合法性等三个角度展开。

一、单一证据的真实性认定

证据真实性，又称证据的客观性，是指证据证明事实必须是伴随着案件的发生、发展过程而遗留下来的，不是以人们的主观意志为转移而存在的事实。证据的真实性包括两个基本方面：一是在形式上证据表现为客观存在的实体，无论其具体形式是人证还是物证，都是客观存在物；二是证据的内容是对案件有关的事实的客观记载和反映，是客观存在的事实，而不是主观想象、猜测的事实。[①] 由此，对证据真实性的审核认定，可从上述两个方面进行。

从形式要求上看，对单一证据的审核认定，要求证据是否是原件，原物，如当事人提供的是复印件、复制品，则要查验复印件、复制品与原件、原物是否相符。《民事诉讼法》第七十条规定："书证应当提交原件。物证应当提交原物。提交原件或者原物确有困难的，可以提交复制品、照片、副本、节录本。／提交外文书证，必须附有中文译本。"实务中，当事人依据法律规定，基于证据的特殊情况，提交复印件、复制品的情况较为常见。为此，对当事人提交的证据首先查验是否为原件原物。如是复印件、复制品，则应将其与原件、原物进行比对，查验是否相符。

从内容要求上看，对单一证据的审核认定则要求证据内容为案件事实的客观记载和反映，而非的主观臆断的事实。对证据内容是否真实的审核认定，则是较为复杂的工作。该判断需审判人员根据逻辑规律、日常生活经验进行判断去考察证据所反映的事实信息是否合理，是否符合逻辑规律、自然规律、定理、定律等，从而判断证据的内容

---

① 江伟主编：《民事诉讼法》，中国人民大学出版社2010年版，第171页。

是否存在矛盾、可疑之处。

通常而言，对单一证据的内容审核认定，并非单独进行，而需结合案件的其他情况综合认定。如对当事人借条所载明的借款事实的真实性判断问题，出借人仅凭借条所载内容并不足以认定该借条内容的真实性。对于借款真实性问题，根据《民间借贷规定》第十六条的规定，原告应就借贷关系的成立或者借款的发放事实承担举证证明责任。如原告没有证据证明借款关系的成立，则借条所在内容的真实性不能予以认定。而对借贷事实是否发生，需结合借贷金额、款项支付、当事人的经济能力、当地或者当事人之间的交易方式、交易习惯、当事人财产变动情况以及证人证言等事实和因素综合判断。

证人或者证据提供证据者与当事人之间的利害关系的审查认定，对证据真实性的审核认定，也具有直接的影响。证人、证据提供者向人民法院提供的证据虽为法定义务，但基于其与当事人之间存在某种利害关系，则难免在提供证言或者其他证据时带有某种偏见、爱好。因此，对证人或者提供证据的人与当事人之间是否具有利害关系的审核，对单一证据的真实性认定尤为必要，需审判人员对此证据进行审核认定时应特别注意。从实践的情况看，证人不如实作证的情况较为常见，原因也较为复杂，但通常而言，如证人与当事人之间存在利害关系，则证人证言的真实性程度较低。为此，对证人或证据提供者与当事人之间的利害关系审查尤为重要。

二、单一证据的关联性认定

证据的关联性，即证据的相关性，是指民事诉讼证据应对待证事实之间存在实质性联系，对案件事实有证明作用。关联性是证据的一种客观属性，根源于证据事实同案件事实之间的客观联系，而不是办案人员的主观想象或者强加的联系，它是案件事实作用于客观事物以及有关人员的主观所产生的。

根据美国证据法学者华尔兹的观点，在判断一个证据是否具有相关性时应当依次考察以下三个问题：1. 所提出的证据是用来证明什么的（问题是什么）？2. 这是本案中的实质性问题吗？3. 所提出的证据对该问题有证明性（它能帮助确认该实质性问题）吗？如果以上问题的答案是肯定的，那么证据的关联性就可以被确认。因此，从证明方法上讲，对证据的关联性判断，应包括三个方面的内容，即首先要确认证据自身能证明的事实；其次，确认这个事实对解决诉争的问题所具有的意义；第三，判断法律对这种关联性有无具体的要求。从证据关联性的判断内容上来讲，关联性涉及的是证据的内容或实体，而不是该证据被提出的形式或方式。

关联性是实质性和证明性的结合，如果所提出的证据对案件中的某个实质性争议问题具有证明性（有助于认定该问题），那它就具有相关性。对关联性的认识，学界的认识逐渐趋于一致，都认为关联性是实质性和证明性的结合。关联性不涉及证据的真假和证明价值，其侧重的是证据与证明对象之间的形式性关系，即证据相对于证明对象是否具有真实性，以及证据对于证明对象是否具有证明性。

证据关联性的判断，主要是对证据内容的判断，而非对证据表现形式的判断。基于关联性为实质性和证明性的结合，由此，对单一证据的关联性认定，通常可从证据的证明性和证据的实质性两个角度进行。关于证据的证明性判断，通常而言，当事人提出的证据如果使其欲证明的事实主张的成立更有可能或者更无可能，则该证据具有证明性。证据证明性的判断，需审判人员根据日常生活经验等因素，并结合当事人的诉讼请求进行审查。针对当事人诉讼请求的不同，则证据的证明性亦有所不同。如原告以被告违约为由，要求被告承担违约责任。原告为证明其与被告存在合同法律关系，向人民法院提供了书面的合同。但该合同经人民法院审查，性质为无效合同。由此，针对原告要求被告违约的诉求，合同内容并无证明性。反之，如合同为有效，则合同内容具有相应的证明性。而证据实质性的判断，则取决于证据所证明的对象是否为待证事实。如果当事人所提供的证据不是待证事实或争议事实，则该证据具备实质性。判断某项证据是否具有实质性，主要就是考察当事人提出该证据的证明目的，考察该证明目的是否有助于证明本案中的待证事实。如果特定证据的证明目的并非指向本案的待证事实，则该证据不具有实质性，也就没有关联性。[1]

三、单一证据的合法性认定

证据合法性，是指证据的收集和提供必需符合法定程序，不为法律所禁止。从域外的规定看，大陆法系、英美法系国家和地区的证据理论和立法均对证据资格问题进行了规定，也即确立了非法证据排除规则。从我国法律及司法解释的规定看，《最高人民法院关于未经对方当事人同意私自录音取得的资料能否作为证据使用问题的批复》、2001年《证据规定》及《民事诉讼法解释》等均对证据的合法性问题进行了规范，即对非法证据确立了排除原则。但对非法证据的判断标准发生了变化，大大限缩了非法证据的认定标准或适用范围。对非法证据的界定并不限于获取证据方法的违法，证据形成本身违法亦构成非法证据。[2]

理论上，对证据合法性的内涵，存在不同的认识。有的主张，证据的合法性包括证据的调查、收集、审查、认定必需符合法定程序以及证据的形式应当合法；有的主张，证据的合法性包括：证据主体合法、证据形式合法、证据取得方式合法以及证据程序合法。[3] 前述不同

---

[1] 汤维建、卢正敏：《证据"关联性"的涵义及其判断》，载《法律适用》2005年第5期。

[2] 沈德咏主编：《最高人民法院民事诉讼法司法解释理解与适用》（上），人民法院出版社2015年版，第352页。

[3] 参见江伟主编：《民事诉讼法》，中国人民大学出版社2010年版，第172页。张卫平：《外国民事证据制度研究》，清华大学出版社2003年版，第212~213页。

观点，均从不同的角度对证据合法性进行了阐释。就单一证据合法性的认定，主要涉及证据形成的合法性、证据表现形式的合法性以及证据认定的合法性。

（一）证据形成合法性

该问题主要涉及证据的调查、收集必须符合法律规定的程序和要求。《民事诉讼法解释》第九十七条规定："人民法院调查收集证据，应当由两人以上共同进行。调查材料由调查人、被调查人、记录人签名、捺印或者盖章。"由此，对于人民法院调查证据，司法解释规定了相应的要求和条件，如不符合此项要求，则影响证据合法性的认定。又比如，《民事诉讼法解释》第一百零六条规定："对以严重侵害他人合法权益、违反法律禁止性规定或者严重违背公序良俗的方法形成或者获取的证据，不得作为认定案件事实的根据。"由此，证据形成方法或者获取的方式违法或者违反公序良俗时，亦可能影响证据合法性的认定。

（二）证据形式合法性

法律对证据表现形式有具体、明确要求的，证据应符合法律规定的要求。否则，证据因不符合法律规定的要求，而影响证据合法性的认定。《继承法》第十七条规定："公证遗嘱由遗嘱人经公证机关办理。／自书遗嘱由遗嘱人亲笔书写，签名，注明年、月、日。／代书遗嘱应当有两个以上见证人在场见证，由其中一人代书，注明年、月、日，并由代书人、其他见证人和遗嘱人签名。／以录音形式立的遗嘱，应当有两个以上见证人在场见证。／遗嘱人在危急情况下，可以立口头遗嘱。口头遗嘱应当有两个以上见证人在场见证。危急情况解除后，遗嘱人能够用书面或者录音形式立遗嘱的，所立的口头遗嘱无效。"由此，法律对遗嘱的形式及要求进行了明确。如当事人向人民法院提供的遗嘱不符合前述法律规定的要求，则影响证据合法性的认定。

(三) 证据认定合法性

证据认定合法性，要求作为定案依据的证据，需经法律规定的程序进行认定，否则，证据的合法性受到影响。如《民事诉讼法》第六十八条规定："证据应当在法庭上出示，并由当事人互相质证。对涉及国家秘密、商业秘密和个人隐私的证据应当保密，需要在法庭出示的，不得在公开开庭时出示。"《民事诉讼法解释》第一百零三条第一款规定："证据应当在法庭上出示，由当事人互相质证。未经当事人质证的证据，不得作为认定案件事实的根据。"由此，根据法律、司法解释的规定，不管证据的性质如何，是否涉及国家秘密、商业秘密和个人隐私，均需在法庭上出示，由当事人进行质证。否则，影响其证据效力。对于未经当事人庭审质证的证据，则证据认定合法性不具备，亦影响证据的合法性。

【审判实践中需要注意的问题】

1. 注意保护当事人的程序保障权。庭审中，应组织当事人围绕证据的真实性、合法性、关联性以及与待证事实的关联性进行质证，保障当事人对证据真实性、合法性、关联性发表意见的权利。

2. 注意非法证据的审核认定。在判断非法证据时应谨慎为之，以利益衡量原则为标准进行。即对取得证据方法的违法性所损害的利益与诉讼所保护的利益（忽略取证方法的违法性所能够保护的利益）进行衡量，以衡量的结果作为判断非法证据的重要考量因素。如果取证方法的违法性对他人权益的损害明显弱于违法性所能够保护的利益，则不应判断该证据为非法证据。

3. 注意证人或者提供证据的人与当事人有无利害关系的判断。对证人或者提供证据的人与当事人之间有无利害关系，可结合法律、司法解释中对利害关系的规定进行判断。

【法条链接】

《中华人民共和国民事诉讼法》（2017年修正）

第六十八条　证据应当在法庭上出示，并由当事人互相质证。对涉及国家秘密、商业秘密和个人隐私的证据应当保密，需要在法庭出示的，不得在公开开庭时出示。

第七十条　书证应当提交原件。物证应当提交原物。提交原件或者原物确有困难的，可以提交复制品、照片、副本、节录本。

提交外文书证，必须附有中文译本。

《中华人民共和国继承法》（1985年）

第十七条　公证遗嘱由遗嘱人经公证机关办理。

自书遗嘱由遗嘱人亲笔书写，签名，注明年、月、日。

代书遗嘱应当有两个以上见证人在场见证，由其中一人代书，注明年、月、日，并由代书人、其他见证人和遗嘱人签名。

以录音形式立的遗嘱，应当有两个以上见证人在场见证。

遗嘱人在危急情况下，可以立口头遗嘱。口头遗嘱应当有两个以上见证人在场见证。危急情况解除后，遗嘱人能够用书面或者录音形式立遗嘱的，所立的口头遗嘱无效。

《最高人民法院关于适用〈中华人民共和国民事诉讼法〉的解释》（2015年1月30日　法释〔2015〕5号）

第九十七条　人民法院调查收集证据，应当由两人以上共同进行。调查材料要由调查人、被调查人、记录人签名、捺印或者盖章。

第一百零三条　证据应当在法庭上出示，由当事人互相质证。未经当事人质证的证据，不得作为认定案件事实的根据。

当事人在审理前的准备阶段认可的证据，经审判人员在庭审中说明后，视为质证过的证据。

涉及国家秘密、商业秘密、个人隐私或者法律规定应当保密的证据，不得公开质证。

第一百零六条 对以严重侵害他人合法权益、违反法律禁止性规定或者严重违背公序良俗的方法形成或者获取的证据，不得作为认定案件事实的根据。

《最高人民法院关于审理民间借贷案件适用法律若干问题的规定》（2015年8月6日 法释〔2015〕18号）

第十六条 原告仅依据借据、收据、欠条等债权凭证提起民间借贷诉讼，被告抗辩已经偿还借款，被告应当对其主张提供证据证明。被告提供相应证据证明其主张后，原告仍应就借贷关系的成立承担举证证明责任。

被告抗辩借贷行为尚未实际发生并能作出合理说明，人民法院应当结合借贷金额、款项交付、当事人的经济能力、当地或者当事人之间的交易方式、交易习惯、当事人财产变动情况以及证人证言等事实和因素，综合判断查证借贷事实是否发生。

《最高人民法院关于民事诉讼证据的若干规定》（2001年12月21日 法释〔2001〕33号）

第六十五条 审判人员对单一证据可以从下列方面进行审核认定：

（一）证据是否原件、原物，复印件、复制品与原件、原物是否相符；

（二）证据与本案事实是否相关；

（三）证据的形式、来源是否符合法律规定；

（四）证据的内容是否真实；

（五）证人或者提供证据的人，与当事人有无利害关系。

第八十八条 ［对证据进行综合审核认定］

审判人员对案件的全部证据，应当从各证据与案件事实的关联程度、各证据之间的联系等方面进行综合审查判断。

【条文主旨】

本条承继 2001 年《证据规定》第六十六条的规定，是关于对证据进行综合审核认定的规定。

【条文释义】

人民法院认定案件事实，应当以证据为基础。在对单一证据审核认定的基础上，审判人员通过综合审核认定证据与案件事实之间的关联程度、证据之间的相互关系等，确保作为认定案件事实的证据之间能够相互衔接、印证。本条规定内容与第八十七条的规定内容具有逻辑上的一致性，为证据审核认定过程中的不同环节和阶段。此过程也与人们的认知过程是一致的。通常来讲，作为证明案件事实的证据或者人民法院作为裁判的证据，并不是单一的证据，而是由多组或多种证据来支撑。从法律规定上看，对案件所涉证据能否作为认定案件事实的根据，法律亦明确需结合其他证据、案件具体情况等综合审核认定。如对视听资料。《民事诉讼法》第七十一条明确，人民法院对视听资料，应当辨别真伪，并结合本案的其他证据，审查确定能否作为认定事实的根据。对当事人的陈述，《民事诉讼法》第七十五条第一款明确，人民法院对当事人的陈述，应当结合本案的其他证据，审查确定能否作为认定事实的根据。对当事人提交的书证复制品等，《民事诉讼法解释》第一百一十一条明确，人民法院应当结合其他证据和案件具体情况，审查判断书证复制品等能否作为认定案件事实的根据。由此可见，对案件事实的认定，需在单一证据的审核认定基础上，通过审核全部证据与案件事实的关联程度、各证据之间的联系等方面综合审查判断。对证据进行综合审核认定。2001年《证据规定》第六十六条规定："审判人员对案件的全部证据，应当从各证据与案件事实的关联程度、各证据之间的联系等方面进行综合审查判断。"该规定对于指导人民法院综合审核认定证据发挥了重要作用，实践成效较好，本条规定承继了2001年《证据规定》的内容。

一、各证据与案件事实关联程度的审查判断

从认定证据的规则看，本条规定明确了由审判人员按照法定程序，依照法律规定，运用逻辑推理和日常生活经验法则进行判断。在此过程中，证据证明力有无及证明力大小为认定证据的主要内容。而在对证据进行综合审核认定时，证据证明力的大小，也即证据与案件事实的关联程度则为重要内容。理论上，根据不同的标准，证据可分为不同的类型。如根据证据来源的不同，证据可分为原始证据和传来证据。根据证据与待证事实之间的关系不同，证据又可分为直接证据和间接证据。从前述分类看，一般而言，不同种类的证据对案件事实的证明力或者说与案件事实的关联程度是存在差异的。对证据与案件事实的关联程度的判断，一方面在由审判人员按照良知、理性、经验法则进行判断的同时，也需遵循法律、司法解释的相关规定进行。如本规定

第九十条明确了不能单独作为认定案件事实的证据情况，由此，对于诉讼中当事人的陈述，无民事行为能力人或者限制民事行为能力人所作的与其年龄、智力状况或者精神健康状况不相当的证言，与一方当事人或者其代理人有利害关系的证人陈述的证言，存有疑点的视听资料、电子数据，无法与原件、原物核对的复制件、复制品等证据与案件事实的关联程度的认定，应根据前述规定进行。

二、各证据之间联系的审查判断

从逻辑上讲，作为认定案件事实的证据，在目标指向上具有一致性，也即证据之间要协调一致，不能相互矛盾，应形成一条完整的证据链条。故此，对各证据之间的联系的审查判断，对于通过证据的综合审核认定以认定案件事实具有重要意义。证据相互印证规则为一项重要证据规则，该规则强调证据之间的联系，强调证据之间应相互印证，并要求对待证事实的证明需达到高度可能性要求和标准。为此，根据证据相互印证规则的要求，对各证据之间的联系的审查判断，需注意证据与证据之间是否指向同一事实，证据与证据之间是否存在矛盾。通过对存在矛盾的证据的审查判断，排除不真实的证据。特别是依据间接证据作为认定案件事实时，各个间接证据之间联系的审查判断，对于间接证据证明力大小的认定具有重要意义。理论和实务中的观点均认为，对间接证据与待证事实之间关联性的审查，应当满足以下四个条件：（1）单个的间接证据必须在数量上形成足够的优势。（2）在一定数量基础上的单个间接证据必须通过逻辑推理的方式，形成有效的证据链，以显示其具有充分的证据力。（3）各个间接证据之间，以及它们与主要待证事实之间不能产生合理因素以外的矛盾性。（4）由各种间接证据所形成的证明体系，在证明优势所具有的高度盖然性上，必须足以排除现有条件下的任何其他可能，并且得出的结论应具有唯一性。满足以上条件时，间接证据就可以起到直接的作用，具有相当于直接证据的证明力。① 由此，对间接证据与待证事实之间的关联性审查时，应注意审查各间接证据之间的联系。

三、经验法则的运用

美国大法官霍姆斯曾言，法律的生命不是逻辑，而是经验。经验在法律中的地位显而易见。在证据的认定过程中，对证据的综合认定要求审判人员运用逻辑推理和日常生活经验法则对案件的全部证据进行整体上的评判。由此可见，经验法则对证据的综合认定起着重要作用。所谓经验法则，是指从经验中归纳出来的有关事物的知识和法则。由于属于一般常识，因此经验法则也包含职业技术上以及专业科学上的法则。经验法则并不是具体的事实，而是作为判断事物之前提的知识或法则。大凡人们在对事物进行合乎逻辑的判断时都必须以经验法则为前提。法官也只有借助这种经法则才能理解当事人主张的趣旨，合理地评价证据的证明力，进而作出合理的事实的认定。② 基于证据的综合审核认定要求的规定，经验法则在综合审查判断各证据与案件事实的关联程度以及各证据之间的联系等方面发挥着重要作用。

（一）经验法则在证据与案件事实的关联性判断中的作用

一般而言，经验法则在案件事实的认定中在以下几个方面发挥着作用：

1. 确定证据证明力大小，也即证据与案件事实的关联性判断。在当事人提供的各种证据中，通过经验法则的运用，从而审核认定证据与案件事实的关联程度。

2. 推理认定事实。根据《民事诉讼法解释》第九十三条的规定，根据日常生活经验法则推定的另一事实，属于当事人免证事实范畴。

---

① 人民法院出版社编：《司法解释理解与适用全集（民事诉讼卷4）》，人民法院出版社2019年版，2414页。
② ［日］新堂幸司：《新民事诉讼法》，林剑锋译，法律出版社2008年版，第375页。

由此可见，经验法则在事实认定中发挥着推定作用。

3. 指引程序的展开。如在庭审过程中，结合对事实问题所形成的临时心证，引导当事人展开充分的对抗。在当事人诉讼权利行使不充分的情况下，根据法律规定，对当事人进行阐明等。

法律的规定是抽象的，而具体的实践则是鲜活的。故而，法律的适用离不开具体、生动的实践活动，仅有此才能发挥法律的指引作用。如《民法总则》第一百五十四条规定："行为人与相对人恶意串通，损害他人合法权益的民事法律行为无效。"实践中，如何认定当事人之间是否构成"恶意串通"的事实认定，则较为棘手。且从证明标准的角度看，《民事诉讼法解释》第一百零九条规定："当事人对欺诈、胁迫、恶意串通事实的证明，以及对口头遗嘱或者赠与事实的证明，人民法院确信该待证事实存在的可能性能够排除合理怀疑的，应当认定该事实存在。"由此，相对于一般证明标准，"恶意串通"的举证证明标准为排除合理怀疑。而对当事人提供的各种证据是否达到排除合理怀疑的程度，日常生活经验法则发挥着重要作用。例如，债务人为逃避债务，与第三人签订一份房屋买卖合同，将其仅有的房屋转让给第三人。对于当事人的房屋买卖行为在主观上是否构成恶意串通损害债权人利益的判断，则需判断当事人的房屋买卖行为是否违反日常生活经验法则，此事实判断通常需结合当事人提供的相关证据进行。如房屋的交易价格是否明显低于市场价格；当事人之间是否具有真实的付款行为；当事人对房屋的坐落位置知悉情况；当事人签订的合同条款内容、签订时间等。如当事人提供的证据所证明的事实严重违反日常生活经验法则，显然影响了该证据与待证事实之间的关联性判断。

（二）经验法则在各证据之间的联系判断中的作用

基于时间的一维性，在一定的时间、空间中所形成的证据亦具有不可逆性。对过去发生的事件的记载或所留痕迹，应具有逻辑上的一致性。诉讼中，当事人举证证明待证事实的各种证据，从逻辑上而言，应具有逻辑指向上的一致性，而不能相互矛盾。而各证据之间的联系性判断，或者是否存在矛盾的判断，经验法则的运用较为重要，也即当事人提供的各证据之间所证明的事实应符合经验法则。对单一证据与案件事实是否相关的问题进行判断之后，则需对各证据之间的联系进行判断，进而在证据综合审核认定的基础上对案件事实作出认定。各证据之间的联系判断，主要的问题涉及各证据之间是否在逻辑上具有一致性，是否存在矛盾。各证据之间的联系判断，需审查判断各证据所反映的事实与案件事实之间存在何种联系，内容是否合理，有无矛盾。一般而言，通常涉及各证据之间是否存在原因上的联系、结果上的联系、条件上的联系、时间上的联系、空间上的联系等。而对各证据之间所涉前述方面的联系问题的判断，需运用经验法则才能得出正确、客观的判断。

实践中，当事人以签订买卖合同作为民间借贷合同的担保较为常见。发生纠纷后，当事人对于双方之间所形成的法律关系往往各执一词。为此，对当事人之间存在民间借贷法律关系还是房屋买卖合同法律关系的判断，则需依据经验法则对证据之间的联系进行综合判断。具体而言，当事人订立的合同时间先后次序；合同订立后当事人的履行情况等。如果一方当事人主张双方之间为房屋买卖合同，但根据提供的证据，双方之间又发生过贷款利息支付的事实，则该主张明显违背经验法则，各证据之间的联系存在一定的冲突、矛盾之处。

【审判实践中需要注意的问题】

实务中，对全部证据进行综合审核认定时，应注意结合庭审中当事人对证据的质证意见进行，并不得违反法律、司法解释对证据证明力审核认定的具体规定。诉讼中，为证明自己的诉讼请求能够成立，负有举证证明责任的当事人必将提供大量的证据。与此同时，为反驳负有举证证明责任的当事人所主张的事实，对方当事人亦会向人民法院提供大量的证据。根据法律规定，当事人提供的证据应当在法庭上出示，由当事人相互质证。有些证据，当事人可能无争议，对此，对当事人无争议证据的审核认定，则较为简单。但对于当事人有争议证据的审核认定，则较为复杂，亦为关键。在此情况下，对当事人争议的证据，法庭应作为庭审证据调查的重点任务，指挥当事人逐一对证据的真实性、关联性、合法性进行说明，并由对方当事人对此问题发表意见，引导当事人对此问题进行充分的对抗，以便对全部证据的综合审核认定。同时，对全部证据进行综合审核认定时，也应注意法律、司法解释对证据证明力审核认定的特殊规定。如证明妨害规则的规定等。

【法条链接】

《中华人民共和国民事诉讼法》（2017年修正）

第七十一条　人民法院对视听资料，应当辨别真伪，并结合本案的其他证据，审查确定能否作为认定事实的根据。

第七十五条　人民法院对当事人的陈述，应当结合本案的其他证据，审查确定能否作为认定事实的根据。

当事人拒绝陈述的，不影响人民法院根据证据认定案件事实。

《最高人民法院关于适用〈中华人民共和国民事诉讼法〉的解释》（2015年1月30日　法释〔2015〕5号）

第九十三条　下列事实，当事人无须举证证明：

（一）自然规律以及定理、定律；

（二）众所周知的事实；

（三）根据法律规定推定的事实；

（四）根据已知的事实和日常生活经验法则推定出的另一事实；

（五）已为人民法院发生法律效力的裁判所确认的事实；

（六）已为仲裁机构生效裁决所确认的事实；

（七）已为有效公证文书所证明的事实。

前款第二项至第四项规定的事实，当事人有相反证据足以反驳的除外；第五项至第七项规定的事实，当事人有相反证据足以推翻的除外。

第一百零九条　当事人对欺诈、胁迫、恶意串通事实的证明，以及对口头遗嘱或者赠与事实的证明，人民法院确信该待证事实存在的可能性能够排除合理怀疑的，应当认定该事实存在。

第一百一十一条　民事诉讼法第七十条规定的提交书证原件确有困难，包括下列情形：

（一）书证原件遗失、灭失或者毁损的；

（二）原件在对方当事人控制之下，经合法通知提交而拒不提交的；

（三）原件在他人控制之下，而其有权不提交的；

（四）原件因篇幅或者体积过大而不便提交的；

（五）承担举证证明责任的当事人通过申请人民法院调查收集或者其他方式无法获得书证原件的。

前款规定情形，人民法院应当结合其他证据和案件具体情况，审查判断书证复制品等能否作为认定案件事实的根据。

《最高人民法院关于民事诉讼证据的若干规定》（2001年12月21日　法释〔2001〕33号）

第六十六条　审判人员对案件的全部证据，应当从各证据与案件事实的关联程度、各证据之间的联系等方面进行综合审查判断。

第八十九条 ［人民法院对当事人认可的证据如何审核认定］

当事人在诉讼过程中认可的证据，人民法院应当予以确认。但法律、司法解释另有规定的除外。

当事人对认可的证据反悔的，参照《最高人民法院关于适用〈中华人民共和国民事诉讼法〉的解释》第二百二十九条的规定处理。

【条文主旨】

本条系新增条文，是关于人民法院对当事人认可的证据如何审核认定的规定。

【条文释义】

本条新增条款源于2001年《证据规定》第七十四条的规定："诉讼过程中，当事人在起诉状、答辩状、陈述及其委托代理人的代理词中承认的对己方不利的事实和认可的证据，人民法院应当予以确认，但当事人反悔并有相反证据足以推翻的除外。"《民事诉讼法解释》第九十二条对2001年《证据规定》第八条和第七十四条进行整合，形成了关于诉讼上的自认的规定。由于对证据的认可并不能等同于对事实的承认，故未将"认可的证据"纳入该条。本规定第三条至第九条针对《民事诉讼法解释》第九十二条规定作了进一步具体化解释规定，同时增设本条，对"当事人认可的证据"予以规定。

一、认可的主体

参照本规定第五条"当事人委托诉讼代理人参加诉讼的，除授权委托书明确排除的事项外，诉讼代理人的自认视为当事人的自认。当事人在场对诉讼代理人的自认明确否认的，不视为自认"的规定，对证据认可的主体包括当事人和当事人委托的诉讼代理人。接受当事人的委托，在授权的范围内以当事人的名义进行诉讼活动的人，属于委托诉讼代理人。根据代理的基本规则，委托诉讼代理人所实施代理行为的法律效果直接归属于被代理人，因而，委托诉讼代理人在诉讼中对证据的认可视为当事人本人的认可，委托诉讼代理人属于认可的主体。但是，委托诉讼代理人毕竟与当事人本人不同，其代理权来源于当事人的授权行为，当事人当然可以对委托诉讼代理人在诉讼中对证据认可的权利进行限制。

（一）当事人不在场时对委托诉讼代理人认可证据权利的限制

我国《民事诉讼法》第五十九条第一款、第二款规定："委托他人代为诉讼，必须向人民法院提交由委托人签名或者盖章的授权委托书。／授权委托书必须记明委托事项和权限。诉讼代理人代为承认、放弃、变更诉讼请求，进行和解，提起反诉或者上诉，必须有委托人的特别授权。"《民事诉讼法解释》第八十九条第一款中规定："授权委托书仅写'全权代理'而无具体授权的，诉讼代理人无权代为承认、放弃、变更诉讼请求，进行和解，提出反诉或者提起上诉。"可见，委托诉讼代理人只能在授权委托书所记载的事项和权限范围内作出的进行诉讼，当事人也可以通过在授权委托书中明确排除相关事项以限制委托诉讼代理人的权限范围。如当事人在授权委托书中记载"不得代为质证",则对证据的认可只能由当事人本人作出,委托诉讼代理人作出的认可不产生法律效力。但在司法实践中,无论一般授权还是特别授权的委托诉讼代理人均可在诉讼过程中对另一方当事人提交的证据发表意见,这也是委托诉讼代理人的基本权限,因此,该种限制情况在实践中并不多见。

(二)当事人在场时对委托诉讼代理人认可权利的限制

一方面委托诉讼代理人的代理权来源于当事人,另一方面,委托诉讼代理人对案件事实本身的了解也来自当事人,因此在场当事人对诉讼代理人认可的证据明确否认的,不产生证据认可的效力,审判人员仍应根据当事人质证意见对证据予以审核认定。

二、认可的时间

对证据的认可发生在"诉讼过程中",诉讼外的认可不适用本条。典型的自认应发生在法庭审理过程中,对于双方当事人在场、面对审判人员所作出的自认,民事诉讼法理论和审判实践上均认可其具有自认的效力,对证据的认可也可遵循与自认相同的逻辑。当事人对证据的认可主要发生在法庭审理中的质证阶段。《民事诉讼法解释》第一百零三条第一款规定:"证据应当在法庭上出示,由当事人互相质证。未经当事人质证的证据,不得作为认定案件事实的根据。"所谓质证,是指在审判人员的主持下,由诉讼当事人通过听取、审阅、核对、辨认等方法,对提交法庭的证明材料的真实性、关联性和合法性作出判断,无异议的予以认可,有异议的当面提出质疑和询问的程序。双方当事人及其委托诉讼代理人对有争议、不能直接采信的证据通过言词或其他方式予以质疑、辩驳以查证其是否属实、能否作为定案依据。双方当事人通过一次又一次的直接询问和交叉询问,不断相互质疑和对抗,让居中裁判的法官能更准确地判断证据的证据能力和证明力大小,从而更好地查清事实，作出正确的判决。质证是司法证明活动的基本环节之一，是当事人的一项十分重要的诉讼权利，是基本的诉讼程序，也是法院审查认定证据的必要前提。当事人在质证中认可的证据，人民法院依法予以确认。

此外，当事人对证据的认可也可能发生在审理前准备阶段。《民事诉讼法解释》第一百零三条第二款规定："当事人在审理前的准备阶段认可的证据，经审判人员在庭审中说明后，视为质证过的证据。"本规定第六十条第一款规定："当事人在审理前的准备阶段或者人民法院调查、询问过程中发表过质证意见的证据，视为质证过的证据。"原则上，所有的质证活动都必须在法庭审理中进行，即当庭质证，具体是指在法官的主持下，双方当事人当庭对各种证据材料进行对质核实的活动。这是保证证据真实合法可信，保证公正判决的关键一步。任何作为法院定案依据的证据都必须经双方当事人当庭质证，未经当庭质证的证据材料均不能作为定案的依据。

目前无论是我国，还是英美法系或者是大陆法系国家和地区，通常情况下质证都是在法庭审判中当庭进行。如德国虽然在《民事诉讼法》中没有独立规定当事人相互质证的程序，而是将质证和辩论一体化，将其规定在证据调查程序和庭审辩论程序中。但如果当事人在证据交换、询问、调查等审理前准备过程中，已经明确认可了相关证据的，可由审判人员在庭审中予以说明，不再进行当庭质证，视为当事人经质证后认可的证据。通常认为庭前准备程序主要是对证据进行收集、整理和传递，为庭审质证提供保障，使当事人能够更集中地对争点和证据进行辩论，不包括对证据的实体审查。但因为审理前准备程序同样是在法官主持下，各方当事人参与，当事人间可以相互询问的程序，如果当事人在庭前准备程序中已经认可了相关证据，为节省司法资源、提高庭审效率，可以视为已经质证过的证据。但需注意的是，审判人员对于认可的实施在庭审中需予以说明，与证据需当庭质证的原则保持一致。

三、认可的内容和效果

《民事诉讼法解释》第一百零四条规定："人民法院应当组织当事人围绕证据的真实性、合法性以及与待证事实的关联性进行质证，并针对证据有无证明力和证明力大小进行说明和辩论。／能够反映案件真实情况、与待证事实相关联、来源和形式符合法律规定的证据，应当作为认定案件事实的根据。"据此，对证据的质证包括两个阶段：对证据的真实性、合法性和关联性等证据属性的质证和以此为前提对证据证明力的质证。而证据的证明力，是指由法官对证据的可信性和关联性加以判断所产生的对案件事实的证明效力，是证据对于法官形成内心确信或强化这种内心确信所具有的作用和价值。证据力的最终判断主体系法官，而非当事人。本条当事人对证据的认可应指对证据能力或曰证据资格的认可，应对证据的真实性、合法性和关联性均予以认可。当事人认可的证据，人民法院可不再审核，直接予以确认，纳入用以确定案件事实的证据范围。根据本规定第九十七条"人民法院应当在裁判文书中阐明证据是否采纳的理由。／对当事人无争议的证据，是否采纳的理由可以不在裁判文书中表述"的规定，对当事人认可的证据，人民法院在裁判文书中可以不再表述其是否采纳的理由。

四、禁反言原则的适用

"当事人对认可的证据反悔"指当事人在庭审中对其在审理前的准备阶段认可的证据提出不同意见。此时适用《民事诉讼法解释》第二百二十九条规定处理。《民事诉讼法解释》第二百二十九条规定："当事人在庭审中对其在审理前的准备阶段认可的事实和证据提出不同意见的，人民法院应当责令其说明理由。必要时，可以责令其提供相应证据。人民法院应当结合当事人的诉讼能力、证据和案件的具体情况进行审查。理由成立的，可以列入争议焦点进行审理。"该条是关于"禁反言"的规定，一般认为，"禁反言"原则系诉讼法中诚信原则的一种具体表现形态，主要是防止一方当事人以及其他诉讼参与人出现前后相互矛盾的诉讼行为，从而损害对方当事人的利益，破坏民事诉讼的整体进展。按照《民事诉讼法解释》第二百二十九条规定，当事人对认可的证据反悔的，人民法院应当责令其说明理由。理由不成立的，对证据予以确认；理由成立的，可依据新的意见对相关证据重新予以审核认定。需要强调的是，本条未规定当事人对自认反悔的情形如何处理。2001年《证据规定》第七十四条规定："诉讼过程中，当事人在起诉状、答辩状、陈述及其委托诉讼代理人的代理词中承认的对己方不利的事实和认可的证据，人民法院应当予以确认。但当事人反悔并有相反证据足以推翻的除外。"而本条第二款仅规定了"当事人对认可的证据反悔"的情形如何处理。因当事人对自认的反悔属于撤销自认的范畴，应适用本规定第九条；除此之外，当事人对自认反悔的，还可以通过举证证明自认的事实与客观事实不符来推翻自认，应适用本规定第八条第二款，故本条无需再规定当事人对自认反悔的情形如何处理。

五、本条是人民法院对当事人认可的证据的审核认定规则，也是对人民法院审核认定证据权力的限制

对证据的确认与对案件事实的自认不同，虽然证据是认定事实的依据，但证据类型不同，其证明力亦不同，人民法院在确认证据资格后，还需运用逻辑推理和生活经验对证据的证明力作出判断，从而确定证据的待证事实是否属实。例如，当事人认可的证据属于本规定第九十条规定不能单独作为认定案件事实根据的证据时，人民法院不能凭此孤证认定案件事实，而应结合其他证据综合认定。

【审判实践中需要注意的问题】

1. 本规定第三条规定:"在诉讼过程中,一方当事人陈述的于己不利的事实,或者对于己不利的事实明确表示承认的,另一方当事人无需举证证明。／在证据交换、询问、调查过程中,或者在起诉状、答辩状、代理词等书面材料中,当事人明确承认于己不利的事实的,适用前款规定。"据此,当事人在起诉状、答辩状、代理词等书面材料中,明确对证据表示认可的,也属于诉讼中的认可,但此与证据法上的直接言辞原则相违背。直接言辞原则包括直接原则和言词原则。直接原则指法官必须亲自了解案件的所有材料,在庭上审查证据,听取当事人、证人等的口头陈述,进行辩论,最终作出裁判。其核心在于强调法官对证据的审查必须具有"亲历性"。言词原则指法院审理案件,特别是当事人及其他诉讼参与人对诉讼材料的提出和进行辩论,要在法官面前以口头形式进行,这样取得的材料,才可以作为法院裁判的依据。其核心在强调举证和质证都必须以言词即口头陈述的方式进行。另外,此种证据认可方式也不符合本规定第六十条第二款"当事人要求以书面方式发表质证意见,人民法院在听取对方当事人意见后认为有必要的,可以准许。人民法院应当及时将书面质证意见送交对方当事人"的规定精神。因此,对于当事人在起诉状、答辩状、代理词等书面材料中认可的证据,人民法院仍应组织质证,当事人仍表示认可的,方可作为当事人认可的证据予以确认。

2. 参照本规定第八条第一款规定:"《最高人民法院关于适用〈中华人民共和国民事诉讼法〉的解释》第九十六条第一款规定的事实,不适用有关自认的规定。"当事人认可的证据拟证明事实若涉及可能有损国家利益、社会公共利益的、涉及身份关系的、涉及公益诉讼的、当事人有恶意串通损害他人合法权益可能的、涉及依职权追加当事人、中止诉讼、终结诉讼、回避等程序性事项的，人民法院仍应予以审核认定，不能直接予以确认。

3. 参照《民事诉讼法解释》第一百零七条规定："在诉讼中，当事人为达成调解协议或者和解协议作出妥协而认可的事实，不得在后续的诉讼中作为对其不利的根据，但法律另有规定或者当事人均同意的除外。"当事人为达成调解协议或者和解协议作出妥协而认可的证据，不宜在后续诉讼中作为当事人认可的证据予以确认，应依据质证意见予以审核认定。

4. 本规定第四条规定："一方当事人对于另一方当事人主张的于己不利的事实既不承认也不否认，经审判人员说明并询问后，其仍然不明确表示肯定或者否定的，视为对该事实的承认。"该条系关于拟制自认的规定，不能适用于对证据的认可。当事人拒绝对某一证据发表质证意见的，人民法院应当依据证据审核认定规则并结合案件其他证据情况对该证据予以审核认定。

【法条链接】

《中华人民共和国民事诉讼法》（2017年修正）

第五十九条 委托他人代为诉讼，必须向人民法院提交由委托人签名或者盖章的授权委托书。

授权委托书必须记明委托事项和权限。诉讼代理人代为承认、放弃、变更诉讼请求，进行和解，提起反诉或者上诉，必须有委托人的特别授权。

侨居在国外的中华人民共和国公民从国外寄交或者托交的授权委托书，必须经中华人民共和国驻该国的使领馆证明；没有使领馆的，由与中华人民共和国有外交关系的第三国驻该国的使领馆证明，再转由中华人民共和国驻该第三国使领馆证明，或者由当地的爱国华侨团体证明。

第八十九条 受送达人是军人的,通过其所在部队团以上单位的政治机关转交。

《最高人民法院关于适用〈中华人民共和国民事诉讼法〉的解释》
(2015年1月30日　法释〔2015〕5号)

第八十九条 当事人向人民法院提交的授权委托书,应当在开庭审理前送交人民法院。授权委托书仅写"全权代理"而无具体授权的,诉讼代理人无权代为承认、放弃、变更诉讼请求,进行和解,提出反诉或者提起上诉。

适用简易程序审理的案件,双方当事人同时到庭并径行开庭审理的,可以当场口头委托诉讼代理人,由人民法院记入笔录。

第九十二条 一方当事人在法庭审理中,或者在起诉状、答辩状、代理词等书面材料中,对于己不利的事实明确表示承认的,另一方当事人无需举证证明。

对于涉及身份关系、国家利益、社会公共利益等应当由人民法院依职权调查的事实,不适用前款自认的规定。

自认的事实与查明的事实不符的,人民法院不予确认。

第九十六条 民事诉讼法第六十四条第二款规定的人民法院认为审理案件需要的证据包括:

(一) 涉及可能损害国家利益、社会公共利益的;

(二) 涉及身份关系的;

(三) 涉及民事诉讼法第五十五条规定诉讼的;

(四) 当事人有恶意串通损害他人合法权益可能的;

(五) 涉及依职权追加当事人、中止诉讼、终结诉讼、回避等程序性事项的。

除前款规定外,人民法院调查收集证据,应当依照当事人的申请进行。

第一百零三条 证据应当在法庭上出示，由当事人互相质证。未经当事人质证的证据，不得作为认定案件事实的根据。

当事人在审理前的准备阶段认可的证据，经审判人员在庭审中说明后，视为质证过的证据。

涉及国家秘密、商业秘密、个人隐私或者法律规定应当保密的证据，不得公开质证。

第一百零四条 人民法院应当组织当事人围绕证据的真实性、合法性以及与待证事实的关联性进行质证，并针对证据有无证明力和证明力大小进行说明和辩论。

能够反映案件真实情况、与待证事实相关联、来源和形式符合法律规定的证据，应当作为认定案件事实的根据。

第一百零七条 在诉讼中，当事人为达成调解协议或者和解协议作出妥协而认可的事实，不得在后续的诉讼中作为对其不利的根据，但法律另有规定或者当事人均同意的除外。

第二百二十九条 当事人在庭审中对其在审理前的准备阶段认可的事实和证据提出不同意见的，人民法院应当责令其说明理由。必要时，可以责令其提供相应证据。人民法院应当结合当事人的诉讼能力、证据和案件的具体情况进行审查。理由成立的，可以列入争议焦点进行审理。

《最高人民法院关于民事诉讼证据的若干规定》（2001年12月21日　法释〔2001〕33号）

第八条 诉讼过程中，一方当事人对另一方当事人陈述的案件事实明确表示承认的，另一方当事人无需举证。但涉及身分关系的案件除外。

对一方当事人陈述的事实，另一方当事人既未表示承认也未否认，经审判人员充分说明并询问后，其仍不明确表示肯定或者否定的，视为对该项事实的承认。

当事人委托代理人参加诉讼的，代理人的承认视为当事人的承认。但未经特别授权的代理人对事实的承认直接导致承认对方诉讼请求的除外；当事人在场但对其代理人的承认不作否认表示的，视为当事人的承认。

当事人在法庭辩论终结前撤回承认并经对方当事人同意，或者有充分证据证明其承认行为是在受胁迫或者重大误解情况下作出且与事实不符的，不能免除对方当事人的举证责任。

第七十四条 诉讼过程中，当事人在起诉状、答辩状、陈述及其委托代理人的代理词中承认的对己方不利的事实和认可的证据，人民法院应当予以确认，但当事人反悔并有相反证据足以推翻的除外。

第九十条 ［瑕疵证据的补强规则］

下列证据不能单独作为认定案件事实的根据：

（一）当事人的陈述；

（二）无民事行为能力人或者限制民事行为能力人所作的与其年龄、智力状况或者精神健康状况不相当的证言；

（三）与一方当事人或者其代理人有利害关系的证人陈述的证言；

（四）存有疑点的视听资料、电子数据；

（五）无法与原件、原物核对的复制件、复制品。

【条文主旨】

本条在2001年《证据规定》第六十九条基础上修改形成，是关于瑕疵证据的补强规则的规定。

【条文释义】

本条与2001年《证据规定》第六十九条相比，修改的内容为：一是增加了当事人的陈述，理由在于根据《民事诉讼法》第七十五条的规定，当事人的陈述不能独立证明案件事实，本身即属于需要补强的证据。二是删除了2001年《证据规定》第六十九条第五项"无正当理由未出庭作证的证人证言",理由在于无正当理由未出庭作证的证人证言不符合《民事诉讼法》的规定,没有证据资格。

一、补强规则的含义和意义

补强规则,是指某一证据由于存在证据资格或证据形式上的某些瑕疵或弱点,不能单独作为认定案件事实的依据,必须依靠其他证据的佐证,藉以担保其真实性或补强其证据价值,才能作为定案的依据。补强规则是一项限定证据证明力的规则,要求对特定证据进行补强,否则不能直接定案。其意义在于一方面限制了法官在诉讼中采信证据时的自由裁量权,即法官在民事审判实践中,不得离开法律的明文规定,将当事人提供的证明力较弱的五种证据单独作为认定案件事实的根据;另一方面也为当事人及其代理人在民事诉讼中如何举证指引了方向。

二、补强规则的使用范围和适用条件

补强规则一般适用于言词证据,而且主要适用于刑事诉讼。在我国,补强规则不仅适用于刑事诉讼,同样也适用于民事诉讼和行政诉讼。本条规定明确了补强规则在我国民事诉讼中的适用范围,既适用于言词证据,又适用于物证、书证和视听资料。我国补强规则的适用条件是:

1. 存在需要被补强的证据,该证据符合证据的基本属性,具备基本的证据资格。如果当事人提交的某一证据本身存在内容不真实、与案件事实无关、不具有关联性、取得方式违法等情况的,应依法予以排除,不具备作为被补强证据的前提条件,没有适用补强规则的必要。换言之,补强证据必须具备证明能力,补强规则只涉及证据的证明力问题。本条规定的五种证据即属于被补强的证据。

2. 被补强的证据在证明力方面存在一定的缺陷,例如,本条第一、三、四、五项均涉及证据的真实性存在瑕疵,本条第二项非完全民事行为能力人所作的与其年龄、智力状况或精神健康状况不相当的证言,属于证据能力存在瑕疵,因而都不具有单独的证据价值,需要结合其他证据补强其证明力。

3. 被补强证据的缺陷足以严重影响该证据的证明力,导致该证据不能单独作为认定案件事实的根据。被补强的证据虽然具备证据能力,但达不到认定案件事实所需的证明力强度,此时,若没有补强证据,该被补强证据的证明力只能视为零,不能作为认定案件事实的根据。如本条第三项,"与一方当事人或者其代理人有利害关系"这一因素,致使该证人所作的证言的真实性,从常理看存在可疑之处,从而降低了其证言的证明力强度,需要补强证据予以补强。证人证言也可能存在"证人表达能力较差"的缺陷,但一般情况下这一弱点并不影响该证言的证明力,因而也无需适用补强规则。

三、当事人陈述的范围

当事人作为民事诉讼的主体,其在诉讼中的陈述包括多方面的内容,比如,关于诉讼请求的陈述、关于事实和理由的陈述、关于与案件有关的其他事实的陈述、关于证据分析的陈述、关于案件的性质和法律问题的陈述等。本条规定的"当事人陈述"是狭义上的当事人陈述,指当事人在诉讼中向人民法院所作的关于案件事实的叙述和承认。当事人陈述具有以下特点:

1. 当事人是民事法律关系的参加者,对争议法律关系的内容及有关的法律事实有真实的了解,倘若他们如实陈述,可提供真实的证据;

2. 当事人双方地位对立,与案件结果有直接利害关系,故容易强调自己的理由,夸大对方的责任,有时甚至会故意夸大、缩小、歪曲事实真相,作出有利于自己的陈述。因此,对于当事人陈述,应注意去伪存真,既重视其陈述,又不盲目轻信其陈述。

在英美法系国家和地区,当事人陈述并不是一种独立的证据形式,当事人被视为证人,是证人的一部分。当事人需要就案件事实向法院陈述时,适用证人规则。大陆法系国家和地区在对待作为证据资料的当事人陈述之利用上存在两种做法,一种是将当事人陈述作为补充性证据方法,只有在法官依其他证据无法就案件事实的真伪形成内心确信时,才能就待证事实对当事人进行询问。德国《民事诉讼法》即采取此种做法。另一种以日本《民事诉讼法》为代表,对当事人陈述的适用不作限制,法官在证据调查的任何阶段均可自由决定是否对当事人进行讯问。前苏联《民事诉讼法》将当事人陈述作为独立的证据形式,但立法上并不是简单地把当事人的陈述作为证据来使用,而是要求法院把当事人的陈述与其他证据进行对照,用其他证据来审查当事人的陈述,在被其他证据证明为真实后才能把它作为证据。我国《民事诉讼法》是参照前苏联《民事诉讼法》制定的,有关证据意义的当事人陈述也是采取与前苏联《民事诉讼法》相同的立场,将当事人陈述作为一种单独的证据形式。但与前苏联对待当事人陈述的立场一致,当事人陈述的地位仍然是辅助性的,需要与其他证据结合起来进行综合判断才能确定是否作为认定案件事实的依据。我国《民事诉讼法》第七十五条第一款规定:"人民法院对当事人的陈述,应当结合本案的其他证据,审查确定能否作为认定事实的根据。"

当事人在一般情况下总会作出对自己有利的陈述,而不会作出对自己不利的陈述,从而导致法官对当事人陈述的真实性产生疑问。一旦将当事人的陈述单独作为认定案件事实的根据,就极有可能导致案件错判,故《民事诉讼法》明确规定当事人陈述不能独立证明案件事实。但当事人的陈述可分为不利于自己的陈述和有利于自己的陈述,本规定第三条第一款规定:"在诉讼过程中,一方当事人陈述的于己不利的事实,或者对于己不利的事实明确表示承认的,另一方当事人无需举证证明。"据此,当事人陈述的于己不利的事实构成自认,另一方当事人无需举证证明,可以单独作为认定案件事实的根据。故本条中当事人的陈述应指当事人有利于自己的陈述。

四、无民事行为能力人或者限制民事行为能力人证言的认定

认定无民事行为能力人或者限制民事行为能力人所作证言与其年龄、智力状况或者精神健康状况是否相当时,可以根据案件的复杂程度、对智力发育的要求程度,结合证人的年龄、生理、性格、习惯、受教育的条件和程度,需作证事物的客观环境、条件等综合认定。例如,在一起离婚纠纷案件中,原告一方申请9岁的儿子赵某作为证人出庭作证,当被问到被告有没有出轨时,赵某回答有,并称被告在外面风流。经法庭询问,赵某并不知道风流的含义,并称风流等词是原告教的。本案中赵某关于被告出轨的证言便是与其年龄和智力状况不相当的证言,不能单独作为认定被告出轨事实的根据。

五、本条第三项中的"利害关系"包括亲属关系、其他密切关系及不利关系

"亲属关系"如夫妻、父母、子女、同胞兄弟姐妹;"其他密切关系"如世交关系、长期合作关系;"不利关系"如长期不和睦关系、激烈竞争关系、刑事上的加害与被害关系。与一方当事人有亲属关系、密切关系等利害关系的证人所作的有利于该当事人的证言或者不利于对方当事人的证言,以及与一方当事人有不利关系的证人所作的不利于该当事人的证言或者有利于对方当事人的证言,均属于本项规定的证言,不能单独作为认定案件事实的根据。

六、视听资料作为一种法定证据种类,具有主观性强、动态直观、能够逼真准确地再现案件事实的特点

但视听资料因具有极高的科学技术成分,也很容易被修改、伪造、裁剪，因而对于存有疑点的视听资料不能单独作为定案依据。例如，在一起借款纠纷案件中，被告提交了其录制的与原告的谈话录音、录像片等视听资料作为证据，拟证明其已还款的事实。但被告未提交该视听资料的原始载体，提交的复制件从显示时间看，由多个片段拼接组成，原告对该视听资料的内容提出异议。本案中被告提交的视听资料即属于有疑点的视听资料。

七、当事人向人民法院提供的证据，应当提供原件或原物

本规定第十一条规定："当事人向人民法院提供的证据，应当提供原件或者原物，如需自己保存的证据原件、原物或者提供原件、原物确有困难的，可以提供经人民法院核对无异的复制件或者复制品。"据此，当事人举证虽然可以提供复制件或复制品，但必须由人民法院与原件进行核对，核对无异的才能与原件等同，无法与原件核对的复印件与复制品即属于有瑕疵的证据。复制品和复印件在性质上属于传来证据，是从原件、原物等原始证据派生出来的，其在传来过程中容易失真，故必须将复制件与复制品与原件、原物进行核对。未经核对的复印件、复制品，其真实性和可靠程度不能断定，其证明能力不够完整，故不能单独作为定案依据，必须经过对方当事人承认认可或其他证据补证。

【审判实践中需要注意的问题】

1. 补强证据指增强或担保主证据证明力的证据，补强证据本身必须具备证据能力和证明力。补强证据一般作为间接证据证明案件事实，以增强主证据的证明力。本条所列的五种证据，在没有补强证据的情况下，不能单独作为认定案件事实的根据。本身证明力薄弱的证据不能作为另一个证据的补强证据。如当事人提供了与其有利害关系的两个证人所作的证言，在此情况下，这两份证人证言之间，相互不能作为补强证据。此时，可以用其他与一方当事人或者其代理人无利害关系的证人所出具的证言，包括非完全民事行为能力人所作的与其年龄、智力状况或者精神健康状况相当的证言作为补强证据。当然，也可以用视听资料、书证、物证等其他证据作为补强证据。

2. 补强证据的证明程度和数量。补强证据与被补强证据相互结合后，能够共同证明案件事实的存在即可。需要有多少数量的补强证据，才能与被补强证据共同作为认定案件事实的根据，由法官在审理案件中具体判断。当补强证据与被补强证据相互结合，能够达到高度盖然性的证明标准时，即为适当的补强证据数量。

3. 对于本条所列证据类型，如无相应的补强证据存在，或结合补强证据仍不能达到法律规定的证明标准时，属于《民事诉讼法解释》第九十条第二款中规定的"证据不足以证明其事实主张的"情况，由负有举证责任的当事人承担不利的后果。

【法条链接】

《中华人民共和国民事诉讼法》（2017年修正）

第七十五条 人民法院对当事人的陈述，应当结合本案的其他证据，审查确定能否作为认定事实的根据。

当事人拒绝陈述的，不影响人民法院根据证据认定案件事实。

《最高人民法院关于适用〈中华人民共和国民事诉讼法〉的解释》（2015年1月30日 法释〔2015〕5号）

第九十条 当事人对自己提出的诉讼请求所依据的事实或者反驳对方诉讼请求所依据的事实，应当提供证据加以证明，但法律另有规定的除外。

在作出判决前，当事人未能提供证据或者证据不足以证明其事实主张的，由负有举证证明责任的当事人承担不利的后果。

《最高人民法院关于民事诉讼证据的若干规定》（2001年12月21日　法释〔2001〕33号）

第六十九条　下列证据不能单独作为认定案件事实的依据：

（一）未成年人所作的与其年龄和智力状况不相当的证言；

（二）与一方当事人或者其代理人有利害关系的证人出具的证言；

（三）存有疑点的视听资料；

（四）无法与原件、原物核对的复印件、复制品；

（五）无正当理由未出庭作证的证人证言。

第九十一条 ［公文书证的复制件、副本、节录本证明力］

公文书证的制作者根据文书原件制作的载有部分或者全部内容的副本，与正本具有相同的证明力。

在国家机关存档的文件，其复制件、副本、节录本经档案部门或者制作原本的机关证明其内容与原本一致的，该复制件、副本、节录本具有原本相同的证明力。

【条文主旨】

本条系新增条文，是关于公文书证的复制件、副本、节录本证明力的规定，是对《民事诉讼法解释》第一百一十四条规定的补充和细化。

【条文释义】

一、公文书的理解

依据制作主体的不同，书证可以分为公文书和私文书。公文书与私文书相对，是指具有公共信用的公共管理机关在行使公权力的过程中基于权限所制作的文书。① 如身份证、户口簿、护照、房屋管理部门颁发的产权证书以及公共管理机关依职权作出的各种命令、决议、决定、通知、指示、信函等皆应属公文书的范畴。根据内容的不同，公文书可以分为处分性公文书和报告性公文书。其中，记载公共管理机关意思表示的公文书为处分性公文书，如判决书、裁决书等；而记载公共管理机关观念表示或认识的公文书则为报告性公文书，如登记簿等。公文书作为证据使用时被称之为公文书证，在书证领域内具有重要地位。我国法律中，对公文书证证明力规则的规定主要集中在2001年《证据规定》第七十七条以及《民事诉讼法解释》第一百一十四条。《民事诉讼法解释》第一百一十四条对公文书证的证明力进行了规定，但未对公文书证副本、复制件及节录本的证明力作出明确规定。

关于当事人提交公文书证复制件、副本、节录本是否与原件有同等证明力的问题。讨论书证复制件、副本、节录本的证据效力的问题与最佳证据规则密切相关。最佳证据规则是英美法系中历史悠久、影响深远的制度之一，又称"原始文书规则"。关于最佳证据规则的内涵，具体是指某一特定的有关案件的事实，只能采用能够寻找到的最令人信服和最有说服力的有关最佳证据的方式予以证明，② 其适用的范围包括文书、记录、照片等。由于"文字或其他符号，如差之毫厘，其意义则可能失之千里；观察时错误危险甚大，尤以当其实质对于视觉有所近似时为然。因此之故，除提出文书之原本以供检阅外，于证明文书之内容时，诈伪及类似错误之机会自必甚多。"③ 因而，书证的原件要优于复制件、副本、节录本，为第一位的证据。但最佳证据规

---

① 沈德咏主编：《最高人民法院民事诉讼法司法解释理解与适用》（上），人民法院出版社2015年版。

② 李国光主编：《最高人民法院〈关于民事诉讼证据若干规定〉的理解与适用》，中国法制出版社2002年版，第475页。

③ 埃德蒙·摩根：《证据法之基本问题》，李学灯译，台湾地区世界书局1982年版，第385页。

则并不要求在所有情况下都必须提交原件。英美法系在注重对书证原件的运用，并将其作为第一手证据材料的同时，也注重对书证复制件的可采性，并规定在一些特定情形下或具有正当理由时，书证的复制件具有与原件相同的证据力，同时坚持两者并重的原则。① 例如，美国《联邦证据规则》第1005条规定，一个官方记录的内容，或者一个经由权力机构记录或者存档的文件满足：该记录或文件本身具有可采性；该记录或文件的复制件以与第902条第（4）项相吻合的方式获得验证，或者经过两者进行比较后认定为复制件与原件同一的证人作证证明，则该内容可以以复制件的形式获得证明。由此可见，在英美法系的传统中，对于权力机构的记录或存档的文件、法院的记录等，证明其内容时不再以出具原件为必须。在经过相应地审查认证程序后，则可以以提出副本或复制件作为证据。

在大陆法系的德国、日本的民事诉讼法中，则是从审查书证的真实性角度出发，原则上要求提供原件，但如果缮本的内容与原本内容一致时，则可提出缮本。② 例如，德国《民事诉讼法》第435条规定："对于公文书，可以提出原本或提出经认证的缮本，但缮本在认证后须具有公文书的要件；法院也可以命举证人提出原本，或命其说明不能提出原本的原因并加以释明。举证人不服从命令时，法院依自由心证对该认证缮本的证明力作出判断。"此外，依据日本《民事诉讼法》的规定，提出公文书证时，可提出正本或已认证的缮本，但法院可以要求举证的当事人提出正本，如果当事人不遵守法院的命令，法院则以自由心证，判断缮本的证据力。③ 本条规定与大陆法系民事诉讼法以及英美法系中的规定相近，明确了当事人提交的"经过认证"的复制件、副本、节录本具有与原件相同的证明力。

---

① 洪冬英：《论书证复制件的证据效力》，载《政治与法律》，2011年第6期。
② 张永泉：《书证制度的内在机理及外化规则研究》，载《中国法学》，2008年第5期。
③ 张永泉：《书证制度的内在机理及外化规则研究》，载《中国法学》，2008年第5期。

二、"经过认证"的副本、复制件、节录本的理解

首先要厘清原本、副本、复制件、节录本的概念。基于书证的来源的不同,可以将书证分为原本、正本、副本、复制件、节录本。原本是指文件制作人最初作成,以反映制作人意思或思想为目的的文件,既可以是手写的,也可以是打印的。正本是指按原本抄录或印制,与原本具有相同效力的文本。副本是该文书的全部内容按照原本制作,对外具有与原本同样效力的文书。一般而言,副本是与正本或原本相对应的概念。复制件是指从内容、形式或性质上对原件的摹写。[①] 实践中,复制包含了多种方法,复印则只是其中的一种,因而复制件的外延要大于复印件,不能将两者直接等同。复制件中还包括了照片、影印件和抄录本等。节录本是指原本、正本、副本中摘录下来的原本、正本、副本的主要内容。[②] 其次,"经过认证"指的是该公文书的副本是由公文书制作者依据原本制作,或是国家机关存档文件的副本、复制件、节录本经过档案部门或制作者证明内容一致。目的在于保证副本、复制件、节录本所载内容为制作者作出的意思表示,内容真实。再次,正确理解公文书证制作者。我国学界对于公文书证的概念不尽统一,故对公文书证制作者的范围也理解不一。具体而言,有的观点认为,公文书证仅是国家机关及其工作人员在职权范围内,针对特定事项依照法定程序,通过法定方式作出的文书。该观点强调公文书的判断标准包括三个方面,其一是制作主体必须是国家机关及其工作人员;其二是制作的范围必须在法定权限内,具有确定的意思表示和用途;其三是制作手段必须依照法定程序,遵循法定的方式,大部分都

[①] 李国光主编:《最高人民法院〈关于民事诉讼证据若干规定〉的理解与适用》,中国法制出版社2002年版,第153页。

[②] 吴高盛主编:《〈中华人民共和国民事诉讼法〉释义与实用指南》,中国民主法制出版社2012年版,第217页。

有特定的格式，并要加盖制作该文书的机关的印章，具有明显的标志。①

也有观点认为，公文书证一般是指国家机关及其公务人员在其职权范围内制作的文书，例如，结婚证、房产证、营业执照、专利证书等；除此之外，在我国，事业单位、社会团体或有关组织在其权限范围内作出的文书也属于公文书，如会计师事务所出具的验资报告、医院出具的死亡证明、高等学校出具的学位证明等。② 显然，在该观点中，公文书的制作主体包括国家机关及其公务人员、事业单位、社会团体和相关组织，其所涵盖的范围大于前一种观点。但在司法解释层面，2001 年《证据规定》第七十七条规定了公文书证的主体是国家机关和社会团体，《民事诉讼法解释》第一百一十四条明确了公文书证是国家机关或者其他依法具有社会管理职能的组织，在其职权范围内制作的文书。在我国，国家机关和按照国家机关管理或者行使社会管理职能的共青团、妇联、工会、行业协会等，均具有公共信用或者社会公信力，均可以成为公文书证的制作主体。③

三、"经过认证"的公文书副本、复制本、节录本的证明力

我国《民事诉讼法解释》第一百一十四条中规定了公文书证具有所载的事项推定真实的效力，则"经过认证"的公文书证的复制件、副本、节录本也具有相同的效力。具体而言，公文书证的证明力包括形式证明力和实质证明力两方面。形式证明力是指其被允许进入诉讼质证环节的前提条件，它要求书证本身是真实的，为当事人主张的文书制作者所作出，而不是伪造所得。公文书证，不论是处分性公文书

---

① 占善刚：《证据法论》，武汉大学出版社 2015 年版，第 86 页。
② 江伟：《民事诉讼法》，中国人民大学出版社 2013 年版，第 177 页。
③ 沈德咏主编：《最高人民法院民事诉讼法司法解释理解与适用》（上），人民法院出版社 2015 年版。

证或是报告性公文书证,均具有形式证明力。实质证明力则是指具有足够证明力而可以作为定案的根据,即所谓"某种有形物可作为证据方法的法律上的正当性叫作证据能力,无证据能力的有形物不准作为合法的证据进行调查,即使调查其结果不能作为认定事实的资料"。①对于书证,实质证明力要求其所记载的内容真实可靠,与待证事实有关联性,能够证明待证事实。公文书证被推定具有实质证明力,即依照法定程序意旨得出的公文书,其所记载的内容被推定为真实,若对方当事人有争执,则需承担公文书证不真实的举证证明责任。因此,"经过认证"的副本、复制件、节录本具有与公文书证相同的证明力意味着,该复制件、副本、节录本也当然被推定具有形式证明力,并且其所记载的事项也同样能够被推定为真实,当对方当事人对此有异议,则需承担公文书证复制本、副本、节录本不真实的举证证明责任。

【审判实践中需要注意的问题】

1. 注意对公文书证制作者的认定。一般而言,公文书证的制作主体比较容易识别,但由于计划经济时期很多国有企业负有社会管理职能,因此对于公文书证副本、复制件等的制作者是否属于国家机关或具有社会管理职能组织的范畴,应结合具体情况加以分析。如果公文书是国家机关或具有社会管理职能的组织超出其职权范围作出的,那么该书证就不能称之为公文书证,相应的也就不具有法律规定公文书证的证明力,其复制件、副本以及节录本同样也不具有法律规定的证明力。

2. 对于单位出具的证明材料,无论其制作主体是否具有社会管理职能,都不属于公文书证的范畴。因此,单位出具的证明材料的复制

---

① 转引自洪冬英:《论书证复制件的证据效力》,载《政治与法律》,2011年第6期。

件、副本、节录本并不当然推定其具有实质证明力。

【法条链接】

《最高人民法院关于适用〈中华人民共和国民事诉讼法〉的解释》（2015年1月30日 法释〔2015〕5号）

第一百一十四条 国家机关或者其他依法具有社会管理职能的组织，在其职权范围内制作的文书所记载的事项推定为真实，但有相反证据足以推翻的除外。必要时，人民法院可以要求制作文书的机关或者组织对文书的真实性予以说明。

《最高人民法院关于民事诉讼证据的若干规定》（2001年12月21日 法释〔2001〕33号）

第七十七条 人民法院就数个证据对同一事实的证明力，可以依照下列原则认定：

（一）国家机关、社会团体依职权制作的公文书证的证明力一般大于其他书证；

（二）物证、档案、鉴定结论、勘验笔录或者经过公证、登记的书证，其证明力一般大于其他书证、视听资料和证人证言；

（三）原始证据的证明力一般大于传来证据；

（四）直接证据的证明力一般大于间接证据；

（五）证人提供的对与其有亲属或者其他密切关系的当事人有利的证言，其证明力一般小于其他证人证言。

第九十二条 ［私文书证审核认定规则］

私文书证的真实性，由主张以私文书证证明案件事实的当事人承担举证责任。

私文书证由制作者或者其代理人签名、盖章或捺印的，推定为真实。

私文书证上有删除、涂改、增添或者其他形式瑕疵的，人民法院应当综合案件的具体情况判断其证明力。

【条文主旨】

本条系新增条文，是关于私文书证审核认定规则的规定，包括私文书证真实性的举证责任、形式真实的判断及瑕疵私文书证的认定三方面内容。

【条文释义】

一、私文书的理解

私文书与公文书相对应，私文书是指公文之外的文书。当私文书被作为证据使用时，即为私文书证。私文书证与公文书证是依据制作主体的不同而对书证进行的划分。基于该划分在逻辑上是周延的，某一书证要么属于公文书证，要么属于私文书证，不可能存在中间类型。① 如私人财务账簿，纵然经税务机关核验盖章，也是私文书证。本条第一款是关于私文书证真实性的举证责任的规定，而书证真实性的判断，恰恰体现了私文书证与公文书证之间的不同。《民事诉讼法解释》第一百一十四条规定了公文书证证据力的特殊性，反映出公文书证与私文书证间的区分，而本条实际上又从私文书证证明力的角度，再次明确公文书证与私文书证的区别。

公文书证是国家机关或具有社会管理职能的组织在其权限范围内，依据法定的程式制作而成，是其行使公共管理职权的一种形式，故具有公信力。在形式证据力上，无论是处分性公文书证还是报告性公文书证均具有形式证据力；在实质证据力上，推定其所载内容为真实，若当事人对公文书证的真实性存疑，则有争执的当事人需要对相反的事实承担本证证明责任。相反，私文书无从依其程式及意旨，推定文书之真伪。② 因而，在形式证据力上，通过援引私文书证证明案件事实的当事人，负有对私文书证形式真实性的举证责任。若对方当事人挑战私文书的形式真实，则仅负有反证的责任，使法官对该文书形式证据力的判断陷入真伪不明即可，无须像否定公文书形式证据力那样承担提供本证的责任。在实质证据力上，则需要依靠法官自由心证，结合案件中其他证据材料、当事人陈述等因素进行判断。具体而言，当事人已经举证或通过推定，认定其所援引的私文书证具有形式真实性，一般而言，法官不能直接依据该私文书证的形式真实性来推定私文书证具有实质证明力，并以此作为裁判的事实依据，还应有其他证据予以补强。但若援引的私文书证中所载内容，是对援引的当事人不利的

---

① 张海燕：《推定在书证真实性判断中的适用——以部分大陆法系国家和地区立法为借鉴》，载《环球法律评论》，2015年第4期。

② 杨建华：《民事诉讼法要论》，郑杰夫增订，台湾地区三民书局股份有限公司1999年版，第281页。

内容，则一般应当认定该部分内容具有实质证明力。除此之外，司法实践中还经常出现当事人对私文书证上的签章没有异议，但主张系在有签字盖章的空白文书上补写内容形成的私文书证，或者当事人主张私文书证系受胁迫所立，或是主张私文书证经过了对方当事人变造等情形。① 若对方当事人是以存在胁迫或系空白文书上补写的内容等主张，否认该私文书证的实质内容，则提出该主张的当事人应就其所主张事实承担举证责任。一般而言，当双方当事人对私文书记载的权利义务关系等实质内容有异议时，援引私文书的一方当事人仍继续承担私文书实质真实的举证责任，但法院也应进一步审查私文书证的真实性，在此过程中允许当事人提交证据证明私文书不真实、不全面。② 总而言之，私文书证实质证明力的大小，仍需法院依据私文书内容的具体情形作出判断。

二、私文书证形式真实的推定

对于私文书证形式真实的判断，可以分为带有署名的私文书证和不带有署名的私文书证两种。其中，带有署名的私文书证就包括了本条第二款中规定的签名、盖章、捺印的形式。在大陆法系的德国和日本的《民事诉讼法》中，都有条文明确规定了有签章的私文书证形式真实的推定。例如，日本《民事诉讼法》第228条第4款规定："私文书，有本人或其代理人的签名或盖章时，推定为其制作是真实的。"德国《民事诉讼法》第440条第2款规定："书证上署名的真实性已被确定或者书证上的手印得到公证时，具有该项签名或手印的文字记载，推定其本身是真实的。"对于不带署名的私人书证，其形式真实性的判断仍应依据本条第一款规定，由主张以私文书证证明案件事实的当事

---

① 赵志超、赵贵龙：《民事诉讼私文书证适用规则疑难问题研究》，载《法律适用》，2015年第11期。
② 肖建国：《书证的真实性及其举证责任》，载《中国审判》2010年第53期。

人承担举证责任。

私文书证上的署名应为制作者或其代理人作出。相较于本人，制作者的范围更加宽泛。在这其中不仅包括作出私文书证的自然人，还包括被排除在国家机关或具有社会管理职能组织之外的其他单位或者组织等。此外，即使是国家机关或者具有社会管理职能的组织，若是在其职权范围之外作出的文书，也为私文书证而不是公文书证，故此时其也属于私文书证的制作者。其次，虽然私文书证真实性的举证责任由援引私文书的一方当事人承担，但这是在私文书证真伪不明、对方当事人对私文书的真实性存在争议的情况下。如果当对方当事人对私文书的形式真实性不提出异议，或者承认该私文书证为真时，那么援引私文书的一方当事人也没有必要证明私文书的形式真实。[①] 再次，本条第二款规定的推定真实，并没有改变本条第一款所规定的举证责任。此外，对于经过公证的私文书证，表明私文书的制作人确实曾为该文书所记载内容的意思表示，具有形式上的真实性。若当事人提交经过公证的私文书证，则对于该文书的形式真实就不需再承担举证责任。但私文书即使经特定机关认证或认可，也不改变其为私文书证的性质。故对于经过公证的私文书是否具有实质证明力的判断，不同于公文书证，不能够推定其所记载的内容真实，而是仍依赖于法官的自由心证。

三、瑕疵私文书证证明力的认定

对于瑕疵书证，存在多种界定。例如，有的观点认为瑕疵书证主要指的是书证在物理表现上的瑕疵，主要包括字符的涂改、添加、删减和载体的破损、残缺等，将之作为书证形式上完整性的对应。[②] 也有观点认为"瑕疵"是指收集证据的手段或证据的表现形式有缺陷。瑕

[①] 肖建国：《书证的真实性及其举证责任》，载《中国审判》2010年第53期。
[②] 张卫平：《民事证据制度研究》，清华大学出版社2004年版，第544页。

疵书证包括多种类型，依据残损程度的不同，瑕疵书证可以分为轻微残损书证、一般破损书证、严重破损书证以及经过修复的破损书证。根据瑕疵情形的不同，还可以分为载体存在瑕疵的证据，即文书本身的物理上的完整性受到损坏；内容瑕疵的证据，即文书上记载的字符出现删除、增添等改动的情况；签署存在瑕疵的证据。瑕疵书证的"瑕疵"是相对于法律对诉讼证据的要求而言的。[1] 作为定案根据的证据的特性，表现在证据的证据能力和证明力两个方面。证据能力，又称证据资格，它是指证据作为定案的根据时应当具有的性质，根据我国法律的规定，证据应具有真实性、关联性和合法性，要求证据所反映的内容应当是真实的、客观存在的；证据与案件事实之间存在客观联系；证明案件真实情况的证据必须符合法律规定的要求。证据的证明力也叫作证据的证据力，是指证据事实对案件事实证明作用的有无和证明程度的大小问题。由于书证发生瑕疵的类型不同，存在缺陷的程度不同，因而在不同案件中对证据证明力的影响也各异。[2] 如若书证存在轻微瑕疵，导致该证据的其他特征或许因瑕疵而存在较大缺失，但与待证事实相关的特征的残损程度极为微小，甚至没有缺失，则可以视同其为完整的书证。一般瑕疵的书证，可能残余的部分能证明部分案件事实或通过补正使残损的得以完整。故对于瑕疵书证的证明力，需要结合具体情况进行综合判断，而不能一概而论。

瑕疵书证大多存在于私文书证中，因为相较于公文书证，私文书证更容易存在瑕疵。公文书由于是国家机关及具有社会管理职能的组织在职权范围内依特定程式制作，并且在作出之前都经过多次校对和修改。因此，公文书在形式上一般不会出现瑕疵。但私文书不同，正如前文所述，私文书的制作主体广泛，制作者的知识和经验水平也参差不齐，并且私文书也无固定的格式可供参考，就造成了实践中的私

---

[1] 宋强：《书证若干问题探讨》，四川大学2005年博士学位论文，第107页。
[2] 杜国栋：《论证据的完整性》，中国政法大学出版社2012年版，第227页。

文书证往往存在各种形式上的瑕疵。私文书证存在瑕疵，如删除、涂改、增添等，会对私文书证的形式真实产生影响。如有署名的私文书被推定真实的一个前提在于该署名的真实性，如果该署名存在瑕疵，如签名不连贯、存在涂改等情况，使得法官难以形成该签名、盖章或捺印系真实的心证；或者对方当事人有明确证据表明援引该私文书的当事人有利用掌握对方印章、印鉴期间伪造书证，利用制作人神志不清捺下手印的可能时，则不能作出这种形式真实的推定，此时主张以私文书证证明案件事实的当事人仍应就该私文书证的真实性承担举证责任。

对于瑕疵私文书证的证明力，人民法院应综合案件的具体情况进行判断，不能机械认定。首先，瑕疵是指私文书证外观形式上的瑕疵，可能表现为私文书的署名被涂改或添加、私文书的正文被涂改、添加或者变造等；也可能是私文书本身的载体存在残缺、修补等。其次，对于存在瑕疵的私文书证，不能直接适用本条第二款规定当然推定其为真实。但如果依据证据补强规则，在经过其他证据补充之后以及依靠其他证据的佐证，能够说服法官形成该私文书证系真实的心证，则应认定该私文书证真实。最后，私文书证的证明力包括了形式证明力与实质证明力，只有形式真实的私文书，才具有在诉讼中作为证据的资格，即具有形式证明力。形式证明力是实质证明力的基础和前提。私文书记载内容与客观事实相符的，具有实质证明力。不能依据带有签章的私文书证形式真实的推定，直接认定其实质真实，否则实际上存在加重了对方当事人证明该私文书证不真实的责任的，可能不利于事实的认定。这是私文书证与公文书证实质证明力的不同之处。因而，人民法院对瑕疵文书证明力的判断，宜首先结合案件具体情况对私文书证的形式真实加以判断，如果私文书证连形式证明力的要求都不符合，则无需再进行实质证明力的判断。对私文书证证明力的判断，最终还要由法官通过自由心证，运用经验法则和逻辑推理，结合当事人举证、质证的结果以及案件事实综合认定。

【审判实践中需要注意的问题】

1. 私文书证由援引一方对其真实性负有证明责任。在对私文书证的真实性发生争执而法官无法判断时，由援引私文书证的当事人承担继续证明的责任。如对签名或者印章真伪发生争执，申请鉴定的义务通常在于援引私文书证的一方当事人。

2. 实践中，对于具有制作者或其代理人签字、盖章、捺印的私文书证，虽可以推定为形式真实，但不意味着书证即能够证明待证事实。书证对待证事实的证明作用需要根据其关联性等因素，并与其他证据相结合进行综合判断。

【法条链接】

《最高人民法院关于适用〈中华人民共和国民事诉讼法〉的解释》（2015年1月30日　法释〔2015〕5号）

第一百一十四条　国家机关或者其他依法具有社会管理职能的组织，在其职权范围内制作的文书所记载的事项推定为真实，但有相反证据足以推翻的除外。必要时，人民法院可以要求制作文书的机关或者组织对文书的真实性予以说明。

第九十三条 ［判断电子数据真实性因素］

人民法院对于电子数据的真实性，应当结合下列因素综合判断：

（一）电子数据的生成、存储、传输所依赖的计算机系统的硬件、软件环境是否完整、可靠；

（二）电子数据的生成、存储、传输所依赖的计算机系统的硬件、软件环境是否处于正常运行状态，或者不处于正常运行状态时对电子数据的生成、存储、传输是否有影响；

（三）电子数据的生成、存储、传输所依赖的计算机系统的硬件、软件环境是否具备有效的防止出错的监测、核查手段；

（四）电子数据是否被完整地保存、传输、提取，保存、传输、提取的方法是否可靠；

（五）电子数据是否在正常的往来活动中形成和存储；

（六）保存、传输、提取电子数据的主体是否适当；

（七）影响电子数据完整性和可靠性的其他因素。

人民法院认为有必要的，可以通过鉴定或者勘验等方法，审查判断电子数据的真实性。

【条文主旨】

本条系新增条文，是关于判断电子数据真实性因素的规定。

【条文释义】

一、电子数据真实性的理解

《民事诉讼法解释》第一百零四条第一款规定:"人民法院应当组织当事人围绕证据的真实性、合法性以及与待证事实的关联性进行质证,并针对证据有无证明力和证明力大小进行说明和辩论。"所谓证据的真实性也称证据的客观性,是指一切民事诉讼证据都必须是客观存在的真实,它不以人的意志为转移,任何人的想象、揣测和臆造,都不能成为民事诉讼的证据,这也是民事诉讼的最本质的特征。证据的真实性有两个层面的含义:一是证据载体的真实性,即证据本身必须是真实存在的,不能是伪造、变造的;二是证据事实的真实性,即证据所记录或反映的信息必须是可靠和可信的,而不能是虚假的。

证据的真实性关乎证据证明力的评价,电子数据的收集、审查判断面临的核心问题就是真实性问题。电子数据的真实性包括电子数据载体的真实性、电子数据的真实性和电子数据内容的真实性。电子数据载体的真实性,是指存储电子数据的媒介、设备在诉讼过程中保持原始性、同一性、完整性,不存在被伪造、变造、替换、破坏等问题。如《最高人民法院关于适用〈中华人民共和国刑事诉讼法〉的解释》第九十三条中规定电子数据应当着重审查如下内容:"是否随原始存储介质移送;在原始存储介质无法封存、不便移动或者依法应当由有关部门保管、处理、返还时,提取、复制电子数据是否由二人以上进行,是否足以保证电子数据的完整性,有无提取、复制过程及原始存储介质存放地点的文字说明和签名。"其中,"是否随原始存储介质移送"就是针对电子数据载体的。电子数据的真实性问题,是指作为电子数据信息在技术层面的存在形式的电子数据是否真实,是否与原始数据保持一致，是否存在被修改、删除、增加等问题。电子数据内容的真实性，是指电子数据所包含的信息与案件中其他证据所包含的信息能够相互印证，从而准确证明案件事实。

电子数据的完整性与可靠性是认定电子数据真实性的主要指标。电子数据的完整性包括形式上的完整性和内容上的完整性。形式上的完整性是指电子证据必须保持生成之时的原状。而电子证据内容上的完整性是指电子证据自形成之时起，其内容保持完整、未遭到非必要的添加或删除。可靠性是指电子证据内容上的真实性，它是电子证据的内在质量特征，它向电子证据使用者保证，电子证据与所要反映的事实是一致的。如果对电子证据未进行关键性的更改，仅对电子文件进行格式调整、注明来源、形成过程和取得日期等非关键性的更改，并不影响电子证据的完整性。① 电子数据完整性依赖于形成、存储或者传输该电子数据的计算机系统的完整性，一是记录电子数据的系统必须处于正常的运行状态，如果系统曾处于不正常状态，则对数据的完整性构成了影响；二是数据记录必须在业务活动的当时或即后制作，而专为某项目的如诉讼而制作的电子记录无法确保其完整性；三是在正常运行状态下，系统对业务活动必须有完整的记录，完整的记录是指数据电文信息、附属信息和系统环境信息要统一。② 我国《电子签名法》第八条规定："审查数据电文作为证据的真实性，应当考虑以下因素：（一）生成、存储或者传递数据电文方法的可靠性；（二）保持内容完整性方法的可靠性；（三）用以鉴别发件人方法的可靠性；（四）其他相关因素。"《最高人民法院、最高人民检察院、公安部关于办理刑事案件收集提取和审查判断电子数据若干问题的规定》第二十二条规定："对电子数据是否真实，应当着重审查以下内容：（一）是否移

---

① 聂铄：《电子证据在民事诉讼中的运用》，载武汉大学学报（哲学社会科学版）2006年7月第4期。
② 何家弘主编：《电子证据法研究》，法律出版社2002年版，第152页。

送原始存储介质；在原始存储介质无法封存、不便移动时，有无说明原因，并注明收集、提取过程及原始存储介质的存放地点或者电子数据的来源等情况；（二）电子数据是否具有数字签名、数字证书等特殊标识；（三）电子数据的收集、提取过程是否可以重现；（四）电子数据如有增加、删除、修改等情形的，是否附有说明；（五）电子数据的完整性是否可以保证。"参考《电子签名法》和《最高人民法院、最高人民检察院、公安部关于办理刑事案件收集提取和审查判断电子数据若干问题的规定》所确定的考量因素，我们对审查认定电子数据真实性的主要考虑因素进行规范。

二、判断电子数据真实性的主要考虑因素

（一）电子数据的生成、存储、传输所依赖的计算机系统硬件、软件环境是否完整、可靠

计算机系统硬件、软件环境是否完整、可靠。由于电子数据是计算机系统硬件和软件的产物，其生成、存储、传输均依赖计算机系统，因此电子数据的真实性很大程度取决于计算机系统的完整可靠性。如果我们把计算机系统比喻成一个"证人"，那么电子数据就相当于"证人证言"，所以这个"证人"的可靠性就极为关键。如果计算机系统的硬件或软件系统的性能与运行状况不可靠，那它产生的证据就可能成了"虚假陈述"；如果传输过程中计算机系统环境不可靠，就可能对电子数据进行修改或者增删，最终得到的电子数据可能成了"道听途说"，失去了真实性。所以，在电子数据真实性判断过程中，如果有证据能够证明电子数据所依赖的计算机系统的硬件、软件环境存在篡改、故障等不可靠因素时，我们就不能直接认定电子数据是真实的，正所谓皮之不存，毛将焉附。

（二）电子数据的生成、存储、传输所依赖的计算机系统的硬件、软件环境是否处于正常运行状态

计算机系统的硬件、软件环境是否处于正常运行状态，或者虽不处于正常运行状态但对电子数据的生成、存储、传输是否有影响。即有证据能够证明计算机系统处于正常状态，或者虽不处于正常状态但对数据的生成、存储、传输没有影响。计算机系统虽然出现故障，但是未必使计算机完全无法操作，仍应审查特定故障是否影响电子数据的完整性、可靠性。加拿大《统一电子证据法》（1998年）第5条第1款规定："在任何法律程序中，如果没有相反的证据，满足以下条件，即可推定记录或存储电子证据的那一电子记录系统具有完整性，一是该计算机系统或其他类似设备在所有关键时刻均处于正常运行状态，或者即便不处于正常运行状态，但其不运行的事实并不影响电子记录的完整性，且没有其他合理理由对该电子记录系统的完整性产生怀疑。"借鉴上述规定并结合我国司法实践，认定电子数据具有真实性的考虑因素之一是：生成、存储、传输所依赖的计算机系统处于正常运行状态或者非实质异常状态。

（三）电子数据的生成、存储、传输所依赖的计算机系统的硬件、软件环境是否具备有效地防止出错的监测、核查手段

计算机系统的硬件、软件环境是否具备有效地防止出错的监测、核查手段。计算机系统是否具有有效地防止出错的监测和核查手段，以便进行核查确定，可以从侧面证明计算机系统是否处于正常运行状态，或者虽处于不正常运行状态但对电子数据的生成、存储、传输没有影响。计算机在网络环境中，经常受到病毒侵袭，可能受到磁场干扰，未经授权的人还可能侵入计算机。计算机系统应能够防止未经授权的人进入计算机系统、实施安全命令控制、进行系统备份和恢复、自动进行数据准确性检测等。如果计算机系统不存在防止出错的监测、核查手段，难以保证系统始终处于正常运行状态，亦难以保证生成、

存储、传输的电子数据未发生改变。

（四）电子数据是否被完整地保存、传输、提取，保存、传输、提取的方法是否可靠

电子数据的完整性是其真实性、客观性的体现，因此电子数据是否完整的保存、传输和提取以及相关方法是否可靠是重要的考量因素。电子数据在保存、传输、提取过程中可能被篡改，可以审查电子数据的访问操作日志了解电子数据是否存在被增加、删除或者修改的情况，或者通过审查电子数据的完整校验值或者通过比对备份电子数据方式，查验电子数据的完整性与客观真实性。另外，还可以审查电子数据在传递的过程中是否采取加密措施，是否可能被截获；审查提取电子数据采取的备份、打印输出方法是否可靠，以便确定电子数据的完整性是否遭到破坏。

（五）电子数据是否在正常的往来活动中形成和存储

大数据时代，发送短信、微信、电子邮件，网上购物，发布浏览微博信息，网上汇款等都会产生、存储、传输信息，大数据能够记录大量事实。这些电子数据并非孤立产生，其依附于人们正常的往来活动。民事诉讼中的电子数据应能够与正常的往来活动相对应，如果电子数据不属于当事人之间正常的往来活动中形成和存储，则该电子数据的真实性是值得考虑的。

（六）保存、传输、提取电子数据的主体是否适当

电子数据的保存、传输、提取主体应保持公正、独立，没有利害关系；经过授权；符合技术性要求，有相应的资质，以确保其所提取、保存、传输的电子数据的证明力。未经授权的人对设备进行指令操作，可能会对电子数据造成不可修复的破坏。有些当事人提供电子数据，仅出示有利于自己的内容，而删除对自己不利的内容。因此如果当事人提交自己保存的易于编辑的电子数据证明其主张的案件事实，通常

应有其他证据予以佐证。相对而言，具有中立地位的主体保存的电子数据更为可信，例如，网络服务商保存的交易资料更能够保证数据的完整性和可靠性。

（七）影响电子数据完整性和可靠性的其他因素

科技在不断发展，实践中可能会出现新的问题，前述六种需要考量的因素并不能完全涵盖影响电子数据完整性和可靠性的所有因素，法官应根据案件具体情况，判断电子数据的完整性和可靠性是否遭到破坏。

三、电子数据的鉴定

电子数据的真实性审查是人民法院对证据是否采信的重要环节，但法官通常缺乏相关的电子技术知识背景，对电子数据真实性的考量因素进行综合判断并不容易。在电子证据的审查过程中，虽然该条款规定了需要考虑的七种因素，但电子数据的可靠性、完整性的认定都涉及极其专业的知识，因此，在法官无法通过综合判断形成内心确认时，可以通过鉴定或者勘验等方法，判断电子数据的真实性，或者聘请具有专门知识的人进行操作，并就相关技术问题作出说明。

电子数据鉴定是指电子数据鉴定单位接收委托人的委托，按照法律规定的程序，依照技术标准和鉴定规范，分析、检验电子设备中存储的电子数据，找出案件事实之间的客观联系，并最终提供鉴定意见。电子数据鉴定结论包含对电子数据真实性的审查判断，弥补审判人员专业技术方面的不足，满足电子数据真实性认证的法律要求。鉴定能够解决认定电子数据真实性中的很多技术问题。例如，鉴定能够对存储媒介进行分析，认定该存储媒介上是否存在有害信息；能够分析信息的传播渠道、生成方法、时间信息等认定信息的最初源头，如确定某网站上发布的信息是否系特定人发布；对程序进行分析，认定程序具有特定功能，如是否有远程控制功能，是否有自我复制功能，从而确定计算机系统是否感染病毒；鉴定还能确定提取的电子数据是否被破坏，能够进行数据恢复、再现隐藏数据、破解加密文件，进行证据搜索、过滤和挖掘等。①

电子数据鉴定应该遵循严格的程序。《民事诉讼法》第七十六条至第七十九条对当事人申请司法鉴定的、鉴定程序、对鉴定意见的质证以及有专门知识的人出庭对鉴定意见提出意见等问题进行了规定，本规定对司法鉴定的相关问题进行了规范，具体操作应参照相关条文规定。

除了上述规定，与电子数据相关的鉴定规则还有司法部颁布的《司法鉴定程序通则》（2016年5月1日施行）对司法鉴定机构和司法鉴定人进行司法鉴定活动应当遵循的方式、方法、步骤以及相关的规则和标准进行规定。司法部司法鉴定管理局发布的《电子数据司法鉴定通用实施规范》（2014年3月17日施行）对电子数据鉴定的基本原则、通用程序和通用要求进行了规范。电子数据鉴定的基本原则有：原始性原则、完整性原则、安全性原则、可靠性原则、可重现原则、可追溯原则、及时性原则等。电子数据鉴定应以保证检材、样本的原始性为首要原则。在条件允许的情况下，应首先对原始电子数据制作电子数据副本，以电子数据副本为操作对象，电子数据鉴定所使用的技术方法、检验环境、软硬件设备应经过检测和验证，确保鉴定过程、结果的准确可靠。电子数据鉴定应通过及时记录、数据备份等方式，保证鉴定结果的可重现性。

【审判实践中需要注意的问题】

1. 电子数据的原件

《民事诉讼法》第七十条第一款规定："书证应当提交原件。物证

---

① 麦永浩主编：《电子数据司法鉴定实务》，法律出版社2019年第2版，第4~5页。

应当提交原物。提交原件或者原物确有困难的，可以提交复制品、照片、副本、节录本。"诉讼中应当提交证据原件，是各国普遍适用的一项规则。电子数据是否原件是判断其真实性的重要考虑因素，电子数据的原件具有特殊性。

我们认为，应当根据不同情况适用不同的判断标准。

（1）在调查收集证据的场合，电子证据的原件应当指最初生成的电子数据及其首先固定所在的各种存储介质，如果某一电子证据首先固定于某块计算机硬盘上，则该硬盘或其上的电子数据就是原件；如果某一电子证据首先固定于优盘或光盘上，则优盘、光盘或其上的电子数据就是原件。

（2）在举证、质证和审核认定证据时，应当进行适当地变通。在诉讼过程中的举证、质证和认证环节，电子证据的原始载体本身对于案件事实的证明并无意义，发挥事实证明作用的是其转换形成的可识别形式，如果固守传统的原始证据或原件的概念，这种转换形式将被作为复制件对待，从而将相当数量的电子证据排除在案件事实证明之外，这势必削弱电子证据的应有功能。[①]

目前审判实践中，考虑到电子数据的特殊性，为便于电子数据的质证与审查，一般要求当事人提交原始存储介质或者提取的电子数据以封存状态提交，即原件。而在举证、质证和审核认定证据时，应当进行适当地变通，由当事人向法庭提交电子数据书面展示件，如电子邮件的打印件、微信聊天的打印件等，有的还通过公证的方式固定、展示电子数据。对电子文档、图片等可以直接展示的电子数据，应提交打印件。电子数据的输出件和打印件应能够准确反映电子数据。

2. 电子数据真实性的综合判断

关于电子数据真实性的认定标准，学术界、实务界目前尚无统一

---

① 宋春雨：《对新民诉法证据制度若干问题的理解》，载《山东审判》2013年第1期。

的理论和实务操作，再加上与电子数据真实性认定相关的技术手段运用不充分、发展不成熟，法官往往是无从下手，难以及时准确地作出判断。甚至一旦涉及技术问题，就要求助于专业鉴定机构等。电子数据真实性判断是一个全面审查证据的过程，在认证过程中，需要考量电子数据的生成、存储、传输所依赖的计算机系统的硬件、软件环境是否完整、可靠，是否处于正常运行状态，是否具备有效的防止出错的监测、核查手段；需要考虑取证主体是否妥当等因素。

法官审查的焦点一般包括如下方面：

（1）该电子数据的存储磁盘、光盘等可移动存储介质是否与打印件一并提交，是否一致；

（2）是否载明该电子数据形成的时间、地点、对象、制作人、制作过程及设备情况等；

（3）制作、存储、传输、出示电子数据的程序和环节是否合法，取证的主体是否有签名盖章等；

（4）内容是否真实，有无篡改、添加、拼凑等伪造变造的情形；

（5）出示的电子数据是否是原件，如不是原件，是否附有无法调取原件的说明等。①

在电子数据的认证中，要避免孤立的判断电子数据的真实性，树立综合采信的意识。对于单个证据的判断采信，要结合当事人的陈述、其他在案证据和已查明的案件事实来识别证据之间的辩证关系并判断电子数据内容是否确实、充分。如果经过综合考虑形成了内心确信，应该认定电子数据的真实性。在必要时，也可以通过鉴定、勘验的方法，辅助法官形成心证。

3. 保全电子数据时应保持电子数据的完整与可靠性

由于电子数据的提取具有技术性，当事人往往申请法院或者其他

---

① 毕玉谦等：《民事诉讼电子数据证据规则研究》，中国政法大学出版社2016年版，第348页。

机构对电子数据进行保全。关于电子数据的保全，目前主要方法是在电子数据生成或者处于原始形态时，运用时间戳技术、数字签名技术和精确复制技术将其固定，并使用 hash 函数随机生成数字指纹值，同时将该数字指纹实时传输到专门的电子数据保全机构存储以备查验。既可以对离线的电子数据进行保全，也可以对在线的电子数据进行实时保全，我国有些法院已经向诉讼当事人提供证据保全的服务。当事人也可以通过公证方式或者专业电子数据保全公司等方式进行保全。法院等有权机关依照法定程序提取保存的电子证据的真实性可以采纳。

电子数据的保全具有技术性，其能够在短时间内被当事人删除，且数据的存放地点复杂，可能在计算机，也可能在服务器，并不能简单的复制，如果操作不当将导致数据灭失，造成无法挽回的后果。因此，法院在进行证据保全时应注意保证电子数据的可靠性和完整性并快速进行。可以在专家的指导下，解决技术问题，避免损坏电子数据。另外，技术专家还可以帮助找到隐藏的数据或者恢复删除的数据。如果没有技术专家协助，不能有效的对计算机硬盘中的数据进行提取和复制，可以将计算机硬盘或者整机保全。电子数据被提取后也应保证其存储介质的安全，防止丢失和被破坏。

【法条链接】

《中华人民共和国民事诉讼法》（2017 年修正）

第七十条　书证应当提交原件。物证应当提交原物。提交原件或者原物确有困难的，可以提交复制品、照片、副本、节录本。

提交外文书证，必须附有中文译本。

第七十六条　当事人可以就查明事实的专门性问题向人民法院申请鉴定。当事人申请鉴定的，由双方当事人协商确定具备资格的鉴定人；协商不成的，由人民法院指定。

当事人未申请鉴定，人民法院对专门性问题认为需要鉴定的，应当委托具备资格的鉴定人进行鉴定。

第七十七条 鉴定人有权了解进行鉴定所需要的案件材料，必要时可以询问当事人、证人。

鉴定人应当提出书面鉴定意见，在鉴定书上签名或者盖章。

第七十八条 当事人对鉴定意见有异议或者人民法院认为鉴定人有必要出庭的，鉴定人应当出庭作证。经人民法院通知，鉴定人拒不出庭作证的，鉴定意见不得作为认定事实的根据；支付鉴定费用的当事人可以要求返还鉴定费用。

第七十九条 当事人可以申请人民法院通知有专门知识的人出庭，就鉴定人作出的鉴定意见或者专业问题提出意见。

《中华人民共和国电子签名法》（2019年修正）

第八条 审查数据电文作为证据的真实性，应当考虑以下因素：

（一）生成、储存或者传递数据电文方法的可靠性；

（二）保持内容完整性方法的可靠性；

（三）用以鉴别发件人方法的可靠性；

（四）其他相关因素。

《最高人民法院关于适用〈中华人民共和国民事诉讼法〉的解释》（2015年1月30日　法释〔2015〕5号）

第一百零四条 人民法院应当组织当事人围绕证据的真实性、合法性以及与待证事实的关联性进行质证，并针对证据有无证明力和证明力大小进行说明和辩论。

能够反映案件真实情况、与待证事实相关联、来源和形式符合法律规定的证据，应当作为认定案件事实的根据。

《最高人民法院关于适用〈中华人民共和国刑事诉讼法〉的解释》（2012年12月20日　法释〔2012〕21号）

第九十三条 对电子邮件、电子数据交换、网上聊天记录、博客、微博客、手机短信、电子签名、域名等电子数据，应当着重审查以下内容：

（一）是否随原始存储介质移送；在原始存储介质无法封存、不便移动或者依法应当由有关部门保管、处理、返还时，提取、复制电子数据是否由二人以上进行，是否足以保证电子数据的完整性，有无提取、复制过程及原始存储介质存放地点的文字说明和签名；

（二）收集程序、方式是否符合法律及有关技术规范；经勘验、检查、搜查等侦查活动收集的电子数据，是否附有笔录、清单，并经侦查人员、电子数据持有人、见证人签名；没有持有人签名的，是否注明原因；远程调取境外或者异地的电子数据的，是否注明相关情况；对电子数据的规格、类别、文件格式等注明是否清楚；

（三）电子数据内容是否真实，有无删除、修改、增加等情形；

（四）电子数据与案件事实有无关联；

（五）与案件事实有关联的电子数据是否全面收集。

对电子数据有疑问的，应当进行鉴定或者检验。

第九十四条 ［电子数据推定真实］

电子数据存在下列情形的，人民法院可以确认其真实性，但有足以反驳的相反证据的除外：

（一）由当事人提交或者保管的于己不利的电子数据；

（二）由记录和保存电子数据的中立第三方平台提供或者确认的；

（三）在正常业务活动中形成的；

（四）以档案管理方式保管的；

（五）以当事人约定的方式保存、传输、提取的。

电子数据的内容经公证机关公证的，人民法院应当确认其真实性，但有相反证据足以推翻的除外。

【条文主旨】

本条系新增条文，是关于电子数据推定真实的规定。

【条文释义】

一、推定的理解

推定是根据思维法则、经验法则、自然法则以及证明标准来认定事实。推定的基础是事物之间的常态联系,即当出现一定现象时,另一现象会出现,除非受到例外条件或者因素的制约。司法上,推定是借助于某一既存事实,据以推出另一相关事实存在的假设。这种推定不仅遵循普通逻辑规则,还应受特定法律规则约束。推定有助于免除一方当事人在行为意义上的证明责任,使相对方不得不通过反证的方式避免不利诉讼后果,从而节省当事人和法院收集证据和审核证据的时间和成本。[①] 如果有证据证明推定的结果不正确,则该推定可以被推翻。

法律推定是解决待证事实无法直接证明的技术性手段。当直接认证电子数据的真实性难度过大时,可以用法律推定的方式来推定电子数据的真实性,从而置换对电子数据真实性的直接认定。本条根据审判实践中电子数据认证的常见情形,结合电子数据真实性的判断方式,明确了几种可以推定电子数据真实性的情形,即:由当事人提交或者保管的于己不利的电子数据;由记录和保存电子数据的中立第三方平台提供或者确认的;在正常业务活动中形成的;以档案管理方式保管的;以当事人约定的方式保存、传输、提取的。对于以上几项,法院推定电子数据真实,但是有相反证据足以反驳的除外。即当事人提交的反驳证据的证明力应能够动摇免证事实对于法官的心证基础,使电子数据的真实性处于真伪不明的状态。电子数据的内容经公证机关公证的,人民法院应当确认其真实性,但有相反证据足以推翻的除外。即当事人提交的否定公证文书真实性的证据的证明力应达到证明相反事实成立的程度。

二、推定电子数据具有真实性的主要情形

(一) 当事人提交或者保管的于己不利的电子数据

通常,当事人会隐匿对自己不利的证据,当事人将不利的电子数

[①] 毕玉谦:《民事证明责任研究》,法律出版社2007年版,第408、409、414页。

据提交法庭或者予以保管，说明其认可提交或保管电子数据的真实性，人民法院可以推定当事人自己提交或保管于己不利的电子数据的真实性。

（二）由记录和保存电子数据的中立第三方平台提供或者确认的电子数据

记录和保存电子数据的中立第三方平台，如网络购物中的淘宝、京东等第三方平台，收发电子邮件的服务提供商，电子支付的银行系统，这些大型成熟的网络平台或系统所提供和保存的电子数据具有可靠性与中立性，法院推定其具有真实性。

（三）在正常业务活动中形成的电子数据

电子数据是在正常业务活动中由无利害关系人员或系统自然形成的电子数据，则推定其真实性。加拿大《统一电子证据法》（1998年）第8条规定："如果能够证明电子记录的记录和存储是企业通常和日常生活过程中由非诉讼的当事人进行的，且不是在试图引用该记录作为证据的当事人的控制下进行的，在缺少相反证据的情况下，记录或存储电子记录的系统的完整性即可以证明。"实践中各民事主体在日常业务活动当中按照行业惯例、业务习惯形成的电子数据可以推定其真实性。如银行在营业厅拍摄的监控录像；银行综合核算系统产生的流水账表、交易明细等每日交易记录；交通管理部门在交通道口安装的检测器录制的违章记录；电子商务企业在日常运营中制作的电子账簿、电子发票等。诉讼当事人提交的电子证据有些是为提起诉讼制作的，如发生纠纷后，当事人通过即时通信工具进行交涉的聊天记录、录制的手机电话录音，整理的交易记录等。如果当事人为诉讼目的制作的电子数据与正常业务活动中形成的电子数据不一致，正常业务活动中形成的电子数据的证明力更大。

（四）以档案管理方式保管的电子数据

档案是国家机构、社会组织和个人在社会活动中形成的，保存备查文字、图像、声音及其他各种形式的原始记录。以档案方式保管的电子数据，通常具有完整性、可靠性。电子档案管理的电子数据会严格遵循档案管理的法律法规和规范标准，从电子数据的收集、整理、鉴定、复制、调阅等各个环节均有章可循，有必要的备份保证信息，具有可还原可验证性。因此，以档案方式保管的电子数据可靠性高，一般可以推定其真实性。例如，在某案件中，法院对当事人提交的电子数据《企业信用信息公示报告》的真实性予以采信，因该证据系从国家企业信息公示系统上查询所得，该信息与从注册地登记机关调取的档案机读材料具有同源性，应与传统档案机读材料具有相同的证据效力。①

（五）以当事人约定的方式保存、传输、提取的电子数据

当事人对电子数据的提取、保存、传输方式有约定的，按照约定方式所提取保存和传输的电子数据，即推定为真实。当事人可以就电子数据的证明效力达成合意，通过合意确定电子数据是否证据原件，是否可靠。例如，当事人约定保存在双方或者第三方计算机中的电子数据系证据原件，具有真实性，或者按照一定程序、一定技术标准保存、传输的电子数据具有真实性。法官可以审查电子数据的生成、存储是否符合当事人约定，符合当事人约定的电子数据推定为真实。

三、公证的电子数据

《公证法》第二条规定："公证是公证机构根据自然人、法人或者其他组织的申请，依照法定程序对民事法律行为、有法律意义的事实和文书的真实性、合法性予以证明的活动。"公证是收集和保全电子数据的有效途径，公证机关具有中立性，且法律对公证证据给予较高证明力。《民事诉讼法》第六十九条规定："经过法定程序公证证明的法

---

① 参见最高人民法院（2019）最高法民终230号判决书，中国裁判文书网。

律事实和文书，人民法院应当作为认定事实的根据，但有相反证据足以推翻公证证明的除外。"根据本规定第十条中的规定，对于已为有效公证文书所证明的事实，当事人无须举证证明，但当事人有相反证据足以推翻的除外。电子数据公证后，法院在无相反证据推翻的情况下，应当认定电子数据的真实性。

实践中，当事人提交网络聊天记录和电子邮件等多采用公证方式。当事人提前对电子数据进行公证可以避免证据灭失，也可以防止对方当事人否认证据的真实性。公证机关对获取电子数据的过程进行记录，并将电子数据的内容通过截图、打印方式呈现，形成公证文书。通过这种方式取得的电子数据的真实性能够获得法院的认可。

【审判实践中需要注意的问题】

1. 司法实践中，电子数据的真实性认定往往受制于技术，但是并非所有的电子数据均应进行技术鉴定，可以根据本条规定推定电子数据的真实性。本条关于推定真实的情形在适用时应注意，对方当事人可以提供反驳证据否定电子数据的真实性。如双方当事人提交的发生于双方网上买卖产生的微信聊天记录，虽产生于正常的业务活动中，推定真实，但如果对方当事人提供证据证明存在当事人删除部分记录，导致记录的事实不完整等情况，则还要审查反驳证据，不能直接认定其真实性。如果对方当事人主张电子数据在运行中出现了差错或身份出现过盗用，或者在电子数据的生成、传递、存储等关键环节所依赖的计算机系统处于不正常运行状态，影响了电子数据的完整性、可靠性，法院应参照本规定第九十三条的规定审查电子数据的真实性。

2. 电子数据真实性还可以通过自认方式、证人具结方式、电子签名方式确定。自认方式就是在诉讼过程中，当事人均认可的电子数据，则人民法院予以采纳；证人具结方式是指由适格证人通过具结方式证明其为真的电子数据，可以采信。这里的适格证人是指在日常业务、工作或履职过程中对电子数据实施核验、检查的专业技术人员。有些技术人员因业务需要曾参与或见证了该电子记录的形成或传输，或是在事后对电子记录进行过保存或管理。经过人民法院对其资格审查，他们作出的具结可以用作证明电子数据的真实性；电子签名方式是指有电子签名或者其他适当安全程序保障的电子书证，推定其具有真实性。①《电子签名法》确立了电子签名的法律效力，并且规定了电子签名人对私钥的妥善保管义务和推定过错责任。因此，在民事诉讼中，应当推定附有电子签名或采用了类似安全保障手段的电子书证是真实的。

3. 对于公证的电子数据应审查公证的程序是否符合规范，另外应注意的是公证文书的内容。公证文书通常仅能够证明其进行公证时，所输出的纸质版本的电子数据确实系从计算机或者服务器获取，但是并不一定能够证明该电子数据保持了完整性，具有可靠性。如果当事人能够提供证据证明该电子数据已经被篡改，或者存取该电子数据的计算机系统不正常等，法院应综合相关事实对电子数据的真实性进行判断，而不能仅因为证据经过公证，即予以采信。另外应该注意的是，电子数据的采信除了考查真实性，还要考查关联性、合法性，如果公证的电子数据与案件事实无关，形成方式违法，即便形式真实，法院也不应采纳。

【法条链接】

《中华人民共和国民事诉讼法》（2017年修正）

第六十九条　经过法定程序公证证明的法律事实和文书，人民法

---

① 麦永浩主编：《电子数据司法鉴定实务》，法律出版社2019年第2版，第47页。

院应当作为认定事实的根据，但有相反证据足以推翻公证证明的除外。

《中华人民共和国公证法》（2017年修正）

第二条 公证是公证机构根据自然人、法人或者其他组织的申请，依照法定程序对民事法律行为、有法律意义的事实和文书的真实性、合法性予以证明的活动。

《中华人民共和国电子签名法》（2019年修正）

第一条 为了规范电子签名行为，确立电子签名的法律效力，维护有关各方的合法权益，制定本法。

第二十七条 电子签名人知悉电子签名制作数据已经失密或者可能已经失密未及时告知有关各方、并终止使用电子签名制作数据，未向电子认证服务提供者提供真实、完整和准确的信息，或者有其他过错，给电子签名依赖方、电子认证服务提供者造成损失的，承担赔偿责任。

第二十八条 电子签名人或者电子签名依赖方因依据电子认证服务提供者提供的电子签名认证服务从事民事活动遭受损失，电子认证服务提供者不能证明自己无过错的，承担赔偿责任。

第九十五条 ［证明妨害规则］

一方当事人控制证据无正当理由拒不提交，对待证事实负有举证责任的当事人主张该证据的内容不利于控制人的，人民法院可以认定该主张成立。

【条文主旨】

本条在 2001 年《规则规定》第七十五条的基础上修改形成，是关于证明妨害规则的规定。

【条文释义】

"谁主张、谁举证"为民事举证责任的一般分配规则，辩论主义架构下，当事人对其提出的诉讼请求所依据的事实负有举证证明的基本义务和绝对自由。然而，审判实务中，鉴于有关事实及证据材料分布的不均衡，时常出现事实和证据材料不掌握在举证人一方或者不在其支配的范围，并由此导致掌握事实和证据材料的一方当事人往往采取不当措施妨碍举证人的举证，妨碍人的这种行为不仅损害了举证一方当事人的诉讼权利，还对人民法院查明相关事实，解决当事人纷争带来了不利影响。司法实践中，此类现象较为常见。为此，2001 年《证据规定》第七十五条规定了证明妨害规则。该规定经过审判实践检验，对于解决双方当事人控制证据不平衡的状况发挥了积极的作用。本条规定承继了2001年《证据规定》中有关证明妨害规则的内容，对文字表述作了一定的修改。

一、证明妨害的理解

证明妨害，又可称为证明妨碍，从广义上理解，为他人阻碍证明人证明的意思。从狭义上理解，指不负有证明责任的一方当事人通过作为或不作为阻碍负有证明责任的一方当事人对其事实主张的证明。① 当事人主义诉讼模式下，一方当事人为证明其诉讼请求的成立，必定穷尽一切办法提供证据。与此同时，为对抗原告的诉讼请求，另一方当事人必将想方设法否定对方当事人的诉讼请求和事实，为此，一方当事人阻碍对方当事人收集证据的情况时常发生。如果不负证明责任的一方当事人，通过诸如隐藏重要证人的居所或让其逃亡国外、更改文书的内容、过失地疏于保管收条等重要文书等种种故意或过失行为来毁损证据方法，进而对于（对方当事人）利用证据方法形成妨碍（证明妨碍），那么就会使负有证明责任的当事人陷于难以证明（证据缺乏）的境地，进而使案件事实处于真伪不明。在这种情形下，如果法院通过适用证明责任原则作出判决而使负有证明责任的当事人败诉，那么不免会产生不当且不公平之感。于是，就应当考虑以证明妨碍为杠杆来开发"避免通过证明责任作出裁判"的法律技术。② 由此可见，证明妨害规则为一般证明责任的补充，是在特殊的情形下，基于公平的原则，对负有证明责任的当事人之举证责任的减轻，从而避免机械适用证明责任规则作出裁判带来的不公平。

---

① 张卫平：《民事诉讼法学》（第五版），法律出版社2019年版，第227页。
② ［日］高桥宏志：《民事诉讼法制度与理论的深层分析》，林剑锋译，法律出版社2003年版，第466页。

在法理上，如何界定当事人一方的行为是否属于证明妨害，取决于该行为是否符合证明妨害的构成要件。对于证明妨害的构成要件，理论上存在争议。在日本，学者对于"在当事人存在故意或重大过失的情形"进行制裁这个问题上没有异议，但在关于是否也将无重大过失的情形包含在内问题上，存在争议。① 我国台湾地区学者黄国昌认为，证明妨害的构成通常系区分为"客观要件"和"主观要件"。在客观要件方面，包括：1. 证明妨碍之行为（包括作为和不作为；前者如将文书毁灭，或者如拒绝透露证人之所在）；2. 待证事实之证明不可能或困难之结果；3. 妨害"行为"与证明不能或困难之"结果"间必须存在"因果关系"。在主观要件方面，主要是妨碍行为具有可归责性。② 有的学者认为，证明妨害应包括四个要件：主体要件、主观要件、客观要件、客体要件。③ 构成证明妨害的主体既可以是诉讼当事人，也可以是受当事人控制或支配的诉讼外第三人。构成证明妨害的主观要件为具体行为人在主观上是否存在过错，也即妨害人的妨害行为在法律上具备可归责性。构成证明妨害的客观要件则具体包括存在某种证明协力义务，存在特定的证明妨害行为；受妨害的证据或者证据方法具有不可替代性；导致产生不利的制裁后果；行为与后果之间存在因果关系。构成证明妨害的客体要件则为妨害人对于何种证据种类或者证据方法实施妨害行为才有可能被认定为证明妨害。前述关于证明妨害的构成要件，对于司法实践中证明妨碍构成的认定，具有一定的参照借鉴意义。

二、制度设计

在历史发展之沿革上，证明妨害之问题系起源于证据法。④ 在英美

---

① ［日］高桥宏志：《民事诉讼法制度与理论的深层分析》，林剑锋译，法律出版社2003年版，第466页。
② 姜世明：《新民事证据法论》，厦门大学出版社2017年版，第199~201页。
③ 毕玉谦：《民事诉讼证明妨碍研究》，北京大学出版社2010年版，第1页。
④ 黄国昌：《民事诉讼理论之新展开》，北京大学出版社2008年版，第223页。

法系国家和地区，英国法院在著名的 Armony v. Delamirie 案中，建立了"证明妨碍"之概念，对毁灭、隐藏证据以妨害他造进行证明活动之当事人，课予其证据法上一定之不利效果。① 美国对证明妨碍行为之规律，并非仅于证据法之领域中加以处理，依证明妨碍行为之态样，而系可能同时构成"刑事犯罪行为""民事侵权行为"以及"律师伦理规范之违反"。② 在大陆法系国家和地区，德国《民事诉讼法》虽未就证明妨害制度作为一般性规定，就书证及当事人讯问之证明部分，则有个别就其证明妨碍效果予以规范，其主要规定为《民事诉讼法》第427条、第441条第3项第3句、第444条、第453条第2项、第454条第1项。③ 在日本，实定法本身就设置有有关证明妨碍的规定，即日本《民事诉讼法》第224条第1款（不遵守文书提出命令）、日本《民事诉讼法》第224条第2款（文书毁灭）以及第208条（当事人寻问拒绝）等。④ 在我国台湾地区，修正后的"民事诉讼法"第二百八十二条之一规定："当事人因妨碍他造使用，故意将证据灭失、隐匿或致碍难使用者，法院得审酌情形认他造关于该证据之主张或依该证据应证之事实为真实。（第一项）前项情形，于裁判前应令当事人有辩论之机会。（第二项）"⑤

我国现行法律尚无证明妨害之立法规定，但相关司法解释中则有体现。如《审判方式改革规定》第三十条规定："有证据证明持有证据的一方当事人无正当理由拒不提供，如果对方当事人主张该证据的内容不利于证据持有人，可以推定该主张成立。"此后，2001年《证据规定》则吸收了该条规定内容。在本次修改《证据规定》过程中，经

---

① 黄国昌：《民事诉讼理论之新展开》，北京大学出版社2008年版，第216页。
② 黄国昌：《民事诉讼理论之新展开》，北京大学出版社2008年版，第222~223页。
③ 姜世明：《新民事证据法》，厦门大学出版社2017年版，第194页。
④ ［日］高桥宏志：《民事诉讼法制度与理论的深层分析》，林剑锋译，法律出版社2003年版，第466页。
⑤ 姜世明：《新民事证据法论》，厦门大学出版社2017年版，第199~201页。

广泛征求意见，对 2001 年《证据规定》第七十五条的规定内容进行了修改、完善。

三、证明妨害的法律后果

当存在证明妨害之事实时，法律效果为何呢？从域外的立法和司法实践来看，证明妨害的法律效果并不一致。德国 1977 年 7 月 1 日通过生效的新修正《民事诉讼法》，虽就证明妨碍未置设通则性规定，但于其委员会报告（Kommissionbericht）中，则曾有相关规定之提议，其所提议修正《民事诉讼法》第 286 条规定："法院应审酌辩论与证据调查全部内容，依自由确信决定，是否一事实主张被认为真实或非真实。（第 1 项）若当事人一造不能举证，系因他造隐匿、剥夺或致令不堪用者，第一项规定适用之。（第 2 项）若对造可归责违反就证据方法予以提出、供使用、予以取得，或其他就其使用性不得侵害之义务者，则法院得自举证责任反置出发运用。（第 3 项）"自此一规定可知，草案系主张若属可归责违反协力义务类型，则得依举证责任转换处理。另即属无过失妨碍行为，并由自由证据评价之方式作为其法律效果。唯此一规定并未为立法者所采纳，乃未成为明文立法。而在实务中，德国帝国高等商事法院于 1870 年间关于商事争讼之最高裁决机关，其就证明妨碍之法律效果，基本上系采取举证责任转换之见解。在联邦最高法院时期，实务见解乃呈现较具变化性之思考，亦即联邦最高法院早期见解，乃延续帝国法院之相关见解。其后，于 1960 年，实务见解乃出现分歧，有仍采举证责任转换者，但亦有采证据评价之见解者。尤应注意的是，联邦最高法院 1978 年 6 月 27 日判决，就因医师文件信息义务之违反，造成病人证据困难之情形，判决改采所谓具有弹性之"得直至举证责任转换之举证责任减轻"制度为证明妨碍之法律效果。①

我国台湾地区，学者们就证明妨碍之法律效果，存在不同的观点。有的主张应采取举证责任转换之法律效果；有的主张采取自由证据评价之法律效果；有的主张采取证明度降低的法律效果；还有的主张采取可推翻之不利拟制说等诸多不同观点。我国大陆有学者主张，证明妨害之法律效果主要包括以下层面与方式：采用公法手段加以制裁、证明责任转换、司法拟制、降低证明标准、直接作出终局判决、排除妨碍人提出证据、承担独立民事责任等。② 也有学者认为，证明妨害应采取以下对策：适用强制措施、法院调查取证、推定主张成立、证明责任倒置、降低证明标准、拟制自认。③ 由此可见，对证明妨害之法律效果，基于情形的不同，可施以不同的法律后果。

2001 年《证据规定》对证明妨害，则采取推定主张成立之法律后果。从诉讼理论上看，推定是认识事实的一种方式。由于事物之间存在普遍的联系，而一些联系是有规律性的。人类通过自己积累的经验可以知道，如果某一事物出现了，那么另一事物也会随之出现。人们因此有理由相信，可以通过这些经验认识事物。将这一经验运用于司法领域，就产生了诉讼上的推定。推定可以避免待证事实因证据缺乏而产生程序上的僵局，缓解某些事实证明上的困难，公平地分配举证责任，实现诉讼经济的目的。因此，在诉讼上引进推进的方法在理论上是可行的。从司法实践看，自 1998 年贯彻施行《审判方式改革规定》的过程中，对于我国民事诉讼中经常出现的持有证据的一方当事人无正当理由拒不提供证据的情况下，法院如何通过公平分配举证责任的办法，对缓解事实证明上的困难有积极意义。在审判实践中存在这种情况，由于某种原因，待证事实的有关证据材料全部掌握在一

---

① 姜世明：《新民事证据法论》，厦门大学出版社 2017 年版，第 199~201 页。
② 毕玉谦：《关于创设民事诉讼证明妨碍制度的基本视野》，载《证据科学》2010 年第 18 卷。
③ 张卫平：《民事诉讼法学》（第五版），法律出版社 2019 年版，第 259~264 页。

方当事人手中，而该证据材料的出示将不利于持有证据一方当事人。于是该当事人就拒绝提供这些于己不利的证据，致使人民法院难以查明案件事实。经过多年的实践，该规定在实践中发挥了积极作用。为此，本条承继了 2001 年《证据规定》第七十五条的内容，仅对文字表述作出了修改。

【审判实践中需要注意的问题】

1. 关于证明妨害主体的确定问题。人民法院对证明妨害主体的确定，需注意行为主体并不限于证据持有主体或者直接实施证明妨害行为的主体。实践中，一方当事人虽未直接持有相关证据，但基于其与证据持有主体之间存在特定的关系，对证据持有主体一方具有一定的掌控力，影响着证据持有主体相关行为的实施。在此情况下，应将证据持有主体的妨害行为视为一方当事人的行为，由其承担相应的法律后果。例如，基于法律规定，一方当事人与证据持有者之间具有特殊的关系，如诉讼代理人、被继承人等，其应对证据持有者实施的证明妨害行为负责。再比如，一方当事人与证据持有者之间存在领导与被领导之间的行政法律关系，则证据持有者实施的证明妨害行为亦应由其负责。在此情况下，一方当事人虽非直接持有证据的主体，未直接实施证明妨害行为，但基于其与证据持有者之间的特定关系，经法院释明后，证据持有主体仍无正当理由拒不提交证据的，可以适用推定的规定。

2. 关于适用推定的释明问题。证明妨害的法律后果为推定当事人的主张成立。由此，在适用推定时，审判人员应向当事人进行释明，告知持有证据一方当事人无正当理由拒不提供证据的法律后果，以便证据持有一方当事人及时行使相关权利，对此问题进行说明，从而赋予当事人对适用推定的程序保障权，防止事实认定和裁判的突袭。

【法条链接】

《最高人民法院关于民事诉讼证据的若干规定》（2001年12月21日 法释〔2001〕33号）

第七十五条 有证据证明一方当事人持有证据无正当理由拒不提供，如果对方当事人主张该证据的内容不利于证据持有人，可以推定该主张成立。

第九十六条 [证人证言审核认定]

人民法院认定证人证言,可以通过对证人的智力状况、品德、知识、经验、法律意识和专业技能等的综合分析作出判断。

【条文主旨】

本条承继2001年《证据规定》第七十八条的规定,是关于证人证言审核认定的规定。

【条文释义】

证人证言作为民事诉讼中最常见的证据类型之一,证人主要通过感官对自己耳闻目睹的案件事实进行陈述,并且只能对过去已经发生过的事实进行陈述,因此,证人证言的形成过程是证人感知、记忆、陈述的过程。其中,证人的感知阶段发生在诉讼程序之前,是证人感觉和感知亲身经历的客观事实的过程。证人的记忆阶段,是证人通过回忆的方式,对其曾经感知的案件事实进行重现的过程。证人的陈述阶段,则是证人将其感知到的并保存于大脑中的案件信息表述出来,是证人内心意思的外在表达。可以说,证人证言的形成经历了由外到内、再由内到外的过程:感知和记忆是将外部信息内在化,陈述则是将内部信息外在化。证人证言是否真实可信受主客观环境的综合影响：主观上，证人证言的真实性受证人的感知能力、记忆能力、表达能力等因素的影响；客观上，证人证言的真实性则受证人出庭作证的程序、作证过程中接受询问的情况，法庭的气氛等外在因素的影响。本条规定旨在明确，人民法院在对证人证言作出审核认定时，应当综合考虑证人的智力状况、品德、知识、经验、法律意识等因素予以综合分析认定。

一、影响证人证言真实性的内部因素

（一）证人作证时的心理状态

证人的行为受制于人的心理和动机，证人作证时的心理动机不同，证言的真实性程度亦会发生变化。证人出庭作证的动机主要包括道德驱使、情感驱使和利益驱使三方面。道德驱使是指良善的证人在受到其道德制约情况下所做的证言，受到内心良知的影响，证言的可信度较高。情感驱使，证人作证主要是基于情感的羁绊。我们每个人都生活在社会关系网络之中，"熟人社会"之间的牵绊是无法割舍的，很多时候，证人之所以会出庭作证往往都是因为证人与当事人之间存在各种各样的利害关系，如亲戚、朋友甚至是家人。这时，证人作证就会带有一定的倾向性，基于保护"熟人"利益的角度作证。因此，在情感驱使下，证人证言的可信度相对较低。利益驱使是指证人是在得到利益保证的前提下作证，当事人为了请求证人出庭作证而许诺证人金钱或者人际关系上的利益承诺，甚至用金钱收买证人作出虚假陈述，此时证人出庭作证的心理动机在于获得当事人承诺的利益，为了获取利益，证人通常会作出有利于一方当事人的陈述甚至是虚假的陈述。因此，证人证言如与待证事实之间存在利害关系，或证人是在收受当事人的钱财之后作出陈述，此种情况下证人证言的真实性相对最低。

（二）证人自身的能力和品性

证人自身的能力和品性是指证人本身所具有的，无法轻易改变的，属于司法机关不可控的因素范畴，如证人的年龄、智力、精神发展状况、知识、经验、法律意识和专业技能也可分为证人的感知能力、证人的记忆能力与证人的陈述能力，等等。

1. 证人的感知能力

证人对于外界事物的感知程度，不仅取决于其受到外界事物的刺激程度，还取决于证人本身的感知能力。具体而言，证人的感知能力受多方面因素的影响和制约。

（1）证人感觉器官的健康程度。证人对外界的感知是通过感觉器官来完成的，感觉器官健康则证人对外界事务的感知清晰有力，感觉器官存在缺陷则会影响证人的感知能力。如证人的视力或听觉存在障碍，将会直接影响证人对客观事件的理解和感受力。

（2）证人的情绪。情绪是人对客观事物的主观体验以及在自身需要满足与否的情况下出现的心理体验、生理反应和外部表现。证人的情绪则是指证人在客观事件发生时及作证时的心理体验、生理反应等状态。证人情绪的好坏会影响证人证言的真实性。通常来讲，证人在情绪稳定心态平和的情况下，对客观事件的感知更加具体，更加容易捕捉细节上的差别；而证人在情绪激动的情况下，则往往会忽略事件的细节。

2. 证人的记忆能力

记忆能力是证人能否对现场感知的案件信息保留准确的持有印象的能力。证人的记忆力直接影响到对客观事实再现的准确度与完整性。记忆的形成有自身的规律。一般情况下，人们对于亲身经历的事件记忆更为深刻，尤其在注意力高度集中时，能够更为清晰地记住观察对象的细节和过程。且人的记忆具有时限性，一般而言，越是最近发生的事情，人的记忆越清晰深刻。

3. 证人的品性

品性是指证人在日常生活中为人处世的性格和人品。证人的品性对证言的真实性具有较大的影响。平时诚实可信的人，其证言的可信度相对较高，证言更易被采纳；而不诚实的人，其证言的真实性相对较低，不易被采纳，在对其证言进行认定时，往往需要相关证据进行补强。英美法系国家和地区对证言的真实性进行辨别时，当事人除了对证言的矛盾之处提出异议外，还会针对证人的品格问题提出异议，从而质疑证人所作陈述的真实性。

4. 知识经验

知识经验是人们在长期的生活、实践过程中形成的，每个人的生活、学习经历不同，其自身富含的知识、经验的内容也会存在差异。证人记忆的形成并不是简单对外界事物的感知过程，证人在亲历案件事实时，需要结合自身的知识和经验，变成自己想象中"应当"的图形。证人知识和经验的差异，也会影响证人对客观事实的观察、感知和表述。知识面广、经验丰富的人，往往能够准确抓住事物的本质，并且作出准确的表述；而知识面窄、经验匮乏的人，观察的是自己从未涉猎到的事物时，就很难把握事物的核心，甚至对观察的对象作出错误的理解。

5. 年龄

年龄因素是影响证人证言可靠性的重要因素，特别是对于儿童作出的证言，因儿童的认知能力和理解能力有限，儿童作出的证言容易忽略细节，且儿童作出的证言易受成人暗示的影响。

二、影响证人证言真实性的外部因素

（一）事件发生时的环境因素

证人对外界事物的感知不仅受到证人本身感知能力的限制，也会受到外界事物刺激程度的影响。事件发生时，证人所处的环境会对证人的感知能力产生影响。如事件发生时的气候、光线、气温、地形、距离等客观因素，均会影响证人的感知能力，进而影响证人证言的真实性程度。

（二）事件发生后的环境因素

事件后信息对证人证言的真实性也会产生影响。事件后信息是指证人在感知、记忆案件事实后，可能会受到与这一事件相关的各类信息的影响，这些信息都被称为事件后信息。一般情况下，案件事实发生之日与举证时日、证人作证之日之间会存在一定的时间差。这期间，证人的记忆会受到外界因素的影响，这些信息会影响证人对案件事实的记忆，干扰证人的原有记忆，降低证言的可靠性。

（三）作证过程中外部因素的影响

证人出庭作证时，法官和当事人询问证人的方式方法、法庭的氛围等因素都会对证人证言的真实性产生影响。对证人的询问方式包括开放型询问和特指型询问。前者是指由证人主动陈述案件情况，比如说"请描述一下你看到的事情"；后者是指由证人在询问者的限定信息中选择某一答案。前者会受到证人自身记忆特征的影响，不易受到外界因素的干扰，有利于事件原貌的恢复；后者可能会导致证人回忆时产生记忆上的偏差，但是适当的引导，有利于对案件细节的回忆。此外，询问者的语气、表情都会影响询问的氛围。一方面，询问氛围会直接影响证人的情绪。询问者的语气轻松、表情温和，证人回答问题的情绪也会相应地放松。询问者表情严肃、语气严厉，证人的情绪则会处于紧张，甚至出现害怕的状态。另一方面，询问氛围会对证人起到间接的暗示或者误导作用。证人回答问题时，会把询问者的语气和表情当作是对自己回答问题的反馈，证人的答案往往会随着提问者语气、表情的变化而变化，最终对证言产生影响。

总的来说，证人证言是主观对客观的反映过程，是将证人所记忆的曾经感知到的案件事实通过言辞的方式再现的过程。因此，证人证言不可避免地会掺杂证人的主观因素，而检验证人证言的规则正是尽量剔除这种主观因素的影响，尽量使证言的内容接近案件事实的客观状况。对于证人证言的审核认定，应当在充分考虑可能影响证人证言真实性的主客观因素的基础上，由法官对证言的证明力进行自由裁量。同时，应当注意到，证人证言的搜寻是一个"有限理性"的过程。从追求客观事实的角度出发，证言收集的越多，贴近客观事实的可能性越大。但在实际搜寻证言的过程中往往要受到各种主客观条件的限制，搜寻信息的时间、主体能力、信息的遗失等，同时证言搜集的越多，所需花费的人力、物力成本也会随之升高。实际上，诉讼证明并不是科学证明，无需达到百分之百还原真实的客观事实的程度，只需要达到特定的证明标准即可，我国民事诉讼的证明标准是"高度盖然性"，达到该标准即为信息搜寻的终点。因而，诉讼案件中以证人证言作为证据不可能是一个无限的过程，它必然受制于各种主客观因素的影响与制约，要在追求事实真相的目标和程序规则的理性轨道中寻找资源配置的最佳点，以达到诉讼证明的标准。

【审判实践中需要注意的问题】

证人证言是主观对客观的反映过程，是将证人所记忆的曾经感知到的案件事实通过言辞的方式再现的过程。证人证言是否真实可信受主客观环境的综合影响：主观上，证人证言的真实性受证人的感知能力、记忆能力、表达能力等因素的影响；客观上，证人证言的真实性则受证人出庭作证的程序、作证过程中接受询问的情况，法庭的气氛等外在因素的影响。本条规定旨在明确，人民法院在对证人证言作出审核认定时，应当综合考虑证人的智力状况、品德、知识、经验、法律意识等因素予以综合分析认定。

【法条链接】

《最高人民法院关于民事诉讼证据的若干规定》（2001年12月21日　法释〔2001〕33号）

第七十八条　人民法院认定证人证言，可以通过对证人的智力状况、品德、知识、经验、法律意识和专业技能等的综合分析作出判断。

第九十七条 ［采纳证据的理由必须公开］

人民法院应当在裁判文书中阐明证据是否采纳的理由。

对当事人无争议的证据，是否采纳的理由可以不在裁判文书中表述。

【条文主旨】

本条承继 2001 年《证据规定》第七十九条的规定，是关于心证公开的规定。

【条文释义】

人民法院对纠纷的最终处理，需通过适当的方式对外公开，以接受当事人和社会大众的监督，此为司法公开的应有之义。本规定第八十五条中已明确，审判人员在对当事人提供的证据有无证明力以及证明力大小独立判断后，应公开判断的理由和结果。而案件事实的认定，建立在对证据认定的基础之上。由此，根据心证公开之要求，证据是否采纳的理由应予以对外公开，此即为心证公开的应有之义。司法实践中，基于种种原因，一些审判人员不愿意公开其心证，特别是在法律文书中具体阐释证据是否采纳的理由，仅笼统地表述为当事人的诉讼请求缺乏证据证明等，并未对当事人提供的诸多证据进行逐一评断，并公开判断理由。由此，导致当事人对人民法院认定事实的不满意，法官的裁判无法得到当事人和社会公众的理解和认可，进而影响了人民法院的公正形象。为此，2001年《证据规定》针对实践中存在问题，总结各地法院的审判经验，并借鉴域外证据立法的规定，明确要求人民法院应在裁判文书中查明证据是否采纳的理由。此项规定施行以来，对于约束法官的自由心证，保障当事人获得公平审理、裁判的权利，对于提高法官的司法能力和水平，推动司法公开具有重大的意义，取得了较好的效果。本条规定承继了2001年《证据规定》第七十九条的规定，对于继续推动司法公开，提升人民法院司法公平公正形象具有积极意义。

一、制度设计

心证公开，为现代法治国家和地区在审判中的通常做法，两大法系国家对此均有相应的规定。从域外各国的情况看，均规定了审理前、中及后程序的心证公开制度，但两大法系国家存在的区别是，大陆法系国家和地区较多的是审理后的心证公开，而英美法系国家和地区则是更为注重审理前及审理中的心证公开。在大陆法系国家和地区，法官心证公开被认为是对自由心证制度的规制，心证公开对当事人程序保障、诉讼促进具有重要作用，心证公开是防止突袭性裁判的基本手段，法官阐明权的行使也离不开心证公开，而阐明权又成为民事诉讼的大宪章。德国"斯图加特模式"中普遍运用心证公开手段，促进民事纠纷的快速解决。如德国《民事诉讼法》第286条和法国《民事诉讼法典》第455条的规定等均涉及心证公开内容。日本将心证公开分为争点整理为目的的心证公开、促进和解为目的的心证公开、证明责任减轻为目的的心证公开，反映了日本对心证公开在促进诉讼作用方面的重视。日本《民事诉讼法》也规定判决书应记载事实与理由的事项内容。如日本《民事诉讼法》第253条的规定。我国台湾地区在承继德国有关阐明权理论的同时,也将心证公开理论应用于"立法",在2008年正式实施的"智慧财产案件审理法"中明文规定法官负有心证公开义务。我国台湾地区"民事诉讼法"第二百二十二条第二项也明确:"得心证之理由,应记明于判决。"

在英美法系国家和地区,基于一次性集中审理制度以及陪审员不能无限期出庭等因素,审前对案件的准备尤为必要。争点整理程序对心证的公开有异曲同工之妙。英美法系国家和地区虽没有成文法的规定,但基于集中审理主义和当事人主义原则。如英国《民事诉讼规则》对在"法官的案件管理权力"一节中规定了"法院可以确定系争点的审理顺序;排除系争点,不予考虑"等内容。

在我国,心证公开已为学者们所接受,并开展了广泛而深入的研究,取得了丰硕的研究成果。学者们一般认为,2001年《证据规定》确立的判决理由的论证制度就是心证公开制度。从相关的政策和文件可以看出,心证公开已经成为共识。如党的十八届三中全会通过的《中共中央关于全面深化改革若干重大问题的决定》指出:"优化司法职权配置,健全司法权力分工负责、互相配合、互相制约机制,加强和规范对司法活动的法律监督和社会监督。改革审判委员会制度,完善主审法官、合议庭办案责任制,让审理者裁判、由裁判者负责。明确各级法院职能定位,规范上下级法院审级监督关系。推进审判公开、检务公开,录制并保留全程庭审资料。增强法律文书说理性,推动公开法院生效裁判文书。严格规范减刑、假释、保外就医程序,强化监督程序。广泛实行人民陪审员、人民监督员制度,拓宽人民群众有序参与司法渠道。"近年来,最高人民法院为推动审判公开,相继出台了多部规范性文件,如《司法公开示范法院标准》《最高人民法院关于司法公开的六项规定》《最高人民法院关于人民法院在互联网公布裁判文书的规定》《最高人民法院关于人民法院直播录播庭审活动的规定》

《最高人民法院关于加强和规范裁判文书释法说理的指导意见》等。前述政策、文件，对推动人民法院司法公开，进而推动法官的心证公开具有积极意义。

二、心证公开的价值

（一）心证公开的程序价值

从程序上而言，心证公开对保障当事人防御权的行使、当事人程序主体权、提高诉讼程序效益等具有重要意义。在保障当事人防御权的行使方面，为避免当事人受裁判突袭的影响，心证公开要求当事人在陈述事实和法律适用等问题上充分参与，并展开充分的攻击、防御。从法官阐明权的角度而言，为保障当事人防御权的行使，防止法官未经释明对当事人产生突袭性裁判，亦要求法官应将有关事项对当事人进行释明。在保障当事人程序主体权方面，当事人于诉讼中享有程序法的基本权利，例如听审请求权、证据提出权、辩论权、公正程序请求权等，这些权利是当事人作为程序主体所享有的基本权利，为了保障这些基本权利不受侵害，得到顺利的行使，防止裁判突袭，兼顾实体利益和程序利益，要求法官在案件审理过程中所形成的心证予以公开。在提高诉讼程序效益方面，通过将心证内容向当事人进行公开，使当事人知悉心证形成的过程和结果，有利于提高当事人对裁判的接受度、认可度，进而减少当事人因不服裁判的认定结果而引起上诉等程序的开启，有利于节省司法资源，提高诉讼程序效益。

（二）心证公开的实体价值

心证公开在实体上的价值主要体现为保障司法裁判结果的公正性。美国学者伯尔曼曾言："没有公开则无所谓正义。"心证公开是实现司法公正的重要保障。例如，法官通过向当事人及其代理人公开法律适用之规范、依据所在，当事人及其诉讼代理人才能基本清楚法官之法律适用之基本思路，并在此基础上进行攻击、防御，保证了裁判结果的公正性。又如，通过裁判结果、裁判理由的公开，将裁判文书以一定形式对社会公众公开，使诉讼当事人、社会大众对法官如何得出裁判结论有了更为清晰地认知，实现了社会公众对法官心证的监督，保障了司法公正的实现。相反，如法官对其心证不对外公开，则当事人和社会大众无法知晓裁判结果之理由，司法公正性无法得到保障，司法的公信力也会受到影响。

三、心证公开的具体要求——证据采纳理由的阐明

从心证公开的角度而言，心证公开分为心证形成的事前公开和事后公开。事前公开为法官在其心证没有最终形成时在与当事人的交流过程中公开其暂时认知的行为。事后公开为法官通过裁判文书的形式公开其终局认知的行为。人民法院在裁判文书中对证据是否采纳理由的阐明，则属于事后公开。通过事后公开的方式将法官心证的形成过程、结果对外公开，实为对心证自由的限制和约束机制，有利于防止司法审判权的恣意。

证据的采纳与否，影响着案件事实的认定。由此，证据采纳理由的阐明，为心证公开的重要内容。如何在裁判文书中对证据是否采纳理由的理由进行阐明，最高人民法院出台过相关的要求。如对于诉讼证据的表述原则、方法，《最高人民法院关于印发〈人民法院民事裁判文书制作规范〉〈民事诉讼文书样式〉的通知》中明确对当事人无争议的证据，写明"对当事人无异议的证据，本院予以确认并在卷佐证"。对有争议的证据，应当写明争议的证据名称及人民法院对争议证据认定的意见和理由；对有争议的事实，应当写明事实认定意见和理由。对于人民法院调取的证据、鉴定意见，经庭审质证后，按照当事人是否有争议分别写明。对逾期提交的证据、非法证据等不予采纳的，应当说明理由。由此可见，对于证据采纳的理由，根据证据的情况，尽管有不同的要求，但均要求说明理由。然而，实践中，人民法院裁

判文书在证据采纳理由的阐明方面，存在着贯彻不到位的情况。如仅笼统地表述"证据不足、不予支持"或者"证据充分、予以支持"等词语，没有在裁判文书中真正阐明证据是否采纳的理由，给人一种不讲道理的感觉。

如何阐明证据采纳的理由，结合人民法院认定证据的基本原则和对单一证据的审核认定规定，此问题主要涉及证据有无证明力和证明力大小进行。由此，证据采纳理由的阐明，具体而言，应对当事人提供的证据从真实性、合法性以及与待证事实的关联性的角度进行，进而对证据证明力有无及大小进行认定，并公开判断理由。从实践中的情况看，有些裁判文书在阐明证据是否采纳的理由方面存在不充分的情况。如仅简单地叙明一方当事人提供的证据确实、充分，当事人提供的证据不足以证明其诉讼请求等诸如此类的模糊表述。对此，根据采纳证据理由公开之要求，法官在裁判文书中应明确叙明证据是否采纳的情况，并阐明证据采纳的理由，依据证据规则之规定对证据效力的认定作了何种评判。

【审判实践中需要注意的问题】

审判实践中，对当事人无争议的证据，人民法院要注意在裁判文书中的表述把握问题。通常而言，当事人在诉讼对某些证据无争议，一般表明当事人对证据所证明的事实无争议。由此，本条明确对当事人无争议的证据，是否采纳的理由可以不在裁判文书中表述。但此规定仅是倡导性的规定，并不能绝对，对于一些特殊的情况，需法院在审判过程中审慎、灵活把握。日常生活中，有些债务人为了逃避债务的履行，往往采取通过虚假诉讼的方式为之，以损害债权人的利益。为此，人民法院在审理案件过程中发现双方当事人举证证明的事实不真实，存在恶意串通损害他人合法权益或者虚假诉讼嫌疑的，应根据查明的事实，对当事人无争议的证据所证明的事实不予认定。而对此证据，人民法院应当在裁判文书中明确未予采纳的理由。

【法条链接】

《最高人民法院关于民事诉讼证据的若干规定》（2001年12月21日　法释〔2001〕33号）

第七十九条　人民法院应当在裁判文书中阐明证据是否采纳的理由。

对当事人无争议的证据，是否采纳的理由可以不在裁判文书中表述。

《最高人民法院关于印发〈人民法院民事裁判文书制作规范〉〈民事诉讼文书样式〉的通知》（2016年6月28日　法〔2016〕221号）

7. 当事人举证质证一般情况后直接写明人民法院对证据和事实的认定情况。对当事人所提交的证据原则上不一一列明，可以附录全案证据或者证据目录。

对当事人无争议的证据，写明"对当事人无异议的证据，本院予以确认并在卷佐证"。对有争议的证据，应当写明争议的证据名称及人民法院对争议证据认定的意见和理由；对有争议的事实，应当写明事实认定意见和理由。

8. 对于人民法院调取的证据、鉴定意见，经庭审质证后，按照当事人是否有争议分别写明。对逾期提交的证据、非法证据等不予采纳的，应当说明理由。

六、其他

第九十八条 ［对证人、鉴定人、勘验人的合法权益加以保护以及对与证据有关的妨碍民事诉讼的行为予以制裁］

对证人、鉴定人、勘验人的合法权益依法予以保护。

当事人或者其他诉讼参与人伪造、毁灭证据，提供虚假证据，阻止证人作证，指使、贿买、胁迫他人作伪证，或者对证人、鉴定人、勘验人打击报复的，依照民事诉讼法第一百一十条、第一百一十一条的规定进行处罚。

【条文主旨】

本条由 2001 年《证据规定》第八十条修改形成，是关于对证人、鉴定人、勘验人的合法权益加以保护以及对与证据有关的妨碍民事诉讼的行为予以制裁的规定。

【条文释义】

本条专门强调了对证人、鉴定人、勘验人的合法权益进行保护的问题。对证人、鉴定人、勘验人权利保障规则的完善有利于提高相关诉讼参与人的出庭率，从而有利于发挥证人证言、鉴定意见和勘验笔录在案件审理过程中的重要作用，为人民法院更加客观、全面和准确的认定案件事实提供了良好的基础。一般而言，证人、鉴定人、勘验人参与诉讼至少具有人身财产安全保障、出庭费用经济补偿以及出庭后人格尊严不受侵犯等多个方面的法定权利，具体展开如下：

一、获得人身财产安全保障的权利

证人、鉴定人、勘验人作证及出庭作证，无论是对其提供证据的证据能力和证明能力均是关键保障，因此，相关诉讼参与人作证包括出庭作证的人身权利保障是完善的证据制度的一个重要方面。从证据形成或者制作的角度而言，也需要为证人、鉴定人、勘验人提供不受干扰、保证安全的作证环境。特别是出庭接受询问甚至对质时，需要直面矛盾双方的当事人，如果一些证词对当事人极其不利的，还可能遭致该方当事人的谩骂、威胁甚至殴打，其近亲属也有可能遇到这些情况。在刑事诉讼中，这种情况更为明显。因此，《刑事诉讼法》规定了在特殊的五类案件中对鉴定人的人身保护规则。① 如果发生证人、鉴定人、勘验人因作证而遭受人身财产威胁，在没有强有力的保障情况下，要求其进一步承担作证义务乃至出庭就成为事实上的不可能。

对此问题，《民事诉讼法》第一百一十一条也作出了相应规定。

1. 在庭审过程中当事人及其诉讼代理人或者其他诉讼参与人、旁听人员侮辱、诽谤、威胁、殴打证人、鉴定人、勘验人的，人民法院应当依照《刑法》《民事诉讼法》及《人民法院法庭规则》《民事诉讼法解释》及本条的规定，及时警告制止，并视情处以罚款、拘留乃至追究其刑事责任。此外，审判人员也可以依照《人民法院法庭规则》赋予的庭审指挥和妨碍临时处断权，对相关扰乱法庭秩序的人员予以制止与处罚。

2. 在庭审之外，如果存在当事人及其诉讼代理人或者其他诉讼参

---

① 赵丹、包建明：《鉴定人出庭作证规则研究》，载《中国司法鉴定》2019年第3期。

与人、旁听人员侮辱、诽谤、威胁、殴打证人、鉴定人、勘验人较大风险的，人民法院可以根据相关诉讼参与人的申请或者案情需要，发布对证人、鉴定人、勘验人的人身保护令，从而排除对诉讼活动的干扰，对于实施妨碍民事诉讼活动的人员及单位，根据规定予以惩处。

3. 实践中，一些鉴定机构为出庭的鉴定人员购买专门的人身意外伤害保险也是值得借鉴的一项举措，在司法实务中也可以由人民法院或者司法行政管理部门牵头，会同专门针对证人、鉴定人、勘验人出庭的人身意外伤害设计相应的出庭保险险种以作为基本的出庭保障。

二、获得出庭作证的相关费用补偿的权利

证人、鉴定人、勘验人接到人民法院传唤后出庭作证虽然是法律规定的义务，但并非是其自身的本职工作，在民事诉讼当中，证人、鉴定人、勘验人出庭，主观上是为了帮助人民法院查明案件事实，但客观上确是因为实现当事人对私权利主张的救济。由于为了出庭所做准备以及出庭作证过程中必然花费大量的时间成本，形成较多的开销，比如，车费、住宿费、餐费、误工费等，这些都是出庭作证所带来的客观费用及损失。因此，本规定在制定过程中也注意到了这个问题，专门细化了证人出庭费用的预交和证人可以申请预先支付的专门规定，从制度上对证人出庭作出保障。对于鉴定人，亦明确了由申请鉴定人出庭的一方当事人预交鉴定人出庭费用，防止出现扯皮和难以兑现的情形。当然，如果对于拒绝签署、宣读保证书的证人或者因自身原因导致鉴定意见存在瑕疵不得不令参与鉴定的人员出庭作证的，出庭的相关费用及损失就应该由该证人或者鉴定人、勘验人自行承担。该问题相关条文中已经详细介绍，不再赘述。

三、保障鉴定人、勘验人为出具鉴定意见或者勘验笔录行使相应的调查取证权利

民事诉讼中搜集证据、询问当事人或者证人、勘验物证或者现场，均是人民法院行使调查职权的行为。更为全面的搜集鉴定所需的相关材料和信息，方便鉴定人、勘验人制作出更为科学、公正与准确的鉴定意见、勘验笔录，法律亦授权鉴定人员、勘验人员可以直接通过调取证据、询问当事人等方式获得鉴定所需要的案件信息。如《民事诉讼法》第七十七条第一款就规定了"鉴定人有权了解进行鉴定所需要的案件材料，必要时可以询问当事人、证人"，第八十条第一款也规定了勘验人"勘验物证或者现场"的具体操作要求。勘验人既可以是人民法院的审判人员或其他人员，也可以是人民法院指派的在特殊技术领域内有专长或者有执业资格的人员。

实践中，如勘验人非审判人员，而是接受人民法院委托的专业技术人员，其与鉴定人一样，为勘验笔录的制作，亦享有以下权利：

1. 了解与勘验有关的案件情况，查阅卷宗。
2. 询问当事人、证人。
3. 请求必要、合理的勘验费用。
4. 人格尊严和人身安全受法律保护等。

四、人格尊严受到尊重的权利

为保障出庭人员特别是鉴定人、勘验人的合法权益、提升该两类诉讼参与人的职业尊荣感，人民法院在安排证人、鉴定人、勘验人出庭前，应当事先在法庭中安排好专门的席位及席位卡，同时预备好相应承诺书，方便出庭作证前宣读。对此，最高人民法院与司法部联合下发的《关于建立司法鉴定管理与使用衔接机制的意见》第三条中就规定了"人民法院要为鉴定人出庭提供席位、通道等"等内容。

在强调对证人、鉴定人、勘验人保护的同时，更要显示出国家对破坏秩序，妨害诉讼特别是证明活动的主体进行严厉处罚的立场，才能从正反两个方面全面保障人民法院依法调查案件事实的职能发挥。为维护司法的权威性和严肃性，世界各国在立法上均规定有证人如实作证的义务和对妨碍民事诉讼的处罚。要求证人应当如实作证，不得作伪证，不得隐匿重要证据。否则，将面临伪证罪的刑事处罚。我国《民事诉讼法》第一百一十一条规定对妨碍民事诉讼的行为予以制裁，其中第一款第一项、第二项均与妨碍作证有关，该条规定，"诉讼参与人或者其他人有下列行为之一的，人民法院可以根据情节轻重予以罚款、拘留；构成犯罪的，依法追究刑事责任：（一）伪造、毁灭重要证据，妨碍人民法院审理案件的；（二）以暴力、威胁、贿买方法阻止证人作证或者指使、贿买、胁迫他人作伪证的；……"我国《刑法》第三百零五条规定："在刑事诉讼中，证人、鉴定人、记录人、翻译人对与案件有重要关系的情节，故意作虚假证明、鉴定、记录、翻译，意图陷害他人或者隐匿罪证的，处三年以下有期徒刑或者拘役；情节严重的，处三年以上七年以下有期徒刑。"可见，《刑法》中的妨害司法罪仅包括刑事诉讼中证人作伪证的情形，而未像其他国家那样将民事诉讼中作伪证的行为亦纳入刑法调整的范围。这种立法上制裁、处罚不力的情况，对民事审判实践中存在较多伪证现象的情况也有着较为直接的关系。

2015年8月29日，第十二届全国人民代表大会常务委员会第十六次会议通过了《刑法修正案（九）》，其中第三十五项规定了"虚假诉讼罪"。具体而言，即在《刑法》第三百零七条之一中作了相应规定："以捏造的事实提起民事诉讼，妨害司法秩序或者严重侵害他人合法权益的，处三年以下有期徒刑、拘役或者管制，并处或者单处罚金；情节严重的，处三年以上七年以下有期徒刑，并处罚金。/单位犯前款罪的，对单位判处罚金，并对其直接负责的主管人员和其他直接责任人员，依照前款的规定处罚。/有第一款行为，非法占有他人财产或者逃避合法债务，又构成其他犯罪的，依照处罚较重的规定定罪从重处罚。/司法工作人员利用职权，与他人共同实施前三款行为的，从重处罚；同时构成其他犯罪的，依照处罚较重的规定定罪从重处罚。"2016

年6月20日，最高人民法院发布了《关于防范和制裁虚假诉讼的指导意见》，对"虚假诉讼罪"的相关构成及特征作了较为详细的规定。

2018年10月1日施行的《最高人民法院、最高人民检察院关于办理虚假诉讼刑事案件适用法律若干问题的解释》，针对理论和实践中广泛关注和存在争议的虚假诉讼犯罪行为的界定和定罪量刑标准问题明确了如下认定规则：（1）单方或者与他人恶意串通，采取伪造证据、虚假陈述等手段，捏造民事法律关系，虚构民事纠纷，向人民法院提起民事诉讼的；（2）向人民法院申请执行以捏造的事实作出的仲裁裁决、公证债权文书，或者以捏造的事实对执行标的提出异议、申请参与执行财产分配的；（3）以捏造的事实提起民事诉讼，致使人民法院基于捏造的事实作出裁判文书的；（4）在未作出裁判文书的情况下，行为人具有虚假诉讼违法犯罪前科，或者多次以捏造的事实提起民事诉讼，或者具有致使人民法院采取保全措施、致使人民法院开庭审理、干扰正常司法活动等情形的等行为均属于《刑法》规定的虚假诉讼犯罪行为或者应当以虚假诉讼罪定罪处罚。在此情况下，对于虚假诉讼相关的在民事诉讼中伪造证据的行为亦有所触及，但是，直接针对性仍尚显不足。

由于有关犯罪和刑罚的规定应当由法律明文规定，司法解释尤其是适用于民事审判的司法解释无法解决民事诉讼中证人作伪证的刑事处罚问题，因此，本规定在本条只作出笼统的规定，有关与证据相关的妨碍民事诉讼的行为，依照《民事诉讼法》第一百一十一条的规定处理。

【审判实践中需要注意的问题】

实践中，如何更为妥当的保障证人、鉴定人、勘验人履行依法独立作证的义务，特别是确保在传唤其参加庭审活动过程中不发生意外状况，人民法院责无旁贷，应当根据案件及当事人情况，事先做好预案。主要注意以下几个方面：

1. 出庭的时间在确定前尽可能征求证人、鉴定人、勘验人的意见，考虑出庭人员方便的因素，防止因时间安排的冲突导致出庭人员的成本过高或者发生出庭困难。

2. 事先应当通知申请人依照本规定相关规定及《诉讼费用交纳办法》第六条的规定，向人民法院预交证人、鉴定人、勘验人的出庭费用，不得令申请方当事人直接将钱款交付出庭的证人、鉴定人、勘验人。

3. 通知证人、鉴定人、勘验人出庭前应当告知其出庭的基本要求和基本权利，包括签署保证书并作宣誓、遵守法庭秩序、基本的陈述要求，以及可以请求出庭费用及其他需要注意的事项，并了解证人、鉴定人、勘验人出庭时是否另有证据或者材料需要提供，是否需要进行相应设备和措施的准备等。

4. 案件可能存在矛盾激化情形的，应当提前安排司法警察值庭，并事先安排证人、鉴定人、勘验人在特定的隔离的休息等候区域休息等候；在出庭过程中及时引导当事人的发问，疏导不良情绪，及时制止对出庭人员作出的任何出格举动，并对肇事人员采取必要有效的措施，确保庭审的良好秩序；作证完毕后，及时要求书记员将相关笔录交证人、鉴定人、勘验人查看并签字确认，并安排出庭人员退庭，防止滞留后增加冲突风险；对涉及证人、鉴定人、勘验人隐私的信息，如家庭住址、身份证号码、手机及固定电话号码等采取保密措施，除法律另有规定的外，严禁审判人员及书记员之外的人员查阅。

【法条链接】

《中华人民共和国民事诉讼法》（2017年修正）

第七十七条　鉴定人有权了解进行鉴定所需要的案件材料，必要时可以询问当事人、证人。

鉴定人应当提出书面鉴定意见，在鉴定书上签名或者盖章。

第八十条　勘验物证或者现场，勘验人必须出示人民法院的证件，并邀请当地基层组织或者当事人所在单位派人参加。当事人或者当事人的成年家属应当到场，拒不到场的，不影响勘验的进行。

有关单位和个人根据人民法院的通知，有义务保护现场，协助勘验工作。

勘验人应当将勘验情况和结果制作笔录，由勘验人、当事人和被邀参加人签名或者盖章。

第一百一十条　诉讼参与人和其他人应当遵守法庭规则。

人民法院对违反法庭规则的人，可以予以训诫，责令退出法庭或者予以罚款、拘留。

人民法院对哄闹、冲击法庭，侮辱、诽谤、威胁、殴打审判人员，严重扰乱法庭秩序的人，依法追究刑事责任；情节较轻的，予以罚款、拘留。

第一百一十一条　诉讼参与人或者其他人有下列行为之一的，人民法院可以根据情节轻重予以罚款、拘留；构成犯罪的，依法追究刑事责任：

（一）伪造、毁灭重要证据，妨碍人民法院审理案件的；

（二）以暴力、威胁、贿买方法阻止证人作证或者指使、贿买、胁迫他人作伪证的；

（三）隐藏、转移、变卖、毁损已被查封、扣押的财产，或者已被

清点并责令其保管的财产，转移已被冻结的财产的；

（四）对司法工作人员、诉讼参加人、证人、翻译人员、鉴定人、勘验人、协助执行的人，进行侮辱、诽谤、诬陷、殴打或者打击报复的；

（五）以暴力、威胁或者其他方法阻碍司法工作人员执行职务的；

（六）拒不履行人民法院已经发生法律效力的判决、裁定的。

人民法院对有前款规定的行为之一的单位，可以对其主要负责人或者直接责任人员予以罚款、拘留；构成犯罪的，依法追究刑事责任。

《中华人民共和国刑事诉讼法》（2018年修正）

第六十四条　对于危害国家安全犯罪、恐怖活动犯罪、黑社会性质的组织犯罪、毒品犯罪等案件，证人、鉴定人、被害人因在诉讼中作证，本人或者其近亲属的人身安全面临危险的，人民法院、人民检察院和公安机关应当采取以下一项或者多项保护措施：

（一）不公开真实姓名、住址和工作单位等个人信息；

（二）采取不暴露外貌、真实声音等出庭作证措施；

（三）禁止特定的人员接触证人、鉴定人、被害人及其近亲属；

（四）对人身和住宅采取专门性保护措施；

（五）其他必要的保护措施。

证人、鉴定人、被害人认为因在诉讼中作证，本人或者其近亲属的人身安全面临危险的，可以向人民法院、人民检察院、公安机关请求予以保护。

人民法院、人民检察院、公安机关依法采取保护措施，有关单位和个人应当配合。

《诉讼费用交纳办法》（2006年）

第六条　当事人应当向人民法院交纳的诉讼费用包括：

（一）案件受理费；

（二）申请费；

（三）证人、鉴定人、翻译人员、理算人员在人民法院指定日期出庭发生的交通费、住宿费、生活费和误工补贴。

《最高人民法院关于民事诉讼证据的若干规定》（2001年12月21日 法释〔2001〕33号）

第八十条 对证人、鉴定人、勘验人的合法权益依法予以保护。

当事人或者其他诉讼参与人伪造、毁灭证据，提供假证据，阻止证人作证，指使、贿买、胁迫他人作伪证，或者对证人、鉴定人、勘验人打击报复的，依照《民事诉讼法》第一百零二条的规定处理。

第九十九条 ［适用及参照适用的情形］

本规定对证据保全没有规定的，参照适用法律、司法解释关于财产保全的规定。

除法律、司法解释另有规定外，对当事人、鉴定人、有专门知识的人的询问参照适用本规定中关于询问证人的规定；关于书证的规定适用于视听资料、电子数据；存储在电子计算机等电子介质中的视听资料，适用电子数据的规定。

【条文主旨】

本条系新增条文，是对证据保全和询问当事人、鉴定人、专家辅助人的参照适用条款，以及对视听资料、电子数据证据规则法律适用的规定。目的在于对本规定或其他法律、司法解释有相同或类似规定情形的，避免重复规定或者漏项，同时满足对司法解释文字的简洁性要求。

【条文释义】

一、"适用"与"参照适用"的区别

规范性法律文件的表述中，某一条文的内容引用其他法条予以规范，称为引用性法条。引用性法条的法律适用具有授权法院或者其他有关机关进行法律补充或指示如何适用法律的作用，主要有两种类型：即适用型和参照适用型。适用型引用性法条用于拟规范的内容与被引用法条所规范的内容在事实要件、法律效果等方面具有同一性，可以完全依据被引用的法条处理，一般不必变通；参照适用型引用性法条属于被引用法条调整范围的扩张，根据立法规范表述，"参照适用"一般用于没有直接纳入法律调整范围，但是又属于范围逻辑内涵自然延伸的事项。①"参照适用"用于拟规范的内容与被引用法条所规范的内容在法律事实上虽然不同，但性质类似，可以将两者作同一处理，但在进行法律适用时，需要进行价值判断和裁量选择。本条规定了适用和参照适用的几种情形，应注意有所区分。

二、证据保全的法律适用规则

我国《民事诉讼法》第八十一条对证据保全作了明确规定，指的是当对于诉讼查明案情真相有重要意义的证据可能因时间经过而发生毁损、消灭及其他不再能够取得的危险时，由当事人向法院提出申请，法院根据当事人申请或依职权对处于灭失危险之下的证据可采取保全措施的制度。根据《民事诉讼法解释》第九十八条，当事人可以在举证期限届满前书面提出此项申请，且法院可视具体情况责令证据保全的申请人提供担保。这项制度的初衷是在诉讼的早期阶段保存有可能灭失或此后难以收集的重要证据，以备此后使用，同时一定程度上也有帮助当事人收集证据的目的。关于实施证据保全可以采取的措施，2001年《证据规定》第二十四条也有明确规定，即："人民法院进行证据保全，可以根据具体情况，采取查封、扣押、拍照、录音、录像、复制、鉴定、勘验、制作笔录等方法。"上述规定的内容均比较原则，

---

① 全国人民代表大会常务委员会法制工作委员会办公室编：《立法工作规范手册（试行）》，中国民主法制出版社2012年版，第22页。

难以满足司法实践的实际需要。

本规定在承继《民事诉讼法》及相关司法解释精神、2001年《证据规定》的基础之上，结合审判实践，进一步规定了证据保全的申请、证据保全的方式、证据保全的担保、错误保全责任的承担、诉前证据保全移送管辖等证据保全法律适用中比较突出的问题，不仅保留了2001年《证据规定》第二十四条规定的主要内容，还在进一步细化操作规范的基础上对保全的经济性等问题作了要求。

鉴于证据保全的专业性，审判实践中，还应当注意证据保全与其他特别法、特别司法解释的适用问题，包括《海事诉讼特别程序法》第五章、《商标法》第六十六条、《著作权法》第五十条等，最高人民法院的一些司法解释也就此专门作了规定，譬如《最高人民法院关于对诉前停止侵犯专利权行为适用法律问题的若干规定》《最高人民法院关于诉前停止侵犯注册商标专用权行为和保全证据适用法律问题的解释》等。此外，由于证据保全活动与财产保全的很多行为措施具有共通性，而财产保全制度的规定较为完善，因此，对于证据保全没有规定的其他问题，参照适用财产保全的有关规定，具有现实需求，也符合立法本意。

三、对当事人、鉴定人、有专门知识的人询问的法律适用规则

证人证言作为民事诉讼最早确立的证据形式之一，在民事诉讼证据制度中具有重要的意义。审判实践中，由于证人认知水平、表达能力、法律知识水平参差不齐，或者证人往往与一方当事人具有利害关系等原因，导致证人证言采信率偏低，不能充分发挥其对事实查明应有的功能。为严格依法收集、固定、保存、审查和运用证人证言，提高证人出庭作证的质量、确保证人证言的客观中立性，本规定对询问证人的程序、方式，对证人的保障等方面进行了进一步的规范。

除证人证言外，鉴定意见也是民事诉讼中一类重要的法定证据类型。2012年《民事诉讼法》修正过程中还专门吸收了2001年《证据

规定》第六十一条的内容，在立法上首次确立了专家辅助人制度。专家辅助人在诉讼中的功能只是协助当事人就专门性问题提出意见或者对鉴定意见进行质证，回答审判人员和当事人的询问，其提出的意见性质上相当于当事人陈述。相关法律及司法解释规定了对当事人、鉴定人、专家辅助人的询问制度。比如，本规定第八十条第一款、第八十二条规定，鉴定人应当就鉴定事项如实答复当事人的异议和审判人员的询问。经法庭许可，当事人可以询问鉴定人、勘验人。《民事诉讼法》第七十七条第一款规定，鉴定人有权了解进行鉴定所需要的案件材料，必要时可以询问当事人、证人。《民事诉讼法解释》第一百二十三条第一款规定，人民法院可以对出庭的具有专门知识的人进行询问。经法庭准许，当事人可以对出庭的具有专门知识的人进行询问，当事人各自申请的具有专门知识的人可以就案件中的有关问题进行对质。虽然专家辅助人、鉴定人、证人的性质和地位并不相同，但对当事人、鉴定人和有专门知识的人的询问，均以查明事实为目的，且多为程序性规定。

因本规定对证人的询问作了更为详细的规定，相关规则的确定同样可以适用于对其他主体的询问，故为避免法条繁冗，本条规定了参照适用法律规则。有关询问证人的规则，在法律、司法解释及本解释对当事人、鉴定人、有专门知识的人的询问未作规定的情况下，可以参照适用。

四、视听资料、电子数据的法律适用规则

关于视听资料、电子数据等证据类型的证据，在实践中如何适用相应的认证规则一直以来都有着争议。本次修改《证据规定》采用的是将该类证据的特殊规则予以明确，对于可以参照适用的一般性规则，则确定参照书证的相关证据规则执行。

证据的种类是证据的外部表现形式，因此也称为证据的形式。在英美法系国家和地区的民事诉讼立法或者证据立法上，一般并不对证据的概念进行专门的界定，也不对证据的形式进行明确的规定。英美

法系国家和地区认为，所有展示在法庭或者陪审团面前的、具有相关性和可采性、能够证明争议事实存在或者不存在的事物均为证据，因此，其对证据形式的立场是开放的，并不对证据的种类作限制性的规定，对于可能出现的各种信息资源持包容态度。如英国1968年《民事证据法》将证据分为证人证言、文件证据和实物证据三种，但同时也规定，提供情报、出示文件等以任何方式提供证据，均符合该法对提供证据的规定。美国的《联邦证据规则》和多数州的证据法对于证据形式划分为言词证据、实物证据和司法认知，但同时也强调证据的分为并不限于此。大陆法系国家和地区一般在民事诉讼法中对证据形式进行一定的分类，但这种通过分类对证据形式的限制并不严格，一般并不排除其他可以揭示案件事实的证据资料进入诉讼。如德国、日本和我国台湾地区的民事诉讼中，证据是法院据之可以确认诉讼争议事实真实或者不真实的各种可能的方法或者途径的总称，因此对证据种类的划分是以证据调查方法为依据的。证据大致可分为人证和物证两类，证人、鉴定人、当事人为人证，书证和勘验为物证。总体而言，大陆法系国家和地区侧重于从证据调查的角度对不同证据种类适用的证据规则进行规定，并且强调任何有助于查明案件事实的证据都可以依一定程序进入诉讼。

我国三大诉讼法均对证据的种类作出明确规定。理论上一般认为，这种证据种类的规定具有法律约束力，只有符合法律规定形式的证据种类，才能作为认定案件事实的依据，因此这种证据种类也被称为证据的法定种类或者证据在法律上的分类。[①] 但实践中，对证据种类的要求并不绝对，对于新类型的证据，往往解释为法定证据种类的特殊表现形式，如2012年《民事诉讼法》修正之前的电子证据，实践中一般作为视听资料或者书证特殊形式对待。

书证是是民事诉讼中十分重要的证据方法和证据类型。广义上讲，

[①] 罗海敏：《关于证据种类之思考》，载《国家检察官学院学报》第13卷第4期。

书证不仅包括打印、书写于纸张上的文字记录,照片、录音录像资料、记载于计算机磁盘等电子介质上的数据电文均可以归属于书证的范畴。我国民事诉讼法将照片、录音录像资料等作为视听资料,记载于电子介质上的数据电文作为电子证据,均为独立的证据类型,因此,书证系从狭义理解,一般指视听资料和电子数据之外的以其记载的内容来证明案件事实的资料。书证以纸张等物质载体的形式体现,但文字、图形、符号等所记载的内容是其本质属性。关于书证内涵的认识,我国学者与其他国家学者的理解基本相同,都认为包含这样几层含义:(1)它首先是一种物件或物品;(2)该物件是一定文字、符号、图表等的载体;(3)这些文字、符号、图表等记载或代表一定的内容、含义,而且能证明案件事实。①

各国民事诉讼法均将书证作为独立的证据形式。在英美法系国家和地区,书证既是当事人向法院提供的供法官和陪审团获悉案件事实的文书材料,也是指法院通过查阅当事人提供的文书得悉有关事实的证据。在英国民事诉讼中,书证除书面形式外,还包括地图、图表、图纸、图画、照片、唱片、磁带、声迹等,以及收录有关可见图像加以复制的影片、底片、磁带或者其他装置。美国《联邦证据规则》第1001条也规定,手写、打字、印刷、雕刻、复制、照相、影片、磁化、机械或电子录音以及其他数据处理方法记录下来的字母、词汇、数据或其他同类物,都属于书证。在大陆法系国家和地区,书证是以其记录的内容和表达的思想证明案件事实的文书或者物件。书证既是一种证据方法,也是一种证据资料。在德国《民事诉讼法》上,书证是对思想的任何书面表达,未用书面文字表现的思想或者无思想内容的书面文字不是文书。②在这个意义上讲,电子证据也包含在书证之中。日本《民事诉讼

---

① 张永泉:《书证制度的内在机理及外化规则研究》,载《中国法学》2008年第5期。
② [德]奥特马·尧厄尼希:《德国民事诉讼法》,周翠译,法律出版社2003年版,第291页。

法》中区分了文书和书证:文书是指用文字或其他符号来表示某一事实或思想的物件;当文书的内容,即用文字或其他符号表示的东西成为证据资料时,便称为书证。图片、像片、录音磁带、录象带及为表示其他情报而制成的物件虽然不是文书,但援用日本《民事诉讼法》第231条书证的有关规定,称为"准文书"。日本的司法判例还认为计算机使用的磁盘也属于准文书。① 我国民事诉讼法将视听资料和电子数据规定为独立于书证的证据类型,因此书证在范围上排除了视听资料和电子证据。

与传统的证据形式相比,视听资料首先更依赖于录音带、录像带等物质载体,是以其记录的内容来对待证事实发挥证明作用,没有物质载体就不存在视听资料证据。在这一点上,视听资料与书证十分接近。其次,视听资料具有高度的准确性和直观性,其在形成过程中一般不受录制人主观因素的影响而造成对案件事实的歪曲。只要录制对象正确、录制方法得当、录制设备正常,视听资料就能十分准确地记录案件事实。借助相应的技术设备,视听资料就能够直接再现一定的案件事实。再次,视听资料的收集和审查具有科学性。视听资料的形成需要借助录音机、录相机等设备,人们可以使用一定的设备来制作,也可以借助一定的设备进行伪造或篡改。因此,如对其真实性发生争议,一般也需要依赖相应的科学技术和设备,通过鉴定等方法才能得出较为正确的结论。

电子数据即电子证据,是2012年《民事诉讼法》修正后新增加的证据类型。根据联合国《电子商务示范法》第2条的规定:"电子数据是指由电子手段、光学手段或类似手段生成的传送、接收或储存的信息。"由此,作为证据类型的电子数据,可以归结为以电子、电磁、光学等形式或类似形式储存在计算机中的信息作为证明案件事实的证据资料,既包括计算机程序及其所处理的信息,也包括其他应用专门技术设备检测得到的信息资料。电子证据在本质上是一种电子信息,可

---

① 呼勇:《书证的比较研究》,载《宁夏社会科学》2005年第3期。

以实现精确复制，可以在虚拟空间里无限快速传播，在传播方式上与传统证据只能在物理空间传递存在明显的差异。电子证据是以电子计算机及其他电子设备为基础的证据，没有专门的电子设备主件，没有相应的播放、检索、显示设备，电子证据只能停留在电子存储介质之中，无法被人们感知。因此，电子证据在感知方式上必须借助电子设备，而且必须依赖于特定的系统软件环境，如果软件环境发生变化，存储在电子介质上的信息可能无法显示或者无法正确显示。此外，电子证据与传统证据形式相比更具有稳定性和安全性的特点，对于电子证据的修改、复制或者删除能够通过技术手段分析认定和识别。①

多数国家并未将电子证据作为独立的证据形式，但无论英美法系还是大陆法系国家和地区，均允许电子介质存储的电子信息作为证据在诉讼中使用。只不过基于不同的法律传统和法律制度，对电子证据的处理方式不同。在英美法系国家和地区，电子证据可以归属于文书证据的范畴，但在书证的最佳证据规则和传闻证据规则适用上，对电子证据进行特殊处理。大陆法系国家和地区将电子证据一般归于书证或者准书证的范畴。如《法国民法典》第1316条第1款规定："以电子形式做成的文书与书面载体的文书一样被视为证据，前提是做成该文书的人能够正确地得以识别，该文书的制作与保管的条件应能保持其完整性，签字应与签名人相一致，并代表当事人对由该行为所产生义务的同意。"在日本和我国台湾地区，电子证据作为准书证对待。

鉴于书证的规则体系较为完备，司法实践所积累的经验也最为丰富，其举证、质证及认证活动中所应遵循的具体规则同样可以适用于主要通过证据内容来证明案件事实的视听资料和电子数据。关于储存在电子计算机等电子介质中的视听资料，适用电子数据的规定，与《民事诉讼法解释》第一百一十六条第三款的规定一致，体现连贯性与一致性。

---

① 何家弘主编：《电子证据法研究》，法律出版社2002年版，第14~16页。

【审判实践中需要注意的问题】

审判实践中，特别需要注意的是在参照适用相关规定之前，必须注意一般和特殊的关系，即对于证据保全和对当事人、鉴定人、有专门知识的人的询问，以及视听资料、电子数据、存储在电子计算机等电子介质中的视听资料进行举证、质证和认证过程中，如果法律、本规定或者其他司法解释对相关问题有规定的，应当直接适用，只有当未有规定或者未有明确规定需要其他规则予以规范的情况下，才能够参照适用其他相关的规定。譬如：电子数据因其特性容易被伪造，应当严格审核认定。本规定第九十三条、九十四条规定了对电子证据真实性判断标准，与其他关于书证审核认定的条款相比，属于特殊规定，具有优先适用的效力。

【法条链接】

《中华人民共和国民事诉讼法》（2017年修正）

第七十七条　鉴定人有权了解进行鉴定所需要的案件材料，必要时可以询问当事人、证人。

鉴定人应当提出书面鉴定意见，在鉴定书上签名或者盖章。

第八十一条　在证据可能灭失或者以后难以取得的情况下，当事人可以在诉讼过程中向人民法院申请保全证据，人民法院也可以主动采取保全措施。

因情况紧急，在证据可能灭失或者以后难以取得的情况下，利害关系人可以在提起诉讼或者申请仲裁前向证据所在地、被申请人住所地或者对案件有管辖权的人民法院申请保全证据。

证据保全的其他程序，参照适用本法第九章保全的有关规定。

《最高人民法院关于适用〈中华人民共和国民事诉讼法〉的解释》（2015年1月30日 法释〔2015〕5号）

第九十八条 当事人根据民事诉讼法第八十一条第一款规定申请证据保全的，可以在举证期限届满前书面提出。

证据保全可能对他人造成损失的，人民法院应当责令申请人提供相应的担保。

第一百一十六条 视听资料包括录音资料和影像资料。

电子数据是指通过电子邮件、电子数据交换、网上聊天记录、博客、微博客、手机短信、电子签名、域名等形成或者存储在电子介质中的信息。

存储在电子介质中的录音资料和影像资料，适用电子数据的规定。

第一百二十三条 人民法院可以对出庭的具有专门知识的人进行询问。经法庭准许，当事人可以对出庭的具有专门知识的人进行询问，当事人各自申请的具有专门知识的人可以就案件中的有关问题进行对质。

具有专门知识的人不得参与专业问题之外的法庭审理活动。

《最高人民法院关于民事诉讼证据的若干规定》（2001年12月21日 法释〔2001〕33号）

第二十四条 人民法院进行证据保全，可以根据具体情况，采取查封、扣押、拍照、录音、录像、复制、鉴定、勘验、制作笔录等方法。

人民法院进行证据保全，可以要求当事人或者诉讼代理人到场。

第六十一条 当事人可以向人民法院申请由一至二名具有专门知识的人员出庭就案件的专门性问题进行说明。人民法院准许其申请的，有关费用由提出申请的当事人负担。

审判人员和当事人可以对出庭的具有专门知识的人员进行询问。

经人民法院准许，可以由当事人各自申请的具有专门知识的人员就有案件中的问题进行对质。

具有专门知识的人员可以对鉴定人进行询问。

第一百条　[本规定的施行时间和溯及力]

本规定自 2020 年 5 月 1 日起施行。

本规定公布施行后，最高人民法院以前发布的司法解释与本规定不一致的，不再适用。

【条文主旨】

本条由 2001 年《证据规定》第八十三条修改形成，是关于本规定时间效力的规定。本规定的颁布，对于规范民事诉讼证据制度，保障人民法院依法审理民事案件、查明案件事实将产生深远影响。为充分保障当事人合法权益，做好有关证据制度涉及的诉讼程序衔接适用工作，本条对于本规定的时间效力作出了规定。

【条文释义】

一、修改背景和基本精神

本条规定删除了 2001 年《证据规定》第八十二条"本院过去的司法解释，与本规定不一致的，以本规定为准"的规定，对第八十三条"本规定自 2002 年 4 月 1 日起施行。2002 年 4 月 1 日尚未审结的一审、二审和再审民事案件不适用本规定。/本规定施行前已经审理终结的民事案件，当事人以违反本规定为由申请再审的，人民法院不予支持。本规定施行后受理的再审民事案件，人民法院依据《民事诉讼法》第一百八十四条的规定进行审理的，适用本规定"进行了修改。修改的核心要义在于2001年《证据规定》第八十三条明确未审结案件证据规则从旧，而本规定采"实体法从旧，程序法从新"的法律溯及力一般规则。是因为2001年《证据规定》出台之前很长一段时期，一定程度上存在"重实体、轻程序"现象，当事人也普遍缺乏证据规则意识，而2001年《证据规定》在"当事人举证""人民法院调查收集证据""举证时限与证据交换""质证""证据的审核认定"等基本民事诉讼证据制度进行了划时代的规制，建立了较为严格的举证、质证、证据失效及证据采信制度，2001年《证据规定》第八十三条是考虑到社会公众的接受程度和制度有序过渡和衔接所作的特殊安排。当前，上述问题已经得到缓解，本条确立了证据规则从新的溯及力规则。

二、基本含义

法的适用效力，又称法的效力范围，主要是指对人、对物和地域、时间的适用范围。法的时间效力是法的适用效力的重要内容，是指法律何时生效、何时终止生效及法律对其颁布实施前的事件和行为是否具有溯及力的问题。对于司法解释而言，同样存在时间效力的问题，还包括本解释何时生效、何时失效以及司法解释对其生效之前的事实和行为有无溯及力的问题。本条除解决上述司法解释时间效力的一般问题，更为重要的是要协调本规定与《民事诉讼法》《民事诉讼法解释》的衔接适用关系。

（一）关于本解释的施行时间问题

生效时间一般又称施行时间，如果司法解释时间效力条款表述为"本解释自公布之日起施行"，即表明司法解释自公布之日生效，这种表述一般适用于审判实践急需而制度供给不足且共识度较高、施行时机较为成熟的情况；如果表述为"本解释自某年某月某日起施行"，即意味着在公布之后预留一段时间，生效时间滞后于公布时间，这种方式主要是为了供人民法院、各方诉讼参与人和其他有关方面做好必要地学习、掌握和准备，以便司法解释顺利实施。为规范司法解释的施行时间，《最高人民法院办公厅关于司法解释施行日期问题的通知》（法办发〔2019〕2号）中规定："司法解释的施行日期是司法解释时间效力的重要内容，司法解释应当在主文作出明确规定：'本解释（规定或者决定）自×年×月×日起施行'。批复类解释在批复最后载明的发布日期作为施行日期。/确定司法解释的施行日期应当充分考虑司法解释实施准备工作的实际需要。"本规定按照上述规定的要求，明确了施行日期，意义在于：一方面预留一段学习准备期，另一方面有利于人民法院妥善处理好本规定与既往司法解释的适用衔接工作。

（二）关于本规定的溯及力问题

司法解释对于其生效以前的法律事实和法律行为有无溯及力的问题，长期以来存在不同认识：有观点认为，司法解释是对现行法律的解释，而现行法律已经施行并生效，故应当自司法解释生效之日起，对人民法院在司法解释施行前已经受理、施行之时尚未审结的一、二审、再审案件均应当适用，持司法解释有限溯及既往说。还有观点认为，司法解释虽然理论上是对现行法律的解释，但客观上在一定程度起到填补立法空白，进行制度供给甚至创设新规则的作用。依据法不溯及既往的一般原则，司法解释仅能适用于其生效后起诉到人民法院的案件。

我们倾向于第一种观点。根据《立法法》和《人民法院组织法》等有关规定，最高人民法院可以对属于审判工作中具体应用法律的问题进行解释。本质上讲，司法解释是对法律的解释和明确，与被解释的法律不相抵触且体现立法本意，应当视为被解释法律的有机组成，生效之日就应当适用于司法实务工作、调整各方关系。即，司法解释可以有限度溯及既往。司法解释有限溯及既往有两个方面的含义，一是司法解释溯及力应当受到被解释法律的时间效力范围的限制，司法解释施行在被解释的制定法之后，司法解释视为与被解释的制定法同步发生效力，如果被解释的法律能够适用某一纠纷，该解释一般也可以适用。故对于司法解释施行前受理、施行之时尚未审结的案件，可以适用司法解释。另一方面，在程序法性质的司法解释施行前已经审结生效的案件，系人民法院依据审理时的法律规定运用司法智慧对法律进行解释和适用，只要与法律不相抵触，即使与在后施行的司法解释有关规定不完全一致，亦不属于适用程序的错误，不应当成为当事人申请再审的理由。终审案件已经具有一定的安定性，司法解释原则上不能适用于已经审结生效的案件。

一般而言，在后的规范性规定较在先的规定更能反映当前的社会、政治、经济发展状况，更有利于保护和平衡各方诉讼参与人的诉讼权利。施行之后，旧的司法解释应当失效。本条规定，"本规定公布施行后，最高人民法院以前发布的司法解释与本规定不一致的，不再适用"。

【审判实践中需要注意的问题】

1. 关于本规定适用案件的范围。"实体从旧、程序从新"是大陆法系和英美法系公认的法律溯及力准则，在本规定施行后，所有的民事案件，无论是按第一审程序还是按第二审程序尚未审结的案件，均适用本规定。对于本规定施行前已经终审的案件，根据审判监督程序决定进入再审程序的，本规定作为民事诉讼证据规则的解释，再审程序启动之后，也应当贯彻"程序从新"的精神，可以适用本规定。

2. 关于本规定与其他司法解释的衔接适用问题。主要是本条第二款中"与本规定不一致"的理解问题。本规定与以往司法解释"不一致"的定位必须局限于"同一法律问题或者规则",如果涉及不同的法律问题,当然不属于与本规定不一致的情形。一般而言,本规定对原有司法解释的有关规定作出的修改或者新增的规定,属于本规定与此前出台的其他司法解释"不一致"的情形,应当适用本规定。对于本规定没有规定,此前出台的尚发生时间效力的司法解释对此有规定的,原有司法解释相关规定条款的效力不受影响。

【法条链接】

《中华人民共和国民事诉讼法》(2017年修正)

第一百八十四条 公民下落不明满四年,或者因意外事故下落不明满二年,或者因意外事故下落不明,经有关机关证明该公民不可能生存,利害关系人申请宣告其死亡的,向下落不明人住所地基层人民法院提出。

申请书应当写明下落不明的事实、时间和请求,并附有公安机关或者其他有关机关关于该公民下落不明的书面证明。

《最高人民法院关于民事诉讼证据的若干规定》(2001年12月21日 法释〔2001〕33号)

第八十二条 本院过去的司法解释,与本规定不一致的,以本规定为准。

第八十三条 本规定自2002年4月4日起施行。2002年4月1日尚未审结的一审、二审和再审民事案件不适用本规定。

本规定施行前已经审理终结的民事案件,当事人以违反本规定为由申请再审的,人民法院不予支持。

本规定施行后受理的再审民事案件,人民法院依据《民事诉讼法》第一百八十四条的规定进行审理的,适用本规定。

《最高人民法院办公厅关于司法解释施行日期问题的通知》（2019年2月15日　法办发〔2019〕2号）

本院各单位：

为进一步规范和统一我院司法解释的施行日期，保证司法解释的正确适用，根据《最高人民法院关于司法解释工作的规定》第二十五条的规定，现将有关事项通知如下：

一、司法解释的施行日期是司法解释时间效力的重要内容，司法解释应当在主文作出明确规定："本解释（规定或者决定）自×年×月×日起施行"。批复类解释在批复最后载明的发布日期作为施行日期。

二、确定司法解释的施行日期应当充分考虑司法解释实施准备工作的实际需要。

三、司法解释的施行日期应当在提交审判委员会的送审稿中拟出，并提请审判委员会审议确定。

四、发布司法解释公告中的施行日期应当与司法解释中的施行日期一致。

附录一：民事诉讼证据规定 新旧条文对照表

最高人民法院 关于民事诉讼证据的若干规定 （2001年公布）	最高人民法院 关于民事诉讼证据的若干规定 （2019年修正）
一、当事人举证	
第一条　原告向人民法院起诉或者被告提出反诉，应当附有符合起诉条件的相应的证据材料。	第一条　原告向人民法院起诉或者被告提出反诉，应当**提供**①符合起诉条件的相应的证据。 （原第一条修改）
第二条　当事人对自己提出的诉讼请求所依据的事实或者反驳对方诉讼请求所依据的事实有责任提供证据加以证明。 　　没有证据或者证据不足以证明当事人的事实主张的，由负有举证责任的当事人承担不利后果。	删除
第三条　人民法院应当向当事人说明举证的要求及法律后果，促使当事人在合理期限内积极、全面、正确、诚实地完成举证。 　　当事人因客观原因不能自行收集的证据，可申请人民法院调查收集。	第二条　人民法院应当向当事人说明举证的要求及法律后果，促使当事人在合理期限内积极、全面、正确、诚实地完成举证。 　　当事人因客观原因不能自行收集的证据，可申请人民法院调查收集。 （原第三条）
第四条　下列侵权诉讼，按照以下规定承担举证责任： 　　（一）因新产品制造方法发明专利引起的专利侵权诉讼，由制造同样产品的单位或者个人对其产品制造方法不同于专利方法承担举证责任；	删除

---

① 本对照表对民事诉讼证据规定的修改、增加之处作出黑体标识，结合同序对照，变化之处一目了然。

续表

最高人民法院 关于民事诉讼证据的若干规定 （2001年公布）	最高人民法院 关于民事诉讼证据的若干规定 （2019年修正）
（二）高度危险作业致人损害的侵权诉讼，由加害人就受害人故意造成损害的事实承担举证责任； （三）因环境污染引起的损害赔偿诉讼，由加害人就法律规定的免责事由及其行为与损害结果之间不存在因果关系承担举证责任； （四）建筑物或者其他设施以及建筑物上的搁置物、悬挂物发生倒塌、脱落、坠落致人损害的侵权诉讼，由所有人或者管理人对其无过错承担举证责任； （五）饲养动物致人损害的侵权诉讼，由动物饲养人或者管理人就受害人有过错或者第三人有过错承担举证责任； （六）因缺陷产品致人损害的侵权诉讼，由产品的生产者就法律规定的免责事由承担举证责任； （七）因共同危险行为致人损害的侵权诉讼，由实施危险行为的人就其行为与损害结果之间不存在因果关系承担举证责任； （八）因医疗行为引起的侵权诉讼，由医疗机构就医疗行为与损害结果之间不存在因果关系及不存在医疗过错承担举证责任。 有关法律对侵权诉讼的举证责任有特殊规定的，从其规定。	

续表

最高人民法院 关于民事诉讼证据的若干规定 （2001年公布）	最高人民法院 关于民事诉讼证据的若干规定 （2019年修正）
第五条 在合同纠纷案件中，主张合同关系成立并生效的一方当事人对合同订立和生效的事实承担举证责任；主张合同关系变更、解除、终止、撤销的一方当事人对引起合同关系变动的事实承担举证责任。 对合同是否履行发生争议的，由负有履行义务的当事人承担举证责任。 对代理权发生争议的，由主张有代理权一方当事人承担举证责任。	删除
第六条 在劳动争议纠纷案件中，因用人单位作出开除、除名、辞退、解除劳动合同、减少劳动报酬、计算劳动者工作年限等决定而发生劳动争议的，由用人单位负举证责任。	删除
第七条 在法律没有具体规定，依本规定及其他司法解释无法确定举证责任承担时，人民法院可以根据公平原则和诚实信用原则，综合当事人举证能力等因素确定举证责任的承担。	删除
第八条 诉讼过程中，一方当事人对另一方当事人陈述的案件事实明确表示承认的，另一方当事人无需举证。但涉及身份关系的案件除外。	**第三条** 在诉讼过程中，一方当事人陈述的于己不利的事实，或者对于己不利的事实明确表示承认的，另一方当事人无需举证证明。 在证据交换、询问、调查过程中，或者在起诉状、答辩状、代理词等书面材料中，当事人明确承认于己不利的

续表

最高人民法院 关于民事诉讼证据的若干规定 （2001年公布）	最高人民法院 关于民事诉讼证据的若干规定 （2019年修正）
	事实的，适用前款规定。 （原第八条第一款、第七十四条修改）
对一方当事人陈述的事实，另一方当事人既未表示承认也未否认，经审判人员充分说明并询问后，其仍不明确表示肯定或者否定的，视为对该项事实的承认。 当事人委托代理人参加诉讼的，代理人的承认视为当事人的承认。但未经特别授权的代理人对事实的承认直接导致承认对方诉讼请求的除外；当事人在场但对其代理人的承认不作否认表示的，视为当事人的承认。	第四条　一方当事人对于另一方当事人主张的于己不利的事实既不承认也不否认，经审判人员说明并询问后，其仍然不明确表示肯定或者否定的，视为对该事实的承认。 （原第八条第二款修改） 第五条　当事人委托诉讼代理人参加诉讼的，除授权委托书明确排除的事项外，诉讼代理人的自认视为当事人的自认。 当事人在场对诉讼代理人的自认明确否认的，不视为自认。 （原第八条第三款修改） 第六条　普通共同诉讼中，共同诉讼人中一人或者数人作出的自认，对作出自认的当事人发生效力。 必要共同诉讼中，共同诉讼人中一人或者数人作出自认而其他共同诉讼人予以否认的，不发生自认的效力。其他共同诉讼人既不承认也不否认，经审判人员说明并询问后仍然不明确表示意见的，视为全体共同诉讼人的自认。 （新增加条文）

续表

最高人民法院 关于民事诉讼证据的若干规定 （2001年公布）	最高人民法院 关于民事诉讼证据的若干规定 （2019年修正）
	第七条 一方当事人对于另一方当事人主张的于己不利的事实有所限制或者附加条件予以承认的，由人民法院综合案件情况决定是否构成自认。 （新增加条文）
当事人在法庭辩论终结前撤回承认并经对方当事人同意，或者有充分证据证明其承认行为是在受胁迫或者重大误解情况下作出且与事实不符的，不能免除对方当事人的举证责任。	第八条 《最高人民法院关于适用〈中华人民共和国民事诉讼法〉的解释》第九十六条第一款规定的事实，不适用有关自认的规定。 自认的事实与已经查明的事实不符的，人民法院不予确认。 （新增加条文）
	第九条 有下列情形之一，当事人在法庭辩论终结前撤销自认的，人民法院应当准许： （一）经对方当事人同意的； （二）自认是在受胁迫或者重大误解情况下作出的。 人民法院准许当事人撤销自认的，应当作出口头或者书面裁定。 （原第八条第四款修改）
第九条 下列事实，当事人无需举证证明： （一）众所周知的事实； （二）自然规律及定理； （三）根据法律规定或者已知事实	第十条 下列事实，当事人无须举证证明： （一）自然规律以及定理、**定律**； （二）众所周知的事实； （三）**根据法律规定推定的事实**；

续表

最高人民法院 关于民事诉讼证据的若干规定 （2001年公布）	最高人民法院 关于民事诉讼证据的若干规定 （2019年修正）
和日常生活经验法则，能推定出的另一事实； （四）已为人民法院发生法律效力的裁判所确认的事实； （五）已为仲裁机构的生效裁决所确认的事实； （六）已为有效公证文书所证明的事实。 前款（一）、（三）、（四）、（五）、（六）项，当事人有相反证据足以推翻的除外。	（四）根据已知的事实和日常生活经验法则推定出的另一事实； （五）**已为仲裁机构的生效裁决所确认的事实；** （六）已为人民法院发生法律效力的裁判所确认的**基本**事实； （七）已为有效公证文书所证明的事实。 前款第二项至第五项事实，当事人有相反证据足以反驳的除外；第六项、第七项事实，当事人有相反证据足以推翻的除外。 （原第九条修改）
第十条 当事人向人民法院提供证据，应当提供原件或者原物。如需自己保存证据原件、原物或者提供原件、原物确有困难的，可以提供经人民法院核对无异的复制件或者复制品。	第十一条 当事人向人民法院提供证据，应当提供原件或者原物。如需自己保存证据原件、原物或者提供原件、原物确有困难的，可以提供经人民法院核对无异的复制件或者复制品。 （原第十条）
	第十二条 以动产作为证据的，应当将原物提交人民法院。原物不宜搬移或者不宜保存的，当事人可以提供复制品、影像资料或者其他替代品。 人民法院在收到当事人提交的动产或者替代品后，应当及时通知双方当事人到人民法院或者保存现场查验。 （新增加条文）

续表

最高人民法院 关于民事诉讼证据的若干规定 （2001年公布）	最高人民法院 关于民事诉讼证据的若干规定 （2019年修正）
	第十三条　当事人以不动产作为证据的，应当向人民法院提供该不动产的影像资料。 人民法院认为有必要的，应当通知双方当事人到场进行查验。 （新增加条文）
	第十四条　电子数据包括下列信息、电子文件： （一）网页、博客、微博客等网络平台发布的信息； （二）手机短信、电子邮件、即时通信、通讯群组等网络应用服务的通信信息； （三）用户注册信息、身份认证信息、电子交易记录、通信记录、登录日志等信息； （四）文档、图片、音频、视频、数字证书、计算机程序等电子文件； （五）其他以数字化形式存储、处理、传输的能够证明案件事实的信息。 （新增加条文）
	第十五条　当事人以视听资料作为证据的，应当提供存储该视听资料的原始载体。 当事人以电子数据作为证据的，应当提供原件。电子数据的制作者制作的与原件一致的副本，或者直接来源

续表

最高人民法院 关于民事诉讼证据的若干规定 （2001年公布）	最高人民法院 关于民事诉讼证据的若干规定 （2019年修正）
	于电子数据的打印件或其他可以显示、识别的输出介质，视为电子数据的原件。 （新增加条文）
第十一条　当事人向人民法院提供的证据系在中华人民共和国领域外形成的，该证据应当经所在国公证机关予以证明，并经中华人民共和国驻该国使领馆予以认证，或者履行中华人民共和国与该所在国订立的有关条约中规定的证明手续。 当事人向人民法院提供的证据是在香港、澳门、台湾地区形成的，应当履行相关的证明手续。	第十六条　当事人提供的公文书证系在中华人民共和国领域外形成的，该证据应当经所在国公证机关证明，或者履行中华人民共和国与该所在国订立的有关条约中规定的证明手续。 **中华人民共和国领域外形成的涉及身份关系的证据，应当经所在国公证机关证明并经中华人民共和国驻该国使领馆认证，或者履行中华人民共和国与该所在国订立的有关条约中规定的证明手续。** 当事人向人民法院提供的证据是在香港、澳门、台湾地区形成的，应当履行相关的证明手续。 （原第十一条修改）
第十二条　当事人向人民法院提供外文书证或者外文说明资料，应当附有中文译本。	第十七条　当事人向人民法院提供外文书证或者外文说明资料，应当附有中文译本。 （原第十二条）

续表

最高人民法院 关于民事诉讼证据的若干规定 （2001年公布）	最高人民法院 关于民事诉讼证据的若干规定 （2019年修正）
第十三条　对双方当事人无争议但涉及国家利益、社会公共利益或者他人合法权益的事实，人民法院可以责令当事人提供有关证据。	第十八条　双方当事人无争议的事实符合《最高人民法院关于适用〈中华人民共和国民事诉讼法〉的解释》第九十六条第一款规定情形的，人民法院可以责令当事人提供有关证据。 （原第十三条修改）
第十四条　当事人应当对其提交的证据材料逐一分类编号，对证据材料的来源、证明对象和内容作简要说明，签名盖章，注明提交日期，并依照对方当事人人数提出副本。 人民法院收到当事人提交的证据材料，应当出具收据，注明证据的名称、份数和页数以及收到的时间，由经办人员签名或者盖章。	第十九条　当事人应当对其提交的证据材料逐一分类编号，对证据材料的来源、证明对象和内容作简要说明，签名盖章，注明提交日期，并依照对方当事人人数提出副本。 人民法院收到当事人提交的证据材料，应当出具收据，注明证据的名称、份数和页数以及收到的时间，由经办人员签名或者盖章。 （原第十四条）
二、人民法院调查收集证据	
第十五条　《民事诉讼法》第六十四条规定的"人民法院认为审理案件需要的证据"，是指以下情形： （一）涉及可能有损国家利益、社会公共利益或者他人合法权益的事实； （二）涉及依职权追加当事人、中止诉讼、终结诉讼、回避等与实体争议无关的程序事项。	删除

续表

最高人民法院 关于民事诉讼证据的若干规定 （2001年公布）	最高人民法院 关于民事诉讼证据的若干规定 （2019年修正）
第十六条　除本规定第十五条规定的情形外，人民法院调查收集证据，应当依当事人的申请进行。	删除
第十七条　符合下列条件之一的，当事人及其诉讼代理人可以申请人民法院调查收集证据： （一）申请调查收集的证据属于国家有关部门保存并须人民法院依职权调取的档案材料； （二）涉及国家秘密、商业秘密、个人隐私的材料； （三）当事人及其诉讼代理人确因客观原因不能自行收集的其他材料。	删除
第十八条　当事人及其诉讼代理人申请人民法院调查收集证据，应当提交书面申请。申请书应当载明被调查人的姓名或者单位名称、住所地等基本情况、所要调查收集的证据的内容、需要由人民法院调查收集证据的原因及其要证明的事实。 第十九条　当事人及其诉讼代理人申请人民法院调查收集证据，不得迟于举证期限届满前七日。 人民法院对当事人及其诉讼代理人的申请不予准许的，应当向当事人或其诉讼代理人送达通知书。当事人及其诉讼代理人可以在收到通知书的次日起三	第二十条　当事人及其诉讼代理人申请人民法院调查收集证据，应当**在举证期限届满前**提交书面申请。 申请书应当载明被调查人的姓名或者单位名称、住所地等基本情况、所要调查收集的证据**名称或者**内容、需要由人民法院调查收集证据的原因及其要证明的事实**以及明确的线索**。 （原第十八条、第十九条第一款修改，删去第十九条第二款）

续表

最高人民法院 关于民事诉讼证据的若干规定 （2001年公布）	最高人民法院 关于民事诉讼证据的若干规定 （2019年修正）
日内向受理申请的人民法院书面申请复议一次。人民法院应当在收到复议申请之日起五日内作出答复。	
第二十条　调查人员调查收集的书证，可以是原件，也可以是经核对无误的副本或者复制件。是副本或者复制件的，应当在调查笔录中说明来源和取证情况。	第二十一条　人民法院调查收集的书证，可以是原件，也可以是经核对无误的副本或者复制件。是副本或者复制件的，应当在调查笔录中说明来源和取证情况。 （原第二十条修改）
第二十一条　调查人员调查收集的物证应当是原物。被调查人提供原物确有困难的，可以提供复制品或者照片。提供复制品或者照片的，应当在调查笔录中说明取证情况。	第二十二条　人民法院调查收集的物证应当是原物。被调查人提供原物确有困难的，可以提供复制品或者**影像资料**。提供复制品或者影像资料的，应当在调查笔录中说明取证情况。 （第二十一条修改）
第二十二条　调查人员调查收集计算机数据或者录音、录像等视听资料的，应当要求被调查人提供有关资料的原始载体。提供原始载体确有困难的，可以提供复制件。提供复制件的，调查人员应当在调查笔录中说明其来源和制作经过。	第二十三条　人民法院调查收集视听资料、电子数据，应当要求被调查人提供原始载体。 提供原始载体确有困难的，可以提供复制件。提供复制件的，人民法院应当在调查笔录中说明其来源和制作经过。 人民法院对视听资料、电子数据采取证据保全措施的，适用前款规定。 （原第二十二条修改）

续表

最高人民法院 关于民事诉讼证据的若干规定 （2001年公布）	最高人民法院 关于民事诉讼证据的若干规定 （2019年修正）
	第二十四条　人民法院调查收集可能需要鉴定的证据，应当遵守相关技术规范，确保证据不被污染。 （新增条文）
第二十三条　当事人依据《民事诉讼法》第七十四条的规定向人民法院申请保全证据，不得迟于举证期限届满前七日。 　　当事人申请保全证据的，人民法院可以要求其提供相应的担保。 　　法律、司法解释规定诉前保全证据的，依照其规定办理。	第二十五条　当事人或者利害关系人根据民事诉讼法第八十一条的规定申请证据保全的，申请书应当载明需要保全的证据的基本情况、申请保全的理由以及采取何种保全措施等内容。 　　当事人根据民事诉讼法第八十一条第一款的规定申请证据保全的，应当在举证期限届满前向人民法院提出。 　　法律、司法解释对诉前证据保全有规定的，依照其规定办理。 （原第二十三条修改）
	第二十六条　当事人或者利害关系人申请采取查封、扣押等限制保全标的物使用、流通等保全措施，或者保全可能对证据持有人造成损失的，人民法院应当责令申请人提供相应的担保。 　　担保方式或者数额由人民法院根据保全措施对证据持有人的影响、保全标的物的价值、当事人或者利害关系人争议的诉讼标的金额等因素综合确定。 （新增加条文）

续表

最高人民法院 关于民事诉讼证据的若干规定 （2001年公布）	最高人民法院 关于民事诉讼证据的若干规定 （2019年修正）
第二十四条 人民法院进行证据保全，可以根据具体情况，采取查封、扣押、拍照、录音、录像、复制、鉴定、勘验、制作笔录等方法。 人民法院进行证据保全，可以要求当事人或者诉讼代理人到场。	第二十七条 人民法院进行证据保全，可以要求当事人或者诉讼代理人到场。 **根据当事人的申请和具体情况，**人民法院可以采取查封、扣押、录音、录像、复制、鉴定、勘验等方法进行证据保全，并制作笔录。 在符合证据保全目的的情况下，人民法院应当选择对证据持有人利益影响最小的保全措施。 （原第二十四条修改）
	第二十八条 申请证据保全错误造成财产损失，当事人请求申请人承担赔偿责任的，人民法院应予支持。 （新增加条文）
	第二十九条 人民法院采取诉前证据保全措施后，当事人向其他有管辖权的人民法院提起诉讼的，采取保全措施的人民法院应当根据当事人的申请，将保全的证据及时移交受理案件的人民法院。 （新增加条文）
	第三十条 人民法院在审理案件过程中认为待证事实需要通过鉴定意见证明的，应当向当事人释明，并指定提出鉴定申请的期间。

续表

最高人民法院 关于民事诉讼证据的若干规定 （2001年公布）	最高人民法院 关于民事诉讼证据的若干规定 （2019年修正）
	符合《最高人民法院关于适用〈中华人民共和国民事诉讼法〉的解释》第九十六条第一款规定情形的，人民法院应当依职权委托鉴定。 （新增加条文）
第二十五条 当事人申请鉴定，应当在举证期限内提出。符合本规定第二十七条规定的情形，当事人申请重新鉴定的除外。 对需要鉴定的事项负有举证责任的当事人，在人民法院指定的期限内无正当理由不提出鉴定申请或者不预交鉴定费用或者拒不提供相关材料，致使对案件争议的事实无法通过鉴定结论予以认定的，应当对该事实承担举证不能的法律后果。	第三十一条 当事人申请鉴定，应当在人民法院指定期间内提出，并预交鉴定费用。逾期不提出申请或者不预交鉴定费用的，视为放弃申请。 对需要鉴定的待证事实负有举证责任的当事人，在人民法院指定期间内无正当理由不提出鉴定申请或者不预交鉴定费用，或者拒不提供相关材料，致使待证事实无法查明的，应当承担举证不能的法律后果。 （原第二十五条修改）
第二十六条 当事人申请鉴定经人民法院同意后，由双方当事人协商确定有鉴定资格的鉴定机构、鉴定人员，协商不成的，由人民法院指定。	第三十二条 人民法院准许鉴定申请的，应当组织双方当事人协商确定具备相应资格的鉴定人。当事人协商不成的，由人民法院指定。 人民法院依职权委托鉴定的，可以在询问当事人的意见后，指定具备相应资格的鉴定人。 人民法院在确定鉴定人后应当出具委托书，委托书中应当载明鉴定事项、鉴定范围、鉴定目的和鉴定期限。 （原第二十六条修改）

最高人民法院 关于民事诉讼证据的若干规定 （2001年公布）	最高人民法院 关于民事诉讼证据的若干规定 （2019年修正）
	第三十三条　鉴定开始之前，人民法院应当要求鉴定人签署承诺书。承诺书中应当载明鉴定人保证客观、公正、诚实地进行鉴定，保证出庭作证，如作虚假鉴定应当承担法律责任等内容。 　　鉴定人故意作虚假鉴定的，人民法院应当责令其退还鉴定费用，并根据情节，依照民事诉讼法第一百一十一条的规定进行处罚。 （新增加条文）
	第三十四条　人民法院应当组织当事人对鉴定材料进行质证。未经质证的材料，不得作为鉴定的根据。 　　经人民法院准许，鉴定人可以调取证据、勘验物证和现场、询问当事人或者证人。 （新增加条文）
	第三十五条　鉴定人应当在人民法院确定的期限内完成鉴定，并提交鉴定书。 　　鉴定人无正当理由未按期提交鉴定书的，当事人可以申请人民法院另行委托鉴定人进行鉴定。人民法院准许的，原鉴定人已经收取的鉴定费用应当退还；拒不退还的，依照本规定第八十一条第二款的规定处理。 （新增加条文）

续表

最高人民法院 关于民事诉讼证据的若干规定 （2001 年公布）	最高人民法院 关于民事诉讼证据的若干规定 （2019 年修正）
第二十七条 当事人对人民法院委托的鉴定部门作出的鉴定结论有异议申请重新鉴定，提出证据证明存在下列情形之一的，人民法院应予准许： （一）鉴定机构或者鉴定人员不具备相关的鉴定资格的； （二）鉴定程序严重违法的； （三）鉴定结论明显依据不足的； （四）经过质证认定不能作为证据使用的其他情形。 对有缺陷的鉴定结论，可以通过补充鉴定、重新质证或者补充质证等方法解决的，不予重新鉴定。	修改为第四十条
第二十八条 一方当事人自行委托有关部门作出的鉴定结论，另一方当事人有证据足以反驳并申请重新鉴定的，人民法院应予准许。	修改为第四十一条
第二十九条 审判人员对鉴定人出具的鉴定书，应当审查是否具有下列内容： （一）委托人姓名或者名称、委托鉴定的内容； （二）委托鉴定的材料； （三）鉴定的依据及使用的科学技术手段； （四）对鉴定过程的说明； （五）明确的鉴定结论；	**第三十六条** 人民法院对鉴定人出具的鉴定书，应当审查是否具有下列内容： （一）**委托法院的名称**； （二）委托鉴定的内容、**要求**； （三）鉴定材料； （四）**鉴定所依据的原理、方法**； （五）对鉴定过程的说明； （六）鉴定意见； （七）**承诺书**。

续表

最高人民法院 关于民事诉讼证据的若干规定 （2001年公布）	最高人民法院 关于民事诉讼证据的若干规定 （2019年修正）
（六）对鉴定人鉴定资格的说明； （七）鉴定人员及鉴定机构签名盖章。	鉴定书应当由鉴定人签名或者盖章，并附鉴定人的相应资格证明。委托机构鉴定的，鉴定书应当由鉴定机构盖章，并由从事鉴定的人员签名。 （原第二十九条修改）
	第三十七条　人民法院收到鉴定书后，应当及时将副本送交当事人。 当事人对鉴定书的内容有异议的，应当在人民法院指定期间内以书面方式提出。 对于当事人的异议，人民法院应当要求鉴定人作出解释、说明或者补充。人民法院认为有必要的，可以要求鉴定人对当事人未提出异议的内容进行解释、说明或者补充。 （新增加条文）
	第三十八条　当事人在收到鉴定人的书面答复后仍有异议的，人民法院应当根据《诉讼费用交纳办法》第十一条的规定，通知有异议的当事人预交鉴定人出庭费用，并通知鉴定人出庭。有异议的当事人不预交鉴定人出庭费用的，视为放弃异议。 双方当事人对鉴定意见均有异议的，分摊预交鉴定人出庭费用。 （新增加条文）

续表

最高人民法院 关于民事诉讼证据的若干规定 （2001年公布）	最高人民法院 关于民事诉讼证据的若干规定 （2019年修正）
	第三十九条　鉴定人出庭费用按照证人出庭作证费用的标准计算，由败诉的当事人负担。因鉴定意见不明确或者有瑕疵需要鉴定人出庭的，出庭费用由其自行负担。 人民法院委托鉴定时已经确定鉴定人出庭费用包含在鉴定费用中的，不再通知当事人预交。 （新增加条文）
第二十七条　当事人对人民法院委托的鉴定部门作出的鉴定结论有异议申请重新鉴定，提出证据证明存在下列情形之一的，人民法院应予准许： （一）鉴定机构或者鉴定人员不具备相关的鉴定资格的； （二）鉴定程序严重违法的； （三）鉴定结论明显依据不足的； （四）经过质证认定不能作为证据使用的其他情形。 对有缺陷的鉴定结论，可以通过补充鉴定、重新质证或者补充质证等方法解决的，不予重新鉴定。	第四十条　当事人申请重新鉴定，存在下列情形之一的，人民法院应当准许： （一）**鉴定人**不具备相应资格的； （二）**鉴定程序**严重违法的； （三）**鉴定意见**明显依据不足的； （四）**鉴定意见**不能作为证据使用的其他情形。 **存在前款第一项至第三项情形的，鉴定人已经收取的鉴定费用应当退还。拒不退还的，依照本规定第八十一条第二款的规定处理。** 对鉴定意见的瑕疵，可以通过补正、补充鉴定或者补充质证、重新质证等方法解决的，人民法院不予准许重新鉴定的申请。 重新鉴定的，原鉴定意见不得作为认定案件事实的根据。 （原第二十七条修改）

续表

最高人民法院 关于民事诉讼证据的若干规定 （2001年公布）	最高人民法院 关于民事诉讼证据的若干规定 （2019年修正）
第二十八条 一方当事人自行委托有关部门作出的鉴定结论，另一方当事人有证据足以反驳并申请重新鉴定的，人民法院应予准许。	第四十一条 对于一方当事人就**专门性问题**自行委托有关机构或者人员出具的意见，另一方当事人**有证据或者理由**足以反驳并申请鉴定的，人民法院应予准许。 （原第二十八条修改）
	第四十二条 鉴定意见被采信后，鉴定人无正当理由撤销鉴定意见的，人民法院应当责令其退还鉴定费用，并可以根据情节，依照民事诉讼法第一百一十一条的规定对鉴定人进行处罚。当事人主张鉴定人负担由此增加的合理费用的，人民法院应予支持。 人民法院采信鉴定意见后准许鉴定人撤销的，应当责令其退还鉴定费用。 （新增加条文）
第三十条 人民法院勘验物证或者现场，应当制作笔录，记录勘验的时间、地点、勘验人、在场人、勘验的经过、结果，由勘验人、在场人签名或者盖章。对于绘制的现场图应当注明绘制的时间、方位、测绘人姓名、身份等内容。	第四十三条 人民法院应当在勘验前将勘验的时间和地点通知当事人。当事人不参加的，不影响勘验进行。 当事人可以就勘验事项向人民法院进行解释和说明，可以请求人民法院注意勘验中的重要事项。 人民法院勘验物证或者现场，应当制作笔录，记录勘验的时间、地点、勘验人、在场人、勘验的经过、结果，由勘验人、在场人签名或者盖章。对

续表

最高人民法院 关于民事诉讼证据的若干规定 （2001年公布）	最高人民法院 关于民事诉讼证据的若干规定 （2019年修正）
	于绘制的现场图应当注明绘制的时间、方位、测绘人姓名、身份等内容。 （原第三十条修改）
第三十一条　摘录有关单位制作的与案件事实相关的文件、材料，应当注明出处，并加盖制作单位或者保管单位的印章，摘录人和其他调查人员应当在摘录件上签名或者盖章。 摘录文件、材料应当保持内容相应的完整性，不得断章取义。	第四十四条　摘录有关单位制作的与案件事实相关的文件、材料，应当注明出处，并加盖制作单位或者保管单位的印章，摘录人和其他调查人员应当在摘录件上签名或者盖章。 摘录文件、材料应当保持内容相应的完整性。 （原第三十一条修改）
	第四十五条　当事人根据《最高人民法院关于适用〈中华人民共和国民事诉讼法〉的解释》第一百一十二条的规定申请人民法院责令对方当事人提交书证的，申请书应当载明所申请提出的书证名称或者内容、需要以该书证证明的事实及事实的重要性、对方当事人控制该书证的根据以及应当提交该书证的理由。 对方当事人否认控制书证的，人民法院应当根据法律规定、习惯等因素，结合案件的事实、证据，对于书证是否在对方当事人控制之下的事实作出综合判断。 （新增加条文）

续表

最高人民法院 关于民事诉讼证据的若干规定 （2001年公布）	最高人民法院 关于民事诉讼证据的若干规定 （2019年修正）
	第四十六条　人民法院对当事人提交书证的申请进行审查时，应当听取对方当事人的意见，必要时可以要求双方当事人提供证据、进行辩论。 当事人申请提交的书证不明确、书证对于待证事实的证明无必要、待证事实对于裁判结果无实质性影响、书证未在对方当事人控制之下或者不符合本规定第四十七条情形的，人民法院不予准许。 当事人申请理由成立的，人民法院应当作出裁定，责令对方当事人提交书证；理由不成立的，通知申请人。 （新增加条文）
	第四十七条　下列情形，控制书证的当事人应当提交书证： （一）控制书证的当事人在诉讼中曾经引用过的书证； （二）为对方当事人的利益制作的书证； （三）对方当事人依照法律规定有权查阅、获取的书证； （四）账簿、记账原始凭证； （五）人民法院认为应当提交书证的其他情形。 前款所列书证，涉及国家秘密、商业秘密、当事人或第三人的隐私，或者存在法律规定应当保密的情形的，

续表

最高人民法院 关于民事诉讼证据的若干规定 （2001年公布）	最高人民法院 关于民事诉讼证据的若干规定 （2019年修正）
	提交后不得公开质证。 （新增加条文）
	第四十八条　控制书证的当事人无正当理由拒不提交书证的，人民法院可以认定对方当事人所主张的书证内容为真实。 控制书证的当事人存在《最高人民法院关于适用〈中华人民共和国民事诉讼法〉的解释》第一百一十三条规定情形的，人民法院可以认定对方当事人主张以该书证证明的事实为真实。 （新增加条文）
三、举证时限与证据交换	
第三十二条　被告应当在答辩期届满前提出书面答辩，阐明其对原告诉讼请求及所依据的事实和理由的意见。	第四十九条　被告应当在答辩期届满前提出书面答辩，阐明其对原告诉讼请求及所依据的事实和理由的意见。 （原三十二条）
第三十三条　人民法院应当在送达案件受理通知书和应诉通知书的同时向当事人送达举证通知书。举证通知书应当载明举证责任的分配原则与要求、可以向人民法院申请调查取证的情形、人民法院根据案件情况指定的举证期限以及逾期提供证据的法律后果。 举证期限可以由当事人协商一致，并经人民法院认可。	第五十条　人民法院应当**在审理前的准备阶段**向当事人送达举证通知书。 举证通知书应当载明举证责任的分配原则和要求、可以向人民法院申请调查**收集证据**的情形、人民法院根据案件情况指定的举证期限以及逾期提供证据的法律后果等内容。 （原三十三条第一款修改）

续表

最高人民法院 关于民事诉讼证据的若干规定 （2001年公布）	最高人民法院 关于民事诉讼证据的若干规定 （2019年修正）
由人民法院指定举证期限的，指定的期限不得少于三十日，自当事人收到案件受理通知书和应诉通知书的次日起计算。	
	第五十一条 举证期限可以由当事人协商，并经人民法院准许。 人民法院指定举证期限的，适用第一审普通程序**审理**的案件不得少于十五日，当事人提供新的证据的第二审案件不得少于十日。适用简易程序审理的案件不得超过十五日，小额诉讼案件的举证期限一般不得超过七日。 举证期限届满后，当事人提供反驳证据或者对已经提供的证据的来源、形式等方面的瑕疵进行补正的，人民法院可以酌情再次确定举证期限，该期限不受前款规定的期间限制。 （原三十三条第二款、第三款修改）
第三十四条 当事人应当在举证期限内向人民法院提交证据材料，当事人在举证期限内不提交的，视为放弃举证权利。 对于当事人逾期提交的证据材料，人民法院审理时不组织质证。但对方当事人同意质证的除外。 当事人增加、变更诉讼请求或者提起反诉的，应当在举证期限届满前提出。	删除

续表

最高人民法院 关于民事诉讼证据的若干规定 （2001年公布）	最高人民法院 关于民事诉讼证据的若干规定 （2019年修正）
	第五十二条　当事人在举证期限内提供证据存在客观障碍，属于民事诉讼法第六十五条第二款规定的"当事人在该期限内提供证据确有困难"的情形。 前款情形，人民法院应当根据当事人的举证能力、不能在举证期限内提供证据的原因等因素综合判断。必要时，可以听取对方当事人的意见。 （新增加条文）
第三十五条　诉讼过程中，当事人主张的法律关系的性质或者民事行为的效力与人民法院根据案件事实作出的认定不一致的，不受本规定第三十四条规定的限制，人民法院应当告知当事人可以变更诉讼请求。 当事人变更诉讼请求的，人民法院应当重新指定举证期限。	第五十三条　诉讼过程中，当事人主张的法律关系性质或者民事行为效力与人民法院根据案件事实作出的认定不一致的，人民法院应当将法律关系性质或者民事行为效力作为焦点问题进行审理。但法律关系性质对裁判理由及结果没有影响，或者有关问题已经当事人充分辩论的除外。 存在前款情形，当事人根据法庭审理情况变更诉讼请求的，人民法院应当准许并可以根据案件的具体情况重新指定举证期限。 （原第三十五条修改）
第三十六条　当事人在举证期限内提交证据材料确有困难的，应当在举证期限内向人民法院申请延期举证，经人民法院准许，可以适当延长举证期限。	第五十四条　当事人申请延长举证期限的，应当在**举证期限届满前向**人民法院提出书面申请。 **申请理由成立，人民法院应当准**

续表

最高人民法院 关于民事诉讼证据的若干规定 （2001年公布）	最高人民法院 关于民事诉讼证据的若干规定 （2019年修正）
当事人在延长的举证期限内提交证据材料仍有困难的，可以再次提出延期申请，是否准许由人民法院决定。	许，适当延长举证期限，并通知其他当事人。延长的举证期限适用于其他当事人。 申请理由不成立的，人民法院不予准许，并通知申请人。 （原三十六条修改）
	第五十五条　存在下列情形的，举证期限按照如下方式确定： （一）当事人依照民事诉讼法第一百二十七条规定提出管辖权异议的，举证期限中止，自驳回管辖权异议的裁定生效之日起恢复计算； （二）追加当事人、有独立请求权的第三人参加诉讼或者无独立请求权的第三人经人民法院通知参加诉讼的，人民法院应当依照本规定第五十一条的规定为新参加诉讼的当事人确定举证期限，该举证期限适用于其他当事人； （三）发回重审的案件，第一审人民法院可以结合案件具体情况和发回重审的原因，酌情确定举证期限； （四）当事人增加、变更诉讼请求或者提出反诉的，人民法院应当根据案件具体情况重新确定举证期限； （五）公告送达的，举证期限自公告期届满之次日起计算。 （新增加条文）

续表

最高人民法院 关于民事诉讼证据的若干规定 （2001年公布）	最高人民法院 关于民事诉讼证据的若干规定 （2019年修正）
第三十七条　经当事人申请，人民法院可以组织当事人在开庭审理前交换证据。 　　人民法院对于证据较多或者复杂疑难的案件，应当组织当事人在答辩期届满后、开庭审理前交换证据。	删除
第三十八条　交换证据的时间可以由当事人协商一致并经人民法院认可，也可以由人民法院指定。 　　人民法院组织当事人交换证据的，交换证据之日举证期限届满。当事人申请延期举证经人民法院准许的，证据交换日相应顺延。	**第五十六条　人民法院依照民事诉讼法第一百三十三条第四项的规定，通过组织证据交换进行审理前准备的，证据交换之日举证期限届满。** 　　证据交换的时间可以由当事人协商一致并经人民法院认可，也可以由人民法院指定。当事人申请延期举证经人民法院准许的，证据交换日相应顺延。 （原三十八条修改）
第三十九条　证据交换应当在审判人员的主持下进行。 　　在证据交换的过程中，审判人员对当事人无异议的事实、证据应当记录在卷；对有异议的证据，按照需要证明的事实分类记录在卷，并记载异议的理由。通过证据交换，确定双方当事人争议的主要问题。	第五十七条　证据交换应当在审判人员的主持下进行。 　　在证据交换的过程中，审判人员对当事人无异议的事实、证据应当记录在卷；对有异议的证据，按照需要证明的事实分类记录在卷，并记载异议的理由。通过证据交换，确定双方当事人争议的主要问题。 （原三十九条）

续表

最高人民法院 关于民事诉讼证据的若干规定 （2001年公布）	最高人民法院 关于民事诉讼证据的若干规定 （2019年修正）
第四十条　当事人收到对方交换的证据后提出反驳并提出新证据的，人民法院应当通知当事人在指定的时间进行交换。 证据交换一般不超过两次。但重大、疑难和案情特别复杂的案件，人民法院认为确有必要再次进行证据交换的除外。	第五十八条　当事人收到对方的证据后有反驳证据需要提交的，人民法院应当再次组织证据交换。 （原四十条修改）
第四十一条　《民事诉讼法》第一百二十五条第一款规定的"新的证据"，是指以下情形： （一）一审程序中的新的证据包括：当事人在一审举证期限届满后新发现的证据；当事人确因客观原因无法在举证期限内提供，经人民法院准许，在延长的期限内仍无法提供的证据； （二）二审程序中的新的证据包括：一审庭审结束后新发现的证据；当事人在一审举证期限届满前申请人民法院调查取证未获准许，二审法院经审查认为应当准许并依当事人申请调取的证据。	删除
第四十二条　当事人在一审程序中提供新的证据的，应当在一审开庭前或者开庭审理时提出。 当事人在二审程序中提供新的证据的，应当在二审开庭前或者开庭审理时提出；二审不需要开庭审理的，应当在人民法院指定的期限内提出。	删除

续表

最高人民法院 关于民事诉讼证据的若干规定 （2001年公布）	最高人民法院 关于民事诉讼证据的若干规定 （2019年修正）
第四十三条 当事人举证期限届满后提供的证据不是新的证据的，人民法院不予采纳。 当事人经人民法院准许延期举证，但因客观原因未能在准许的期限内提供，且不审理该证据可能导致裁判明显不公的，其提供的证据可视为新的证据。	删除
第四十四条 《民事诉讼法》第一百七十九条第一款第（一）项规定的"新的证据"，是指原审庭审结束后新发现的证据。 当事人在再审程序中提供新的证据的，应当在申请再审时提出。	删除
第四十五条 一方当事人提出新的证据的，人民法院应当通知对方当事人在合理期限内提出意见或者举证。	删除
第四十六条 由于当事人的原因未能在指定期限内举证，致使案件在二审或者再审期间因提出新的证据被人民法院发回重审或者改判的，原审裁判不属于错误裁判案件。 一方当事人请求提出新的证据的另一方当事人负担由此增加的差旅、误工、证人出庭作证、诉讼等合理费用以及由此扩大的直接损失，人民法院应予支持。	删除

最高人民法院 关于民事诉讼证据的若干规定 （2001年公布）	最高人民法院 关于民事诉讼证据的若干规定 （2019年修正）
	第五十九条　人民法院对逾期提供证据的当事人处以罚款的，可以结合当事人逾期提供证据的主观过错程度、导致诉讼迟延的情况、诉讼标的金额等因素，确定罚款数额。 （新增加条文）
四、质证	
第四十七条　证据应当在法庭上出示，由当事人质证。未经质证的证据，不能作为认定案件事实的依据。 　　当事人在证据交换过程中认可并记录在卷的证据，经审判人员在庭审中说明后，可以作为认定案件事实的依据。	第六十条　当事人在审理前的准备阶段或者人民法院调查、询问过程中发表过质证意见的证据，视为质证过的证据。 　　当事人要求以书面方式发表质证意见，人民法院在听取对方当事人意见后认为有必要的，可以准许。人民法院应当及时将书面质证意见送交对方当事人。 （原四十七条修改）
第四十八条　涉及国家秘密、商业秘密和个人隐私或者法律规定的其他应当保密的证据，不得在开庭时公开质证。	删除
第四十九条　对书证、物证、视听资料进行质证时，当事人有权要求出示证据的原件或者原物。但有下列情况之一的除外： 　　（一）出示原件或者原物确有困难并经人民法院准许出示复制件或者复制品的；	第六十一条　对书证、物证、视听资料进行质证时，当事人应当出示证据的原件或者原物。但有下列情形之一的除外： 　　（一）出示原件或者原物确有困难并经人民法院准许出示复制件或者复制品的；

续表

最高人民法院 关于民事诉讼证据的若干规定 （2001年公布）	最高人民法院 关于民事诉讼证据的若干规定 （2019年修正）
（二）原件或者原物已不存在，但有证据证明复制件、复制品与原件或原物一致的。	（二）原件或者原物已不存在，但有证据证明复制件、复制品与原件或者原物一致的。 （原四十九条修改）
第五十条　质证时，当事人应当围绕证据的真实性、关联性、合法性，针对证据证明力有无以及证明力大小，进行质疑、说明与辩驳。	删除
第五十一条　质证按下列顺序进行： （一）原告出示证据，被告、第三人与原告进行质证； （二）被告出示证据，原告、第三人与被告进行质证； （三）第三人出示证据，原告、被告与第三人进行质证。 人民法院依照当事人申请调查收集的证据，作为提出申请的一方当事人提供的证据。 人民法院依照职权调查收集的证据应当在庭审时出示，听取当事人意见，并可就调查收集该证据的情况予以说明。	第六十二条　质证一般按下列顺序进行： （一）原告出示证据，被告、第三人与原告进行质证； （二）被告出示证据，原告、第三人与被告进行质证； （三）第三人出示证据，原告、被告与第三人进行质证。 **人民法院根据当事人申请调查收集的证据，审判人员对调查收集证据的情况进行说明后，由提出申请的当事人与对方当事人、第三人进行质证。** 人民法院依职权调查收集的证据，**由审判人员对调查收集证据的情况进行说明后，听取当事人的意见。** （原五十一条修改）

续表

最高人民法院关于民事诉讼证据的若干规定（2001年公布）	最高人民法院关于民事诉讼证据的若干规定（2019年修正）
第五十二条 案件有两个以上独立的诉讼请求的，当事人可以逐个出示证据进行质证。	删除
	第六十三条 当事人应当就案件事实作真实、完整的陈述。 当事人的陈述与此前陈述不一致的，人民法院应当责令其说明理由，并结合当事人的诉讼能力、证据和案件具体情况进行审查认定。 当事人故意作虚假陈述妨碍人民法院审理的，人民法院应当根据情节，依照民事诉讼法第一百一十一条的规定进行处罚。 （新增条文）
	第六十四条 人民法院认为有必要的，可以要求当事人本人到场，就案件的有关事实接受询问。 人民法院要求当事人到场接受询问的，应当通知当事人询问的时间、地点、拒不到场的后果等内容。 （新增条文）
	第六十五条 人民法院应当在询问前责令当事人签署保证书并宣读保证书的内容。 保证书应当载明保证据实陈述，绝无隐瞒、歪曲、增减，如有虚假陈述应当接受处罚等内容。当事人应当

续表

最高人民法院 关于民事诉讼证据的若干规定 （2001年公布）	最高人民法院 关于民事诉讼证据的若干规定 （2019年修正）
	在保证书上签名、捺印。 　　当事人有正当理由不能宣读保证书的，由书记员宣读并进行说明。 （新增条文）
	第六十六条　当事人无正当理由拒不到场、拒不签署或宣读保证书或者拒不接受询问的，人民法院应当综合案件情况，判断待证事实的真伪。待证事实无其他证据证明的，人民法院应当作出不利于该当事人的认定。 （新增条文）
第五十三条　不能正确表达意志的人，不能作为证人。 　　待证事实与其年龄、智力状况或者精神健康状况相适应的无民事行为能力人和限制民事行为能力人，可以作为证人。	**第六十七条**　不能正确表达意思的人，不能作为证人。 　　待证事实与其年龄、智力状况或者精神健康状况相适应的无民事行为能力人和限制民事行为能力人，可以作为证人。 （原五十三条修改）
第五十四条　当事人申请证人出庭作证，应当在举证期限届满十日前提出，并经人民法院许可。 　　人民法院对当事人的申请予以准许的，应当在开庭审理前通知证人出庭作证，并告知其应当如实作证及作伪证的法律后果。 　　证人因出庭作证而支出的合理费用，由提供证人的一方当事人先行支付，由败诉一方当事人承担。	修改为第七十条

续表

最高人民法院 关于民事诉讼证据的若干规定 （2001年公布）	最高人民法院 关于民事诉讼证据的若干规定 （2019年修正）
第五十五条　证人应当出庭作证，接受当事人的质询。 证人在人民法院组织双方当事人交换证据时出席陈述证言的，可视为出庭作证。	第六十八条　人民法院应当要求证人出庭作证，接受审判人员和当事人的询问。证人在审理前的准备阶段或者人民法院调查、询问等双方当事人在场时陈述证言的，视为出庭作证。 双方当事人同意证人以其他方式作证并经人民法院准许的，证人可以不出庭作证。 无正当理由未出庭的证人以书面等方式提供的证言，不得作为认定案件事实的根据。 （原五十五条修改）
	第六十九条　当事人申请证人出庭作证的，应当在举证期限届满前向人民法院提交申请书。 申请书应当载明证人的姓名、职业、住所、联系方式，作证的主要内容，作证内容与待证事实的关联性，以及证人出庭作证的必要性。 符合《最高人民法院关于适用〈中华人民共和国民事诉讼法〉的解释》第九十六条第一款规定情形的，人民法院应当依职权通知证人出庭作证。 （新增条文）

续表

最高人民法院 关于民事诉讼证据的若干规定 （2001年公布）	最高人民法院 关于民事诉讼证据的若干规定 （2019年修正）
第五十四条　当事人申请证人出庭作证，应当在举证期限届满十日前提出，并经人民法院许可。 　　人民法院对当事人的申请予以准许的，应当在开庭审理前通知证人出庭作证，并告知其应当如实作证及作伪证的法律后果。 　　证人因出庭作证而支出的合理费用，由提供证人的一方当事人先行支付，由败诉一方当事人承担。	第七十条　人民法院准许证人出庭作证申请的，应当向证人送达通知书并告知双方当事人。通知书中应当载明证人作证的时间、地点，作证的事项、要求以及作伪证的法律后果等内容。 　　当事人申请证人出庭作证的事项与待证事实无关，或者没有通知证人出庭作证必要的，人民法院不予准许当事人的申请。 （原五十四条修改）
	第七十一条　人民法院应当要求证人在作证之前签署保证书，并在法庭上宣读保证书的内容。但无民事行为能力人和限制民事行为能力人作为证人的除外。 　　证人确有正当理由不能宣读保证书的，由书记员代为宣读并进行说明。 　　证人拒绝签署或者宣读保证书的，不得作证，并自行承担相关费用。 　　证人保证书的内容适用当事人保证书的规定。 （新增条文）

续表

最高人民法院 关于民事诉讼证据的若干规定 （2001年公布）	最高人民法院 关于民事诉讼证据的若干规定 （2019年修正）
第五十六条 《民事诉讼法》第七十条规定的"证人确有困难不能出庭"，是指有下列情形： （一）年迈体弱或者行动不便无法出庭的； （二）特殊岗位确实无法离开的； （三）路途特别遥远，交通不便难以出庭的； （四）因自然灾害等不可抗力的原因无法出庭的； （五）其他无法出庭的特殊情况。 前款情形，经人民法院许可，证人可以提交书面证言或者视听资料或者通过双向视听传输技术手段作证。	删除
第五十七条 出庭作证的证人应当客观陈述其亲身感知的事实。证人为聋哑人的，可以其他表达方式作证。 证人作证时，不得使用猜测、推断或者评论性的语言。	第七十二条 证人应当客观陈述其亲身感知的事实，作证时不得使用猜测、推断或者评论性语言。 证人作证前不得旁听法庭审理，作证时不得以宣读事先准备的书面材料的方式陈述证言。 证人言辞表达有障碍的，可以通过其他表达方式作证。 （原五十七条修改）
	第七十三条 证人应当就其作证的事项进行连续陈述。 当事人及其法定代理人、诉讼代理人或者旁听人员干扰证人陈述的，人民法院应当及时制止，必要时可以

续表

最高人民法院 关于民事诉讼证据的若干规定 （2001年公布）	最高人民法院 关于民事诉讼证据的若干规定 （2019年修正）
	依照民事诉讼法第一百一十条的规定进行处罚。 （新增加条文）
第五十八条　审判人员和当事人可以对证人进行询问。证人不得旁听法庭审理；询问证人时，其他证人不得在场。人民法院认为有必要的，可以让证人进行对质。	第七十四条　审判人员可以对证人进行询问。当事人及其诉讼代理人经审判人员许可后可以询问证人。 询问证人时其他证人不得在场。 人民法院认为有必要的，可以要求证人之间进行对质。 （原第五十八条修改）
	第七十五条　证人出庭作证后，可以向人民法院申请支付证人出庭作证费用。证人有困难需要预先支取出庭作证费用的，人民法院可以根据证人的申请在出庭作证前支付。 （新增加条文）
	第七十六条　证人确有困难不能出庭作证，申请以书面证言、视听传输技术或者视听资料等方式作证的，应当向人民法院提交申请书。申请书中应当载明不能出庭的具体原因。 符合民事诉讼法第七十三条规定情形的，人民法院应当准许。 （新增加条文）

续表

最高人民法院 关于民事诉讼证据的若干规定 （2001年公布）	最高人民法院 关于民事诉讼证据的若干规定 （2019年修正）
	第七十七条　证人经人民法院准许，以书面证言方式作证的，应当签署保证书；以视听传输技术或者视听资料方式作证的，应当签署保证书并宣读保证书的内容。 （新增加条文）
	第七十八条　当事人及其诉讼代理人对证人的询问与待证事实无关，或者存在威胁、侮辱证人或不适当引导等情形的，审判人员应当及时制止。必要时可以依照民事诉讼法第一百一十条、第一百一十一条的规定进行处罚。 　　证人故意作虚假陈述，诉讼参与人或者其他人以暴力、威胁、贿买等方法妨碍证人作证，或者在证人作证后以侮辱、诽谤、诬陷、恐吓、殴打等方式对证人打击报复的，人民法院应当根据情节，依照民事诉讼法第一百一十一条的规定，对行为人予以处罚。 （新增加条文）
	第七十九条　鉴定人依照民事诉讼法第七十八条的规定出庭作证的，人民法院应当在开庭审理三日前将出庭的时间、地点及要求通知鉴定人。 　　委托机构鉴定的，应当由从事鉴定的人员代表机构出庭。 （新增加条文）

续表

最高人民法院 关于民事诉讼证据的若干规定 （2001年公布）	最高人民法院 关于民事诉讼证据的若干规定 （2019年修正）
第五十九条　鉴定人应当出庭接受当事人质询。 　　鉴定人确因特殊原因无法出庭的，经人民法院准许，可以书面答复当事人的质询。	第八十条　鉴定人应当就鉴定事项如实答复当事人的异议和审判人员的询问。当庭答复确有困难的，经人民法院准许，可以在庭审结束后书面答复。 　　人民法院应当及时将书面答复送交当事人，并听取当事人的意见。必要时，可以再次组织质证。 （原第五十九条修改）
	第八十一条　鉴定人拒不出庭作证的，鉴定意见不得作为认定案件事实的根据。人民法院应当建议有关主管部门或者组织对拒不出庭作证的鉴定人予以处罚。 　　当事人要求退还鉴定费用的，人民法院应当在三日内作出裁定，责令鉴定人退还；拒不退还的，由人民法院依法执行。 　　当事人因鉴定人拒不出庭作证申请重新鉴定的，人民法院应当准许。 （新增加条文）
第六十条　经法庭许可，当事人可以向证人、鉴定人、勘验人发问。 　　询问证人、鉴定人、勘验人不得使用威胁、侮辱及不适当引导证人的言语和方式。	第八十二条　经法庭许可，当事人可以询问鉴定人、勘验人。 　　询问鉴定人、勘验人不得使用威胁、侮辱等不适当的言语和方式。 （原第六十条修改）

续表

最高人民法院 关于民事诉讼证据的若干规定 （2001年公布）	最高人民法院 关于民事诉讼证据的若干规定 （2019年修正）
第六十一条　当事人可以向人民法院申请由一至二名具有专门知识的人员出庭就案件的专门性问题进行说明。人民法院准许其申请的，有关费用由提出申请的当事人负担。 审判人员和当事人可以对出庭的具有专门知识的人员进行询问。 经人民法院准许，可以由当事人各自申请的具有专门知识的人员就有关案件中的问题进行对质。 具有专门知识的人员可以对鉴定人进行询问。	删除
	第八十三条　当事人依照民事诉讼法第七十九条和《最高人民法院关于适用〈中华人民共和国民事诉讼法〉的解释》第一百二十二条的规定，申请有专门知识的人出庭的，申请书中应当载明有专门知识的人的基本情况和申请的目的。 人民法院准许当事人申请的，应当通知双方当事人。 （新增加条文）
	第八十四条　审判人员可以对有专门知识的人进行询问。经法庭准许，当事人可以对有专门知识的人进行询问，当事人各自申请的有专门知识的人可以就案件中的有关问题进行对质。 有专门知识的人不得参与对鉴定

续表

最高人民法院 关于民事诉讼证据的若干规定 （2001年公布）	最高人民法院 关于民事诉讼证据的若干规定 （2019年修正）
	意见质证或者就专业问题发表意见之外的法庭审理活动。 （新增加条文）
第六十二条 法庭应当将当事人的质证情况记入笔录，并由当事人核对后签名或者盖章。	删除
五、证据的审核认定	
第六十三条 人民法院应当以证据能够证明的案件事实为依据依法作出裁判。 **第六十四条** 审判人员应当依照法定程序，全面、客观地审核证据，依据法律的规定，遵循法官职业道德，运用逻辑推理和日常生活经验，对证据有无证明力和证明力大小独立进行判断，并公开判断的理由和结果。	**第八十五条** 人民法院应当以证据能够证明的案件事实为根据依法作出裁判。 审判人员应当依照法定程序，全面、客观地审核证据，依据法律的规定，遵循法官职业道德，运用逻辑推理和日常生活经验，对证据有无证明力和证明力大小独立进行判断，并公开判断的理由和结果。 （原第六十三条、第六十四条）
	第八十六条 当事人对于欺诈、胁迫、恶意串通事实的证明，以及对于口头遗嘱或赠与事实的证明，人民法院确信该待证事实存在的可能性能够排除合理怀疑的，应当认定该事实存在。 与诉讼保全、回避等程序事项有关的事实，人民法院结合当事人的说明及相关证据，认为有关事实存在的可能性较大的，可以认定该事实存在。 （新增加条文）

续表

最高人民法院 关于民事诉讼证据的若干规定 （2001年公布）	最高人民法院 关于民事诉讼证据的若干规定 （2019年修正）
第六十五条　审判人员对单一证据可以从下列方面进行审核认定： （一）证据是否原件、原物，复印件、复制品与原件、原物是否相符； （二）证据与本案事实是否相关； （三）证据的形式、来源是否符合法律规定； （四）证据的内容是否真实； （五）证人或者提供证据的人，与当事人有无利害关系。	第八十七条　审判人员对单一证据可以从下列方面进行审核认定： （一）证据是否为原件、原物，复制件、复制品与原件、原物是否相符； （二）证据与本案事实是否相关； （三）证据的形式、来源是否符合法律规定； （四）证据的内容是否真实； （五）证人或者提供证据的人与当事人有无利害关系。 （原第六十五条）
第六十六条　审判人员对案件的全部证据，应当从各证据与案件事实的关联程度、各证据之间的联系等方面进行综合审查判断。	第八十八条　审判人员对案件的全部证据，应当从各证据与案件事实的关联程度、各证据之间的联系等方面进行综合审查判断。 （原第六十六条）
	第八十九条　当事人在诉讼过程中认可的证据，人民法院应当予以确认。但法律、司法解释另有规定的除外。 当事人对认可的证据反悔的，参照《最高人民法院关于适用〈中华人民共和国民事诉讼法〉的解释》第二百二十九条的规定处理。 （新增加条文）
第六十七条　在诉讼中，当事人为达成调解协议或者和解的目的作出妥协所涉及的对案件事实的认可，不得在其后的诉讼中作为对其不利的证据。	删除

续表

最高人民法院 关于民事诉讼证据的若干规定 （2001年公布）	最高人民法院 关于民事诉讼证据的若干规定 （2019年修正）
第六十八条 以侵害他人合法权益或者违反法律禁止性规定的方法取得的证据，不能作为认定案件事实的依据。	删除
第六十九条 下列证据不能单独作为认定案件事实的依据： （一）未成年人所作的与其年龄和智力状况不相当的证言； （二）与一方当事人或者其代理人有利害关系的证人出具的证言； （三）存有疑点的视听资料； （四）无法与原件、原物核对的复印件、复制品； （五）无正当理由未出庭作证的证人证言。	第九十条 下列证据不能单独作为认定案件事实的根据： （一）当事人的陈述； （二）无民事行为能力人或者限制民事行为能力人所作的与其年龄、智力状况或者精神健康状况不相当的证言； （三）与一方当事人或者其代理人有利害关系的证人陈述的证言； （四）存有疑点的视听资料、电子数据； （五）无法与原件、原物核对的复制件、复制品。 （原第六十九条修改）
	第九十一条 公文书证的制作者根据文书原件制作的载有部分或者全部内容的副本，与正本具有相同的证明力。 在国家机关存档的文件，其复制件、副本、节录本经档案部门或者制作原本的机关证明其内容与原本一致的，该复制件、副本、节录本具有与原本相同的证明力。 （新增加条文）

续表

最高人民法院 关于民事诉讼证据的若干规定 （2001年公布）	最高人民法院 关于民事诉讼证据的若干规定 （2019年修正）
	第九十二条 私文书证的真实性，由主张以私文书证证明案件事实的当事人承担举证责任。 私文书证由制作者或者其代理人签名、盖章或捺印的，推定为真实。 私文书证上有删除、涂改、增添或者其他形式瑕疵的，人民法院应当综合案件的具体情况判断其证明力。 （新增加条文）
	第九十三条 人民法院对于电子数据的真实性，应当结合下列因素综合判断： （一）电子数据的生成、存储、传输所依赖的计算机系统的硬件、软件环境是否完整、可靠； （二）电子数据的生成、存储、传输所依赖的计算机系统的硬件、软件环境是否处于正常运行状态，或者不处于正常运行状态时对电子数据的生成、存储、传输是否有影响； （三）电子数据的生成、存储、传输所依赖的计算机系统的硬件、软件环境是否具备有效的防止出错的监测、核查手段； （四）电子数据是否被完整地保存、传输、提取，保存、传输、提取的方法是否可靠；

最高人民法院 关于民事诉讼证据的若干规定 （2001年公布）	最高人民法院 关于民事诉讼证据的若干规定 （2019年修正）
	（五）电子数据是否在正常的往来活动中形成和存储； （六）保存、传输、提取电子数据的主体是否适当； （七）影响电子数据完整性和可靠性的其他因素。 人民法院认为有必要的，可以通过鉴定或者勘验等方法，审查判断电子数据的真实性。 （新增加条文）
	第九十四条　电子数据存在下列情形的，人民法院可以确认其真实性，但有足以反驳的相反证据的除外： （一）由当事人提交或者保管的于己不利的电子数据； （二）由记录和保存电子数据的中立第三方平台提供或者确认的； （三）在正常业务活动中形成的； （四）以档案管理方式保管的； （五）以当事人约定的方式保存、传输、提取的。 电子数据的内容经公证机关公证的，人民法院应当确认其真实性，但有相反证据足以推翻的除外。 （新增加条文）

续表

最高人民法院 关于民事诉讼证据的若干规定 （2001年公布）	最高人民法院 关于民事诉讼证据的若干规定 （2019年修正）
第七十条　一方当事人提出的下列证据，对方当事人提出异议但没有足以反驳的相反证据的，人民法院应当确认其证明力： （一）书证原件或者与书证原件核对无误的复印件、照片、副本、节录本； （二）物证原物或者与物证原物核对无误的复制件、照片、录像资料等； （三）有其他证据佐证并以合法手段取得的、无疑点的视听资料或者与视听资料核对无误的复制件； （四）一方当事人申请人民法院依照法定程序制作的对物证或者现场的勘验笔录。	删除
第七十一条　人民法院委托鉴定部门作出的鉴定结论，当事人没有足以反驳的相反证据和理由的，可以认定其证明力。	删除
第七十二条　一方当事人提出的证据，另一方当事人认可或者提出的相反证据不足以反驳的，人民法院可以确认其证明力。 一方当事人提出的证据，另一方当事人有异议并提出反驳证据，对方当事人对反驳证据认可的，可以确认反驳证据的证明力。	删除

续表

最高人民法院 关于民事诉讼证据的若干规定 （2001年公布）	最高人民法院 关于民事诉讼证据的若干规定 （2019年修正）
第七十三条　双方当事人对同一事实分别举出相反的证据，但都没有足够的依据否定对方证据的，人民法院应当结合案件情况，判断一方提供证据的证明力是否明显大于另一方提供证据的证明力，并对证明力较大的证据予以确认。 因证据的证明力无法判断导致争议事实难以认定的，人民法院应当依据举证责任分配的规则作出裁判。	删除
第七十四条　诉讼过程中，当事人在起诉状、答辩状、陈述及其委托代理人的代理词中承认的对己方不利的事实和认可的证据，人民法院应当予以确认，但当事人反悔并有相反证据足以推翻的除外。	删除
第七十五条　有证据证明一方当事人持有证据无正当理由拒不提供，如果对方当事人主张该证据的内容不利于证据持有人，可以推定该主张成立。	第九十五条　一方当事人控制证据无正当理由拒不提交，**对待证事实负有举证责任的**当事人主张该证据的内容不利于控制人的，**人民法院**可以**认定**该主张成立。 （原第七十五条修改）
第七十六条　当事人对自己的主张，只有本人陈述而不能提出其他相关证据的，其主张不予支持。但对方当事人认可的除外。	删除

续表

最高人民法院 关于民事诉讼证据的若干规定 （2001年公布）	最高人民法院 关于民事诉讼证据的若干规定 （2019年修正）
第七十七条　人民法院就数个证据对同一事实的证明力，可以依照下列原则认定： （一）国家机关、社会团体依职权制作的公文书证的证明力一般大于其他书证； （二）物证、档案、鉴定结论、勘验笔录或者经过公证、登记的书证，其证明力一般大于其他书证、视听资料和证人证言； （三）原始证据的证明力一般大于传来证据； （四）直接证据的证明力一般大于间接证据； （五）证人提供的对与其有亲属或者其他密切关系的当事人有利的证言，其证明力一般小于其他证人证言。	删除
第七十八条　人民法院认定证人证言，可以通过对证人的智力状况、品德、知识、经验、法律意识和专业技能等的综合分析作出判断。	第九十六条　人民法院认定证人证言，可以通过对证人的智力状况、品德、知识、经验、法律意识和专业技能等的综合分析作出判断。 （原第七十八条）
第七十九条　人民法院应当在裁判文书中阐明证据是否采纳的理由。 对当事人无争议的证据，是否采纳的理由可以不在裁判文书中表述。	第九十七条　人民法院应当在裁判文书中阐明证据是否采纳的理由。 对当事人无争议的证据，是否采纳的理由可以不在裁判文书中表述。 （原第七十九条）

续表

最高人民法院 关于民事诉讼证据的若干规定 （2001年公布）	最高人民法院 关于民事诉讼证据的若干规定 （2019年修正）
六、其他	
第八十条　对证人、鉴定人、勘验人的合法权益依法予以保护。 　　当事人或者其他诉讼参与人伪造、毁灭证据，提供假证据，阻止证人作证，指使、贿买、胁迫他人作伪证，或者对证人、鉴定人、勘验人打击报复的，依照《民事诉讼法》第一百零二条的规定处理。	第九十八条　对证人、鉴定人、勘验人的合法权益依法予以保护。 　　当事人或者其他诉讼参与人伪造、毁灭证据，提供虚假证据，阻止证人作证，指使、贿买、胁迫他人作伪证，或者对证人、鉴定人、勘验人打击报复的，依照民事诉讼法第一百一十条、第一百一十一条的规定处罚。 （原第八十条修改）
	第九十九条　本规定对证据保全没有规定的，参照适用法律、司法解释关于财产保全的规定。 　　除法律、司法解释另有规定外，对当事人、鉴定人、有专门知识的人的询问参照适用本规定中关于询问证人的规定；关于书证的规定适用于视听资料、电子数据；存储在电子计算机等电子介质中的视听资料，适用电子数据的规定。 （新增加条文）
第八十一条　人民法院适用简易程序审理案件，不受本解释中第三十二条、第三十三条第三款和第七十九条规定的限制。	删除

续表

最高人民法院 关于民事诉讼证据的若干规定 （2001年公布）	最高人民法院 关于民事诉讼证据的若干规定 （2019年修正）
第八十二条　本院过去的司法解释，与本规定不一致的，以本规定为准。	删除
第八十三条　本规定自2002年4月1日起施行。2002年4月1日尚未审结的一审、二审和再审民事案件不适用本规定。 本规定施行前已经审理终结的民事案件，当事人以违反本规定为由申请再审的，人民法院不予支持。 本规定施行后受理的再审民事案件，人民法院依据《民事诉讼法》第一百八十四条的规定进行审理的，适用本规定。	第一百条　本规定自2020年5月1日起施行。 本规定公布施行后，最高人民法院以前发布的司法解释与本规定不一致的，不再适用。 （原第八十三条修改）

附录二：相关规范

中华人民共和国民事诉讼法（节录）

（1991年4月9日第七届全国人民代表大会第四次会议通过 根据2007年10月28日第十届全国人民代表大会常务委员会第三十次会议《关于修改〈中华人民共和国民事诉讼法〉的决定》第一次修正 根据2012年8月31日第十一届全国人民代表大会常务委员会第二十八次会议《关于修改〈中华人民共和国民事诉讼法〉的决定》第二次修正 根据2017年6月27日第十二届全国人民代表大会常务委员会第二十八次会议《关于修改〈中华人民共和国民事诉讼法〉和〈中华人民共和国行政诉讼法〉的决定》第三次修正）

第六章 证 据

第六十三条 证据包括：

（一）当事人的陈述；

（二）书证；

（三）物证；

（四）视听资料；

（五）电子数据；

（六）证人证言；

（七）鉴定意见；

（八）勘验笔录。

证据必须查证属实，才能作为认定事实的根据。

第六十四条 当事人对自己提出的主张，有责任提供证据。

当事人及其诉讼代理人因客观原因不能自行收集的证据，或者人民法院认为审理案件需要的证据，人民法院应当调查收集。

人民法院应当按照法定程序，全面地、客观地审查核实证据。

第六十五条 当事人对自己提出的主张应当及时提供证据。

人民法院根据当事人的主张和案件审理情况，确定当事人应当提供的证据及其期限。当事人在该期限内提供证据确有困难的，可以向人民法院申请延长期限，人民法院根据当事人的申请适当延长。当事人逾期提供证据的，人民法院应当责令其说明理由；拒不说明理由或者理由不成立的，人民法院根据不同情形可以不予采纳该证据，或者采纳该证据但予以训诫、罚款。

第六十六条 人民法院收到当事人提交的证据材料，应当出具收据，写明证据名称、页数、份数、原件或者复印件以及收到时间等，并由经办人员签名或者盖章。

第六十七条 人民法院有权向有关单位和个人调查取证，有关单位和个人不得拒绝。

人民法院对有关单位和个人提出的证明文书，应当辨别真伪，审查确定其效力。

第六十八条 证据应当在法庭上出示，并由当事人互相质证。对涉及国家秘密、商业秘密和个人隐私的证据应当保密，需要在法庭出示的，不得在公开开庭时出示。

第六十九条 经过法定程序公证证明的法律事实和文书，人民法院应当作为认定事实的根据，但有相反证据足以推翻公证证明的除外。

第七十条 书证应当提交原件。物证应当提交原物。提交原件或者原物确有困难的，可以提交复制品、照片、副本、节录本。

提交外文书证，必须附有中文译本。

第七十一条 人民法院对视听资料,应当辨别真伪,并结合本案的其他证据,审查确定能否作为认定事实的根据。

第七十二条 凡是知道案件情况的单位和个人,都有义务出庭作证。有关单位的负责人应当支持证人作证。

不能正确表达意思的人,不能作证。

第七十三条 经人民法院通知,证人应当出庭作证。有下列情形之一的,经人民法院许可,可以通过书面证言、视听传输技术或者视听资料等方式作证:

(一)因健康原因不能出庭的;

(二)因路途遥远,交通不便不能出庭的;

(三)因自然灾害等不可抗力不能出庭的;

(四)其他有正当理由不能出庭的。

第七十四条 证人因履行出庭作证义务而支出的交通、住宿、就餐等必要费用以及误工损失,由败诉一方当事人负担。当事人申请证人作证的,由该当事人先行垫付;当事人没有申请,人民法院通知证人作证的,由人民法院先行垫付。

第七十五条 人民法院对当事人的陈述,应当结合本案的其他证据,审查确定能否作为认定事实的根据。

当事人拒绝陈述的,不影响人民法院根据证据认定案件事实。

第七十六条 当事人可以就查明事实的专门性问题向人民法院申请鉴定。当事人申请鉴定的,由双方当事人协商确定具备资格的鉴定人;协商不成的,由人民法院指定。

当事人未申请鉴定,人民法院对专门性问题认为需要鉴定的,应当委托具备资格的鉴定人进行鉴定。

第七十七条 鉴定人有权了解进行鉴定所需要的案件材料,必要时可以询问当事人、证人。

鉴定人应当提出书面鉴定意见,在鉴定书上签名或者盖章。

第七十八条 当事人对鉴定意见有异议或者人民法院认为鉴定人有必要出庭的，鉴定人应当出庭作证。经人民法院通知，鉴定人拒不出庭作证的，鉴定意见不得作为认定事实的根据；支付鉴定费用的当事人可以要求返还鉴定费用。

第七十九条 当事人可以申请人民法院通知有专门知识的人出庭，就鉴定人作出的鉴定意见或者专业问题提出意见。

第八十条 勘验物证或者现场，勘验人必须出示人民法院的证件，并邀请当地基层组织或者当事人所在单位派人参加。当事人或者当事人的成年家属应当到场，拒不到场的，不影响勘验的进行。

有关单位和个人根据人民法院的通知，有义务保护现场，协助勘验工作。

勘验人应当将勘验情况和结果制作笔录，由勘验人、当事人和被邀参加人签名或者盖章。

第八十一条 在证据可能灭失或者以后难以取得的情况下，当事人可以在诉讼过程中向人民法院申请保全证据，人民法院也可以主动采取保全措施。

因情况紧急，在证据可能灭失或者以后难以取得的情况下，利害关系人可以在提起诉讼或者申请仲裁前向证据所在地、被申请人住所地或者对案件有管辖权的人民法院申请保全证据。

证据保全的其他程序，参照适用本法第九章保全的有关规定。

最高人民法院
关于适用《中华人民共和国民事诉讼法》的解释（节录）

法释〔2015〕5号

（2014年12月18日最高人民法院审判委员会第1636次会议通过 2015年1月30日最高人民法院公告公布 自2015年2月4日起施行）

四、证　　据

第九十条　当事人对自己提出的诉讼请求所依据的事实或者反驳对方诉讼请求所依据的事实，应当提供证据加以证明，但法律另有规定的除外。

在作出判决前，当事人未能提供证据或者证据不足以证明其事实主张的，由负有举证证明责任的当事人承担不利的后果。

第九十一条　人民法院应当依照下列原则确定举证证明责任的承担，但法律另有规定的除外：

（一）主张法律关系存在的当事人，应当对产生该法律关系的基本事实承担举证证明责任；

（二）主张法律关系变更、消灭或者权利受到妨害的当事人，应当对该法律关系变更、消灭或者权利受到妨害的基本事实承担举证证明责任。

第九十二条 一方当事人在法庭审理中，或者在起诉状、答辩状、代理词等书面材料中，对于己不利的事实明确表示承认的，另一方当事人无需举证证明。

对于涉及身份关系、国家利益、社会公共利益等应当由人民法院依职权调查的事实，不适用前款自认的规定。

自认的事实与查明的事实不符的，人民法院不予确认。

第九十三条 下列事实，当事人无须举证证明：

（一）自然规律以及定理、定律；

（二）众所周知的事实；

（三）根据法律规定推定的事实；

（四）根据已知的事实和日常生活经验法则推定出的另一事实；

（五）已为人民法院发生法律效力的裁判所确认的事实；

（六）已为仲裁机构生效裁决所确认的事实；

（七）已为有效公证文书所证明的事实。

前款第二项至第四项规定的事实，当事人有相反证据足以反驳的除外；第五项至第七项规定的事实，当事人有相反证据足以推翻的除外。

第九十四条 民事诉讼法第六十四条第二款规定的当事人及其诉讼代理人因客观原因不能自行收集的证据包括：

（一）证据由国家有关部门保存，当事人及其诉讼代理人无权查阅调取的；

（二）涉及国家秘密、商业秘密或者个人隐私的；

（三）当事人及其诉讼代理人因客观原因不能自行收集的其他证据。

当事人及其诉讼代理人因客观原因不能自行收集的证据，可以在举证期限届满前书面申请人民法院调查收集。

第九十五条 当事人申请调查收集的证据，与待证事实无关联、对证明待证事实无意义或者其他无调查收集必要的，人民法院不予准许。

第九十六条 民事诉讼法第六十四条第二款规定的人民法院认为审理案件需要的证据包括：

（一）涉及可能损害国家利益、社会公共利益的；

（二）涉及身份关系的；

（三）涉及民事诉讼法第五十五条规定诉讼的；

（四）当事人有恶意串通损害他人合法权益可能的；

（五）涉及依职权追加当事人、中止诉讼、终结诉讼、回避等程序性事项的。

除前款规定外，人民法院调查收集证据，应当依照当事人的申请进行。

第九十七条 人民法院调查收集证据，应当由两人以上共同进行。调查材料要由调查人、被调查人、记录人签名、捺印或者盖章。

第九十八条 当事人根据民事诉讼法第八十一条第一款规定申请证据保全的，可以在举证期限届满前书面提出。

证据保全可能对他人造成损失的，人民法院应当责令申请人提供相应的担保。

第九十九条 人民法院应当在审理前的准备阶段确定当事人的举证期限。举证期限可以由当事人协商，并经人民法院准许。

人民法院确定举证期限，第一审普通程序案件不得少于十五日，当事人提供新的证据的第二审案件不得少于十日。

举证期限届满后，当事人对已经提供的证据，申请提供反驳证据或者对证据来源、形式等方面的瑕疵进行补正的，人民法院可以酌情再次确定举证期限，该期限不受前款规定的限制。

第一百条 当事人申请延长举证期限的，应当在举证期限届满前向人民法院提出书面申请。

申请理由成立的,人民法院应当准许,适当延长举证期限,并通知其他当事人。延长的举证期限适用于其他当事人。

申请理由不成立的,人民法院不予准许,并通知申请人。

第一百零一条 当事人逾期提供证据的,人民法院应当责令其说明理由,必要时可以要求其提供相应的证据。

当事人因客观原因逾期提供证据,或者对方当事人对逾期提供证据未提出异议的,视为未逾期。

第一百零二条 当事人因故意或者重大过失逾期提供的证据,人民法院不予采纳。但该证据与案件基本事实有关的,人民法院应当采纳,并依照民事诉讼法第六十五条、第一百一十五条第一款的规定予以训诫、罚款。

当事人非因故意或者重大过失逾期提供的证据,人民法院应当采纳,并对当事人予以训诫。

当事人一方要求另一方赔偿因逾期提供证据致使其增加的交通、住宿、就餐、误工、证人出庭作证等必要费用的,人民法院可予支持。

第一百零三条 证据应当在法庭上出示,由当事人互相质证。未经当事人质证的证据,不得作为认定案件事实的根据。

当事人在审理前的准备阶段认可的证据,经审判人员在庭审中说明后,视为质证过的证据。

涉及国家秘密、商业秘密、个人隐私或者法律规定应当保密的证据,不得公开质证。

第一百零四条 人民法院应当组织当事人围绕证据的真实性、合法性以及与待证事实的关联性进行质证,并针对证据有无证明力和证明力大小进行说明和辩论。

能够反映案件真实情况、与待证事实相关联、来源和形式符合法律规定的证据,应当作为认定案件事实的根据。

第一百零五条 人民法院应当按照法定程序,全面、客观地审核证据，依照法律规定，运用逻辑推理和日常生活经验法则，对证据有无证明力和证明力大小进行判断，并公开判断的理由和结果。

第一百零六条 对以严重侵害他人合法权益、违反法律禁止性规定或者严重违背公序良俗的方法形成或者获取的证据，不得作为认定案件事实的根据。

第一百零七条 在诉讼中，当事人为达成调解协议或者和解协议作出妥协而认可的事实，不得在后续的诉讼中作为对其不利的根据，但法律另有规定或者当事人均同意的除外。

第一百零八条 对负有举证证明责任的当事人提供的证据，人民法院经审查并结合相关事实，确信待证事实的存在具有高度可能性的，应当认定该事实存在。

对一方当事人为反驳负有举证证明责任的当事人所主张事实而提供的证据，人民法院经审查并结合相关事实，认为待证事实真伪不明的，应当认定该事实不存在。

法律对于待证事实所应达到的证明标准另有规定的，从其规定。

第一百零九条 当事人对欺诈、胁迫、恶意串通事实的证明，以及对口头遗嘱或者赠与事实的证明，人民法院确信该待证事实存在的可能性能够排除合理怀疑的，应当认定该事实存在。

第一百一十条 人民法院认为有必要的，可以要求当事人本人到庭，就案件有关事实接受询问。在询问当事人之前，可以要求其签署保证书。

保证书应当载明据实陈述、如有虚假陈述愿意接受处罚等内容。当事人应当在保证书上签名或者捺印。

负有举证证明责任的当事人拒绝到庭、拒绝接受询问或者拒绝签署保证书，待证事实又欠缺其他证据证明的，人民法院对其主张的事实不予认定。

第一百一十一条 民事诉讼法第七十条规定的提交书证原件确有

困难，包括下列情形：

（一）书证原件遗失、灭失或者毁损的；

（二）原件在对方当事人控制之下，经合法通知提交而拒不提交的；

（三）原件在他人控制之下，而其有权不提交的；

（四）原件因篇幅或者体积过大而不便提交的；

（五）承担举证证明责任的当事人通过申请人民法院调查收集或者其他方式无法获得书证原件的。

前款规定情形，人民法院应当结合其他证据和案件具体情况，审查判断书证复制品等能否作为认定案件事实的根据。

第一百一十二条 书证在对方当事人控制之下的，承担举证证明责任的当事人可以在举证期限届满前书面申请人民法院责令对方当事人提交。

申请理由成立的，人民法院应当责令对方当事人提交，因提交书证所产生的费用，由申请人负担。对方当事人无正当理由拒不提交的，人民法院可以认定申请人所主张的书证内容为真实。

第一百一十三条 持有书证的当事人以妨碍对方当事人使用为目的，毁灭有关书证或者实施其他致使书证不能使用行为的，人民法院可以依照民事诉讼法第一百一十一条规定，对其处以罚款、拘留。

第一百一十四条 国家机关或者其他依法具有社会管理职能的组织，在其职权范围内制作的文书所记载的事项推定为真实，但有相反证据足以推翻的除外。必要时，人民法院可以要求制作文书的机关或者组织对文书的真实性予以说明。

第一百一十五条 单位向人民法院提出的证明材料，应当由单位负责人及制作证明材料的人员签名或者盖章，并加盖单位印章。人民法院就单位出具的证明材料，可以向单位及制作证明材料的人员进行调查核实。必要时，可以要求制作证明材料的人员出庭作证。

单位及制作证明材料的人员拒绝人民法院调查核实，或者制作证明材料的人员无正当理由拒绝出庭作证的，该证明材料不得作为认定案件事实的根据。

第一百一十六条 视听资料包括录音资料和影像资料。

电子数据是指通过电子邮件、电子数据交换、网上聊天记录、博客、微博客、手机短信、电子签名、域名等形成或者存储在电子介质中的信息。

存储在电子介质中的录音资料和影像资料，适用电子数据的规定。

第一百一十七条 当事人申请证人出庭作证的，应当在举证期限届满前提出。

符合本解释第九十六条第一款规定情形的，人民法院可以依职权通知证人出庭作证。

未经人民法院通知，证人不得出庭作证，但双方当事人同意并经人民法院准许的除外。

第一百一十八条 民事诉讼法第七十四条规定的证人因履行出庭作证义务而支出的交通、住宿、就餐等必要费用，按照机关事业单位工作人员差旅费用和补贴标准计算；误工损失按照国家上年度职工日平均工资标准计算。

人民法院准许证人出庭作证申请的，应当通知申请人预缴证人出庭作证费用。

第一百一十九条 人民法院在证人出庭作证前应当告知其如实作证的义务以及作伪证的法律后果，并责令其签署保证书，但无民事行为能力人和限制民事行为能力人除外。

证人签署保证书适用本解释关于当事人签署保证书的规定。

第一百二十条 证人拒绝签署保证书的，不得作证，并自行承担相关费用。

第一百二十一条 当事人申请鉴定，可以在举证期限届满前提出。

申请鉴定的事项与待证事实无关联，或者对证明待证事实无意义的，人民法院不予准许。

人民法院准许当事人鉴定申请的，应当组织双方当事人协商确定具备相应资格的鉴定人。当事人协商不成的，由人民法院指定。

符合依职权调查收集证据条件的，人民法院应当依职权委托鉴定，在询问当事人的意见后，指定具备相应资格的鉴定人。

第一百二十二条 当事人可以依照民事诉讼法第七十九条的规定，在举证期限届满前申请一至二名具有专门知识的人出庭，代表当事人对鉴定意见进行质证，或者对案件事实所涉及的专业问题提出意见。

具有专门知识的人在法庭上就专业问题提出的意见，视为当事人的陈述。

人民法院准许当事人申请的，相关费用由提出申请的当事人负担。

第一百二十三条 人民法院可以对出庭的具有专门知识的人进行询问。经法庭准许，当事人可以对出庭的具有专门知识的人进行询问，当事人各自申请的具有专门知识的人可以就案件中的有关问题进行对质。

具有专门知识的人不得参与专业问题之外的法庭审理活动。

第一百二十四条 人民法院认为有必要的，可以根据当事人的申请或者依职权对物证或者现场进行勘验。勘验时应当保护他人的隐私和尊严。

人民法院可以要求鉴定人参与勘验。必要时，可以要求鉴定人在勘验中进行鉴定。